1 MONTH OF FREE READING

at

www.ForgottenBooks.com

By purchasing this book you are eligible for one month membership to ForgottenBooks.com, giving you unlimited access to our entire collection of over 700,000 titles via our web site and mobile apps.

To claim your free month visit:
www.forgottenbooks.com/free318323

* Offer is valid for 45 days from date of purchase. Terms and conditions apply.

ISBN 978-0-656-67099-4
PIBN 10318323

This book is a reproduction of an important historical work. Forgotten Books uses state-of-the-art technology to digitally reconstruct the work, preserving the original format whilst repairing imperfections present in the aged copy. In rare cases, an imperfection in the original, such as a blemish or missing page, may be replicated in our edition. We do, however, repair the vast majority of imperfections successfully; any imperfections that remain are intentionally left to preserve the state of such historical works.

Forgotten Books is a registered trademark of FB &c Ltd.
Copyright © 2017 FB &c Ltd.
FB &c Ltd, Dalton House, 60 Windsor Avenue, London, SW19 2RR.
Company number 08720141. Registered in England and Wales.

For support please visit www.forgottenbooks.com

DIE ENTWICKLUNG DER GESCHICHTSWISSENSCHAFT

AN DEN FÜHRENDEN WERKEN BETRACHTET

VON

MORIZ RITTER

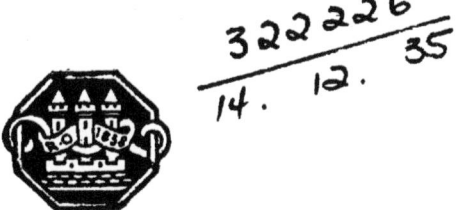

MÜNCHEN UND BERLIN 1919
DRUCK UND VERLAG VON R. OLDENBOURG

Printed in Germany

Vorwort.

Dieses Buch ist aus Vorlesungen entstanden, die ich unter dem Titel „Historik" seit dem Sommer 1884 an der Bonner Universität gehalten habe. Wie gegenwärtig in dem Buch, so war auch damals in den Vorlesungen die Behandlung des Gegenstandes nicht systematisch, sondern historisch: aus der tatsächlichen Entwicklung der Geschichtswissenschaft wollte ich ihre Ziele und ihre Methode ermitteln. Dabei aber sah ich mich sofort vor eine schwierige Wahl gestellt. Sollte ich den Gang der Geschichtschreibung durch alle Völker und Zeiten lückenlos darlegen, oder sollte ich ihn an einer verhältnismäßig kleinen Auslese führender Werke veranschaulichen? Ich entschied mich für den zweiten Weg, und zwar deshalb, weil ich nur in diesem Fall mein Urteil überall auf eigener Kenntnis der besprochenen Werke gründen konnte. Ich teilte also die Entwicklung der Geschichtswissenschaft in eine Reihe aufeinander folgender Epochen und suchte für jede den jeweilig erreichten Stand durch Zergliederung und Beurteilung der maßgebenden Hervorbringungen darzulegen. Daß ich dabei die Unvollkommenheiten jedes eklektischen Verfahrens hinnehmen mußte, habe ich mir nicht verhehlt; aber da ich keine Kompilation, sondern selbständige, zu eigenen Ergebnissen vordringende und zu weiterer Forschung auf fordernde Arbeit leisten wollte, so blieb mir kein anderer Weg übrig.

Der ersten und größeren Hälfte des Buches liegen Abhandlungen zugrunde, die ich in den Jahren 1885, 1911, 1912 und 1913 in der Historischen Zeitschrift veröffentlicht habe. Ich habe sie durchgesehen und mehrfach umgearbeitet; neu geschrieben wurde dabei die Einleitung und das erste über Thukydides handelnde Kapitel. Völlig neu ist der zweite und wohl wichtigste Teil, welcher der Geschichtschreibung des 19. Jahrhunderts gewidmet ist.

Ob freilich die gegenwärtige Zeit für die Veröffentlichung eines Buches, wie des vorliegenden, geeignet ist, könnte man bezweifeln. Unser Volk ist todmüde von maßlosen Anstrengungen und Entbehrungen, sein Gemüt ist verdüstert unter den entsetzlichen Folgen des verlorenen Kriegs, und seine Kraft ist durch eine ungeheure Arbeit an den wirtschaftlichen und staatlichen Grundlagen seines Daseins in Anspruch genommen. Können unter solchen Bedrängnissen rein theoretische Forschungen Beachtung verlangen? Ich glaube, sie können es und müssen es. In der Schicksalsstunde, in die unser Volk eingetreten ist, müssen alle seine Kräfte, nicht nur die wirtschaftlichen, sondern mehr noch die auf die idealen Ziele der Menschheit gerichteten angespannt werden, wenn es wieder zu einem höheren Dasein emporsteigen soll. Soweit nun die geistige Arbeit auf dem Gebiet der Wissenschaft vor sich geht, wird dabei den geschichtlichen Studien eine führende Stellung zufallen. Sie sollen unser Volk zu vertiefter Selbsterkenntnis führen und ihm zeigen, welche in der Vergangenheit verfolgte Ziele sich als dauerhaft und wertvoll für die Gegenwart, welche dafür angewandte Mittel sich als wirksam und beständig bis auf die heutigen Tage bewährt haben. Solche Studien zu fördern, indem ihre wahren Aufgaben und richtigen Methoden erforscht, und dabei ein Einblick in den Reichtum ihres Inhaltes eröffnet wird, ist die Absicht des vorliegenden Buchs.

Bonn im November 1918.

Moriz Ritter.

Inhalt

Einleitung . . . . S. 1—7

Begriff der Geschichte in den Anfängen geschichtlicher Aufzeichnungen 1. — Einfache und zusammengesetzte Vorgänge 2. — Begebenheit und Zustand 3. — Israelitische und griechische Geschichtschreibung. Anfänge der letztern 6.

Erstes Buch

Die griechische und römische Geschichtschreibung S. 9—57

Erstes Kapitel

Thukydides . . . . S. 11—29

Das Werk des Thukydides als Kriegsgeschichte 11. — Behandlung der auswärtigen Politik 12. — Der Staat als Träger der Geschichte 14. — Behandlung seiner Zustände (Verfassung, das Volk und seine Führer, Machtmittel) 14. — Kunstmittel der Rede 15. — Oberste Staatszwecke (Freiheit und Macht) 18. — Wandlung der Zustände; ihre Behandlung an der Umwälzung von 411 v. Chr. erläutert 19. — Aufgabe der Darlegung verwickelter Vorgänge 23. — Schlußurteil über die Anlage des Werks 24. — Grundkräfte im Gang der Geschichte 24. Geschichtliche Forschung 25.

Zweites Kapitel

Aristoteles' Politik . . . . S. 29—37

Zweck und Verfassung des Staats. Gesellschaftliche Gliederung des Volks 29. — Begriff der Gesellschaft; ihr Einfluß auf Stand und Wandlungen der Staatsverfassung 32. — Schlußurteil 36.

Drittes Kapitel

Polybius . . . . S. 37—46

Begriff der allgemeinen Geschichte bei Ephorus und Polybius 37. — Zweck der Geschichte 38. — Gegenstand der Darstellung: auswärtige Politik und Krieg 39. — Staatsverfassung; ihre Arten und Gesetz ihrer Wandlungen 40. — Sittenschilderung, Charakteristik 43. — Lehrhaftigkeit 45. — Schlußurteil 46.

Viertes Kapitel

Die römische Geschichtschreibung . . . S. 47—53

Erweiterung über die ganze Entwicklung des römischen Staats 47. — Behandlung der Verfassungsgeschichte 47. — Länder- und Völkerkunde 50. — Sittenschilderung, Charakteristik 50. — Sittliche Anregung 52. — Gesetz des Kreislaufs 53.

Fünftes Kapitel

Antike Geschichtsforschung . . . . . S. 53—57

Subjektives Zeugnis und objektiver Vorgang. Beschränkung auf ein Zeugnis 53. — Zeitgeschichte und Annalen 54. — Einfluß der annalistischen Behandlung 56. — Nachwirkung der antiken Quellenbehandlung 57.

Zweites Buch

Die christlich-mittelalterliche Geschichtschreibung S. 59—124

Einleitung . . . . S. 61—65

Problem der Universalgeschichte 61. — Die Weltreiche 62.

Erstes Kapitel

Augustinus . . . . S. 65—85

Geschichte als Entwicklung des Verhältnisses der Menschen zu Gott 65. — Sünde und Erlösung, Auserwählte und Verworfene, vor- und nachchristliche Zeit 66. — Judentum und Heidentum 68. — Weltkirche und Staaten 74. — Oberflächliche Behandlung der christlichen Geschichte 76. — Weltende 77. — Göttliche Leitung 78. — Versuchter Nachweis derselben in der israelitischen Geschichte 81. — Einwirkung Augustins auf die Nachwelt 82.

Zweites Kapitel
Otto von Freising. Ausgang der Augustinischen Geschichtsbetrachtung . . . . . . S. 85—107

Ottos von Freising Weltchronik und ihr Verhältnis zu Augustinus 85. — Christliche Weltkirche und Weltreich 86. — Die „Translationen" 89. — Verhältnis von Kirche und Reich 93. — Das Weltende 95. — Ottos Nachfolger 97. — Bossuet 97. — Über die Träger der Geschichte (Religion und Staatsgewalt) 98. — Vorchristliche Zeit 99. — Göttliche Leitung 102. — Christliche Zeit (bis Karl d. Gr.) 103. — Verhältnis zu Augustin und Otto v. Fr. 103. — Ausgang der Augustinschen Geschichtsbetrachtung 104. — Über die mittelalterliche Annalistik 106.

Drittes Kapitel
Die mittelalterliche Geschichtsforschung . S. 107—124

Auffassung der objektiven Vorgänge 107. — Keine innerlich zusammenhängende Staats- oder Kirchengeschichte 112. — Charakteristik 113. — Art der Quellenforschung 114. — Behandlung der Urkunden 117. — Versinken der ältern Quellen vor jüngern Kompilationen 118. — Fälschungen 118. — Sagen 121. — Reaktion gegen die wachsende Kritiklosigkeit 121.

Drittes Buch
Das Zeitalter des Humanismus, der Reformation und Gegenreformation   S. 125—204

Einleitung . . . . S. 127—131

Der Humanismus 127. — Die Umwälzungen in Kirche und Staaten 130.

Erstes Kapitel
Machiavelli . . . . S. 131—150

Die florentinischen Geschichten 131. — Über den Organismus und die Entwicklung der Staaten 133. — Das sittliche Prinzip 135. — Gesetz staatlicher Entwicklung 136. — Innere Entwicklung des florentinischen Staates. Sittliches Prinzip; Parteien 138. — Sittliche und religiöse Entartung 140. — Behandlung der Verfassungsgeschichte 143. — Charakteristik 145. — Behandlung der allgemeinen italienischen Geschichte 146. — Begriff und Bedeutung der Nation 147.

Zweites Kapitel
Sleidan. Thuanus. Clarendon . . . S. 150—187

Das Werk Sleidans; Anlagen und Quellen 150. — Verarbeitung der Akten 158. — Kein Sinn für die Persönlichkeit 161. — Keine Ebenmäßigkeit der Teile 162. — Aktenmäßige Zuverlässigkeit und ihre Grenzen 163. — Erfolg des Werkes. Schlußurteil 164. — Thuanus und sein Verhältnis zu Sleidan 164. — Quellen und Anlage seines Werkes 166. — Stellung zur kirchlichen Spaltung. Behandlung des Parteienwesens 168. — Verflechtung der Parteien in den Machtkampf zwischen Spanien und Frankreich 173. — Bedeutung der Nationalität 174. — Das Werk Clarendons 176. — Ansicht vom Gang der englischen Revolution 179. — Vergleich mit Thuanus: Parteien, Agitation, Persönlichkeiten, Nation 185. — Pessimismus 186.

Drittes Kapitel
Guicciardini. Richelieu. Chemnitz. Pufendorf S. 187—204

Allgemeine Geschichte größerer Staatengruppen 187. — Die politischen Akten als Quelle 189. — Das Werk Guicciardinis 190. — Seine Quellen 191. — Oberste Zwecke der Geschichte 193. — Richelieus Memoiren 195. — Chemnitz; seine Quellen und ihre Verarbeitung 195. — Pufendorf 200.

Viertes Buch
Das 18. Jahrhundert . . . . S. 205—309

Einleitung . . . . S. 207—20.

Philosophie und philosophische Behandlung der Geschichte 207.

Erstes Kapitel
Montesquieu . . . . S. 210—23'

Der Esprit des lois 210. — Der Staat: Entstehung, Gesetze, Verschiedenheit und Veränderung der Gesetze 212. — Die Verfassungen und ihr „Prinzip" 214. — Politische Freiheit; Teilung der Gewalten 218. — Natürliche Bedingungen der staatlichen Rechtsordnung (Klima und Boden) 220. — Geldwesen und Handel 223. — Religion 224. — Sitten 225. — Lebensinhalt und Lebensträger 226. — Esprit général; Nation 229. — Eingeflochtene Beschreibungen (Nationalcharakter, Welthandel, Freiheit im alten Rom, Lehenswesen im Frankenreich) 229.

Zweites Kapitel
Voltaire . . . . S. 232—256

Gegenstand der Geschichte 232. — Die Nationen und ihre Herrscher 238. — Die Teile der Geschichte 243. — Suchen nach einem einheitlichen Gesetz 245. — Frage des Fortschritts 246. — Historische Kritik 248. — Begriff der Kulturgeschichte 255.

Drittes Kapitel
Adam Smith. Herder . . . . . S. 256—287

A. Smith' Einwirkung auf die Geschichtswissenschaft. Einige Grundbegriffe seines Systems 256. — Die wirtschaftliche Gesellschaft 258. — Wechselverhältnis zwischen Staat und Gesellschaft 260. — Verhältnis der staatlichen Geschichte zur Kunst- und Religionsgeschichte; Winckelmann und Hume 265. — Geschichte und Statistik 267. — Herder über die Aufgaben einer Philosophie der Geschichte 268. — Begriff der Kulturgeschichte 272. — Die Nation als Träger der Kultur 273. — Erziehung zur Kultur; ihr Fortschritt und Niedergang 275. — Verschiedenheit der nationalen Kulturen 277. — Skizze der antiken und mittelalterlichen Kultur 279. — Kein fester Plan der Behandlung 285. — Wechsel und Fortschritt im Gang der Kultur 285.

Viertes Kapitel
Justus Möser. Edward Gibbon . . . S. 287—309

Mösers Osnabrückische Geschichte 287. — Entwicklung des deutschen Staates von der Urzeit bis zur Höhe des Mittelalters 288. — Art der Forschung; Analogie 293. — Gibbon; Anlage seines Werks 296. — Kulturgeschichtliche Abschnitte 300. — Behandlung des Christentums 303. — Werturteile 307. — Art der Forschung 308.

Fünftes Buch
Das 19. Jahrhundert . . . . . S. 311—461

Erstes Kapitel
Niebuhr . . . . S. 314—332

Neue Epoche 313. — Niebuhrs römische Geschichte 314. — Seine Quellenkritik 315. — Erkenntnis der Vergangenheit aus der Gegenwart 318. — Staatliche Erlebnisse und Anschauungen 319. — Entdeckung des Wesens des ager publicus 321.

— Darstellung der Verfassung im Zusammenhang ihrer Teile 322. — Lebendige Kräfte der Entwicklung 324. — „Gesellschaftliche" Zustände 327. — Die Einzelperson 328. — Schlußurteil. Wirkung des Werkes 329.

Zweites Kapitel

Pertz. Eichhorn . . . . S. 332—349

Die Monumenta Germaniae 332. — Pertz und die mittelalterliche Quellenkritik 334. — Die urkundlichen Quellen. Böhmers Regesten 335. — Die Rechtsquellen 341. — Eichhorns deutsche Staats- und Rechtsgeschichte 341. — Verhältnis zu Niebuhrs Werk 342. — Anlage von Eichhorns Werk und Wirkung desselben 344. — Lebendige Kräfte in der Entwicklung des Rechtes 347.

Drittes Kapitel

Lorenz Stein . . . . S. 349—361

Verhältnis von Gesellschaft und Staat als Kern der innern Staatsgeschichte 349. — Wesen und Entwicklung der Gesellschaft 350. — Wechselbeziehung zwischen ihr und dem Staat 353. — Gesetz der Entwicklung 356. — Fortbildung der Gesellschaftslehre 357. — Materialistische und idealistische Geschichtsansicht 359.

Viertes Kapitel

Ranke . . . . S. 362—421

Rankes Hauptwerke 362. — Grundgedanken von der Einheit der romanisch-germanischen Völker und der Bedeutung der Religion 363. — Wesen der Religion. Die „Ideen" 365. — Christliche Religion und Kirche 372. — Rankes Forschungsweise 373. — Verwertung der Akten 375. — Staat und Kirche als Träger der Geschichte 380. — Begriff der Nation 383. — Wesen der Kultur. Die „Ideen" 386. — Kultur im weiteren und engeren Sinn 388. — Nation und Kultur 389. — Öffentliche Meinung 391. — Die Einzelperson 391. — Die Gesellschaft 395. — Einziehung der Kultur in die Darstellung 397. — Die Epochen der Geschichte 397. — Ihre Folge und Übergänge 399. — Motive dieser Wandlungen 401. — Begriff des Momentes 404. — Stetige Zwecke 406. — Fortschritt in der Geschichte der Staaten und der Kultur. Göttliche Leitung 409. — Rankes religiöse Anschauungen 413. — Wertmaß zur Beurteilung der Religionsgeschichte 416. — Politische Anschauungen und Beurteilung der politischen Entwicklung 418.

Fünftes Kapitel

Die politische Geschichte und die Kulturgeschichte S. 421—461

Fortschritt des Geschichtstudiums in Deutschland 421. — Begriff der politischen Geschichtschreibung 422. — Behandlung der Kultur in der vorausgehenden Geschichtschreibung 429. — Ihre Behandlung in dem Hauptwerk Burckhardts 430. — Träger der Kultur: Einzelperson, Gesellschaft, Nation 431. — Der abstrakte Mensch 436. — Lamprecht. Sein Begriff der Geschichte 436. — Gegen die „politische" Geschichte 438. — Die Kulturepoche und ihr Seelenleben 439. — Epoche des Individualismus 440. — Einwirkung des Individualismus auf Stand und Fortgang der Wissenschaften 441, — auf die Kunst 444, — die Wirtschaft 445, — den Staat und die Gesellschaft 447. — Begriff der letztern und ihr Verhältnis zum Staat 447. — Lamprecht und L. Stein, sozialpsychologische Anschauung Lamprechts 451. — Gesetzmäßige Folge der Kulturepochen 453. — Frage des Fortschritts 455. — Lamprecht und Ranke 456. — Allgemeingültigkeit der Kulturepochen; Entwurf der Universalgeschichte 457. — Schlußurteil 457.

Einleitung

Die Entwicklung jeder Wissenschaft beginnt nicht mit planmäßigem Nachdenken über ihren Inhalt und ihre Methode, sondern mit der Untersuchung einzelner Erscheinungen und Vorgänge, welche die Aufmerksamkeit besonders erregen. In diesem Sinn gehen auch die Anfänge der Geschichtschreibung von einzelnen Vorgängen aus, welche, von Menschen bewirkt oder auf Menschen einwirkend, in den Mitlebenden einen starken Eindruck hervorrufen. Zwei Besonderheiten treten aber dabei, wie von selber, hervor: einmal, die berücksichtigten Vorgänge gehören einem gemeinsamen Kreis von Erscheinungen an; sodann, sie fügen sich in zeitlich verbundenen Reihen aneinander.

Betrachten wir in ersterer Beziehung als älteste uns unmittelbar vorliegende Dokumente der Geschichtschreibung die ägyptischen bis über die Mitte des dritten Jahrtausends v. Chr. zurückgehenden Denkmälerinschriften über die Taten der Könige und die bis in die erste Hälfte des vierten Jahrtausends führenden, auf Täfelchen von Elfenbein und Ebenholz angebrachten Notizen über Jahresereignisse, so treten uns als vornehmster Inhalt derselben Kriege und Bauten der Könige entgegen. Diese Kriege und Bauten werden vollführt mit den Kräften eines unter despotischer Verfassung lebenden Volkes, und in ihren Folgen wirken sie auf das Leben des Volkes fördernd oder zerstörend zurück; sie sind also nicht bloß Taten der Könige, sondern auch Erlebnisse des Volkes, und in diesem Sinn müssen wir sagen: Gegenstand der ältesten geschichtlichen Aufzeichnungen sind die Erlebnisse eines staatlich geeinten Volkes.

Die Erlebnisse werden, wie bemerkt, als einzelne erfaßt und wiedergegeben. Aber was verstehen wir unter einem einzelnen Vorgang? Wenn in der ältesten uns vorliegenden Inschrift der Sieg des Königs Snofru (um 2840 v. Chr.) über die Beduinen am Sinai mit den zwei Worten „Besieger der Barbaren" verkündet wird, so haben wir eine einfache Tatsache in einfachster Wiedergabe vor uns. Wenn dagegen der Krieg des Königs Pepi I. (um 2530 v. Chr.) als ein in fünf Feldzügen zu Land und einem Zug zur See vollführtes Unternehmen berichtet wird, so erkennen wir einen großen einzelnen Vorgang, der sich in eine Mehrheit von Ereignissen gliedert. Hier liegt der Keim einer Aufgabe vor, mit der die spätere Geschichtschreibung ringen sollte, der Aufgabe nämlich, eine Handlung, die sich als eine einheitliche darstellt, in ihrer Entstehung aber in eine Vielheit durch die Gemeinschaft des Zwecks zusammengefügter Vorgänge zerfällt, in ihrer Einheit sowohl, wie in ihrer Verwicklung darzulegen.

An zweiter Stelle, so wurde eben gesagt, handelt es sich darum, die einzelnen Vorgänge einzelner Jahre in einer zeitlich zusammenhängenden Reihe zu verbinden. Die Verbindung ergibt sich aus der im Wechsel der Zeiten beharrenden Einheit des lebendigen Trägers der Ereignisse, nämlich des Staates und der im Staat herrschenden Gewalt, in Ägypten also des Königtums. Auf Geheiß der Könige wurden denn auch von der Zeit ab, da ganz Ägypten unter gemeinsamer und gefestigter königlicher Herrschaft stand, die Jahresaufzeichnungen als fortlaufende Annalen geführt. Wie man bei ihrer Abfassung verfuhr, lehren uns die erhaltenen Bruchstücke eines solchen der Mitte des dritten Jahrtausends angehörigen Annalenwerks (Stein von Palermo). Verhältnismäßig reicher erscheinen darin die Angaben aus der letzten, vom Verfasser selbst erlebten Zeit; immer dürftiger, zuletzt nur Namen und Regierungsjahre der Könige enthaltend, werden sie in den der älteren Zeit, bis hinauf zum letzten Drittel des vierten Jahrtausends v. Chr. gewidmeten Teilen. Gleich hier tritt uns der weiterhin durch die ganze

Einleitung.

antike und mittelalterliche Geschichtschreibung hindurchgehende Unterschied entgegen zwischen der verhältnismäßig reichhaltigern Zeitgeschichte oder Chronik und der dürftiger gehaltenen, auf Auszüge aus älteren Aufzeichnungen beschränkten rückwärts liegenden Geschichte, den Annalen im engern Sinne.

Noch zwei andere Formen geschichtlicher Erzählung können wir, wenigstens dem Keime nach, beobachten, wenn wir diese Aufzeichnungen in ihrer weitern Entfaltung nach rückwärts und vorwärts verfolgen. Nach rückwärts macht sich das Bestreben geltend, die geschichtlichen Vorgänge über die Grenzen der schriftlichen Bezeugung in die sog. vorgeschichtlichen Anfänge zurückzuführen. Die Aufschlüsse, die man für diese Zeiten findet, bieten der Mythus und die Sage: ersterer verflicht die symbolischen Vorstellungen vom Walten der göttlichen Kräfte mit dem Tun und Leiden der Menschen zu gemeinsamen Vorgängen, letztere schmückt und wandelt die wirklichen Ereignisse mit den Mitteln der dichtenden Phantasie, beide erfüllen mit ihren Dichtungen nicht nur den vorgeschichtlichen Zeitraum, sondern durchsetzen auch die sachgemäßen Zeugnisse der geschichtlichen Zeiten, bis sie von einer rein verstandesmäßigen Auffassung der Vorgänge aufgezehrt werden.

Diese verstandesmäßige Auffassung, sofern sie zugleich tiefer in das Wesen der Ereignisse eindringt, ruft aber in der voranschreitenden Geschichtschreibung noch eine andere Erkenntnis hervor, von der wir allerdings in den ägyptischen Aufzeichnungen nur die ersten schwachen Keime finden, die wir aber vorgreifend gleich hier berühren müssen: es ist die Unterscheidung von Begebenheit und Zustand.

Die Begebenheit ist der eigentliche Gegenstand der ältesten Geschichtschreibung. Ihrem Inhalt nach kann sie, wie schon bemerkt, sowohl einfach, wie zusammengesetzt sein, aber wesentlich ist ihr, daß sie als eine einmalige hervortritt und erlischt, sobald ihr Inhalt erschöpft ist. Der Zustand, der, wie gleich hier nachdrücklich zu betonen ist, ebensowohl das Leben der Einzelnen, wie der Gemeinschaften, vor allem der staatlich geeinten Völker umfaßt, erscheint uns gegenüber den unmittelbar zu beobachtenden Begebenheiten als ein nur mittelbar zu erfassendes Verhältnis.

Gehen wir zur Verdeutlichung des Begriffs von der Herrschaft der Menschen über materielle Gegenstände aus. Unmittelbar beobachtet, erscheint sie nur in den einzelnen Herrschaftsakten, aber sofern die beherrschten Gegenstände dem einheitlichen Zweck der Erhaltung und des Genusses des Lebens dienen und somit den Charakter von Gütern gewinnen, sofern weiter die Herrschaftsakte bestimmten Personen für bestimmte Güter ausschließlich zustehen, ergibt sich das dauernde, in gleichartigen und stetig wiederholten Akten sich aussprechende Verhältnis des Besitzes, und dieses Verhältnis wieder begründet einen Zustand der Besitzenden, der nach Zahl und Beschaffenheit der Besitztümer durch die Zustandswissenschaft der Statistik dargelegt wird.

Von den materiellen, den Zwecken des leiblichen Lebens dienenden Gütern unterscheiden wir die geistigen Güter, also die theoretischen Schätze des Erkennens, die praktischen Lebensinhalte von Sitte, Recht und Religion, die künstlerischen Schöpfungen der Phantasie. In unserer Betrachtung können wir sie, ebenso wie die materiellen Güter, einerseits loslösen von ihren persönlichen Trägern, anderseits sie auffassen, wie sie in den letztern Teile des geistigen Lebens bilden und Zustände hervorrufen. In dieser zweiten Betrachtung lösen sich die Erscheinungen unmittelbar in unzählige Einzelvorgänge des Denkens, Wollens und Gestaltens auf, aber das beziehende Vorstellen und Denken schließt diese Einzelakte zu einheitlichen Gebieten des geistigen Lebens zusammen, deren Inhalte durch das Gedächtnis festgehalten und im Denken, Wollen und künstlerischen Gestalten in stete Beziehungen zueinander gebracht werden. Als Güter dauernder Art können sie so von den Menschen, den Einzelnen, wie den großen Gemeinschaften, errungen und besessen, verwaltet und genossen werden, und auch von ihnen gilt das Wort, das sie je nach ihrer Zahl und ihrer Beschaffenheit einen entsprechenden Zustand der Besitzenden begründen, den wir als Reichtum oder Armut an geistigen Gütern, als hohen oder niedern Wert derselben bestimmen.

Noch inniger mit der Persönlichkeit der Besitzenden verbindet sich ein Zustand anderer Art. Die intellektuellen, praktischen und ästhetischen Kräfte, welche beim Erwerb und Genuß der geistigen sowohl, wie der materiellen Güter tätig sind, unterliegen tiefgehenden Veränderungen je nach ihrer Übung im allgemeinen und ihrer Anwendung auf bestimmte Ziele im besonderen. In ersterer Beziehung wird das von vornherein ja verschiedene Maß ihrer Intensität, entsprechend der ihrer Natur gemäßen oder ungemäßen Übung, entweder wachsen oder abnehmen, in letzterer Hinsicht wird sich ihr Verhalten als folgerichtig oder abspringend bewähren, in beiden Beziehungen aber werden sowohl in den subjektiven Eigenschaften der persönlichen Träger des Zustandes, als auch in ihren objektiven Zielen, also in dem Erwerb und der Verwertung der Güter, tiefgehende Veränderungen eintreten: im ersten Fall im Sinn des Aufsteigens oder des Verfalls der geistigen Kräfte, in letzterer Hinsicht im Sinn der Zunahme oder Abnahme, der zweckmäßigen Verwendung oder der Verschwendung der Güter.

Hier zeigt sich denn auch, daß der Zustand, lediglich im Verhältnis zur Begebenheit genommen, in dem Gegensatz des Dauernden zum Vorübereilenden erscheint, dagegen im Verhältnis seines Ganzen zu den Teilen in unablässiger Bildung und Umbildung begriffen ist. Und in diesem Verlauf finden wir ihn mit den Begebenheiten in steter Wechselbeziehung. Der Zustand ruft die Begebenheiten hervor, und diese wieder wirken auf Bildung oder Zersetzung der Zustände ein.

Wie schon bemerkt, wurde dieses Verhältnis von Zustand und Begebenheit in dem ältesten Stadium der Geschichtschreibung höchstens geahnt, aber noch nicht erkannt, und auch in der weitern Entwicklung der antiken wie der mittelalterlichen Geschichtschreibung wurde es nach seinem Wesen, wie der Art seiner Behandlung nur unvollkommen erfaßt. Wegen seiner Bedeutung aber mußte es gleich hier in den allgemeinsten Grundzügen gekennzeichnet werden. Wenn wir jedoch nunmehr von den Anfängen zu den ersten Fortschritten der Geschichtschreibung übergehen, so werden wir die nächsten Errungenschaften in der reicheren Auffassung des Staatslebens, der größeren Fülle und Zuverlässigkeit der Berichte, in genauerer Unterscheidung dessen, was in die geschichtliche Darstellung gehört und nicht gehört, endlich in dem Streben, von der bloßen zeitlichen Folge der Ereignisse zu ihrem innern Zusammenhang vorzudringen, erkennen. Zwei Völker sind es da, bei denen uns dieser Fortschritt vorzugsweise entgegentritt, die Hellenen und die Israeliten. Unsere Betrachtung wendet sich, wenigstens zunächst, nur den erstern zu.

Entsprechend meiner Absicht, keine erschöpfende Geschichte der Geschichtswissenschaft zu geben, sondern nur die großen Epochen derselben und innerhalb der Epochen diejenigen Werke zu behandeln, in denen wir die jeweilig erreichte Stufe der Entwicklung erkennen, werde ich nicht auf die Anfänge der griechischen Geschichtschreibung zurückgehen; denn verglichen mit denen der ägyptischen Geschichtschreibung würden sie dieselben Grundformen aufweisen: einen ersten Zeitraum, in dem Mythus und Sage die Wirklichkeit umgestaltet, einen zweiten, in dem annalistische Aufzeichnungen die Wirklichkeit widerzugeben suchen —, nur daß in ersterer Hinsicht die Schöpfungen der Griechen sich unendlich reicher erweisen, als die der Ägypter, dagegen die annalistischen Aufzeichnungen, wie sie für einzelne Städte unter der Hand der Horographen hervorgingen, um vieles später, erst seit der ersten Hälfte des 5. Jahrhunderts einsetzten. Auch in ihnen aber zeigt sich rasch eine viel reichere Auffassung des Staatslebens, daneben in den seit der zweiten Hälfte des 6. Jahrhunderts einsetzenden sogenannten Periegesen der frühreife Versuch einer Länder- und Völkerkunde.

Stellen wir nun die Frage, wie es kam, daß in Griechenland an diese Anfänge sich eine neue Epoche der Geschichtschreibung anschloß, welche sich durch die erwähnten Merkmale reicherer Auffassung, größerer Fülle und Zuverlässigkeit, bestimmterer Umgrenzung des Gegenstandes der Darstellung und tiefer eindringender Erkenntnis des ursächlichen Zusammenhangs der Vorgänge als eine höhere Stufe der Entwicklung kennzeichnet, so lautet die Antwort: es geschah, indem ein einziger Mann aus den beiden Teilen, in

Einleitung.

die ein Annalenwerk sich schied, der selbsterlebten Zeitgeschichte und den älteren Vorgängen, die erstere zur Darstellung wählte und nun in genialem Wurfe ein Werk schuf, das innerhalb seines engumgrenzten Planes über alle bisherigen geschichtlichen Darstellungen unvergleichlich hinausragte und als Muster für alle kommenden Zeiten dastand. Dieser Mann war Thukydides. Die Betrachtung seines Werkes soll uns den Gehalt der ersten Epoche einer zu wirklicher Wissenschaft entwickelten Geschichtschreibung veranschaulichen.

Erstes Buch

Die griechisch-römische Geschichtschreibung

Erstes Kapitel
Thukydides

Ich trete an das Geschichtswerk des Thukydides nicht mit der Absicht einer allseitigen Würdigung, sondern zunächst nur mit der Frage heran: was ist nach Ausweis der uns vorliegenden Fassung des Werkes[1]) der eigentliche Gegenstand der Darstellung, und wie sucht der Verfasser die dargestellten Vorgänge zu ermitteln?

Thukydides arbeitete an seinem Werk mit der Absicht, die Kriege, die von 431—404 v. Chr. die griechische Welt erfüllten und ihm als ein einziger zwischen Athen und Sparta nebst den beiderseitigen Bundesgenossen geführter Kampf erschienen, darzustellen. Ausgeführt wurden nur etwa drei Viertel dieses Plans, die Darstellung nämlich der Geschichte von 431 bis Ende 411. Innerhalb dieses Rahmens also bilden die unter den Gesichtspunkt des athenisch-spartanischen Machtkampfes fallenden kriegerischen Aktionen, und zwar nach der Folge der in Sommer und Winter geteilten Jahre, den eigentlichen Gegenstand des Werkes: es ist eine annalistisch geordnete Kriegsgeschichte, deren Träger zwei Staatenbünde sind. Die nächste Aufgabe, die der Verfasser sich hierbei stellte, ging dahin, daß

---

[1]) Nur in dieser Fassung hat es ja der folgenden Geschichtschreibung zum Muster gedient. Zu den Streitfragen über die Entstehung des Werks, die mögliche Unterscheidung fertiger und unfertiger Teile, oder gar über das persönliche Verdienst des Verfassers nach einer Ansicht, wie er es machen sollte oder konnte, habe ich keine Stellung zu nehmen.

er einerseits die einzelnen Kriegshandlungen in genauer, das Wesentliche erschöpfender Darlegung vorzuführen, anderseits zu zeigen hatte, wie alle diese Einzelvorgänge vermöge der Einheit der verfolgten Zwecke und aufgewandten Mittel, vermöge des Verhältnisses von Ursache und Folge oder gegenseitiger Bedingtheit sich zu einem Ganzen zusammenschlossen, das dann, wie ein System von teils zusammengehenden, teils gegeneinander wirkenden Kräften einen stetig fortschreitenden Gang durch den Lauf der Jahre hindurch einhielt. Der so gestellten Aufgabe nun wußte Thukydides durch Vollständigkeit und Zuverlässigkeit der Berichterstattung, durch eine Darstellung, welche nur sachgemäß sein wollte und in ihrer gedankenschweren Fassung allen äußerlich hineingetragenen Affekt und Redeprunk vermied, so vollständig zuentsprechen, daß sein Werk alten wie neuen Zeiten als unvergängliches Muster der Geschichtschreibung erscheinen konnte.

In dem Augenblick jedoch, da er die eine Aufgabe löste, drängte sich sofort eine zweite an ihn heran, welche von dem Gebiet der militärischen auf das der politischen Kämpfe hinüberführte. Es kann ja kein Krieg geführt werden, ohne daß Verhandlungen und Verträge ihn einleiten, begleiten und zum Abschluß bringen, in denen die Forderungen der kriegführenden Parteien aufgestellt, abgewogen und zum Austrag gebracht werden. Grundsätzlich also verlangen diese der auswärtigen Politik angehörigen Vorgänge die gleiche Berücksichtigung wie die Feldzüge und Schlachten. Hat nun Thukydides diesem Grundsatz gemäß die Verbindung der Kriegsgeschichte mit den Vorgängen der auswärtigen Politik folgerecht durchgeführt? Sichtlich ist, um mit einem Beispiel zu beginnen, eine solche Durchführung erstrebt bei Darstellung der die Zusammenstöße in Kerkyra und Potidäa einleitenden und begleitenden Verhandlungen, wie sie erst zwischen den unmittelbar beteiligten Parteien, dann zwischen Athen und Sparta nebst seinen Bundesgenossen geführt wurden. Wie aber diese Vorgänge zur Motivierung des Ausbruchs des Krieges wesentlich sind, so tritt, sobald es sich um den Fortgang des Krieges handelt, die Berücksichtigung der politischen Verhandlungen weit zurück. So lesen wir an der Stelle, da es sich um den Beginn der folgenschweren Einmischung Athens in die sizilischen Verhältnisse handelt (427 v. Chr.), nur die abgerissene Notiz, daß als Grund ein altes, nicht näher erläutertes Bündnis der von Syrakus angegriffenen chalkidischen Städte mit Athen diente.[1] So wird zum Jahr 412/11, da die Perser nach einer Reihe tastender Anknüpfungen mit den Spartanern sich zu einem nachdrücklichen Eingreifen in den griechischen Krieg aufmachen, der Text dreier zwischen ihnen und Sparta abgeschlossener Verträge mitgeteilt; über die Entstehung dieser Verträge aber und ihr Verhältnis zu dem im Jahr 449 zustande gekommenen Friedensstand wird keine Aufklärung gegeben.[2]

Noch mehr! Auch wo die politischen Verhandlungen von dem Gang des Krieges gar nicht getrennt werden können, finden wir sie doch nur in kürzester, rasch auf das Ergebnis zielender Zusammenfassung berichtet. Nehmen wir als Beispiel den im April 421 geschlossenen Frieden zwischen Athen und Sparta, der doch, da er den Krieg in zwei Hälften scheidet, als der eingreifendste Vorgang in demselben anzusehen ist. Die Entstehungsgeschichte desselben wird in die kurzen Worte gefaßt: nach monatelangen Verhandlungen, in denen „viele Forderungen gegeneinander vorgebracht wurden, kam man zum Einvernehmen".[3] Die Stellung der peloponnesischen Bundesgenossen zu dem Frieden wird dann mit den kurzen Worten erledigt, daß der Entwurf desselben vier genannten Mitgliedern „nicht genehm war", und daß sie einen „gerechtern" Frieden verlangten.[4] Warum er nicht genehm war, können wir nur aus begleitenden und nachfolgenden Vorgängen, vielleicht recht unvollständig erschließen. Der endliche Abschluß des Friedens wird dann

---

[1] III, 86. Noch unvermittelter ist die Einführnng des Bündnisses mit Metapont (VII, 33) und die Bemerkung über das gleich beim Beginn des Kriegs geschlossene Bündnis der sizilisch-dorischen Städte mit Sparta (III, 86, 3; vgl. II, 7, 2).
[2] Die Notizen II, 7, 67, IV, 50 sind ganz unbestimmt.
[3] Von dem Zusatz ὥστε Νισαίων sehe ich mit Rücksicht auf die von Steup erhobenen Einwendungen (3. Aufl. der Ausgabe von Classen, Bd. V, S. 254) ab.
[4] V, 17, 22.

durch Einlage der Urkunde desselben, ohne ein Wort näherer Erläuterung, berichtet.

Hiernach ist klar: die Forderung, daß den Vorgängen der auswärtigen Politik die gleiche Berücksichtigung zukomme, wie den Aktionen des Kriegs, hatte sich der Geschichtschreiber mit voller Klarheit noch nicht gestellt. Hätte er sie aber gestellt, so würde er sich wiederum sofort vor einer neuen Aufgabe gefunden haben.

Kriegführung und auswärtige Politik sind Handlungen, die von einem persönlichen Träger ausgehen und durch dessen Eigenart bedingt sind. Der persönliche Träger nun war, wie im Sinn der ältesten Geschichtschreibung, so auch nach des Thukydides Auffassung, der Staat, im Rahmen seiner Darstellung also der athenische und der spartanische Staat nebst den von beiden geführten Staatenbünden. Fragte er nach der Eigenart dieser Staatswesen, so zeigte sie sich ihm zunächst in den Formen ihrer Verfassung. Aber in diesen Formen sind lebendige Menschen tätig, welche über die materiellen und geistigen Kräfte des Staates verfügen, seine Zwecke zu ermitteln und zu verwirklichen haben und in ihrer gesamten Tätigkeit vornehmlich auch den sittlichen Charakter des Staatslebens offenbaren. Alle Organe des Staates endlich gehen auf in der Gesamtheit des Staatsvolkes, dessen Lebenszwecke und Lebensweise in letzter Instanz über die Betätigung und die Geschicke der Staaten entscheiden. Es fragt sich demnach, ob Thukydides auch diesen Verhältnissen nachgegangen ist, ferner, in welcher Form er sie behandeln konnte. Die erste Frage ist in beschränktem Sinn zu bejahen, zunächst aber ein Wort über die zweite.

Die Erscheinungen, um die es sich handelte, waren zuständlicher Natur. Wenn also der Geschichtschreiber auf sie einging, so mußte er sich mit der oben (S. 3 f.) berührten Frage nach dem Verhältnis von Zustand und Begebenheit auseinandersetzen. Nun hielt Thukydides gleich der ältesten Geschichtschreibung, und mit ihm auch weiterhin seine antiken und mittelalterlichen Nachfolger in der Hauptsache, wenn auch ohne eine streng ausgebildete Theorie[1]),

---

[1]) An einen dahin gehörigen Satz des Aristoteles erinnert Otfr. Müller, Gesch. der griechischen Literatur I, S. 470. Weiteres gibt

an der Regel fest, daß der Geschichtschreiber die einzelnen und vorübergehenden Begebenheiten zu erzählen, nicht aber sich bei allgemeinen Zuständen aufzuhalten habe. Da aber eine ausnahmslose Durchführung dieses Grundsatzes bei jeder tieferdringenden Geschichtsbetrachtung sich als unmöglich erwies, so suchte man für eine wenigstens beschränkte Berücksichtigung der Zustände besondere Auskünfte. Als eine solche bot sich dem Thukydides vor allem die vor dem Volk oder den zu großen Entschlüssen Berufenen abgehaltene Rede.

Eine Rede ist ihrer Form nach eine Begebenheit, gehört also in eine dem Fluß der Begebenheiten gewidmete Erzählung. Anderseits aber, besonders wenn sie zur Begründung oder Rechtfertigung von Entschlüssen und Taten dient, muß sie die Erwägungsgründe aus Zuständen, z. B. dem Stand der Machtmittel kämpfender Staaten oder den stetigen Richtungen ihrer Politik, ableiten. Die Einflechtung von Reden wurde demnach ein wesentliches Mittel der Darstellung des Thukydides, und sie blieb es in der gesamten antiken Geschichtschreibung. Allerdings ein Mittel, das dem strengen Anschluß an die Wirklichkeit nicht entsprach. Denn wenn auch Thukydides die mitgeteilten Reden nicht erfand, so gab er sie doch nur, wie sein eigenes Gedächtnis oder das seiner Berichterstatter sie bewahrt hatte[1]), also nicht nach dem Wortlaut, sondern nach dem Sinn im ganzen[2]), oder auch nur, wie „die Redner nach den Erfordernissen der jedesmal vorliegenden Fragen sich ausgesprochen haben möchten". Unter den Händen weniger gewissenhafter Nachfolger führte dies zur freien Erfindung von Reden, und zwar solchen Reden, die weniger der Ergänzung als der rhetorischen Ausschmückung der Darstellung dienten.

Aber auch wo der willkürlichen Erfindung kein Spielraum gelassen wurde, führte die Verschiedenheit der Zwecke, die der geschichtliche Darsteller und der Redner verfolgen,

---

v. Bezold, Internationale Monatsschrift für Wissenschaft, Kunst und Technik 1913 Dez., S. 278 f.

[1]) Daher das Wort $\delta\iota\alpha\mu\nu\eta\mu o\nu\varepsilon\acute{u}\varepsilon\iota\nu$ (I, 22).
[2]) $\sigma\upsilon\mu\pi\tilde{\alpha}\sigma\alpha$ $\gamma\nu\acute{\omega}\mu\eta$ (a. a. O.).

zu verschiedener Behandlung des Gegenstandes. Ersterer hat die Zustände möglichst erschöpfend und allseitig darzulegen, letzterer will seine Zuhörer weder durch Ausführlichkeit ermüden, noch durch gleichmäßige Beleuchtung aller Umstände in ihrem Urteil verwirren. Seine Darlegungen werden oft einseitiger, regelmäßig allgemeiner, weniger ins einzelne eingehend gehalten sein.

In der Tat ist es denn auch besonders die letztere Eigenschaft, welche die Zustandsschilderungen bei Thukydides kennzeichnet, so vor allem seine Behandlung der Verfassungsformen. Daß er die Bedeutung dieser Formen außerordentlich hoch veranschlagt, erkennt man, wenn man z. B. hört, daß die Erringung der überragenden Macht der Spartaner wie der Athener großenteils ihrer Verfassung zu verdanken sei[1]); sucht man aber Aufschluß über die vor allem in Betracht kommende Verfassung Athens und des attischen Bundes, so erfährt man nicht viel mehr, als daß die Athener unter einer Demokratie lebten, welche ihnen Gleichheit der privaten, wie der öffentlichen Rechte verbürgte, und daß der attische Bund eine die politische und militärische Selbständigkeit der Bundesglieder zerstörende, ihre Privatinteressen jedoch auf dem Fuß gleichen Rechtes mit dem Bundeshaupt behandelnde Gewaltherrschaft Athens war.[2])

Dieselbe Beobachtung, daß Thukydides zwar die Bedeutung des Gegenstandes erfaßt, auf eine eingehende Behandlung aber verzichtet, wiederholt sich, wenn wir die übrigen oben bezeichneten Zustände, wie sie allerdings vorzugsweise nur für Athen berücksichtigt sind, ins Auge fassen. Zunächst die Persönlichkeiten, die als lebendige Kräfte die Formen der Verfassung ausfüllten, in der Zeit, da Athen in den großen Krieg eintrat. Zwei Mächte sind es, denen sich da die Darstellung zuwendet: die Masse des Staatsvolkes, dem in allen großen politischen Fragen die Entscheidung zusteht, und der einzige Mann, dem sein geistiges Übergewicht die Führung dieses Volkes eingebracht hat. Wenn Thukydides

---
[1]) I, 18, 19; II, 36, 37.
[2]) Als τυραννίς bezeichnet schon Perikles (II, 63) die athenische Hegemonie, nicht erst Kleon, wie es in meiner frühern Abhandlung (H. Z. Bd. 54, S. 10) heißt.

nun in einer Rede, in welcher der sonst vorwaltende Zweck der Begründung oder Rechtfertigung von Entschlüssen der reinen Zustandsschilderung weicht — es ist die berühmte Leichenrede des Perikles (II, 35) —, den Charakter der Athener, wie er sich in der gesamten Entfaltung ihres Daseins, in staatlicher wie außerstaatlicher Betätigung offenbart, schildert, so stellt er für die folgende Geschichtschreibung ein hochbedeutendes Vorbild auf, aber ein Vorbild, das noch umfassende Ergänzung erforderte. Denn bei tieferem Eindringen in solche Zustände erscheint dem Geschichtschreiber das Volk nicht als eine ungeschiedene, sondern als eine mannigfach gegliederte Masse; in seiner freien staatlichen Betätigung ist es in politische Parteien, in der Richtung auf wirtschaftliche und ideale Zwecke in soziale Gruppen eingeteilt. Die Aufgabe, seinen Zustand zu schildern, gestaltet sich demnach unvergleichlich reicher und schwieriger.

Der Masse des Volkes stellt Thukydides in Perikles den Führer desselben gegenüber. Weil er diejenigen Eigenschaften besitzt, die dem Volke fehlen, nämlich Folgerichtigkeit des Urteils und Stetigkeit des Wollens, beides mit überlegener Geisteskraft und uneigennütziger Hingabe ans Gemeinwohl verbunden, so gewinnt er über dem Volk, das dem Namen nach das Recht der Herrschaft besitzt, in Wirklichkeit die Ausübung derselben. Den Charakter und die leitenden Gedanken dieses Mannes, wie sie sich in seiner Beziehung zur staatlichen Wirksamkeit, und nur in dieser Beziehung, äußern, teils unmittelbar in kurzen Sätzen zu schildern, teils mittelbar aus seinen Reden hervorgehen zu lassen, ist nun die weitere Aufgabe, die Thukydides sich stellt und im Verfolg seines Werkes auch den anderen hervorragendsten Staatsmännern und Feldherrn gegenüber zu lösen sucht.

Wiederum beobachten wir bei Stellung und Lösung dieser Aufgabe einerseits ein groß gedachtes Fortschreiten, anderseits ein Innehalten vor eng gezogener Grenze. Daß uns die Geschichte des peloponnesischen Kriegs mit besonderer Lebendigkeit vor der Seele steht, verdanken wir gutenteils der treffenden Kennzeichnung der politischen Charaktere, die lenkend im Mittelpunkt der Ereignisse stehen. Aber das

Getriebe der Politik wird nicht genügend aufgehellt, wenn die Aufmerksamkeit nur auf einen oder ein paar leitende Männer gerichtet wird, und der Charakter eines Staatsmannes wird erst recht verstanden, wenn man in die allseitige Entfaltung seiner Geisteskräfte und Erlebnisse eindringt. Nach beiden Richtungen erscheint die Darstellung des Thukydides zu eng.

Von den lebendigen Kräften, die sich in den Formen der Verfassung bewegen, wurde weiterhin gesagt, daß die geistigen und materiellen Mittel des Staates wie ein ständiges Kapital zu ihrer Verfügung stehen, und daß die Zwecke staatlichen Wirkens als zu erstrebende Güter von ihnen zu ermitteln und zu verwirklichen seien. In zwei Richtungen hat Thukydides auch diese Verhältnisse berücksichtigt. Einmal, er geht auf die materiellen Mittel ein, mit denen Athen in den Krieg eintrat, indem er zwar keine erschöpfende Statistik der finanziellen und militärischen Kräfte gibt, aber doch die runden Summen der Bundessteuern und der zur Verfügung des Staates stehenden Schätze, ferner die Zahl und Organisation der Streitkräfte zu Land und zur See mitteilt.[1]) Sodann, er fragt, welches der oberste Zweck war, der die kämpfenden Mächte in den Krieg trieb und als dauernder Inhalt ihres Denkens und Strebens einen geistigen Zustand ausmachte. Die Antwort, die er auf letztere Frage findet, ist so weitgreifend, daß sie sich auf das Kämpfen und Ringen aller Staaten anwenden läßt; sie befaßt sich in den Worten Freiheit und Macht, als den höchsten Gütern, welche die Staaten erstreben.[2]) Erweiterung ihrer Macht suchten ebensowohl die Perser, da sie ihre Herrschaft von Asien über die griechische Halbinsel auszudehnen unternahmen, wie die Athener, da sie ihren Staatenbund vergrößerten und die Bundesgenossen zu Untertanen machten. Freiheit verlangten ebensowohl die Hellenen in ihrem Kampf gegen die Perser, wie die Bundesgenossen Athens bei ihrem Abfall von dem Bündnis. Nun liegt es in der Natur dieser Zwecke, besonders der Machtbestrebungen, daß sie ins Unbegrenzte gehen; eine Grenze wird ihnen nur gesetzt einerseits durch das freiwillige Maß-

---

[1]) II, 13, 24.
[2]) III, 45: Kampf $\pi\varepsilon\varrho\grave{\iota}\ \tau\tilde{\omega}\nu\ \mu\varepsilon\gamma\acute{\iota}\sigma\tau\omega\nu,\ \grave{\varepsilon}\lambda\varepsilon\upsilon\vartheta\varepsilon\varrho\acute{\iota}\alpha\varsigma\ \tilde{\tau}\ \check{\alpha}\lambda\lambda\omega\nu\ \grave{\alpha}\varrho\chi\tilde{\eta}\varsigma$.

halten[1]) der Staatsleiter, anderseits bei dem Zusammenstoß mit Nebenbuhlern, wenn die beiderseitigen Machtbestrebungen in Gegensatz mit einander geraten. Ein solcher Gegensatz entwickelte sich zwischen dem attischen und peloponnesischen Bund: den Anfang und die Fortschritte desselben behandelt Thukydides in der Einleitung, seinen Austrag in dem größten aller Kriege, die Griechenland bis dahin geführt hatte, in dem Verlauf seines Werkes.

Auch hier ist vorgreifend zu bemerken, daß die von Thukydides aufgestellte Formel die nachfolgende Geschichtschreibung in weitestem Umfang beherrscht hat. Und doch ist sie in Wahrheit inhaltsleer. Einen Inhalt gewinnt sie erst aus den Kulturgütern, die in einem freien und mächtigen Staatswesen Schutz und Gedeihen finden sollen. Bloß für sich genommen, erscheinen die Antriebe von Freiheit und Macht als unheimliche Kräfte, welche in dem steten Wechsel des Emporkommens und Niedergehens die Geschichte in einem zwecklosen Kreislauf umhertreiben.

Wird es jetzt, nachdem wir betrachtet haben, wie Thukydides die bei Beginn des Krieges ihm entgegentretenden Zustände behandelt, noch nötig sein, ihm darin zu folgen, wie er die Veränderung dieser Zustände im Lauf des Krieges berücksichtigt? Es versteht sich fast von selbst, daß die Methode der summarischen Behandlung eher zu-, als abnimmt, und daß er weniger den allmählichen Gang der Veränderung, als ihr Hervortreten in einem fertigen Ergebnis beachtet. In der Tat tritt uns diese Art der Darstellung entgegen: so, wenn er die Wendung der athenischen Staatsleitung kennzeichnet, wie sie unter den auf Perikles folgenden Demagogen von Konsequenz und Maßhaltung zu Übereilung, Maßlosigkeit und brutaler Gewalt erfolgt, oder wenn er die zunehmende Schwäche der athenischen Finanzen wieder nur an unvollständigen Proben veranschaulicht[2]), oder auch in

---

[1]) μετριάζειν, I, 76.
[2]) Vermögenssteuer von 428/7 (III, 19) ohne ein Wort darüber, ob sie einmalig oder dauernd war. Ersatz der Bundestribute durch einen Zoll i. j. 413 (VII, 28) ohne ein Wort über die vorausgegangene Erhöhung der Tribute. Nichts auch über das Verhältnis der Ausgaben zu den Einnahmen.

2*

den mit der ganzen Wucht des Ausdrucks wirkenden Kapiteln (III 82, 83), in denen er die infolge des Krieges die griechischen Gemeinwesen insgesamt ergreifende Entsittlichung vorführt, wobei denn auch die furchtbare Größe des Gegenstandes ihm das Kunstmittel fremder Rede aus der Hand schlägt und ihn nötigt, die Brandmarkung mit seinen eigenen Worten vorzunehmen.

Eine Zustandsänderung gibt es allerdings, die verhältnismäßig eingehend dargelegt ist: es ist das die doppelte Umwälzung der athenischen Verfassung im Jahre 411. Freilich kann man darüber streiten, ob es sich hier im Sinne des Thukydides um den zweimaligen Übergang eines Zustandes in einen anderen, oder um zwei in kurzer Zeit sich abspielende Begebenheiten handelt; aber auch bei letzterer Auffassung verdient der Bericht eine nähere Betrachtung, da er sich jedenfalls auf höchst verwickelte Begebenheiten bezieht, mithin das andere oben (S. 2) besprochene Problem in Frage kommt, wieweit die ältere Geschichtschreibung verwickelte Vorgänge darzulegen vermochte. Indem ich in die Prüfung des Berichtes über die erste Umwälzung eintrete, wird es nicht überflüssig sein, nachdrücklich hervorzuheben, daß ich nicht den Vorgang als solchen zu erforschen, sondern nur festzustellen habe, wieweit der Bericht des Thukydides, für sich genommen, den Erfordernissen der Vollständigkeit und Klarheit entspricht.

Gleich der Anfang der Erzählung ist charakteristisch. Die Umwälzung entsprang, so heißt es, aus der infolge der sizilischen Niederlage aufs höchste gesteigerten Feindschaft zwischen der demokratischen und oligarchischen Partei; ihre Durchführung wurde vorbereitet durch die Organisation der Oligarchie in geheimen Gesellschaften. Vom Standpunkt einer genetischen Geschichtsauffassung würde man hier sofort Aufklärung über Ursprung und Entwicklung des Parteiwesens im athenischen Staat verlangen. Wie aber Thukydides nach der oben (S. 17) gemachten Bemerkung diesen Gegenstand in den Plan seiner Erzählung nicht aufnahm, so genügt es ihm, den Gegensatz der Parteien und die Art ihrer Organisation in dem Augenblick, da sie machtvoll in die Kriegsgeschichte eingreifen, als bestehend auftreten zu lassen. Was dann den Fortgang der Vorbereitungen besonders verwickelt gestaltet, ist der Umstand, daß sie von zwei Mittelpunkten geleitet werden: einerseits von den Befehlshabern und Bürgersoldaten der in Samos liegenden Flotte, anderseits von den oligarchischen Parteihäuptern in Athen, wozu dann als drittes Moment noch hinzukommt, daß der am Hof des persischen Satrapen Tissaphernes weilende Alkibiades in die Umtriebe in Samos eingreift und dabei den Gedanken der Gewinnung persischer Hilfsgelder und seiner, des Alkibiades, Restitution in den Plan der Verschwörung einfügt. Mit aller Kunst des Scheidens und Verbindens weiß nun der Geschichtschreiber uns durch diese verwickelten Gänge der Vorbereitung des Umsturzes hindurchzuführen; aber es ist, als ob diese Kunst plötzlich versagte, sobald er zur Darstellung des Verfassungssturzes selber gelangt.

Bis zum Beginn des wirklichen Umsturzes hat sich der Gang der Dinge dahin entwickelt, daß die Anknüpfung mit Alkibiades und damit die Aussicht auf persische Hilfsgelder wieder aufgegeben werden muß, und nur die oligarchische Umgestaltung der Verfassung weiterverfolgt wird. Zu dieser haben sich die vorher zwischen Samos und Athen getrennten Leiter der Verschwörung in der Hauptstadt zusammengefunden, und sie haben nun das gewöhnliche Spiel des Vorantreibens einer haltlosen Mehrheit durch eine entschlossene Minderheit durchzuführen. Formell verläuft ihr Werk in zwei Volksversammlungen und einem an die letztere sich anschließenden Gewaltstreich (VIII 67—70). Als Führer tritt dabei der von Samos herbeigekommene Peisander hervor. Aber gleich mit seinem Auftreten beginnen die Unklarheiten. Ohne daß über seine Persönlichkeit, vor allem seine Stellung in der militärischen oder bürgerlichen Amtsordnung etwas gesagt wird, heißt es, daß seine Gefolgsmänner das Volk zu der ersten jener beiden Versammlungen beriefen —, als ob die Berufung einer Volksversammlung von namenlosen Parteimännern hätte ausgehen können.[1]) Dann, nachdem

---

[1]) v. Meß (Rheinisches Museum, n. F. 66, S. 370) nimmt darum die stillschweigende Korrektur vor: auf „Veranlassung" jener Männer sei die Berufung erfolgt. Aber Thukydides sagt (VIII, 67): τὸν δῆμον ξυλλέξαντες.

hier nur eine vorbereitende Anordnung getroffen ist, erfolgen in der sich anschließenden zweiten Versammlung auf Antrag des Peisander die entscheidenden Beschlüsse. Wie wird ihr Inhalt auseinandergesetzt?

In vier Punkten soll er bestanden haben: 1. daß kein Amt in derselben Weise (wie bisher) geführt werden solle, 2. daß keines einen Sold einbringen dürfe, 3. daß zur Führung der Regierung mit unbeschränkter Gewalt 400 Männer nach einem näher angegebenen Wahlverfahren ernannt werden, 4. daß diese „die Fünftausend versammeln sollen, wenn es ihnen gut scheine". — Wer sind, so wird man hier vor allem fragen, die Fünftausend, die eingeführt werden, als ob sie bekannt wären? Man muß einige Kapitel rückwärts gehen, um eine halbe Antwort zu finden. Die Verschworenen heißt es, hätten die Rede in Umlauf gesetzt, daß die politisch berechtigte Bürgerzahl nach Maßgabe der finanziellen und körperlichen Leistungsfähigkeit auf 5000 Mann zu reduzieren sei (VIII, 65). Weiter liest man dort zur Erläuterung des zweiten Punktes, daß mit Ausnahme des Truppensoldes jede staatliche Besoldung, darunter wohl auch die Präsenzgelder für die Teilnahme an Volks- und Gerichtsversammlungen, aufgehoben werden müßten.[1]) Wieweit und in welcher Form aber diese Programmreden in die wirklich gefaßten Beschlüsse eingesetzt wurden, darüber geht der Geschichtschreiber hinweg. Ebenso läßt er uns ratlos, wenn wir nach dem eigentlichen Sinn des ersten Punktes fragen.[2])

Undeutlich also und lückenhaft ist der Bericht über den Inhalt der neuen Verfassung. Undeutlich und sprunghaft ist aber auch die Erzählung der ihrer Einführung vorausgehenden und folgenden Begebenheiten. Nehmen wir als Beispiel den Bericht über die Einführung des Ausschusses der Vierhundert und der Vollbürgerschaft der Fünftausend. Ohne

---

[1]) Classen bemerkt in seinem Kommentar (VIII, 97, 7), daß Aristoteles in der Politik (Susemihls Ausgabe S. 74, Z. 26) die Funktionen in Volksversammlung und Gericht zu den $ἀρχαί$ rechne. Wie Thukydides darüber denkt, ist nicht ganz sicher.

[2]) Ed. Meyer (Forschungen II, S. 419) scheint anzunehmen, daß die erste Anordnung mit der zweiten über Aufhebung der Besoldungen identisch sei. Aber Thukydides scheidet beide mit $μήτε — μήτε$.

ein Wort über die Vorgänge, unter denen die Bildung des Ausschusses wirklich erfolgte, heißt es: nach Beendigung der Volksversammlung „führten sie gleich nachher die Vierhundert auf folgende Weise ins Rathaus ein": während die außerhalb der Verschwörung Befindlichen „an jenem Tag" in ihre angewiesenen kriegerischen Stellungen abrücken, führen die Verschworenen, mit ein paar Hundert ergebener Hilfstruppen als Rückhalt, die Absetzung des alten und die Einsetzung des neuen Rates durch. Daß die „sie", welche die Vierhundert ins Rathaus führen, die Häupter der Verschworenen sind, wird der Leser unschwer erraten, ob aber unter der Zeitbestimmung „gleich nachher" und „an jenem Tag", noch derselbe Tag, an dem die Volksversammlung gehalten wurde, oder erst der ihr folgende zu verstehen ist, darüber gibt der Geschichtschreiber keinen Aufschluß. Folgt man dann seiner Erzählung über die Fünftausend, so erkennt man mit Sicherheit nur, daß der Regierungsausschuß sie weder versammelte, noch ihre Namen kundmachte. Ob er aber die Liste derselben fertigte und nur von ihrer Veröffentlichung vorläufig abstand, oder überhaupt gar nichts tat, darüber lassen die unbestimmten Äußerungen des Thukydides[1]) wiederum keine Entscheidung zu.

Es wird unnötig sein, in ähnlicher Weise die Erzählung des rasch folgenden Gegenschlages, der zur Herstellung der Demokratie führte, zu zergliedern. Genug, daß auch hier die Gegensätze und das erste Vorgehen der kämpfenden Parteien scharf, wenn auch summarisch dargelegt, der Vorgang der neuen Verfassungsumwälzung selber aber und der Inhalt ihrer Bestimmungen noch flüchtiger dargestellt ist als derjenige der ersten. Die Beobachtung aber, die wir in beiden Berichten machen, ist insofern von Bedeutung, als sie sich in Betrachtung der antiken wie der mittelalterlichen Geschichtschreibung unausgesetzt wiederholt: den Verfassern fehlt noch die Kunst, verwickelte Vorgänge, die sich auf dem Boden eines Rechtszustandes bewegen und dessen Anwendung oder auch Umwandlung bezwecken, klar und treffend darzulegen.

---

[1]) VIII, 86, 89, 92, 93.

Blicken wir nunmehr auf die Leistung des Thukydides im ganzen zurück, so können wir sagen: er hat mit genialem Griff die Geschichtschreibung auf eine höhere Stufe gehoben, indem er die wahren Aufgaben derselben klar und fest zu umschreiben und mit sicherem Einblick in den Gang und Zusammenhang der Ereignisse zu lösen unternahm. Daß er die neuen Wege, die er einschlug, meistenteils nicht bis zum Ende durchmaß, liegt in der Natur der Entwicklung jeder Wissenschaft. So hatte er erkannt, daß mit den Aktionen der Kriegführung diejenigen der äußeren Politik Hand in Hand gehen, ohne darum die letztern mit der nötigen Vollständigkeit zu behandeln; er hatte eingesehen, daß die vorübergehenden Ereignisse aus relativ dauernden Zuständen hervorgehen und auf dieselben zurückwirken, ohne darum die Zustände in dem ganzen Reichtum ihrer Entfaltung zu erfassen. Wie dann die Zustände ihrer Zusammensetzung nach meist verwickelter Natur sind, so trat ihm bei dem Übergang eines Zustandes in einen anderen die Aufgabe entgegen, höchst verwickelte Vorgänge in ihrer Einheit und Mannigfaltigkeit zugleich darzulegen. Auch diese Aufgabe griff er mit rüstiger Hand an, auch hier jedoch mußte er die vollständigere Lösung einer späteren Zeit überlassen.

Endlich wandte er sich noch zwei abschließenden Fragen zu, deren erste auf die obersten Ziele staatlichen Kämpfens und Ringens ging, die andere auf die Kräfte, welche als allgemeingültige den geschichtlichen Ereignissen zugrunde liegen. Daß er in ersterer Hinsicht eine Formel aufstellte, welche fortan die antike Geschichtschreibung beherrschte und doch einen wirklichen Inhalt erst gewinnen mußte, ist schon bemerkt. Wie er über die andere Frage dachte, ist noch mit einigen Worten zu erläutern.

Zwei Ursachen, so führt er aus, bestimmen in ununterbrochener Wechselwirkung den Gang des Geschehens. Die erste ist die menschliche Natur, die stets die gleiche bleibt, deren Kräfte in ihrem Ineinandergreifen die geschichtlichen Ereignisse hervorrufen —, nicht freilich, ohne daß über ihnen letzte, von einer göttlichen Weltregierung ausgehende Entscheidungen, deren Eingreifen sich indes der unmittelbaren Wahrnehmung des Geschichtschreibers entzieht, angenommen werden müssen.¹) Die andere geht von den an die Menschen herantretenden teils aus der Natur, teils aus der Geschichte selber hervorgehenden Ereignissen aus, welche wechseln²), in diesem Wechsel aber, da ihr Umfang ein beschränkter ist, sich wiederholen. In jedem Wiederholungsfall wird dann, da die andere Wirkungskraft, die menschliche Natur nämlich, sich gleich bleibt, das gleiche Ergebnis eintreten, und hiernach wird ein der Vergangenheit Kundiger die nächst Zukunft berechnen können.³) — Man erkennt hier die Ansicht von einem unmittelbar lehrhaften Zweck der Geschichte, zugleich auch die hier abermals auftretende Vorstellung von einem Kreislauf der menschlichen Geschicke. Gegen die Theorie im ganzen mußte eine tiefer eindringende Forschung einwenden, daß jene Gleichheit sowohl der sich scheinbar wiederholenden, aus der Natur und Menschenwelt stammenden Ereignisse, als der angeblich stetigen Kräfte, mit denen der Mensch den Einwirkungen der Ereignisse entgegentritt, in Wahrheit nicht stattfindet, sondern infolge des Fortgangs der Kultur stetigen Veränderungen unterliegt.

Zum Abschluß unserer Untersuchungen wäre jetzt noch eine Prüfung der Methode erforderlich, nach der Thukydides die geschichtlichen Vorgänge aus, den Zeugnissen oder auch aus unmittelbarer Beobachtung abzuleiten sucht. Mehr noch, als in der neueren Geschichtschreibung, gestaltet sich diese Methode dem antiken und mittelalterlichen Forscher anders, je nachdem er Zeitgeschichte oder die Ereignisse weiter zurückliegender Epochen behandelt. Da nun Thukydides in die entferntere Vergangenheit nur in der Einleitung seines Werkes zurückgreift, um die Bildung größerer Mächte innerhalb des hellenischen Volksstammes, dann die Entwicklung des Gegensatzes zwischen den beiden größten dieser Mächte darzulegen, hierbei aber seine Absicht nicht dahin geht, neue Forschungen anzustellen, sondern aus dem vor ihm Erforschten das Bedeutende und innerlich Glaubwürdige

---

¹) Einleitung Classens in seiner Ausgabe des Thukydides (1862) I, S. 53 f.
²) μεταβολαὶ τῶν συντυχιῶν. (III, 82, 2.)
³) I, 22.

auszuwählen, so kommt für ihn nur die bei Ermittelung der Zeitgeschichte zu befolgende Methode in Betracht.

Hier nun sah er sich, da eine zusammenfassende Darstellung, die er hätte zugrunde legen können, ihm nicht zu Gebote stand, vor die schwere Aufgabe gestellt, aus Zeugnissen, die sich auf Einzelvorgänge bald von eng begrenztem, bald von größerem Umfang bezogen, das Wesentliche auszuwählen und zu einer zusammenhängenden Geschichte zu verarbeiten. Wie mag sich dabei das Verhältnis zwischen mündlicher Mitteilung und Selbstbeobachtung einerseits und schriftlichen, besonders auch aktenmäßigen Quellen anderseits gestellt haben? Nur vermuten können wir, daß, wie kaum eine der eingefügten Reden dem Geschichtschreiber in schriftlicher Wiedergabe vorlag, so auch der sonstige Vorrat von Akten, über den er verfügte, gering war, daß überhaupt das schriftliche Zeugnis vor mündlicher Mitteilung und Selbstbeobachtung für ihn weit zurücktrat. Wie aber wird er bei der Verarbeitung seiner Quellen verfahren sein?

Zwei Gegensätze sehen wir bei dieser Tätigkeit sich regelmäßig bekämpfen. Auf der einen Seite geht der Forscher von dem Berichte über einen Vorgang aus und wird sich, je mehr derselbe von vornherein das Vorurteil der Glaubwürdigkeit erweckt, um so weniger des Unterschieds zwischen dem subjektiven Zeugnis und dem objektiven Vorgang bewußt. Von selber wird er dann auch dazu geführt, die Dinge im Lichte des einen Berichtes, der ihm als maßgebend entgegengetreten ist, anzuschauen, verwandte Zeugnisse nur sparsam heranzuziehen und bei ihrer Berücksichtigung mehr auf die Ausgleichung der Aussagen, als auf ihre Widersprüche und Lücken zu sehen. Auf der anderen Seite wird von vornherein der objektive Vorgang als Ziel der Untersuchung aufgestellt; erst in ungewissen Umrissen ihn erforschend, sucht der Forscher die Züge, welche das Bild zusammensetzen, nach den Erfordernissen der Deutlichkeit und des widerspruchslosen Zusamenhangs in fortgesetztem Suchen und Prüfen der Zeugnisse zu ermitteln, und es drängt sich ihm dann von selber die Forderung auf, die Zeugnisse in möglichster Vollständigkeit zu sammeln und nach ihrem Wert gegeneinander abzuwägen.

Wenn nun Thukydides einsieht, daß die einzelnen Berichte über die kriegerischen Vorgänge[1]) je nach Parteinahme oder beschränktem Beobachtungskreis regelmäßig einseitig ausfallen, von sich aber bemerkt, daß er sich bemüht habe, die Dinge genau, d. h. unter allseitiger Abwägung der Zeugnisse, darzustellen, so nimmt er für sich die zweite Methode in Anspruch, und wenn die Kritik, welche den militärischen Abschnitten seines Werkes den Vorzug allseitiger und zuverlässiger Ermittelung zuspricht, Recht behält, so wird man seinem Selbstzeugnis zustimmen, mithin dem Werke in bezug auf kritische Forschung bahnbrechende Bedeutung zuerkennen.

Eine andere Frage ist es, ob der gleiche Vorzug auch von den die politischen Vorgänge behandelnden Abschnitten gilt. Erwägt man die oben hervorgehobene Lückenhaftigkeit und Undeutlichkeit, die diesen Darstellungen vielfach eigen ist, so drängt sich die Vermutung auf, daß Thukydides hier Berichte vor sich hatte, die vielfach unvollständig und flüchtig waren, und dann die Vergleichung derselben mit anderen Zeugnissen unterließ, zu der ihm freilich oft genug das Material fehlen mochte. Bestätigt wird diese Vermutung durch die Behandlung der in die Erzählung eingeschobenen Vertragsurkunden. Nicht nur daß die den Verträgen vorausgehenden Verhandlungen teils übergangen, teils nur flüchtig gekennzeichnet sind, und infolgedessen die Entstehung und eigentliche Bedeutung der Hauptbestimmungen vielfach dunkel bleibt, es ergeben sich auch zwischen dem Text der Urkunden und den ihnen vorausgehenden und folgenden Berichten Widersprüche, die nicht gerade tiefgreifend sind[2]), aber vermieden wären, wenn der Verfasser die verschiedenen Quellen, statt jeder an ihrem Ort einfach zu folgen, kritisch verglichen hätte.[3])

---

[1]) τὰ ἔργα τῶν πραχθέντων ἐν τῷ πολέμῳ. (I, 22, 2. Classens Erweiterung der Bedeutung dieser ἔργα über die militärischen Vorgänge hinaus scheint mir unstatthaft zu sein. Vgl. weiter VII, 44, V, 26.)

[2]) So Ed. Meyer gegen Kirchhoff (Forschungen II, S. 283f.).

[3]) Auf die Streitfrage, ob die Vergleichung unterblieb, weil in den betreffenden Abschnitten die schließliche Bearbeitung noch

So lesen wir als Datum des Friedensvertrags zwischen Athen und Sparta von 421 erst in der Urkunde, dann in der anschließenden Erzählung Angaben, die etwa vierzehn Tage auseinanderliegen, und deren Ausgleich durch den Unterschied von Abschluß und Inkrafttreten des Vertrags von Thudydides jedenfalls nicht hervorgehoben ist. In dem athenisch-spartanischen Bundesvertrag von demselben Jahr finden wir kein Verbot von Bündnissen oder Angriffskriegen gegenüber einer dritten Macht, in der anschließenden Erzählung wird ein solches Verbot behauptet. Auch hier kann man den Widerspruch durch Unterscheidung von Wortlaut und Sinn zu beseitigen suchen, aber hier erst recht war die Unterschiebung einer positiven Bestimmung unter den bloßen Sinn nicht statthaft.

Hiernach liegt die Annahme nahe, daß Thukydides unter den beiden Wegen kritischer Forschung in den militärischen Abschnitten seines Werkes den ersten, in den politischen mehr den zweiten eingeschlagen hat. Auf dem ersten Weg stellte er den objektiven Vorgang in den Mittelpunkt der Untersuchung, auf dem zweiten hielt er sich an das subjektive Zeugnis und wurde dann letzten Endes auf die Gleichsetzung von Zeugnis und Vorgang und das Sichbegnügen mit dem einzelnen Hauptzeugnis gewiesen. Seinen Nachfolgern hinterließ er in erster Beziehung ein Muster zur Nachahmung, in zweiter Hinsicht ein der Vervollkommnung bedürftiges Beispiel.

Wie aber stand es mit seiner geistigen Hinterlassenschaft in bezug auf die Behandlung der Geschichte im großen? Indem er den Staat als Träger der Geschichte hinstellte, hatte er tiefe Einblicke eröffnet in die Mannigfaltigkeit seines Lebens und die Gründe seiner Lebensentfaltung; aber folgerecht und erschöpfend hatte er nur die kriegerische Seite seiner Betätigung dargestellt. Als Bedingung für eine weitere gedeihliche Entwicklung der Geschichtschreibung ergab sich hieraus die Forderung, daß vor allem das Wesen des Staates nach den ihm gesetzten Zwecken und den in

---

nicht erfolgt war (darüber zuletzt v. Wilamowitz, Berliner Akademie S.-B. 1915, S. 618f.), habe ich nach der S. 11 Anm. gemachten Verwahrung nicht einzugehen.

ihm wirkenden lebendigen Kräften bestimmter und allseitiger gefaßt wurde. Von diesem Gesichtspunkte gehen wir über die rein historische Literatur, die sich an das Werk des Thukydides anschließt, hinweg zu der Grundlegung einer Wissenschaft vom Staat durch Aristoteles.

Zweites Kapitel
Aristoteles' Politik

Zwei Bestimmungen haben wir nach dem eben Bemerkten in der Politik des Aristoteles[1]) vor allem aufzusuchen: den Zweck des Staates und die Anordnung der persönlichen Kräfte, welche unmittelbar oder mittelbar sein Wirken hervorbringen. Der Zweck des Staates, so hören wir nun, besteht darin, daß die in ihm geeinten Menschen leben und gut leben sollen. Unter „gut leben" wird eine Entfaltung der menschlichen Kräfte verstanden, welche zur Glückseligkeit führt und im Sittengesetz ihre Regel hat. Seine Angehörigen zur sittlichen Bildung zu führen, ist also die oberste Aufgabe des Staates. Die Tätigkeit des Staates äußert sich unmittelbar in seiner Verfassung, mittelbar wird sie angeregt von den kleineren Gemeinschaften, welche unter ihm als der umfassendsten Gemeinschaft bestehen. Die Verfassung wird bestimmt als die geordnete Verteilung der den staatlichen Tätigkeiten entsprechenden öffentlichen Gewalten[2]) an bestimmte Personen und Gesamtheiten. In ihr vollzieht sich das Leben des Staates[3]), ihre Darlegung ist also eine der vornehmsten Aufgaben der Wissenschaft vom Staat. In der Gliederung der Staatsangehörigen in besondere Gemeinschaften sieht Aristoteles als den untersten Kreis den Hausstand an, den er als eine zugleich sittliche und wirtschaftliche Einheit faßt. Auf der Grundlage des

---

[1]) Ich zitiere nach der in der Susemihlschen Textausgabe (Teubner 1882) angenommenen Folge der Bücher, Kapitel und Paragraphen.
[2]) Daher Unterscheidung der $ἐν\ ταῖς\ ἀρχαῖς\ γενόμενοι$ und der $ἔξω\ τῆς\ πολιτείας$ (8, 7, § 3).
[3]) $ἡ\ γὰρ\ πολιτεία\ βίος\ τίς\ ἐστι\ πόλεως$ (6, 9, § 3).

Hausstandes baut er dann eine doppelte Reihe von weiteren Kreisen auf. Die erste führt zum Geschlechtsdorf und von da zum Staat, oder auch in ähnlicher Folge zur Phratrie, zur Phyle und endlich zum Staat. Als zweite Reihe erscheint eine Anzahl von Kreisen, die zum Teil nebeneinander, zum Teil untereinander geordnet sind[1]), alle aber dadurch bestimmt werden, daß ihre Angehörigen einer gleichartigen Tätigkeit sich widmen, d. h. demselben Lebensziel nachgehen, oder daß sie gleichartige Güter in ähnlichem Maße besitzen, d. h. über dieselben Mittel zu bestimmten Lebenszwecken[2]) verfügen. Es sind verschiedene Gruppen, deren Angehörige in bezug auf eines jener Momente gleich sind ($\emph{ἴσοι κατ'ἕν}$. 3, 7 § 7).

Unter den Gütern, deren Verteilung die Ausscheidung solcher Gruppen bedingt, kommt zunächst der materielle Besitz in Betracht, der wieder sehr verschieden ist nach seiner Natur und nach den wirtschaftlichen Tätigkeiten, die er hervorruft. Güter anderer Art fallen dem Menschen durch Geburt zu, wie Freiheit, vornehmes Geschlecht, oder da, wo die Einwohnerschaft eines Staates in verschiedene Volksstämme zerfällt, die Stammesangehörigkeit. Am höchsten stehen endlich die Güter der sittlichen und intellektuellen Bildung, deren Erwerb durch Erziehung und Charakteranlage bedingt ist. Teils im Zusammenhang mit dieser Mitgift materieller oder geistiger Güter, teils ohne erkennbaren Zusammenhang erwachsen nun weiter jene Tätigkeiten, welche sich nach dem Gesichtspunkt des Zweckes unterscheiden und verschiedene Klassen innerhalb der Bevölkerung ausscheiden. Die Beschäftigung mit der Urproduktion, mit dem Gewerbe oder dem Handel erzeugt die wirtschaftlichen Berufsgruppen; die verschiedenen Richtungen und Erfolge, mit denen die Menschen ihrer sittlichen Vollendung entgegenstreben, er-

---

[1]) Über die Gliederung der Gesellschaft wird gehandelt: 3, 7; 4, 7. 8; 6, 3. 4; 7, 1. 2. 4; 8, 2 § 7. 10. Über die bisherige Behandlung der Sache (Teichmüllers Verdienst) vgl. Susemihl in der Einleitung seiner mit Übersetzung und Erklärung versehenen Ausgabe S. 62f.

[2]) Über den Begriff der Güter ($\emph{ἀγαθά}$) 3, 7 § 2f. Die Güter des Besitzes als Mittel zum Leben: $\emph{πλῆθος ὀργάνων πρὸς ζωήν}$ (1, 2 § 4). Demgemäß müssen ethische Güter Mittel sein zum $\emph{εὖ ζῆν}$.

geben die auf Bildung und sittlicher Tüchtigkeit beruhenden Unterschiede.

Nicht einmal, sondern wiederholt versucht Aristoteles, die sich aus solchen Verhältnissen ergebende Gliederung der Einwohnerschaft darzulegen, wobei es ihm nicht entgeht, daß Klassen, die an einem Ort geschieden sind, anderwärts gemischt erscheinen, und daß überhaupt die Eigenschaften, welche eine Klasse bilden sollen, in der Regel nicht rein und unvermischt vorkommen: als überall durchgehende Unterschiede bleiben ihm am Ende nur die Gegensätze der Armen und Reichen, der sittlich Tüchtigen und Gebildeten und der rohen Masse übrig.

Daß der große Denker mit diesen Andeutungen die Anfänge dessen gibt, was man heute als Lehre von der Gesellschaft bezeichnet, ist wohl nicht zu verkennen. Aber zur Durchbildung dieser Lehre mußten allerdings viel weitergehende Fragen gestellt werden. Entspringen jene Güter und Tätigkeiten im letzten Grunde aus Anlagen des Menschen und Verhältnissen der äußeren Natur, welche von demjenigen, was den Staat begründet und ausmacht, zu unterscheiden sind? Und wenn dann die Güter und Tätigkeiten die sozialen Gruppen hervorbringen und in und durch dieselben ihr wahres Leben und ihre rechte Bedeutung erst gewinnen, erfolgt dann diese Entwicklung nach eigenen Gesetzen, welche von den Gesetzen, die das Leben des Staates beherrschen, zu unterscheiden sind? Mit andern Worten: kommt der nach wirtschaftlichen und geistigen Gütern und Bestrebungen gegliederten Gesellschaft ein eigener Grund des Daseins und der Entfaltung zu gegenüber dem Staat?

Bei Aristoteles sind diese Fragen nicht bloß nicht bestimmt gestellt, sondern auch aus dem Sinne seiner Ausführungen nicht mit Sicherheit zu beantworten. Wenn man nämlich die Stellen nachliest, aus denen ich seine Ausscheidung der sozialen Gruppen entnommen habe, so wird man bemerken, daß in denselben noch etwas mehr steht, als ich wiedergegeben habe. Auf einer Linie neben Landwirten, Gewerbetreibenden u. dgl. finden sich da diejenigen Klassen, welche die Waffen führen, welche die gemeinen Anliegen beratschlagen, welche das Richteramt verwalten. Offenbar sind das Organe, deren Dasein lediglich aus der staatlichen Verfassung entspringt, und deren Tätigkeit lediglich auf staatliche Aufgaben geht. Müssen demgemäß nicht auch die anderen Kreise als Teile des Staates im strengsten Sinne des Wortes erscheinen? Durch eine andere Beobachtung wird dieser Eindruck verstärkt. Aristoteles gibt einige Grundzüge der Lehre von der Urproduktion (Jagd, Viehzucht, Ackerbau) und von den auf Austausch beruhenden Wirtschaftszweigen (Handel, Zinsgeschäft, Lohndienst); an anderer Stelle wieder berührt er die Grundsätze der Ethik und den Inhalt des Wissens als Gegenstände geistiger und sittlicher Bildung; aber der Gedanke, daß den Mitteln und Zielen wirtschaftlicher und geistiger Tätigkeit eine Triebkraft innewohnt, welche die Menschen ergreift, sie in zusammenwirkende Gruppen scheidet und vereinigt und zu neuen Errungenschaften und stets neuer Gliederung der Gesellschaft treibt, und daß in dieses Leben der Staat zwar ordnend, schützend und fördernd, gelegentlich auch leitend, aber niemals schaffend und allgemein leitend eingreifen kann, dieser Gedanke wird nicht einmal gestreift.

Und doch gibt es ein Gebiet, auf welchem die Ansicht von der Selbständigkeit der Gesellschaft, die in der Theorie nicht gelehrt wird, in der Beurteilung tatsächlicher Vorgänge als selbstverständlich hingenommen wird: dies Gebiet eröffnet sich da, wo wir das Leben des Staates von den Anregungen der gesellschaftlichen Kreise mittelbar, wie oben (S. 29) gesagt wurde, abhängen sehen. Nicht zwar die gesamte Betätigung des Staates wird da berücksichtigt, aber doch ein wesentlicher Teil derselben, nämlich die Bildung und Umbildung seiner Verfassung. Die Unterschiede der Verfassung — wenn wir von Königtum und Tyrannis absehen — entstehen nach Aristoteles dadurch, daß der vornehmste Teil der öffentlichen Gewalt[1]) entweder den sittlich Tüchtigen, oder den Reichen, oder dem Mittelstand, oder der an sittlicher Bildung und Besitz armen Masse zufällt.

---

[1]) κυρία ἀρχή oder τὸ κύριον τῆς πολιτείας. Die Übersetzung dieses Ausdruckes mit dem vieldeutigen modernen Wort „Souveränität" führt irre und ist falsch, wenn man unter Souveränität die Gesamtheit der öffentlichen Gewalt versteht.

Mit dieser Bestimmung wird die Bildung der Verfassung der Einwirkung solcher Gruppen unterstellt, die selber mit den Organen der öffentlichen Gewalt nicht identisch sind. Denn den Zutritt zu den Behörden erlangen aus der Zahl der Reichen, der niedern Masse usw. doch nur die durch Wahl oder Los Auserlesenen, und selbst in der Volksversammlung erscheinen nur diejenigen, welche von ihrem Rechte Gebrauch machen, und sie hören jedenfalls auf, Träger öffentlicher Gewalt zu sein, wenn sie vom Marktplatz zu ihren Geschäften zurückkehren. Noch deutlicher erscheint das so aufgestellte gegenseitige Verhältnis von Verfassung und außer der Verfassung stehenden Kreisen, wenn man neben den Hauptarten der Verfassung die Unterarten ins Auge faßt. So wird von der in der Demokratie herrschenden Masse gelehrt: sie sondere sich in verschiedene Klassen, je nachdem ihre Angehörigen sich dem Landbau, der Viehzucht, dem Handel, den Gewerben oder den verschiedenen Arten der Seeschiffahrt widmen; dem Vorwalten einer jeden dieser Gruppen entspreche eine besondere Art von Demokratie. Auch bei den Untersuchungen über Königtum und Tyrannis wird ein ähnliches Verhältnis nicht verkannt: allerdings weniger in der abstrakten Erörterung der Begriffe, als in den Angaben über die wirkliche Erscheinung beider Formen, so vor allem, wenn er vom altgriechischen Königtum lehrt, sein Dasein beruhe auf dem Schutz der Vornehmen gegen die Masse, und von der altgriechischen Tyrannis, sie sei entstanden aus der Vertretung des Rechtes der Menge gegen die Vornehmen.[1])

Es ist doch klar, daß diesen Behauptungen die Anschauung zugrunde liegt von einem bestimmten Verhältnis zwischen den Formen der Verfassung und der sozialen Gliederung des Volkes. Noch klarer wird die Sache, wenn man den Erörterungen über die Ursachen der Änderungen der Verfassung folgt. Es ist, so meint Aristoteles, eine Forderung der Gerechtigkeit, daß dem Besitz der für alle Menschen wertvollen wirtschaftlichen und sittlichen Güter ein bestimmter Anteil an der öffentlichen Gewalt entspreche. Es

---

[1]) 8, 8 § 2.

liegt infolgedessen in der Natur der Sache, daß eine Klasse, welche über gleichartige Güter verfügt und zu dem Bewußtsein ihrer daraus entspringenden Bedeutung gelangt ist, ihren Anteil an der öffentlichen Gewalt in Anspruch nimmt. Aber in Wirklichkeit steht die Verfassung oft in einem ungerechten Verhältnis zu der nach dem Besitz der Güter gegliederten Gesellschaft, indem sie gewisse Gruppen (oder gar Personen) einseitig bevorzugt. Ferner, wenn auch von vornherein das Verhältnis in gerechter Weise geregelt ist, so vollziehen sich doch im Laufe der Zeit Änderungen in der Fülle oder Verteilung der Güter und infolgedessen eine Verschiebung in der Anordnung der sozialen Gruppen. Diese Verschiebung aber und jenes Mißverhältnis ist der allgemeine Grund der inneren Bewegungen, aus denen die Verfassungsänderungen hervorgehen.

Daß der Gedanke, den Aristoteles hiermit ausspricht, ein höchst bedeutender ist, braucht wohl heutzutage nicht besonders betont zu werden. Richtig ist aber auch, daß er denselben wieder sehr abschwächt, indem er bei den näheren Ausführungen lediglich die brutalen Unterschiede von arm und reich oder mittelbegütert ins Auge faßt. Aber die Hauptsache ist doch, er hat die Bildung und Entwicklung der Staatsverfassung aus zwei Kräften erklärt: der öffentlichen Gewalt auf der einen, der Gesellschaft auf der andern Seite. Da die letztere die Anordnung der ersteren bedingt, und da sie selbständig Veränderungen in sich erzeugt, die wieder verändernd auf die Verfassung einwirken, so konnte man hieraus den Schluß ziehen, daß der Gesellschaft ihr eigenes Dasein, ihr Leben nach eigenen Gesetzen zustehe. Oder sollte Aristoteles die sozialen Gruppen am Ende doch nur als Geschöpfe und unfreie Zöglinge der staatlichen Gewalt ansehen? Es finden sich allerdings, wenn wir, von den Entwürfen seines Idealstaates absehend, uns nur an seine aus der Wirklichkeit geschöpften Beobachtungen halten, Äußerungen, nach denen es aussieht, als ob die verfassungsmäßige Gewalt soziale Kreise, z. B. eine landbauende Gesellschaft als Grundlage der leidlichsten Art der Demokratie zu bilden und zu erhalten vermöchte.[1]) Indes die

---
[1]) 7, 2, § 5.

Tragweite der in dieser Beziehung von ihm angeführten Tatsachen berechtigt doch nur zu einer Ergänzung der ersten Folgerung: wie die Gesellschaft auf den Staat, so wirkt freilich auch der Staat auf die Formung der Gesellschaft ein. Zwischen beiden besteht ein Verhältnis der Wechselwirkung; ihr Wirken aufeinander bewegt sich in jenem Kreislauf, der nach der geistreichen Beobachtung eines neuen Autors[1]) in allen Erscheinungen des öffentlichen Lebens, sobald die Ursachen und Wirkungen aufgesucht werden, hervortritt. Auf alle Fälle konnte es für die Geschichtsforscher ein müßiger Streit sein, wie Aristoteles im Grunde seines Herzens über die Selbständigkeit der Gesellschaft gedacht habe. Wenn der große Denker unter den Geschichtsforschern würdige Jünger seines Geistes fand, so mußten sie, seinem Winke folgend, den sozialen Erscheinungen nachgehen. Wenn sie dann das Ringen um wirtschaftliche und geistige Güter, soweit dieselben nicht als Besitz bevorrechteter Einzelmenschen, sondern als Durchschnittsgüter erstrebt und errungen werden, erforschten, wenn sie zeigten, wie in diesem Ringen die gesellschaftlichen Gruppen sich bilden und fort- oder rückbilden, sich bekämpfen und unterwerfen, wie der Staat ihnen ordnend und fördernd gegenübertritt, wie aus der Wechselwirkung beider Gewalten neue Formen staatlichen Rechtes und staatlicher Politik, neue Errungenschaften gemeinsamer Kultur und sozialer Gliederung hervorgehen —, so konnte fürwahr ein Mangel an lebensvollem Inhalt der Geschichtschreibung nicht mehr anhaften. Und man möchte glauben, die Gedanken des Aristoteles hätten um so mächtiger wirken sollen, da er zu dem bisher Erörterten noch eine weitere nicht minder bedeutsame Idee hinzufügte. Es blieb nämlich die Frage übrig, wie es denn komme, daß die gesellschaftlichen Kreise in den Anteil an der öffentlichen Gewalt einzudringen streben. Nicht gerade eine Antwort, aber doch den Stoff zu einer solchen geben die Ausführungen über den Zweck des Staates. Der Zweck des Idealstaates besteht nach Aristoteles in der Reinheit der sittlichen Bestimmung und dem höchstmöglichen Grad von Glückselig-

---

[1]) Roscher, Thukydides S. 199f. Derselbe, Nationalökonomie 1, § 13, Anm. 2.

keit seiner Angehörigen, der Zweck der wirklichen Staaten dagegen wird sich in den verschiedenen Verfassungen verschieden bestimmen je nach den Anschauungen, welche die Inhaber der öffentlichen Gewalt von Glück und sittlicher Bestimmung der Bürger haben, und je nachdem sie ihr eigenes Wohl oder das der Gesamtheit zu verwirklichen streben. Nach der besondern Art der Verfassung aber, also vornehmlich nach dem in ihr ausgeprägten Staatszweck[1]), richten sich die Gesetze, nach denen die Herrschenden regieren und die Untertanen zum Gehorsam anhalten.

Auf Grund solcher Ansichten kann man folgern: die sozialen Gruppen streben nach der öffentlichen Gewalt, um diejenigen Anschauungen und Bestrebungen, welche sie, sei es als gesellschaftliches Sonderinteresse, sei es auch zum Wohl der Gesamtheit zugleich, vertreten, in der staatlichen Gesetzgebung und Regierung zur Geltung zu bringen. Ob Aristoteles diese Folgerung mit Bewußtsein gezogen hat? und ob er sie, wenn er neben der Lehre von den Staatsformen auch die in Aussicht gestellte Lehre von den Gesetzen vollendet hätte, im einzelnen entwickelt haben würde? Man kann daran zweifeln, wenn man sieht, wie er in der Lehre von den Staatsformen mit dürren Worten einen anderen Grund für jenes Emporstreben der Gesellschaft zur Staatsverfassung angibt. „Was die Urheber innerer Kämpfe antreibt", sagt er hier, „ist Gewinn und Ehre" (8, 2 §2). Also Eigennutz und Ehrgeiz sollen die letzten bewegenden Kräfte sein in den fortwährenden Veränderungen der Formen und des Geistes der Staatsverfassung! Offenbar ein sehr unbefriedigender Ausgang einer groß begonnenen Gedankenreihe.

Aber groß war in seinem Grunde der Gedanke des Aristoteles doch. Er hatte gezeigt, wie der Organismus des Staates, den man kennen mußte, ehe man von seinen Krafterweisen redete, zusammengesetzt war. Er hatte gelehrt, daß sowohl diese Zusammensetzung, als auch der Geist der gesamten staatlichen Tätigkeit durch die Wechselwirkung zweier Kräfte bedingt sei, der Verfassung und der Gesell-

---

[1]) τὸ τέλος τῆς κοινωνίας (6, 1, § 5).

schaft, der staatlichen Macht und des sozialen Interesses. Bei all diesen Lehren aber war er — und das ist der letzte Punkt, auf den ich hinweise — von einer ähnlichen schmalen Grundlage ausgegangen, wie Thukydides. Der athenische Geschichtschreiber hatte seine Darstellung auf die Geschichte hellenischer Staaten beschränkt, hier freilich den Gesichtskreis aus den engen Grenzen eines einzelnen Staatswesens über den gesamten Machtbereich der beiden sich bekämpfenden Gegner, Athens und Spartas, erweitert; auch Aristoteles entnahm seine Beobachtungen zwar nicht ausschließlich, aber doch vorzugsweise den Erscheinungen des griechischen Staatslebens. Nach zwei Richtungen konnte demnach die spätere Geschichtsforschung über die Meister hinausgehen: sie konnte ihre Auffassung von der Zusammensetzung und dem Leben der hellenischen Staaten vertiefen, oder sie konnte über den engen Rahmen der Volksgeschichte zu dem Entwurf einer allgemeinen Geschichte hinausgehen. Es ist vornehmlich der letztere Fortschritt, der uns in dem Werk des Polybius vorliegt.

Drittes Kapitel

Polybius

Fortschritte in der Auffassung der Vergangenheit werden großenteils bedingt durch fortschreitende Erlebnisse der Gegenwart. In diesem Sinn waren es die durch die makedonische, dann die römische Staatengründung sich immer weiter und enger gestaltenden Beziehungen der Völker und Staaten, welche den Blick des Geschichtsforschers aus der Enge der hellenischen Welt auf die Weite des bewohnten Erdkreises (οἰκουμένη) richteten, soweit er nämlich den Gelehrten und Staatsmännern bekannt war[5]), und die ihn bewohnenden Völker in nähere Beziehungen zueinander eingetreten waren. Bei dem Versuche, die Gesamtheit dieser Völker in zusammenfassender Darstellung ihrer Geschichte

---

¹) Nur die γνωριζόμενα μέρη τῆς οἰκουμένης: Polybius III, I.

vorzuführen, ergab sich nun aber sofort als eine erste Schwierigkeit die Frage nach dem Einteilungsprinzip für die zu bewältigenden Massen. Ephoros, der Zeitgenosse Philipps von Makedonien, den Polybius als seinen einzigen würdigen Vorgänger auf diesem Gebiete anerkennt, half sich, indem er den Stoff teils nach sachlicher Unterscheidung, z. B. zwischen Länderbeschreibung und geschichtlicher Erzählung, teils wohl nach der Besonderheit der Völker und Staaten in eine Anzahl von nicht unter-, sondern nebengeordneten Darstellungen zerschnitt, dabei aber zurückgriff bis auf die Rückkehr der Herakliden als Anfang seiner Geschichte. Polybius, als er im 2. Jahrhundert v. Chr. in seiner Geschichte die sämtlichen um das Mittelmeer gelagerten Staatswesen umfaßte, spannte den zeitlichen Rahmen seiner Darstellung nicht so weit; er bewältigte, wenn man die einleitende vom ersten bis zum zweiten punischen Krieg reichende Erzählung einrechnet, einen Zeitraum von 120 Jahren[1]); aber er unternahm es, den unvergleichlich reichhaltigern und zuverlässigern Inhalt seiner Geschichte unter eine höhere Einheit zu ordnen. Er fand dieselbe in der Gemeinsamkeit von Ursache und Wirkung. Die gemeinsame Ursache liegt in der römischen Politik, welche von einem Mittelpunkte aus auf die Staaten einwirkt und ihre Einwirkungen empfängt; das gemeinsame Ergebnis besteht in dem Übergang der sämtlichen in Betracht kommenden großen Staatswesen unter die Herrschaft Roms, sei es unmittelbar durch Unterwerfung, sei es mittelbar in den Formen einer rechtlichen oder tatsächlichen Abhängigkeit.

Fassen wir nun zunächst das von Polybius hervorgehobene Ergebnis näher ins Auge. Erscheint bei ihm, so müssen wir im Anschluß an die früheren Erwägungen fragen, die römische Weltherrschaft als ein bloßes Verhältnis der Macht? oder hat er die Aufgabe, welche Thukydides angedeutet hatte, wirklich gelöst und neben der Macht die lebensvollen Zwecke gefunden, für deren Verwirklichung sie erstrebt und geübt wird? Daß er die Aufgabe erkannt hat,

---

[2]) Nissen im Rhein. Museum, N. F. 26, S. 248f., besonders S. 280/281.

geht aus seinen eigenen Worten hervor. Sieg und Herrschaft allein, sagt er (III, 4), ist nicht der Zweck der geschichtlichen Anstrengungen, sondern das, was an Angenehmem, Schönem und Nützlichem damit errungen wird, und in diesem Sinn wird der Wert der römischen Herrschaft abschließend erst erkannt in dem Zustand ($\varkappa\alpha\tau\acute{\alpha}\sigma\tau\alpha\sigma\iota\varsigma$), der für die unterworfenen Völker aus ihr hervorging. Andeutungen, wie er das versteht, gibt er, wenn er die römische Herrschaft im allgemeinen als das schönste und nützlichste Werk des Geschickes preist, oder wenn er im besondern im Hinblick auf den achäischen Bund bemerkt, daß dessen auf Gleichberechtigung und Menschenliebe gegründete (2, 38) Absichten von der Zeit ab ihre Verwirklichung erlangten, da derselbe unter römischer Oberherrschaft im Jahre 144 neu aufgerichtet wurde. Als die wesentlichen Früchte der neuen Ordnung nennt er: bundesgenössische und freundschaftliche Einigung der Gemeinwesen im Peloponnes, Gleichheit der Gesetze, Einheit von Maß und Münze, Gleichheit der Behörden für Justiz und Administration in sämtlichen Städten. In ähnlichem Sinne kann man sich aus dem Zusammenhang seiner Darstellung verdeutlichen, wie große Gemeinwesen, die durch den Geist der Gewalttätigkeit und Raubsucht in ihrem Innern zerrissen und für ihre Nachbarn unerträglich waren, z. B. der ätolische Bund, durch die Einordnung in das römische Weltreich zur Unterwerfung unter rechtliche Ordnungen genötigt wurden. Man könnte vielleicht auch den bedeutenden Gedanken bei Polybius finden, daß durch die römische Herrschaft, indem sie einen sicheren und regelmäßigen Verkehr zwischen den entlegenen Landen ermöglicht habe, die Fortschritte der Künste, Wissenschaften und Erfahrungen zum Gemeingut der vereinigten Völker geworden seien (3, 59; 9, 2; 10, 47).

Ob wir aber diese Andeutungen, wenn uns das Werk in seiner vollständigen Gestalt vorläge, in lebensvoller Darstellung ausgeführt finden würden? Man kann das kaum annehmen. Bei Polybius wie bei Thukydides überwiegt ein Gegenstand alle anderen geschichtlichen Erscheinungen, die Aktionen der auswärtigen Politik und des Krieges. Wenn er von Staatshändeln ($\pi\varrho\acute{\alpha}\gamma\mu\alpha\tau\alpha$, $\pi\varrho\acute{\alpha}\xi\varepsilon\iota\varsigma$) redet, so denkt er vornehmlich an die nach außen gerichtete Tätigkeit der Staaten, wenn er sein Werk als politische Geschichte (πραγματεία) bezeichnet; so denkt er vor allem an die Darstellung der auswärtigen Politik. Der bewegte und verwickelte Gang dieser Politik führt durch die Kämpfe der Römer und Karthager um die Beherrschung des Westens, der Römer und Makedonier um die Beherrschung des Ostens zu der schließlichen Gründung der allumfassenden Macht des römischen Staates.

Allerdings, wie die Beschränkung auf auswärtige Politik schon bei Thukydides nicht streng festzuhalten war, so war sie es noch weniger bei Polybius, und zwar bei diesem deshalb noch weniger, weil er mit voller Klarheit den Satz aufstellt: eine gute Verfassung sei die Bedingung einer erfolgreichen äußeren Politik, und eine Ausnahme sei es, wenn ein Staat mit fehlerhafter Verfassung, wie Theben, gleichwohl auf kurze Zeit eine glänzende Machtentfaltung erziele. Diesem Grundsatze gemäß unternimmt er es denn auch, wenigstens ein über die auswärtige Politik hinausführendes Verhältnis, nämlich die Verfassung des römischen Staates nicht mit bloßen Andeutungen, sondern in zusammenhängender Darlegung zu erklären. Hierbei aber mußte er sich zunächst mit einer die äußere Anlage seiner Darstellung betreffenden Schwierigkeit auseinandersetzen. Der Organismus einer Verfassung ist ein Zustand; die geschichtliche Erzählung aber hat sich im Sinn des Polybius, wie der andern antiken Autoren an den Strom der vorübergehenden Ereignisse zu halten. Wie also soll zwischen beiderlei Erscheinungen eine Verbindung geschaffen werden?

Abgesehen von dem Kunstmittel der Rede bot sich hier als ein noch ausgiebigerer Ausweg die den Gang der Erzählung unterbrechende Episode, und diese Einschiebungen wieder nahmen ihren Ausgang von den ältesten Versuchen auf dem Gebiet der Länder- und Völkerkunde, wie sie in den sog. Periegesen (S. 6) vorlagen. Nach dem Muster solcher Periegesen hatte Herodot über Geographie, Volks- und Staatenkunde der außerhellenischen Lande, die seine Darstellung berührte, ebenso ausführliche, wie lose verknüpfte Episoden in sein Werk eingeschoben. In dem straff gefaßten

Plan des Thukydideischen Werkes hatten solche Exkurse im allgemeinen keinen Platz, und wenn der Verfasser zum Zweck der Unterrichtung über die vom Hauptschauplatz entfernteren und fremderen Lande, wie Thrakien und Makedonien einerseits, Sizilien anderseits[1]), eine Ausnahme machte, so beschränkte er sich auf die einfachsten und kürzesten Angaben. Wieder anders, wohl dem Vorgang des Ephoros folgend, griff Polybius die Aufgabe an. In zwei besondern, an geeigneter Stelle eingeschobenen Büchern (VI, XXXIV) unterzieht er einerseits die römische Verfassung, wie sie sich in den Zeiten des zweiten punischen Krieges[2]) entfaltet hatte, einer eingehenden, das Kriegswesen einschließenden Darstellung, anderseits trägt er die Länder- und Völkerkunde der um das Mittelmeer gelagerten Gebiete vor. Es ist eine planmäßige Einfügung, die zwischen den losen Verknüpfungen des Herodot und der strengen Sparsamkeit des Thukydides die Mitte hält.

Für meine Zwecke kommt es vornehmlich auf die Betrachtung der auf die Staatsverfassung bezüglichen Abschnitte an und auf die Frage, in welchem Verhältnis dieselben zu den Gedanken des Aristoteles stehen. Es ist, um die Antwort gleich vorwegzunehmen, ein Verhältnis des Gegensatzes.

Der große Philosoph hatte darauf hingewiesen, daß der Charakter der Verfassung von dem Verhältnis der öffentlichen Gewalten zu den sozialen Gruppen des Volkes abhänge. Polybius hat für diesen Zusammenhang kein Verständnis; für ihn kennzeichnet sich die Verfassung lediglich nach den Inhabern der öffentlichen Gewalt. Je nachdem die letztere einem oder den Tüchtigsten oder der Gesamtheit der Bürger zusteht, ist die Verfassung monarchisch oder aristokratisch oder demokratisch. Wie einseitig Polybius nur das Organ der Gewalt im Auge hat, zeigt er am deutlichsten, wenn er das Konsulat als ein Amt von monarchischem Charakter betrachtet, während doch, je nachdem der Konsul unter dem Einfluß erst des Patriziats, später der Nobilität und

---

[1]) II, 96—100; VI, 1—5.
[2]) VI, 11a, 2.

wieder der Volkspartei gewählt war, das Amt einen aristokratischen oder oligarchischen oder demokratischen Charakter hatte. Noch schärfer gestaltet sich der Gegensatz zwischen Polybius und Aristoteles in der Auffassung der Gründe, welche die Umgestaltung der Verfassung bewirken. Der tiefste Grund im Sinne des Philosophen lag in der Umgestaltung der sozialen Gliederung des Volkes; ein viel einfacheres Moment glaubt dagegen der Geschichtschreiber gefunden zu haben, indem er auf die den verfassungsmäßigen Gewalten selber innewohnende Tendenz zur Umwandlung hinweist. Die Monarchen, im hergebrachten Besitz ihrer Gewalt, unterliegen der Versuchung zum Mißbrauch derselben, und so entsteht die Tyrannis. Indem sich die Untergebenen unter Führung der Tüchtigsten zum Sturz des Tyrannen erheben und die Regierung ihren Führern übergeben, entsteht die Aristokratie. Derselbe Wechsel von Entartung und gewaltsamer Erhebung führt weiter zur Oligarchie, Demokratie, Ochlokratie und zurück zur Monarchie. Ein steter Kreislauf der Verfassungen ist durch die Natur derselben geboten.

Nun liegt es aber, so meint Polybius weiter, in der Hand erfahrener Gesetzgeber, dem Kreislauf zu steuern und größere Stetigkeit einzuführen. Das Mittel besteht darin, daß man Organe von monarchischem, aristokratischem und demokratischem Charakter in einer Verfassung vereinigt und die Befugnisse jedes einzelnen durch die des andern begrenzt. Jedes strebt, die in seiner Natur liegende Vollgewalt auszuüben, wird aber durch das Gegenstreben der andern beschränkt: das Ergebnis ist ein Gleichgewicht, in dem jedes Organ sich zu pflichtmäßigem Verhalten angetrieben fühlt. Das Gleichgewicht der Gewalten ist das Mittel der Erhaltung der Verfassung und somit der Gesundheit und Macht des Staates. Gelingt es einem jener Elemente, ein Übergewicht zu erlangen, so ist der Anfang zur Entartung gegeben. Auf die Dauer kann keine Verfassung der Entartung und kein Staat seinem schließlichen Untergang entgehen, denn das Naturgesetz, welches für jeden Organismus Wachstum, Blüte und Auflösung anordnet, gilt auch für die Staaten (6, 51).

Es ist klar und wegen der Bedeutung dieser Auffassung für die folgenden Zeiten nicht nachdrücklich genug zu betonen, daß Polybius mit diesen Lehren eine von der Aristotelischen Ansicht verschiedene Betrachtung der staatlichen Verfassung und ihrer Geschichte aufstellt. Aber bei einer verständigen Auffassung der Gestaltungen des politischen Lebens ist es doch nicht möglich, daß die Extreme der so bezeichneten Ansichten völlig unvermittelt gegenüberstehen bleiben. Auch dem Polybius, so sehr er bei Untersuchung des Bestandes und der Veränderung der Staatsverfassung seinen Blick auf die Organe der öffentlichen Gewalt verengte, konnte es nicht entgehen, daß gewisse Erscheinungen im wirtschaftlichen und sittlichen Leben des Volkes auf die Staatsverfassung eine mächtige Einwirkung ausüben. Vor allem beachtet er das sittliche Leben. Und mit Rücksicht hierauf stellt er den Satz auf, daß die Güte oder Schlechtigkeit und folglich auch die Beständigkeit oder Unbeständigkeit einer Verfassung doch nicht bloß auf dem Gleichgewicht der Gewalten, sondern auf gewissen, das ganze Volk durchdringenden Lebensrichtungen beruhe, nämlich auf der im privaten und öffentlichen Leben sich bewährenden Sittlichkeit, welche wieder erhalten werde durch Sitte, Religion und gute Gesetze (6, 47. 53—56).

Hiermit wird das Gebiet der nationalen Sittlichkeit in den Kreis der staatlichen Geschichte hineingezogen; aber es geschieht in einer Allgemeinheit der Betrachtung, welche eine genaue Auffassung der Wirklichkeit nicht zuläßt. Denn wenn auch der sittliche Charakter eines Volkes in gewissen obersten Grundsätzen des Handelns sich als gleichmäßig herausstellt, im einzelnen gestaltet er sich sehr verschieden je nach den Verhältnissen, in denen die Menschen leben, und den gesellschaftlichen Kreisen, welche der Verschiedenheit der Verhältnisse entsprechen. Und diese Verhältnisse selber nebst den ihnen entsprechenden gesellschaftlichen Kreisen verändern sich wieder, je nachdem sich die einzelnen Zweige geistiger und materieller Kultur fortschreitend entwickeln oder auch verfallen. Verschieden muß sich hiernach der sittliche Charakter eines Volkes in den besonderen Kreisen, in die es zerfällt, offenbaren, und erst aus deren

Vergleichung untereinander wird sich ein Durchschnitt des sittlichen Lebens, des sittlichen Geistes des gesamten Volkes ergeben. Wenn nun die Betrachtung über solche Unterschiede hinweggleitet, wenn sie sich ein einfaches Ideal von ursprünglicher Sitte und Religion eines Volkes entwirft, und nach allgemeinen Beobachtungen auf dessen Trübung oder Reinhaltung im gesamten Volk oder doch in den größten Teilen desselben schließt, so wird diese Sittenschilderung an einem falschen Maßstab und voreiliger Verallgemeinerung kranken.

Und diese Richtung schlägt die sittliche Betrachtung bei Polybius ein. Nach seinem Beispiel bildeten sich die Nachfolger die Kategorien der altväterlichen Sitte und Gottesfurcht auf der einen Seite, des späteren Luxus, der Ämter- und Machtgier der Vornehmen und der Zügellosigkeit des gemeinen Volkes auf der andern Seite, nach denen sie die Schilderungen der älteren und jüngeren Zeit einrichteten. Wie dann mit dem Thema der sittlichen Ideale und des sittlichen Verfalls sich naturgemäß eine aufrichtige oder erkünstelte Wärme des Tones verbindet, so stellt sich jene Rhetorik in der Sittenschilderung ein, die nicht aufklärt, sondern blendet, nicht erhebt, sondern verwirrt.

Aber einen Vorzug dürfen wir doch vielleicht aus dieser Aufmerksamkeit auf das sittliche Moment ableiten: das ist die Charakteristik der handelnden Personen. Ich habe gesagt, daß bei Thukydides eine Charakteristik im volleren Sinne fehlt. Wie sie unter seinen Nachfolgern in der hellenistischen Epoche zuerst in Aufnahme gekommen ist, will ich nicht untersuchen. Genug, daß Polybius es wenigstens grundsätzlich (vgl. 10, 21) zu den Aufgaben historischer Darstellung rechnet, das Bild der hervorragenden Personen aus ihren Anlagen und Lebensgeschicken, aus ihrer Erziehung und Gesinnung, aus ihren Anschauungen endlich über die öffentlichen Dinge zu entwerfen.

Alles in allem ist es doch unzweifelhaft, daß die Aufgaben der Geschichtschreibung durch Polybius erweitert sind: er erstrebt eine zusammenhängende Darlegung staatlicher Verfassung, richtet den Blick auf den sittlichen Geist des Volkes und läßt die Macht der sittlichen Persönlichkeit zu ihrem Rechte kommen. Auffallend ist es bei alledem, daß er zwar den Zustand der Verfassung für die von ihm behandelte Zeit darlegt, aber ihre unter scheinbarer Ruhe fortgehende Entwicklung und im Zusammenhang damit die Geschichte der Parteien und der inneren Staatsverwaltung ebenso flüchtig berührt wie Thukydides. „Wie wenig er auf die innere Geschichte Roms, seine Parteien und ihre Kämpfe näher einging, zeigt der Umstand zur Genüge, daß die wichtigsten Daten aus dem Scipionenprozeß erst beim Tode des Scipio Africanus zu dessen Charakterisierung angeführt werden."[1]) Und doch hätte eine gleichmäßige Berücksichtigung der inneren und äußeren Staatsgeschichte für ihn um so näher gelegen, da er die Erfolge der äußern Politik aus der Güte der Verfassung ableitet, da ferner in der innern Politik nicht weniger als der auswärtigen ein Moment hervortritt, auf das er besonderes Gewicht legt, nämlich der Nutzen der Geschichte. Mit einem Worte über die in dieser Beziehung vorgetragenen Ansichten will ich diese Betrachtung schließen.

Ähnlich wie Thukydides schreibt auch Polybius für solche Leser, welche lernen wollen, die künftigen Geschicke der Staaten aus den vergangenen Ereignissen zu berechnen. Er unterscheidet dabei die Vorausberechnung der Entwicklung der Verfassung und diejenige des äußeren Ganges der Politik und der politischen Erfolge. Da die Verfassungen sich seiner Lehre gemäß in einem angewiesenen Kreislauf bewegen, und da die Gründe, welche Stetigkeit oder Veränderung der Verfassung bedingen, stets dieselben bleiben, so hält er es für leicht, sowohl die Veränderungen, als die Richtung dieser Veränderungen aus der Kenntnis der Vergangenheit des Staates vorherzusehen. Um dann weiter zu zeigen, wie die gleiche Rechnung sich für die auswärtigen Geschicke des Staates anstellen lasse, nimmt er den Vergleich des einzelnen Menschen zur Hilfe. Wie dessen Handlungen bedingt sind durch seinen sittlichen Charakter und seine Interessen, diese beiden aber nur aus seinem Leben zu

---

[1]) Nissen, Untersuchungen S. 102f.

erkennen sind, so sind auch der Politik jedes Staates gewisse Richtungen vorgezeichnet, gewisse Grundsätze aufgeprägt, und teils durch seine Verfassung, teils durch die bisherige Übung der Kräfte Bedingungen der Kraft oder Schwäche vorgeschrieben, welche derjenige ermessen wird, der in die früheren Geschicke und Taten desselben zurückgeht und überall feststellt, aus welchen Ursachen, mit welchen Mitteln, mit welchen Zwecken und Erfolgen jedes Einzelne geschehen ist.

Vergessen dürfen wir hierbei nie, daß Polybius, wenn er so von dem Staat und seiner Betätigung redet, nur die durch die Verfassung geordneten politischen Gewalten meint. Und wenn er von den Gründen spricht, durch welche diese Betätigung bestimmt wird, so denkt er wohl nicht daran, dieselben anderswo zu suchen, als in den unmittelbaren Gedanken und Antrieben der Inhaber der öffentlichen Gewalt. Daß es — mit Ausnahme etwa des sittlichen Geistes des Volkes — noch andere Antriebe gibt, welche auf dem Boden von Lebensverhältnissen, die ihrem reinen Begriffe nach nicht staatlicher Natur sind, erwachsen, und welche aus dem Munde einer durch diese Verhältnisse erzeugten Gesellschaft zu den öffentlichen Gewalten reden, kommt ihm nicht in den Sinn. Mit dieser mehr formalen Betrachtung der staatlichen Geschichte hängt es denn auch zusammen, daß ein Gedanke, der bei Thukydides bereits keimte, in der Auffassung des Polybius sich voller entfaltete, der Gedanke vom Kreislauf der Geschichte. Wie diese Ansicht die Darstellung der innern Staatsgeschichte beherrschte, ist oben bereits bemerkt. Aber auch für die gesamte Machtentwicklung der Staaten nach außen tritt sie uns entgegen in dem Satz, daß dieselbe sich durch die Phasen des Aufblühens, der Reife und des Absterbens bewege, um dann natürlich wieder von vorne anzufangen, eine Ansicht, die natürlich nicht zur Vertiefung der geschichtlichen Anschauungen dienen konnte.

Viertes Kapitel
Die römische Geschichtschreibung

Der Fortschritt zur allgemeinen Geschichte, den wir an dem Werk des Polybius betrachteten, sprach sich räumlich in einer planmäßigen Ausdehnung des Schauplatzes der geschichtlichen Vorgänge und des Kreises ihrer staatlichen Träger aus; zeitlich dagegen führte er wenigstens da, wo die Dinge in innerem Zusammenhang behandelt wurden, zu keiner wirklich entsprechenden Erweiterung: nur ein Ausschnitt aus dem Werdegang der in Betracht kommenden Staaten wurde herausgegriffen. Da war es ein Fortschritt anderer Art, als die Geschichtschreibung die Entstehung und Entwicklung eines bestimmten Staatswesens, und zwar des größten der alten Welt überhaupt, nämlich des römischen, in ihrem ununterbrochenen Werdegang zur Anschauung zu bringen unternahm. Gleich der erste der römischen Annalisten, Fabius Pictor, stellte das Muster auf für die Verbindung der Zeitgeschichte mit einer vorausgehenden, von der Gründung der Stadt anhebenden Geschichte Roms. Daß diesem Vorbilde eine immer sich erneuernde Reihe von römischen Geschichtschreibern nachfolgte, darauf wirkte neben der Größe dieses Staatswesens und der Stetigkeit seiner Entwicklung die Fülle der bis in die alten Zeiten zurückreichenden Urkunden und amtlichen Jahresaufzeichnungen, deren Vorrat wir uns als verhältnismäßig ansehnlich und zuverlässig denken müssen, wenn wir nicht etwa neun Zehntel der Geschichte des ersten halben Jahrtausends auf Erdichtung und Rückdatierung späterer Vorgänge zurückführen wollen.

Wie nun aber diese Urkunden und Aufzeichnungen sich zum großen Teil auf die inneren Verhältnisse, besonders auf Recht und Verfassung bezogen, so wurden die Geschichtschreiber von selber dazu geführt, mit der Geschichte der Kriege und auswärtigen Politik die der Verfassung zu verbinden, dies um so mehr, da sie teils selber am öffentlichen Leben und seinen Parteikämpfen beteiligt waren und also mit starkem innerem Anteil an die Formen der Verfassung und die Kämpfe, unter denen ihre Veränderungen erfolgten, herantraten. Sie waren imstande, das reich gegliederte Gefüge dieser Verfassung zu übersehen, und konnten sich nicht begnügen, ihren Zustand für einen bestimmten Zeitraum zu schildern, sondern mußten dem Gang ihrer Entwicklung durch die Jahrhunderte hindurch folgen. Wenn wir hierbei aber die Frage stellen, welchen Fortschritt diese Behandlung in der geschichtlichen Erkenntnis und Darstellung im allgemeinen bedeutet, so wird es gut sein, ein Wort über die damals herrschenden grundsätzlichen Anschauungen vom Wesen staatlicher Verfassung und den Gründen ihrer Veränderung vorauszuschicken. Als maßgebend betrachte ich dabei die Ansichten, welche Cicero vorgetragen hat, und gerade diese um so lieber, da sie mit besonderer Rücksicht auf die Geschichte des römischen Altertums ausgebildet sind.

Im engen Anschluß an Polybius bestimmt Cicero die reinen und gemischten Arten der Verfassung nach den Inhabern der öffentlichen Gewalt. Jegliche Art der Verfassung (*genus civitatis*) befindet sich alsdann in ihrem richtigen Stande (*status civitatis*), wenn die Inhaber der öffentlichen Gewalt die ihrer Aufgabe entsprechende Fähigkeit und Gesinnung haben; die Aufgabe aber geht dahin, im Volke das gleiche Recht und sittliche Zucht, beides nach den Normen der Gesetze, Religion und Sitte, zu wahren. Wenn die Obrigkeit aus dieser Aufgabe heraustritt und eigensüchtige Zwecke verfolgt, oder wenn in der gemischten Verfassung die Gewalten miteinander hadern und die eine zum Nachteil der andern übergreift, so beginnt Entartung und Verfall, alles nach dem Muster der Lehren des Polybius.

Man bemerkt sofort, dies ist wieder die Auffassung, welche die staatlichen Gewalten als Persönlichkeiten betrachtet, die in der Hauptsache ihr Leben und ihre Geschichte aus sich selber erzeugen. Ihnen gegenüber erscheint das Volk als eine ziemlich gleichartige Masse, deren Zustand zu beurteilen ist nach Gesetz, Sitte und Religion. Daß eine Beziehung gegenseitiger Bedingtheit vorhanden ist zwischen der Art, Stärke und sittlichen Haltung der Regierung einerseits und dem sittlichen Zustande des Volkes andererseits, wird anerkannt; aber wie diese Beziehungen in der

Viertes Kapitel. Die römische Geschichtschreibung.

Wirklichkeit des Lebens und im einzelnen zutage treten, kommt nicht zur Anschauung. Man sieht gleich, daß der Gedanke des Aristoteles von dem Verhältnis zwischen Gesellschaft und Staat nicht erfaßt ist.

Allerdings, wenn man bemerkt, wie die römische Geschichtschreibung die Entwicklung der Verfassung aus den Kämpfen der Parteien — der Patrizier und Plebejer der alten Zeit, der Nobilität, der Ritter und Volkspartei der jüngeren republikanischen Zeit — ableitet, wie diese Parteien aber aus dem doppelten Grunde der durch die Unterschiede des Rechtes getrennten Stände und der durch die Unterschiede von Vermögen und Wirtschaft gesonderten Klassen hervorgehen, muß man da nicht zugeben, daß die Einwirkung der sozialen Gliederung auf die Gestaltung des öffentlichen Rechtes deutlich erkannt ist? Ganz unrichtig wäre das nicht, aber es besteht ein Unterschied zwischen politischer Partei und gesellschaftlichem Kreise, und jene Gruppen sind im wesentlichen doch nur als politische Parteien gefaßt.

Ein tieferes Eindringen also in die Kräfte, welche in den untersten Gründen das staatliche Leben beherrschen, wird man der römischen Geschichtschreibung nicht nachrühmen können. In ihrer Behandlung der formalen Verfassungsgeschichte anderseits wird man große Verschiedenheiten beobachten. Hält man sich z. B. an den Niederschlag der römischen Annalistik, wie er bei Dionys von Halikarnaß, Livius und Cassius Dio vorliegt, und prüft in dem Werk des ersteren die Verfassungsgeschichte der Königszeit und der Anfänge der Republik, in dem zweiten die der ersten zwei Jahrhunderte der Republik, in dem dritten die Darstellung des Übergangs der Republik in die Monarchie, so wird man drei Stufen der verfassungsgeschichtlichen Behandlung finden: Dionys sucht die Nachrichten seiner Vorgänger durch Ausgleichung der Widersprüche und Ausfüllung der Lücken zu einer ausführlichen und zusammenhängenden Darstellung zu verarbeiten, kommt aber bei seinem ausgleichenden Verfahren auf eine Verunstaltung des wirklichen Bildes heraus; Livius reiht eine Fülle der wertvollsten geschichtlichen Berichte und gesetzlichen Anordnungen aneinander, kommt aber, da er auf eine Kritik der Widersprüche und Lücken verzichtet, überhaupt nicht dazu, „von der alten Verfassung sich einen klaren Begriff zu machen"[1]; Cassius Dio endlich gibt eine Darlegung, welche im einzelnen wohl der Deutlichkeit und der nötigen Fülle ermangelt, aber in treffender Kennzeichnung aller wesentlichen Neuordnungen, in der Hervorhebung ihrer zeitlichen Folge und ihres Zusammenschlusses zum Ganzen, in ihrer Ergänzung endlich durch die beiden dem Mäcenas und der Gemahlin des Augustus in den Mund gelegten Reden über die Schwierigkeiten und Aufgaben der jungen Monarchie trotz ihrer nüchternen Fassung einen Höhepunkt des in derartigen Darstellungen von der antiken Geschichtschreibung Geleisteten aufweist.

Daneben gibt es noch zwei weitere Richtungen, in denen wir die von der griechischen Geschichtschreibung aufgestellten Muster teils nachgeahmt, teils aber auch überboten sehen. Die erste, über die ich mich kurz fassen darf, führt im Zusammenhang mit den Fortschritten der römischen Macht zur Berücksichtigung eines immer weiteren Kreises von unterworfenen oder sich unabhängig behauptenden Völkern, wobei denn das Gebiet der Länder- und Völkerkunde teils in Digressionen, teils in besondern Monographien erfolgreich weiter gepflegt wird. Die andere, der man sich mit besonderem Eifer und teilweise glänzendem Erfolge hingibt, weist auf das Gebiet der Sittenschilderung, zunächst im Hinblick auf große Epochen und das Staatsvolk im ganzen, wobei denn freilich der Fehler voreiliger Verallgemeinerung und ungenügend begründeter Annahme der Einwirkung der sittlichen Zustände auf die Gestaltung der Verfassung sich wiederholt. Sieht es doch z. B. bei Tacitus so aus, als ob die Republik die aus Tugend und Eintracht der Bürger, die Alleinherrschaft die aus Laster und Zwietracht entstandene Staatsform sei.[2] Bei diesem lebendigen Sinn für das sittliche Leben wird dann aber der Blick weiter dahin gelenkt,

---

[1] Schwegler I, S. 107. Gleiches Urteil Niebuhrs über Tacitus: Röm. Geschichte (Ausg. von 1853) III, S. 645, Anm. 1003.

[2] Viel tiefer sieht Dio Cassius in die Gründe der Monarchie. Vgl. 44, 2; 47, 39; 52, 14—16.

wo sich dasselbe unmittelbar offenbart, auf Charakter und Handlungen der Einzelpersonen. Was Polybius unternahm, aber bei seiner mehr zum Verallgemeinern, als zu der anschaulichen Wiedergabe individueller Züge neigenden Darstellung ungenügend durchführte, die Schilderung des Eingreifens der sittlichen Persönlichkeit in den Gang der allgemeinen Geschicke, darin suchte und gewann die römische Geschichtschreibung einen ihrer größten Vorzüge, vor allem der Meister derselben, Cornelius Tacitus. Natürlich faßte Tacitus seine Charaktere in ihren Beziehungen zum staatlichen Leben auf. Dieses aber erschien auch ihm, wie einst dem Thukydides, bestimmt durch die obersten Zwecke der Freiheit und Macht.[1]) Das Hinsterben der republikanischen Freiheit und der siegreiche Kampf um die Macht in den Formen der Alleinherrschaft ist der Gegenstand der Annalen und Historien, beides aber wird behandelt als ein sittliches Problem. Die Freiheit stirbt an der Zwietracht und sittlichen Entwürdigung ihrer berufenen Verfechter im Senat und der hohen Beamtenschaft; folglich ist der persönliche Charakter von Vertretern der Mehrheit sowohl, welche die ererbte Freiheit preisgibt, als von solchen, die in stolzem Selbstgefühl ihren eignen Untergang der allgemeinen Unterwerfung vorziehen, zur Anschauung zu bringen. Umgekehrt, die Macht der Alleinherrschaft erhebt sich als ein Gut, das über Menschenmaß hinausgeht, das die Kaiser, ihr Haus und ihre Genossen, die ihm nachjagen, verblendet und berauscht: die Hoffnung des Gewinnes dieser Macht treibt zu den ungeheuersten Wagnissen, ihr Besitz erzeugt friedlosen Argwohn; erkämpft sowohl, wie behauptet reizt sie zu Verbrechen und zu Genüssen, vor denen die Menschennatur sich entsetzt. Gewiß, das Gemälde, in dem diese Kämpfe vorgeführt werden, gehört zu den größten Erzeugnissen historischer Kunst.

Aber auch in den Vorzügen dürfen wir die Mängel nicht übersehen. Die Absicht, durch das Eingreifen bedeutender Persönlichkeiten große Umwälzungen im öffentlichen Leben

---

[1]) Für die Bedeutung der *libertas* brauche ich keine Stellen anzuführen. Für den Begriff der Macht vergleiche besonders die schöne Stelle Hist. 2, 38.

zu erklären und den Worten und Handlungen derselben in ergreifender Darstellung überall das Merkmal des Außerordentlichen zu verleihen, führt dahin, daß die Charaktere über das Maß der Wirklichkeit hinausgerückt werden. Und kann überhaupt die Betrachtung des Ringens persönlicher Kräfte um die abstrakten Ziele von Macht oder Freiheit befriedigen? Charakteristisch ist es in dieser Hinsicht, daß Tacitus selber von dem Bild, das er von der römischen Kaisergeschichte, in Wahrheit einem der reichsten und schwierigsten Abschnitte aller Geschichte, entwirft, den Eindruck des Engen und Niederschlagenden hat (Ann. IV, 32. 33). Wenn es daher richtig ist, daß in bezug auf Charakteristik und die damit zusammenhängende dramatische Lebendigkeit der Schilderung Tacitus, Livius und Sallust der späteren Geschichtschreibung das Muster aufgestellt haben, so ist es ebenso richtig, daß nur der ungestraft von diesen Mustern lernt, der mit gesundem und geübtem Sinn für die Wirklichkeit der Dinge an sie herantritt.

Noch eine letzte Folge der starken Betonung des sittlichen Moments in der Geschichte müssen wir beachten. Thukydides und Polybius hatten den Wert geschichtlicher Erkenntnis vornehmlich in der die Zukunft vorausberechnenden Erfahrung gesehen, welche aus dem Einblick in die Verkettung der politischen Vorgänge entspringt. Dagegen hielt sich die römische Geschichtschreibung lieber an die Einwirkung, welche der einzelne Vorgang, die einzelne Person auf den sittlichen Geist des Lesers ausübt. In dem Guten und Edlen, wo es in dem Tun der Menschen erscheint, liegt — so ist die Auffassung — eine unmittelbar anziehende Kraft[1]), welche den Betrachtenden zur Nachahmung anspornt, wie umgekehrt das Böse und Niedrige abschreckt. Und diese Regungen des Gemüts hervorzubringen, ist die vornehmste Aufgabe der Geschichte. Eine Abweichung im einzelnen ist es dabei, ob ein Autor, wie Livius und Sallust, mehr auf die Anregung zu national patriotischer Sittlichkeit, oder ein anderer, wie Plutarch, mehr auf das allgemein Menschliche sieht. In beiden Fällen stellen sie eine Ansicht

---

[1]) Plutarch, Pericles c. 1.

auf, deren Richtigkeit an sich nicht zu bestreiten ist, nur daß man in dieser moralischen Anregung nicht den einzigen und auch nicht den vornehmsten Zweck der Geschichte sehen soll, und daß man vor allem die Gefahr der Entstellung der Wahrheit sich vor Augen halte. Denn das sittliche Ideal oder auch sein Gegenteil erscheint ja niemals rein im Einzelvorgang; das Streben aber, es gleichwohl darin nachzuweisen, führt zur unwahren Verherrlichung auf der einen und zur Verzerrung auf der andern Seite; es benimmt das Verständnis für die großen über die Wirksamkeit einzelner Personen hinausgehenden Verkettungen der Erscheinungen.

Und in der Tat, hinsichtlich des Gesetzes, welches die großen Verkettungen der Erscheinungen beherrscht, hat denn auch die römische Geschichtschreibung keinen neuen Gedanken aufgestellt. Wo sie auf diese Frage kommt, finden wir die Idee von dem zu seinen Anfängen zurückkehrenden Wechsel der menschlichen Dinge nicht zwar besser begründet, aber bald als wahrscheinlich angenommen, bald als selbstverständlich vorausgesetzt.[1]) Es war der christlichen Ansicht der Geschichte vorbehalten, von dieser eigentlich trostlosen Auffassung zu der Idee vom Fortschritt der menschlichen Dinge vorzudringen. Ehe wir aber zu dieser Stufe der Geschichtschreibung übergehen, müssen wir einen schon oben (S. 25 f.) berührten Punkt noch etwas genauer ins Auge fassen, nämlich die Methode antiker Geschichtsforschung.

Fünftes Kapitel
Die antike Geschichtsforschung

Drei Eigentümlichkeiten, die uns in den vorausgehenden Erörterungen entgegentraten, sind für die jetzt in Betracht kommenden Fragen maßgebend. Zunächst der Unterschied zwischen dem objektiven Vorgang und dem subjektiven Zeugnis. Daraus, daß er in der antiken Geschichtsforschung

---

[1]) z. B. Livius 45, 41. Tacitus, *ann.* 3, 55. Spartianus, *vita Severi* c. 14: *ita omnium rerum semper quasi naturali lege mutatio est.*

nicht folgerecht und mit voller Klarheit erfaßt wurde, ergab sich die natürlich in verschiedenem Maße durchdringende Neigung, ein Zeugnis, dem man maßgebenden Wert beimaß, als mit dem Vorgang sich deckend anzusehen, wobei man sich denn gegen die höchste Forderung der Quellenforschung, nämlich die Wirklichkeit des Vorganges durch eine kritische Vergleichung aller wichtigen und ursprünglichen Zeugnisse und weiter durch eine Prüfung dieser subjektiven Aussagen an den objektiven Merkmalen der Wahrscheinlichkeit und des Zusammenhangs zu ermitteln, in bestimmten Widerspruch setzte. — Mit dieser ersten Eigentümlichkeit hing eine zweite zusammen. Der Unterschied einer Darstellung, welche der selbsterlebten Zeit gewidmet ist, von derjenigen, die weiter zurückliegende Zeiträume umfaßt, war uralt; in der römischen Geschichtschreibung tritt er uns als ein klarbewußter entgegen in dem Gegensatz von Historien, welche der erstern, Annalen, welche der zweiten Art angehören. Von selber gewann er dann auch hier, wie anderwärts die Bedeutung, daß der Geschichtschreiber, je näher er der jüngsten Zeit kam, um so mehr die Vorgänge zu einer einheitlichen Erzählung erst zu formen hatte, während er bei Darstellung der Vergangenheit diese Arbeit in den von seinen Vorgängern verfaßten Berichten schon getan fand. Wie nun der größte Teil geschichtlicher Darstellung unter die letztere Art fiel, so machte hier, und zwar besonders in der Behandlung der römischen Geschichte jene Hingabe an das subjektive Zeugnis ihre weitesten Folgen geltend. Von vornherein beschränkte man sich bei Auswahl der Quellen in der Regel auf solche, in denen die Vorgänge bereits zu Berichten geformt waren, mochte die Form auch so roh sein, wie in den der eigentlichen Geschichtschreibung vorausgehenden römischen Staatsannalen; nur ein überragender Forscher, wie Polybius, zog nicht etwa nur, wie es auch andere taten, einzelne Verträge oder Magistratsverzeichnisse, sondern auch Gesandtschaftsberichte heran, allerdings wohl nur für nicht weit zurückliegende Zeiten. Bei der Beschränkung jedoch auf historiographische Quellen zog die Hingabe an das als maßgebend angenommene Zeugnis alsbald die weitere Beschränkung auf einen Autor, als den für größere

Fünftes Kapitel. Die antike Geschichtsforschung.

Strecken der Erzählung maßgebenden Führer, nach sich. Und so eng war der Anschluß, daß selbst der Wortlaut der Vorlage, meist verkürzt, gelegentlich auch erweitert und bei rhetorisch geschulten Autoren dem eigenen Stil angepaßt, hinübergenommen wurde. Natürlich sollte jedoch dies alles nicht unter Verzicht auf das eigene Urteil geschehen, nur daß die Anwendung des Urteils sich je nach den verschiedenen Geschichtschreibern sehr verschieden gestaltete. So wird das Verfahren des Polybius, als des am meisten kritisch bewährten Forschers, von Nissen[1]) dahin bezeichnet, daß er in der ersten Hälfte seines Werkes, da er noch nicht Mitwirkender war, für die Hauptteile jedesmal die ihm am besten scheinende Darstellung zugrunde legte, sie aber „Punkt für Punkt verifizierte, aus andern Quellen erweiterte und schließlich zu einem einheitlichen Ganzen verschmolz": so habe er „meisterhafte Kritik geübt".

Ein Gegenbild gegen dies gründliche Verfahren findet Nissen in der „leichten und raschen Weise", in der Livius arbeitete.[2]) Auch er hielt sich in den fünfzehn Büchern der vierten und fünften Dekade (201—167 v. Chr.) nur an einen griechischen (Polybius) und zwei lateinische (Valerius und Claudius) Hauptführer, die er in der oben bezeichneten Weise ausschrieb. Im allgemeinen wäre ihm dabei nach Nissens Urteil „Kritik in keiner Weise abzusprechen"; allein im einzelnen zeigt doch schon die Wiedergabe der Hauptquellen „zahllose Ungenauigkeiten" und auch „gröbere, im Dienst nationaler Verherrlichung angebrachte Entstellungen", und vollends die an ihnen durch Vergleichung abweichender Berichte geübte Kritik läßt nicht nur ein Prinzip in der Auswahl der untersuchten Stellen vermissen, sondern legt auch in ihren teils unterlassenen, teils mißlungenen Versuchen einer Lösung der Widersprüche nach Nissens schließlichem Urteil „für die Sorgfalt und kritische Befähigung des Livius ein entschieden ungünstiges Zeugnis ab".

Es gab aber noch einen andern Umstand, welcher bei

---

[1]) Über die Quellen der 4. und 5. Dekade des Livius S. 79.
[2]) a. a. O. S. 23. Für die weiteren Ausführungen: S. 49, 50, 34, 52.

Livius, wie in der antiken Geschichtschreibung überhaupt einer folgerechten Kritik im Wege stand: das war die ausschließliche Ordnung der geschichtlichen Vorgänge nach der Folge der Jahre, welche bei Behandlung größerer Zeiträume regelmäßig galt. In erster Linie war dies Verfahren für die Darstellung folgenreich. Jene oben (S. 14 f., 40 f.) hervorgehobene Beschränkung, nach welcher der Fluß der Begebenheiten den eigentlichen Gegenstand der Geschichtschreibung abgab, und die Zustände nur in eingeflochtenen Reden, Digressionen und den am Schluß oder Anfang der Bücher angebrachten Rück- und Ausblicken eine ungenügende Berücksichtigung fanden, wurde durch die strenge Anordnung der Erzählung nach der Jahresfolge befestigt. Nicht minder wurde bei der Zusammenstellung der verschiedenartigsten Vorgänge nach dem äußern Maßstab der Gleichzeitigkeit und bei dem Durchschneiden der Berichte über einen fortgehenden Verlauf, wie es jedesmal beim Jahresschluß erfolgte, die Entwicklung des innern Zusammenhangs großer Reihen von Ereignissen mindestens sehr erschwert. Als die erste Aufgabe des Geschichtschreibers erscheint eben nicht die Wiedergabe jenes Zusammenhangs, sondern die Zuweisung jedes Ereignisses an das Jahr, in das es fiel.

Hier ist nun aber auch der Punkt, wo die annalistische Anordnung die kritische Arbeit ungünstig beeinflußt. Wenn diese Arbeit, wie oben hervorgehoben wurde, auf der Unterscheidung und Vergleichung des subjektiven Zeugnisses einerseits und der wesentlichen Merkmale des objektiven Vorgangs anderseits beruht, diese Merkmale aber vor allem in dem genetischen Zusammenhang der verschiedenen Teile des Vorgangs sich zeigen, so erkennt man leicht, daß infolge des Durchschneidens des Zusammenhangs eine der wichtigsten Anregungen zur Anwendung der Kritik verlorenging. Erst recht ging sie verloren, wenn der Geschichtschreiber seine Arbeit so einrichtete, daß er „immer nur das unter einem Jahr gebotene Material seiner Quellen sammelte und verarbeitete": Und dies eben war nach Nissen die Arbeitsweise des Livius.[1]

---

[1] a. a. O. S. 52.

Fünftes Kapitel. Die antike Geschichtsforschung.

Polybius und Livius erscheinen uns so als die in der Ausführung entgegengesetzten Vertreter einer im Grunde gleichen Methode geschichtlicher Forschung. — Hätte ich nun eine vollständige Darstellung der antiken Geschichtschreibung zu geben, so wären ihre Vertreter jetzt noch einzeln aufzuführen, wie sie teils von Livius aufwärts sich der Höhe des Polybius nähern, teils aber auch abwärts ein Bild noch leichterer Arbeit und unbedenklicherer Entstellung gewähren. Statt dessen schließe ich mit dem vorgreifenden Hinweis, daß das hier gekennzeichnete Verfahren die Geschichtschreibung durch das ganze Mittelalter bis in das 18. Jahrhundert hinein beherrschte. Von der des 16. und 17. Jahrhunderts sagt Ranke einmal[1]): „man hatte sich noch nicht die Aufgabe gemacht, weder die Materialien in gleichartiger Vollständigkeit zu sammeln, was ohnehin so schwer zu erreichen ist, noch auch sie erst kritisch zu sichten, auf unmittelbare Kunde zu dringen und endlich den ganzen Stoff geistig durchzuarbeiten. Man begnügte sich, die im allgemeinen als glaubwürdig betrachteten Schriftsteller nicht sowohl zugrunde zu legen, als geradezu herüberzunehmen: ihre Erzählungen ergänzte man, wo es tunlich war, durch die neuen Materialien, die man zusammengebracht hatte und an den gehörigen Stellen einschaltete. Dann war die Hauptbemühung, diesem Stoff einen gleichmäßigen Stil zu geben."

---
[1]) Röm. Päpste III (Werke Bd. 39), Analekten S. 26.

Zweites Buch

Die christlich-mittelalterliche Geschichtschreibung

Der Abschnitt in der Entwicklung der Geschichtschreibung, an den wir jetzt herantreten[1]), ist zeitlich durch die mittelalterlichen Jahrhunderte, inhaltlich durch die vom Christentum ausgehenden Anregungen bestimmt. Wenn wir demgemäß mit der Frage beginnen, welcher Art diese Anregungen hauptsächlich waren, so werden wir davon ausgehen, daß die christliche Religion die Idee der Menschheit, als einer durch die höchsten Lebensziele verbundenen Gemeinschaft, in den Mittelpunkt der geschichtlichen Betrachtung stellte und folglich den Geschichtschreiber zur Darstellung der allgemeinen Menschheitsgeschichte antreiben mußte. Unsere nächste Frage wird also sein: wieweit hat das Mittelalter die Aufgabe einer Universalgeschichte wirklich erfaßt und gelöst? Ehe wir indes dieser Untersuchung nähertreten, müssen wir vorher noch einmal die Höhe bestimmen, bis zu der die Behandlung der Weltgeschichte im Altertum gelangt war.

Als allgemeine Geschichte hatte Polybius die Darstellung der ineinander greifenden Politik und Kriege der Mittelmeervölker für die Zeit von 120 Jahren bezeichnet. Ihm folgend und unter dem Eindruck der Vollendung des römischen Weltreichs unter Augustus, schrieb dann Trogus Pompejus ein Werk nach der umfassendsten Anlage, welche die antike Geschichtschreibung erreicht hat: es erstreckte sich über alle Völker und Zeiten, von denen die damalige Gelehrsamkeit nähere Kunde besaß. vermochte der Autor

---

[1]) Ich habe für diesen Abschnitt das Buch von Bernheim, Mittelalterliche Zeitanschauungen I, Tübingen 1918, nicht mehr benutzen können.

aber zwischen den Massen, die er so zusammenbrachte, eine innere Verbindung zu finden? Wenn man hierüber in den uns erhaltenen Auszügen seines Werkes einen Aufschluß zu gewinnen sucht, so findet man zwei die auseinander strebenden Vorgänge verbindende Ideen. Die erste gründet sich auf die in der gesamten antiken Geschichtschreibung vorwaltende Ansicht von den Antrieben der Freiheit und Macht: beide werden als höchste Güter von den Staaten gleichmäßig gesucht, beide stürzen dieselben aber auch, indem sie sich gegenseitig ausschließen, in ein nicht endendes Gewirre von Kämpfen, in denen die einen ihre Herrschaft zu erweitern, die andern ihre Freiheit zu verteidigen suchen. Eben in diesem Gewühl aber glaubt Trogus das zweite die Geschichte beherrschende Prinzip zu entdecken.

Von vornherein, meint er, hat man ein vorhistorisches goldenes Zeitalter, in dem die Völker, jedes mit seinen Grenzen sich begnügend, friedlich nebeneinander wohnten, von den eigentlich geschichtlichen Zeiten zu unterscheiden, in denen die neuerwachte Herrschsucht (*nova imperii cupiditas*) die Eroberungskriege hervorrief. In dem nun erwachenden Kampf aller gegen alle stellt sich eine gewisse Regel dadurch heraus, daß bestimmte Staatswesen, ihre Nachbarn im weitesten Umkreis unterwerfend, zum Range von Weltreichen emporsteigen, in der Bildung dieser Weltreiche aber eine gewisse Folge nach Zeit und Ort hervortritt.

Im Orient erhebt sich das assyrische Reich als erste uns bekannte Weltmacht. Wie dieses dann dem stets sich wiederholenden Wechsel von Blüte und Niedergang verfällt, wird es abgelöst durch das medische Reich, an dessen Stelle wieder nach dem gleichen schicksalsbestimmten Wechsel das persische Weltreich tritt, beide gleich dem assyrischen im Orient sich ausbreitend. Hierauf beginnt das Eingreifen des Westens. In Makedonien begründet König Philipp eine Macht, die dann sein Nachfolger Alexander zu dem größten bis dahin gesehenen, von dem Westen nach dem Osten übergreifenden Weltreiche erhebt.

Die Weltreiche bilden demnach in ihrer Erscheinung die Höhepunkte im Gang der Geschichte; in ihrer stetigen Folge geben sie für die Zeit, in der Verschiebung des Schauplatzes für den Ort der geschichtlichen Vorgänge den Maßstab ab. Eben diese Verschiebung des Schauplatzes ist es es auch, welche den Anlaß gibt, andere Träger der Geschichte, nämlich die Völker zweiten Ranges, in den Gesichtskreis geschichtlicher Betrachtung einzuführen. Trogus folgt dem Grundsatz, deren Geschichte von den Anfängen ab an der Stelle einzuflechten, wo er von ihrem ersten Zusammenstoß mit den Weltreichen berichtet. So führt der erste große Übergriff des orientalischen Perserreiches nach dem Westen, der Versuch nämlich der Unterjochung Griechenlands, zur Einflechtung der griechischen Geschichte, die nun parallel mit der persischen verfolgt wird, und selber wieder bei Gelegenheit der Expedition der Athener gegen Syrakus den Blick des Geschichtschreibers auf die älteste Geschichte Siziliens lenkt. Tiefer in die Geschichte der westlichen Völker führen dann die Beziehungen ein, die vom makedonischen Weltreich, weniger freilich in der Zeit seines Emporsteigens, als seiner Auflösung in die Diadochenreiche, ausgehen. Da ist es der Zug des Pyrrhos nach Unteritalien, der den Anlaß gibt, die Geschichte Karthagos, sowie der sizilischen und italischen Staatswesen nachzuholen —, allerdings mit einer merkwürdigen Ausnahme: obgleich Trogus vor allem von den Kämpfen der Römer mit Pyrrhos zu berichten hat, geht er doch an dieser Stelle auf die Anfänge und die bis dahin verlaufene Entwicklung des römischen Staates nicht ein. Erst da er bei Gelegenheit des Zurückweichens des Pyrrhos aus Italien sich hauptsächlich wieder dem Gang der Dinge in Griechenland und den Diadochenreichen zuwendet, führt ihn das Eingreifen der Römer erst in Illyrien, Makedonien und Griechenland, dann in die Händel der Diadochenreiche auf das gleichzeitige Emporsteigen der römischen Macht, dem er dann folgt, bis uns in den Zeiten des Augustus das römische Reich als die fünfte und größte Weltmacht entgegentritt, den Osten und Westen umfassend, ersteren freilich mit dem Partherreich teilend, aber doch so, daß die Hauptmacht den Römern zufällt: die Stadt Rom ist das Haupt des ganzen Erdkreises.[1]

---

[1] *Roma ... caput totius orbis* (*Justinus* 43, 1).

Auf dieser Höhe erinnert sich der Autor nochmals des Fortschreitens seiner Erzählung vom Osten nach dem Westen. Um Versäumtes nachzuholen, schließt er also sein Werk mit einer Urgeschichte Roms und Massilias und einer Geschichte Spaniens bis zur völligen Unterwerfung unter die römische Herrschaft: wie es scheint, ein recht äußerlich angefügter Anhang.

Wenden wir uns aber noch einmal zu seinem leitenden Gedanken von der stetigen Folge der Weltreiche als regelndem Prinzip der Geschichte zurück, so müssen wir noch einen Begriff ins Auge fassen, in dem er diese Ablösung des einen Reiches durch das andere zu verdeutlichen sucht. — An sich sind die Weltreiche räumlich umschrieben, und auch die Gewalt ihrer Herrscher ist mit dem räumlichen Gebiet untrennbar verbunden. Aber im Spiel der Begriffe läßt sich die weltbeherrschende Gewalt von ihrer wirklichen Unterlage lösen, und eben diese Loslösung nimmt Trogus-Justin vor, um die also freigewordene Gewalt (*imperium*) als ein Element zu betrachten, das von dem untergehenden Weltreich auf das nachfolgende übertragen wird[1]) und so, von einem Reich zum andern fortgehend, sie alle in einer einzigen Kette verbindet. Es ist eine Vorstellung, deren Bedeutung besonders auch darin liegt, daß sie im Mittelalter unter dem Namen der *translatio imperii* aufgenommen wurde und in der damaligen geschichtlichen Anschauung eine wichtige Rolle spielte.[2])

Indes gerade bei dieser Formulierung wird sich das Bedenken erheben, daß diese ganze Regel, da sie aus einem tiefern Grunde nicht abgeleitet ist, doch mehr nur äußerlich über die Ereignisse gestellt ist, statt sie innerlich untereinander zu verbinden. Und steht es am Ende mit jener andern Norm von der Beherrschung der Geschichte durch die Motive von Freiheit und Macht günstiger? Gewiß greifen dieselben überall in das Leben und Kämpfen der

---

[1]) *(Arbaces) imperium ab Assyriis ad Medos transfert (Justinus* I, 3. Ebenso *prol. I: imperium translatum est).* XI, 5: Alexander kommt, um die *imperia* der Perser zu stürzen und deren *vices excipere.*

[2]) Für das Mittelalter kam wohl auch Daniel II, 21 in Betracht: *(dominus) transfert regna atque constituit.*

Staaten ein, aber doch, wie ich an früherer Stelle (S. 19) hervorgehoben habe, nur als Kräfte formaler Natur, welche inhaltsvolle Lebenszwecke erst erhalten müssen.

Wenn somit der Versuch, die Mannigfaltigkeit der geschichtlichen Ereignisse einem obersten Prinzip unterzuordnen, nicht befriedigend endet, so erhebt sich nunmehr die Frage, ob auf der nächsten Stufe der Geschichtschreibung diese Aufgabe besser gelöst worden ist. Mit dieser Frage treten wir in die christlich mittelalterliche Epoche ein.

Erstes Kapitel
Augustinus

Entsprechend dem Grundsatz, die neuen Richtungen nicht an ihren ersten Anfängen, sondern an Werken, die sie schon in einer gewissen Vollendung zeigen, zu kennzeichnen, schreite ich sofort bis zum ersten Drittel des 5. Jahrhunderts vor und greife die Schrift des heiligen Augustinus *de civitate dei* heraus, als dasjenige Werk, in dem die folgenden Jahrhunderte das Muster der christlichen Auffassung der Weltgeschichte erkannten.

Sieht man von den apologetischen Ausführungen ab und hält sich lediglich an die positiven Aufstellungen über Inhalt und Lauf der Weltgeschichte, so drängt sich alsbald eine für die Anschauungen Augustins, wie seiner Nachfolger maßgebende Bemerkung auf. Die antike Geschichtschreibung, soweit sie die von Thukydides gewonnene Höhe behauptete, hatte ihrer Betrachtung eine bestimmte, aus unmittelbarer Erfahrung gewonnene, durch die Erkenntnisse der Geschichte zu erweiternde Ansicht vom Wesen des Menschen zugrunde gelegt. Aus dem Ineinandergreifen der menschlichen Kräfte hatte sie dann den Gang der Geschichte abgeleitet, dabei jedoch die letzten Entscheidungen einer göttlichen Weltregierung als etwas in der Wirklichkeit zwar nicht unmittelbar Wahrzunehmendes, aber zum Abschluß der geschichtlichen Erkenntnis notwendig Anzunehmendes betrachtet (S. 24/25). Auch Augustin geht von einer Ansicht vom Wesen des Menschen, und zwar der Einzelnen sowohl, wie der Gesamtheit¹) aus. Allein abgeleitet wird diese Ansicht nicht so sehr aus dem unmittelbar beobachteten Seelenleben der Menschen, als aus den als göttliche Offenbarung verehrten Schriften des Alten und Neuen Testamentes. Verschieden ist also von vornherein der Ausgang, und noch verschiedener gestalten sich die daraus gezogenen Folgerungen.

Bestimmend für das Wesen der Menschen ist nach Augustinus das Verhältnis derselben zu Gott. Dieses aber stellt sich ihm nicht als ein mit einem Mal gegebenes, sondern als ein in zeitlicher Abwandlung sich Entwickelndes dar. Es bietet mithin nicht bloß einige oberste Begriffe zur richtigen Erfassung geschichtlicher Vorgänge, sondern erscheint selber als Geschichte, ja als der höchste Inhalt der Geschichte, dem sich alle andern geschichtlichen Vorgänge unterordnen. Und von dieser Höhe der Betrachtung sucht er gerade das, was die größten antiken Geschichtschreiber nur als ein Postulat anzudeuten wagten, nämlich die Leitung der Geschichte durch die unmittelbar eingreifende göttliche Weltregierung, genau darzulegen, nicht freilich, daß er dieses Eingreifen aus den objektiv betrachteten Vorgängen als ihnen anhaftend abzuleiten vermöchte, sondern so, daß er die darauf bezüglichen Aussagen der Verfasser des Alten und Neuen Testamentes in den Gang der Geschichte hinein deutet.

Wollen wir in seine Gedanken etwas tiefer eindringen, so müssen wir mit der Frage nach dem höchsten Lebenszwecke der einzelnen Menschen sowohl, wie der gesamten Menschheit beginnen. Er heißt, so antwortet Augustinus kurzweg, Glückseligkeit²) und kann in seiner Fülle erst erreicht werden im jenseitigen Leben als Lohn für die Erfüllung der göttlichen Gebote. Von diesem Ziel aber wurden die Menschen abgedrängt durch den Sündenfall des ersten

---

¹) Begriff des *genus humanum* und seiner Gliederung *Civ.* XIV, 1.

²) *Civ.* XIX, 1, S. 363: *finis boni* in der Frage gelegen, *quid efficiat hominem beatum.* (Ich zitiere nach der Ausgabe in dem Wiener *Corpus scriptorum ecclesiasticorum latinorum.*)

Menschenpaares, da von ihm aus die Schuld der Sünde und der Trieb zur Sünde sich auf die Nachkommen vererbte. Fortan war das Menschengeschlecht dem göttlichen Strafgericht verfallen, und es hatte gleichzeitig der freie Wille jedes Einzelnen eine Richtung aufs Böse erhalten; allerdings letzteres nicht so unbedingt, daß nicht auch sittlich gute Handlungen vollbracht wurden (*civiles virtutes*)[1]), aber auch diese, da sie aus Selbstliebe, nicht aus Liebe zu Gott hervorgingen, ruhten auf bösem Grund. Die Menschheit fand sich in einem Elend, aus dem die Rettung ihr erst nach vier bis fünf Jahrtausenden durch die Erlösungstat Christi ermöglicht wurde. Denn diejenigen, denen die Früchte der Erlösung zuteil wurden, erhoben sich jetzt wieder aus der Finsternis des Irrtums zur wahren Gotteserkenntnis, aus der Verwerfung zur Versöhnung mit Gott, aus der Knechtschaft der Sünde zum gottgefälligen Leben. Allein die Teilnahme an den Früchten der Erlösung war doch wieder in doppeltem Sinne beschränkt, durch die Zeit und durch die Berufung.

Durch die Zeit: denn die Erlösung erfolgte erst nach einer mehrtausendjährigen Vorbereitung. Durch die Berufung: denn nur die durch göttliche Vorbestimmung Auserwählten haben teil an der Erlösung, und nur unter Einwirkung der unwiderstehlichen göttlichen Gnade kann ihr Wille das gottgefällige Leben hervorbringen und darin bis zum Ende verharren (*donum perseverantiae*). Die Zahl der also Auserwählten ist groß, wenn man sie für sich nimmt, klein, wenn man sie mit der Masse der Verworfenen vergleicht.[2]) Nach beiden Maßstäben gewinnt man dann eine doppelte Einteilung der Geschichte und ihrer Träger.

Nach der Zeit sondert sie sich in die vor- und nachchristliche Epoche, die Zeit der Vorbereitung und der Erfüllung; nach ihren Trägern scheidet sie sich in die Masse der Berufenen und Verworfenen. Zu den Berufenen gehört in der vorchristlichen Zeit kraft des einer besonderen gött-

---
[1]) *Epist.* 138, n. 17.
[2]) *In comparatione pereuntium pauci sunt qui salvantur, sine comparatione autem pereuntium et ipsi multi sunt.* (Opus imperfectum II n. 142. Vgl. *Civ.* XXI, 12.)

lichen Offenbarung zu dankenden Glaubens an den künftig kommenden Erlöser und kraft des einer besonderen göttlichen Gnade zu dankenden frommen Wandels eine kleine Zahl hauptsächlich dem Judenvolk angehöriger Menschen[1]); in der zweiten Epoche wächst diese Zahl durch Aneignung des vollendeten Erlösungswerkes zu einer größeren Schar. Die Gesamtheit der also Berufenen, wie sie vom Tage der Schöpfung bis zum Abschluß der irdischen Geschichte zusammenkommt, faßt Augustinus unter dem Bilde eines Gottesstaates, dem er dann die große Masse der dem Verderben Geweihten als Weltstaat gegenüberstellt: *civitas dei* und *civitas mundi*. Und nun, aufgrund dieser Bestimmung, kann er den Plan seines Werkes, in dem er einen Grundriß der Weltgeschichte zeichnen will, genauer angeben: es soll den parallelen Lauf jener beiden Gemeinschaften von ihrem Hervorgehen aus den Söhnen Adams bis zum Ende dieser Welt darstellen.[2])

Aber ist eine derartige Darstellung möglich? Die Angehörigen des Gottesstaates, wie sie von Gott berufen sind, so sind sie auch Gott allein bekannt. Nicht einmal der Auserwählte ist seiner Erwählung sicher, und noch weniger kennt innerhalb der Gesamtheit der Erwählten einer den andern[3]); weit zerstreut wandeln sie in getrennten Ländern und Völkern umher. Wie also könnten da Geschicke und Taten dieser Gemeinschaft erzählt werden? Und nicht viel anders, als mit ihr, steht es mit ihrem Gegenbild, dem Weltstaat, wenn auch bei diesem auf den ersten Blick die Eigenschaft der Unerkennbarkeit weniger deutlich hervortritt.

Indes, im Sinne Augustins ist diesen Einwürfen auszuweichen. Allerdings reicht der Blick des Forschers in das innere Wesen der von Gott Erwählten ebensowenig hinein, wie er in die Seele irgend eines Menschen unmittelbar eindringt; aber die Aufnahme in den Gottesstaat ist an Vor-

---

[1]) Hauptstellen: X, 25, XVII, 10 s. f., XVIII, 47.
[2]) *Earum (civitatum) excursus ex quo illi (primi homines) generare coeperunt, donec homines generare cessabunt* (XV, 1).
[3]) *De correptione et gratia* c. 13, n. 40. *De dono perseverantiae* c. 13, n. 33.

aussetzungen und Mittel geknüpft, die sich äußerlich erkennen lassen: das sind die aus göttlicher Offenbarung stammenden Lehren, sittlichen Gebote und gottesdienstlichen Handlungen, unter deren Annahme und Befolgung der Gottentfremdete sich zur Versöhnung mit Gott, zur Wahrheit und sittlichen Reinigung erhebt. Nicht mit einem Male sind diese idealen Güter den Menschen mitgeteilt, sondern in einer allmählichen Ausgestaltung, in der sich die zwei Entwicklungsstufen der vor- und nachchristlichen Zeit ausscheiden. In jener erscheinen sie in den auf künftige Vollendung und Erfüllung hinweisenden Lehren und Weissagungen, Gesetzen und Gottesdiensten des Alten Testamentes, in dieser in dem Erlösungswerk Christi mit den durch dasselbe vermittelten vollkommenen Wahrheiten und Gnadenwirkungen. Geschichte des Gottesstaates bedeutet also in erster Linie geschichtliche Darstellung der Mittellung jener idealen Güter, von denen er lebt und durch die er immer neu erwächst, die selber sich in dem weitesten Begriff der Religion zusammenschließen.

Und nicht dies allein. Da die Lehren, Vorschriften, gottesdienstlichen Verrichtungen des Gottesstaates lebendige Menschen erfordern, welche sie empfangen, verkünden und handhaben, so hat Gott auch für diesen Beruf die Personen erwählt. Unter ihnen mögen sich Heuchler oder solche befinden, die vor ihrem Lebensende von Gott abfallen, also nicht zu dem Gottesstaat im wahren Sinne gehören; aber das hindert nicht, daß sie Träger desselben sind und als solche in fortlaufender Reihe sich aneinanderschließen.

Die Reihe dieser Träger glaubt Augustinus, wiederum an der Hand der heiligen Schriften, durch die Jahrhunderte verfolgen zu können.[1]) Zuerst sind es die in der genea-

---

[1]) *Series generationum ab illo qui est appellatus Seth ostendebat (civitatem dei) ante diluvium; ... series generationum ab ipso Sem (ostendit) post diluvium civitatem dei* (XVI, 10). Diese Menschen „zeigten" den Gottesstaat an (als *indicia*: XV, 17, S. 95). Waren sie auch im strengen Sinne von Augustins Prädestinationslehre vollgültige Mitglieder desselben? Es scheint so, wenn man die Worte liest: „*generationes in ... partem ... supernae civitatis separatae*" (XV, 18, S. 98),

logischen Folge der Erstgeburt sich aneinander reihenden Familienhäupter von Adams Sohn Seth bis auf Noe, der mit seiner Familie allein der Sintflut entging, dann von Noe bis auf Abrahams Vater Tharra, der sich mit den Seinen allein vor der Überflutung der Welt durch den Götzendienst rettete.[1]) Wie dann aus Abrahams Nachkommen das Volk der Hebräer erwächst und ein Staatswesen mit festen Sitzen gründet, unterzieht sich dieses Volk mit seinen Königen oder Führern, Priestern und Propheten der von Gott gestellten Aufgabe.

In raschem Überblick läßt nun Augustinus die Geschichte des jüdischen Staatswesens und des in ihm gepflegten religiösen Glaubens an uns vorüberziehen, bis mit der Erscheinung Christi die Zeit der Vollendung eintritt. Von da ab ist der Beruf des Judenvolkes erfüllt; die nunmehr eintretende unwiderbringliche Beseitigung seiner einheimischen Regenten und die Gründung der Fremdherrschaft des Herodes sind das Vorspiel der Geburt Christi. Nach Vollendung des Werkes Christi sodann, da es sich nicht mehr um die Vorbereitung, sondern um die Übermittelung der in der Erlösung gespendeten Gnade und Wahrheit an die gesamte Menschheit handelt, tritt für diese Aufgabe ein neugeschaffenes Gemeinwesen ein, die christliche Kirche. Ihrer Verwaltung sind die jetzt allen Men-

---

oder wenn man Noe bezeichnet findet als *homo iustus et ... perfectus, ... sicut esse possunt in hac peregrinatione perfecti* (XV, 26, S. 116), oder von den Generationen von Sem bis Abraham hört, daß in ihnen *pietas vera remanebat* (XVI, 10, S. 114). Aber an anderer Stelle sagt er, er finde für diese letztere Generation nirgendwo *in canonicis libris pietatem ... praedicatam* (XVI, 1), nimmt also jene *pietas vera* vielleicht nur im Sinn der Überlieferung wahrer Gotteserkenntnis; ferner bezeichnet er innerhalb der Nachkommenschaft Seths nicht nur die Stammhalter sondern auch die Geschlechtsgenossen im weiteren Umfang als *cives* des Gottesstaates (XV, 22, S. 108) und läßt sie doch abtrünnig werden und dem Strafgericht der Sintflut verfallen, was sich mit der Strenge des Begriffs der *civitas dei (perseverantia!)* nicht verträgt. Schon hier also zeigt sich, daß jener Begriff gelegentlich in einen weiteren Sinn abgleitet. (Nicht beachtet von Jos. Reinkens, Die Geschichtsphilosophie des hl. Augustinus, S. 22ff., und Niemann, Augustins Geschichtsphilosophie, Greifswalder Diss. 1895, S. 25 ff.)

[1]) XVI, 12.

schen zugänglich gemachten objektiven Bedingungen, an die der Eintritt in das Reich der Gottbegnadeten geknüpft ist, in vollendeter Ausbildung übergeben, und darum bezeichnet Augustinus sie selber gelegentlich, unter Erweiterung des ursprünglichen und reinen Begriffes, als *civitas dei*[1]), aber doch mit der grundsätzlichen Beschränkung, daß auch in der Kirche die wirklich Auserwählten von den Scheinchristen als ein bloßer Bruchteil zu unterscheiden sind[2]), ja, daß jene wahren Mitglieder von der amtlichen Kirche unter Mißbrauch ihrer Gewalt exkommuniziert werden können[3]), in welchem Falle sie schweigend dulden, von Gott aber „im verborgenen gekrönt" werden.[4])

Dem Gottesreich steht nun, als der andere Träger der Geschichte, der Weltstaat gegenüber. Greifbarer, als sein heiliges Gegenbild, gewinnt dieser in der vorchristlichen Zeit eine äußerlich heraustretende Organisation in allen Staaten, in denen der Dienst der heidnischen Götter zu den wesentlichen Einrichtungen gehört; und demgemäß ist es die Folge der heidnischen Staaten, welche als Vertreter des Weltstaates gelten. Wie von der Geschichte des Judenvolkes, so wird also auch von der Geschichte dieser Träger des Weltstaates ein dürres Abriß gegeben, wobei denn nach dem Vorgang des Trogus das Bestreben hervortritt, die Masse der Staaten nach Weltreichen zu ordnen. Zwei dieser Weltmächte, das assyrische und das römische Reich, das eine den ersten, das andere den zweiten Teil der vorchristlichen Zeit ausfüllend, erscheinen als die führenden Mächte der heidnischen Welt; alle andern Staaten verhalten sich zu ihnen gewissermaßen als Trabanten.

Wenn nun aber dem flüchtigen Überblick über die jüdische Geschichte eine lebensvolle Anschauung der jüdischen Religion zugrunde liegt, so wird man hier fragen: hat Augustin dies dürre Gerippe antiker Staatengeschichte in ähnlicher Weise mit wirklichem Leben zu erfüllen ver-

---

[1]) *Ecclesiae quae civitas dei est* (XVI, 2, S. 126). *Ecclesia Christi, civitas regis magni* (XVII, 4, S. 212).
[2]) *Epist.* 93, n. 23, 33, 34. *Civ.* I, 35, XX, 19.
[3]) *De vera religione* c. 6.
[4]) *Hos coronat in occulto pater* (a. a. O.).

mocht? Man muß, um in seine Gedanken einzudringen, seine Ansicht von dem Beruf und Wirken des heidnischen Staates ins Auge fassen. Sie geht davon aus, daß, wie der Einzelne trotz seiner Entfremdung vom wahren Gott gewisse natürliche Tugenden (S. 67) üben kann, so auch der heidnische Staat in seinem Grunde gut ist, insofern ihm nämlich ein Zweck gesetzt ist, ohne dessen Verwirklichung seinen Angehörigen, unter denen sich ja auch Kinder der göttlichen Auserwählung befinden können, ein gesichertes Dasein gar nicht möglich wäre. Allerdings liegen diese Aufgaben ausschließlich innerhalb des diesseitigen Lebens und außerhalb der erst durch göttliche Gnade zu erringenden religiösen Ziele; zum Frommen der Einzelnen, wie der Gesamtheit gehen sie in erster Linie auf den Schutz des physischen Daseins und die geordnete Beschaffung, Verteilung und Wahrung der materiellen Güter, an zweiter Stelle aber auch auf einen gewissen Durchschnitt sittlicher Haltung: die Regenten, so meint Augustinus, sollen auch Rektoren der Sitten sein[1]), in dem Sinne etwa, wie das Römervolk auf Rechtschaffenheit hielt.[2]) Was demgemäß ein Staat auf dem ersten Gebiet seiner Wirksamkeit vollbringt, das zeigt sich in seinem Recht, was er auf dem zweiten leistet, das erkennt man an dem besonderen sittlichen Charakter des in ihm geeinten Volkes. Und aus diesem sittlichen Charakter vor allem sind große und dauernde Erfolge eines Staates abzuleiten, eine Wahrheit, die veranschaulicht wird durch Erörterung der sittlichen Eigenschaften, denen die Römer die Größe ihres Reiches verdankten.[3]) Freilich steht dann am Schluß dieser Anerkennung der Notwendigkeit und Güte staatlicher Ordnung das unerbittliche Urteil, daß sie dennoch in die allgemeine Sündenbefleckung der heidnischen Welt hineingezogen ist[4]),

---

[1]) *Rectores morum (Civ. II, 20).*

[2]) *Custodientes quandam sui generis probitatem, quae posset terrenae civitati constituendae, augendae conservandaeque sufficere (Epist. 138, n. 17).*

[3]) V, 12—15.

[4]) Gegen die Übertreibung dieses Momentes durch Dorner und Gierke (auch Jellinek, Allgemeine Staatslehre, S. 180, wäre zu nennen)

weil der Staatszweck nicht, wie es die Unterordnung der niederen unter die höheren Betätigungen des Menschenlebens erheischt, den im Gottesstaat aufgestellten heiligen Lebenszwecken als Mittel dienstbar gemacht wird, sondern den sündigen Trieben ›nach Ruhm, Herrschaft und niedern Genüssen Befriedigung schaffen soll.

Aber trotz dieser Herabwürdigung des heidnischen Staates tritt doch aus jenen Darlegungen als Ergebnis die Forderung heraus, daß die geschichtliche Betrachtung von der äußerlichen Staatengeschichte zur Erkenntnis des dem betreffenden Volke eigenen sittlichen Ideals fortschreiten muß. Und bei genauerem Zusehen finden wir uns bald noch weiter geführt. Im Sinne Augustins ist der Zweck des heidnischen Staates mit den eben hervorgehobenen Aufgaben noch keineswegs erschöpft; in seiner höchsten Ausbildung zeigt er sich vielmehr erst in der Religion und dem Götterdienst. Wie daher das Wesen des Gottesstaates in der Lehre vom wahren Gott erkannt wird, so erscheint der höchste Gehalt der Geschichte des Weltstaates in seiner Theologie, d. h. in der Gottheitsidee, welche dem vielgestaltigen Götterglauben zugrunde liegt.[1]) Sie entfaltet sich in dreifacher Weise: in den Fabeln der Dichter, in den gottesdienstlichen Einrichtungen der Staaten, endlich in den Lehren der Philosophen, unter denen die von Plato abgeleiteten und in den Neuplatonikern ausmündenden den größten Wahrheitsgehalt besitzen. Angedeutet wird dabei auch der Unterschied zwischen der partikulären und der universalen Ausgestaltung der religiösen Idee, erstere in den Staatskulten, letztere in den Lehren der Philosophen erscheinend.[2])

Daß nun bei den Untersuchungen über diese Dinge für Augustin der polemische Zweck — der Nachweis nämlich, daß die Erkenntnisse der Philosophen jünger seien, als die im Gottesstaat verkündeten Wahrheiten, daß sie auch in ihrer höchsten Ausbildung nur Bruchstücke der

---

wendet sich mit Recht Schilling, Die Staats- und Soziallehre des hl. Augustinus, S. 34 ff., 45 ff.

[1]) *Theologia* definiert als *ratio de diis* (VI, 5, S. 278), *de divinitate* (VIII, 1, vgl. VII, 1: *divinitas vel ... deitas*).
[2]) VI, 5, S. 280.

Wahrheit enthalten und stets in einem Irrgarten streitender Meinungen sich bewegen — die Hauptsache ist, kommt hier nicht weiter in Betracht; hier handelt es sich um die Frage, welche Anregungen solche Auseinandersetzungen für die Geschichtschreibung boten, und da ist weiter zu berücksichtigen, daß Augustin von dem Gottheitsbegriff der alten Philosophen aus in bald loserem, bald engerem Zusammenhang ihren Lehren über das gesamte Verhältnis zwischen Gottheit, Menschheit und Natur und über die höchste Bestimmung des Menschen folgt, mithin die Grundzüge desjenigen entwirft, was man heute mit einem etwas abgebrauchten Worte als Weltanschauung bezeichnet. Natürlich treten neben diesen heidnischen Anschauungen auch die Grundzüge der jüdischen und christlichen Religion und Ethik teils in der Form der Gegenüberstellung, teils in der Geschichte des Gottesstaates deutlich hervor; aber gerade daß auch in der verachteten Heldenwelt solche Erscheinungen gewürdigt werden, zeigt, daß die Darlegung der Weltanschauung, welche sich in der geistigen Entwicklung eines Volkes, eines Kreises von Völkern, eines Zeitalters ausprägt, grundsätzlich als eine wesentliche, wenn nicht die höchste Aufgabe der Geschichtschreibung zu gelten hat.

Es ist nicht zu verkennen, daß durch solche Betrachtungen die Geschichte der heidnischen Staaten größeren Wert gewinnt, als Augustinus von vornherein zugibt. Aber eins bleibt doch bestehen: sie bildet eine von der Geschichte des Volkes Israel abgetrennte Reihe; beide Reihen werden vornehmlich nur unter dem Gesichtspunkt des Gegensatzes betrachtet, man müßte denn die Zusammengehörigkeit darin sehen, daß Reiche, wie das ägyptische, assyrische, römische, in der Hand Gottes als Werkzeuge dienen, um die Juden zu prüfen oder zu strafen.[1]

Völlig umgewandelt muß nun aber dieses Verhältnis werden, seitdem mit dem Eintritt der Erlösung die zweite große Epoche der Geschichte angebrochen ist. Das Wesen des jetzt eintretenden Umschwungs faßt Augustinus im allgemeinen dahin, daß fortan die christliche Kirche über

---

[1] XVI, 43, S. 202, XVII, 2, S. 206/7, 223.

alle Völker ausgebreitet werden[1]), daß sie als Weltkirche über die Grenzen des römischen Weltreiches hinausreichen wird[2]) — allerdings nicht ohne dies helle Zukunftsbild alsbald mit seiner grausamen Weltansicht wieder zu trüben: in Wahrheit, so fügt er nämlich hinzu, sind doch nur scheinbar zum Anteil an den in der Kirche verwalteten Erlösungsgnaden alle Menschen berufen, zum wirklichen Genuß derselben, der sie zur ewigen Seligkeit befähigt, gelangt kraft unerbittlicher göttlicher Vorbestimmung nur eine Minderheit.[3]) Aber diese Einschränkung hindert nicht den großen äußeren Siegeszug der Kirche, den Augustinus bereits in vollem Gange fand: schon sah er eine Anzahl heidnischer Völker, voran das römische Weltreich, in die Kirche eingetreten. Damit aber mußte für ihn jene bisherige Gleichsetzung des begrifflichen Weltstaates mit den konkreten Staaten aufhören, es erhob sich umgekehrt die Frage, ob nicht jetzt der christlich gewordene Staat mit der christlichen Kirche sich zu gemeinsamer Arbeit für Ausbreitung und Schutz des Gottesstaates verbinden solle.

Und diese Frage beantwortet Augustin, indem er eine Anschauung vom Verhältnis des Staates zur Kirche begründet, welche fortan die lateinische Christenheit des Mittelalters beherrscht hat. Der Kern dieser Anschauung liegt in der schon berührten Forderung der Unterordnung der niederen Zwecke des Staates unter die höheren, welche im Gottesreiche verwirklicht werden sollen. Augustinus hatte dem Staat neben dem Schutz des Personen- und Sachenrechtes von vornherein auch eine sittliche Aufgabe zuerkannt: jetzt verlangt er, daß diese Wirksamkeit sich den höheren Normen der geoffenbarten göttlichen Gebote[4]) unterordne. Der Staat hat bisher den Kult der falschen Götter eingerichtet: jetzt soll seine Macht der Verbreitung

---

[1]) *Unitatem catholicae ecclesiae per omnes gentes futuram* (XVIII, 49 s. f.).

[2]) *Gentes quae non sunt in iure Romano erunt in populo Christiano* (XVIII, 32).

[3]) XVIII, 45, 48.

[4]) Segen für die *res publica*, wenn sie sich die *praecepta religionis Christianae* angelegen sein läßt: II, 19, S. 86.

der wahren Gottesverehrung unter seinen Angehörigen dienen.[1]) Der Staat hat früher schon schlichtend eingegriffen in den Streit kirchlicher Parteien um ihre Rechte: jetzt soll er diese Macht in den Dienst der Reinheit und Alleinherrschaft der geoffenbarten Wahrheit stellen, indem er den Heiden ihre Opfer bei Todesstrafe verbietet[1]), den Ketzern aber das Recht am Kirchengut, das Recht zu religiösen Versammlungen, den Genuß der wichtigsten bürgerlichen Rechte entzieht: „dienen mögen Christus die Könige der Erde, indem sie Gesetze für Christus erlassen".[3])

Zwei Momente sind in diesem Gedankengang von unermeßlicher Folge. Einmal, jene Normen der Lehre, des sittlichen Wandels und der Gottesverehrung, denen der Staats sich unterordnen soll, treten ihm nicht als unpersönliche Mächte gegenüber, sondern vorgetragen von der Kirche mit ihrem festgeordneten Priestertum; folglich gilt, wenn es auch nicht ausdrücklich gesagt wird, die geforderte Unterordnung des Staates der persönlichen Macht der Hierarchie. Sodann, jene selben Normen, weil von Gott abgeleitet und von der Kirche mit dem Anspruch auf ungetrübte Reinheit verkündet, gelten absolut und beanspruchen absolute Annahme; darum wird, soweit die Macht der verbündeten Gemeinwesen, der Kirche und des Staates, reicht, zur Überwindung der Abweichungen, welche Heiden und Ketzer sich erlauben, der Grundsatz der Anwendung des Zwanges aufgestellt, ein Grundsatz, dessen spätere Ausdehnung von bloßen Untertanen auf eine der Kirche ungehorsame Staatsregierung nur eine Forderung der Konsequenz war.

Kehren wir aber von dieser speziellen Anwendung zur allgemeinen Auffassung des Verhältnisses zwischen der Kirche und dem christlich gewordenen Staat zurück, so können wir sagen: im Sinne Augustins waren jetzt beide Gemeinwesen, gleichsam als Zwillingsmächte, berufen, in

---

[1]) V, 24. Führung *(adducere)* der Untertanen zum *verus dei cultus* durch *consulere, fovere, terrere: Epist.* 155, n. 10, 12.

[2]) *Epist.* 93, n. 10.

[3]) *Serviant reges terrae Christo etiam leges ferendo pro Christo* (*Epist.* 93, n. 14, 16, 19, 50).

einträchtigem Zusammenwirken für den Gottesstaat auf Erden zu wirken. Als eine feindliche Macht stand ihnen die Gesamtheit der im Heidentum verharrenden Völker gegenüber. Die geschichtliche Betrachtung, so sollte man meinen, müßte jetzt erst ihren vollen Reiz für ihn gewinnen. Aber wie merkwürdig! Gerade auf dieser Höhe bricht sie ab. Mit wenigen Bemerkungen über die Siege des Christentums springt er über den weitern Gang der irdischen Dinge hinweg, um sich zum Schluß in den Zusammenbruch der irdischen Welt und die Schicksale des Gottes- und Weltstaates in dem ewigen Jenseits zu vertiefen.

Der tiefere Grund dieser Gleichgültigkeit liegt wohl darin, daß dem Kirchenvater mit der christlichen Religion, wie er sie in dogmatischer Fassung anschaute, das eigentlich wertvolle Ziel der Geschichte erreicht schien. Wohl schärfte sein jüngerer Zeitgenosse Vinzenz von Lerins den Satz ein, daß die Lehre der Kirche wachsen und fortschreiten solle, wenn auch nur durch Deduktion des Besonderen aus dem Allgemeinen; aber Augustin hat aus derartigen Gedanken die Ansicht einer immer gehaltreicher voranschreitenden Entwicklung der Kirche nicht entnommen. Wohl erkannte er anderseits, daß der Menschengeist nicht nur durch die religiösen Erkenntnisse, sondern auch durch die Einsicht in die Erscheinungen der Natur bereichert werde; aber die Wissenschaften letzterer Art erschienen ihm mehr als geistreicher Zeitvertreib gegenüber den Wahrheiten, die den Weg zur Seligkeit zeigen.[1]) Was blieb bei diesem Gefühl, daß alles, was wahren Wert für die Menschen habe, jetzt errungen sei, für die geschichtliche Betrachtung noch übrig, als etwa zu zeigen, wie die Kirche in dem Werk der Ausbreitung der christlichen Religion unausgesetzt zu kämpfen habe mit den Verfolgungen der Ungläubigen, den Verwirrungen der Ketzerei und dem sittlichen Verderben ihrer eigenen Glieder? Ja dadurch, daß er das tausendjährige Reich der Apokalypse auf die Zeit des Bestandes der christlichen Kirche deutete, daß er diese Zeit als letzte

---

[1]) *Magis ad excercenda ingenia quam ad illuminandas vera sapientia mentes.* Letztere hat zu lehren *unde fiant homines beati* (XVIII, 39).

Epoche der Geschichte mit dem Greisenalter in den Stufen des Menschenlebens verglich[1]), gab er trotz den Einschränkungen, welche er gegen die buchstäbliche Auffassung jener Zahl[2]) und die volle Anwendung dieses Vergleichs aufstellte, seinen Nachfolgern einen weiteren Anlaß zur Geringschätzung dieses letzten Abschnittes der Weltgeschichte.

Auch theoretisch hat er in gewissem Sinne die wirklichen Anregungen, die er für ein tieferes Studium der Geschichte gegeben hatte, wieder verleugnet durch das abschätzige Urteil, das er über die Geschichte als wissenschaftliche Disziplin im allgemeinen fällt. Sie wird, sagt er, außerhalb der Kirche in dem Knabenunterricht (*puerili eruditione*) gelehrt, für den Theologen ist sie nützlich zur Bestimmung der biblischen Chronologie und durch den Nachweis des höheren Alters der jüdisch-christlichen Lehren gegenüber der Weisheit der Heiden.[3])

Indes, statt mit diesem unbefriedigenden Abschluß von Augustinus zu scheiden, wenden wir uns noch einmal zu den leitenden Gedanken, die er aus dem kirchlichen Dogma in die Beurteilung der Geschichte hineintrug. Den Ausgang bildete hier die Ansicht von der Erlösung als dem alles beherrschenden Zweck, allerdings, wie nochmals betont werden muß, einem Zweck, dessen voller Segen nur einer Minderzahl auserwählter Menschen zuteil wird. Wie von selber schließt sich an diesen ersten Gedanken der zweite an, daß Gott, der jenen Zweck setzt, auch die Verwirklichung desselben durch seine Leitung der menschlichen

---

[1]) Er sagt *tamquam in senectute veteris hominis;* weiter, daß in diesem letzten (sechsten) Zeitalter das Judenvolk, *quantum ad regni sui vires attinet, quasi extremam vitam trahit.* (*De genesi contra Manichaeos* I, 23.) Erst im folgenden Kapitel wird der Vergleich schlechthin gebraucht, aber hier wieder in einem besonderen Sinn: *senectus sicut in nobis nullo statuto annorum tempore definitur..., sic in ista aetate non apparent generationes* (Generation als Zeitmesser), *ut etiam occultus sit ultimus dies.*

[2]) *Intervallum quod (liber iste) mille annorum appellat* (XX, 8, S. 444/45). Bestimmt spricht er sich gegen die zahlenmäßige Berechnung der der Welt noch vergönnten Zeit aus: XVIII, 53, S. 357, XXII, 30, S. 670. Vgl. *Epist.* 199.

[3]) *De doctrina christiana* II, 28.

Geschicke herbeiführt, eine Ansicht, die ebenfalls, wie oben (S. 66) schon bemerkt wurde, als eine Glaubenswahrheit in die Geschichte hineingetragen wird.[1]) Eben die Art aber, wie dies Hineintragen erfolgt, wie also der leitende Gedanke mit den wirklichen Vorgängen verbunden wird, erfordert doch eine etwas nähere Betrachtung.

An erster Stelle fesselt da das erschütternde Schauspiel der sich erhebenden und sinkenden Reiche den Blick des Kirchenvaters. Daß dieser Wechsel von Gott bewirkt wird, und zwar nach einem bestimmten, nur seiner Allwissenheit offenliegenden Plan, ist ihm gewiß[2]); aber klar ist ihm auch, daß das Eingreifen Gottes nicht ganz einfach zu denken ist. So entsprang, wie er einmal ausführt, das mächtige Reich Davids einer göttlichen Vorbestimmung; allein das Weiterwirken dieser Vorbestimmung im Sinne der Fortdauer des Reichs wurde gehindert[3]) durch die Sünden des Volkes und seiner Herrscher. Der menschliche Eigenwille griff also als eine besondere Ursache in die Verkettung der Ereignisse ein, und diese neue Ursache bewirkte wieder, daß Gott zur Strafe des Abfalls die Nachbarvölker zu Krieg und Sieg gegen die Juden führte, bis ihr Reich völlig zerstört ward. Aber der eigentliche von Gott verfolgte Zweck wurde auch bei diesem widerspruchsvollen Gang der Dinge gewahrt; denn die Erfüllung der Aufgabe der Juden, allen Völkern die in ihren heiligen Schriften niedergelegten Offenbarungen zugänglich zu machen, wurde nun durch ihre Zerstreuung unter allen Völkern ermöglicht.[4])

So folgen Ursachen niederer und höherer Ordnung aufeinander, vielfach in entgegengesetzter Richtung wirkend, jedoch so, daß Gott die auf falsche Bahnen abschweifenden

---

[1]) *Civ.* V, 11.

[2]) *Deus dat regna terrena et bonis et malis ... pro rerum ordine et temporum, occulto nobis, notissimo sibi* (IV, 33).

[3]) *Civ.* XVII, 2: *sic in terra promissionis ... sub his regibus semen Abrahae fuerat constitutum. ut nihil inde superesset quo terrena illa promissio compleretur, nisi ut in eadem terra ... inconcusso statu ... gens permaneret Hebraea, si domini dei sui legibus oboediret.*

[4]) XVIII, 47: *quibus (Judaeis) ... propter hoc testimonium toto orbe dispersis Christi usquequaque crevit ecclesia* (vgl. XVIII, 46 s. f.).

Völker immer wieder in eine vorbestimmte Richtung der Entwicklung zurückführt. Sehen wir nun noch etwas genauer zu, wie dieses Führen und Zurückführen zu denken ist, so werden uns die Einwirkungen Gottes auf den menschlichen Willen, auf das Geistesleben des Menschen überhaupt, vorgehalten. Eine solche Bestimmung des innern Lebens haben wir bisher bei den gottgefälligen Werken der Auserwählten gefunden (S. 67); wie erfolgt sie nun gegenüber der unendlichen Mehrzahl derjenigen Handlungen, die außerhalb dieser Sphäre liegen? Hier läßt Augustinus sich den Willen wenigstens teilweise frei bewegen, aber mit der Beschränkung, daß die Wirkungskraft oder deutlicher der Erfolg der Willensakte von Gott abhängt.[1]) Gott kann also den letztern freien Lauf lassen, aber er kann dann auch die Kräfte der Natur, sei es auf ihrer gewöhnlichen Bahn, sei es durch Ablenkung von derselben, gegen die menschlichen Entwürfe wirken lassen, er kann weiter durch seine im besondern freilich unfaßbare Einwirkung auf die Seele der Menschen und Völker den auf eigene Kraft Bauenden unvorhergesehene Widerstände und Angriffe entgegenwerfen.

In letzterer Beziehung gilt das harte Wort, daß Gott den Willen des Menschen wie auf gute, so auch auf böse Werke richten kann[2]), wenn er z. B. das Herz des Pharao im Widerstand gegen seine Anordnung des Auszugs der Israeliten verhärtet, um dann die Macht des göttlichen Gebotes desto gewaltiger kundzutun, oder wenn er die Raubgier der Philister zum Einbruch in das Reich Juda anstachelt, um die Freveltaten des Königs Joram zu bestrafen. Wendet man dagegen ein, daß auf diese Weise Gott zum Urheber des Bösen gemacht wird, so antwortet Augustinus: auf Böses war der freie Wille jener Übeltäter von vornherein gerichtet; diesen Willen gerade auf die be-

---

[1]) *(Deus) omnium potestatum dator, non voluntatum. . . . (Deo) etiam voluntates omnes subiciuntur, quia non habent potestatem nisi quam ille concedit* (V, 9, S. 223). Vgl. über *voluntas* und *potestas*: *de spiritu et litera* XXXI, n. 53ff.

[2]) *Operari deum in cordibus hominum ad inclinandas eorum voluntates . . . sive ad bona . . ., sive ad mala.* (*De gratia et libero arbitrio* XXI, n. 43.)

sonderen, seinen Zwecken dienenden Ziele einzustellen, war ein Akt der Weltregierung Gottes.[1]

Nahe liegt bei diesen kühnen Gedankenflügen der Zweifel, ob denn gegenüber einem so umfassenden Eingreifen des unendlichen Gottes dem endlichen Menschengeist für eine selbständige Betätigung noch Raum bleiben kann. Statt aber in solche Spekulationen einzutreten, will ich lieber noch die Frage ins Auge fassen, ob Augustinus seine Lehre von der göttlichen Leitung der Geschichte mit den faßbaren geschichtlichen Tatsachen wirklich nur, wie bisher angenommen wurde, äußerlich verband, oder doch auch gelegentlich den Versuch machte, sie aus den Ereignissen abzuleiten und zu erweisen. Am ehesten wird man einen solchen Versuch in der Behandlung der israelitischen Geschichte suchen. Wenn man hier die Fälle aussondert, in denen Augustinus die Aussage der biblischen Schriften, daß dieser oder jener Vorgang, diese oder jene Wahrheit oder Satzung von Gott angeordnet oder geoffenbart sei, einfach herübernimmt, und nur diejenigen Fälle berücksichtigt, in denen er aus den objektiv betrachteten Vorgängen ein göttliches Eingreifen ableitet, so kommen für ihn hauptsächlich die Weissagungen der Propheten in Betracht, welche er auf die künftige Erlösung bezog und deren Reihenfolge er mit besonderer Ausführlichkeit verfolgte. In ihrer Erfüllung glaubte er den auch die Ungläubigen überzeugenden Beweis zu erkennen, daß ein Eingreifen Gottes in den Gang der menschlichen Geschicke vorhanden sei.

Allerdings lag dabei die Voraussetzung zugrunde, daß die Abfassungszeit der fraglichen Schriften richtig bestimmt, und der Sinn der behandelten Weissagungen von den christlichen Theologen richtig erfaßt sei, und schon fehlte es nicht an jüdischen Gelehrten oder auch heidnischen Philosophen, wie Porphyrios[2]), welche die christliche Deutung

---

[1]) *(Deus) voluntatem proprio vitio malam in hoc* (auf dieses bestimmte) *peccatum ... inclinavit* (l. c. XX, n. 41). *Quando legitis ... a deo seduci homines aut obtundi vel obdurari corda eorum, nolite dubitare praecessisse mala merita eorum, ut iuste ista paterentur* (XXI, n. 43).

[2]) Eusebius, hist. eccles. VI, 19, 4.

jener Weissagungen als willkürliche Anpassung des Früheren an das Spätere bekämpften; allein die herrschende Theologie ließ sich in dieser Richtung nicht irremachen.

Nahe lag daneben für Augustinus und seine Nachfolger aber noch ein anderer Beweis: ich meine die stets sich wiederholende Beobachtung, daß zwei aus völlig voneinander getrennten Ursachen entspringende Wirkungen zusammentreffen und in dieser von den Verursachern nicht geahnten Verbindung in einen bestimmten Stand menschlicher Entwicklung eingreifen. Es scheint denn auch, daß Augustinus wenigstens einmal diese Beobachtung und ihre Bedeutung würdigt, nämlich in der schon oben (S. 79) angeführten Bemerkung, daß die durch die Zerstörung ihres Staatswesens bewirkte Zerstreuung der Juden unter alle Völker einerseits, und die aus gesteigerter Verehrung der Überlieferung hervorgehende Mitnahme ihrer heiligen Schriften anderseits sich verbanden, um den zur Annahme des Christentums heranreifenden Völkern den Zutritt zu den Weissagungen der Propheten zu eröffnen.

Indes, weiter ausgeführt werden solche Gedanken nicht. Hier wie überall ist die Hauptsache, daß der große Lehrer der folgenden Jahrhunderte neue Gedanken zur tieferen Auffassung der Geschichte aufstellte, deren Richtigkeit aber erst mittels einer reicheren und schärferen Erfassung der geschichtlichen Tatsachen zu prüfen war. Blicken wir zum Schluß noch einmal auf das ganze Gewebe dieser Gedanken zurück und fragen wir, welcher von ihnen den nachhaltigsten Einfluß auf die weltgeschichtliche Betrachtung späterer Zeiten ausgeübt hat, so wäre wohl die Idee von der Beherrschung der Mannigfaltigkeit geschichtlicher Vorgänge durch einen der Menschheit eingepflanzten Zweck in den Vordergrund zu stellen. Auf Augustinus geht der Gedanke zurück, daß das Leben der Menschen in seiner Entfaltung einem höchsten, alle anderen Güter unter sich befassenden Ziel zustrebe: die Gemeinsamkeit dieses Ziels bewirkt die Vereinigung der Menschen in ihren mannigfachen Gemeinschaften, sie drängt schließlich auf den Zusammenschluß der gesamten Menschheit im Dienste eines allumfassenden Zusammenwirkens; Geschichte ist also die zunehmende Erkenntnis und Verwirklichung eines der Menschheit — den Einzelnen, den Gemeinschaften, der Gesamtheit[1]) — durch höhere Bestimmung vorgezeichneten Lebenszweckes, und je inhaltreicher dieser Lebenszweck gedacht wird, um so weiter wird die geschichtliche Darstellung über die formalistische Behandlung des Altertums hinausführen.

Aber in so weitem Sinne die von Augustin gegebenen Anregungen aufzunehmen und für die weitere Entwicklung der Geschichtswissenschaft zu verwerten, lag nicht in der Art der nächstfolgenden Jahrhunderte. Allerdings wurde Augustins *Civitas dei* von den mittelalterlichen Geschichtschreibern fleißig gelesen, und die grundlegenden Gedanken derselben wurden andächtig aufgenommen; allerdings widmete man sich auch der Weltgeschichte mit einem Eifer, welcher durch die Überfülle von Weltchroniken von Orosius im Anfang des fünften bis Antonin von Florenz in der Mitte des 15. Jahrhunderts bezeugt wird; allein die Hauptabsicht ging dabei auf die stoffliche Seite der Arbeit: es galt, die dürftige Skizze Augustins durch eine chronologisch fester geordnete und mit geschichtlichen Tatsachen reicher ausgestattete Weltgeschichte zu ersetzen. Wie aber ging man bei dieser Vermehrung des geschichtlichen Stoffes vor? Wie nachher noch auszuführen sein wird, entschlug sich die mittelalterliche Geschichtschreibung in viel höherem Grade noch, als die antike einer allseitigen Quellenforschung. Vor allem da, wo ihre Verfasser große und weit zurückliegende Zeiträume behandelten, schlossen sie sich nicht nur einzeln herausgegriffenen Vorlagen an, sondern wählten dieselben auch vornehmlich aus kurzgefaßten Kompendien jüngerer Zeit, deren Inhalt sie in verkürzenden, aber doch in der Hauptsache wortgetreuen Auszügen aneinander reihten, um so noch kürzere Kompendien herzustellen.

In diesem Sinne war gleich die erste Weltgeschichte, die auf Augustins unmittelbare Anregung und gleichzeitig mit seiner Civitas verfaßt wurde, die Chronik des Orosius, gearbeitet, und trotz ihrer Dürftigkeit und mangelnden Zu-

---

[1]) Augustinus hat die drei Stufen *domus, civitas, orbis terrae* (XIX, 16, S. 402; 7, S. 383).

verlässigkeit erschien sie den Nachfolgern doch reich und zuverlässig genug, um als wichtigste Ergänzung der Skizze Augustins zu dienen. Neben Orosius fand man für die zeitliche und sachliche Ordnung der Begebenheiten einen zweiten Führer an Hieronymus. Dieser hatte den chronologischen Kanon des Eusebius, in dem die Geschichte des jüdischen Volkes und der heidnischen Staaten von den Tagen Abrahams ab in eine einheitliche Jahresfolge bis 325 n. Chr. eingeordnet war, übersetzt, ergänzt und bis 378 n. Chr. fortgeführt und dadurch für die gesamte alte Geschichte sowohl das chronologische Gerüst, als auch in den knappen geschichtlichen Daten einen den Orosius bald ersetzenden, bald ergänzenden Grundriß geboten. Er hatte aber auch in seinem Kommentar zum Buche Daniel die Namen der Weltreiche, welche nach alter Auffassung den Lauf der Geschichte beherrschen sollten, auf das assyrisch-babylonische, das medo-persische, das makedonische, das römische festgelegt und von letzterem gelehrt, daß es kraft der vom Propheten Daniel bezeugten göttlichen Anordnung solange dauern werde, bis sein Umsturz zugleich den Zusammenbruch dieser Welt einleiten werde.

Augustinus hatte sich zu dieser Ansicht von der steten Dauer des römischen Reichs weder bestreitend noch unbedingt zustimmend verhalten.[1]) Aber in der Auffassung seiner Nachfolger überwog die positive These des Hieronymus.[2]) Und wenn dann auch das römische Reich zusammenbrach, so wußte man doch mittels einer ernst gemeinten Fiktion das Fortleben desselben erst durch das byzantinische, dann durch das fränkische, endlich durch das deutsche Reich nachzuweisen. Hermann von Reichenau reihte seine Weltgeschichte an einem Kaiserverzeichnis auf,

---

[1]) Über *Pauli epist. ad Thessal.* II, 2, 7 sagt er nur: *non absurde de Romano imperio creditur dictum* (*Civ.* XX, 19, S. 473). Über die Deutung Daniel 2, 7 auf das römische Reich als letztes Reich sagt er: *quam convenienter id fecerint, qui nosse desiderant, legant presbyteri Hieronymi librum in Danielem* (XX, 23, S. 488).

[2]) Über Abweichungen des Frechulf von Lisieux und Notker von St. Gallen s. Wattenbach, Deutschlands Geschichtsquellen I (7. Aufl.), S. 239/40. Vgl. Hashagen, Otto von Freising S. 37 ff.

in dem Leo III. als der 76., Pipin als der 77., Otto der Große als der 89. römische Kaiser dastand: eine Reihe, an die sich sowohl die Zeitfolge, wie die Ereignisse selber anknüpfen ließen.

Der erste, der dieser äußerlichen Zusammenstellung geschichtlicher Vorgänge wieder einen tieferen Sinn zu unterlegen suchte, war derselbe, der als erster unter den deutschen Geschichtschreibern in die an den Pariser Schulen aufblühende scholastische Philosophie eindrang und einen Teil der logischen Schriften des Aristoteles von Frankreich nach Deutschland mitbrachte, der Bischof Otto von Freising.

Zweites Kapitel

Otto von Freising und der Ausgang der Augustinischen Geschichtsbetrachtung

Die Weltchronik des Otto von Freising (1146) ist um mehr als siebenhundert Jahre von Augustins *Civitas dei* getrennt, und doch ist sie in der Beurteilung des geschichtlichen Verlaufs so abhängig von ihr, daß man, um ihr die richtige Stellung in der Entwicklung der Geschichtschreibung anzuweisen, nur die Abweichungen von Augustin festzustellen braucht. Eine selbstverständliche Abweichung besteht darin, daß Ottos Erzählung, wenn sie für die vorchristliche Zeit mit Augustin zusammentrifft, für elf und ein halbes Jahrhundert der nachchristlichen Zeit über ihn hinausführt. Abweichungen ganz anderer Art entspringen aber aus der Einschränkung von Augustins Gedanken. So gründet auch er den Gang der Geschichte auf der Idee von den zwei durch göttliche Vorbestimmung[1]) geschiedenen

---

[1]) *Gloria illius civitatis in solius dei praedestinatione ab aeterno collocata ipsique soli nota* (VIII, 26, S. 395). *Gratiam gratuite quibus vult impertit;* die Verworfenen überließ er ihrem eigenen Willen, *non ad peccata impellendo, sed quod suum erat non largiendo* (Prol. III, S 119).

und in ihrem Bestand nur Gott genau bekannten Gemeinwesen der Welt und Gottes; aber er tut es mehr in der Form flüchtiger Hinweise, als klarer Darlegung. In ähnlichem Sinn stellt er der Judengeschichte einen Abriß der äußeren Staatengeschichte der heidnischen Welt gegenüber, der ausführlicher ist als die Skizze Augustins, und kürzer als die ihm hauptsächlich zur Führung dienende Darstellung des Orosius; aber dafür schrumpfen die in den Inhalt des geistigen Lebens eindringenden Ausführungen Augustins über die heiligen Schriften der Juden, über Religion und Philosophie der Griechen und Römer, bei ihm zu mageren und äußerlich gehaltenen Angaben zusammen.[1]) Mit einem aus verdüsterter Stimmung hervorgehenden Eifer greift er aus des Orosius Lehre von dem in der Menschengeschichte vorwaltenden Elend besonders das Moment des steten Wandels von Erfolg zu Niederlagen, vom Wohlergehen zum Unglück heraus und bezeichnet sein Werk geradezu als ein Buch vom Wandel der Dinge[2]); aber der Zweck, den er dabei verfolgt, nämlich Verachtung der Freuden der Welt zu lehren, führt doch keinen Schritt über die Leistungen seiner Vorgänger hinaus.

Am ehesten kann man ein derartiges Hinausgehen in denjenigen Teilen von Ottos Werk erkennen, in denen er die Zweckbestimmung der Geschichte durch das Erlösungswerk Christi genauer nachzuweisen sucht und dabei denn auch den Gang der Ereignisse durch die christliche Zeit bis auf die Gegenwart verfolgt. So stellt er sich bei Behandlung der vorchristlichen Zeit die Frage, ob nicht zwischen der langen Verzögerung[3]) der Erscheinung Christi und der Geschichte der heidnischen Völker ein diesen sel-

---

[1]) Nach solchem Verfahren notiert er für die verschiedenen Epochen die christlichen Schriftsteller, welche „das Reich Gottes (oder, ‚die Kirche‘ IV, 10, S. 188) belehrt haben". (So Jakobus III, 15, S. 144, Klemens III, 19, S. 149, Theophilus von Antiochia III, 24, S. 155, Dionys von Korinth, a. a. O. S. 156, Irenäus, a. a. O. S. 156, Julius Africanus III, 32 usw.)

[2]) *Liber de mutatione rerum* (an Kaiser Friedrich, S. 1). *De rerum mutatione ac miseriis* (Prol. II).

[3]) *Cur (salvator) universitatem gentium tamdiu ... in errore perfidiae perire permiserit* (Prol. III, S. 118).

ber unbewußter Zusammenhang bestehe. Indem er nun, einem in Eusebius' Kirchengeschichte[1]) gegebenen Hinweis folgend, die antike Vorstellung von einem tierähnlichen, ungeselligen Zustand der ältesten Menschen gewaltsam in die Erzählung der Genesis einfügt und auf die sündigen Nachkommen der gefallenen Menscheneltern bezieht, läßt er diese Wilden mittels des ihnen von Gott eingepflanzten Sittengesetzes[2]) und ihres Eintritts in gesellige Verbindung allmählich zu höherer Gesittung, mittels des Forschens und Denkens ihrer Weisen zu höherer Erkenntnis emporsteigen; diese Entwicklung brauchte Zeit, aber durch dieselbe war, als nun die Zeit abgelaufen war, und Christus in der Welt erschien, die ursprüngliche Unempfänglichkeit der rohen Urmenschen[3]) für die göttliche Offenbarung gehoben.[4]) — Ein ähnliches, von der göttlichen Vorsehung gefügtes Zusammentreffen war es, daß einerseits der römische Staat unter einem erschütternden Wechsel von Siegen und Niederlagen zu jener Höhe der Weltherrschaft emporstieg, von der unter Augustus gleiches Recht und allgemeiner Friede[5]) über die Menschheit sich ausbreitete, während zugleich die Apostel die Predigt des Evangeliums in alle Welt hinaustrugen und nun durch jene weltumspannende Ordnung die nötige Vorbedingung für ihre Wirksamkeit gegeben fanden.

Indem Otto hier auf die Lage der Welt beim Eintritt des Christentums zu sprechen kommt, wird er zugleich auf einen Gedanken geführt, der fortan leitend wird für seine ganze Auffassung der nachchristlichen Geschichte, auf den Beruf des römischen Reiches nämlich, der sich nun erhebenden christlichen Kirche als Beschützer zu dienen. Folgen wir diesem weiteren Gang seiner Erzäh-

---

[1]) I, 2, § 17—21. Otto handelt darüber I, 6, S. 40 und *Prol.* III.
[2]) *Data est primo lex* (a. a. O. S. 120). Otto kann hier nur an die *lex naturalis* denken.
[3]) *Altissima a Christo vitae praecepta danda quomodo caperent?* (a. a. O.)
[4]) *Mentes ad maiora intelligenda capaciores* (a. a. O.).
[5]) Die Herrschaft des Friedens bei Christi Geburt wird auch hervorgehoben von Augustin (*orbe pacato Civ.* XVIII, 46) und *Orosius* VI, 22, § 5 (danach *Beda, M.G. Aa* § 268).

lung, so ist davon auszugehen, daß seit dem Eintritt des Christentums die Augustinischen Idealbilder des Welt- und Gottesstaates, bei Otto noch mehr, als wir es bei Augustin beobachtet haben, zurücktreten vor den faßbaren Mächten der Kirche und des nun christlich werdenden Staates —, allerdings nicht ohne daß ein Schwanken in der näheren Bezeichnung beider Gemeinwesen einige Schwierigkeiten bereitet. Unter Kirche versteht er im weiteren Sinne die Gesamtheit der an Christi Lehre Glaubenden und die Taufe und andere Sakramente Empfangenden[1]; sie umfaßt nach dem großen Eroberungszug, den sie seit Konstantins Bekehrung angetreten hat, nicht nur Einzelne, sondern auch ganze Gemeinwesen, den römischen Staat sowohl, wie die übrigen „angesehenen" Reiche, so daß, da von den Juden und den im Heidentum verharrenden Völkern kaum etwas der Aufbewahrung Würdiges zu melden ist, als Gegenstand der geschichtlichen Darstellung in der Hauptsache nur die eine Kirche anzusehen ist. Er braucht für diese Kirche geradezu die alte Bezeichnung „Staat Gottes" oder auch „Staat Christi", wobei er indes gleich seinem Lehrer Augustinus nicht vergißt zu erinnern, daß die Kirche Würdige und Unwürdige umfaßt, und daß der Staat Gottes, im strengen Sinne genommen, doch nur einen Teil der Kirche ausmacht, dessen Angehörige auf Erden nach wie vor nur Gott bekannt sind.[2]

---

[1] *Prol.* V, S. 218/9, *prol.* VII, S. 295/6, *prol.* VIII, S. 356/7. Über die Notwendigkeit der Taufe IV, 18, S. 196.

[2] Die Bezeichnungen *civitas dei*, *civitas* (oder *regnum*) *Christi* und *ecclesia* werden seit Gründung der Kirche von Otto meist als identisch gebraucht; aber daß der ideale Begriff der *civ. dei* in der Betrachtung der irdischen Geschichte völlig verschwinde und erst im Jenseits wieder zur Geltung kommen werde (so Schmidlin, Die Weltanschauung Ottos von Freising S. 75 ff.), ist nicht richtig. Als Bürger dieser idealen Gemeinschaft werden die in der Gegenwart lebenden heiligen Mönche bezeichnet (VII, 34, S. 336), als *principes* derselben (hier statt *civ. dei*: *regnum Christi*) erscheinen bei ihren Lebzeiten schon die Mönche Paulus und Antonius (IV, 5, S. 182); und so die *civitas dei* im weiteren und engeren Sinn unterscheidend, sagt Otto, daß das Wort *ecclesia* (welche *civitas dei* sei, III, 22, S. 153, oder auch *civitas Christi seu regnum eius*, prol. VIII, S. 356) *consideratione potioris partis* (nämlich der würdigen Mitglieder) gebraucht

Aber auch das Wort Kirche hat neben der weitern noch eine engere Bedeutung, und in dieser bezeichnet es das hierarisch geordnete Priestertum, das *sacerdotium*, wie Otto kurzweg sagt. Überall da, wo die Kirche als eine handelnde Macht auftritt, wo sie, was Otto besonders hervorhebt, Sakramente spendet und Jurisdiktion ausübt[1]), ist sie in diesem engeren Sinne gemeint, und da tritt ihr denn auch, als ein von ihr gesondertes Gemeinwesen, der christliche Staat gegenüber.[2])

Was aber haben wir unter diesem zu verstehen? Wenn Otto, wie eben bemerkt, neben dem römischen Reich auch andere Staaten als vornehme Glieder der Christenheit bezeichnet, so könnte man daraus folgern, daß er neben der Kirche im engeren Sinne die Glieder des christlich-europäischen Staatensystems als Träger der Geschichte angesehen hätte; aber in Wirklichkeit erzählt er, soweit es sich um die politische Geschichte handelt, vom Tod des Theodosius bis zum Fall des weströmischen Reiches die Geschichte des einen Römerreiches und flicht die Einbrüche der germanischen Völker nicht viel anders ein, als die Empörungen von Statthaltern und Provinzen. Seit dem Untergang des weströmischen Reiches verläuft dann in ähnlicher Weise, nur mit wohlberechneter Berücksichtigung des neugegründeten Frankenreiches, als eines von der Römerherrschaft getrennten Staates[3]), die Geschichte an den Wandelungen des oströmischen Reiches, um end-

---

werde, obgleich die Unwürdigen „zu der wahren *civ. dei* nie und nimmer gehören können" (*prol.* VII, S. 296: *in aeternum non pertinebunt.* Man darf aber den Akkusativ *in aeternum* nicht mit Schmidlin S. 76 übersetzen: „erst in der Ewigkeit"). Das Richtige hat auch Hauck, Kirchengeschichte Deutschlands IV, S. 482, Anm. 4.

[1]) *Prol.* IV, S. 171.

[2]) Man darf also nicht ohne Einschränkung sagen, daß Otto fortan nur von dem einen (Gottes-)Staat zu handeln habe. (So Hauck IV, S. 482.)

[3]) *Franci ..., quomodo a Romanorum principatu seiuncti in propria auctoritate manere coeperint. — Romani qui in Galliis habitabant ... exterminati sunt* (IV, 32). Von Chlodwig ab teilt er neben der Liste der Kaiser diejenige der Frankenkönige mit (V, 2, 5, 9, 11, 13, 16).

lich seit der Kaiserkrönung Karls d. Gr. fast ausschließlich den Geschicken des fränkischen, dann des deutschen Reiches, beider als Träger des römischen Kaisertums, zu folgen. Es ist eine Behandlung der Geschichte, deren Grundsatz sich in den Worten ausspricht: „aller Völker und Reiche Geschichte geht auf den Stand des römischen Staates als ihre Quelle zurück." Oder noch schärfer: „der kaiserlichen Gewalt steht der Schutz des ganzen Erdkreises zu." Ja, diese Gewalt bedeutet kurzweg „Herrschaft über die Welt".[1])

Gleichwohl, wie diese stetige Fortdauer des römischen Reiches genauer zu bestimmen sei, scheint dem Geschichtschreiber doch keineswegs klar geworden zu sein. Um die Identität des Reiches mit dem unverkennbaren Wechsel der Staaten, welche seinen Namen trugen, zu vereinigen, greift er zu der Auskunft einer mehrfachen „Translation". Aber was versteht er unter dieser Übertragung? Die erste Übertragung, welche von Konstantin vorgenommen und 150 Jahre später unwiderruflich wurde, bedeutete unmittelbar eine Verlegung der Residenz von Rom nach Konstantinopel[2]); aber da dieser Verlegung die durch die angebliche Schenkung Konstantins vollzogene Überweisung der Westhälfte des Reiches an den Papst vorausging[3]), und ihr dann die Eroberung derselben Westhälfte durch die Germanen folgte, so bedeutete sie zugleich eine Reduktion des Staatsgebietes auf die Osthälfte; und indem nunmehr der Geschichtschreiber die in diesem verkleinerten Reich vorwaltende Nation als Träger des Staates auffaßt, sagt er: das Reich der Römer war auf die Griechen übertragen. Weiter fügt er dann als unerbittliche Folge hinzu: die Stadt Rom, deren Bewohner früher das Weltreich erobert hatten, gab jetzt dem Reiche nur noch den Namen.[4])

---

[1]) *Gesta Friderici* (ed. Waitz 1884), *prooemium* S. 9. Chron. VII, 34, S. 335; V, 29.

[2]) *Sedis mutatio* (IV, 31, S. 214).

[3]) In einer konfusen Darstellung erklärt Otto zuerst (IV, 3 s. f.), den Streit über die Wirklichkeit der Schenkung nicht entscheiden zu wollen, um ihn gleich nachher (IV, 4, S. 180) als entschieden zugunsten der römischen Kirche vorauszusetzen.

[4]) *Mansitque (regnum Romanum) propter antiquam urbis dignitatem solo nomine ibi (Romae), re hic (Constantinopoli)* (IV, 5). *Regno*

Eine noch tiefergreifende Wandelung bedeutete die zweite Übertragung. Als ein vom Römerreich völlig abgetrenntes Staatswesen, ja, wie er meint, unter Ausrottung der in Gallien wohnenden Römer, hatte sich das Reich der Franken gebildet[1]), um sich dann zu einer den Westen Europas überschattenden Macht zu erheben. Als nun gleichzeitig mit diesem Emporsteigen das oströmische Reich niederging, waren es eben die Franken und ihr Herrscher Karl d. Gr., auf welche jetzt kraft einer neuen Übertragung das römische Kaisertum überging. Zeitweilig wurde freilich dieser Wechsel wieder gefährdet, als auch das fränkische Weltreich dem Geschick der Auflösung unterlag, und während der Auflösung Verwirrung in der Reihenfolge der Kaiser einriß. Aber wie sich nun aus den Trümmern des auseinandergehenden Staatswesens zwei neue und dauerhafte Reiche zusammenfügten, ein westliches, dessen Einwohner die römische Sprache annahmen, und ein östliches, dessen Angehörige sich der „teutonischen Sprache" bedienten[2]), und wie dann dieses östliche Frankenreich sich bald zur vorwaltenden Macht erhob, ging unter Otto d. Gr. das Kaisertum auf diese östlichen, die „teutonischen Franken"[3]), über: diesmal war es nicht eigentlich eine neue Übertragung, sondern eine Rückführung von obskuren Zwischenherrschern in Italien zu den alten Inhabern, nämlich den Franken.[4])

Jedenfalls aber bewährte sich bei diesen neuen Wandelungen erst recht die Wahrheit, daß die Stadt Rom für dieses Reich nur den Namen herlieh[5]), und daß ihr von dem alten Ruhm und der alten Würde nur noch ein Schatten (wörtlich: *vestigium*) geblieben war.[6]) Ja, gelegentlich legt dieser Gegensatz von Schein und Wirklichkeit dem

---

ad Graecos seu ad Francos derivato urbis tantum antiquae dignitatis ac nominis manet vestigium (IV, 31).

[1]) Vgl. S. 89 Anm. 3.
[2]) IV, 32, S. 116. Vgl. VI, 11, 17.
[3]) *Prol.* I, S. 6.
[4]) VI, 22, 24.
[5]) *Potestas temporalis sub Romano nomine ab Francos translata est* (V, 36).
[6]) S. 90 Anm. 4.

Geschichtschreiber die Bemerkung in den Mund, daß der Staat Karls des Großen gewissermaßen aus zwei Reichen, dem fränkischen und dem römischen, bestanden habe[1]), allerdings nur gelegentlich, denn sonst betrachtet er das vom ·Kaiser beherrschte Staatsgebiet als einheitliches römisches Reich.[2])

Aber, so wird man fragen, warum hält denn Otto angesichts dieser Widersprüche an dem Fortleben des altrömischen Reiches fest? Der Hauptgrund liegt wieder in zwei in die Geschichte hineingetragenen Voraussetzungen: einmal in der von Augustin vererbten Anschauung, daß die Geschichte nun einmal an einer Reihe von Weltreichen ablaufen müsse, einer Anschauung, welche durch die Forderung, daß der christlichen Weltkirche ein staatliches Weltreich zur Seite stehen müsse, verstärkt wurde, sodann in der theologischen Meinung, daß nach Daniels Offenbarung das römische Reich unwiderruflich das letzte sein müsse. Neben diesen Voraussetzungen sind es eigentlich nur zwei greifbare Tatsachen, auf welche der römische Charakter des Reiches gegründet wird: einmal der Umstand, daß die Kaiser seit Karl dem Großen in Rom zwar nicht den Sitz ihrer Herrschaft aufgeschlagen haben — denn der ist in Aachen —, aber doch die oberste Gewalt daselbst besitzen[3]), sodann daß die Kaiserkrönung in Rom durch den Papst erfolgt.

---

[1]) *Modo duo regna, Romanorum et Francorum* (V, 32 s. f.). Sonst erscheint das vom Kaiser beherrschte Staatsgebiet als einheitliches *imperium*, das also je nach der dem Kaiser zufallenden Macht vergrößert oder verkleinert wird (z. B. VI, 1). Die klare Unterscheidung des *regnum* und des *imperium* innerhalb der Herrscherbefugnisse des deutschen oder bereits des fränkischen Monarchen wird man in der Chronik nicht finden, wohl aber ein Schwanken der Bedeutung beider Worte: bald werden sie als gleichbedeutend, bald als verschieden gebraucht, bald bezeichnen sie das räumliche Staatsgebiet, bald die unkörperliche Herrschaft.

[2]) Das deutsch-römische Reich ist *regnum* (= *imperium*) *Romanorum* schlechtweg im Gegensatz zu dem westfränkischen Reich als *regnum Francorum* (V, 35, S. 251). Leitha und March bilden den *limes Romani imperii* (*Gesta* I, 32).

[3]) Gegenüberstellung von *sedes regni* und *imperium:* V, 35, S. 251. Vgl. V, 32, VI, 18, S. 270.

Indes gerade diese kaiserliche Herrschaft in Rom wird anderseits wieder nachdrücklich eingeschränkt. Wohl gibt Otto Belege dafür, daß die Kaiser in Rom eine höchste Richtergewalt ausübten[1]); aber dann hebt er wieder hervor, daß die Kirche, d. h. der Papst, die von Konstantin ihr dort übergebene weltliche Hoheit durch lange Zeiträume machtvoll gehandhabt habe[2]), und an anderer Stelle weist er darauf hin, daß gerade Rom der Schauplatz eines gewaltigen Umschwunges geworden sei: früher war die Stadt das Haupt der Welt, nachher wurde sie das Haupt der Kirche.[3]) Es sind dies Stellen, in denen wir jene andere Macht, nämlich die Kirche, deren Verhältnis zum Reich den eigentlichen Inhalt der christlichen Geschichte ausmachen soll, gleichsam vor unseren Augen als eine mit dem Reich zugleich verbündete und rivalisierende Macht sich erheben sehen. Wenden wir daher, nachdem Ottos Ansicht vom Reiche dargelegt ist, unsere Aufmerksamkeit nunmehr der Kirche zu, insbesondere den Beziehungen, welche sich im Sinne unseres Geschichtschreibers zwischen ihr und dem Reich bilden.

Was nun hier von vornherein auffällt, ist wieder die alte formalistische Auffassung. Wenn Otto auf das innere Leben der Kirche eingeht, so bringt er nur einige äußere Daten vor, die sich nach hergebrachten Kategorien (S. 77) auf die Ausbreitung der Kirche und ihren Kampf mit den Ketzereien, auf kirchliche Schriftsteller, Mönche und Heilige beziehen. Was er dagegen vorzugsweise behandelt, die Beziehungen zwischen Kirche und Reich, beschränkt sich im wesentlichen auf die Entwicklung des Verhältnisses äußerer Macht, und hier wieder drängt sich in den Vordergrund eine höchst pessimistische Auffassung.

Wie nach Augustinus ein in seinen Gründen verborgener, aber höchst gerechter Ratschluß Gottes die Minderheit der Menschen zur Beseligung, die Mehrheit zur Verdammnis bestimmt hat, so hat nach Otto ein nicht minder

---
[1]) V, 33, VI, 24, S. 278 (Ludwig d. Fr. und Otto I.).
[2]) *Per multos annos secularem urbis honorem potentissime habuit* (VII, 27). Man kann den Sinn nur in freier Übersetzung wiedergeben.
[3]) *Prol.* III, S. 122.

verborgener Ratschluß angeordnet, daß die Kirche wie zu einem geistlichen, so auch zu einem irdischen Reich, und zwar dem mächtigsten unter allen, emporwachsen, zugleich aber entsprechend diesem Wachstum ein fortschreitender Niedergang des römischen Reiches erfolgen sollte.[1]) Der Anfang dieses Steigens und Fallens wird zurückgeführt bis auf Nero: damals entsprach dem Martyrium der Gründer der römischen Kirche ein unter Niederlagen und Unglücksfällen[2]) beginnender Rückgang des römischen Staates. Dann folgte ein zweiter viel tieferer Abschnitt, als Konstantin sich zugunsten der römischen Kirche des Westreiches entäußerte, und als gleichzeitig die Quelle der Schenkungen von Grundbesitz an die Kirche eröffnet wurde. Dem Höhepunkt aber strebte die Entwicklung zu, als die Päpste einerseits den verfassungsmäßigen Bestand der Kirche von allen Eingriffen des Kaisertums zu befreien[3]), anderseits Kaiser und Könige sich zu unterwerfen begannen: da entsprang aus dem Vorgehen des Papstes Stephan, als er den zum Königtum emporsteigenden Pipin mitsamt den Franken von ihrem Eid, den sie dem Merowingerkönig geleistet hatten, entband, die Befugnis der Päpste, die Herrschaft über die Reiche zu ändern; seit der (vermeintlichen) Bannung Lothars II. durch Nikolaus I. begannen die Päpste über die Könige zu richten, und als sie vollends mit der Bannung die Absetzung Heinrichs IV. durchzwangen, dann den Verzicht des Reiches auf die In-

---

[1]) IV, 4, S. 180; 5, S. 182, *prol.* IV, S. 171. Die Meinung Schmidlins (Weltanschauung Ottos von Freising S. 71 ff.), daß der Niedergang des christlich-römischen Reiches im Sinne Ottos daraus zu erklären sei, daß es „unter dem Fluche" des heidnischen römischen Reiches gestanden habe, halte ich für unbegründet. Die in Anm. 5, S. 72 zitierten Worte *tamquam sopita civitate mundi* haben mit dem in den Verband der Kirche eingetretenen römischen Reich nichts zu tun.

[2]) Diese entnimmt er aus Orosius (VII, 7); der Zusatz aber, *quod apostolis in urbe martyrio coronatis secularis illius dignitas urbis minui coepit*, ist sein Eigentum (III, 16).

[3]) V, 33, 34: Leos IX., Alexanders II. und Gregors VII. Kampf für die *libertas* der Kirche. Gegenstand: Freiheit der Papstwahl. Dann Kampf *pro simonia extirpanda ac incontinentia clericorum reprimenda.* VII, 16: Durch den Verzicht auf die Investitur (Wormser Konkordat) ist die Kirche *libertati ad plenum restituta.*

vestitur errangen, war der Höhepunkt der Weltherrschaft der Kirche erreicht. Jetzt herrscht sie über die Könige, die dem Papst die Adoration leisten und von ihm gerichtet werden; das Reich aber, das die Kirche mit seinen Gütern und Regalien überschüttet hat, ist selber ausgezehrt und entkräftet.[1])

Merkwürdig ist nun, wie den aszetisch gesinnten Geschichtschreiber vor dieser weltlichen Macht und Pracht und im Hinblick auf die Kriege und Kriegsgreuel, welche die Kirche, um ihr Ziel zu erreichen, entfesselt hat, ein Grauen beschleicht, und wie er nun, im halben Widerspruch mit seiner Prämisse, daß die ganze Entwicklung aus göttlicbem Ratschluß erfolgt sei, doch wieder die Frage stellt, ob auf dem Ergebnis dieses Verlaufs das göttliche Wohlgefallen ruhe.[2]) Seine dagegen auftauchenden Bedenken weiß er dann auch eigentlich nicht zu widerlegen, sondern nur durch Gewaltsätze niederzuschlagen. Die römische Kirche meint er, erkennt ihre Errungenschaften als berechtigt an, sie aber kann nicht irren. Der Prophet Daniel, sagt er weiter, sah in göttlicher Erleuchtung, wie gegen Ende der Tage die ihm gezeigte wunderbare Bildsäule durch einen vom Berg herabstürzenden Felsblock zertrümmert wurde: dieser Fels aber ist, wie es scheint[3]), die Kirche, und die Bildsäule ist das Reich.

So kommt er auf den Glauben an ein von Gott verhängtes Schicksal zurück. Damit aber sieht er sich nun auch zu der weiteren Folgerung getrieben, daß die letzte Erfüllung dieses Geschickes, nämlich der Zusammenbruch der irdischen Welt, ganz nahe[4]) bevorstehe. Freilich von dem Mann, der den Aufschwung der scholastischen Theologie in Frankreich erlebt hatte, möchte man erwarten,

---

[1]) V, 23, VI, 3, 35, 36; prol. VII, prol. IV, S. 171.
[2]) Nachdem er die Gründe für und wider die Statthaftigkeit der weltlichen Erhöhung der Kirche angeführt hat, ohne eine Entscheidung zu treffen, sagt er: *utrum deo magis placeat haec ecclesiae suae ... exaltatio quam prior humiliatio, prorsus ignorare profiteor* (*Prol. IV*, S. 173).
[3]) *Sine melioris sententiae praeiudicio* (VI, 36). Über die Deutung des Steins auf die Kirche bei Augustin u. a. Hashagen S. 84 Anm. 8—11.
[4]) *In proximo:* II, 13.

daß er den Mißmut über die staatliche Zerrüttung, die ihn umgab, durch die frohe Hoffnung auf einen großen Fortschritt wissenschaftlicher Erkenntnisse und damit durch die Zuversicht, daß der Welt doch noch weitere Zeiträume gegönnt sein müßten, aufgewogen hätte. Aber man würde hierbei übersehen, daß der Gedanke eines eigentlichen Fortschrittes dem Freisinger Bischof fremd war. Seiner Ansicht nach hat die menschliche Wissenschaft auf dem Wege, den ihre Entwicklung, ähnlich wie die Folge der Weltreiche, vom Osten nach dem Westen eingeschlagen hat, in Griechenland alles, was mit menschlicher Vernunft über die göttliche Natur ermittelt werden kann, ausgeforscht.[1]) Von Griechenland und Rom her sind gegenwärtig ihre Lehren in Frankreich unh Spanien aufgenommen, aber eben nur aufgenommen; denn die Welt tut gleichsam, wie zum höchsten Greisenalter gelangt, ihre letzten Atemzüge.[2])

Den Grundgedanken dieser trübseligen Geschichtsbetrachtung hat Otto einige Jahre später in seinen „Taten Kaiser Friedrichs" ausgesprochen: alles Geschaffene ist ein Zusammengesetztes, dessen Teile auf der Höhe der Entwicklung des Ganzen die höchste Harmonie erreichen, hierauf aber unaufhaltsam der Auflösung entgegengehen.[3]) In diesem Sinne sieht er nunmehr die gesamte Menschheit, die Einzelnen sowohl, wie die großen Gemeinwesen, ihrem baldigen Untergang entgegengehen. Daß er hier originell ist, kann man nicht eigentlich sagen: er hat nur den Gedanken des heiligen Augustinus in pessimistischer Weise fortgebildet.

---

[1]) II, 8, S. 70.
[2]) *Prol.* V, S. 218. *Prol.* I, S. 6/7.
[3]) *Gesta* I, 5. Wenn man diese Ausführungen mit ihrer stillschweigenden Anwendung auf Friedrich I. (*melius est ad summum quam in summo*, c. 4 und 5 am Ende) erwägt, so muß man sagen, daß die trübe Grundstimmung auch in den *gesta* nicht verschwunden ist. Wieweit im übrigen die *amaritudo animi* (*prol.* I, S. 2) die in der Chronik vorgetragenen Anschauungen beeinflußt hat und sie als nur zeitweilige kennzeichnet, ist näher wohl nicht zu bestimmen. Der Schlußsatz in dem Schreiben an Rainald über die Deutung des Steins im Buche Daniel kann weiter nichts als eine Retraktation hinsichtlich der unmittelbaren Nähe des Weltendes enthalten (so Schmidlin S. 122), er kann aber auch den Zweck haben, die Deutung des Steins auf die Kirche in Zweifel zu ziehen.

Greifen wir überhaupt noch einmal zu der im Anfang gestellten Frage zurück, wieweit Otto von Freising über Augustinus hinausgekommen sein dürfte, so kann wohl nur gesagt werden: unter abgeschwächter Wahrung der von seinem Meister in die Geschichte hineingetragenen Grundgedanken hat er die Darstellung der alten Geschichte mit einer aus meist abgeleiteten und trüben Quellen genommenen Auswahl wichtiger Tatsachen ausgefüllt, dann für seinen eigenen Abriß der christlichen Geschichte das noch von Augustinus stammende Schema der Beziehungen zwischen Kirche und Staat zugrunde gelegt, es aber in eigenartiger Weise und mit pessimistischer Färbung auf die Beziehungen zwischen dem mittelalterlichen Reich und der mittelalterlichen Kirche angewandt.

Trotz dieses beschränkten Verdienstes blieb gleichwohl Ottos Chronik auf Jahrhunderte hinaus der einzige verhältnismäßig hervorragende Versuch, die Weltgeschichte unter höheren Gesichtspunkten aufzufassen. Was seine Nachfolger erstrebten, war entweder die Sammlung einer größeren Fülle geschichtlicher Tatsachen, wie wir sie im 13. Jahrhundert von Vinzenz von Beauvais, im 15. von Antonin von Florenz in bunter Masse zusammengetragen finden, oder umgekehrt die Verkürzung zu einem dürren Kompendium, wie es in der zweiten Hälfte des 13. Jahrhunderts zum Gebrauch von Theologen und Juristen Martin von Troppau verfertigte, in beiden Fällen ohne einheitliche Verarbeitung und ohne Rückgang auf die ursprünglichen Quellen. So konnte es nochmals ein halbes Jahrtausend dauern, bis der Fürst der Gallikaner, der Bischof Bossuet, den Versuch machte, unabhängig von Otto von Freising, den er nicht kannte, die Geschichtskonstruktion Augustins in neuer Fassung vorzutragen. Sein *Discours sùr l'histoire universelle* (1681) schließt sich nach rückwärts so eng an Augustinus an und scheidet sich nach vorwärts so scharf von den neuen Richtungen der Geschichtswissenschaft ab, daß man ihn wohl noch als einen Ausläufer der christlich-mittelalterlichen Geschichtschreibung mit den Vertretern derselben zusammenfassen kann.

Natürlich kann bei einem Geiste wie Bossuet und bei der großen Erweiterung geschichtlichen Wissens, die er vor sich sah, von einer unselbständigen Wiedergabe Augustinischer Gedanken nicht die Rede sein. Gleich in den Ausgangspunkten der Darstellung finden wir neben der Übereinstimmung im Wichtigsten auch Abweichungen im einzelnen. Übereinstimmend mit Augustinus, faßt auch Bossuet die Befreiung der Menschheit vom Fluch der Sünde als das Ziel auf, dem die Geschichte zustrebt, und zerlegt demgemäß ihren ganzen Lauf in zwei Hälften: die Zeit, da die Menschheit auf die Erlösung vorbereitet, und die Zeit, da der Segen derselben ihr zugewandt wurde; aber die Vorstellung von den zwei idealen Gemeinwesen läßt er fallen und stellt dafür zwei faßbare Erscheinungen auf, von denen alle Geschichte ausgeht: die Religion und die Staatsgewalt.[1]

Gegenstand seiner Betrachtung ist also für die vorchristliche Zeit die jüdische Religion und das jüdische Volk und ihnen gegenüber die heidnischen Religionen und die heidnischen Reiche, für die nachchristliche Zeit die christliche Religion, die christliche Kirche und die auf dem Boden des römischen Reiches gegründeten christlichen Staaten und Nationen.[2] Der Vorrang unter diesen geschichtlichen Erscheinungen kommt der jüdischen, und der aus ihr keimenden christlichen Religion zu, oder, da Bossuet in jeder andern Religion nur eine Entstellung der einzig wahren erkennt, der Religion schlechtweg. Als das höchste Gut des Menschengeschlechts entspringt sie aus göttlicher Offenbarung, ist so alt wie die Menschheit selber und steht unveränderlich und stets sich gleich über allen Veränderungen der geschichtlichen Bewegung. Nur das eine schließt ihre Unveränderlichkeit nicht aus, daß sie auf zwei Stufen von unvollständiger zu vollständiger Offenbarung fortgeschritten ist: die erste Epoche ist die Zeit, da man den Erlöser erwartete, und die Menschen

---

[1] *La religion et le gouvernement politique sont les deux points sur lesquels roulent les choses humaines.* (S. 6, vgl. S. 155—157. Ich zitiere nach der Ausgabe in den *Oeuvres* t. 35.)

[2] Über letztere: *nations qui ont envahi l'empire romain,* deren Könige sich setzten, *chacun dans sa nation, à la place des empereurs* (S. 441).

auf sein Evangelium vorzubereiten waren, die zweite, da er erschien, und der Menschheit fortan die Fülle seiner Wahrheiten und Gnaden zugeführt wurde.

Hiernach ist es die vornehmste Aufgabe des Geschichtschreibers, die Grundideen dieser Religion auf ihren zwei Stufen in markiger Kürze auszuprägen.[1]) Bossuet versucht es, natürlich in der Überzeugung, daß der Inhalt der Religion in allen Jahrhunderten im wesentlichen unverändert, wie in seiner *Exposition de la doctrine catholique,* bestand; aber seine knappe Charakteristik zeichnet sich durch solche Kraft des Gedankens und solche Schönheit der Sprache aus, daß man sie wohl an die Spitze aller ähnlichen Versuche bis auf Lotze[2]), Ranke[3]) u. a. stellen kann. Es ist eine Erfüllung der aus Augustins Werk sich ergebenden Forderung, den Inhalt der großen Erscheinungen des Geisteslebens darzulegen.

Wie nun, so fährt Bossuet fort, die Religion als ein unveränderliches Element in dem Wandel der Geschichte dasteht, so teilen diese Festigkeit mit ihr diejenigen Gemeinwesen, welche zu ihrer Bewahrung berufen sind, das jüdische Volk und die katholische Kirche: ersteres freilich nur bis zur Erscheinung Christi und trotz der seinen Bestand im ganzen nicht aufhebenden Erschütterungen im einzelnen, letztere von der Erscheinung Christi ab bis zum Ende der Welt. Den Gegensatz gegen diese Festigkeit geben sodann die Staaten ab, und zwar zunächst für die vorchristliche Epoche die heidnischen Staaten. Deren Geschichte bewegt sich in einem grausamen Kampf der Völker um die Herrschaft[4]) und in einem erschütternden Wechsel von Emporsteigen und Niedergehen, Macht und Untergang.

Hiernach wird nun der Geschichtschreiber im Hinblick auf die vorchristliche Zeit die Geschichte des volkes

---

[1]) S. 267 ff. Vgl. über die Anfänge der Religion S. 159 ff. Man stelle dagegen die weitschweifigen theol. Abhandlungen über Leben, Wirken und Lehre Christi und der Apostel in Antonins Chronik (Ausg. Lyon 1586) I, S. 196—414.

[2]) Mikrokosmos (2. Aufl.) III, S. 149 ff.

[3]) Weltgeschichte (Originalausg.) III, S. 163 ff.

[4]) *Ce jeu sanglant où les peuples ont disputé de l'empire et de la puissance* (S. 449).

Israel auf der einen, der heidnischen Staaten auf der anderen Seite in paralleler Darstellung vorzuführen haben. Das Muster ist hier wieder Augustinus, wenn auch mit dem selbstverständlichen Unterschied, daß Bossuets Erzählung trotz strenger Beschränkung auf die wichtigsten Tatsachen doch ungleich reichhaltiger und lichtvoller ausfällt, als die dürftigen Grundzüge seines Vorgängers. Vor allem folgt er diesem auch darin, daß er für die Geschichte des jüdischen Volkes sich unbedingt den Aussagen des Alten Testamentes anschließt: dessen geschichtliche wie lehrhafte Angaben beruhen ihm auf göttlicher Eingebung[1]), die Bücher Mosis sind „unbestreitbar das älteste Buch der Welt".[2]) Wie bei Augustin, so verläuft demnach auch bei ihm die jüdische Geschichte unter fortlaufender göttlicher Einwirkung. Gott sah den Dienst der falschen Götzen wie eine ansteckende Krankheit alle Völker ergreifen: also wurde zur Erhaltung und Pflege der wahren Religion ein besonderes Volk von ihm ins Leben gerufen und unter seine feste Leitung genommen.[3]) Diese Leitung war keine den freien Willen des Volkes aufhebende: also wechselte es zwischen Treue gegen seinen göttlichen Führer und Untreue; aber Gott bewirkte, daß als Strafe der Untreue ebensooft sich Niederlagen und Unglück einstellten, und so das Volk auf die rechte Bahn zurückgeworfen wurde, bis die Zeit kam, da es seinen Beruf erfüllt und zugleich das Maß seiner Frevel erschöpft hatte, und nun die Auflösung des Staatswesens und die Zerstreuung des Volkes in alle Welt erfolgte.[4])

Zwei Punkte werden bei dieser Darstellung der göttlichen Führung mit besonderem Nachdruck hervorgehoben: einmal die Länge der Zeit, während deren Gott die Menschheit auf die Ankunft des Erlösers warten ließ — sie wird damit erklärt, daß an dem Übermaß ihres Irrtums und

---

[1]) *Écritures ... véritables en tout, données de Dieu même* (S. 397) Auch in den Makkabäerbüchern spricht der Heilige Geist (S. 515).

[2]) S. 158.

[3]) Übereinstimmend mit *Civ. dei* XV, 8, S. 72: *populus dei, distinctus a ceteris gentibus.*

[4]) Alles Sätze, die fast wörtlich mit Augustinus stimmen. Man vgl. *Civ.* XVI, 43, S. 202, XVII, 2, S. 206/7; 23 mit Bossuet S. 156/57, 200, 210, 222, 316 ff.

Zweites Kapitel. Otto von Freising usw.

Elendes den Menschen die Notwendigkeit der göttlichen Errettung erst deutlich zum Bewußtsein kommen sollte[1] —, sodann die messianischen Weissagungen, in denen man ebensowohl die nachdrücklichsten Betätigungen göttlicher Leitung, wie die unwidersprechlichsten Beweise der Wahrheit der Heiligen Schrift erkennt. Mit ähnlichem Eifer, wie Augustinus, und gleich ihm der in der Theologie inzwischen noch befestigten Deutung der betreffenden Aussagen folgend, führt Bossuet eine stattliche Auswahl der vornehmsten Weissagungen vor.

Das Gegenbild des Volkes Israel geben dann die heidnischen Völker und Staaten ab. In der Darstellung ihrer Geschichte sehen wir zunächst die unbedingte Feindseligkeit Augustins gegen alles Heidnische wieder hervorbrechen: der Götterglaube und -dienst ist nur als teuflischer Gegensatz gegen die wahre Religion zu verstehen, die Götter selbst sind Dämonen.[2] Indes, wie schon Augustin in den heidnischen Staaten auch Großes und relativ Gutes erkannt und in diesem Sinne die sittliche Eigenart des im römischen Staat geeinten Volkes zu erfassen versucht hatte, so wendet Bossuet das gleiche Verfahren mit reicherer Kenntnis und tiefer dringendem Urteil auf die vornehmeren Staaten des Altertums überhaupt an. Den wahren Grund des Wachstums und Verfalls der Staaten sucht er, soweit es auf menschliche Ursachen ankommt, darin, daß, wie die führenden Männer, so auch die Völker einen besonderen „Charakter", einen gemeinsamen „Geist" haben.[6] Er findet diesen Volksgeist in den sittlichen Eigenschaften, die sich nicht nur im Privatleben sondern auch im Staatsleben äußern,

---

[1] S. 171.
[2] Nach Psalm 95 (96): *tous les dieux des gentils sont des démons* (S. 387).
[3] *Caractère:* S. 448. *L'ancien esprit de la Grèce:* S. 498. *L'esprit de la république (Romaine):* S. 516. *Esprit des peuples:* S. 522. *Tempérament:* S. 523. Anerkennung, die Voltaire diesen Ausführungen zollt: *Essai sur les moeurs* (Werke nach der Pariser Ausgabe 1876, X, S. 121). v. Möller hätte daher in seinen Untersuchungen über den Begriff des Volksgeistes dem Bischof Bossuet einen Platz nach Grotius und Harrington einräumen können (Mitteilungen des Instituts für österreichische Geschichte XXX, S. 24ff.).

er findet ihn vornehmlich auch in den Einrichtungen der Staatsverfassung und des Kriegswesens, in den Grundsätzen, welche die Kriegführung, die innere und die äußere Politik beherrschen[1]), teilweise auch in, der Ausgestaltung der Wirtschaft, der Künste, der Wissenschaften und mit flüchtigem Seitenblick[2]) in den obersten Ideen der Philosophie und der Religion.

Diese Betrachtung der Staaten und Nationen als Persönlichkeit führt weit über die Aufzählung äußerer Daten in den mittelalterlichen Weltchroniken hinaus. Wie von Bossuets Schilderung des Geistes des Christentums, so kann man auch von seiner Charakteristik des römischen Volkes und Staates sagen, daß sie eine tiefere Behandlung der Staatengeschichte anbahnt; trotz ihrer Irrtümer und Willkürlichkeiten darf sie als Vorläufer von Montesquieus Betrachtungen über die Ursachen der Größe und des Niedergangs der Römer angesehen werden.

Vermochte nun aber Bossuet die Geschichte der heidnischen Staaten auch in ihrer Gesamtheit, statt nach der ärmlichen Idee vom Wandel der Weltreiche, im Lichte einer innern Einheit anzuschauen? In der Hauptsache vermag er es doch nur, indem er an der Hand seines Augustinus und nach den Aussagen der Propheten diese Mächte mit dem ganzen Reichtum ihrer Entwicklung als Werkzeuge anschaut, die Gott für die Leitung des Volkes Israel brauchte. Aus den Söhnen Jakobs mußte das jüdische Volk unter fremder Herrschaft erst erwachsen und unter gemeinsamen Leiden geeint werden: dafür war das Reich der Ägypter da.[3]) Für ihre Untreue gegen Gott mußten die Juden nach so vielen leichteren Züchtigungen zuletzt die schwerste Strafe des Verlustes ihrer Freiheit und ihres Wohnsitzes erleiden: das hatten die Assyrer und Babylonier auszuführen. Zum Lohn für ihre Buße sollte der Kern der Juden zu einer beschränkten Selbständigkeit zurückgeführt werden: dafür traten die Könige der Perser ein. Mit dem Ein-

---
[1]) Besonders in dem Abschnitt über Ägypten: S. 458 ff.
[2]) In den Betrachtungen über den Charakter der Griechen: S. 258/59, 259 ff., 492, 493/94.
[3]) S. 190 ff.

tritt des Christentums endlich sollte das jüdische Volk zersprengt werden, und die Ausbreitung einer Weltreligion unter dem Schutze eines Weltreiches vor sich gehen: das war der Beruf des Römerreiches.[1])

Überall sehen wir hier einen nach einem höchsten Zweck gerichteten Gang der Geschichte vorgeführt. Aber die Ansicht von dem Zwecke selbst und der Verwirklichung desselben durch Gottes Eingreifen in die Geschicke der Völker ist aus den Aussagen der Heiligen Schrift, vornehmlich des Alten Testamentes, und hier wieder aus einer überlieferten Deutung seiner Aussagen entnommen. Sie steht und fällt, je nachdem der Sinn und die Autorität dieser Aussagen beurteilt wird. Erst in einem neuen Abschnitt, da der Geschichtschreiber sich zu der christlichen Religion und der katholischen Kirche wendet, glaubt er, auch abgesehen von inspirierten Zeugnissen, in dem Gang der Dinge selber die Gewähr der göttlichen Leitung zu erkennen: sie liegt in der Stetigkeit der Entwicklung von Religion und Kirche, die von den ersten Zeiten der Vorbereitung im Alten Testament bis zur Gegenwart, getragen von immer wechselnden Menschen und Völkern, als eine unwandelbare Macht über allem Wandel der Zeiten steht. Mit Händen meint Bossuet hier das Eingreifen Gottes zu erfassen und vor einem ununterbrochenen Wunder zu stehen.[2])

Es ist dies ein Gedanke, den eingehender zu verfolgen, dem Geschichtschreiber vor allem auch die nachchristliche Zeit Gelegenheit gegeben hätte. Aber leider hat Bossuet seine Absicht, die Geschichte bis zur Gegenwart zu führen, nicht ausgeführt; bei der Kaiserkrönung Karls d. Gr. hat er die Feder niedergelegt. So können wir am Schluß unserer Übersicht nur noch einen Rückblick auf das ganze Werk tun, um die Frage zu stellen, wie sich die in dieser Fortsetzung von Augustins Gedankenarbeit hervortretenden obersten Anschauungen zu denjenigen des mittelalterlichen Nachfolgers Augustins, nämlich Ottos von Freising, verhalten. Vor allem sehen wir da den Pessimismus

---
[1]) S. 440 ff.
[2]) *Enchaînement merveilleux:* S. 431. *Miracle perpétuel:* S. 392. *Miracle toujours subsistant:* S. 434.

des Freisinger Bischofs vor dem Hauch der neuen Zeit verschwinden. Hatte Otto das Weltende nahe herankommen sehen, so schiebt Bossuet es, dem Apostel Paulus folgend, hinaus bis zu der Zeit, da alle Heiden und zuletzt die Juden bekehrt sein werden.[1] Eine zweite Lossagung trifft den Aberglauben von der Fortdauer des römischen Reiches. Vergeblich, sagt Bossuet, hatte das römische Reich sich ewige Dauer versprochen; ewige Dauer kommt nur der Kirche zu[2]. Wohl sind die mittelalterlichen Staaten auf dem Boden des zerstörten römischen Reiches erwachsen[3], und wohl haben sie, da die christliche Religion die wichtigste Angelegenheit des Menschengeschlechts war und ist, in dem Schutz der Kirche ihre höchste Aufgabe erkannt; aber ein rechtlicher Vorrang, sei es der Macht, sei es der Ausübung des Kirchenschutzes, kommt keinem unter ihnen zu, und soweit ein tatsächlicher Vorrang besteht, ist er den französischen Königen zuzusprechen: diese sind vor allen andern in den Weissagungen der Propheten als Schutzherren der Kirche vorausgesehen[4], und gegenwärtig, unter Ludwig XIV., steht die Macht Frankreichs unvergleichbar da auf der ganzen Erde; „erstaunt über seine Kriegstaten bekennt die Welt, daß es nur von ihm abhing, seinen Eroberungen Grenzen zu setzen".[5]

Mit solchen Reden trat nun freilich der Hofbischof ganz und gar aus den mittelalterlichen Anschauungen heraus. Aber sehr viel wollten doch diese wie die anderen Abweichungen von dem geistigen Vermächtnis Augustins und seines mittelalterlichen Nachfolgers nicht besagen. Eine unendlich größere Tragweite hatte es, daß Bossuet, während er sein Geschichtswerk schrieb, sich bereits genötigt sah, die tiefste, mit seinen Vorgängern ihm gemeinsame Grundlage der geschichtlichen Anschauung gegen einen unaufhaltsamen von außen kommenden Ansturm zu verteidigen.

---

[1] S. 306/7.
[2] S. 441, 444.
[3] Jeder König der neugegründeten Reiche trat *dans sa nation à la place des empereurs* (S. 441).
[4] S. 445.
[5] S. 439, 518.

Diese Grundlage war die Wertschätzung des Alten Testamentes als älteste und untrügliche Quelle nicht nur religiöser, sondern auch geschichtlicher Erkenntnisse, und zwar nicht nur geschichtlicher Tatsachen, sondern auch des göttlichen Planes, in den der Lauf der Geschichte sich einfüge. War aber die hergebrachte Bestimmung der Zeit und der besonderen Umstände der Entstehung der alttestamentlichen Schriften haltbar? Und vertrug sich jene hergebrachte Deutung, welche man den Aussagen, besonders den prophetischen oder als prophetisch geltenden Aussagen des Alten Testamentes gab, mit den unumstößlichen Regeln einer vernunftgemäßen Erklärung? In seinem Geschichtswerke selber[1]) sah sich Bossuet bereits zu einer zornigen Polemik gegen die radikale Kritik Spinozas, nach welcher der Pentateuch und die anschließenden geschichtlichen Bücher des Alten Testamentes in der uns vorliegenden Zusammenstellung erst nach dem Exil von Esra redigiert sein sollten, veranlaßt, und schon drei Jahre vor dem Erscheinen seines Werkes begann er — zunächst noch nicht auf dem Felde der Literatur, sondern durch Einwirkung auf die Zensurbehörde — den erbitterten Kampf[2]) gegen die vorsichtige, aber tiefgreifende Kritik Richard Simons, als deren Konsequenz er ganz richtig die fortgesetzte Verdrängung der von den Kirchenvätern vererbten Deutung des Alten Testamentes durch eine auf den Grundsätzen philologisch-historischer Interpretation beruhende Textbehandlung voraussah. Trotz aller Einsprache Bossuets ging aber die hiermit begonnene doppelte Bewegung voran; ihr Ergebnis war die Einsicht, daß man vor Annahme der Augustinischen Geschichtskonstruktion erst über ihre Grundlagen ins reine kommen müsse.

Und nun noch ein weiteres! Für Augustin und seine mittelalterlichen Nachfolger war die Geschichte der heidnischen Völker nur ein verhältnismäßig geringwertiges

---
[1]) S. 408 ff. Daß er unter den von ihm bekämpften *impies* (S. 415) an Spinoza und seinen *Tractatus theologico-politicus* (vgl. K. Fischer, Geschichte der n. Philosophie, 4. Aufl., II, S. 322) gedacht hat, ist doch anzunehmen.
[2]) *De la Broise, Bossuet et la bible* (1890), S. 337 ff.

Gegenstück gegenüber der Geschichte des Volkes Gottes. Schon Bossuet hatte aber den Ertrag einer gerade nach jener Seite immer reichhaltiger sich gestaltenden Forschung teilweise zu verwerten gesucht. Wie dann diese Forscherarbeit weiter und weiter ging, sank umgekehrt die jüdische Geschichte zu einem kleinen Teil der alten Geschichte herab. Je mehr aber der Geschichte der außerjüdischen Völker ihr selbständiger Wert zuerkannt wurde, um so weniger konnte man sich damit begnügen, die reiche Mannigfaltigkeit dieser Geschichte Ideen unterzuordnen, die aus der Theologie in sie hineingetragen waren. Soweit man Kräfte anerkannte, welche den Lauf der Geschichte in eine gewisse Richtung und auf gewisse Ziele führen, mußte beides, die Ziele und die Kräfte, auf induktivem Wege aus dem Gang der Geschichte erschlossen und gewertet werden.

So kam es, daß Bossuet keinen ihm ebenbürtigen Nachfolger fand. Sein Werk bildet den Endpunkt in der Entwicklung einer bestimmten Reihe der geschichtlichen Anschauungen. Von ihm, als einem in die neuere Zeit vorgeschobenen Posten, können wir uns also jetzt wieder zum Mittelalter zurückwenden.

Nächst den Weltchroniken des Mittelalters sind es die partikulären Darstellungen der Geschichte, die wir hier noch ins Auge fassen müssen, besonders diejenigen, welche der deutschen Reichsgeschichte gewidmet sind. Daß Darstellungen dieser Art, auch wenn sie der jüngsten Vergangenheit gewidmet sind und etwa unter dem Namen von Kaiserbiographien erscheinen[1]), regelmäßig annalistisch disponiert

---

[1]) Im Jahre 1866 hielt Steindorf es noch für nötig, die „annalistische Struktur" von Wipos *vita Kuonradi* besonders nachzuweisen (Forschungen VI, S. 481). Aber abgesehen von Einhards *vita Karoli* weisen alle Kaisergeschichten, mit Ausnahme der summarisch gehaltenen Einleitungen, diese Disposition auf, so auch Widukind, dessen Buch II und III man als eine *historia Ottonis* nach dem besonderen Gesichtspunkt der *bella civilia* und *bella externa* bezeichnen könnte. — Merkwürdig ist, wie der Verfasser des *chronicon Urspergense* unterscheidet das *sub stilo historiographo conglutinare* und *gesta sub singulis annis describere* und demgemäß von Konrad II. ab bis Otto IV. die Kaiserregierungen doppelt erzählt, erst nach Jahren, dann in sachlicher Zusammenfassung.

sind und die Nachteile dieser Anordnung in reichem Maße an sich tragen, brauche ich nicht besonders auseinanderzusetzen. Will man im übrigen ihrer Eigenart näherkommen, so dürfte das am sichersten dadurch geschehen, daß man die Art der ihnen zugrunde liegenden Forschung einer Prüfung unterzieht.

Drittes Kapitel
Die mittelalterliche Geschichtsforschung

Ich erkenne die Dinge, wie sie in meinen aus der Wahrnehmung entsprungenen Vorstellungen erscheinen. Dieser Satz, der für die unmittelbar beobachtenden Wissenschaften gilt, verdoppelt sich für den Geschichtsforscher zu dem Satz: wir erkennen das in der Vergangenheit Geschehene, sofern es nicht etwa als ein für die Dauer Gewordenes uns unmittelbar in der Gegenwart vorliegt, nur so, wie es uns als Aussage der Zeugen, von denen es unmittelbar wahrgenommen war, in abgeleiteter Vorstellung erscheint, oder nur so, wie es uns erst in abgestufter Überlieferung von einem Zeugnis zum andern, durch mehrfache Ableitung hindurch, vermittelt wird. Wenn daher der auf unmittelbarer Beobachtung fußende Forscher die von ihm selber wahrgenommenen Gegenstände zu untersuchen hat, so steht der Geschichtsforscher vor der doppelten Aufgabe der Prüfung der subjektiven Zeugnisse für sich und des Vordringens zu den jenseits der Zeugnisse liegenden objektiven Vorgängen. Von diesen beiden Aufgaben ist es die letztere, die Forderung, den objektiven Vorgang nach seiner Natur und seinen Beziehungen zu erfassen, welche die nächste Anregung zu einer über den ersten durch den Bericht empfangenen Eindruck hinausgehenden Prüfung in sich trägt. Beginnen wir also mit der Frage: hat die mittelalterliche Geschichtschreibung die Aufgabe erkannt, den geschichtlichen Vorgang sowohl da, wo er als einzelner erscheint, als auch da, wo er in mannigfachen Beziehungen sich verflicht, sachgemäß zu erfassen und zusammenhängend darzulegen.

Die mittelalterliche Geschichtschreibung war den staatlichen Vorgängen gewidmet, und auch wo sie der Kirche ihre Aufmerksamkeit zuwandte, betrachtete sie dieselbe vornehmlich von seiten ihrer Machterweise, besonders auch ihres Macht- und Rechtsverhältnisses zum Staat. Hieraus ergab sich für den Geschichtschreiber die Aufgabe, vor allem von solchen Vorgängen eine klare und zusammenhängende Anschauung zu gewinnen, welche staats- oder kirchenrechtlicher Natur waren, sei es, daß zu zeigen war, wie ein neues Recht etwa durch Gesetz oder Vertrag entstand, sei es, daß es sich darum handelte, wie ein bestehendes Recht in einer wichtigen Verhandlung, etwa einer Königswahl oder einem politischen Prozeß, zur Anwendung gebracht wurde. Zweierlei war hier erforderlich: einmal daß die wichtigern Gesetze und Verhandlungen ihre gebührende Beachtung fanden, sodann daß sie mit derjenigen Genauigkeit bestimmt wurden, welche gerade die Natur des Rechtes in besonderem Maße erheischt.

Nehmen wir also zunächst, um eine Probe zu erhalten, wieweit unsere Geschichtschreiber dieser Aufgabe gerecht wurden, die weltbewegenden Gesetze, welche Papst Gregor VII. gegen die Laieninvestitur in den Jahren 1075, 1078 und 1080 erließ. Unter den deutschen Annalisten weiß von dem ersten keiner etwas[1]), das zweite wird immerhin von zweien mitgeteilt[2]), und das vollständigste dritte wird nur von einem einzigen überliefert, von diesem aber zum Jahr 1074[3]). Otto von Freising, von dem man doch vor allem eine richtige Würdigung dieses Gesetzes erwarten sollte, läßt seine Leser erst bei Gelegenheit der Auseinandersetzungen zwischen Heinrich V. und Papst Paschalis erfahren, daß die Investitur einen Gegenstand des Streites zwischen Kaiser und Papst bildete.

---

[1]) Meyer von Knonau, Jahrbücher Heinrichs IV. und Heinrichs V., Bd. 2, S. 454 ff.

[2]) Von dem schwäbischen Annalisten (Pseudo-Berthold) und Hugo von Flavigny (a. a. O. III, S. 163 Anm.). Das zweifelhafte Verbot der Märzsynode von 1078 lasse ich beiseite.

[3]) Hugo v. Flavigny (Jahrbücher II, S. 452 Anm. 7).

Drittes Kapitel. Die mittelalterliche Geschichtsforschung.

Verbinden wir mit dem Investiturgesetz den Austrag des darüber entstandenen Streites durch das Wormser Korkordat. Hier können wir die Fähigkeit unserer Autoren, eine umfassende Rechtssatzung nicht nur als bedeutsam zu würdigen, sondern auch in freier Form den Inhalt derselben wiederzugeben, genauer feststellen; denn neben zwei deutschen Annalisten, welche den Vertrag im Wortlaut einrücken, stehen acht andere, welche frei den Inhalt wiedergeben.[1]) Unter letzteren finden sich zwei[2]), die sich in dürftigster Allgemeinheit auf die Benennung der zwei vornehmsten gegenseitigen Konzessionen — kanonische Wahl und Erteilung der Regalien — beschränken: nur diese aber können zugleich als frei von Undeutlichkeit, Verstümmelung und Mißverständnis bezeichnet werden, Fehler, an denen alle anderen Berichte leiden, besonders stark der des Otto von Freising, der doch in seiner persönlichen Stellung sowohl, wie in seiner besonderen Hervorhebung des Verhältnisses von Reich und Kirche die Aufforderung zu einer richtigen Auffassung dieser Dinge hätte finden sollen.

Bei so oberflächlicher Behandlung verhältnismäßig einfacher Gesetze wird man von den Berichten über solche Verhandlungen, die der Anwendung eines bestehenden Rechtes dienen und in ihrem Gang sich in einer Mehrheit aufeinander folgender und ineinander eingreifender Vorgänge entfalten, noch weniger eine klare und zusammenhängende Auseinandersetzung erwarten.

Zur Veranschaulichung des hier beobachteten Verfahrens wähle ich zunächst den Bericht Widukinds über die Erhebung Ottos I. zum Könige. Der Autor zerlegt den Vorganz in drei Akte, von denen der erste in die Regierung Heinrichs I. fällt: dieser, so heißt es, versammelte alles Volk und „designierte" Otto zum König. Was unter dem Wort „Volk" zu verstehen ist, bleibt dunkel, ebenso was es bei

---
[1]) Nach der Zusammenstellung in den Jahrbüchern VII, S. 206 Anm. Ich zähle nicht die ausländischen Autoren, noch die zwei Stellen in Gerhohs theologischen Abhandlungen. Ich ziehe ferner ab die *ann. Laubienses*, die *ann. Aquens.*, *ann. s. Disib.* und *Cont. I* der *gesta Trev.*, weil sie nichts über den Inhalt des Vertrags sagen.
[2]) *Honorius Augustodun.* und *Annales Rosenveldenses.*

der Handlung, die als Designation bezeichnet wird, zu tun hat, und wenn dann das Ergebnis des Ganzen in den Worten zusammengefaßt wird: „Heinrich machte Otto zum Haupt des gesamten Frankenreiches", so wird damit auch nicht klarer, ob die Feststellung lediglich vom regierenden König oder vom König und den Versammelten ausging. Bei einem ähnlichen Vorgang, nämlich der Anordnung der Nachfolge Ottos II. bei Lebzeiten Ottos I., bemerkt Widukind (III, 76) hinterher und vorübergehend, daß mit dieser Feststellung auch gleich ein Treuschwur an den Nachfolger, sei es bloß der Versammelten, sei es weiterer Kreise, verbunden worden war. Erhebt sich nun aber die Vermutung, daß in gleicher Weise auch durch Heinrich die Nachfolge Ottos I. gesichert worden sei, so läßt Widukind die Fragenden ohne Antwort.[1]

Auf diesen ersten Akt, den er als Designation bezeichnet, ohne das Wort übrigens als technisch zu gebrauchen[2], läßt Widukind zwei weitere folgen, die er beide unter dem Begriffe Wahl (*electio*) zusammenfaßt: den letzten als eine „allgemeine" Wahl (*electio universalis*), den vorausgehenden also als eine partikuläre. Worin freilich dieser Unterschied von allgemein und partikulär bestand, erfahren wir wieder nicht, da er über den Gang der ersten Wahl weiter nichts sagt, als daß das ganze Franken- und Sachsenvolk sie vornahm, wobei denn die Interpretation freie Wahl hat, die Franken und Sachsen nur in der Besonderheit ihres Stammes oder als Vertreter des gesamten Reiches zu fassen. Aus-

---

[1] Jedenfalls darf man aus seinem Schweigen nicht mit Waitz (VI, 2. Aufl., S. 173) schließen, daß es nicht geschehen sei. Auch bei Ludolfs Designation erwähnt Widukind den Treuschwur nicht (III, 1), während andere Zeugnisse (bei Waitz, S. 173, Anm. 4) ihn sicherstellen. Ähnlich übergeht Thietmar den für Otto III. bei Lebzeiten des Vaters geleisteten Treuschwur (III, 24, 26), um ihn nachher (IV, 1, 4) als geschehen zu erwähnen.

[2] Thietmar gibt Widukinds *designatio* mit der konfusen Wortverbindung *decretum et petitio* wieder (II, 1). Widukind selber braucht für Ludolfs Designation (III, 1) das Wort *creare* statt *designare*. Wenn er dagegen für die Rolle, die dem Herzog Eberhard bei Heinrichs I. Wahl zufiel, das Wort *designare* braucht, so wird man nicht aus der Gleichheit des Wortes auf die Gleichheit oder auch nur Ähnlichkeit des Vorganges bei der Wahl Heinrichs nach seines Vorgängers Tode und Ottos bei seines Vaters Leben schließen dürfen.

führlicheres vernehmen wir dann aber über den letzten Akt, bemerken jedoch sofort, daß es sich in Wahrheit um gar keine Wahl, sondern nur um die Gesamtheit der Schlußakte — Thronsetzung, Akklamation des Volkes und Weihe —, welche zur Einführung des erwählten Herrschers in das Königtum erforderlich waren, handelt.

Wenn also bei Widukind über die eigentlichen Wahlvorgänge gar nichts Faßbares berichtet wird, so bilden dagegen diese den Hauptgegenstand der Schilderung, welche Wipo von der Erhebung Konrads II. gibt. Wird man aber aus ihr ein klares Bild der Vorgänge gewinnen? Der Autor erzählt, daß ein Wahltag anberaumt wurde: wer ihn anberaumte, sagt er nicht. Er berichtet, wie infolge einer ersten Reihe von Verhandlungen die Zahl der zur entscheidenden Wahl zu Stellenden auf zwei reduziert wurde: in welcher Form diese Sichtung vor sich ging, bleibt wiederum dunkel. Dann folgt eine schwungvolle Erzählung der Schlußwahl: nur daß in dem Strom der Rede klare Angaben über Form und Ordnung der Stimmenabgabe vermißt werden.

Die Ungenauigkeit und die Zusammenhanglosigkeit in der Folge der Teilvorgänge, welche so diese beiden Erzählungen kennzeichnet, kehrt in allen Wahlberichten des 10. bis 12. Jahrhunderts wieder; der heutige Forscher steht vor der fast verzweifelten Aufgabe, aus einem Wust unvollständiger, vieldeutiger und widersprechender Nachrichten ein deutliches und vollständiges Bild von dem Wahlrecht und den Wahlvorgängen zu ermitteln.

Um noch ein drittes Beispiel für die Behandlung eines längeren und verwickelten Verlaufs hinzuzufügen, weise ich auf Kaiser Friedrichs I. Verfahren gegen Heinrich den Löwen und die verschiedenen Berichte darüber, deren Abfassung von der Zeit des Prozesses selber bis in das vierzig Jahre davon entfernte dritte Jahrzehnt des 13. Jahrhunderts reicht.[1]) Die Frage, ob die Klage gegen Heinrich mit Verweigerung der Heeresfolge im Lombardenkrieg zusammenhängt, wird von den zwei ältesten Berichterstattern wenigstens nicht bejaht; hält man sich an die späteren Angaben,

---

[1]) Von den gleichzeitigen Pegauer Annalen bis zur Ursberger Chronik und dem *Chronicon Montis sereni*.

in denen sie bejaht wird, so hat man die Wahl zwischen sieben Erzählungen[1]), von denen jede die Vorgänge, unter denen die Verweigerung erfolgte, verschieden darstellt. Im übrigen erhalten wir als Grund des Verfahrens Angaben, die sich unter die Begriffe Landfriedensbruch und Hochverrat, aber ohne nähere Bezeichnung der Tatsachen, unterordnen. Und nun das gerichtliche Verfahren selber! Klar ist nur, daß eine Reihe von Gerichtstagen angesetzt wurde, und daß Heinrich schließlich, weil er jeden versäumte, im Ungehorsamsverfahren verurteilt wurde. Fragt man aber, ob ein einfaches, oder aufgrund zwiefacher Klagen ein zwiefaches Verfahren gegen ihn eingeschlagen, und an welchen Gerichtstagen dasselbe verlaufen ist, so erhalten wir von unseren Geschichtschreibern auf die erste Frage gar keine, auf die zweite von jedem eine abweichende Antwort, zu der sich neue Abweichungen gesellen, wenn man nach dem Inhalt des Urteils fragt. Wieder sieht sich der Forscher vor der halb verzweifelten Aufgabe, aus diesem Wirrwarr von Erzählungen, die er nur durch die Aussagen einer ungeheuerlich stilisierten, bloß auf die Ausführung eines Teiles des Urteils bezüglichen Urkunde kontrollieren kann, den wirklichen Hergang zu ermitteln.

Das Ergebnis ist immer dasselbe: der mittelalterliche Geschichtschreiber gab sich nicht die Mühe, weder das einzelne Ereignis in seiner Bestimmtheit, noch den zusammengesetzten Verlauf in dem inneren Zusammenhang seiner Teile genau und vollständig zu erfassen. Es tritt uns hier der gleiche Mangel entgegen, dem wir schon in der antiken Geschichtschreibung begegneten (S. 20 f.), nur daß er noch wesentlich verstärkt erscheint. Wie nun aber von da aus die Darstellung ihren Weg weiter ging und sich besonders zu der Aufgabe einer einheitlichen Staats- oder Kirchengeschichte stellte, braucht nur mit wenig Worten berührt zu werden.

Die antike Geschichtschreibung hatte den römischen Staat als ein Gemeinwesen erfaßt, das sich durch Jahrhunderte hindurch in organischer Entwicklung entfaltete. In ähnlichem Sinne das deutsche Reich oder die katholische

---

[1]) So viele zählt Giesebrecht auf: VI, S. 525.

Drittes Kapitel. Die mittelalterliche Geschichtsforschung.

Kirche aufzufassen und ihr Werden und Wachsen in gleichmäßiger Berücksichtigung der inneren und äußeren Verhältnisse für größere oder kleinere Zeiträume zur Anschauung zu bringen, war der mittelalterlichen Geschichtschreibung versagt. Genug, wenn reichsgeschichtlich bedeutende oder lokalgeschichtlich interessante oder allgemein menschlich auffallende Ereignisse in ihrer zeitlichen Folge in das Jahresverzeichnis eingetragen wurden. Wenn ein sie einigender Mittelpunkt gesucht wurde, so fand man ihn in der Person der Könige und Fürsten, der Kirchenhäupter und Heiligen, welche die Ereignisse hervorriefen.

Aber einen Fürsten als bewegende Kraft der Zeitgeschichte hinstellen, heißt zum Verständnis bringen, wie er die Dinge der Welt, die er leiten will, auffaßt, und in welcher Art er auf dem Grund seiner intellektuellen und sittlichen Eigenart auf sie einwirken will und kann. Daß einzelne Autoren diese Aufgabe erkannt und sie, wenn auch in sehr beschränktem Maße, zu lösen gesucht haben, ist nicht zu verkennen: so Widukind, wenn er die Standhaftigkeit beschreibt, mit der Otto I. die großen Prüfungen der inneren und äußeren Kriege (*bella civilia — bella externa*) überwand, so Otto von Freising und sein Fortsetzer Rahewin, wenn sie aus dem Eintreten Friedrichs für seine Herrscherrechte gegen Papst und Lombarden den stahlharten Charakter dieses Kaisers hervorleuchten lassen, so in höchst eigenartiger Weise Matthias von Neuenburg, wenn er den Wechsel der Geschicke und den Zwiespalt im Charakter Kaiser Ludwigs des Baiern in den packenden Worten zusammenfaßt: ein Adler von langsamem, aber dauerhaftem Flug, der emporsteigt trotz angebrannter Flügel, weise in seiner Torheit, geschäftig in der Untätigkeit, ungestüm in der Schlaffheit, fröhlich in der Niedergeschlagenheit, tapfer im Kleinmut und vom Glück getragen mitten im Mißgeschick.

Es würde nicht schwer sein, aus deutschen und englischen, französischen und italienischen Autoren zahlreiche Beispiele ähnlicher Art zu sammeln, gar nicht zu reden von den Heiligenleben, in denen sich neben gedankenloser Häufung von Tugendprädikaten vielfach eine wohldurchdachte Entwicklung des sittlich religiösen Charakters findet. Allerdings wird man dabei zu dem Schluß kommen, daß die mittelalterliche Geschichtschreibung doch auch hier wieder hinter der antiken weit zurückbleibt und die Höhe der Charakteristik eines Tacitus oder auch nur des Plutarch durchaus nicht erreicht hat. Die Hauptsache ist abermals, daß der Sinn für die Wirklichkeit der Erscheinungen noch sehr unvollkommen entwickelt ist.

Hier liegt aber auch der Schlüssel für das Verständnis der Eigenart mittelalterlicher Quellenforschung und Quellenkritik.

Um ein Ereignis der Vergangenheit kennen zu lernen, muß ich natürlich zuerst einen Bericht erhalten; allein erst von dem Augenblick, da ich die durch den Bericht erhaltene Vorstellung denkend bearbeitet und die Prüfung angestellt habe, ob der in ihr gegebene Vorgang sich als möglich und in seinen Merkmalen vollständig darstellt, ob sich zwischen ihm und den nach Ort und Zeit vorausgehenden, ihn begleitenden und ihm folgenden Vorgängen zusammenstimmende Beziehungen oder Widersprüche ergeben —, erst dann pflege ich mich zu dem Bericht und den Berichten zurückzuwenden, um sie einer kritischen Prüfung zu unterziehen, die dann in dem Maße sich verallgemeinern und verfeinern wird, wie das Interesse an der genauen Erkenntnis berichteter Ereignisse wächst. Da entwickelt sich denn eine methodische Kritik der Quellen — der urkundlichen wie der erzählenden —, die in den zwei höchsten Forderungen gipfelt, von den abgeleiteten zu den ursprünglichen Zeugnissen vorzudringen und die ursprünglichen Zeugnisse vollständig zu sammeln, um sie in gegenseitiger Abwägung auf ihren Ertrag und Wert zu prüfen. Diese Diskussion wird alsbald über eine bloße Betrachtung der Quellen an sich hinausgeführt werden: unausgesetzt wechselnd zwischen der Untersuchung der subjektiven Zeugnisse und dem Durchdenken der objektiven Vorgänge, wird sie ersteren immer reichere und reinere Aufschlüsse abgewinnen, von letzteren aber mit immer neuen Fragen zu den Quellen zurückkehren. Festzuhalten ist dabei immer, daß der eigentliche Zweck aller Quellenkritik dahingeht, die objektiven Vorgänge rein und allseitig zu erfassen.

Dieses Ziel wurde von den mittelalterlichen Geschichtschreibern nicht klar erkannt, und daraus ergab sich ihre allerdings sehr bequeme Art der Benutzung der subjektiven Zeugnisse. Will man diese Art sich vergegenwärtigen, so muß man ebenso wie in der antiken Geschichtschreibung unterscheiden zwischen solchen Werken, deren Verfasser eine selbst durchlebte Zeit mit dem lebendigen Anteil, den die eigene Erfahrung oder gar die eigene Mitwirkung mit sich bringt, behandelt, und die er deshalb auch mit größerer Fülle und Ausführlichkeit darstellt, und anderseits solchen, in denen der Autor eine über die nächste Gegenwart zurückreichende Zeit bearbeitet. Gehen wir von letzteren aus und berücksichtigen wir vornehmlich die der Reichsgeschichte gewidmeten Arbeiten.

Hier bemerken wir von vornherein, daß der Kreis der Quellen, welche der Autor heranzog, in der Regel sich auf solche beschränkte, welche den Stoff bereits in geschichtlicher, d. h. annalistischer Darstellung geformt hatten[1]); innerhalb des so schon verengten Quellenvorrats, der dadurch noch mehr verengt wurde, daß bei dem zwar nicht fehlenden, aber noch mangelhaft entwickelten Bücheraustausch zwischen Klöstern und Domschulen die Zahl der geschichtlichen Aufzeichnungen, über die der Einzelne verfügte, in der Regel eine sehr beschränkte war, betätigte sich nun jene Methode, die man wohl als Einquellenprinzip bezeichnet hat. Natürlich darf das Wort nicht gepreßt werden. Die Bindung an eine einzige dem Autor durch äußere Umstände nahegebrachte Vorlage konnte nur bei den dürftigsten Köpfen stattfinden; der denkende Schriftsteller betätigte sein Urteil dadurch, daß er den Hauptführer mit Rücksicht auf seine Vorzüge auswählte, daß er für die verschiedenen, bald größeren, bald kleineren Absätze seiner Darstellung zwischen den jedesmal besser geeignet scheinenden Führern wechselte, oder auch die dem vornehmsten Gewährsmanne entnommenen Angaben durch Bruchstücke anderer Quellen, sei

---

[1]) Heranziehung von Urkunden für ältere Zeiten, wie wir sie in Othlos Bearbeitung von Willibalds Leben des hl. Bonifazius oder in Adams von Bremen Hamburger Bistumsgeschichte finden, ist Ausnahme.

es aus subsidiär zur Hand genommenen, sei es nach dem Gedächtnis, ergänzte.¹) Aber Regel blieb es doch, daß der Anschluß an den Führer sich nicht nur auf den Sinn, sondern auch auf den Wortlaut erstreckte, so daß die einzelnen Bestandteile der Darstellung sich bald wie eine Abschrift, bald wie ein gekürzter Auszug, bald wie ein aus verschiedenen Mustern zusammengesetztes Mosaik ausnahmen. Gleichmäßigkeit des Stils, wie sie aus selbständigem Durchdenken und Gestalten des Stoffes entspringt, Tilgung von Widersprüchen und Ergänzung von Lücken, wie sie aus kritischer Prüfung hervorgeht²), war nur in kümmerlichen Anfängen vorhanden. Recht treffend bezeichnet daher auch einer dieser Chronikenschreiber seine Arbeit als Blütensammeln aus anderen Büchern, welches nützlich sei, aber keine Leistung wissenschaftlichen Denkens.³)

Vielfach anders gestaltete sich natürlich die Arbeit, wenn ein Geschichtschreiber, wie z. B. Widukind in seine Erzählung der Regierung Ottos d. Gr., Lampert von Hersfeld in der Schilderung des ersten Abschnittes der Regierung Heinrichs IV., oder Otto von Freising und Rahewin in der unvollendeten Geschichte Friedrichs I.⁴), eine selbsterlebte Zeit behandelte, für welche ihm eine annalistische Darstel-

---

¹) Scheffer-Boichorst, *Annales Patherbrunnenses* S. 62: die mittelalterlichen Annalisten pflegen die Form, in welcher sie eine Überlieferung vorfinden, unverändert zu lassen oder zu verkürzen, nicht zu erweitern. (Mit letzterem Wort will der Verfasser natürlich nicht die mosaikartige Einfügung einer andern Überlieferung ausschließen.)

²) Charakteristisch ist die schwankende Art, in der z. B. Otto von Freising seine etwaigen kritischen Zweifel vorbringt. Vgl. das S. 90 Anm. 3 angeführte Beispiel. Ferner II, 1 (Folge der medischen und persischen Herrscher), IV, 1, S. 176 (Konstantins Taufe). Eine positive Entscheidung, hier aber Ekkehard-Frotulf folgend, wagt er nur bei den falschen Angaben über die Zeit Theoderichs zu geben: V, 3.

³) *Andreas Ratisponensis* (ed. Leidinger, Quellen und Erörterungen, N. F. I, S. 4): *quod explorare libros sit utile, non tamen subtile.*

⁴) Wenn es sich um eine irgendwie vollständige Übersicht der mittelalterlichen Geschichtschreibung handelte, so wäre diese Beschränkung auf Beispiele aus der deutschen Historiographie, also die Übergehung italienischer, französischer, englischer Geschichtswerke, durchaus unzulässig. Für den besonderen Zweck dieser Darlegungen durfte aber die enge Auswahl genügen. Weshalb ich auch nicht schon in diesem Kapitel neben den Darstellungen der Reichsgeschichte

lung von einigem Umfang noch nicht vorlag, er also auf die Verarbeitung teils eigener Erinnerungen, teils mündlicher oder schriftlicher Mitteilungen der Zeitgenossen und Mithandelnden angewiesen war. Formell gehören diese Werke zu den besten Leistungen mittelalterlicher Geschichtschreibung; sie sind ausführlicher, lebendiger und zeichnen sich gelegentlich, wie das Werk Lamperts von Hersfeld, durch einen selbständigen und einheitlichen Stil aus. Trotzdem kann man auch von ihnen sagen, daß die Methode der Quellenbenutzung, also die Bindung an einen jeweiligen Hauptbericht, auch bei ihnen vorzuherrschen scheint. Es wird genügen, diese Arbeitsweise an einem einzigen Beispiel zu zeigen:

Wenn ein an den öffentlichen Geschäften beteiligter Autor die Geschichte seiner Zeit schreibt, so pflegen ihm Urkunden zu Gebote zu stehen, und gerade in der Verarbeitung von Urkunden, d. h. in der Ermittelung eines einheitlichen Verlaufes aus einer Masse von Zeugnissen, deren jedes seiner Natur nach auf ein einzelnes Moment gerichtet ist, hat sich die Gestaltungskraft des Geschichtschreibers zu bewähren. Wie aber verfährt hier der mittelalterliche Autor? Für ihn gibt es nur zwei Extreme: entweder er rückt den Wortlaut der Schriftstücke in kleinerer oder größerer Zahl in seine Erzählung ein[1]), oder er faßt ihren Inhalt in einen Bericht zusammen, der sich nach dem, was bereits oben (S. 109) bemerkt wurde, in der Regel als eine oberflächliche, verallgemeinernde Übersicht über das Ganze und als ungenaue Auffassung der wesentlichen Einzelmomente kennzeichnet.[2])

---

tiefer hinab zu den Städtechroniken, besonders den Florentinern, steige, wird sich im dritten Buch (S. 131) zeigen.

[1]) Zu den bekanntesten Beispielen gehört Rahewins aktenmäßige Darstellung des Schisma von 1159. Als Grund gibt er an, daß er dem Leser nur das Material zu eigenem Urteil vorlegen wolle (IV, 49, 65). Aber der Geschichtschreiber soll nicht bloß Material vorlegen.

[2]) Man vergleiche — um unter zahllosen Beispielen eines herauszugreifen — die Erzählung des Verfahrens Johannes XXII. gegen Kaiser Ludwig d. B. bei Johann von Victring und Matthias von Neuenburg mit den ihnen bekannten Erlassen des Papstes und des Kaisers.
— Ein interessantes Beispiel für ein Verfahren, das zwischen wört-

Dieser Mangel an selbständiger Forschung zog nun aber für den Fortgang der mittelalterlichen Geschichtschreibung eine weitere schlimme Folge nach sich. Da man bei der Behandlung der weiter zurückliegenden Zeiten sich lieber an jüngere und bequemer zusammenfassende Kompilationen als an die zeitgenössischen und ausführlicheren Darstellungen hielt, da ferner das Ausschreiben der Vorlage meist auch auf eine Verkürzung derselben hinausging, so sank mit dem Fortschreiten der Jahrhunderte die jeweilig ältere Schicht der Überlieferung größtenteils in Vergessenheit, während zugleich die seit dem 13. Jahrhundert hervortretenden neuen Chroniken, wie die aus dem Dominikanerorden hervorgehende Chronik des Martin von Troppau und die im Minoritenorden entstandenen *Flores temporum*, immer dürftiger ausfielen. Der Stand der geschichtlichen Kenntnisse sank gegenüber den systematischen Wissenschaften tief herab.

Aber dieser Verengung stand anderseits eine höchst bedenkliche Erweiterung gegenüber: sie erfolgte durch die Geschichtsfälschungen. Um deren Grund und Bedeutung zu verstehen, gehe ich von den großartigsten unter ihnen aus, denjenigen nämlich, die zum Vorteil der Hierarchie und ihres Hauptes unternommen wurden.

Tritt man innerhalb dieser Klasse wieder der bedeutendsten, nämlich der um das Jahr 850 verfaßten pseudoisidori-

---

licher und bloß referierender Wiedergabe einer Urkunde steht, scheint mir Ottos von Freising Bericht über die Erhebung Österreichs zu einem Herzogtum zu bieten. Über den Inhalt der darauf bezüglichen Urkunde berichtet er aus dem Gedächtnis *(ut recolo)*; aber da er die Urkunde selber mit unterschrieben hat und noch keine zwei Jahre seitdem verflossen sind, so kann er die Jahresdatierung und einen Teil des sachlichen Inhaltes mit partieller Anlehnung an den Wortlaut der Urkunde wiedergeben, während er in dem schwerer zu behaltenden Tagesdatum irrtümlich von ihr abweicht und den Inhalt insofern jedenfalls oberflächlich wiedergibt, als er das Vorrecht der weiblichen Sukzession, das doch im Zusammenhang mit der Mitbelehnung der Gemahlin des Herzogs auch bei summarischer Darstellung nicht übergangen werden durfte, gleich allen anderen erteilten Vorrechten übergeht. (Vgl. Levison im Neuen Archiv XXXIV, S. 210, der sich aber der einfachen Erklärung, daß man über eine Urkunde mit wörtlichen Anklängen und doch nur aus dem Gedächtnis berichten kann, nicht bedient.)

Drittes Kapitel. Die mittelalterliche Geschichtsforschung.

schen Sammlung näher, so fällt alsbald die Planmäßigkeit in denjenigen Teilen, die dem Werk seinen besonderen Charakter geben, imponierend in die Augen. Vor der Seele des Verfassers stand das scharf umrissene Bild einer Kirchenverfassung, die auf voller Selbstherrlichkeit der Hierarchie gegenüber Staat und Laien und auf straffer Zentralisation der kirchlichen Ämter unter einem absoluten Papsttum beruhte. Er hatte eine nicht minder klare Anschauung von den Grundgesetzen, durch welche Kraft und Zusammenhang einer derartigen Verfassung bedingt war. Da er nun sein Verfassungsideal als tatsächlich überliefert nachweisen wollte, so hatte er den erforderlichen Bestand solcher Grundgesetze beizubringen, welche, dem traditionellen Charakter der Kirche entsprechend, von ihren Anfängen an in allen Jahrhunderten ergangen und, der Allgewalt des Papsttums entsprechend, vorzugsweise aus päpstlicher Gesetzgebung entsprungen sein sollten. Da er jedoch päpstliche Erlasse aus den ersten drei Jahrhunderten nicht fand, so fälschte er frischweg deren sechzig an der Zahl von Klemens bis auf Melchiades († 314) und fügte für die folgenden vier Jahrhunderte noch fünfunddreißig hinzu. Diese Fälschungen enthielten gewiß auch viel Unwichtiges, aber über den wichtigeren stand in klar durchdachtem Zusammenhang jenes Bild kirchlicher Verfassung, das der Autor verwirklicht sehen wollte und als verwirklicht in dem geschichtlichen Prozeß einer durch acht Jahrhunderte hindurchgehenden Gesetzgebung darstellte. In diesem Sinne konnte ein so phantasievoller Forscher wie Möhler die trockene Sammlung geradezu als ein Gedicht bezeichnen.[6]) Der Verfasser hatte eben das, was den Chronisten fehlte, nämlich einen ausgebildeten Sinn für die Wirklichkeit, in diesem Fall für die Wirklichkeit der kirchlichen Verfassung, wie er sie teils bereits vor sich sah, teils in der Zukunft gestaltet sehen wollte; nur daß er das, was in der Zukunft erst werden sollte, als in der Vergangenheit bereits geworden darstellte. Es war gleichsam eine umgekehrte Geschichtsdarstellung.

---

[1]) Weizsäcker, Der Stand der pseudoisidorischen Frage. H. Z. III, S. 46.

Und auf diesem selben Wege, d. h. der Erdichtung von Gesetzen oder rechtlich bedeutsamen Vorgängen, die alle auf die Verwirklichung eines Verfassungsideals abzielten, war dem Pseudoisidor schon vorgearbeitet und wurde ihm von anderen nachgearbeitet: von den an den Namen Papst Sylvesters anknüpfenden Fälschungen aus dem Anfang des 6. Jahrhunderts bis zu der in der zweiten Hälfte des 13. Jahrhunderts geschmiedeten Schrift[1]), aus welcher Thomas von Aquin die gefälschten Zeugnisse griechischer Väter und Konzilien zum Erweis der päpstlichen Gewaltfülle entnahm. Wehrlos war diesem Treiben gegenüber die kritiklose Geschichtsbehandlung; die wichtigeren Fälschungen gingen als glaubwürdige Zeugnisse der Vergangenheit in die kirchlichen Rechtssammlungen, in die Schriften der Juristen, Theologen und Geschichtschreiber über.

Es war der Mangel an Wirklichkeitssinn, der die Geschichtsforschung kritiklos gemacht hatte und den Fälschern ihren Erfolg ermöglichte; eine geradezu erschreckende Verleugnung des Wahrheitssinnes aber war der fruchtbare Boden, auf dem nicht nur diese in ihrer Planmäßigkeit großartigsten kirchlichen Erdichtungen, sondern daneben eine üppige Saat von kleineren, aber gleichartigen Fälschungen zum Vorteil der Staaten und Korporationen, der Bistümer und Klöster emporwuchsen und die echte Geschichte überwucherten. Und nicht genug mit dieser einen Klasse von Erdichtungen, neben ihr sehen wir noch zwei andere Gruppen hervortreten: die erbauliche und die poetische.

Daß die göttliche Sendung und Begnadigung der Kirche durch die große Zahl ihrer Heiligen bestätigt werde, war von Augustinus eingeschärft und von seinen Nachfolgern eifrig wiederholt. Bossuet, der im Lauf der Geschichte überall das Wunder hervorleuchten sah, erkannte in der Zahl und den Tugenden der Heiligen den Höhepunkt der die Kirche begleitenden Wunder.[2]) Sehr begreiflich, wenn da die Abfassung von Heiligenleben das vielleicht am eifrigsten gepflegte Gebiet mittelalterlicher Geschichtschreibung wurde.

---

[1]) Darüber Reusch in den Abhandlungen der Münchener Akademie III. Kl. XVIII, 3.

[2]) *Le miracle des miracles* (*Hist. un.* S. 310).

Drittes Kapitel. Die mittelalterliche Geschichtsforschung.

Zu dem Hauptzweck — Hingabe an die Kirche, Anspornung zur Nachahmung — gesellten sich die oft noch stärker wirkenden Nebenzwecke der Verherrlichung des Bistums oder Klosters durch seinen Schutzheiligen, der Sicherung oder Vermehrung seines Besitzes mittels der Aufführung ehemaliger Erwerbungen oder durch den Hinweis auf die Belohnung der Schenker durch den Heiligen. Aber auch hier rief die Tendenz sofort die Erdichtung und Fälschung hervor. In der Reichsannalistik pflegt der jüngere Verfasser die ältere Quelle, die er ausschreibt, zu verkürzen, in den Heiligenleben herrscht dagegen die Regel der Erweiterung. Der Autor, der ältere Biographien oder dürftige Notizen oder gar nur einen Namen als Vorlage hat, weiß mit Hilfe eigener Erfindung oder der Übertragung von Vorgängen aus anderen Heiligengeschichten die Tugenden seines Helden auszumalen, die Wunder zu häufen oder auch durch Einfügung angeblicher Tatsachen seinen praktischen Zwecken zu dienen, bis endlich in der Legende vielfach die völlige Wandlung der Geschichte ins Märchen erfolgt.

Natürlich wurden diese Erdichtungen geschaffen, um als wirkliche Geschichte zu gelten. Nicht so stand es ursprünglich mit den Sagen, die sich in Lied und Erzählung an große Personen und Ereignisse anknüpften. Aber auch da vollzog sich der Übergang von der Dichtung zur Geschichtschreibung vielfach wie von selber. Auf der Wende vom 11. zum 12. Jahrhundert z. B. wurde die Sage von den gewaltigen Kämpfen Kaiser Karls und seiner Helden mit den spanischen Sarrazenen im Gewand eines geschichtlichen Berichtes und unter dem Namen des zeitgenössischen Bischofs Turpin verarbeitet; im 13. Jahrhundert räumt Vinzenz von Beauvais, im 15. Jahrhundert Antonin von Florenz diesen abenteuerlichen Erzählungen einen Platz in harmloser Nachbarschaft neben den Berichten lauterer Quellen ein.

Letztere Erscheinung hängt damit zusammen, daß in den Welt- und Reichschroniken sowohl, wie den Heiligenlegenden seit dem 13. Jahrhundert die Kritiklosigkeit eher noch zu- als abnahm. Und eben mit Rücksicht hierauf kann man fragen, wie denn ein Ende dieser Verfälschung der Geschichte abzusehen war. Aber das Heilmittel ergab sich schließlich aus dem Übel selber. Nicht eigentlich ein theoretisches Interesse, sondern der Widerstand gegen die aus den Fälschungen gezogenen praktischen Folgerungen war es, welcher die erste kräftige Gegenwirkung gegen die Entstellung der Geschichte hervorrief. Und wie diese Gegensätze am schärfsten auf dem kirchenpolitischen und auf dem innerkirchlichen Gebiet aufeinander trafen, so war auch hier der eigentliche Schauplatz des Erwachens der historischen Kritik.

Vom 11. bis 15. Jahrhundert war die europäische Welt von einer Reihe kirchenpolitischer und innerkirchlicher Kämpfe durchzogen. Wie nun die Vorkämpfer der Hoheit der kirchlichen über die staatliche Gewalt, der Zentralisation der kirchlichen Verfassung unter dem absoluten Papsttum ihre kräftigsten Beweise den tendenziösen Fälschungen entnahmen, so trat an ihre Gegner die unabweisbare Forderung heran, diese Beweise auf ihre Stichhaltigkeit zu prüfen. Der Anfang war, daß bezüglich bestimmter für die Rechtsentwicklung maßgebender Vorgänge oder Anordnungen die Aussagen der Quellen einander gegenübergestellt und nach Übereinstimmung oder Widerspruch abgewogen wurden. Und wie nun im stetigen Fortgang der großen Kämpfe das Bedürfnis der Prüfung der subjektiven Berichte auf ihre Wahrheit, des Durchdenkens der objektiven Vorgänge und Zustände nach den Erfordernissen der Wirklichkeit und des Zusammenhanges nicht bloß in vorübergehenden Anwandelungen empfunden wurde, wie das ja angesichts greller sachlicher oder chronologischer Widersprüche bald hier, bald da geschah, sondern stark und nachhaltig zum Bewußtsein kam, war der vornehmste Anstoß zur Entwicklung einer kritischen Forschung gegeben.

Da war es z. B. im Investiturstreit der Verfasser des Buches *de unitate ecclesiae*, welcher die Behauptungen der Gregorianer, daß Papst Innozenz I. den Kaiser Arkadius exkommuniziert, daß Papst Gregor I. über die Könige, welche seine Klosterprivilegien verletzen würden, die Absetzung verhängt habe, daß endlich das Königtum Pipins lediglich durch die Autorität des Papstes Zacharias begründet sei, an der Hand seiner beschränkten Hilfsmittel einer scharfen Prüfung unterwarf und überall zu einer verneinenden

Antwort kam.[1]) In den Zeiten Friedrichs I. waren es die von Otto von Freising[2]) als Freunde des Kaisertums bezeichneten Gelehrten, welche in ähnlicher Weise die Schenkung Konstantins prüften und verwarfen. Als vollends der Kampf zwischen Ludwig dem Baiern und dem Papsttum ausbrach, dann die innerkirchliche Bewegung folgte, welche in die großen Konzilien des 15. Jahrhunderts ausmündete, da trat die Untersuchung einzelner Streitfragen und einzelner Quellenaussagen weit zurück vor dem Versuche umfassender positiver Konstruktionen. Man wollte das Wesen des Staates und der Kirche und das Verhältnis beider zu einander in systematischer Darlegung erfassen. Dazu aber war nicht nur scharfe Begriffsbestimmung der Verfassungseinrichtungen beider Gemeinwesen und lebendige Auffassung ihres Zusammenhangs erforderlich, sondern auch Nachweis des historischen Grundes, auf dem sie erwachsen waren. In letzterer Beziehung leisteten wohl das Bedeutendste die Vorkämpfer der Konzilien, Männer wie Gerson und Ailly, und in höherem Grade Tudeschi, Johannes von Ragusa, Nikolaus von Cues; in ihren Streitschriften über den Ursprung der kirchlichen Gewalt und deren Verteilung an die Organe der Kirche vom Konzil herab bis zum einfachen Priester erkennt man einen großen Fortschritt sowohl in der Aufspürung, als in der vergleichenden Kritik der Quellen der altkirchlichen Geschichte.

Indes so achtunggebietend die Gelehrsamkeit eines Johann von Ragusa uns entgegentritt[3]), so grell die Zweifel des Nikolaus von Cues an der Echtheit der Konstantinischen Schenkung und der ältesten pseudoisidorischen Papstbriefe, an der päpstlichen Translation des Kaisertums und der päpstlichen Stiftung des Kurfürstenkollegs in den trüben Dunst der Fälschungen hineinleuchteten[4]), so blieb doch noch lange die größere Masse der Urquellen alter wie mittelalterlicher Geschichte dem Gesichtskreis der Forscher entrückt.

---

[1]) I, cap. 2, 9—11.
[2]) *Chron.* IV, 3.
[3]) Vgl. seinen Traktat von 1438 (Reichstagsakten XIII, n. 161, S. 253).
[4]) *Concordantia catholica* (1433) III, S. 2—4.

Da trat ein zweites Motiv ein, das vorantreibend in die geschichtliche Forschung eingriff: das war das literarische Interesse. Getragen vom Humanismus, ging es zunächst darauf aus, die Schätze der beiden klassischen Literaturen des Altertums nicht eklektisch, sondern vollständig wieder zu erlangen und zum geistigen Eigentum zu machen; in unaufhaltsamem Fortgang aber richtete es sich dann in ähnlicher Weise auf die altkirchliche und die historisch-mittelalterliche Literatur. Von da aus wirkten dann einerseits die neuen Studien, anderseits eine große Wendung der öffentlichen, kirchlichen wie politischen Angelegenheiten zusammen, um eine neue Epoche der Geschichtswissenschaft, die des Humanismus und der Reformation, herbeizuführen.

Vom Mittelalter konnte diese neue Zeit, soweit es auf die Erforschung der Geschichte ankam, wenig lernen; aber hinsichtlich der Gegenstände geschichtlichen Denkens und Darstellens hinterließ die dahingegangene Epoche ein doppeltes geistiges Vermächtnis. Das erste war beschlossen nicht in einem wirklichen Muster, aber in der aufgestellten und nicht mehr abzuweisenden Aufgabe einer einheitlichen Universalgeschichte. Das zweite lag in einem anderen, ernstlich noch kaum in Angriff genommenen, aber immer stärker hervortretenden Problem: es war die Idee der Nation als einer lebensvollen, unter dem Schutz des Staates erwachsenen, durch die Organe des Staates ihre Kraft betätigenden Gemeinschaft. Erwacht war der Gedanke bei den Deutschen, seitdem sie ihr Volk und ihr Staatswesen als den kraftvollen Kern des zerfallenden römischen Reiches erfaßten, bei den Italienern, da sie gegenüber der kaiserlichen Fremdherrschaft und der eigenen staatlichen Zerrüttung sich der älteren Grundlagen eines gemeinsamen Staatswesens und Volkstums erinnerten, bei Franzosen und Engländern, indem sie die kraftvolle Entwicklung ihrer Staaten anschauten. Die Bedeutung der Nation im Gang der Geschichte zu begreifen, trat somit als eine zweite große Aufgabe an die neue Zeit heran.

Drittes Buch

Das Zeitalter des Humanismus, der Reformation und Gegenreformation

Das letzte Kapitel habe ich mit dem Hinweis geschlossen, daß für den Anbruch einer neuen Epoche der Geschichtswissenschaft zwei Antriebe zusammenwirkten: der erste, dem Innern wissenschaftlicher Arbeit entstammend, kam vom Humanismus, der zweite, aus dem öffentlichen Leben an den Betrachtenden herantretend, ergab sich aus den kirchlichen und bald auch den staatlichen Umgestaltungen. Beginnen wir die neuen Betrachtungen mit einem Wort über den Humanismus.

In den Beziehungen des Humanismus zur Geschichtswissenschaft kommen weniger die auf die klassischen Sprachen, als die auf ihre Literatur gerichteten Studien in Betracht, und in den von diesen Studien ausgehenden Anregungen wird man wieder zwischen solchen, die mittelbar, und solchen, die unmittelbar wirkten, unterscheiden müssen. Um nun zunächst die mehr mittelbaren Einwirkungen zu würdigen, ist von dem Unterschied des Humanismus und der ihm verwandten wissenschaftlichen Bestrebungen des Mittelalters auszugehen.

Im Mittelalter hatte man die klassische Literatur kennen gelernt in einer „nach zufälligen Rücksichten getroffenen Auswahl", bei welcher „der Kern ihrer besten und geistvollsten Vertreter" großenteils unbekannt blieb[1]); der Humanismus dagegen suchte, wenigstens grundsätzlich, die beiden klassischen Literaturen, zunächst die lateinische, dann die griechische, endlich beide in ihrer Ausmündung in die altkirchliche Literatur, in ihrer ganzen noch erreich-

---

[1]) Bernhardy, Römische Literatur § 18.

baren Fülle zu umfassen. Und nicht nur umfassen, auch verstehen wollte er sie, sowohl in der Eigenart ihrer einzelnen Hervorbringungen, wie in der ihr zukommenden Bedeutung innerhalb des gesamten antiken Lebens. Hierbei erhob sich einerseits die Aufgabe, die einzelnen Schriftwerke nach ihrem besonderen Charakter, zunächst in bezug auf Sprache, Stil und zeitliche Entstehung, zu unterscheiden, anderseits ging die Erkenntnis auf, daß die Literatur nicht bloß für sich zu betrachten sei, sondern als ein Medium, in dem das Leben des Volkes, aus dem sie hervorgegangen war, in all seinen Entfaltungen auf materiellen, wie ideellen Gebieten sich abspiegele, so daß aus der schriftlichen Überlieferung die Wirklichkeit des Lebens zu erfassen, wie umgekehrt aus der Kenntnis des Lebens ein tieferes Verständnis der Schriftwerke zu gewinnen sei. Zur Erklärung der alten Schriftsteller, sagt Erasmus, bedarf es der Kenntnis der Geschichte, des Staates, der Einrichtungen, der Sitten, alles Wissens der Alten.[1])

Daß solche Erkenntnisse, in genetischem Zusammenhang erfaßt, geschichtlicher Natur waren und, wenn in die geschichtliche Darstellung aufgenommen, derselben eine unabsehbare Bereicherung zuführen mußten, liegt am Tage. Es war eine Anregung, wie sie in beschränkterem Sinn schon Augustinus gegeben hatte, als er zeigte, wie man die Würdigung des sittlichen und religiösen Charakters der Völker und im Zusammenhang damit ihre höchsten Gedanken von Gott, Menschheit und Natur in die geschichtliche Betrachtung aufnehmen könne. Aber ähnlich, wie damals, erhob sich auch sofort die Frage, ob die Jünger des Humanismus besser als die Nachfolger Augustins zu einer derartigen Auffassung des Lebens der Völker und zur Einarbeitung solcher Erkenntnisse in die geschichtliche Darstellung befähigt sein würden.

Man kann diese Frage, soweit es sich um eine bloß rezeptive Auffassung — zunächst natürlich auf dem Gebiet der Altertumswissenschaft — handelt, bis zu einem gewissen

---

[1]) Durand de Laur, *Erasme* II, S. 29. *Ne croirait-on pas*, bemerkt Laur, *qu'Erasme trace par avance le portrait des philologues d'Allemagne?*

Grade bejahen. Führende Geister, wie Erasmus, der in seinen *adagia*, d. h. in mehr als 4000 aus allen Winkeln der griechischen und lateinischen Literatur gesammelten Kernsprüchen und Tropen nebst beigefügter Erklärung, eine Überfülle von Proben der Weisheit und Sitte, der Geschichte, Sagen und Einrichtungen der Griechen und Römer ausgoß, oder Skaliger, der in den zu Gruters Inschriftensammlung gearbeiteten Indices die bunten Massen, die man als Antiquitäten begriff, unter festen Sammelbegriffen ordnete —, solche Männer lebten und webten in einer Anschauung des antiken Lebens, deren Weite und überreiche Mannigfaltigkeit an Einzelheiten schwer überboten werden konnte. Allein etwas anderes ist es, massenhafte Einzelzüge aus dem Leben eines Volkes in sich aufnehmen, und ein anderes, sie zur Einheit historischer Darstellung verarbeiten. Soweit Versuche letzterer Art gemacht wurden, zeigten sie doch, daß die Geister für diese höhere Aufgabe noch nicht gerüstet waren. Und so kam es, daß jene mittelbaren Anregungen der Altertumsstudien jahrhundertelang wohl im stillen das Forschen und Denken beeinflußten, daß sie aber erst im 18. Jahrhundert sich zu einer die Geschichtschreibung nachhaltig bestimmenden Idee verdichteten, nämlich zu dem Gedanken der Kulturgeschichte.

Fürs erste war es eine viel unmittelbarere Unterweisung, welche der humanistische Geschichtschreiber, soweit es sich um eigene Hervorbringungen handelte, in der klassischen Literatur suchte: es war die Einführung in die direkte Nachahmung der Alten. Wie man Sprache und Stil nach dem Vorbild der lateinischen Klassiker formte, so suchte man der geschichtlichen Darstellung reicheren Gehalt und angemeßnere Form zu geben, indem man die antiken Geschichtschreiber, vornehmlich die der römischen Zeit, als Muster zur Nachahmung wählte.

Diese Schulung in der klassischen Literatur war nun eine, aber nicht die einzige Triebkraft, welche auf den mächtigen Aufschwung der neueren Geschichtschreibung wirkte. Hätte sie allein geherrscht, so würde sie sich vor allem da betätigt haben, wo die Anlehnung an die antiken Autoren und das gelehrte Interesse an den Vorgängen selbst am stärksten war, also auf dem Gebiet der alten Geschichte oder doch dem Grenzgebiet, wo der Untergang der römischen Welt und die Erhebung einer neuen Staatenwelt sich berühren. In Wahrheit jedoch blieben Arbeiten über römische Altertümer, wie sie Pomponius Lätus und Flavius Blondus verfaßten, über die Geschichte des untergehenden römischen Reichs und der jungen germanischen Staaten, wie sie Blondus und Beatus Rhenanus unternahmen[1]), nur Vorarbeiten, in denen die geschichtlichen Quellen sorgfältiger gesammelt und gewertet, und eine genauere und reichhaltigere Feststellung einzelner Vorgänge und Zustände versucht wurde. Dagegen bemerken wir, daß diejenigen geschichtlichen Darstellungen, in denen sich wirklich eine neue Zeit ankündigte, entweder der Zeitgeschichte gewidmet waren, oder einer Vergangenheit, welche mit den Verhältnissen und Bestrebungen der Gegenwart in deutlich erkennbarem Zusammenhang stand. Sie waren von Männern verfaßt, die sich wohl an der klassischen Literatur gebildet und antike Geschichtschreiber zum Muster genommen hatten, aber zugleich über die großen kirchlichen und staatlichen Bewegungen ihrer Zeit und das, was ihnen zugrunde lag, ein freies und eindringendes Urteil gewonnen hatten.

Und hier zeigt sich eben die zweite große Triebkraft in der Entwicklung der neueren Geschichtschreibung: sie liegt in dem erschütternden Eindruck, den seit der Wende vom 15. zum 16. Jahrhundert die bis an die Wurzeln greifenden Bewegungen und Umgestaltungen in den staatlichen und kirchlichen Ordnungen hervorriefen. Indem diese Vorgänge in Männern, die sie mitwirkend angeschaut hatten, das Bedürfnis weckten, ihre Gegenwart geschichtlich zu verstehen und ihre Erfahrungen den Zeitgenossen mitzuteilen, indem dann die Werke der klassischen Autoren ihnen den Weg wiesen, wie geschichtliche Vorgänge darstellend zu

---

[1]) Wo Blondus über das Zeitalter der Karolinger hinaus die mittelalterlichen Jahrhunderte durchmißt, dürfte er nicht wesentlich über den spätern mittelalterlichen Chronisten, etwa einem Antonin von Florenz, stehen. Auch des Rhenanus *rerum Germanicarum libri tres* haben ihre eigentliche Bedeutung nur in den Abschnitten, die bis zum Ausgang der Karolinger reichen.

gestalten waren, entstanden die ersten Meisterwerke der neueren Geschichtschreibung.

Näher angesehen, sondern dieselben sich in zwei Reihen: einerseits solche, die sich mit der Geschichte, und zwar vornehmlich der inneren Geschichte eines einzelnen Staates befassen, anderseits solche, welche die politischen Beziehungen und kriegerischen Konflikte eines größeren Kreises von Staaten behandeln. In den nun folgenden Betrachtungen beginne ich mit der ersten Reihe und stelle hier ein Werk an die Spitze, welches in dem Lande entstand, das zugleich das Geburtsland des Humanismus und der Schauplatz der erschütterndsten politischen Umwälzungen war.

Erstes Kapitel
Machiavelli

Das Werk, das ich als das bahnbrechende in der Entwicklung der neueren Geschichtschreibung ansehen möchte, sind die „florentinischen Geschichten" des Niccolò Machiavelli. Eine Würdigung dieses Werkes, das in dem kurzen Zeitraum von fünf Jahren (1520—1525) vollendet wurde, hat natürlich vor allem von den Anschauungen und Studien seines genialen Verfassers auszugehen; aber vorher ist ein Wort über den Zusammenhang, der Machiavellis Arbeit mit der mittelalterlichen Geschichtschreibung verbindet, zu sagen.

In Betracht kommen hier hauptsächlich die als Städtechroniken bezeichneten Geschichtsbücher, die in Deutschland und Italien vom 13. bis zum 15. Jahrhundert hervortraten und in der mittelalterlichen Geschichtschreibung eine hervorragende Stellung einnehmen. Ihre Bedeutung verdanken diese Chroniken nicht etwa einem durchdachten Plan, der ihrer Abfassung zugrunde läge, im Gegenteil, ihre Erzählung verliert sich bald in Kleinigkeiten des örtlichen oder Familieninteresses, bald weitet sie sich aus zu einer Abart der Weltchronik. Allein die leichtere Übersicht der städtischen Verhältnisse und der lebhaftere Anteil der Bürger an den städtischen Vorgängen brachte es doch mit sich, daß in diesen aus den Städten hervorgegangenen Aufzeichnungen gelegentlich eingehendere Darstellungen von Zuständen städtischer Verwaltung und bürgerlichen Lebens, besonders aber von Kämpfen der bürgerlichen Klassen und den daraus hervorgehenden Verfassungsänderungen Platz fanden, Darstellungen, die dann vielfach gerade das hatten, was den mittelalterlichen Annalen fehlte, nämlich Anschaulichkeit und lebendige Auffassung der Wirklichkeit: die Stadt erschien als ein gleichsam persönliches, sein Leben einheitlich von innen heraus entfaltendes Gemeinwesen. Ein Forscher der mit hellem Sinn für Einheit und Kontinuität der Vorgänge begabt war, konnte sich wohl eingeladen fühlen, aus solchen Fragmenten eine zusammenhängende innere Stadtgeschichte zu gestalten.

Zu einer derartigen Arbeit konnten wieder die italienischen Städte eher auffordern, als die deutschen. Denn die aus ihnen hervorgegangenen Chroniken waren reichhaltiger und für das öffentliche Leben verständnisvoller, und die Geschichte der Städte selbst, besonders derjenigen, die sich zu Stadtstaaten erweiterten, übte bei dem Reichtum ihrer innern und äußern Entwicklung, bei der Fülle und Gewaltsamkeit der sie begleitenden Kämpfe einen unvergleichlich starken Reiz auf den Betrachtenden aus. Bevorzugt stand aber wiederum unter diesen Städten die Republik Florenz da. An Bedeutung ihrer Geschichte nur wenigen jener glänzenden Gemeinwesen nachstehend, übertraf sie dieselben alle durch ihre einheimische Geschichtschreibung: eine Reihe ebenso einsichtiger wie reichhaltiger Chronisten begleitete ihre Geschichte in fast lückenloser Entwicklung vom Ausgang des 13. Jahrhunderts an.

So fand Machiavelli das Feld, das er bestellen sollte, von seinen Vorgängern schon einigermaßen bearbeitet. Bemerken wir denn auch gleich hier, daß er insofern in den Schranken mittelalterlicher Geschichtschreibung blieb, als er die Forderung allseitiger Quellenforschung nicht an sich stellte. Für die einzelnen größeren Abschnitte, in die seine Geschichte zerfiel, folgte er, soweit es sich nicht um die jüngste Vergangenheit (seit 1464) handelte, jedesmal einem oder einigen wenigen jener von ihm sorgfältig ausgewählten[1]) Chronisten.[2]) Seine eigenste Arbeit begann erst da, wo es galt, von unklaren und zweifelhaften Berichten zur wahren Natur der Vorgänge vorzudringen und die nur bruchstückartig vorliegenden Begebenheiten und Zustände zur Stetigkeit eines geschichtlichen Ablaufs zu verbinden.

Hier nun kamen ihm zur Lösung einer derartigen von seinen Vorgängern kaum gewürdigten Aufgabe seine weiter ausgreifenden Studien zur Hilfe. Er war längst bemüht, in das Verständnis der alten, besonders der römischen Geschichte einzudringen und daneben eine genauere Kenntnis der Zustände und Wandelungen der ihn umgebenden Staaten zu gewinnen. Wie nun solche Arbeiten ihn von selber auf die Vergleichung der geschichtlichen Erscheinungen verschiedener Zeiten und Völker führten, so war es natürlich, daß er die hier gewonnenen Anschauungen mit den Vorgängen und Verhältnissen, die seine Florentiner Chroniken ihm vorführten, verglich. Geschichtliche Analogien wurden so für ihn das Mittel, um die wahre Natur und die Verknüpfung der Begebenheiten und Zustände in der Florentiner Geschichte sachgemäß zu erfassen.

Es wird nötig sein, um dies Verfahren kennen zu lernen, wenigstens seinen Grundanschauungen vom Gang der innern Geschichte Roms und der Verwertung derselben in seiner florentinischen Geschichte näher zu treten, dies um so mehr, da er vor und während der Abfassung seines Geschichtswerks damit beschäftigt war, die Ergebnisse seiner vergleichenden Geschichtsstudien, in denen die nach Livius und den lateinischen Übersetzungen von Polybius[3]) und Plutarch angestellten Forschungen über die Geschichte Roms den Kern bildeten, in einem tief eingreifenden Werk zusammen-

---

[1]) *Cautissimo nella scelta delle sue fonti* (Villari, Machiavelli. 2. Aufl. 1897, III, 244).

[2]) Nachweise bei Villari III, S. 232, 242, 243, 244, 255, 256, 268, 271, 278. Über die Art der Quellenbenutzung: III, S. 253, 266 —267, 272, 280—281.

[3]) Über die Benutzung des Polybius, besonders des 6. Buches, handelt zuletzt Tommasini, Machiavelli II (Rom 1911) S. 152/3, 165 A. 2, 230 A. 3.

zufassen. Es waren die „Diskurse über die erste Dekade des Titus Livius", die vielfach in unmittelbarer Beziehung der Gedanken zu der florentinischen Geschichte stehen.

Von größter Bedeutung ist hier gleich die Ansicht von der Natur des Staates. In der mittelalterlichen Geschichtschreibung erscheint der Staat, im Grund genommen, doch nur wie eine äußerliche Sammelstelle für denkwürdige Begebenheiten, in Machiavellis Anschauung dagegen ist maßgebend das gelegentlich ausgesprochene Wort: der Staat ist ein zusammengesetzter Körper[1]), mit dem er ungefähr dasselbe meint, was die Neuern in dem Ausspruch befassen: der Staat ist ein lebendiger Organismus. In diesem Sinne erscheint ihm der Staat als eine nach Analogie der individuellen Person gedachte Macht, welche Geschichte wirkt und erleidet, und zwar einerseits als innere Geschichte, indem seine Organe untereinander in bald friedliche, bald gewaltsame Wechselwirkung treten, wobei sie selbst und ihr Verhältnis zueinander, d. h. die Staatsverfassung, einer fortgehenden, bald unmerklichen, bald tief eingreifenden Umgestaltung unterliegen, anderseits als äußere Geschichte, indem entsprechende Wechselwirkungen und Umgestaltungen zwischen den in einem größern System befaßten Staaten vor sich gehen. Die Geschichte vollzieht sich somit in der Entwicklung der einzelnen Staaten und der Staatensysteme.

Machiavellis Aufmerksamkeit richtet sich vornehmlich auf die innere Geschichte der Staaten, und hier wieder in erster Linie auf die römische Republik. Als deren Hauptorgane betrachtet er einerseits die in der Verfassung geordneten staatlichen Gewalten, anderseits die als politische Parteien angesehenen Klassen der Patrizier und Plebejer. Zwischen diesen Klassen unter sich und zwischen ihnen und

---

[1]) *Corpo misto.* (Discorsi III, 1, S. 309. Ich zitiere nach der den pr*incipe* und die *discorsi* enthaltenden Ausgabe Firenze 1848.) Mit der freien Wiedergabe glaube ich den Sinn des Ausdrucks *misto* besser zu treffen als mit wörtlicher Übersetzung. — Übrigens kehrt der Ausdruck wieder in den *Istorie Fiorentine* (diese zitiere ich nach der unvollendeten Ausgabe der *opere*, Firenze 1873, B. I), wo als Analogie die *corpi semplici* erscheinen, wie in der zuerst angeführten Stelle die *corpi degli uomini.*

den Staatsgewalten sieht er dann die fortlaufende Auseinandersetzung vor sich gehen, aus welcher sich die Wandlungen der römischen Verfassung ergeben. Ein oberster Gegensatz waltet als leitendes Motiv über all' diesen Kämpfen: es ist das Verlangen des Adels nach Herrschaft und das Streben des Volkes nach Behauptung seiner Freiheit, seines Eigentums und seiner Sicherheit.[1]) Also der alte Streit von Freiheit und Macht! Aber unter diesen Trieben entdeckt Machiavell noch eine andere, im stillen wirkende und gleichsam allgegenwärtige Kraft: er nennt sie das Prinzip des Staates. Was er darunter versteht, hat er ausdrücklich nicht erklärt; aber wenn er als Äußerungen des Prinzips des römischen Staates Gerechtigkeit und Gehorsam gegen die Vorschriften der Religion, Verehrung der guten Bürger und Enthaltung von Gewalttat und Ehrgeiz nennt und schließlich als die oberste dieser Ideen die Gottesfurcht hervorhebt[2]), so erkennt man, daß er sittliche Maximen meint, welche als Keime in die Anfänge eines Staates gesenkt sind und mit der Macht der Überlieferung ihn weiter beherrschen.

Und nicht nur der Staat, auch die Parteien[3]) werden von solchen Prinzipien beseelt, unter denen als das für sie wichtigste die Idee des Gemeinwohls und der Unterordnung der Sonderinteressen unter seine Erfordernisse erscheint.[4]) — Gerade in den Parteien zeigt sich aber auch besonders deutlich der Fluch der Veränderlichkeit: ihr Prinzip verkehrt sich ins Gegenteil, indem die Sonderinteressen die Oberhand gewinnen. Und dann, wenn die Prinzipien zerfallen, beginnt zugleich der wohl zeitweilig aufzuhaltende[5]), aber im ganzen

---

[1]) Principe cap. 9 (S. 29), 19 (S. 56). Disc. I, 16 (S. 131—132). Ist. Fior. III, 1, S. 124; VII, 1, S. 324.

[2]) *Osservanza della religione e della giustizia. Ordini... contra all'ambizione ed alla insolenza degli uomini. Stimare i buoni cittadini* (Disc. III, 1, S. 309—310). *Timore di Dio:* I, 11.

[3]) *O setta o regno o repubblica* (Disc. III, 1, S. 313). — Auch die Religion hat ihr *principio* (a. a. O. S. 312) oder *principale ordine* oder *fondamento* (I, 12, S. 121).

[4]) Istor. Fior. VII, 1 S. 323—324.

[5]) Aufzuhalten z. B., wenn im Staat an die Stelle der Furcht Gottes die Furcht vor einem energischen Tyrannen tritt (Disc. I, 11, S. 120).

unwiderbringliche Verfall der Parteien wie der Staaten. Für beide ist es daher eine wahre Lebensaufgabe, ihre Prinzipien zu erhalten, herzustellen und auszubilden. Dies geschieht im Staat einerseits durch Gesetze und Obrigkeiten, welche den sittlichen Geist des Volkes erhalten, anderseits durch große Männer, die durch gewaltsames Eingreifen heilsamen Schrecken erregen oder durch große Tugenden zur Nacheiferung antreiben.[1])

Hier ist ein Punkt, wo Machiavellis geschichtliche Betrachtung auf die Bedeutung der Einzelperson stößt. Statt ihm aber auf diesem Gebiete zu folgen, können wir seine Ausführungen über die Grundlagen der innern Entwicklung Roms abschließen, um uns zu der Frage zu wenden, woher er nun das Recht nimmt, derartige der Geschichte eines einzelnen Staates angehörige Erscheinungen zur Erläuterung der Geschichte anderer Staaten zu verwenden. Seine Auseinandersetzung über diesen Punkt ist eine sehr einfache. Zugrunde legt er den Satz des Thukydides, daß die Natur der Menschen stets dieselbe ist[2]), daß mithin, wenn die gleichen Verhältnisse und Vorgänge auf Wille und Vorstellung der Einzelnen, wie der Gemeinschaften einwirken, auch die gleichen Rückwirkungen erfolgen. Hieraus schließt er: der Politiker, welcher lehren will, hat aus den Ereignissen der Geschichte zu ermitteln, welche Folgen diese oder jene Maßregeln der Machthaber im Leben der Staaten nach sich ziehen werden; der Geschichtschreiber anderseits, der in die Wirklichkeit und die Ursachen der überlieferten Ereignisse und Zustände eindringen will, hat verwandte Ereignisse und Zustände anderer Zeiten und Völker zur Vergleichung heranzuziehen.

So vorbereitet schritt Machiavelli zur Ausarbeitung seiner florentinischen Geschichte. Bis zur Gründung der Tyrannis des Cosimo Medici (1434) war es vornehmlich die innere Geschichte des florentinischen Freistaats, die ihn beschäftigte. Im zweiten Teil des Werkes, der bis zum Tod des Lorenzo Medici (1492) reichte, setzte er die innere Ge-

---
[1]) Disc. III, 1, S. 310 f., I, 18, S. 135 f.
[2]) *Gli uomini ... nacquero, vissero e morirono sempre con un medesimo ordine* (Disc. I, 11, S. 120. Vgl. III, 43, S. 410).

schichte fort, ließ aber nun auch die auswärtigen Beziehungen in ausführlicher Darstellung hervortreten. Indem ich mich zur näheren Betrachtung des Werkes wende, werden es zunächst nur die den innern Verhältnissen gewidmeten Abschnitte sein, die ich ins Auge fasse.

Nach seinem Grundsatz der Erläuterung geschichtlicher Vorgänge aus der Analogie verwandter Erscheinungen beginnt Machiavelli mit einem Rückblick auf die römische Verfassungsgeschichte, wie sie ihm durch die Gegensätze der sozialen Klassen des Adels und Volkes bedingt erscheint. Die innere Geschichte von Florenz, meint er nun, bietet ähnliche Gegensätze, nur daß sie sich hier noch viel reicher entfalten. Wie in Rom tritt uns an der Schwelle der florentinischen Geschichte, in der ersten Hälfte des 13. Jahrhunderts, als herrschende Klasse der alte Adel entgegen; hinter ihm sehen wir dann in der zweiten Hälfte des Jahrhunderts die höhere Schicht des Bürgertums sich erheben, um alsbald in einen Kampf um die politische Gewalt mit dem Adel einzutreten, der im Jahre 1343 mit der völligen Niederwerfung des letzteren endet. In dem Augenblick dieser Entscheidung ist aber schon ein neuer Klassengegensatz erstarkt: es ist der Gegensatz zwischen dem in den sieben höhern Zünften gegliederten vornehmen Bürgertum und dem in fünf, dann vierzehn niedern Zünften organisierten Mittelstand. Endlich, als die letzte dieser Bildungen, tritt kurze Zeit darauf mit ausgeprägtem Klassenbewußtsein und gärender Unzufriedenheit die Masse der im Dienst der Zünfte gegliederten Arbeiter und Proletarier in die Kämpfe des politischen Lebens ein.

Der leitende Gedanke in Machiavellis Darstellung ist es nun, daß jede dieser Klassen, sobald sie zum Vollbewußtsein ihrer Zusammengehörigkeit und Kraft gekommen ist, ihren Anteil an der staatlichen Gewalt erheischt und somit Verfassungskämpfe und als Frucht derselben Verfassungsänderungen hervorruft. Die Frage freilich, aus welchen Lebenszwecken und Lebensmitteln diese gesellschaftlichen Klassen ursprünglich entstehen und erstarken, wird von Machiavelli kaum berührt; er erfaßt dieselben erst in dem Augenblick, da sie, genossenschaftlich entwickelt, mit politischen Forderungen in die Kämpfe des öffentlichen Lebens eingreifen, mit andern Worten, da sie politische Parteien geworden sind. Und das Bild, das er alsdann vom Parteienleben entwirft, gestaltet sich um so reicher, da er innerhalb der großen Klassen — in der alten Zeit im Kreise des Adels, in der spätern Zeit innerhalb des patrizischen Bürgertums — sich wieder besondere Fraktionen bilden sieht, die untereinander um den Alleinbesitz der staatlichen Gewalt ringen.

Unverkennbar ist nun wohl, daß diese Ansicht von dem Kampf um den Anteil an der staatlichen Machtübung, als oberstem Prinzip, wiederum an den Mängeln einer formalistischen Geschichtsauffassung krankt. Aber daß Machiavelli sie mit klarer Konsequenz durchführte, daß er aus den zerstückelten Berichten der alten Chroniken die innere Geschichte von Florenz in zwei stetige und überall ineinandergreifende Entwicklungsreihen zusammenfaßte — auf der einen Seite die Aufeinanderfolge der sozialen Klassen und politischen Faktionen, auf der andern die Wandlungen der Verfassung und des Verfassungslebens — das machte sein Werk zur eigentlich bahnbrechenden Leistung humanistischer Geschichtschreibung.

Sodann aber, jene formalistische Auffassung beherrschte ihn doch nicht allein. Nicht umsonst war ihm bei Polybius und Livius die Bedeutung der sittlichen Kräfte im Leben der Völker entgegengetreten. Die hierdurch gegebenen Anregungen wußte er dadurch in eigenartiger Weise zu verwerten, daß er zurückgriff zu seiner oben besprochenen Lehre von dem sittlichen „Prinzip" der Staaten und zugleich zu seiner Methode der Vergleichung römischer und neuerer Geschichte.

Während in Rom, so meint er, in der Zeit der Könige aufgrund tüchtiger Prinzipien und einer noch mangelhaften, aber schon auf richtige Bahnen weisenden Verfassung[1]), dann in der Zeit der Republik bis zu den Gracchen aufgrund zweckmäßiger Entwicklung der Verfassung, guter die Prinzipien befestigender und ausbildender Gesetze und des Eingreifens großer Patrioten ein freier, mächtiger und sittlich gesunder Staat erwuchs, keimte in der Stadt

---

[1]) *I primi ordini se furono defettivi, nondimeno non deviarono dalla diritta via che li potesse condurre alla perfezione* (Disc. I, 2, S. 95).

Florenz von Anfang an ein übles Prinzip: es ergab sich aus der Knechtschaft, in der die Stadt erst unter der Römerherrschaft, dann unter den Tyrannen, welche in Italien die zertrümmerte Römerherrschaft ablösten, ihr Leben führte.[1] Wohl erhob sie sich dann nach dem Tode Kaiser Friedrichs II. zu einer ihre Freiheit begründenden politischen und militärischen Verfassung[2], und als sie vollends nach Überwindung innerer Entzweiungen eine Fortbildung ihrer Verfassung erzielte, bei welcher Adel und höheres Bürgertum sich das Gleichgewicht hielten, erstieg sie gegen Ende des 13. Jahrhunderts rasch den Höhepunkt ihre Glückes und ihrer Macht.[3] Aber bald machte sich der unheilvolle Ausfluß des schlecht gelegten Prinzips geltend: es war der Faktionsgeist.

Eine Mehrheit von Parteien, lehrt Machiavelli, ist in Republiken, welche ihre Herrschaft erweitern und dabei durch Aufnahme von Neubürgern ihre wehrhafte und freie Bevölkerung stets vermehren, weder zu vermeiden, noch als Übel zu betrachten; unheilvoll wird sie erst dann, wenn das Sonderinteresse der Parteien über das gemeine Wohl gesetzt wird. Eben das aber war im Gegensatz gegen Rom der Fall in Florenz.[4] — Mit diesem Satz stellt sich der Geschichtschreiber die Aufgabe, in den sittlichen Charakter der Parteien einzudringen.

Gleich auf den ersten Blick erkennt Machiavelli einen hervorstechenden Charakterzug des florentinischen Parteiwesens in dem Verfahren der siegreichen Partei gegen die besiegte. Während er in den römischen Parteikämpfen bis zu den Gracchen nur ganz vereinzelte Akte der Strafe oder Rache findet[5], weist ihm die florentinische Geschichte eine fortlaufende Reihe unzähliger Verbannungen, Konfiskationen und Hinrichtungen auf. Er erkennt hier das Stre-

---

[1] *Principio servo* (Disc. I, 49, S. 189).
[2] *Con questi ordini militari e civili fondarono i Fiorentini la loro libertà* (Istor. Fior. II, 6, S. 70).
[3] *Nè mai fu la città nostra in maggiore e più felice stato* (II, 15, S. 81).
[4] Disc. I, 4, 6, S. 103 f. Ist. Fior. III, 1, S. 124; VII, 1, S. 324.
[5] Disc. I, 4, S. 97.

ben der Parteien, nicht sich gegenseitig zu beschränken, sondern den Gegner zu vernichten, damit der Sieger den Alleinbesitz der staatlichen Macht gewinne. Wie aber dies ein Ausfluß von Sittenverderbnis ist, so zeugt es, weiter wirkend, immer schlimmere Korruption. Ist eine Partei, so lesen wir zum Jahre 1372, in den Besitz der Macht gelangt, so gibt es keine Tat der Ungerechtigkeit, Grausamkeit und Habsucht, deren sie sich nicht untersteht.[1]) Das Vaterland, so läßt der Geschichtschreiber sechzehn Jahre später einen edlen Bürger klagen, ist dem Übermut und der Habsucht eines kleinen Kreises, d. h. der herrschenden Oligarchenpartei, preisgegeben.[2]) Und wieder, achtzig Jahre später, läßt er Piero Medici seiner eigenen Partei vorhalten: ich glaube nicht, daß es in ganz Italien so viele Beispiele von Gewalttätigkeit und Habsucht gibt, wie in dieser einen Stadt.[3])

Natürlich wütet die sittliche Krankheit auch im Innern der Partei. Ihre Mitglieder sind aneinandergekettet durch das Bedürfnis des Schutzes, der Befriedigung des Ehrgeizes und der Habsucht oder auch durch die gemeinsame Schuld begangener Frevel[4]), und die sie alle erfüllende Selbstsucht bringt es mit sich, daß die Partei, welche ihre Gegner niedergerungen hat, im Besitz der Gewalt sich bald wieder in kleinere Faktionen spaltet[5]), wie denn z. B. das bürgerliche Patriziat, sobald es die politische Entrechtung des Adels durchgekämpft hat, sich in die tödlich verfeindeten Faktionen der Ricci und Albizzi trennt. Und nicht minder verderblich, wie nach innen, wirkt die Faktion nach außen, auf die Gesamtheit der Bürgerschaft.

Das alte Rom hatte, wie oben bemerkt (S. 136), drei Mittel, das sittliche Prinzip des Staates zu befestigen, gute Gesetze, zweckmäßige Anordnung der verfassungsmäßigen Gewalten und kräftiges Eingreifen großer Patrioten. Von diesen blieben nach Machiavelli die zwei ersten der Republik Florenz versagt, weil sowohl die Gesetze, welche nach

---

[1]) Ist. Fior. III, 5, S. 131.
[2]) III, 23, S. 163.
[3]) VII, 23, S. 353.
[4]) III, 5, S. 130, 131.
[5]) Istor. Fior., proemio S. 6, III, 5, S. 131; VII, 1, S. 324.

stürmischen Zeiten die Einzelnen wieder an ein dem Gemeinwohl entsprechendes Verhalten gewöhnen, als auch die Verfassungsänderungen, welche den vorangegangenen Entzweiungen durch eine Neuordnung der obrigkeitlichen Gewalten ein Ende machen sollten, regelmäßig der Rache, dem Eigennutz und der Alleinherrschaft der siegreichen Partei dienen mußten.[1]) So trugen beispielsweise die im Jahre 1293 erlassenen und später mehrfach erneuerten Satzungen des Stadtfriedens (*ordinamenta iustitiae*) bei ihrer parteiischen Härte gegen den Adel vielfach den Charakter von Ausnahmegesetzen, und so drängte die rücksichtslose Restauration der Herrschaft des Patriziats im Jahre 1382 die niedere Bürgerschaft in unversöhnliche Feindschaft gegen die bestehende Ordnung. Das einzige Mittel, das nicht fehlte, war das dritte, nämlich die starken Männer, welche durch ihre persönliche Energie die Kräfte des Staates über dem Hader und Eigennutz der Faktionen zusammenzuhalten vermochten, z. B. während der fünf Jahrzehnte, die nach dem im Jahre 1382 hergestellten Oligarchenregiment verflossen, Maso degli Albizzi und Niccolò da Uzano. Allein wenn das Wirken solcher Männer nach Machiavelli allerdings eine den Patrioten erhebende Erscheinung ist[2]), so konnten sie doch dem Staate das nicht geben, was er über alles nötig hatte, nämlich Stetigkeit seiner Einrichtungen und Stärkung des sittlichen Geistes der Bürgerschaft. Während daher die Verfassung im Kampfe der Parteien von der Willkür der Massen und der Tyrannei der Parteien[3]) gleichmäßig mißbraucht wurde, so daß die Stadt den Namen einer wahren Republik gar nicht verdiente[4]), ging zugleich die Sittlichkeit der Bürgerschaft tief darnieder.

Sein Urteil über den sittlichen Charakter der Republik faßt Machiavelli einmal in den schneidenden Satz: diese Stadt, da sie immer im Parteitreiben gelebt hat, ist korrumpiert.[5]) Und er meint die Zeichen dieses Verderbnisses

---

[1]) Disc. I, 49, S. 189. Istor. Fior., proemio S. 6/7; III, 5, S. 131 f.
[2]) Istor. Fior., proemio S. 6.
[3]) *Dallo stato tirannico al licenzioso* (Istor. Fior. IV, 1).
[4]) Disc. I, 49, S. 189.
[5]) Istor. Fior. IV, 27, S. 206.

überall, sowohl in den privaten, wie den politischen Beziehungen der Bürger zu erblicken. „Die Jünglinge, so hören wir schon zum Jahre 1372, sind faul, die Alten lasziv, in jedem Alter und Geschlecht greifen gemeine Sitten um sich."[1]) Das politische Verhalten der Bürger ist vor allem gekennzeichnet durch das Erlöschen des kriegerischen Sinnes und des stolzen Freiheitsgefühls. Der erstere Verlust, der den Verfall der Wehrhaftigkeit des Staates nach sich zog, war die Folge der politischen Entrechtung des Adels[2]); in der Abnahme des Freiheitsgefühls bildete eine erste Stufe der bei der Signorie des Herzogs von Athen (1343) zutage tretende Zustand, in dem „die Florentiner die Freiheit nicht zu behaupten verstanden und die Knechtschaft nicht zu ertragen vermochten"[3]), die letzte Stufe aber war schon erreicht bei Ausgang des 14. Jahrhunderts, da die Bürgerschaft als ein Volk bezeichnet werden konnte, „das durchaus in Knechtschaft stehen will".[4]) Sehr natürlich ist es, wenn ein solches Volk das, was ihm von politischem Einfluß übrig ist, nach seinem Geldeswert einschätzt. Und in diesem Sinne heißt es denn auch von Florenz um das Jahr 1430: „alle Bürger sind bereit, die Republik zu verkaufen, und schon haben sie den Käufer (es ist Cosimo Medici) gefunden."[5])

Das letzte Wort in dieser Schilderung des Sittenverderbnisses spricht Machiavelli aus, indem er endlich noch einen Blick auf die Entwicklung der christlichen Religion und Kirche wirft. Im Grunde derselben sieht er ein hohes sittlich-religiöses Ideal; aber wie steht es mit dessen Verwirklichung?

---

[1]) III, 5, S. 130.
[2]) III, 1, S. 125.
[3]) II, 36, S. 112. Wiederholt III, 5, S. 132.
[4]) *Voler far libero un popolo che voglia in ogni modo essere servo* (III, 27, S. 169). Derselbe Ausdruck Disc. III, 8, S. 342: *voler far libero un popolo che voglia viver servo*. (Eins der vielen Beispiele, wie die Anschauungen der Istor. Fior. bis auf den wörtlichen Ausdruck mit denen der gleichzeitig gearbeiteten Discorsi zusammentreffen und umgekehrt. Daher ich auch kein Bedenken trage, die Aussagen der florentinischen Geschichte durch die entsprechenden der Discorsi zu erläutern und zu ergänzen.
[5]) Istor. Fior. IV, 27, S. 206/7.

Schon einmal war es infolge der Sittenlosigkeit der Prälaten in Gefahr, ausgelöscht zu werden; da führten es die Heiligen, Franz und Dominikus, in die Seele der Menschen zurück. Jetzt aber ist es den Völkern durch das böse Beispiel des römischen Hofs und durch die schlimmen Prälaten, welche an die ewige Vergeltung, die sie lehren, selber nicht glauben, von neuem verleidet, und besonders von den dem römischen Hof am nächsten benachbarten Italienern darf man sagen, daß sie „alle Frömmigkeit und Religion verloren haben".[1]) Nicht nur Florenz, sondern ganz Italien ist mehr, als alle andern Länder, korrumpiert.[2])

Es tritt uns hier ein Pessimismus der geschichtlichen Beurteilung entgegen, der trotz der Verschiedenheit des Ausgangspunktes an die finstern Ansichten eines Augustinus und Otto von Freising erinnert. Sollte aber hier, wie dort, nicht eine voreilige Verallgemeinerung von Eindrücken vorliegen, die aus einem zu eng begrenzten Forschungsgebiet entsprangen? Diese Frage nötigt mich, die Darlegung von Machiavellis Anschauungen zu unterbrechen durch einen nochmaligen Rückblick auf seine Forschungsmethode.

Wie oben bemerkt, benutzte Machiavelli als Quellen seiner Geschichte lediglich die Chronisten. Da war es denn von vornherein unvermeidlich, daß gerade dem bedeutendsten Teil seines Werkes, nämlich der Entwicklung der Florentiner Verfassung, doch auch Mängel anhafteten, die bei der Oberflächlichkeit seiner Berichterstatter nicht zu vermeiden waren. Gemessen an den Forderungen, die heute an eine Verfassungsgeschichte gestellt werden, könnte die von Machiavelli gegebene Beschreibung der wichtigsten Einrichtungen weder als vollständig, noch als genau anerkannt werden, und als vollends dürftig müßten die Andeutungen darüber, wie denn diese Institute sich im Leben des Staates wirksam erwiesen, bezeichnet werden. Indes bedeutsamer als diese auf beschränkter Quellenforschung beruhen-

---

[1]) Disc. I, 12, S. 122; III, 1, S. 312. (*Non temono quella punizione che non veggono e non credono. — Questa provincia (Italia) ha perduto ogni divozione ed ogni religione.*)

[2]) *Provincie corrotte, com è la Italia sopra tutte le altre* (Disc. I, 55, S. 199/200. Noch bitterer II. Vorr. S. 216).

den Mängel sind andere, die auf dem beschränkten Umfang der als Gegenstand geschichtlicher Verarbeitung anerkannten Vorgänge beruhen.

Machiavelli hatte die Beziehungen zwischen Verfassung und sozialer Gliederung der Bürgerschaft erkannt, allein die sozialen Gruppen — der alte Adel, die in Handel und Gewerbe selbständig tätigen Zünfte, die als abhängige Arbeiter lebenden Proletarier — treten in seiner Darstellung nur insoweit auf, als sie, Anteil an der Machtübung des Staates erheischend, in seine Regierung und Gesetzgebung eingreifen. Daß ihr Lebensgrund ein eigenartiger und in den großen Gebieten der Landwirtschaft, der Gewerbe und des Handels zu suchen ist, daß ihre Betätigung einerseits und der Wirkungskreis des Staates anderseits in Wechselbeziehungen stehen, die viel inhaltreicher sind, als das bloße Jagen nach dem Besitz staatlicher Macht, wird von ihm nicht weiter berücksichtigt. Und ebensowenig Beachtung schenkt er den Tätigkeiten idealer Natur, obgleich ihn die gelegentlich erwähnten Bauten der Republik Florenz und ihrer großen Bürger[1]) auf das Aufblühen der bildenden Künste, die Förderung der humanistischen Studien durch Cosimo und Lorenzo Medici auf die geistige Macht des Humanismus[2]), die flüchtig gestreiften Konflikte mit dem Papsttum[3]) auf die Bedeutung der christlichen Religion und Kirche weisen konnten. Es scheint im Gegenteil, als ob sein eng gefaßter Staatsbegriff ihm eine gewisse Abneigung gegen solche Entfaltungen der Kultur einflößte. So erscheint ihm der auswärtige Handel als ein „Prinzip der Korruption"[4]), die Pflege der Wissenschaften ist ihm eine zwar edle, aber die Tatkraft einschläfernde und darum den Ruin des Staates vorbereitende Beschäftigung[5]), und die christliche Religion vollends hat, wenn nicht durch den Kern, so doch durch die feigherzige Aus-

---

[1]) II, 11, S. 76/77, 15, S. 81, 31, S. 101; IV, 23, S. 199; V, 15, S. 239; VII, 4; VIII, 36, S. 420/1.
[2]) VII, 6, S. 332; VIII, 36, S. 421.
[3]) III, 7, S. 135; VII, 11.
[4]) Disc. I, 55, S. 200/1.
[5]) Istor. Fior. V, 1, S. 218.

legung ihrer Lehre, sich dem tapfern Wirken für den Staat entgegengestellt.¹)

So beschränkte sich also die geschichtliche Forschung Machiavellis auf einen eng umgrenzten Kreis von Vorgängen der innern und äußern Staatsgeschichte. Damit aber war jenem sittlichen Verdammungsurteil, von dem diese letzte Erörterung ausgegangen ist, die volle Geltung abgesprochen. Denn es ist ja klar, daß solche Urteile nicht aus einem kleinen Ausschnitt des politischen Lebens, sondern nur aus Beobachtung der vollen Entfaltung des vom Staat umschlossenen Volkslebens hervorgehen können.

Gleichwohl entspringt aus dieser Betonung des sittlichen Momentes ein besonderer Vorzug: sie führt den Geschichtschreiber zur Charakteristik der maßgebenden Persönlichkeiten und bringt damit in seine Darstellung die Wahrheit persönlichen Lebens. Beachtenswert ist auch das Kunstmittel, dessen er sich zur Einführung solcher Beschreibungen bedient; es besteht in den nach dem Muster antiker und den Grundsätzen humanistischer Geschichtschreibung ausgearbeiteten Reden.²) In ihnen vornehmlich finden sich die schneidenden Kennzeichnungen der Parteien und der gesamten Bürgerschaft, allerdings Charakteristiken nicht einzelner Männer, sondern zunächst jener Kollektivpersonen. Erst in dem weitern Verlauf der Dinge, da die Medici sich der Herrschaft bemächtigen, tritt auch die individuelle Personenschilderung in ihre Rechte; es folgen jetzt die mit sichtlicher Liebe ausgearbeiteten Charakteristiken der Häupter dieses Hauses von Giovanni bis Lorenzo³), wobei denn die

---

¹) Disc. II, 2, S. 224.
²) Die wichtigsten sind: Rede mehrerer Signori an die H. Athen, 1342 (II, 34), Rede guter Bürger an die Signorie, 1372 (III, 5), Rede Benedetto Albertis, 1387 (III, 23); die von Gervinus (Histor. Schriften I, S. 196; vgl. Tommasini II, S. 524) mit Recht bewunderte Rede eines Führers der niedern Arbeiter, 1378 (III, 13); Rede des Nicc. Uzano, vor 1434 (IV, 27), des Piero Medici, 1465 (VII, 23). — Villaris umsichtige Beurteilung der Reden Machiavells wird dem hier hervorgehobenen, nicht ausschließlichen, aber wesentlichen Zweck derselben nicht gerecht.
³) IV, 3, S. 175; 16, S. 189 f.; 26, S. 203. VII, 5, 6, 23, S. 353/4. VIII, 36, S. 420 f. Beachtenswert ist, daß Machiavelli seine Ansicht

Form der Rede vor der unmittelbaren Schilderung zurücktritt, nicht jedoch ohne daß Machiavelli bei dem Überblick über Cosimos Wirken und Wesen sich entschuldigt wegen des Hinausschreitens aus der Form der Staatsgeschichte in die einer Fürstenbiographie.

Mit diesen Bemerkungen würde, wenn Machiavelli nur eine innere Geschichte von Florenz geschrieben hätte, unsere Betrachtung zu Ende sein. Aber das Geschichtswerk hat noch eine andere Seite. Wir finden im ersten Buche desselben einen raschen Überblick über die Geschichte Italiens vom Untergang des römischen Reiches bis zum Jahre 1424, mit besonderer Rücksicht auf die Bildung der fünf Staaten[1]), die seit dem 15. Jahrhundert als die führenden Mächte hervortreten (Mailand, Venedig, Florenz, Kirchenstaat, Neapel). In den vier letzten Büchern sodann wird der Faden, der am Ende des ersten fallen gelassen war, wieder aufgenommen, und nun in Verbindung mit der innern Geschichte von Florenz die Darstellung der auswärtigen Beziehungen nicht bloß dieser einen Republik, sondern der führenden fünf Mächte als wesentlicher, ja dem Umfange nach als vorwaltender Teil in die Darstellung verwebt. Also nicht nur Wiederaufnahme eines verkürzten Überblicks, sondern eingehende Behandlung der allgemeinen italienischen Geschichte.

Vielleicht war es einfach der Gang der Dinge — die innigere Verflechtung der Politik der fünf Mächte und der einfachere und größere Zug, den unter ihrer Führung die italienischen Dinge erhielten —, welcher den Geschicht-

---

von der Korruption des Staatslebens auch für die Epoche der Medici aufrechthält, indem er die Äußerungen dieses Verderbnisses auf die Mitglieder ihrer Partei, die Tugenden dagegen (Güte, Gemeinsinn, königliche Freigebigkeit) auf das jeweilige Haupt derselben fallen läßt. Auch bei Schilderung der zur Befestigung des mediceischen Regiments geübten Schand- und Schreckenstaten erscheinen als Urheber die Parteimänner, während das Haupt im Dunkel verschwindet.

[1]) *I cinque principati* (als „principato" wird auch die „republica" Venedig bezeichnet, I, 28, S. 48) *che di poi governarono l'Italia* (I, 26, S. 45). Genau genommen werden im ersten Buch die Anfänge der vier Hauptstaaten außer Florenz erzählt (I, 9, 10, 16, 27, 28, 29) und Florenz dem zweiten Buch vorbehalten.

schreiber zu dieser Erweiterung seines Plans bestimmte. Aber dabei geht ein Gesichtspunkt durch seine Darstellung hindurch, welcher für die Entwicklung der allgemein geschichtlichen Anschauungen von tiefgreifender Bedeutung ist.

In allgemeiner Betrachtung[1]) gedenkt Machiavelli einmal geographisch geschlossener Lande[2]), deren Einwohner durch Gleichheit oder doch Ähnlichkeit der Sprache, Sitten und Einrichtungen[3]) verbunden sind, um von ihnen zu bemerken, daß ihre getrennten Teile sich leicht in einem Staat vereinigen lassen. An anderer Stelle[4]) hat er wiederum solche Lande im Auge, indem er sagt: kein Land war jemals geeint und glücklich, wenn es nicht in seiner Gesamtheit unter die Herrschaft einer Republik oder eines Fürsten gelangte, wie es in Frankreich und Spanien geschehen ist. Natürlich hat er unter dem Wort „Land" das in demselben wohnende Volk, das durch Einheit des Geisteslebens zusammengeschlossen ist, im Auge, also diejenige Gesamtheit, die wir als „Nation" bezeichnen, wie er denn auch an anderer Stelle sich eben dieses Wortes bedient.[5]) Nation und Staat sind ihm nicht identisch, kann doch eine Nation unter verschiedenen Staaten zerrissen sein, und umgekehrt unter den Einrichtungen eines Staates mehrere Nationen zusammengefaßt sein; aber zwischen Staat und Nation besteht eine so enge gegenseitige Beziehung, daß ihr Zusammenfallen ein glückliches, ihr Auseinandergehen ein unglückliches Verhältnis ist.

Eine Nation bilden nun, ebenso wie Spanier und Franzosen, auch die Italiener. Wie aber steht es mit deren staatlichem Zusammenschluß? Im alten Römerreich, meint Machiavelli, war derselbe wenigstens insofern erreicht, als Italien das relativ geschlossene Kernland des Reiches bildete; allein nach dessen Untergang blieb den Italienern,

---

[1]) Principe cap. 3, S. 7.
[2]) So darf man den Ausdruck „*stati i quali sono della medesima provincia*" wohl wiedergeben.
[3]) *Lingua, costumi, ordini.*
[4]) Disc. I, 12, S. 123.
[5]) Disc. III, 43, S. 411: *vedere una nazione lungo tempo tenere i medesimi costumi etc.*

abgesehen etwa von der vorübergehenden Herrschaft des Odoaker und des Theoderich[1]), die Wohltat eines gemeinsamen Staatswesens unter kraftvoller Leitung[2]) versagt; denn die Herrschaft der fränkischen und deutschen Kaiser war weder innerlich fest noch jemals über ganz Italien ausgebreitet[3]), und in dem Zeitraum vom Tode Friedrichs II. bis auf Ludwig den Baiern brach sie vollends zusammen. Einen partiellen Ersatz schufen dann freilich die aus eigner Kraft sich erhebenden Städte und Kleinstaaten[4]), und den Höhepunkt dieser Entwicklung haben wir in jenem System der fünf Mächte vor uns, dessen Geschichte der letzte Teil von Machiavellis Werk behandelt. Die nationale Leistung dieser Kleinstaaten besteht darin, daß sie Italien lange Zeit von der Herrschaft der Fremden freihielten. Aber dann rächte sich die staatliche Zerrissenheit. Innere Entzweiungen und Verfall der Wehrkraft führten seit dem Ausgang des 15. Jahrhunderts mit dem Einbruch Karls VIII. von Frankreich die tragische Wendung herbei, in deren Folge Italien und die italienische Nation der Fremdherrschaft, teils unmittelbar, teils mittelbar, preisgegeben wurden.

Wir haben hier eine Gedankenreihe vor uns, welche geeignet war, in die Ansichten von den die staatliche Geschichte beherrschenden Kräften ein neues Leben zu bringen. Von Haus aus meinte ja Machiavelli, wie er in der innern Entwicklung der Staaten einfach die formalen Antriebe von Freiheit und Macht walten sah (S. 138), so auch in der äußern Machtentfaltung der Staaten lediglich diese selben Grundkräfte herrschen zu sehen: eine Republik als Ganzes, meint er, hat zwei Ziele, ihre Herrschaft zu erweitern und ihre Freiheit zu behaupten.[5]) Aber wie er für die Erkenntnis der innern Entwicklung jene ärmliche Formel durch die

---

[1]) Istor. Fior. I, 3, S. 15, 4, S. 16.
[2]) *Sotto un virtuoso principe* (V, 1, S. 219).
[3]) Die Ausscheidung Süditaliens wird als seit Karl d. Gr. bestehend hervorgehoben (I, 11, S. 27, 16, S. 32).
[4]) Istor. Fior. V, 1, S. 219. Als Vorlage dieser Stelle hat Blondus (Decades, Basel 1559, S. 30) gedient.
[5]) *L'uno (fine è) l'acquistare, l'altro il mantenersi libera* (Disc. I, 29, S. 152).

Ansicht vom „Prinzip" des Staates erweitert hatte, so entdeckte er jetzt, zunächst bei Betrachtung der äußern, aber alsbald auch bemerkbar in der innern Geschichte des Staates, ein anderes Lebewesen, dessen Betätigung viel zu inhaltreich war, um nur nach den Trieben von Freiheit und Macht beurteilt zu werden, eben die Nation.

Als Muster für den Begriff der Nation nahm Machiavelli nicht so sehr die alten als die neu gebildeten Völker, Franzosen und Spanier, Italiener und Deutsche. An ihnen konnte er ja auch den Werdegang einer Nation anschauen, wie sie erwächst aus einer Mehrheit von ursprünglich getrennten Volksteilen unter dem Druck und Schutz eines gemeinsamen Staatswesens, sei es daß dieses Staatswesen, wie in Frankreich, ein sich zeitig zentralisierendes oder, wie in Deutschland, ein sich rasch dezentralisierendes war, oder auch daß seine Einheit, wie in Italien, nur auf dem gemeinsamen Ursprung und einer Art von föderativem Zusammenhalt nach außen hin beruhte. Allein auf diesem Grunde in das Wesen und die geschichtliche Wirksamkeit der Nation tiefer einzudringen, blieb Machiavelli doch versagt. Weder die Frage, ob der Ursprung der Nation nur auf dem Boden eines, wenn auch noch so primitiven Staates zu denken sei, oder ob Staat und Nation ihren besonderen Lebensgrund haben, hat er gestellt, noch auch den Versuch gemacht, im Lauf der hellen Geschichte das Wechselverhältnis zwischen Staat und Nation — letztere eine Zusammenfassung der den Staat ausfüllenden persönlichen Kräfte, ersterer die Ordnung der diese Kräfte schützenden, regelnden und lenkenden Gewalten — zur Anschauung zu bringen.

Wenn trotzdem seinem Hinweis auf die Bedeutung der Nation die größte Wichtigkeit in der Entwicklung der geschichtlichen Anschauungen beizulegen ist, so liegt das nicht in der Lösung, aber doch in der Aufstellung eines großen Problems: die Geschichtschreibung sollte durch die Aufdeckung der lebensvollen Beziehungen zwischen Staat und Nation aus der Enge formalistischer Behandlung heraustreten. Dieser Fortschritt aber war nur möglich, wenn die Darstellung von einem kleinen Staatswesen, wie der Republik Florenz, die bloß den Bruchteil einer Nation in sich schloß, zu den großen nationalen Staaten sich wandte, wobei sie denn zugleich oder eigentlich an erster Stelle zu zeigen hatte, daß sie den andern von Machiavelli gegebenen Anregungen einer vervollkommneten Geschichtschreibung gerecht zu werden vermochte.

Ein derartiger Fortgang tritt uns in der Tat in der nun folgenden Epoche entgegen, und zwar naturgemäß vor allem in denjenigen Landen, deren Inneres durch gewaltige Umwälzungen erschüttert wurde: in Deutschland, wo die Reformation, in Frankreich, wo die Religionskriege, in England, wo die große Revolution ausbrach. Sehen wir, wie in jedem dieser Lande die Geschichtschreibung sich an einem hervorragenden Werke, das sich wesentlich den innern Verhältnissen des Staates und seiner jüngsten Vergangenheit zuwandte, weiter entwickelte.

Zweites Kapitel

Sleidan. Thuanus. Clarendon

Zwanzig Jahre, nachdem Machiavelli seine florentinischen Geschichten beendet hatte, im Sommer 1545, trat in Straßburg Johann Sleidan an die Ausarbeitung seiner „Denkwürdigkeiten, betreffend Religion und Staat unter Kaiser Karl V." heran. Nach zehn weiteren Jahren, im April 1555, konnte das Werk, nachdem es, kaum begonnen, durch die Kriegsstürme in Deutschland unterbrochen, dann aber im Oktober 1552 wieder aufgenommen und in raschem Zug niedergeschrieben war, veröffentlicht werden. Es reichte in 25 Büchern vom Oktober 1517 bis Ende Februar 1555; die letzten Abschnitte des letzten Buches waren in aller Eile, zum Teil erst während des Druckes (begonnen Oktober 1554), zugesetzt[1], und in einer der neuen Ausgaben, die im Jahre 1558 erschien, waren in einem 26. Buch auch noch

---

[1] Der letzte Satz (schon in den Ausgaben von 1555 befindlich) beginnt mit den Worten: *cum hucusque perventum esset, nunciatum ab Anglia fuit* etc.

die Ereignisse bis zum September 1556, einem Monat vor des Verfassers Tod, aus seinem Nachlaß eingetragen.[1])

Wenn man das Werk flüchtig durchsah, so konnte man leicht auf den Gedanken kommen, daß es seiner Anlage nach sich von den gewöhnlichen Kompilationen der Zeitgeschichte wenig unterscheide. War es nicht einfach eine ohne rechte Wahl und rechten Plan gemachte Sammlung bedeutender und vielfach auch unbedeutender Ereignisse, die nach der Jahresfolge geordnet waren? Sichtlich fiel der größere Teil der Aufzeichnungen in den Rahmen der Reichsgeschichte, und hier mehr in die innere als die auswärtige, aber bis zum Jahre 1531 waren auch in ähnlichem Umfang Vorgänge aus der Schweizer Eidgenossenschaft aufgenommen, und vom Jahre 1534 ab erschienen Fragmente der französischen und mehr noch der englischen Geschichte, die dann das Werk bis zum Ende begleiteten; gar nicht zu reden von andern vollends vereinzelten Nachrichten, bis zu Notizen über Mißwachs und Heuschreckenplage, über Austreten des Tiber und die Explosion eines Pulverturms in Mecheln. Mit Gewißheit konnte man da doch sofort sagen: eine Auffassung vom Staat als dem großen Lebewesen, in dessen Wirken und Leiden sich eine stetig voranschreitende Geschichte vollzieht, und er selber eine stetig voranschreitende Entwicklung erlebt, wie Machiavelli sie in der Geschichte der kleinen Republik Florenz vorgetragen hatte, war hier keineswegs auf das große und verwickelte Staatswesen des deutschen Reiches übertragen.

In dieser Beziehung also führte kein Fortschritt von Machiavelli zu Sleidan hinüber. Aber ein anders gearteter Fortschritt ergab sich doch, wenn man das deutsche Werk genauer untersuchte. Er lag einerseits in einem bestimmten, wenn auch keineswegs streng durchgeführten Plan der Darstellung, anderseits in der Wahl, dem Reichtum und der Art der Verarbeitung der Quellen. Über seinen Plan hat der Verfasser sich selber ausgesprochen.[2])

---

[1]) Winckelmann in der Zeitschr. f. d. Gesch. des Oberrheins, N. F. XIV, S. 587 f.

[2]) Widmungsschreiben an Kurfürst August und Apologie (Ausg. von Am Ende, 1785, I, S. 4, 14).

Er war von dem Gedanken erfüllt, daß er eine unvergleichlich große und bedeutende Zeit durchlebte.[1]) Auf der einen Seite hatte er gesehen, wie Karl V. auf dem Grunde des tief gesunkenen römischen Reiches durch die Verbindung seiner Erblande eine Macht gründete, wie sie seiner Ansicht nach die Welt seit Karl d. Gr. nicht gesehen hatte, auf der andern Seite war er Zeuge, wie unter so vielen großen Ereignissen, die dieses Weltreich erfüllten, als das größte die von Luther herbeigeführte Wandlung in der christlichen Religion hervortrat, eine Wandlung, welche alle ähnlichen ihr vorausgehenden überragte.[2]) Unter dem Eindruck so ergreifender Vorgänge nun faßte er den Entschluß, die Geschichte des bedeutendsten Teils derselben, nämlich der religiösen Umgestaltung, zu beschreiben. Da indes diese große Bewegung und alle daran hängenden Fragen seit Luthers Vernehmung am Wormser Reichstag vor das Forum des Reiches gezogen waren und fortan vor diesem Forum in einem schweren Kampfe zwischen den auf Luthers Seite tretenden Reichsständen und deren Gegnern — dem Kaiser, der katholischen Ständemajorität und dem Reichskammergericht — zu entscheiden waren, so mußte die religiöse Wandlung mit besonderer Rücksicht auf die Beziehungen, in die sie zu den Reichsgewalten trat, erzählt werden.[3])

Vom Standpunkt einer spätern Erweiterung der Aufgaben der Geschichtschreibung könnte man hier auf den ersten Blick eine großartige Aussicht eröffnet sehen. Uns ist ja, ebenso wie der Begriff einer Staatsgeschichte, so auch der einer Geschichte der Religion oder der Wissenschaften, der Künste oder der wirtschaftlichen Produktion geläufig geworden, d. h. von den lebendigen Einzel- und Kollektivpersonen trennen wir jene unpersönlichen materiellen oder geistigen Kulturgüter, die dem Leben der Menschen seinen

---

[1]) *Maxima sunt igitur atque summa quae nostra haec vidit memoria* (Widmungsschreiben S. 6).

[2]) *Omnium maxime illustris vicissitudo* (S. 4).

[3]) *De religione... inprimis est institutum opus, verum politica tamen etiam propter ordinem inserenda putavi* (S. 7). *Bellicas res et quicquid est eiusmodi non quidem omitto, ... sed tamen ex professo non sumpsi tractandas* (S. 9).

Inhalt verleihen, und unterwerfen sie einer besonderen geschichtlichen Betrachtung. Ist nun etwa Sleidan, indem er von der Geschichte des Reiches im Sinne eines sich stetig entwickelnden Gemeinwesens absah, anderseits aber von den Kämpfen einer Zeit berührt wurde, der die Ausgestaltung der Religion mehr und mehr als die wichtigste Angelegenheit der christlichen Völker erschien, auf den Gedanken gekommen, aus der Geschichte des Kulturguts Religion einen hochwichtigen Abschnitt darzustellen?

Um hierauf zu antworten, muß man zunächst fragen, was sich unser Geschichtschreiber dachte, wenn er die Worte „Religion" und „Änderung der Religion" in den Mund nahm. Leicht ergibt es sich da, daß er, wie, von wenigen Ausnahmen abgesehen, die Theologen und Staatsmänner seiner Partei durchweg, sich trotz der Lossagung von der kirchlichen Überlieferung des letzten Jahrtausends doch in einem streng dogmatischen Gedankenkreis bewegte. Religion bedeutete in dieser Auffassung im wesentlichen zweierlei: einmal eine in festen Definitionen ausgeprägte Lehre, deren genaue Übereinstimmung mit den im Neuen Testament niedergelegten Anschauungen als gewiß galt, sodann ein System kirchlicher Einrichtungen, die, teils aus dem Neuen Testament abgeleitet, teils nach den Bedürfnissen der Gegenwart ergänzt, dazu bestimmt waren, jene Lehren ins Leben der Gemeinden überzuführen. — Hat Sleidan nun, diesen Voraussetzungen entsprechend, seine Aufgabe darin gesucht, das Werden und die schließliche Gestalt der lutherischen Lehre und Kirchenverfassung darzulegen?

Soweit es sich um die Lehre handelt, scheint er dieser Forderung wenigstens einigermaßen nahegetreten zu sein. Nach seiner gleich näher zu besprechenden Methode nimmt er in seine Darstellung eine reiche Fülle von Auszügen aus Schriften Luthers auf, und ein Leser, der sich die Mühe nicht verdrießen ließ, diese Auszüge sorgsam durchzugehen, konnte daraus eine Vorstellung von Luthers Lehren gewinnen. Aber freilich durch Klarheit, durch Heraustreten des Wesentlichen vor dem Nebensächlichen, durch Unterscheidung der Hauptzüge in der Entwicklung der Lehre würde diese Vorstellung sich nicht ausgezeichnet haben. Daß auch der Geschichtschreiber eine derartige Einführung seiner Leser sich nicht im vollen Ernst vorgenommen hat, kann man schon daraus ersehen, daß er von den drei maßgebenden Reformschriften des Jahres 1520 die babylonische Gefangenschaft nur mit einer flüchtigen Angabe der dort vorgetragenen Sakramentenlehre, die Schrift von der christlichen Freiheit mit bloßer Nennung des Titels, das Sendschreiben an den Adel gar nicht berücksichtigt.[1])

Noch weniger Aufmerksamkeit schenkt er der Entstehung der lutherischen Landeskirchen. Was da zunächst die stürmischen Anfänge der Reformation (1521—1524) angeht, da die niederen Schichten der Geistlichkeit und der Stadtbevölkerung sich eigenmächtig zur kirchlichen Umgestaltung erhoben, und die daraus entstehende Bewegung immer weiter und tiefer in die deutsche Nation eindrang — ein Vorgang, der Sleidans Aufmerksamkeit zugleich auf die von Machiavelli geahnte, von ihm aber wiederum nicht gewürdigte Bedeutung der Nation hätte richten können —, so werden jene sich erhebenden Massenkräfte nur ganz nebenbei gestreift[2]): als die wirklich Handelnden in dem Werk der kirchlichen Umgestaltung beachtet Sleidan nur die obrigkeitlichen Gewalten, d. h. den Kaiser und die Reichsstände, und ihnen zur Seite die ratgebenden und antreibenden Theologen. Läßt er uns denn aber wenigstens erkennen, wie und in welchen Formen unter deren Leitung das neue lutherische Kirchenwesen sich erhob? Wie wenig er sich auch diese Aufgabe gestellt hat, zeigt am deutlichsten das Schweigen, mit dem er an der Gründung der kursächsischen Landeskirche, der eigentlichen Mutterkirche im protestantischen Deutschland, vorbeigeht. Wenn er anderseits über die protestantische Umwandlung der Städte Straßburg und Zürich, Bern und Basel einige, näher angesehen auch recht lückenhafte Angaben macht, so kann man den Grund dieser Mitteilsamkeit wohl nur in dem zufälligen Umstand erkennen, daß seine Straßburger Freunde und das Straßburger Archiv — wie es scheint, das einzige Archiv, das ihm geöffnet wurde — ihm hierfür reichere Belehrung boten.

---

[1]) I, S. 94, 124.
[2]) So die Bewegungen in Wittenberg 1521, 22 (I, S. 165, 112).

Also den festen Untergrund der Religionsänderung, nämlich die Lehre und Kirchenverfassung, hat der Verfasser nicht darlegen wollen. Aber was bildet denn nun in seiner Darstellung den eigentlichen Kern? Bei Beantwortung dieser Frage wird man unterscheiden müssen zwischen der Zeit vor und nach 1526. Die erste Epoche ist erfüllt von einem Kampf um kirchliche Reform, in dem auf der einen Seite Luther, auf der andern seine Widersacher — die Theologen, der Papst und, seit dem Wormser Edikt, der Kaiser — stehen, und zwischen beiden die aufeinanderfolgenden Reichstage einer festen Entscheidung ausweichen. Am Spelrer Reichstag von 1526 erscheint dann aber, und zwar in unvermitteltem Hervortreten, ohne daß über die Anfänge und erste Entwicklung berichtet wäre, eine reichsständische Partei, bestehend aus zwei Fürsten — dem sächsischen Kurfürsten und dem hessischen Landgrafen —, sowie mehreren reichsstädtischen Magistraten, welche jetzt bestimmt für die lutherische Lehre (*evangelii doctrina*)[1]) eintritt und sie gegen die Unterdrückungsversuche der kaiserlichen Regierung und einer seit zwei Jahren sich zusammenschließenden[2]) Majorität katholischer Reichsstände zu behaupten unternimmt.

Hiermit ist der Anfang der zweiten Epoche, die den Hauptinhalt des Werkes bildet, gegeben. Wie fortan die neugebildete Partei durch fortgehende, aber wieder nur äußerlich registrierte Beitritte wächst, und ihre Mehrheit sich zu einem Bündnisse zusammenschließt, wie sie mit den katholischen Organen der Reichsverfassung den begonnenen Kampf — zunächst in Verhandlungen und kleinen gewaltsamen Zusammenstößen, zuletzt in einem größeren Krieg — fortführt, bis im Religionsfrieden für die lutherische Lehre und ihr Kirchenwesen ein rechtlicher Bestand errungen wird, das ist der eigentliche Gegenstand der Geschichtserzählung.

Hiernach ist klar: wie Sleidan es nicht vermochte, die Reichsgeschichte an dem lebendigen Organismus des Reichs

---

[1]) I, S. 327.
[2]) Über den Regensburger Konvent vom Juni 1524 berichtet Sleidan I, S. 240.

zu entwickeln, so verstand er es auch nicht, seinen an sich so bedeutenden, vornehmlich auf die religiöse Seite der Ereignisse gerichteten Plan in der Weise auszuführen, daß er die Geschichte der Religionsveränderung aus dem idealen Grunde der protestantischen Lehre und an der lebendigen Erscheinung des protestantischen Kirchenwesens entwickelt hätte. In dieser Beziehung war ein Fortschritt im großen, wie er nach dem von Machiavelli im kleinen aufgestellten Muster sich denken ließ, nicht gemacht. Gleichwohl war es schon der Gegenstand und der verhältnismäßig reiche Inhalt der Erzählung, welcher dem Werk eine außerordentliche Bedeutung verlieh; größer noch wurde aber seine Bedeutung durch den zweiten eben angedeuteten Vorzug, durch die Wahl und die Art der Bearbeitung der Quellen.

Machiavelli hatte sich vornehmlich auf solche Berichte verlassen, in denen die Vorgänge bereits in einer, wenn auch primitiven geschichtlichen Darstellung verarbeitet waren; Sleidan dagegen sah als Hauptquelle diejenigen Schriftstücke an, welche, ausgehend von den handelnden Personen, die Ereignisse unmittelbar bewirken oder begleiten. Bei seiner engen Verbindung kirchlicher und staatlicher Geschichte galt ihm demnach als zuverlässige Quelle ebensowohl eine theologische Schrift, mit der Luther die Menschen zu religiösen Wandlungen fortzureißen wußte, als eine Denkschrift oder Instruktion, die eine politische Handlung vorbereitete, oder ein Protokoll, das eine derartige Verhandlung begleitete, oder ein geschäftlicher Bericht oder Abschied, der ihren Abschluß bildete. Natürlich konnte er es nicht umgehen, für zahlreiche vereinzelte sowohl, wie zusammengesetzte Ereignisse, besonders für kriegerische Vorgänge — für die französischen und türkischen Kriege, für Bauernkrieg und Münsterschen Aufstand, Schmalkaldener Krieg und Aufstand des Kurfürsten Moritz — ausgearbeitete Darstellungen in der Weise Machiavellis herüberzunehmen; aber je enger die Vorgänge mit seinem Hauptthema sich berührten, um so mehr ging er darauf aus, seine Darstellung auf die Quellen urkundlicher Art zu gründen.

An Vorgängern fehlte es dem Sleidan auf diesem Wege nicht. So hatte das Baseler Konzil den Johann von Segovia

Zweites Kapitel. Sleidan. Thuanus. Clarendon.

zu seiner durchweg auf Akten aufgebauten Chronik dieser Versammlung veranlaßt, einem gewiß würdigen Vorläufer des Sleidanschen Werkes. Aber die deutsche Kirchenumgestaltung war ein geschichtlicher Verlauf, der an Reichtum und Mannigfaltigkeit der Vorgänge hoch über der Baseler Kirchenversammlung stand, und ebenso hoch stand über dem Werk des spanischen Prälaten nach Reichtum und treffender Auswahl der Urkunden die Arbeit des deutschen Chronisten. Eben diesem aktenmäßigen Charakter verdankte nun auch das Werk vor allem die hohe Wertschätzung der Juristen und Politiker: sie sahen in ihm einen zuverlässigen Führer in den wichtigsten Fragen des Reichsrechtes und seiner Wandlungen. Gleichzeitig freilich brachte dieser Versuch, die Geschichte aus den Akten zu entwickeln, auch neue Schwierigkeiten und neue Aufgaben mit sich, die man am besten kennen lernt, wenn man die dabei hervortretenden Mängel ins Auge faßt.

Da waren zunächst die dem Zutritt zu den Urkunden und Akten entgegenstehenden Hindernisse. Allerdings, da der Charakter der Reformation es mit sich brachte, daß die staatlichen und kirchlichen Vorgänge in einem bis dahin unerhörten Maße ans Licht der Öffentlichkeit gezogen wurden, so konnte Sleidan von vornherein über einen stattlichen Vorrat von gedruckten Urkunden und authentischen Berichten verfügen. Aber er wußte, daß er, um tiefer in die Ereignisse einzudringen, des Zutrittes zu den Akten der reichsständischen Archive bedurfte. Da jedoch trat ihm ängstliche Geheimhaltung entgegen; das einzige Archiv, das ihm — schwerlich ohne Vorbehalt — geöffnet wurde, scheint das der Reichsstadt Straßburg gewesen zu sein.[1]) Und auch bei Verwertung solcher Schätze war er an eine weitere Unterscheidung

---

[1]) Baumgarten (über Sleidans Leben und Briefwechsel) kann nur über unerfüllte Gesuche bei Kursachsen und Hessen berichten. Über die geringe Wahrscheinlichkeit einer nachträglich gewährten Benutzung kursächsischer Akten vgl. Hasenclever in der Zeitschrift für die Geschichte des Oberrheins Bd. 63, S. 364. Auf Benutzung des hessischen Archivs könnte die zuerst von Sleidan mitgeteilte Aufzeichnung der Konferenzen zwischen Karl V. und Landgraf Philipp vom März 1546 schließen lassen. Allein wie dieses Protokoll von Philipp an die Reichsstadt Augsburg gesandt wurde (v. Druffel, Briefe und Akten I, Nr. 9,

gebunden zwischen dem, was veröffentlicht und was nicht veröffentlicht werden durfte.

Die Unterscheidung beruhte auf einer überall hervortretenden Zweiteilung der Akten sowol staatlicher, wie kirchlicher Vorgänge. Auf der einen Seite stehen Schriftstücke, in denen Ergebnisse vorausgehender Verhandlungen zusammengefaßt werden. So gipfeln die Vorverhandlungen eines Reichs- oder Bundestags in der bei Eröffnung der Versammlung vorgetragenen Proposition; die Ergebnisse der hierauf geführten Verhandlungen werden in den zwischen den verschiedenen Gruppen der Versammelten oder zwischen der Versammlung und ihrem Haupte gewechselten Schriften zusammengefaßt, das letzte Ergebnis endlich wird in dem Abschied oder offenen Erlassen ausgefertigt. Über solche Schlußakten, die meist in feste geschäftliche Formen gefaßt sind und aus dem Zusammenarbeiten großer oder kleiner Kreise entspringen, führt dann aber eine andere Masse zurück, welche mit den Ursprüngen und der ersten Entwicklung der Entwürfe und Entschlüsse zusammenhängt. Hier haben wir Schriftstücke, die vielfach freier in der Form, in dichteres Geheimnis eingehüllt und dem Verkehr enger und engster Kreise angehörig sind, wenn sie nicht gar aus der Arbeit eines einzigen leitenden Geistes entspringen. — Von diesen beiden Massen nun durfte Sleidan hauptsächlich nur die erstere benutzen; zu den strenger gehüteten Akten hatte er im allgemeinen keinen Zutritt, und wo er etwas daraus erfahren hatte, wie aus den Unterhandlungen des Schmalkaldener Bundes mit Frankreich und England in den Jahren 1545 und 1546, da durfte er's nicht verraten.

Aus alledem ergibt sich, daß der Urkundenvorrat Sleidans, so sehr die Zeitgenossen seinen Reichtum bewunderten, in Wahrheit sehr unvollständig und außerdem, da er vornehmlich nur von einer Partei stammte, auch einseitig war.

Wie aber stand es mit seiner Art, die Akten zu verarbeiten? Erinnern wir uns hier, daß Sleidan die Religions-

---

S. 7), so dürfte es aus gleichem Grunde auch der Stadt Straßburg zugekommen sein.

kämpfe als eine fortlaufende Reihe von Streitigkeiten zwischen der katholischen und der protestantischen Partei im Reich betrachtete, die mit dem partiellen Sieg der Protestanten, nämlich der Erringung des Religionsfriedens, abschloß. Wenn er nun auch diese Vorgänge, wie eben bemerkt, aus ihren tieferen Gründen nicht abzuleiten vermochte, so konnte er doch die äußeren Akte, in denen der Kampf sich vollzog, aus seinen Quellen entnehmen und sie in ihrer ursächlichen Verbindung als Glieder einer Kette miteinander verknüpfen. Allein auch zu dieser Verarbeitung der Quellen erhob Sleidan sich nicht. Sollte ich seine wirkliche Methode von vornherein mit einem Worte bezeichnen, so würde ich sagen: sie ist gekennzeichnet durch das Haften am einzelnen Aktenstück und an der einzelnen Tatsache.

Nehmen wir zunächst das erstere, so finden wir allerdings Partien in seiner Darstellung, die jenem Urteil widersprechen. Wo er z. B. die Anfänge des mit der Umwandlung des Kirchengutes und der Aufrichtung des protestantischen Kirchen- und Unterrichtswesens verbundenen Zusammenstoßes der protestantischen Reichsstände mit dem Kammergerichte erzählt und dort den Inhalt der darüber zwischen dem Gericht, dem Kaiser, den Protestanten und dem römischen König drei Jahre hindurch (1532 bis 1535) gewechselten Schriften auf wenigen Seiten[1]) zusammenfaßt, da bietet er einen gedrängten Bericht über einen aus vielen und verstreuten Aktenstücken sich ergebenden Tatbestand. Allein dieses Verfahren ist eben nicht sein gewöhnliches. Sein eigentlicher Grundsatz ist, die Akten als einzelne selber reden zu lassen, d. h. die Ereignisse zur Anschauung zu bringen, indem er die mit ihrer Entstehung eng verknüpften Dokumente im Auszug oder in einer bis zur Übersetzung fortschreitenden Wiedergabe einrückt. Statt freier Erzählung der Vorgänge reiht er seine Aktenauszüge wie lose Blöcke, die des Baumeisters warten, aneinander.

Dies ist, was ich als das Haften am einzelnen Aktenstück bezeichnet habe. Was aber ist unter dem Haften an der

---

[1]) I, S. 544 f.

einzelnen Tatsache zu verstehen? Hier ist davon auszugehen, daß das Aktenstück doch nicht mit der Tatsache, die es ja nur bezeugt, verwechselt werden darf, daß mithin an den Geschichtschreiber, wenn er auch noch so sehr seine Darstellung aus Akten herzustellen sucht, doch immer wieder zugleich mit der Frage, wie er seine Aktenauszüge verbinden soll, die schwerere Frage herantritt, wie sich die Tatsachen untereinander verbinden. Für Sleidan löste sich die Frage leicht, wenn, wie bei seiner Geschichte des Augsburger Reichstags von 1530, jeder wichtige Akt der Verhandlungen mit einem Stück der zwischen den Beteiligten gewechselten Schriften zusammenfiel, also Aktenstück und Tatsache sich in gewissem Sinne deckten, aber sehr schwierig wurde sie, wenn er sich vor so große Vorgänge, wie die Entstehung des Schmalkaldischen Krieges oder des Aufstandes des Kurfürsten Moriz gestellt sah, die sich schlechterdings nicht als eine Reihenfolge von Aktenstücken darstellen ließen, sondern, wenn man auch nur von ihren unmittelbaren und letzten Anlässen ausging, auf ein verschlungenes Netz von entgegengesetzten Bestrebungen, Konflikten und Vorbereitungen, hemmenden und vorantreibenden Verhältnissen zurückführten, welche nur zum Teil in geschäftlichen Schriftstücken offen ausgesprochen waren. Hier erhob sich unabweisbar die Forderung, nicht an einzelnen Dokumenten kleben zu bleiben, sondern die Gesamtheit der vorbereitenden Taten und Gedanken in ihrem Zusammenhang mit der schließlichen Katastrophe zu erfassen.

Heute wissen wir, daß derartige Aufgaben nur durch ein kombinierendes Denken gelöst werden können, das sich in ein unmittelbares Verhältnis zu den aus subjektiven Zeugnissen gewonnenen objektiven Tatsachen setzt, um scheidend und verknüpfend in die Natur jeder einzelnen, wie in die Beziehungen zwischen ihnen allen einzudringen und dann schließlich mit freier Hand das Bild der ineinander greifenden Wirkungen und Gegenwirkungen zu zeichnen.

Von einer solchen Auffassung seiner Aufgabe war Sleidan noch weit entfernt. Sein Bestreben ist vielmehr darauf gerichtet, da, wo die Akten ihn verlassen, wenigstens die anderweitig sichergestellten Tatsachen, als einzelne,

Zweites Kapitel. Sleidan. Thuanus. Clarendon.

möglichst richtig wiederzugeben und nach der Zeitfolge, ihrem Schauplatz und ihrer Gleichartigkeit zu ordnen. Daß Tatsachen, wie diejenigen, die dem Schmalkaldischen Krieg oder dem Aufstand des Kurfürsten Moriz vorausgehen, auch in einem ursächlichen Verhältnis zu diesen Katastrophen stehen, ist ihm freilich wohl bewußt, aber wo der Zusammenhang nicht gerade durch eine Aussage der Beteiligten, die dann selber als Tatsache dasteht[1]), behauptet wird, sondern erst durch Schlüsse zu ermitteln ist, pflegt er ihn nur leise anzudeuten und es mehr dem Leser zu überlassen, ihn aus den Folgen zu erraten. Diesem Verfahren verdankt er das Lob der Gewissenhaftigkeit, aber seine Erzählung fällt dadurch noch äußerlicher aus, als sie bei der fehlenden Kenntnis der Geheimakten ohnehin schon ausfallen mußte. Daß bei solchem Mangel der Motivierung einzelner hervorragendster Ereignisse vollends an eine Verbindung sämtlicher berichteter Begebenheiten zu einem festen, von den Gesetzen von Ursache und Zweck beherrschten Gefüge nicht gedacht werden kann, versteht sich wohl von selbst.\ Aber nicht so selbstverständlich ist gerade bei dem humanistisch gebildeten Geschichtschreiber ein anderer Mangel.

Geschichtliche Ereignisse bestehen nur in Verbindung mit den Personen, Einzelnen oder Kollektivpersonen, von denen sie hervorgebracht werden, und wie diese Personen nicht mechanisch auf empfangene Einwirkungen zurückwirken, sondern ihnen die Eigenart besonderer Anlagen, einer bestimmten Ausbildung und überkommener oder selbständig erdachter Lebenszwecke entgegenbringen und damit den Ereignissen die Besonderheit ihres Charakters aufprägen, so wird eine in die ursächliche Verkettung der Vorgänge eindringende Darstellung die wahren Gründe alles Geschehens in den geschichtlichen Persönlichkeiten finden. Da ist es nun einer der empfindlichsten Mängel Sleidan'scher Dar-

---

[1]) In diesem Sinn liebt er es, über die den äußeren Vorgängen zugrunde liegenden geheimen Motive statt eigener Kombinationen die Meinungen der Zeitgenossen anzuführen. Z. B. bei Sendung des Kardinals Farnese zum Wormser Reichstag, 1545 Mai: *quae fuerit adventus causa non quidem affirmare possum, sed excitandi belli causa contra Lutheranos venisse pro certo putatur* (II, S. 387). Dann zu Januar 1546: *coepit spargi rumor Caesarem occulte moliri bellum* (S. 411).

stellung, daß sie von der Charakteristik gänzlich absieht. Die handelnden Personen erscheinen bei ihm wie leere Nummern, an denen die Ereignisse angeheftet werden; kaum daß ihm die überwältigende Persönlichkeit Luthers da, wo er von seinem Tode berichtet, einige Angaben, die zur Charakteristik dienen, abzwingt.[1]) — Aber ist dieser trockene Ton der Darstellung, so wenig er den Idealen humanistischer Geschichtschreibung entspricht, nicht durch die besondere Arbeitsweise Sleidans bedingt? Geschichtliche Personen erfaßt man nur, wenn man ihr Wollen und Vollbringen mitten im großen Zusammenhang der geschichtlichen Ereignisse anschaut. Eben diese Anschauung mußte aber dem Manne fehlen, dessen Blick an der einzelnen Urkunde und der einzelnen Tatsache haftete.

Es mußte ihm auch noch ein anderer Vorzug abgehen: der Sinn für die Ebenmäßigkeit der Teile, aus denen sein Werk sich zusammensetzte. Wie ungleich die einzelnen Abschnitte des geschichtlichen Dramas berücksichtigt sind, dafür nur ein Beispiel unter vielen. Nach dem Plan seines Werkes mußten die beiden Reihen der Reichstage und der schmalkaldischen Bundestage einen wesentlichen Teil, um nicht zu sagen den Grundstock seiner Erzählung bilden. Wirklich gibt er nun auch einen vollständigen Überblick über die Folge der Reichstage, über die mit der Religionsangelegenheit zusammenhängenden Partien ihrer Abschiede und einen großen Teil des dieselbe betreffenden Schriftenwechsels. Merkwürdig ungleichmäßig dagegen fallen seine Mitteilungen über die Schmalkaldener Bundestage aus. Hier teilt er für die in der Mitte der Reihe befindlichen von 1537 bis 1540[2]), ebenso bedeutsame, wie zum Teil weitschweifige Akten mit; gehen wir dagegen rückwärts und suchen über die Gründung und Verfassung des protestan-

---
[1]) II, S. 431 f.
[2]) Tagsatzungen von Schmalkalden, Februar 1537, Braunschweig und Eisenach, März f. und Juli f. 1538, Frankfurt und Arnstadt, Februar f. und November 1539, Schmalkalden, März f. 1540. Vornehmlich in Betracht kommen die erste und die letzte Versammlung. Den Frankfurter Tag, an dem der Frankfurter Anstand beschlossen wurde, zähle ich mit, da die protestantischen Verbündeten als besondere Partei zusammenstanden.

tischen Bündnisses Aufschlüsse[1]), so finden wir nur ganz dürftige Notizen, in denen besonders, was die Verfassung angeht, nur Punkte aufgezählt werden, über die man beriet[2]), nicht aber, was man festsetzte; und in die gleiche Dürftigkeit fällt er zurück, wo er nach vorwärts den Zeitraum von Ende 1540 bis Frühjahr 1546 behandelt; hier wird sogar seine Liste der Bundestage unvollständig.[3])

Zur Erklärung dieser Unebenheiten wird man freilich noch besondere Gründe heranziehen müssen: die Ungleichmäßigkeit des ihm zu Gebote stehenden Materials, die Rücksichten, die er zu nehmen hatte, und vor allem auch die rasche Abfassung des Werkes. An letzterem Umstand, der uns regelmäßig bei hervorragenden Geschichtswerken des Mittelalters sowohl, wie der nächstfolgenden Jahrhunderte entgegentritt, erkennt man eben deutlich, daß man die Anforderungen der Quellenforschung und des Durchdenkens der Vorgänge viel weniger genau nahm, als in einer späteren Zeit, — eine Beobachtung, welche denn auch zum Schluß noch durch einen Hinweis auf Sleidans Wiedergabe der Akten erläutert werden möge.

Es ist richtig, wenn man dieser Wiedergabe, nach dem Maße der Zeit gemessen, das Lob der Zuverlässigkeit spendet; sehr unrichtig aber wäre es, wenn man dieses Lob auch an dem Maßstab heutiger Urkundenkritik aufrechthalten wollte. Sleidans Auszüge genügen in der Regel um so weniger, je kürzer sie den Inhalt der Vorlage zusammenzudrängen suchen[4]); daß sie aber auch da, wo sie bis zur Übersetzung

---

[1]) Tage von Schmalkalden (Dezember 1530, März 1531) und Frankfurt (Juni und Dezember 1531).

[2]) Vgl. I, 454: *deliberatum ... de suffragiis exquirendis, de subitariis auxiliis, de contribuenda pecunia* etc.

[3]) Während ich von den Tagsatzungen Dezember 1630 bis März f. 1640 nur die eine von September 1536 (Häberlin, Auszug der allgem. Welthistorie XII, S. 14) vermisse, fehlen für den späteren Abschnitt: Naumburg 1540 November (Häberlin XII, 225), Braunschweig 1542 Herbst (Ranke IV, S. 204), Schweinfurt 1542 November (Häberlin XII, 383), Nürnberg 1543 April (S. 416), Mühlhausen 1544 ca. Juni (S. 488).

[4]) Dies gilt besonders auch von den Auszügen aus Luthers Schriften. Wie ganz anders ein Auszug ausfällt, der das in der Ent-

11*

ausführlich werden, an Flüchtigkeitsfehlern reich sind, erkennt man am besten, wenn man die Wiedergabe solcher Urkunden prüft, bei denen es wegen ihrer Bedeutung in der rechtlichen Anwendung auf die genaueste Wiedergabe des Wortsinnes ankam. Ein Beisitzer des Kammergerichtes z. B., der sich bei einem nach dem Religionsfrieden zu entscheidenden Prozeß an Sleidans Übersetzung dieses Abschiedes gehalten hätte, würde fast in jedem Artikel des Gesetzes in einen kleineren oder größeren Irrtum geführt sein.[1]

Ziehen wir den Schluß aus allen Betrachtungen über Sleidan, so dürfen wir sagen: in bezug auf die Verarbeitung des geschichtlichen Stoffes in lebensvoller und einheitlicher Darstellung bedeutete sein Werk in Vergleich mit Machiavelli eher einen Rückschritt als einen Fortschritt; aber ein Fortschritt war es, daß er die Geschichtserzählung, welche bei Machiavelli in die Grenzen eines italienischen Kleinstaates eingesperrt war, auf den Schauplatz eines großen Staates übertrug und auf verhältnismäßig sehr reiche, aus ersten Quellen geschöpfte Zeugnisse begründete. Dieser Fortschritt, daneben natürlich die Größe der Vorgänge, die es behandelte, verschafften dem Werk einen ungeheuren Erfolg, einen Erfolg, der sich nicht nur in der Masse der Ausgaben und Übersetzungen aussprach, sondern auch in dem Eifer der Nachahmung. Sleidans Kommentarien wurden das Muster für die Darstellung der Zeitgeschichte. Sucht man aber unter der Zahl seiner Nacheiferer den vor allen anderen nicht nur ebenbürtigen, sondern überlegenen aus, so würde für die Zeit des nächsten halben Jahrhunderts die Wahl auf den Franzosen Jacques Auguste de Thou fallen.

Bei einer Vergleichung des Thuanus mit Sleidan wird man allerdings in dem Werke des erstern eine Ausscheidung

---

wicklung des theologischen Streites Wesentliche scharf erfaßt, als ein solcher, der sich mit dem allgemeinen Eindruck begnügt, kann man z. B. an einem Vergleich von Köstlins Auszug aus Luthers Antwort gegen Prierias (Luther I[5], S. 193) mit dem des Sleidan (I, S. 28) ersehen.

[1]) Ein einzelnes Beispiel gibt Brandi in der Ausgabe des Religionsfriedens: Druffel-Brandi, Briefe und Akten IV, S. 735 Anm. Z. 11 v. u.

treffen müssen. Thuanus erzählt für den sechzigjährigen Zeitraum von 1546 bis 1607 die Geschichte sämtlicher europäischer Staaten, ohne auch nur das osmanische Reich auszunehmen. Aber wie er den Stoff nicht nur in die hergebrachte annalistische Ordnung einfügt, sondern auch innerhalb der Jahre die einzelnen Staaten neben einander und jeden für sich abhandelt, so kann man aus dieser losen Masse von Staatengeschichten die französische Geschichte zwanglos aussondern, und diese Ausscheidung erscheint geradezu als geboten, wenn man in Betracht zieht, daß in der Hauptsache doch nur die französische Geschichte aus reicher Fülle originaler Quellen und mit relativer Selbständigkeit ausgearbeitet ist. Deshalb werde ich im folgenden nur diesen Teil des Geschichtswerkes ins Auge fassen und ihn mit der Reichsgeschichte Sleidans vergleichen.

Man kann bei einem derartigen Vergleich von zwei Seiten her an die beiden Geschichtswerke herantreten. Einerseits folgt man den Autoren in ihre Kleinarbeit, wie sie die einzelnen Tatsachen und Vorgänge feststellen, und nach welchen Grundsätzen sie dabei ihre Quellen auswählen und verarbeiten; anderseits betrachtet man ihre Werke im ganzen und fragt, wie sie den Gegenstand ihrer Darstellung sich gedacht und zur Anschauung gebracht haben. Von vornherein wird man dabei, um die Überlegenheit Thuans zu verstehen, die Verschiedenheit der äußeren Stellung würdigen müssen. Sleidan hatte humanistische Studien getrieben, stand mit einigen Vertretern derselben in anregendem Verkehr und konnte aus dem bescheidenen Gesichtskreis einer deutschen Reichsstadt einen Einblick in die Geschichte der Reichspolitik tun. Aber was wollte das besagen gegen die Beziehungen Thuans, der im gastlichen Hause seines vornehmen Vaters schon in früher Jugend mit berühmten Vertretern der Rechts- und Altertumswissenschaft bekannt geworden war und als gereifter Mann von den beiden größten Philologen ihrer Zeit, Joseph Skaliger und Isaac Causaubonus, von dem einen als langjähriger Freund[1]),

---

[1]) Hist. I, S. 727. *De vita sua.* (Hist. VII, S. 8) *Scaligeriana s. v. De Thou.* — Ich zitiere Thuans Geschichtswerk nach der Londoner Ausgabe von 1733.

von dem andern als Gönner[1]) am Hofe Heinrichs IV., geehrt wurde, den weiter seine staatliche Laufbahn zu einer der höchsten Stellen im Pariser Parlament, daneben in den königlichen Staatsrat und in den Besitz des Vertrauens Heinrichs IV. führte, der infolgedessen in der Behandlung der größten Fragen des Privat-, Staats- und Staatskirchenrechtes erfahren war und gleichzeitig sich in hochwichtigen Verhandlungen auf dem Gebiet innerer und äußerer Politik betätigte! Er war kein Staatsmann, der der Welt seine Gedanken aufprägte, aber ein weitschauender Beobachter, der den gewaltigen Ereignissen seiner Zeit die Empfänglichkeit einer weichen und reizbaren Natur entgegenbrachte. Daß ein solcher Mann sich, wie Sleidan, frühzeitig zum Geschichtschreiber seiner Zeit berufen fühlte, ist leicht begreiflich; ebenso begreiflich ist es aber auch, daß er sowohl hinsichtlich der ihm zugänglichen Quellen, als auch der ganzen Anlage seines Werkes über den Vorgänger hinauskam.

Seine Quellen hatte Sleidan neben zeitgenössischen Darstellungen vor allem in den mit der Entstehung der Vorgänge selbst verknüpften Schriftstücken gesucht, also in Akten und politischen oder kirchlichen Tagesschriften. Ähnlich verfuhr Thuanus, aber unvergleichlich größer und bedeutender war die Fülle von Staatsakten, veröffentlichten wie geheimen, von Aufzeichnungen und mündlichen Mitteilungen handelnder Personen, von Tageschriften und eigenen Erinnerungen, über die er verfügte, und deren Kenntnis ihm gutenteils nur durch seine hohe Amtsstellung und seine reichen persönlichen Beziehungen ermöglicht wurde. Bei der Anlage seines Werkes berücksichtigte Sleidan gleichmäßig nur diejenigen Teile der Reichsgeschichte, die mit der kirchlichen Trennung zusammenhingen; Thuanus dagegen wollte die innere und auswärtige Geschichte des französischen Staates im vollen Umfange beschreiben, wie er denn u. a. — man erkennt daran den Parlamentsrat — tief in die Einzelheiten der königlichen Gesetzgebung ein-

---

[1]) Näheres bei M. Pattison, Casaubon (London 1875), S. 128 f., 194, 200. — Neben diesen beiden Männern wäre vor allem noch Pierre Pithou zu nennen, von dem Thuanus sagt: *coeptae historiae pensum ... illo auctore inchoaveram* (Hist. V, S. 644).

drang oder — woran man den Humanisten erkennt — am Schlusse jedes Jahres die verstorbenen, in Kirche und Staat hervorragenden Männer, nicht nur Frankreichs, sondern auch der Nachbarlande, mit besonderer Berücksichtigung der Gelehrten, aufführt und jedem eine kurze Charakteristik seines Lebens und Wirkens beigibt.

Indes diese Unterschiede zwischen Vorgänger und Nachfolger sind im wesentlichen doch nur quantitativer Natur. Die Hauptfrage ist, ob sich auch in den Grundsätzen, nach denen sich Thuanus' Forschung und Darstellung regelt, ein Fortschritt ergibt. Einen qualitativen Unterschied nun in der Art und Weise, wie Thuanus seine Quellen, besonders wie er die wichtigste Klasse derselben, nämlich die Akten im weitesten Sinne, verarbeitet, wird man kaum ermitteln können. Ich könnte, um in letzterer Beziehung sein Verfahren zu kennzeichnen, nur wiederholen was im Hinblick auf Sleidan über das Haften an dem einzelnen Aktenstück und der aktenmäßigen Tatsache bemerkt ist. Und steht es nicht auch ähnlich mit der Darstellung im ganzen und großen? Gewiß die Masse der Vorgänge ist größer, und die Auffassung derselben vielfach eindringender; aber eine Geschichte des französischen Staates in dem Sinne zu schreiben, daß er die zerstreuten Vorgänge als Erscheinungen eines innerlich zusammenhängenden, von persönlichen Mächten getragenen Lebens erfaßt hätte, lag außerhalb seiner Gedanken. Wenn er z. B., wie erwähnt, neben den großen auf die kirchliche Spaltung bezüglichen Gesetzen auch sonstige Ausflüsse königlicher Gesetzgebung, sofern sie als Einzelerlasse in die Organisation der Gerichte[1]) oder der Finanzverwaltung[2]), in Privatrecht[3]) oder Polizei[4]) eingreifen, zu dem jeweiligen Jahr ihrer Entstehung einträgt, so liegt ihm doch die Absicht, die Gesetzgebung als ein in

---

[1]) Beispiel: Die Gründung der *cours présidiales* I, S. 303 (1551), S. 559 (1555), S. 666 (1557).

[2]) Z. B. die Neuordnung Heinrichs II. in der Finanzverwaltung (vgl. Holtzmann, Französische Verfassungsgeschichte S. 328/9): S. 427 f. (1553).

[3]) Erbrecht der Kinder erster Ehe: II, S. 49 (1560).

[4]) Bücherzensur 1563 II (S. 358).

sich und mit den sonstigen Erscheinungen staatlichen Lebens zusammenhängendes Ganzes geschichtlich darzustellen, so fern, daß er gerade von den größten Erzeugnissen derselben, den 86 Kapiteln des Ediktes von Moulins (1566) und den 363 Kapiteln des Ediktes von 1579/80, von erstern nur ein paar Proben, von letztern aus dem Inhalte gar nichts gibt. Ebenso sind die angeführten, mit umfassender Kenntnis zusammengestellten Elogien bedeutender Männer, nicht nur Frankreichs, sondern auch der Nachbarlande, wenngleich sie späteren Autoren als wichtige Quelle der Gelehrtengeschichte des 16. und 17. Jahrhunderts dienten[1]), weder unter sich, noch mit der übrigen Geschichte innerlich verbunden.

Gleichwohl kann man aus der Masse zerstreuter Berichte e i n Gebiet aussondern, von dem man sagen kann: hier ist der Unterschied von Sleidan kein bloß quantitativer; es sind die Stellen, in denen die Bedeutung der politischen Parteien, weiterhin der Nation zur Geltung kommt.

Machiavelli hatte gelehrt, den Träger der Geschichte, nämlich den Staat, als ein mannigfaltig zusammengesetztes Gemeinwesen zu erfassen, dessen lebendige Teile in unaufhörlichen Kämpfen und Ausgleichen die Geschichte des Staates hervorrufen. Als solche Teile wies er neben den eigentlichen Staatsgewalten die aus der freien Beteiligung der Bürger an den staatlichen Geschäften erwachsenden politischen Parteien nach und zeigte, wie in einem freien Staatswesen unter steten Wechselbeziehungen zwischen ihnen und den staatlichen Gewalten Recht und Regierung des Staates sich entwickeln. Höher hinaufsteigend, gelangte er dann von der Betrachtung der Entwicklung seines Volkes zu dem Begriff der Nation, als eines seinem Wesen nach vom Staate verschiedenen Gemeinwesens, das aber bei völliger Ausgestaltung alle Formen des Staates erfüllt, mit eigenen geistigen Gütern, eigenem Bewußtsein und triebartigem Wollen ausgestattet ist und seinen Beruf in steten Wechselbeziehungen zum Staate erkennt. Von ihm erhält sie Schutz und verständnisvolle Förderung ihrer Entwick-

---

[1]) Zusammengestellt und erweitert von Teissier, *Eloges des hommes savans* 1683.

lung, und ihm stellt sie ihre Kräfte und Mittel zur Wahrung seiner Freiheit und Macht zu Gebote.

Was nun Machiavelli so für den beschränkten Schauplatz des Florentiner Staates mitteilt, das bildet Thuanus weiter aus nach den Erfahrungen, welche ihm sein großer, einheitlicher Heimatsstaat gewährt. Allerdings wenn wir zunächst seiner Behandlung der politischen Parteien näher treten, so empfangen wir den überraschenden Eindruck, daß er eigentlich widerwillig auf diesen Gegenstand und mit pessimistischer Auffassung eingeht, was freilich für die Bedeutung der betreffenden Vorgänge, die ihm die Berücksichtigung abzwingen, ein neues Zeugnis ablegt. Den Ausgang nimmt seine Betrachtung natürlich, wie bei Sleidan, von der kirchlichen Spaltung und der Entstehung einer katholischen und protestantischen Partei. Von da aus aber eilt er zu der Verbindung der kirchlichen Gegensätze mit außerkirchlichen Motiven und der daraus hervorgehenden Mischung in dem Charakter der Parteien. Worin liegt das Wesen dieser Mischung?

Montaigne, auch ein Angehöriger des Thuanschen Bekanntenkreises, hat einmal in Hinblick auf die Religionskriege seines Vaterlandes geschrieben: „wer aus der Armee diejenigen, die ihr durch den Eifer religiöser Gesinnung zugeführt werden, dazu jene, die nur auf die Verteidigung der Gesetze des Vaterlandes oder den Dienst der Fürsten sehen, auslesen wollte, würde noch keine vollzählige Kompagnie schwerer Reiter zusammenbringen."[1]) Ganz in diesem Sinne hebt Thuanus nicht nur die Verbindung kirchlicher und außerkirchlicher Motive, sondern vor allem den Umstand hervor, daß unter den letztern die persönlichen Interessen der Parteiführer vorwalten. Bald sind es Streitigkeiten hoher Familien um Mein und Dein, welche die Streitenden in entgegengesetzte Parteilager treiben[2]), bald und vorzugsweise ist es der Wettbewerb um staatliche Ämter und Würden, um den herrschenden Einfluß auf eine schwache

---

[1]) Essais II, 12; III, S. 179 der Ausg. Paris 1886.
[2]) Beispiel der Erbschaftsstreit zwischen Georges Humières und den Montmorencys, nach dem ersterer Stifter der Ligue in der Picardie, die letztern Führer der Politiker wurden (III, S. 494).

Regierung bis hinauf zu den vermessenen Anschlägen der Guisen auf den Gewinn der französischen Krone. Und selbst da, wo Thuanus das kirchliche Motiv als solches genauer betrachtet, sinkt es ihm alsbald von seiner idealen Höhe herab. So vor allem bei der katholischen Partei.

Dieser Partei, welche die Alleinherrschaft der katholischen Kirche durch Blutjustiz und Krieg erhalten, weiterhin die Dekrete des Trienter Konzils ausnahmelos und unverzüglich publiziert wissen wollte, stellt er den doppelten Satz entgegen: die Religion ist das einzige, was den Menschen nicht aufgezwungen werden kann[1]); sodann: die Publikation der Trienter Dekrete darf, wie einst die der Baseler Dekrete in der Pragmatischen Sanktion, nur nach vorhergehender Prüfung in der Form eines königlichen Gesetzes erfolgen.[2]) — Um in den Sinn dieser beiden Aussprüche einzudringen, beachten wir etwas genauer seine Stellung zum Tridentinum. Unmittelbar gilt die sichtliche Abneigung, die er demselben entgegenbringt, solchen Tendenzen und gefaßten Beschlüssen, die sich auf Verfassung und Recht der Kirche beziehen. Aber daß auch die dogmatischen Festsetzungen nach der Strenge ihres Inhalts und ihrer Folgerungen seinen Anschauungen vielfach widerstrebten, läßt sich wenigstens vermuten. Nicht von ihnen, sondern von einer Erforschung des kirchlichen Altertums erwartete er den Ausgleich der getrennten Kirchen[3]), und dem Cassander, der den Glauben an die Erlösung, die Annahme des apostolischen Bekenntnisses und den Bund gegenseitiger Liebe als ausreichende Bedingung der Zugehörigkeit zur allgemeinen Kirche aufstellte[4]), erkannte er die Palme unter den Theologen zu.[5])

---

[1]) *Sola religio non imperatur* (Widmungsschreiben an Heinrich IV. I, S. 3).

[2]) *De vita sua* VII, S. 153 f. Vgl. Hist. V, S. 844/5.

[3]) *Quid in religione optimum, hoc est quid antiquissimum* (Widmungsschreiben S. 12).

[4]) Meine Deutsche Geschichte I, S. 288.

[5]) *Doctissimus ac purissimus hac aetate theologus* (II, S. 124). *Nunquam satis laudatus theologus* (III, S. 159). Vgl. Widmungsschreiben an Heinrich IV. I, S. 8.

Gleichwohl dürfte man hieraus nicht schließen, daß Thuanus den getrennten Kirchen eine gleiche innere Berechtigung zugeschrieben und daraus seine Ansicht von der Unzulässigkeit des Religionszwangs abgeleitet hätte. Ihm, der grundsätzlich doch der katholischen Kirche angehören wollte, erschien die Vereinigung aller Christen in dieser einen Kirche als der gottgewollte Zustand, und im Protestantismus sah er bei aller Achtung, die er seinen hervorragenden Mitgliedern entgegenbrachte, doch eine Irrlehre[1]), gar nicht zu reden von dem Abscheu, mit dem er sich von weitergehenden Lehren, wie der des Servede, als einer Gotteslästerung abwandte.[2]) Wenn er gleichwohl zugunsten der Protestanten die Strafgesetze gegen die Ketzer bekämpfte, so dienten ihm dabei teils einige Äußerungen der kirchlichen Schriftsteller des 4. und 5. Jahrhunderts, die indes in Wahrheit nur gegen die Todesstrafe, nicht gegen Bestrafung der Ketzerei überhaupt gingen[3]), teils die Erfahrung, daß seit den blutigen Ketzergesetzen des 13. Jahrhunderts die Ketzerei selber stetig gewachsen sei. In diesem Sinn der mit äußerer Gewalt nicht zu bewältigenden Kraft der Ketzerei preist er das Beispiel solcher Fürsten, welche, vor die Wahl der Durchführung eines Religionskrieges oder des Ausgleichs mit den Abgewichenen gestellt, sich für den Ausgleich, „selbst unter härtesten Bedingungen", entschieden.[4]) Der letztere Zusatz beweist zugleich, daß ihm das mit den Protestanten herzustellende Verhältnis mehr im Lichte abgezwungener Zugeständnisse, als ehrlicher Anerkennung gleichen Rechtes erscheint, eine Anschauung, nach der er denn auch die von Heinrich III. in den Friedensjahren 1581—1584 befolgte Politik, die Protestanten durch Handhabung seines Verfügungsrechtes in jedem Einzelfall von dem Besitz der Ämter und der Gunst des Hofes fernzuhalten oder zu verdrängen und dadurch aufs schwerste

---

[1]) *Error* (mit Bezug auf Baudouin): Widmungsschreiben S. 9. Vgl. Hist. III, S. 151 (mit Bezug auf Condé).
[2]) I, S. 428.
[3]) Widmungsschreiben an Heinrich IV. S. 5 (*Nullum supplicii ... exemplum extare*).
[4]) Widmungsschreiben S. 7.

zu schwächen, als eine „heilsame Maxime" bezeichnen kann.¹) Als letzten Grund dieser schwankenden und oft ängstlich²) verhüllten Anschauungen dürfte vielleicht ein von Thuanus angeführtes Wort des von ihm so hoch verehrten Kanzlers L'Hôpital³) dienen: die kirchliche Trennung sei ein von Gott zur Strafe für die sittliche Entartung der alten Kirche verhängtes Übel; zu heben sei das Unheil dadurch, daß die Ursache desselben aufgehoben werde.

Ich brauche wohl nicht näher zu zeigen, daß das gleiche Urteil, wenn auch durch den Umstand, daß sie mehr in der Verteidigung stehen, modifiziert, über die Partei der Protestanten ergeht.

Was ist nun aber die Folge dieser Beurteilung? Offenbar, daß die Parteien zwar eine große Macht, aber eine unheilvolle Macht im französischen Staate waren. Machiavelli hatte wenigstens grundsätzlich die Parteienbildung in mächtigen, nach außen sich ausbreitenden Republiken als unvermeidlich und nützlich angesehen (S. 139); in bewußtem oder unbewußtem Anschluß hieran sagte dagegen L'Hôpital im Hinblick auf Frankreich: Parteien mögen in einer Republik Platz finden, in einer Monarchie dürfen sie durchaus nicht geduldet werden.⁴) Dies Wort war auch dem Thuanus aus der Seele gesprochen. Die einzige Partei, die er günstig beurteilt, und zwar deshalb, weil sie eigentlich keine Partei war, sondern die extremen Faktionen

---

¹) *Consilium tam salutare* (IV, S. 258). Weniger günstig bezeichnet er etwas früher diese Maßregel, als *astu, cum vi aperta (agere) non posset*, eingegeben (S. 91).

²) Seine Ängstlichkeit erkennt man u. a., wenn man sieht, wie er in der zwar nicht von ihm selber geschriebenen, aber nach seinen Mitteilungen verfaßten Lebensbeschreibung seine nahe Freundschaft mit dem protestantischen Skaliger damit rechtfertigt, daß der große Gelehrte ihm niemals über die streitigen Religionsfragen gesprochen habe (*De vita sua* VII, S. 8), oder wie er sich der Beteiligung an den Verhandlungen, aus denen das Edikt von Nantes hervorging, erst (1596) zu entziehen wußte, weil es ihm *invidiosum multis nominibus onus* war (V, S. 630), dann (1597) allerdings dem Auftrag des Königs nachkommen mußte (S. 687).

³) L'Hôpitals Rede 1562 Januar (II. S. 156).

⁴) II, S. 156. Ebenso Chr. Thuanus 1576: *omnes in regno legitimo partes ad eius perniciem pertinere* (III, S. 523).

aufzulösen suchte, ist die der Politiker, in deren Reihen er denn auch einen der wenigen Staatsmänner findet, dem er das vollste Lob eines lauteren Charakters spendet, nämlich den Herzog Franz Montmorency.[1])

Die Anfänge dieser verderblichen Bildungen findet Thuanus in der letzten Zeit Heinrichs II., ihren Höhepunkt erkennt er in dem katholischen Bündnis der Ligue, und zwar vornehmlich deshalb, weil dieser Bund Frankreich seinem gefährlichsten Feind, der spanischen Monarchie, zu unterwerfen versuchte. Auf dieses letztere Verhältnis muß hier noch etwas näher eingegangen werden.[2])

Es braucht kaum gesagt zu werden, daß Thuanus den Machtkampf zwischen Frankreich und Spanien im Mittelpunkt der auswärtigen Politik erblickt. Bei Beurteilung desselben geht er davon aus, daß das französische Reich im Mittelalter „das glänzendste und blühendste in der gesamten Christenheit" gewesen[3]), dann aber gegenüber der seit Ferdinand und Isabella emporstrebenden spanischen Macht zurückgegangen sei.[4]) Um diesen Rückgang nun aber unwiederbringlich zu machen, dazu habe der spanischen Politik vor allem die Verführung der französischen Regierung zur gewaltsamen Unterdrückung der Protestanten, infolge deren das Reich sich in religiösen Bürgerkriegen zerfleischte, als Mittel gedient. Begonnen habe diese Verführung im Jahre 1558, als bei der Konferenz von Peronne die Vertreter Spaniens und Frankreichs, Granvella und der Kardinal Karl von Lothringen, sich über den Friedensschluß beider Mächte und die gemeinsame Ausrottung

---

[1]) III, S. 673. Lob gleich bei seinem ersten Hervortreten, 1561: II, S. 103.

[2]) Die Entstehung der Ligue verfolgt Thuanus auf drei Stufen: 1. provinziale Bündnisse in der Bourgogne, der Guienne, 1564 (II, S. 405, 408, vgl. 433); 2. Erneuerung solcher Bündnisse und Ausdehnung über das Reich, 1576 (III, S. 493 f., 505—509, 523 f.); 3. Entstehung der eigentlichen Ligue (IV, S. 73 f., 90 f., 220—222, 254—260).

[3]) *Post dissolutionem imperii* (des alten römischen Reichs) *ad haec usque tempora omnium clarissimum et florentissimum toto orbe Christiano* (I, S. 12).

[4]) *Paulatim senescente Gallorum fortuna Hispanicum nomen adolevit* (S. 14).

der Protestanten verständigten[1]), ihren Höhepunkt erreichte sie, als nach dem Ausgang der Valois der Religionskrieg zugleich zum Krieg um die Nachfolge auf dem französischen Thron wurde, und nun Philipp II., um eine protestantische Thronfolge abzuwenden, im Bund mit der Ligue dahin arbeitete, Frankreich gleichsam zu einer Provinz in dem spanisch-österreichischen Weltreich herabzuwürdigen. Aber diese Krisis ist es nun, in der Thuanus das Eingreifen der andern Kraft erkennt, die ihm im Innern des französischen Staates entgegentritt, den Willen nämlich der Nation, keine Einschränkung ihrer Selbständigkeit zu dulden.

Die Stelle, wo dieses Eingreifen erfolgte, war die Pariser Versammlung der von Philipp II. und der Ligue beherrschten Generalstände von 1593, deren Geschichte denn auch zu den wertvollsten Partien des Thuanschen Werkes gehört. Als hier der spanische König mit Vorschlägen für die Besetzung des französischen Thrones hervortrat, die darauf hinausgingen, Frankreich unmittelbar oder mittelbar in die Abhängigkeit vom spanisch-österreichischen Herrscherhause zu bringen, erlebte man ein Aufwallen des Unabhängigkeitsgefühls der Franzosen, unter dem die Einigkeit der Stände und ihr Vertrauen auf Spanien zusammenbrach, und schließlich ihre Verhandlungen im Sande verliefen. Platz wurde jetzt gemacht für die Nachfolge Heinrichs IV., aber auch für ihn erst, nachdem er sich dem Willen der Nation, welche keinen protestantischen Herrscher wollte, durch seine Konversion gefügt hatte.

Die Kraft, welche in diesen Wirren entscheidend durchgreift, ist, wie gesagt, die als Nation erscheinende Gesamtheit des französischen Volkes. Der Ausdruck „französische Nation" ist dem Thuanus freilich noch nicht geläufig, aber auf denselben Sinn kommen die seinen lateinischen Vorbildern entlehnten Bezeichnungen *„nomen Gallicum"*, *„nomen Francicum"* oder *„Franco-Galli"* heraus. Grundsätzlich kennt eigentlich auch er nur eine Macht, deren Wille den Staat beherrscht, nämlich das absolute Königtum, das den Eigenwillen

---

[1]) I, S. 687/8

der Parteien zu brechen und von den Ständen keine Beschlüsse, sondern Beschwerden, Bitten und Rat entgegenzunehmen hat[1]); aber seine Darstellung zeigt doch deutlich genug, daß es in Wahrheit der unerschütterliche Wille der Franzosen, nur einem nationalen Könige[2]) sich zu beugen, war, der die Krone auf dem Haupte Heinrichs IV. befestigte. In ähnlichem Sinn war es in andern Fällen die Rücksicht auf die Ehre der Nation[3]), welche die Hugenottenhäupter der Auslieferung französischer Städte an die Engländer widerstehen ließ, der kriegerische Geist der Nation war es auch, der ihrem Herrscher die Notwendigkeit auflegte, die Kräfte derselben, wenn sie sich nicht in innern Kriegen aufreiben sollten, auf auswärtige Unternehmungen abzulenken.[4])

So erscheint unserm Geschichtschreiber u n t e r der allwaltenden Herrschaft des Königtums, n e b e n der gesetzwidrigen Macht der Parteien und der häretischen Kirchenbildung der Protestanten in ungewissen Umrissen die große Gemeinschaft der Nation als Geschichte wirkende Kraft. Hat er wol geahnt, daß diese Gemeinschaft zwar den Schutz ihres Daseins in den Formen staatlichen Rechtes, den Inhalt ihres Lebens aber in Hervorbringung und Genuß der Güter wirtschaftlicher und idealer Kultur besitzt? Da er die nächsten Jahre, die Frankreich nach den Friedensschlüssen von 1598, d. h. nach dem Edikt von Nantes und dem Frieden von Vervins, durchlebte, als eine Zeit der Herstellung gesetzlicher Ordnung und inneren Wolstandes betrachtete, so lag es nahe, daß er alles das, was ihm als Merkmal des materiellen und geistigen Wolstandes der Nation entgegentrat, in dem umfassenden Begriff nationaler Kultur vereinigt und nun gefragt hätte, welche Veränderung — ob etwa im Sinne

---

[1]) Vgl. die Reden Marillacs und L'Hôpitals, die man auch für Thuans Anschauungen in Anspruch nehmen darf: II, S. 20, 76.
[2]) *Rex natione Francus* (Beschluß des Pariser Parlaments, 1593 Juni 28, V, S. 273).
[3]) *Gallici nominis decus* (II, S. 198).
[4]) So Coligny in dem Gutachten über den Krieg gegen Spanien, 1572 (III, S. 102). Das gleichartige Gutachten des B. Noailles von 1585 fußt ebenfalls auf der *optio* zwischen *externum* und *civile bellum* (IV, S. 271). Der König soll *dedocere Gallos contra Gallos pugnare* per belli *externi necessitatem restituta inter eos ... corcordia* (S. 274).

bloßer Wiederherstellung oder wirklichen Fortschrittes — im Stand der Kultur des französischen Volkes eingetreten sei.[1]) Aber seiner alten Art getreu, begnügt er sich, zerstreute Einzelheiten, wie den Schutz der gallikanischen Kirchenfreiheiten, die neue Redaktion der Statuten der Pariser Universität, die Förderung bestimmter Gewerbe, die Aufführung prächtiger Bauten und die Anlage des Canal de Briare, in höchst summarischer Fassung unter den bezüglichen Jahren einzutragen. Für die Geschichte der innern Verwaltung Heinrichs IV. und ihre Wirkungen ist seine Erzählung ohne Bedeutung.

Bedeutsam für die Erkenntnis der Aufgaben des Geschichtschreibers war sein Werk vor allem dadurch, daß es einen tiefern Einblick in das innere Getriebe des Staates und in die Kräfte, welche sein vielgestaltiges Leben beherrschen, eröffnete. Fragt man, wer auf diesem Wege sich ihm als nicht nur ebenbürtiger, sondern auch überlegener Nachfolger anschloß, so hätte man wohl in erster Linie den Engländer, Lord Clarendon, zu nennen, der sich so den italienischen, deutschen und französischen Bahnbrechern neuerer Geschichtschreibung würdig beigesellt. Was Thuanus auszeichnet, die zwar pessimistische, aber eindringende Behandlung des Parteiwesens, tritt uns bei Clarendon in noch viel ausgebildeter Gestalt entgegen, was ferner Thuanus zwar nicht übersah, aber in seinen Berichten über die Versammlungen der Generalstände aus der zweiten Hälfte des 16. Jahrhunderts wenig eingehend behandelte, nämlich die Auseinandersetzungen zwischen den beiden obersten Gewalten des Staates, das wurde bei Clarendon in seiner Darstellung der Entzweiungen zwischen Königtum und Parlament der Hauptgegenstand seines Werkes.

Edward Hyde, später Lord Clarendon, ist reichlich um ein halbes Jahrhundert (geb. 1609) von Thuanus getrennt. Gleich diesem kamen auch bei ihm literarische Bildung und eine in den höchsten Staatsämtern gewonnene Erfahrung zusammen, um ihn zum Geschichtschreiber seiner Zeit zu befähigen, und wie bei Thuanus, so war es auch für ihn

---

[1]) *Rex... augendis rebus et opulentiae regni studere coepit* (VI, S. 169).

eine furchtbare Erschütterung seines Vaterlandes, welche ihn zur geschichtlichen Darstellung antrieb: es war die englische Revolution, die er selber als die ungeheuerste und verwegenste Empörung bezeichnet, die nur je ein Land oder Zeitalter hervorgebracht habe. Welche Kräfte, so fragte sich Clarendon, haben diese Bewegung hervorgerufen?

In Frankreich waren die Erschütterungen wesentlich von **einem** Anstoß ausgegangen, nämlich von den kirchlichen Gegensätzen, zu denen die politischen Motive gleichsam nur als Hilfskräfte hinzukamen: in England wirkten von vornherein politische Grundsätze und Ziele selbständig neben den kirchlichen Antrieben. Ihrem Gehalte nach gingen in Frankreich nach Thuanus' Ansicht die Forderungen der Parteien in kirchlicher Beziehung einfach auf Freiheit oder Vernichtung des protestantischen Kirchenwesens, in politischer Beziehung wesentlich auf persönliche Interessen, bis erst die letzten Konsequenzen des Glaubensstreites und des politischen Ehrgeizes den großen Kampf um die Erbfolge auf dem französischen Thron hervorriefen; in England dagegen hatte die Bewegung von vornherein den radikalen Charakter eines sowohl kirchlichen, wie politischen Verfassungskampfes, in dem, als die zunächst sich bekämpfenden Gegner, in der Kirche Anglikaner und Puritaner, im Staate Krone und Parlament einander gegenüberstanden. Aus den Kämpfen dieser Gegner ging eine in stetiger Folge ihrer einzelnen Akte sich vollziehende Umwälzung der beiden großen Organismen hervor, die Clarendon in ihrem geschlossenen Zusammenhang darzustellen unternahm. Diese Geschichte war also wesentlich eine Geschichte der Verfassung, der Verfassungskämpfe und der Verfassungsänderungen, wie sie einerseits im Staate, anderseits in der Kirche vor sich gingen, Kämpfe, die ihren besonderen Ursprung und Zweck haben, aber zugleich untrennbar ineinander greifen, weil, wie Clarendon bemerkt, beide Gemeinwesen in ihren Ordnungen so miteinander verwachsen (*incorporated*) sind, daß das eine ohne das andere nicht gedeihen kann[1]: wer in England das Bistum angreift, greift

---

[1] Book IV, § 40. Ausgabe von Macray, Oxford 1888.

zugleich das Königtum an[1]), und die Gegner eines starken Königtums im Staat sind zugleich die Feinde der bischöflichen Herrschaft in der Kirche.

Will man sich nun näher vergegenwärtigen, wie auf dem Boden dieser Anschauungen die geschichtliche Darstellung Clarendons sich gestaltete, so muß man von vornherein festhalten, daß seine Erzählung zwar von größter Bedeutung für die Erweiterung und Vertiefung der geschichtlichen Auffassung, aber kein gleichmäßig und sorgfältig durchgearbeitetes Geschichtswerk ist. Er schrieb sein Buch in der Muße eines zweimaligen Exils, in zwei um 23 Jahre auseinander liegenden Zeiträumen[2]), immer aber in raschem Zug und unter Verhältnissen, in denen er seine unvergleichlich reiche Kenntnis der Akten und zeitgenössischen Schriften zum großen Teil aus dem Gedächtnis, zum kleinern Teil aus den ihm noch zur Verfügung stehenden Dokumenten auffrischen mußte.

Der erste im ersten Exil geschriebene Teil beginnt mit einer einleitenden Übersicht der innern Geschichte vom Regierungsantritt Karls I. (1625) bis zu den schottischen Unruhen des Jahres 1639, um dann ausführlich die Kämpfe zwischen König und Parlament von April 1640 bis Ende 1643 zu erzählen[3]), daneben auch die Vorgänge des Jahres 1645 in einer besondern, später in die Fortsetzung des Werkes aufgenommenen Denkschrift zu behandeln. Der zweite Teil reicht bis zum Jahre 1660, bis zur Rückführung Karls II. In beiden Teilen berichtet der Verfasser über Dinge, an denen er hervorragenden Anteil genommen hat; aber dieser Anteil hatte ihn nur in der Zeit bis Anfang 1646 auch räumlich in den Mittelpunkt der Ereignisse innerhalb Englands geführt, während er in der folgenden Epoche in der Umgebung

---

[1]) Die Entfernung der Bischöfe aus dem Oberhaus ist ein *antimonarchical act* (IV, 303).

[2]) Erster Teil 1646—1648, zweiter Teil 1671 verfaßt. Vor dem zweiten Teil wurde die diesem und der neuen Redaktion des ersten Teils zugrunde liegende Selbstbiographie geschrieben, 1668—1670. (Näheres über die Abfassung: Ranke, Engl. Geschichte VIII, S. 212, Firth in der English historical Review 19, S. 26, 464 f.)

[3]) Daß das dem Jahr 1644 gewidmete 8. Buch erst 1671 geschrieben ist, führt Firth gegen Ranke aus S. 464 f.

des Kronprinzen außerhalb Englands weilte. Zeitlich wurde der erste Teil unter dem unmittelbaren Eindruck der Vorgänge geschrieben und war als eigentliche Geschichte gedacht, der zweite Teil dagegen war in größerem Abstand von den Vorgängen verfaßt und ließ, da die Niederschrift einer Selbstbiographie ihm vorausgegangen war und als Grundlage diente, die persönlichen Erlebnisse des Verfassers stark in den Vordergrund treten.

Bei dieser Entstehungsweise des Werkes ist es leicht erklärlich, daß die Abschnitte, welche die spätere Zeit, d. h. die Zeit nach Karls I. Gefangennahme (April 1646) und die Epoche der Republik behandeln, an Wert für die eigentlich englische Geschichte vor dem vorausgehenden Teile weit zurückstehen, daß man aber auch in dem ganzen Werke keine strenge Genauigkeit in den Angaben, keine gleichmäßige Berücksichtigung der verschiedenen Vorgänge nach dem Maß ihrer Bedeutung, nicht einmal genaue Übereinstimmung der Urteile, die er über dieselben oder gleichartige Dinge ausspricht, erwarten darf. Sehr erklärlich dagegen ist es, daß durch seine Darstellung ein von vornherein gefaßtes Urteil hindurchgeht, nicht nur über die Kräfte, welche den Lauf der Dinge im großen bestimmt haben, sondern auch darüber, wie die Dinge sehr wohl einen andern Lauf hätten nehmen können und sollen. Eben von dieser Beurteilung muß man bei ihm, ähnlich wie bei Thuanus, ausgehen.

Wie Thuanus über die Motive und den Charakter der Religionskriege, so fällt Clarendon über die Revolution und ihre Urheber ein im allgemeinen verdammendes Urteil. Aber im einzelnen unterliegt dies Urteil doch wesentlichen Einschränkungen, Einschränkungen, welche sich besonders auf die fünfzehn Jahre zwischen dem Regierungsantritt Karls I. und der Eröffnung des Langen Parlaments (1625—1640) beziehen.

Es ist das die Epoche, in welcher die großen Streitfragen zwischen Krone und Parlament formuliert werden. Gleich in derjenigen Frage, mit der die Reihe der Kämpfe beginnt, in der es sich um Umfang und Grenzen des Rechtes der Steuerbewilligung handelt, fällt die Schuld der Entzweiung mehr auf die königliche Regierung als auf das Parlament. Sie hat die zwei Kriege mit Spanien und Frankreich leichtfertig begonnen[1]), unglücklich geführt und dann die daraus entstandene Finanznot durch Verschwendung und schlechten Haushalt noch erhöht.[2]) Die drei ersten Parlamente dagegen (1625, 1626, 1628) haben wohl durch übertriebene Zurückhaltung gegenüber den Steuerforderungen[3]) und durch heftige Reden einzelner Mitglieder, aber durch keine ungerechte Handlung der ganzen Körperschaft gefehlt.[4]) Und wie dann die Regierung nach Auflösung des Parlaments von 1628/29 neue Streitfragen heraufbeschwört — die Frage über regelmäßige Parlamente durch elfjährige Nichtberufung dieser Versammlung, die Frage über die Grenzen der königlichen Verordnungsgewalt durch die Anordnung des Schiffsgeldes, die Frage endlich über die Sicherung der Untertanen gegen willkürliche Verhaftung und Justiz durch das Verfahren der Sternkammer und des königlichen Rates —, da setzt sie sich erst recht vor der Nation ins Unrecht. Jetzt werden „viele Wohlgesinnte" (*good men*) den Einflüsterungen zugänglich, daß man das Parlament überhaupt beseitigen wolle, und verständige Männer erfüllen sich mit der Furcht, daß die rechtlichen Grundlagen der persönlichen Sicherheit und des Eigentums sich niemals in größerer Gefahr der Zerstörung befunden hätten: den Widerstand dagegen empfindet man als eine Pflicht des Gemeinsinnes.[5])

Günstiger, als über die weltliche, lautet im allgemeinen das Urteil über die kirchliche Politik der Regierung; aber auch hier nicht ohne Einschränkung. Es hat seinen vollen Beifall, daß der Erzbischof Laud, der Vertraute Karls I., die in die Kirche eingedrungenen puritanischen Grundsätze und Gebräuche zu zerstören sucht, eine Ausschreitung jedoch erkennt er in dem Verfahren des kirchlichen Gerichts-

---

[1]) *Wars so wretchedly entered into* (I, § 88).
[2]) *Excess of the court in the greatest want* (I, 4). *Revenue (of the King) very loosely managed* (I, 106).
[3]) *Parsimony and retention of the country in the greatest plenty* (I, 4).
[4]) I, 7.
[5]) Vgl. die Ausführungen I, 147—155.

hofs der Hohen Kommission, ihrer schroffen Handhabung der Disziplin gegen Laien, wie gegen Geistliche, ihren Übergriffen in die Zuständigkeit der staatlichen Gerichtshöfe und in der Verhängung von Geldstrafen als geistlichen Zuchtmitteln. Hierdurch habe die Kommission den mächtigen Stand der Juristen mit der Kirche verfeindet und das Parlament gereizt, die Streitfrage über die Autorität der Hohen Kommission und der Bischöfe überhaupt in seine Beschwerden einzutragen.[1])

Man sieht, Clarendon will die Streitpunkte klarstellen, an welche im Jahre 1640 der große Prozeß zwischen König und Parlament zunächst anknüpft, und er ist dabei weit entfernt von einseitiger Parteinahme für den König. Aber die Verteilung von Licht und Schatten ändert sich, da er sich die Frage stellt, ob aus jenen Übelständen die Entstehung der Revolution hinreichend erklärt werden kann. Indem er hier von einer Betrachtung des Zustandes des gesamten Reiches ausgeht, findet er, daß dieser Zustand im ganzen und großen, trotz jener Bedrückungen im einzelnen, während der zwölf Jahre, die dem langen Parlament vorausgingen, der glücklichste war, der je einem Land beschieden gewesen: unter dem tugendhaften König genoß es vollste Sicherheit nach innen und außen und einen bis dahin nie erreichten Wolstand; die Kirche blühte unter einer Fülle ausgezeichneter Geistlicher und im Glanz der höchsten seit der Reformation erreichten Gelehrsamkeit; im Staat wurde die Verletzung dieses oder jenes Gesetzes aufgewogen durch die Beobachtung aller anderen Grundrechte.[2]) Und so wollten denn auch beim Zusammentritt des langen Parlaments die Vertreter der Nation im Haus der Gemeinen keine eingreifende Änderung der Regierung in Staat und Kirche[3]), und das Volk im ganzen war besonders auch der letztern keineswegs übel gesinnt.[4])

---

[1]) I, 196; III, 258.
[2]) I, 159—163, 193. Abweisende Kritik dieser optimistischen Darstellung bei Hallam, *Constitutional History* (Ausg. London 1872) I, S. 79 f.
[3]) III, 29.
[4]) Kein *ill talent*: I, 194.

Und dennoch, kaum war das lange Parlament beisammen, so begann jener Triumphzug der Revolution, der in raschem und unerbittlichem Fortschreiten eine Änderung in der staatlichen und kirchlichen Verfassung nach der andern erzwang und in der Zertrümmerung ihrer beiden Grundfesten, der Monarchie im Staat und des Bistums in der Kirche, gipfelte. Die große Frage, die sich damit für Clarendon erhebt, ist die, wie solcher Widerspruch zwischen Grund und Folge auszugleichen ist.

Er findet die Erklärung in den persönlichen Eigenschaften und dem persönlichen Verhalten der Menschen. Die Nation im ganzen konnte ihr Glück nicht ertragen; sie war übermütig geworden und der Regierung gegenüber von einem Geist der Unzufriedenheit und übelwollenden Kritik befallen; die Staatsverwaltung aber, die das Volk im Zaum halten sollte, war in der Mehrzahl ihrer Mitglieder genußsüchtig, eigennützig und schlaff, in ihrer Gesamtheit auf die Vermeidung aller gewaltsamen Erschütterungen bedacht.[1])

Da lag es in der Natur menschlicher Verhältnisse, daß die Vertreter der Unzufriedenheit und der Neuerung im Volke bereitwilligen Anhang, in der Regierung schwachen Widerstand fanden. Allerdings, die große Masse glaubte noch im Jahre 1636 das Regiment gegen jede Erschütterung gesichert; aber sie wußte nicht, wie leicht „eine allgemeine Verwirrung von Gesetz und Evangelium angerichtet werden konnte"[2]), sie beachtete auch nicht, daß eine Partei, welche eine derartige Verwirrung betrieb, bereits in der Bildung begriffen war. — Mit dieser Bemerkung kommt Clarendon auf das seine weitere Darstellung beherrschende Verhältnis, nämlich auf die Wirksamkeit der Parteien, zunächst derjenigen Partei, welche in den damals zusammentretenden Parlamenten den grundsätzlichen Widerstand gegen die Macht des Königtums und der anglikanischen Kirche vertrat. Noch belief sich allerdings diese Partei, als das lange Parlament zu tagen begann, nur auf ein kleines Häuflein (*a handful of men*), aber die Führung hatten Männer „von

---
[1]) I, 146, 164.
[2]) I, 213.

großen Gaben und unbeschreiblicher Betriebsamkeit", „von verschlossenem, finsterem Wesen und tadellosem Leben".[1]) Und diese Männer waren es, unter deren Antrieb die Revolution ins Leben trat: als eine Geschichte der Überwältigung der großen Masse der Nation durch eine kleine Minorität, als ein Kampf, der unter erschütternden Wechselfällen von kleinen zu großen Erfolgen, von kleiner zu großer Gewaltsamkeit fortschreitet, und in dem schließlich auch die gewalttätige Partei einer andern noch gewalttätigeren das Feld räumen muß.

Zuerst ist es die parlamentslose Zeit, da die sich bildende Bewegungspartei sich bemerklich macht; sie weiß im Volk den Glauben an einen beabsichtigten Verfassungsumsturz zu verbreiten.[2]) Wie dann aber das lange Parlament eröffnet wird (November 1640), tritt die Partei bereits mit einem festen Plan der Umwälzung in dasselbe ein.[3]) Zunächst bewährt sie sich als die treibende Kraft in den die ersten acht Monate des Parlaments bezeichnenden Verfassungsgesetzen, Anordnungen, in denen Schritt für Schritt die bisher hervorgetretenen verfassungsmäßigen Streitfragen im Sinne des Parlaments entschieden werden. Noch erscheinen diese Gesetze unserm Geschichtschreiber ihrem Kerne nach als annehmbar, nur daß sie in gewissen radikalen Ausschreitungen über die einzuhaltenden Grenzen hinausgehen. Aber dann bricht seit den Tagen der großen Remonstranz (November 1641) eine neue Epoche an, in welcher die Revolutionspartei mit ihren gegen eine starke Monarchie und gegen die bischöfliche Kirchenverfassung gerichteten Anschlägen offen hervortritt. Indem sie das Parlament fortreißt zum Angriff gegen das Bistum, gegen die Militärhoheit des Königs und gegen sein Recht freier Besetzung der hohen Ämter und des königlichen Rats, der König dagegen in seinem Schwanken zwischen Nachgeben und Widerstand die in Gang gekommene Flut mehr antreibt als ein-

---

[1]) *Great parts and unspeakable industry* (IV, 36). *Reserved and dark natures..., of much reputation for probity and integrity of life* (II, 129).
[2]) Vgl. oben S. 316/17.
[3]) *Formed design of confusion* (II, 118).

hält, kommt es schließlich zum Bürgerkrieg[1]), der dann ein Jahr nachher (1643) durch das Bündnis des englischen mit dem schottischen Parlament seinen großartigen Umfang gewinnt und zugleich die Geschicke der beiden Reiche enger, als je vorher, miteinander verbindet.

Wenn man nun Clarendon fragt, mit welchen Waffen die kleine Partei so große und rasche Erfolge erzielte, so weist er in erster Linie auf die Überlegenheit, welche einer kleinen Schar, die ein klar erfaßtes Ziel mit folgerechter und skrupelloser Tatkraft verfolgt, gegenüber einer zwieträchtigen, von einem unsichern Herrscher geleiteten Regierung und einer kurzsichtigen, ängstlichen Parlamentsmehrheit naturgemäß zufällt, sodann aber auf ein zweites Mittel, dem fortan in dem politischen Leben aller Nationen, in denen ein starkes öffentliches Leben erwachte, eine maßgebende Bedeutung beschieden war, nämlich die Agitation, und zwar die planmäßige, von einem festen Mittelpunkt geleitete, nicht die mehr ungezwungene und nicht so das Ganze der Nation ergreifende Agitation früherer Zeiten. Die Formen, in denen sie sich bewegt, sind die politischen Versammlungen, wie sie neben den Wahlen vor allem für Abfassung von Petitionen ans Parlament oder an den König in der gewaltsam erregten Hauptstadt und den Grafschaften gehalten werden[2]), daneben die Predigten, welche die Hörer für politische Fragen erhitzen, zuletzt die Flugschriften, welche von der Gegenwart weiter in die Zukunft zu wirken bestimmt sind. Das Ziel, auf welches das ganze Treiben ausgeht, ist, die Massen unter Erregung bald der Furcht, bald der Erbitterung oder Begeisterung den Absichten der Führer dienstbar zu machen und sie in den Stunden der Entscheidung zum Kampf gegen die Widersacher hinauszuführen.

Aber diese Mittel, durch welche die Bewegungspartei es erreicht, daß im offenen Felde eine parlamentarische

---

[1]) Clarendon datiert ihn von den Szenen, welche im Januar 1642 die Rückführung der angeklagten fünf Parlamentsmitglieder begleiteten (IV, 203, S. 512 unten).

[2]) Über die Begründung des Versammlungsrechtes auf dem Petitionsrecht: IV, 118.

Armee den Krieg gegen den König aufnimmt, und im Parlament ein Institut der kirchlichen und staatlichen Verfassung nach dem andern umgewandelt wird, lösen Kräfte aus, welche den Gang der Umwälzung über die von den Urhebern gesetzten Grenzen hinausführen. Gegen die Partei der Puritaner im Parlament erhebt sich die Partei der Independenten in der Armee und erheischt, wie in der Kirche die Freiheit der Sekten, so im Staat die Beseitigung des Oberhauses, den Sturz des Königtums, die Aufrichtung einer auf die Theorie von der Volkssouveränität gebauten Republik.

Dem ersten Abschnitt der Revolution, in dem es sich um die Unterordnung des Königtums unter das Parlament handelt, folgt somit ein zweiter, in dem einerseits in einer neuen Reihe staatsrechtlicher Akte die Monarchie zertrümmert, die Republik begründet und eine dauerhafte republikanische Verfassung vergeblich aufzurichten versucht wird, anderseits, als Führer einer fortgehenden Umwälzung, neue Männer und neue Parteien die alten Kämpfer ablösen oder auch niederwerfen. Aber zugleich erfolgen die entscheidenden Umschläge und Rückschläge. Die Nation, die sich in den Sturm gegen die Monarchie hatte treiben lassen, wendet jetzt ihren Haß gegen Parlament und Armee, und statt einer dem Willen des Volkes entsprechenden Regierung kommt nur die Diktatur eines ehrgeizigen Generals zustande, der keine Dauer beschieden sein kann.

Es genügt, diese Grundzüge von Clarendons Ansicht der Revolutionsgeschichte herauszuheben, um einen Begriff von dem über Thuanus weit hinausgehenden Reichtum seiner Darstellung zu geben. Reicher und schärfer gefaßt ist der Gegenstand von Clarendons Darstellung — nämlich eine bis in die Grundlagen reichende Umwälzung der staatlichen und kirchlichen Verfassung —, lebendiger ist auch das Bild, das er von den Parteien und den Mitteln ihrer Einwirkung auf die Massen zeichnet. Wohl bietet in letzterer Hinsicht, in der Schilderung der Agitation in der Hauptstadt und den Provinzen, auch Thuanus anerkennenswerte Analogien, wohl weiß er auch die Darstellung der Parteien durch Charakteristiken ihrer Führer zu beleben, welche gegen die Dürre der Sleidanschen Berichte erfreulich abstechen; aber gerade in letzterer Beziehung übertrifft ihn wieder sein englischer Nachfolger. Clarendon wurde nicht müde, in seinen aufeinander folgenden Ausarbeitungen immer neue Charakterskizzen zu entwerfen und die schon entworfenen zu erweitern[1]), man kann ihm eine Art Leidenschaft für Personenschilderung nachsagen. In ihr verbindet er, meint Hallam[2]), den kühnen Umriß der alten Historiker mit der analysierenden Kleinarbeit eines Retz und St. Simon. Allerdings zieht er sich selber doch eine engere Grenze. Er wolle, sagt er, von den handelnden Personen nur so weit sprechen, als die Kennzeichnung ihrer Tugenden oder Laster für sein Geschichtswerk wesentlich sei[3]); genauer ausgedrückt: er will diejenigen Eigenschaften seiner Staats- und Kirchenmänner, welche die Art ihres öffentlichen Wirkens bedingen, in zusammenfassender Beurteilung darlegen. Daß damit die höchste Leistung der Personenschilderung noch nicht erreicht ist, liegt am Tage.

Noch dürfen zwei andere Punkte nicht übergangen werden, in denen die Verwandtschaft Thuans und Clarendons sich zeigt. Einmal die Hervorhebung der Nation als einer Gesamtheit, deren Wille kaum merklich und doch unwiderstehlich bei Lösung der schwersten Krisen — in Frankreich der Gefahr der Knechtung des Reiches durch Spanien, in England der militärischen Gewaltherrschaft und kirchlichen Anarchie — ins Gewicht fällt. Sodann die pessimistische Beurteilung des gesamten geschichtlichen Verlaufs. Wie oben bemerkt, erkennt Clarendon nur den Verfassungsgesetzen aus den ersten Monaten des Langen Parlamentes eine beschränkte Berechtigung zu, im übrigen ist ihm die Revolution, ähnlich wie dem Thuanus die Religionskriege, nur eine Kette von Freveln und Wahnwitz, politisch eine Zerstörung von Gesetz und Freiheit, kirchlich eine Auflösung aller Elemente der christlichen Religion.[4]) Eine Heilung dieser die Nation zerrüttenden Krankheit erhofft er freilich schon in dem Augenblick, da er seine Geschichte

---
[1]) Firth in der angeführten (S. 314 Anm. 3) Abhandlung S. 255 f.
[2]) Const. History II, S. 78.
[3]) I, 3.
[4]) Vgl. die einleitenden Sätze I, 1—3.

zu schreiben beginnt, aber hoffen kann er sie nur in Gestalt einer Herstellung der gestürzten Ordnungen.'

Diese pessimistische Anschauung der Dinge, die in anderer Begründung ja auch bei Machiavelli hervortritt, kann natürlich nicht auf e i n e n allgemein gültigen Grund zurückgeführt werden; aber zum guten Teil wird sie aus jener Beschränkung der geschichtlichen Betrachtung auf die Formen des staatlichen und kirchlichen Lebens, auf die Einrichtungen der Verfassung und den Besitz der öffentlichen Gewalt hervorgehen, bei welcher der Inhalt, den diese Formen umschließen, nur vorübergehend berührt wird. Die Formen werden überschätzt, ihre Wandlungen übermäßig beklagt, die voranschreitende Bewegung des wirklichen Lebens aber übersehen.

Hiermit hängt es zusammen, daß im 18. Jahrhundert, als der Gedanke der Verbindung getrennter Einzelwissenschaften neue Kraft gewann, eine Reaktion gegen diese Art der „politischen Geschichte" eintrat. Die einen wollten ihr reichern Gehalt zuführen, indem sie einen weiteren Begriff von Staat und Recht zu gewinnen suchten, die andern dachten dasselbe Ziel zu erreichen, indem sie die Geschichte aus der Beschränkung auf den Staat zu befreien und ihr viel umfassendere Aufgaben zu stellen unternahmen. Ehe ich indes zu diesen neuen Richtungen voranschreite, muß ich mich der Betrachtung eines andern bisher übergangenen Gebietes zuwenden, der Geschichtschreibung nämlich, die sich grundsätzlich auf die auswärtige Politik beschränkt.

Drittes Kapitel

Guicciardini. Richelieu. Chemnitz. Pufendorf

Die bisher besprochenen Geschichtswerke sind als Darstellungen der innern Geschichte bestimmter Staaten betrachtet. Es soll damit nicht gesagt sein, daß sie nicht auch die auswärtige Politik berücksichtigen, wie ja im Gegenteil bei Machiavelli im letzten Teil seines Werkes, bei Thuanus in den der Geschichte Heinrichs II. und dem Emporkommen Heinrichs IV. gewidmeten Abschnitten diese Berücksichtigung eine sehr ausführliche ist; gemeint ist nur, daß das Gebiet, auf welchem jene Autoren vorzugsweise über originale Quellen verfügen und am ehesten eine in sich geschlossene Darstellun bieten, das der inneren Geschichte ist. In diesem Sinne kann man nun ihren Werken solche gegenüberstellen, welche umgekehrt hauptsächlich äußere Staatengeschichte behandeln und hier ebenfalls einen eigenartigen Fortschritt der Geschichtschreibung vertreten.

Thuanus und Clarendon hatten von der Einheit des Staates aus einen tiefern Einblick in die Mannigfaltigkeit seiner lebendigen Teile eröffnet; diese andere Art der Geschichtschreibung stieg umgekehrt von der Mannigfaltigkeit der westeuropäischen Staaten zu ihrer Einheit empor: in ihren stetigen bald freundlichen, bald gegensätzlichen, bald zwanglosen, bald durch förmliche Bündnisse gefestigten Beziehungen, in der Gleichheit ihrer Ziele und der Mittel ihrer Politik erschienen sie als ein von einheitlichem Leben durchströmtes System. Es war eine Bildung, die nicht ihrem Wesen nach, wohl aber insofern neu war, als sie seit Ausgang des 15. Jahrhunderts mit ungleich größerer Intensität auftrat. In der Betrachtung der zeitgenössischen Geschichtschreiber kam sie vornehmlich in drei großen Vorgängen zum Ausdruck und zu weiterer Entwicklung: zunächst in den mit dem Zug des französischen Königs Karl VIII. gegen Neapel (1494) beginnenden und bis zu den Friedensschlüssen von Château Cambresis (1559) fortgehenden Verwicklungen der italienischen und westeuropäischen Mächte, dann in dem noch ausgedehnteren Gewebe von Kriegen und Verbindungen, das nach dem Dreißigjährigen Kriege benannt wird, endlich, als Höhepunkt, in den durch die Machtpolitik Ludwigs XIV. hervorgerufenen Bewegungen des gesamten europäischen Staatensystems. Im Anschauen dieser gewaltigen Dramen ging den Geschichtschreibern der Gedanke einer Darstellung auf, welche, losgelöst von der innern Geschichte eines einzelnen Staates, die durch ein System von Staaten hindurchgehende Entwicklung von Entwürfen und Allianzen, Kriegen und Verträgen, wechselnden und dauernden Beziehungen, vorübergehenden und beständigen Erfolgen in ihrer ursächlichen Verknüpfung und in der Einheit beherrschender Zwecke darstellte.

Wie aber so die Vorgänge der Gegenwart dem Geschichtschreiber die Anregung zu neuen Unternehmungen gaben, so war es ein die innigere Verflechtung der Staaten begleitender Umstand, der ihm zugleich neue Quellen eröffnete: das war die Ausbildung schriftlicher Geschäftsführung auch in der auswärtigen Politik. Die Einrichtung der Posten hatte eine ungleich ausgiebigere Korrespondenz zwischen den Regierungen zur Folge; die Ausbildung des Gesandtschaftswesens ermöglichte einen noch größeren Aufschwung des unmittelbaren Verkehrs der Staaten, und seines Niederschlags in den Gesandtschaftsberichten; aus den neu organisierten Behörden des geheimen Rats und des Staatssekretariats endlich gingen die Gesandtschaftsinstruktionen, Gutachten und Ratsprotokolle hervor, in denen die Aufgaben der auswärtigen Politik erwogen und festgestellt wurden.

In diesen und ähnlichen Schriftstücken häuften sich in wachsender Fülle die zuverlässigen Aufschlüsse über den Gang der auswärtigen Politik an, von den ersten Entwürfen bis zu den festen Ergebnissen. Und da stellte sich nun zugleich mit dem Plan größer angelegter Darstellungen der auswärtigen Staatshändel der Gedanke ein, diese Darstellung wenigstens vorzugsweise auf die den Vorgang begleitenden Akten zu gründen.

Ob die Männer, welche an diese neue Art von Geschichtschreibung herantraten, über die Art und Weise, wie aus der wirren Aktenmasse eine der Wirklichkeit entsprechende Erzählung zu gestalten sei, mühsam nachgedacht haben, darf bezweifelt werden; zunächst hatten sie sich einer äußern Schwierigkeit zu fügen, welche in dem Geheimnis lag, in dem jene Schriftstücke verborgen waren, und das nur gelegentlich, sei es durch amtliche Veröffentlichung, sei es auch durch Verrat, gelüftet wurde. Diese Geheimhaltung brachte auch im günstigsten Fall eine doppelte Beschränkung mit sich: einmal, die Benutzung der geheimen Akten war nur solchen Männern möglich, die entweder als mitwirkende

Staatsmänner an ihrer Entstehung beteiligt gewesen, oder von einer Regierung zu ihrer Benutzung für eine ihnen aufgetragene geschichtliche Darstellung ermächtigt waren; sodann, es waren in der Regel nur die bei dieser einen Regierung aus- und eingegangenen Schriftstücke, welche zugänglich wurden, wobei denn natürlich deren Wert von dem Reichtum der diplomatischen Beziehungen der betreffenden Regierung und den Fähigkeiten ihrer Staatsmänner abhing, immer aber der Unterschied zwischen dem von dem Urheber des Schriftstückes selbst Verhandelten oder erst aus zweiter Hand Erfahrenen für die Glaubwürdigkeit maßgebend war.

Das Geburtsland dieser neuen Art von Geschichtschreibung war wiederum Italien. Wenn Voltaire einmal bemerkt, „daß wir bis auf Guicciardini und Machiavelli keine wohl ausgearbeitete Geschichte besessen haben"[1], so hat diese Zusammenstellung der beiden Landsleute und Zeitgenossen eine treffende Bedeutung: wie Machiavelli das Muster einer innern Staatsgeschichte aufstellte, so hat Guicciardinis „Geschichte Italiens" (1492—1534) das Vorbild für die Darstellung äußerer, unter sich zusammenhängender Staatshändel geliefert.[2] Als seine Aufgabe bezeichnet er selbst: „Erzählung der in Italien vorgefallenen Ereignisse, seitdem die französischen Streitkräfte das Land zu verwirren begannen." Wie aber der Einbruch der Franzosen von 1494 alsbald eine Reihe von Kämpfen hervorruft, die, einer aus dem andern geboren, neben den italienischen Mächten die Herrscher von Frankreich und Spanien, dem Deutschen Reich und England in ihren Bannkreis ziehen, so erweitert sich seine Erzählung zu einer Geschichte der politischen Beziehungen zwischen den genannten Mächten bis zum Tode Papst Klemens' VII.

Gegenstand seiner Erzählung sind somit die innerhalb dieses Systems vor sich gehenden Verhandlungen und Ab-

---

[1] Essai chap. 10 (Oeuvres Bd. 10 S. 181 nach der Pariser Ausg. 1876).

[2] „Der erste wirkliche Historiker, der die Geschichte aus der Verbindung mit einem bestimmten Staate löst" (Fueter, Geschichte der neuern Historiographie S. 76).

machungen, Kriege und Friedensschlüsse und, als Ergebnis derselben, die dauernden oder vorübergehenden Verschiebungen des Machtgebietes der einzelnen Staaten. Welches aber ist der Grund, aus dem diese ganze Bewegung hervorgeht? Es ist der alle jene Staaten in rastlosem Wetteifer erfüllende Trieb, die eigene Macht zu vergrößern oder mindestens zu behaupten. Aus diesem Wettstreit gehen die Kämpfe hervor, die sich aus einander immer neu gebären, indem jeder Verlust des einen, jeder Gewinn des andern zur Erneuerung des Ringens antreibt, bis mit der Feststellung sei es eines relativen Gleichgewichtes, sei es des drückenden Übergewichtes einer einzelnen Macht eine Zeit verhältnismäßiger Ruhe eintritt.

Als die Träger dieses gewaltsam bewegten Lebens erscheinen in dem Gang der Darstellung nicht die schattenhaften Gebilde der Staaten, sondern die anschaulichen Gestalten ihrer Herrscher nebst deren Staatsmännern und Kriegsobersten. Wie sie für ihre Entwürfe die Bundesgenossenschaft, für ihre Forderungen die Zugeständnisse anderer Mächte zu gewinnen suchen und ihnen dabei Gegenentwürfe und Gegenforderungen in den Weg treten, wie sie die so zwischen den Staaten entstehenden Streitfragen durch Verhandlungen mit allen dabei aufgewandten Künsten und Listen, in letzter Instanz durch den Krieg mit seinen verwickelten Operationen zu ihrem Vorteil auszutragen unternehmen, das macht für diese Darstellung den Inhalt der auswärtigen Politik aus.

Bei der Darlegung dieser verwickelten Vorgänge kommt nun das epochemachende Verdienst Guicciardinis, nämlich seine Quellenforschung, zur Geltung.[1]) Aus seiner eigenen Tätigkeit sammelte er einen ausgiebigen Briefwechsel mit Staatsmännern und Kriegführern, vor allem aber, es stand ihm das Archiv von Florenz mit seiner Fülle von Gesandtschaftsberichten, Denkschriften und Verträgen zu Gebote; daneben kamen ihm reichhaltige Vorarbeiten der in Italien damals so fruchtbaren zeitgenössischen Geschichtschreibung

---

[1]) Darüber Villari in dem Exkurs am Schluß des 3. Bandes seines Machiavelli, der die Kritik Rankes zum Teil berichtigt, zum Teil weiterführt.

zustatten. Mit dem unermüdlichen Fleiße eines wahren Forschers suchte er diese ungestalte Masse zu bewältigen. Noch sind die vier eng geschriebenen Bände vorhanden, in denen er seine Abschriften, Auszüge und Notizen aus den Akten, wie den Geschichtschreibern zusammenschrieb, um dann aus diesem Stoffe sein Geschichtswerk zu gestalten. Nach einer ungefähren Verteilung der Arbeit entnahm er dabei die Geschichte der Kriege, überhaupt der tatsächlichen Ereignisse vornehmlich den bestunterrichteten Geschichtschreibern, und zwar in alter Weise in engem Anschluß an einen Hauptführer, die politischen Verhandlungen aber, ihre Ausgangspunkte, ihren Verlauf und ihre Ergebnisse, suchte er hauptsächlich aus seinen Akten zu ermitteln. Wörtlichen oder exzerptartigen Anschluß an das einzelne Schriftstück beobachtete er bei besonders wichtigen Dokumenten, wie Verträgen oder grundlegenden Erörterungen, im übrigen suchte er, über das Verfahren eines Sleidan oder Thuan kühn hinausgreifend, den Inhalt der Akten in freier Darstellung des Verlaufs zusammenzufassen.

An einem absoluten Maßstab gemessen, mußte natürlich diese Darstellung noch recht unvollkommen ausfallen; denn der Verfasser war auf Gewährsmänner angewiesen, welche weit auseinander liegende, vielfach von den Mächten, die sie hervorriefen, in tiefes Geheimnis gehüllte Vorgänge nur mit so beschränkten Mitteln zu beobachten vermochten, wie z. B. ein Florentiner Gesandter die verschlagene Politik des spanischen Hofes. Und außerdem, wenn er sich auch zu einer freieren Verarbeitung der Akten zu erheben suchte, so lag ihm doch die unerbittlich genaue Prüfung ihres Textes und das kritische Durchdenken ihrer sachlichen Angaben noch ebenso fern, wie sie seinen Vorgängern und nächsten Nachfolgern ferne lag. Aber im ganzen wird man bis auf eine eingehende Prüfung der einzelnen Teile des Werkes sich an dem Urteil des besten Kenners (Villari) halten dürfen, wenn er sagt: „in der Schilderung der Wirklichkeit der geschichtlichen Tatsachen, in der Darlegung ihrer wahren und unmittelbaren Ursachen und ihrer wahren und unmittelbaren Folgen ist er der hervorragendste Geschichtschreiber eines Jahrhunderts, das deren so viele und so ausgezeichnete hatte."

Von dieser Bemerkung über Guicciardinis Quellenforschung müssen wir uns aber nochmals zurück zu seiner geschichtlichen Auffassung wenden. Wie bemerkt, scheint bei ihm dasjenige, was die auswärtige Politik seines Staatensystems zur Einheit verbindet, doch nur in dem wetteifernden Jagen nach der Macht zu bestehen. Meint er nun, so muß man hier fragen, daß dieser Trieb sich aus sich selber erklärt, oder daß er seine Anstöße und seine Berechtigung aus einem tieferen Grunde empfängt, der dann in dem Leben der Völker und den diesem Leben seinen Wert verleihenden Gütern, den schon errungenen und den noch erstrebten, zu suchen ist? Man kann nicht sagen, daß der Geschichtschreiber diese Frage völlig übersehen hat; aber schärfer ins Auge gefaßt hat er sie ebensowenig, wie nach ihm Thuanus oder Clarendon zu den tieferen Gründen vorzudringen suchten, aus denen die Parteien, deren Kämpfe sie erzählten, hervorgegangen waren. Kaum zu vermeiden war dann aber die Folge, daß ihm in dem gewaltigen Drama, das er schilderte, die treibende Kraft als blind, das Ganze wie ein grausames Spiel des Geschickes erscheinen mußte.

In der Tat weisen gelegentliche Äußerungen auf diesen Schluß hin. Indem er einmal flüchtig den inhaltsvollen Zweck staatlicher Machtübung streift und ihn in dem Gemeinwohl (*salute commune*) findet, bemerkt er weiter: sein Werk lehre, wie die unbesonnen zwischen den Staaten angerichteten Verwirrungen meist den Urhebern, immer den Völkern zum Verderben gereichen.[1] Bestimmter gefaßt, kann man diese Lehre dahin formulieren: die von Guicciardini geschilderten Wirren waren durch die Machtgier italienischer Herrscher hervorgerufen und schlugen vor allem für Italien zum Verderben aus. Für Italien war die Epoche vor diesen Kriegen eine Zeit der Blüte der wirtschaftlichen wie geistigen Kultur, welche das Land bei allen Nationen berühmt machte, seit dem Beginn derselben aber sind „zahllose und entsetzliche Unglücksfälle" hereingebrochen, in deren Mitleidenschaft weiter noch „ein großer Teil der Welt" hineingezogen ist.[2]

---
[1] I, S. 69—70, nach der Ausgabe von Rosini, 1832.
[2] A. a. O. f. S. 127.

Man könnte eine tröstlichere Auffassung der Geschichte in einer andern Seite des Werkes suchen. Wie schon bemerkt, geht ja für Guicciardini das Getriebe auswärtiger Politik und Kriege nicht vom Staate als einer schattenhaft gedachten Persönlichkeit, sondern von den in lebendiger Gestalt vorgeführten Regenten nebst ihren Staatsmännern und Generalen aus. Da nun diese doch überall auch von persönlichen Absichten getrieben werden, so eröffnet sich hier vielleicht ein Reichtum von Motiven, der sich nicht in die ärmliche Formel von Behauptung und Erweiterung staatlicher Macht einzwängen läßt und uns tiefere Einblicke in den Segen oder Unsegen der politischen Händel eröffnet. Indes zur richtigen Würdigung dieser individuellen Wirkungskräfte ist zweierlei zu beachten: einmal, sie können nicht in Tätigkeit treten, ohne sich jenem obersten Motiv staatlichen Wirkens unterzuordnen, sodann, die knappen Charakterschilderungen Guicciardinis beziehen sich vorzugsweise auf die besondere Art, auf das Geschick oder Ungeschick, mit dem diese Personen politische und militärische Angelegenheiten handhabten; wo er aber auf ihre persönlichen Zwecke eingeht, etwa auf die Gier nach Familienerhöhung Alexanders VI., auf die Habsucht Pescaras oder den Ehehandel Heinrichs VIII., da kommen durchaus keine Ideale, die dem Gemeinwohl dienen, in Frage. Der pessimistische Grundzug, den wir bei Machiavelli und in gemilderter Schärfe bei Thuanus und Clarendon beobachtet haben, tritt uns hier wieder in voller Unerbittlichkeit entgegen.

Bei alledem, Guicciardinis Werk eröffnete den Einblick in eine Welt, deren reiches Leben man bisher noch nie in solcher Fülle geschaut hatte. Sehr natürlich also, daß es mit ähnlichem Eifer gelesen wurde, und daß es eine ähnlich weite und rasche Verbreitung fand, wie die Bücher des Sleidan und Thuanus. Selbstverständlich mußte es auch zur Nacheiferung anreizen. Solange nun aber diese Nacheiferung sich in den Grenzen des von Guicciardini vorgezeichneten Planes hielt, konnte sie das Muster vornehmlich nur nach e i n e r Richtung überbieten: man konnte die Darstellung noch konsequenter auf den geschäftlichen Akten aufbauen, und diese Akten konnten, wenn sie der Regierung eines

Staates entstammten, dessen Beziehungen ganz anders in die Weite und Tiefe gingen als die des Florentiner Kleinstaates, eine ungleich umfassendere und zuverlässige Belehrung darbieten, als die Dokumente Guicciardinis.

Einen solchen Fortschritt weisen denn auch die geschichtlichen Darstellungen auf, welche der Epoche des Dreißigjährigen Krieges und weiterhin der Zeit Ludwigs XIV. gewidmet sind. In dem ersten dieser beiden Zeiträume tritt uns ein Werk entgegen, dessen Verfasser, wenn er seine Arbeit vom bloßen Entwurf zur Vollendung hätte führen können, in der Geschichtschreibung seiner Zeit in ähnlicher Weise herrschend dastehen würde, wie er selber herrschend über der Politik seiner Gegenwart waltete; es sind die Memoiren Richelieus.[1]) In kühnem Wurf richtete der Kardinal für die Zeit vom Ausgang Heinrichs IV. bis zum Jahre 1638 den Plan seiner Darstellung nicht nur auf die auswärtige, sondern auch auf die innere Geschichte Frankreichs und verfolgte die auswärtige Politik durch einen Zeitraum, in dem Frankreich mehr und mehr in den Mittelpunkt einer ungeheuren Verwicklung aller Staaten der lateinischen Christenheit eintrat, von dem stolzen Ziel geleitet, sich zu dem Amt eines „Schiedsrichters der Christenheit" zu erheben. Teils von ihm selbst, teils nach seinen Anweisungen wurden von einem Abschnitt zum andern die zu benutzenden Akten und zeitgenössische für die Öffentlichkeit bestimmte Berichte und Tagesschriften, von denen manche wieder auf die Urheberschaft, die meisten auf die Eingebungen des Kardinals zurückgingen, zusammengestellt: ein Material, das vor allem in den großartigen Gutachten des leitenden Staatsmannes einen unvergleichlichen Einblick in dessen eigenste Gedanken und die Ziele der französischen Politik eröffnete. Allein die Verarbeitung des rohen Stoffes mußte der vielbeschäftigte Minister dienenden Geistern überlassen, die vor allem auch die Aufgabe hatten, alle Personen, die dem Kardinal, alle Staaten, die den Ansprüchen Frankreichs in den Weg traten, ins Unrecht zu setzen und ihre der Verherrlichung Richelieus dienende Arbeit rasch zu Ende zu führen.

---

[1]) Über die Art ihrer Abfassung Avenel, Journal des Savants Jahrg. 1858. Neuerdings Lavollée, Correspondant t. 235 (N. S. 199).

Kein Wunder, wenn da das Werk einen zwiespältigen Charakter trug: nach den eingerückten Akten unter den bald nach den Ereignissen geschriebenen Erzählungen wohl die wertvollste, nach der Art der Verarbeitung eine rohe Zusammenfügung von Dokumenten und von ihrem Werte nach sehr ungleichen Berichten mit zahlreichen Lücken und oft genug mit Ungenauigkeiten und Verstößen in der zeitlichen Einreihung der Aktenstücke. Da vollends die Veröffentlichung des Werkes erst im 19. Jahrhundert erfolgte, so konnte es auf die Geschichtschreibung seiner Zeit keinen Einfluß üben.[1]) Bedeutender, weil gleichmäßiger in der Sammlung und Verarbeitung des Materials, waren da zwei andere Geschichtswerke, die in Schweden und Brandenburg aus den Aufträgen der dortigen Regierungen hervorgingen, beide von Deutschen verfaßt, die ihrem Hauptberuf nach Gelehrte waren.

Der erste, Bogislav Philipp Chemnitz, erhielt im Jahre 1644 von der Königin Christine den Auftrag, die Geschichte des Schwedisch-Deutschen Kriegs zu beschreiben, womit der, übrigens schon im voraus ihm gewährte Zutritt zu den im Gewahrsam der schwedischen Regierung und ihres großen Kanzlers Oxenstierna aufgesammelten Akten verbunden war. Sein Werk greift in der Einleitung auf den Böhmisch-Pfälzischen und Niedersächsisch-Dänischen Krieg zurück und führt dann die eigentliche Geschichte seit Gustav Adolfs Einbruch in Deutschland im Jahre 1630, von einer größeren Lücke abgesehen, bis zum Jahre 1646 fort. Auch hier waren für öffentlich sich abspielende Vorgänge vielfach zeitungsartige Berichte ausgeschrieben, aber im ganzen walteten als Quellen die geschäftlichen Akten, wie deren viele ihm schon in Druckschriften, besonders in dem großen Sammelwerk des *Theatrum Europaeum*, weitaus die meisten aber erst in den schwedischen Archiven zugänglich waren, in solchem Maße vor, daß sich das Werk dem Charakter

---

[1]) Nach dem Reichtum der Aufschlüsse über die auswärtigen politischen Verhandlungen könnte man teilweise Siris *Memorie recondite* noch über Richelieu stellen. Das Werk ist aber in ähnlicher Weise roh gearbeitet und, entsprechend der Ungleichheit der dem Verfasser zugänglichen Dokumente, bald ausgiebig, bald lückenhaft.

einer rein auf die aktenmäßigen Zeugnisse der Mithandelnden gegründeten Darstellung näherte.[1])

Bei einem Vergleich mit Guicciardini spricht zugunsten des schwedischen Historiographen von vornherein die ungleich größere Fülle und Zuverlässigkeit geheimer urkundlicher Quellen, die diesem zu Gebote standen. Er war nicht auf die Akten kleinstaatlicher Staatsmänner und Generale angewiesen, sondern auf die gesamten politischen und militärischen Dokumente desjenigen Staates, der in dem ungeheuren Krieg unter Gustav Adolf die Führung, nach dessen Tod wenigstens eine mit Frankreich geteilte Führung ausübte. In den ihm hier sich bietenden Gutachten und Instruktionen, Berichten, Protokollen und Verträgen eröffneten sich ebenso weite, wie zuverlässige Ein- und Überblicke über den Gang der politischen, wie der kriegerischen Aktionen, und der Plan des Chemnitz ging nun dahin, beiderlei Vorgänge, die kriegerischen eigentlich noch eingehender als die politischen, darzulegen.

Aber wie diese Massen bewältigen? Entscheidend war es da, daß Chemnitz zu einer wenigstens relativ freien Herausarbeitung der Erzählung aus seinen Quellen, wie sie im beschränkten Maße Guicciardini versucht hatte, sich nicht imstande fühlte. Wo er auf Akten fußt, sucht er die wichtigsten derselben, die sich dann wie ein Teil der Ereignisse selber ausnehmen, im Wortlaut oder Auszug unmittelbar reden zu lassen, die übrigen, vor allem geschäftliche Berichte, formt er allerdings zu einer Erzählung um, aber so, daß er sie oder die ihnen entnommenen Stellen, entsprechend den Vorgängen, die sie behandeln, aneinanderreiht, natürlich mit den der geänderten Redeweise angepaßten Umstellungen, mit vielfachen Verkürzungen einerseits, mit gelegentlicher Einfügung ergänzender Stellen anderseits, immer aber in nahem Anschluß an den Wortlaut der Vorlage.[2]) Nicht anders verfuhr er dann auch,

---
[1]) Für das Folgende vgl. besonders Frieda Gallati, Der königl. Schwedische Krieg des Ph. B. Chemnitz. Frauenfeld 1902. Die Verfasserin weist auch auf den Unterschied geringerer und größerer Sorgfalt, der sich zwischen den beiden ersten und den folgenden Teilen des Werkes zeigt.
[2]) Trefflich dargelegt von Gallati S. 41 f., 57.

wenn er seine Erzählung in Ermangelung urkundlicher Quellen auf zeitungsartige Berichte gründen mußte.

Hinsichtlich der Wiedergabe der Dokumente rühmte man ihm mit Recht, ähnlich wie dem Sleidan und Thuanus, Gewissenhaftigkeit und treffendes Urteil nach, und die Mängel, die hier hervortraten, waren hauptsächlich durch die noch ungenügend entwickelten Anforderungen an Kritik und Interpretation bedingt. Allerdings die Mängel fehlten keineswegs. Zahlreich waren Ungenauigkeiten und Mißverständnisse in den Auszügen, vereinzelt auch Entstellungen zum Zweck der Verherrlichung Gustav Adolfs und Oxenstiernas[1]), und recht bedenklich war es, wenn gelegentlich seine Schilderung tiefgreifender Erwägungen oder wichtiger Konferenzen den Anschein erweckte, daß ihm ein Gutachten oder eine gleichzeitig gemachte Niederschrift vorliege, während er in Wahrheit seine Ausarbeitung nach anderweitigen Angaben frei entworfen hatte.[2])

Wichtiger indes sind noch zwei andere Fragen: einmal, ob Chemnitz die verwirrende Masse der Ereignisse, die er dem Leser vorführte, dem lebendigen Zusammenhang entsprechend zu ordnen wußte, sodann, ob seine Geschichte auswärtiger Staatshändel einen weitern oder engern Schauplatz umfaßte.

Die erste Frage ist rasch beantwortet. Wie Guicciardini ordnete er die Ereignisse nach der Folge der Jahre, und innerhalb jedes Jahres stellte er sie in kleineren, nach einem oder einigen Monaten gebildeten Abschnitten nebeneinander. Allerdings gerade er zeichnete sich durch eine klare Anschauung von der Verkettung der Vorgänge des großen Krieges aus; aber deutlich zu machen wußte er den Zusammenhang doch nur einerseits durch Ausscheidung des Unwesentlichen und Zufälligen, wodurch die Zusammengehörigkeit des als wesentlich Erkannten von selber hervorleuchten sollte, sodann durch ein stetes mühsames Zurückweisen von dem späteren Vorgang auf den zugehörigen früheren. Natürlich blieb trotz solcher Auskunftsmittel die Darstellung schleppend und zerrissen.

---

[1]) Gallati S. 79 f.
[2]) A. a. O. S. 68 f.

Hinsichtlich der andern Frage muß man von der grundlegenden Ansicht des Verfassers ausgehen. Als den an dem großen Krieg Schuldigen betrachtet er das Haus Österreich, welches, den Schutz der katholischen Religion als Mittel vorwendend, erst die absolute Gewalt im Reich, dann eine Oberherrschaft — die *monachia*, wie man damals sagte — über die Welt oder doch den vornehmsten Teil derselben erstrebte. Von der vordringenden Macht dieses Herrscherhauses sah sich seit dem Jahre 1626 Gustav Adolf, obgleich er dasselbe „weder mit Worten noch Werken beleidigt hatte", in seinem eigenen Machtkreis, nämlich in den Gewässern und an den Küsten der Ostsee, angegriffen.[1] Der Krieg, den er hiergegen aufnahm, war also in seinem Grund ein Verteidigungskrieg, aber von vornherein wurde er auch ein Angriffskrieg, da Gustav Adolf gegen die Beeinträchtigung der Religion und der politischen Freiheiten der protestantischen Reichsstände eintrat, und bald wurde er zu einem europäischen Krieg, da die Mächte von Polen bis Portugal in denselben hineingezogen wurden.

Bei dieser Ansicht hätte Chemnitz, wenn er dem Vorbild Guicciardinis gefolgt wäre, die Politik all jener Mächte und das Ineinandergreifen derselben, soweit seine einseitigen Quellen es gestatteten, in den Kreis seiner Darstellung ziehen müssen. Aber er zog es vor, den Plan seiner Geschichte eines Schwedisch-Deutschen Krieges wörtlich zu fassen. Über die Gegensätze der sich unmittelbar gegenüberstehenden Feinde, Schwedens und des Kaisers nebst der Liga, griff er wol insoweit hinaus, als er die in den Verhandlungen mit Schweden hervortretenden Verhältnisse und Entschlüsse der protestantischen Reichsstände, welche deren Verbindung oder Trennung von Schweden begründeten, darlegte, aber schon auf die Politik Frankreichs ging er nur so weit ein, als durchaus nötig war, um die unmittelbare Unterstützung oder auch die unmittelbaren Hemmungen, welche die schwedische Kriegführung dort erfuhr, verständlich zu machen. Vollends die Haltung von England und den Staaten, von Italien und Spanien wurde nur ganz obenhin von ihm berührt.

---

[1] I, S. 3—8.

Dies ist der Punkt, auf dem wir den schon genannten Nachfolger des Chemnitz, **Samuel Pufendorf**, seinen Vorgänger weit überbieten sehen. Als Inhaber des Amtes eines schwedischen Historiographen, das vor ihm Chemnitz bekleidet hatte, verfaßte Pufendorf zuerst in raschem Zug eine Überarbeitung des Werkes von Chemnitz mit Fortsetzung bis zur Abdankung der Königin Christine und weiter eine Geschichte des Königs Karl X. Gustav; den Höhepunkt seines Schaffens erreichte er aber erst, als er, zum brandenburgischen Historiographen ernannt, die Geschichte des Großen Kurfürsten, Friedrich Wilhelms I., im Laufe von nur fünf Jahren (1688 bis 1693) in einem ungeheuren Folianten zusammenschrieb.

In letzterem Werke wollte er, wie Chemnitz, nur Geschichte der auswärtigen Politik, d. h. der Kämpfe um Behauptung und Erweiterung der nach außen gerichteten Macht des Staates, schreiben; gleich jenem aber sah er dabei seinen Helden in ein Netz von Verwicklungen und Kämpfen fast aller europäischen Mächte gezogen. Als den an den früheren Konflikten Schuldigen hatte Chemnitz das Haus Österreich mit seiner Gier nach der Weltherrschaft angesehen; als die europäischen Friedensstörer seiner Zeit betrachtete Pufendorf die beiden Mächte Schweden und Frankreich: ersteres von dem Bestreben geleitet, die Ostsee zu einem schwedischen Binnenmeer zu machen und zugleich mit ihren Küsten auch den Seehandel der andern Völker zu unterwerfen und auszubeuten, letzteres auf die Ergreifung der Diktatur über ganz Europa ausgehend[1]) und zugleich damit den Vorstreit für die Herrschaft der katholischen Kirche verbindend. Die hieraus hervorgehenden Kämpfe und Verwicklungen im europäischen Staatensystem sah er sich vornehmlich in zwei großen Auseinandersetzungen zusammenschließen: erst in dem von Karl Gustav hervorgerufenen Nordischen Krieg (1655—1660), dann in den aus den Übergriffen Ludwigs XIV. hervorgehenden Konflikten, die mit dem Angriff auf Holland (1672) begannen und mit der Aufhebung des Ediktes von Nantes (1685) einen vorläufigen, neue Wendungen ankün-

---

[1]) Anschläge *super invadendo Europae dominatu.. Ea destinata deinceps* (von 1668 ab) *maximam huius operis partem impletura sunt* (XI, 1).

digenden Abschluß erreichten. Neben den das erste Emporsteigen des Kurfürsten bezeichnenden Jahren sind es daher diese beiden Epochen und die Rolle, die damals die brandenburgische Politik in der allgemein europäischen spielte, der sich der Geschichtschreiber vorzugsweise zuwendet.

Sowenig nun der Kurfürst in diesen Händeln eine leitende Stellung einnahm, so waren es doch die mannigfaltigen Windungen und Wendungen seiner Politik, die scharfen Beobachtungen seiner bei kritischen Lagen stets zur Stelle befindlichen außerordentlichen Abgesandten, welche dem Erforscher der brandenburgischen Politik einen ungewöhnlich umfassenden und tiefen Einblick in die Verhältnisse, Absichten und Maßregeln nicht nur der brandenburgischen Regierung sondern auch der mit ihr in Beziehung stehenden Mächte eröffneten. Und die Mittel zu einer derartigen Durchforschung wurden Pufendorf in den Akten des kurfürstlichen Archivs zur Verfügung gestellt. Da war es denn seine Absicht, rein aufgrund dieser Schriftstücke die auswärtigen Staatshändel darzustellen. Im Gegensatz gegen Chemnitz behandelte er wirklich ausführlich nicht die kriegerischen Vorgänge, sondern die politischen Verhandlungen, in diese aber drang er ein, nicht nur um die Politik seines Kurfürsten, sondern auch diejenige der gesamten Staaten, in deren Verwicklungen der Brandenburger sich bewegte, darzulegen, letzteres freilich in vielfach abgestuftem Maße der Berücksichtigung, und nicht eben wie die Dinge wirklich waren, sondern wie sie den Leitern der brandenburgischen Politik erschienen.

Das war eine gewaltige Erweiterung des Gesichtskreises über Chemnitz hinaus. Gleichwohl nahm dabei Pufendorf den Plan der rein aktenmäßigen Geschichtschreibung so streng, daß seine eigene Erzählung sich meist auf einleitende und verbindende Bemerkungen beschränkte; im übrigen erschien das Werk als eine schier endlose Reihe von Erörterungen und Instruktionen, Berichten und Protokollen, ausgetauschten Schriften und Verträgen, die meist im Auszug und in indirekter Rede, mehrfach auch, wo es sich um Verträge oder wichtige schriftliche Erklärungen handelte, im Wortlaut und in direkter Rede vorgetragen wurden. Daß in diesen Auszügen[1]) zahlreiche Mißverständnisse, Auslassungen und unstatthafte Einschiebungen mit unterliefen, versteht sich bei der damaligen Art des Arbeitens von selbst; aber diese Mängel traten zurück vor dem, was Pufendorfs eigenstes Verdienst war, vor der Schärfe nämlich, mit der er die Grundgedanken seiner Vorlagen zu erfassen und wiederzugeben verstand, allerdings eine Meisterschaft, durch welche doch wieder mehrfach der streng urkundliche Charakter seiner Darstellung in ähnlicher Weise, wie bei Chemnitz, beeinträchtigt wurde. Auch bei ihm glaubte man gelegentlich den Auszug eines Gutachtens über die jeweilige politische Lage zu lesen, während man in Wahrheit eine aus zerstreuten Äußerungen der Staatsmänner frei komponierte Erörterung vor sich hatte; oder man glaubte den Verlauf einer Konferenz aufgrund eines ausführlichen Protokolls zu verfolgen, während man in Wahrheit eine allerdings nach aktenmäßigen Angaben gearbeitete, aber bei ihrer Zusammenziehung verschiedener Abschnitte der Verhandlung mindestens den formellen Verlauf derselben entstellende Ausarbeitung las.

Indes wichtiger als diese Fragen nach der Behandlung der einzelnen Aktenstücke ist die Frage nach der Art ihrer Verarbeitung zur geschichtlichen Darstellung im ganzen. Und hier läßt sich nicht leugnen, daß die Mängel der Stoffverteilung in Chemnitz' Werk bei Pufendorf noch viel greller hervortreten. Wie jener, so bildet auch er innerhalb des Jahres wieder kleinere Zeitabschnitte, in denen er nun die einzelnen Gruppen, in die er die Vorgänge sachlich sondert und zusammenfaßt, nebeneinander vorführt. Nun läßt sich ein solches Nebeneinander am ehesten bei der Erzählung eines Krieges, dessen Operationen sich auf verschiedene Schauplätze verteilen, ertragen, am wenigsten aber können politische Verhandlungen, die überall ineinander greifen, je nach ihrem Verlauf zwischen den einzelnen Parteien, im Nordischen Krieg z. B. nach der Sonderung von Brandenburgs Beziehungen zu Schweden, dann zu Polen, dann zu Österreich, dann zu

---

[1]) Über dabei befolgte Methode handelt Droysen in dem Aufsatz über Pufendorf in seinen „Abhandlungen zur neueren Geschichte".

Dänemark usw., auseinandergerissen werden. Und gerade dieses geschieht bei Pufendorf.

Verstärkt wird der Eindruck des Leblosen und der unendlichen Langeweile noch dadurch, daß Pufendorf, ähnlich wie Chemnitz, von dem Versuch lebendiger Charakteristik, wie ihn doch Guicciardini unternommen hatte, sich wieder abwendet. Wie bei Sleidan sind die Personen hauptsächlich nur dazu da, um die Akten reden zu machen.

Wenn also die beiden nordischen Geschichtschreiber ein Bild auswärtiger Staatengeschichte enthüllten von unvergleichlich größerem Reichtum und größerer Zuverlässigkeit, als das ihres italienischen Vorgängers, so vermochten sie zu einer lebensgetreuen Darstellung der Vorgänge sich doch nicht zu erheben. Daß sie da auch in ihren obersten Ansichten über Gehalt und Wert der behandelten Geschichte nicht sehr viel weiter kamen, ist leicht begreiflich. Allerdings dem Pessimismus Guicciardinis entsagten sie; sie schrieben ja die Geschichte eines teils schon erfolgreichen, teils noch aussichtsvollen Kampfes um die Freiheit der Staaten gegen die Herrschsucht übergreifender Mächte. Daß auch die um ihre Freiheit kämpfenden Staaten ihren geschlossenen Charakter der in ihnen lebenden Nation verdankten, wurde wenigstens leicht berührt, und im Zusammenhang damit wurde auch angedeutet, daß die Politik dieser Staaten doch auch durch inhaltreiche Beweggründe bestimmt werde: durch das ideale Motiv des Schutzes der protestantischen Religion, durch das wirtschaftliche Motiv des Schutzes des Ostseehandels gegen die von der schwedischen Herrschaft drohende fiskalische Ausbeutung. Aber in der Hauptsache blieb doch die formalistische Betrachtung der auswärtigen Politik als eines Ringens um Macht und Freiheit herrschend.

Die Aufgabe, diese ärmliche Auffassung zu überwinden, war somit wie für die innere, so auch für die äußere Staatengeschichte an die fortschreitende Wissenschaft gestellt, womit sich dann von selber die weitere Forderung, die unnatürliche Trennung äußerer und innerer Staatsgeschichte mindestens grundsätzlich aufzuheben, verband. Gleichzeitig aber war es vor allem die nachgerade unerträglich werdende

Behandlung der auswärtigen Geschichte, welche die Mängel der Quellenbearbeitung in die Augen springen ließ. Gewiß war es ein großer Fortschritt, daß man die politischen Vorgänge aus den mit ihrer Entstehung innerlich verbundenen Schriftstücken zu erkennen unternahm, aber jenes oft hervorgehobene abergläubische Haften am einzelnen Aktenstück und an der einzelnen Tatsache mußte aus der geschichtlichen Darstellung ein zusammenhangloses Chaos machen. Sich der richtigen Methode in der Durchforschung und Verarbeitung der Quellen bewußt zu werden, und zwar nicht nur der Quellen für die einstweilen bevorzugte Geschichte der jüngsten Zeit, sondern aller Zeiten, war mithin eine weitere Forderung, die sich unabweisbar erhob.

Ein inhaltvollerer Begriff vom Staat und von der Art seiner Betätigung, eine gründlichere Erfassung der Gesetze geschichtlicher Forschung, endlich die große Frage, ob sich die bis dahin herrschende politische Geschichte einer umfassenderen Kulturgeschichte unterzuordnen habe, das waren die neuen Aufgaben, die in dem nun folgenden 18. Jahrhundert an die Geschichtswissenschaft herantraten. Ihre Lösung mußte nicht nur von immer neu versuchten geschichtlichen Darstellungen ausgehen, sondern von wissenschaftlichen Untersuchungen verschiedenster Art, welche bald von dieser, bald von jener Seite her zu einer reicheren und genaueren Erfassung des Wesens und Zusammenhangs geschichtlicher Vorgänge und damit des Gegenstandes geschichtlicher Darstellung beitrugen.

Viertes Buch

Das 18. Jahrhundert

In dem Zeitraum, den ich zuletzt betrachtet habe, stand die Entwicklung der Geschichtswissenschaft unter den Einwirkungen der humanistischen Studien. Eine neue Epoche des Fortschritts wurde für unsere Wissenschaft kurz vor der Mitte des 18. Jahrhunderts durch eine Bewegung heraufgeführt, die wiederum nicht aus ihr selbst, sondern aus benachbarten Wissensgebieten entsprungen war. Es war die geistige Strömung, die dem 18. Jahrhundert den Namen des Zeitalters der Aufklärung oder auch des philosophischen Jahrhunderts verschafft hat: ein Inbegriff wissenschaftlicher Bestrebungen, die vornehmlich durch ihren universalen Charakter gekennzeichnet waren. Man wollte vom Grunde der Erfahrung und des vernünftigen Denkens alle Erkenntnisgebiete, jedes für sich und alle in ihrem innern Zusammenhang, erfassen und diesen Zusammenhang auf die ersten Prinzipien alles Seins und Erkennens zurückführen.

Philosophie nannte man dies wissenschaftliche Ideal, verstand aber darunter eigentlich ein Doppeltes. Auf der einen Seite dachte man, indem man sich auf die überkommene gleichnamige Fachwissenschaft bezog, an den ·eben bezeichneten Zusammenschluß aller Wissensgebiete. Aber anderseits sah man sich durch die Forderung, nur dasjenige anzuerkennen, was aus ursprünglicher Beobachtung und vernünftigem Denken abgeleitet war, doch wieder genötigt, die selbständige wissenschaftliche Arbeit auf bestimmte Gebiete zu beschränken, wobei denn den exakten Wissenschaften, und hier wieder der Physik und Mathematik, der Vorrang zufiel. Hierbei gewann das Wort Philosophie im wesentlichen die Bedeutung einer Methode. Jede Wissenschaft, sagte man, muß philosophisch betrieben werden, und meinte damit: einmal die Ableitung ihrer Sätze aus den ursprünglichen Quellen, sodann die Zurückführung derselben auf grundlegende Prinzipien, endlich ihre Einordnung in den geschlossenen Zusammenhang der anderen Wissensgebiete, mit denen vereint sie zur Aufführung des Lehrgebäudes einer allgemeinen Weltauffassung dienen sollte.

In diesem Sinne erhoben denn auch Männer, welche, erfaßt von der allgemeinen Bewegung der Geister, sich durch die bisherige Behandlung der Geschichte nicht befriedigt fühlten, den Ruf: die Geschichte muß philosophisch bearbeitet werden.[1]) War aber in diesem Ruf von vornherein eine klare Ansicht über die Mittel zu einer Bereicherung und Vertiefung der Geschichte enthalten? Die erste Generation derjenigen, die ihn erhoben, — man denke an Montesquieu, Voltaire und Hume — waren von weit ausgebreiteten Studien, in denen die Naturwissenschaften einen hervorragenden Platz einnahmen[2]), zur Geschichte geführt, und in ihren universal gerichteten Bestrebungen konnten sie der Geschichte immer nur einen Bruchteil ihrer Geisteskräfte widmen. Diese Verteilung der Interessen war aber für das Ausreifen der geschichtlichen Studien nicht günstig. Wir finden daher in den hier in Betracht kommenden Schriften jener ersten Zeit wohl leuchtende Gedanken über die Aufgaben einer reicher und tiefer gefaßten Geschichtschreibung ausgesprochen, es wird auch die Lösung der gestellten Aufgaben gleichsam probeweise versucht; aber zunächst kommt weder eine durchgebildete Theorie, noch eine vorgreifende Verwirklichung der Theorie durch ein klassisches Geschichtswerk zustande. Immerhin aber treten von Anfang an gewisse Gedanken hervor, welche wie ein Gemeingut all diesen Reformversuchen vorausgehen und ihnen zugrunde liegen.

---

[1]) So, indem er zugleich den doppelten Sinn des Wortes Philosophie andeutet, sagt Gibbon (*essai sur la littérature* § 52): *si les philosophes ne sont pas toujours historiens, il serait du moins à souhaiter que les historiens fussent philosophes.*

[2]) *La physique et la mathématique sont à présent sur le trône*, sagt Gibbon in der angef. Schrift (§ 142).

Vorbemerkung.

Zunächst der Gedanke, daß dasjenige, was dem Leben der Einzelnen, wie der Völker seinen Wert gibt, nämlich ihre Lebenszwecke und ihre Lebensgüter, aus geschichtlicher Entwicklung hervorgehe. Die Konsequenz davon war, daß diese Entwicklung in der geschichtlichen Darstellung in irgendeiner Weise berücksichtigt werden müsse neben einer Staatengeschichte, welche wesentlich vom Gesichtspunkt jenes inhaltsleeren, die Kämpfe um die Form der Verfassung und den Umfang des Staatsgebietes hervorrufenden Strebens nach der Macht beherrscht war. Dann der Gedanke, daß echte Wissenschaft von den ersten Prinzipien aus durch die ganze Entfaltung des Lebens, das sie ergründen will, hindurchgehen müsse, woraus sich dann ergab, daß die Geschichtschreibung von einzelnen Völkern zu ihrer Gesamtheit, von der jüngsten Vergangenheit der Völker zu ihren Anfängen und ihrer gesamten Entwicklung fortschreiten müsse. An dritter Stelle endlich erhob sich eine auf die Form der Darstellung gerichtete Forderung. Die Pflege der nationalen Poesie hatte ein lebendiges Gefühl für die Verwandtschaft von Geschichte und Poesie erweckt.[1]) Wie man nun auch im einzelnen hierüber denken mochte, unbestreitbar schien es, daß das Aufreihen der Ereignisse nach der Jahresfolge, der Zwang der lateinischen Sprache und die Fiktion der eingeflochtenen Reden mit einer innerlich zusammenhängenden und natürlichen Darstellung unverträglich waren: für Sprache und Komposition sollten die Meisterwerke der nationalen Dichtkunst als Muster dienen. Sehen wir nun, wie auf diesem Grunde die ersten Vertreter einer fortschreitenden Geschichtswissenschaft weiter arbeiteten.

---

[1]) Schwanken der Ansichten, ob die Geschichte zur strengen Wissenschaft (*philosophie*) oder zur schönen Literatur (*belles-lettres, littérature*) gehöre. Vgl. z. B. d'Alembert im *Discours préliminaire* zur *Encyclopédie*, Ausg. Lausanne 1878 f., I, S. 34—55.

Erstes Kapitel
Montesquieu

Solange die Geschichte reine Staatsgeschichte war, bestand zwischen ihr und der Staatslehre eine innige, auf gegenseitiger Aufklärung und Förderung beruhende Verbindung. In dieser Verbindung aber nahmen aufseiten der Staatslehre solche Arbeiten einen bevorzugten Platz ein, die ihren Gegenstand nicht in systematischer Darstellung behandelten, sondern von der Betrachtung geschichtlicher Vorgänge aus zu einer helleren Erkenntnis des Wesens und Wirkens des Staates emporzusteigen suchten. So hatte beim Beginn der vorhergehenden Epoche Machiavelli gearbeitet, und in ähnlichem Sinn schrieb zu Anfang des Zeitraums, in den wir jetzt eintreten, Montesquieu sein Werk vom Geist der Gesetze.

Bei beiden Autoren trat die Verbindung von Staatslehre und Geschichte auch äußerlich hervor: Machiavelli arbeitete gleichzeitig mit seinen Erörterungen über die erste Dekade des Livius die Florentiner Geschichten aus, und als Montesquieu seine geschichtliche Skizze über die Ursachen der Größe und des Verfalls der Römer veröffentlichte (1734), war er schon seit einigen Jahren mit den Vorarbeiten für den Geist der Gesetze (erschienen 1748) beschäftigt. Aber anders, als bei Machiavelli, tritt in der Leistung Montesquieus das staatswissenschaftliche Werk vor dem geschichtlichen durchaus in den Vordergrund. Mit einer bis dahin kaum erreichten, erst durch die großen Fortschritte historischer und geographischer Forschung ermöglichten Überschau über alte und neuere Geschichte, über europäische und asiatische Länder- und Völkerkunde gearbeitet, lehrte es das Wesen der Staaten und staatlichen Einrichtungen als Erzeugnis eines geschichtlichen Prozesses gründlicher verstehen und gewann hierdurch auf die Entwicklung der Geschichtschreibung einen maßgebenden Einfluß. Mit einer Prüfung der nach dieser Seite in Betracht kommenden Teile des Geistes der Gesetze werde ich daher den neuen Abschnitt meiner Betrachtungen beginnen.[1]

Seinem Titel nach ist das Werk nicht ausdrücklich dem Staat, sondern dem, was das Leben des Staates regelt, nämlich den Gesetzen, gewidmet, und wie es der Geist philosophischer Behandlung verlangt, will der Verfasser nicht beginnen, ohne in knappen Definitionen den Begriff des Gesetzes in allgemeinster Bedeutung zu erklären. Dem nicht ganz klaren Gedankengang, den er hier entwickelt, wird man nahe kommen, wenn man davon ausgeht, daß alles Sein und Leben in den Beziehungen erscheint, in denen die Dinge, von den unendlich kleinen bis zu den unendlich großen, zueinander stehen und sich in unübersehbaren Verkettungen und Durchkreuzungen verschlingen. Gesetze sind in diesem die ganze Natur erfüllenden Leben die unabänderlichen Regeln, nach denen die Beziehungen sich bilden und vergehen, sich behaupten und fortsetzen.[2] Gesetze herrschen demnach in dem Verhältnis zwischen Schöpfer und Schöpfung, sie gelten nicht minder innerhalb der Natur und der Menschenwelt, hier freilich mit dem Unterschied, daß in der Natur ihre Befolgung mit Notwendigkeit eintritt, in der Menschenwelt dagegen vom Willen des Handelnden abhängt; dem Menschen gegenüber lautet die Formel: du mußt das betreffende Gesetz erfüllen, wenn du willst, daß diese oder jene Beziehung der Teile deines eigenen Wesens untereinander,

---

[1]) Ich zitiere nach der Ausgabe von Laboulaye (Oeuvres III—V, Paris 1876).

[2]) Anfangs (I, 1) drückt er sich so aus, als ob die Beziehung selber das Gesetz wäre: *les lois sont les rapports nécessaires qui dérivent de la nature des choses.* Aber wenn er dann in dem ersten Beispiel sagt, die Geschwindigkeit eines bewegten Körpers r e g l e sich (*c'est s u i v a n t les rapports*) nach seinem Verhältnis zur Masse und Geschwindigkeit des bewegenden Körpers, so unterscheidet er schon das Verhältnis und die in ihm waltende Regel. Vollends dringt diese Unterscheidung durch, sobald er ins helle Licht staatlicher Verhältnisse tritt (I, 3): *les lois d a n s le rapport que ces peuples ont entre eux, ... dans le rapport de ceux qui gouvernent avec ceux qui sont gouvernés, ... dans le rapport que tous les citoyens ont entre eux.* — Für den Sinn des Wortes „Beziehungen" verweise ich auf Lotze, Mikrokosmos IX, 1 (III², S. 461 f.): „das Sein der Dinge ein Stehen in Beziehungen."

oder deiner Person zu andern Menschen oder auch zur umgebenden Natur eintreten soll.

Unter all diesen Gesetzen nun hat Montesquieu nur solche im Auge, die innerhalb der Menschenwelt herrschen und unter ihnen nur diejenigen, die das Leben des Staates regeln. Auch vor deren näherer Betrachtung aber greift er zunächst wieder zu den Prinzipien zurück.

Er beginnt mit den Anfängen des Staates, die er in drei Abschnitten verlaufen läßt. Erst Zustand der Vereinzelung, in der die Menschen von steter Gefahr und Furcht gehetzt sind. Dann Fortschritt zur Stiftung der Gesellschaft (*établissement des sociétés*), zu dem die Menschen durch das natürliche Gesetz, das ihnen Beschaffung der Nahrung, Sicherung gegen Gefahr und Annäherung an ihresgleichen zu geselligem Leben vorschreibt, getrieben werden. Da aber die hierdurch gewonnene Verstärkung zunächst allgemeinen Krieg erzeugt — der Gesellschaften untereinander und der Genossen innerhalb jeder Gesellschaft —, so ist der dritte Schritt erforderlich, der damit getan wird, daß die Menschen mittels der Vereinigung ihrer Willen (*réunion des volontés*) allgemein geltende Gesetze[1]), mittels Vereinigung der Willen und Kräfte (*réunion des forces*) eine oberste Gewalt (*force générale, souveraine puissance*)[2]) zur Durchführung der Gesetze ins Leben rufen und damit den Staat gründen.

Zwei Gewalten, die persönliche der Regierung und die unpersönliche der Gesetze, bilden somit die Grundkräfte

---

[1]) Daher Gesetzgebung als *volonté de l'état* (XI, 6; Oeuvres IV, S. 10). Die nähere Bestimmung „*volonté générale*" soll nur besagen, daß die Anordnungen des Gesetzes ins allgemeine gehen, im Gegensatz gegen die richterlichen Urteile, die als *volontés particulières* gegen den Einzelnen sich richten (IV, S. 9. Nicht ganz richtig gefaßt bei Jellinek, Allgem. Staatslehre, 2. Aufl., S. 452). — Einen andern Unterschied zwischen allgemein und besonders macht M., wenn er sagt, die *loi en général* sei gleichbedeutend mit *la raison humaine, en tant qu'elle gouverne tous les peuples*, während *les lois... de chaque nation ne doivent être que les cas particuliers où s'applique cette raison humaine* (I, 3; III, S. 22).

[2]) I, 3; II, 2 (III, S. 98, 102). Zu beachten ist, daß M. nirgends von einem Vertrag spricht.

des Staates. Die Gesetze wieder teilt Montesquieu ihrem Ursprung nach in solche ein, welche Gott in die Natur aller Menschen gelegt hat (*lois de la nature*), und in solche, welche die Menschen aufgestellt haben (*lois positives*); ihrem Inhalte nach unterscheidet er sie, je nachdem sie die Beziehungen der Staaten zu einander oder der Regenten zu den Regierten, oder endlich der Staatsangehörigen zu einander regeln, woraus sich die drei Gruppen des Völkerrechtes, Staatsrechtes und bürgerlichen Rechtes ergeben. Die beiden letzten Gruppen sollen den Hauptgegenstand seiner Erörterungen bilden. Wie er ihnen aber näher tritt, erhebt er auch sofort die Frage, welche seinem Werke als eigentliches Thema zugrunde liegt. Wie kommt es, lautet sie, daß die Gesetze, die doch als stetig und gleichmäßig gedacht sind, sich in Wirklichkeit als verschieden nach der Verschiedenheit der Staaten, als veränderlich nach dem Wechsel der Zeiten darstellen?

Der Gedanke, der ihn bei der Beantwortung dieser Frage leitet, besagt, daß bei Entstehung und Veränderung der Gesetze zwei entgegengesetzte Kräfte wirken: auf der einen Seite walten jene Beziehungen, in welche die Menschen bei Verfolgung und Genuß ihrer Lebenszwecke, d. h. bei Ausstattung ihres Daseins mit materiellen und idealen Gütern, durch die Natur dieser Güter zu einander geführt werden, auf der andern Seite steht die Macht der Gesetze, d. h. nach der eben gegebenen nähern Bestimmung vornehmlich die in der Staatsverfassung und dem Recht der Bürger unter sich und gegenüber dem Staat zum Ausdruck gebrachten formalen Satzungen, deren Aufgabe es ist, mit Gebot und Verbot jene inhaltsvollen Beziehungen festen Regeln zu unterwerfen. Zwischen den Beziehungen nun und den Regeln besteht ein Verhältnis der Gegenseitigkeit: der besonderen Natur der inhaltsvollen Beziehungen entsprechen die formalen Regeln der Gesetze, beide Glieder sind entstanden, weil sie sich gegenseitig bedingen, und in ihrem Verhältnis erfolgt keine Veränderung des einen Glieds, ohne eine entsprechende Veränderung des andern zu erheischen. — Dieser Gedanke, wie gesagt, ist leitend im allgemeinen. Aber nachzuweisen ist nun im besondern, ob und wie weit ein derartiges Verhältnis auf den Hauptgebieten des Lebens der Völker wirklich zum Ausdruck kommt; das jedoch kann nur geschehen mittels eines tiefern Eindringens in den geschichtlichen Verlauf der hier in Betracht kommenden Vorgänge, der dann je nach der Verschiedenheit der Zeiten und der Staaten und der durch beide gegebenen Bedingungen zur Herstellung sehr verschiedener Zustände führt und von den Zuständen wieder zu neuen Veränderungen hinüberleitet.

Hiernach bestimmt sich die Aufgabe Montesquieus genauer dahin: er hat zu zeigen, wie aufgrund jenes stetigen Wechselverhältnisses und dieser wandelbaren geschichtlichen Bedingungen die gesetzlichen Ordnungen der Staaten sich in ihrer Verschiedenheit bilden und in ihrer Veränderlichkeit umbilden. Wenn er sein Werk überschreibt „vom Geist der Gesetze", so versteht er darunter eben jenes Wechselverhältnis.[1]) Um es zu erfassen, zerlegt er einerseits die Masse der staatlichen Gesetze, anderseits die Hauptgebiete der materiellen wie idealen Betätigung der Völker in gegenüberstehende Gruppen, deren Eigenart für sich und deren Beziehungen zueinander er darzulegen hat.

Den Ausgang seiner Betrachtungen nimmt er von den die Formen der Staatsverfassung bestimmenden Gesetzen. Als reine Formen der gesetzlichen Anordnung der öffentlichen Gewalt — er selber sagt, als „Natur der Regierung" (*nature du gouvernement*) — ergeben sich ihm dabei die Verfassungen der Monarchie, Demokratie, Aristokratie und des Despotismus. Aber die Grundgesetze dieser Verfassungen enthalten

---

[1]) *Tous ces rapports forment ensemble ce qu'on appelle l'esprit des lois* (I, 3; Oeuvres III, S. 100). — Zu diesem einen Verhältnis kommt allerdings noch ein zweites, das sich aus den Beziehungen einer gesetzlichen Ordnung zu ihren Konsequenzen, d. h. zu den weiteren Anordnungen ergibt, die der Befestigung, der Ergänzung oder Beschränkung, Sicherung und Verwirklichung jener grundlegenden Einrichtungen, oder auch der Verteidigung oder Vergrößerung des Staates im ganzen dienen. In diese Klasse gehören die Gesetze „*qui dérivent directement de la nature du gouvernement*" (II), ferner die über Kriegswesen (IX, X) und die im Buch XXVI—XXIX zusammengefaßten. — Auch sonst kreuzen sich beide Klassen vielfach unter einander. Ich berücksichtige hauptsächlich nur die Verhältnisse erster Art, weil in ihrer Behandlung vor allem der Wert für die tiefere Auffassung der Geschichte liegt.

nur leblose Regeln; ihnen gegenüber entspringt die lebendige Kraft des Wirkens erst aus einer besondern jeder Staatsverfassung entsprechenden Richtung der sittlichen Kräfte der Staatsangehörigen, welche Montesquieu, einen Gedanken Machiavellis[1]) weiterführend, als „Prinzip der Regierung" bezeichnet.[2]) Das Prinzip der Demokratie ist ihm die Tugend, das der Monarchie das Ehrgefühl, das der Aristokratie die Maßhaltung, das des Despotismus die Furcht. Fassen wir nur die beiden ersten etwas näher ins Auge.

Die unter den Bürgern einer wahren Demokratie herrschende Tugend — er denkt vornehmlich an die Blütezeit von Athen, Sparta und Rom — wird sorgsam unterschieden von der Tugend im höchsten moralischen oder religiösen Sinn: es ist eine auf das Gemeinwohl gerichtete Gesinnung.[3]) Das Ehrgefühl sodann, von dem die Monarchie lebt — er zielt vornehmlich auf Frankreich — muß, da die Tugend nach Ausweis aller Geschichte in dem Volk der Monarchien schwer anzutreffen ist[4]), als ein Ersatz für die Tugend eintreten. Während die letztere auf göttlichem Gesetz beruht, entspringt die Ehre aus gesellschaftlichem Vorurteil[5]); während der Tugendhafte das Gute um seiner selbst willen[6]) tut und den Staat mehr liebt als sich selbst[7]), sucht der Ehrliebende sich selber: er strebt in seinem Handeln nicht nach dem, was gut ist, sondern nach dem, was schön und groß erscheint und ihn vor anderen glänzen läßt; so ist er denn freimütig, um seine furchtlose Unabhängigkeit zu zeigen, oder er ist höflich, weil im höflichen Verkehr beide Teile sich durch gegenseitige Auszeichnung geschmeichelt fühlen.[8])

---

[1]) Vgl. S. 135 ff.
[2]) *Ce qui le fait agir* (III, 1).
[3]) III, 5; Oeuvres III, S. 129 Anm. Vgl. *Avertissement de l'auteur*, III, S. 88.
[4]) III, 5.
[5]) *Préjugé de chaque personne et de chaque condition* (III, 6).
[6]) Z. B. *vérité par amour pour elle* (IV, 2; III, S. 143).
[7]) III, 6; IV, 5.
[8]) Bei dieser ziemlich pessimistischen Definition ist es erklärlich, daß schließlich diese ganze Art von Ehre als *faux honneur* erscheint, als ein kümmerlicher Ersatz für die Bürgschaft der Erfüllung der staatlichen Pflichten, welche die christliche Religion bietet (III, 7, XXIV, 6).

Die idealen Güter von Tugend und Ehrgefühl stehen also in inniger Verbindung mit dem Grundgesetz der Demokratie und Monarchie: ohne jene sittlichen Kräfte würde das Grundgesetz nicht entstanden sein, und das Gesetz wieder wirkt befestigend und fortbildend auf die sittlichen Eigenschaften zurück. Es ist ein Verhältnis, das wir als Wechselwirkung zu bezeichnen pflegen; Montesquieu nennt es Aktion und Reaktion (V, 1). Allerdings zunächst wird dies Verhältnis lediglich behauptet; aber indem der Verfasser nun in Einzelheiten der Gesetzgebung, wie sie unter den verschiedenen Verfassungen sich gestaltet hat, eindringt und hier das vorausgesetzte Verhältnis in jedem besonderen Fall als hervortretend nachzuweisen sucht[1]), indem er weiter auf Veränderungen der Staatsverfassungen eingeht und auch hier die entsprechende Veränderung des „Prinzips" überall anzutreffen glaubt[2]), scheint ihm der Beweis für seine Behauptung erbracht zu sein.

Da ich hier nur die Gedanken, die Montesquieu einer tiefern Behandlung der Geschichte zugrunde legte, nachzuweisen, nicht aber die weitere Ausführung dieser Gedanken kritisch zu verfolgen habe, so wird es genügen, diese weitern Ausführungen nur an einem Beispiel zu veranschaulichen, welches den Gesetzen der Monarchie entnommen ist.

Unter den Ständen der Monarchie richtet Montesquieu seine Aufmerksamkeit vor allem auf den Adel, wobei er wesentlich den französischen Hof- und Kriegsadel im Auge hat und, der Stimmung der Zeit entsprechend, es an sarka-

---

— Nebenbei sei bemerkt, daß zu den vielen Anklängen Montesquieus an Machiavelli auch seine pessimistische Beurteilung der Menschen gehört. Man vgl. Aussprüche wie: *parceque les hommes sont méchants, la loi est obligée de les supposer meilleurs qu'ils ne sont* (VI, 17). *Les hommes, fripons en détail, sont en gros* (nämlich wenn sie urteilen) *de très honnêtes gens* (XXV, 2).

[1]) Speziell geschieht es in den Büchern IV—VII. Auch im weitern Verlauf des Werkes kommt er an zahlreichen Stellen auf das Verhältnis zurück.

[2]) *La corruption de chaque gouvernement commence presque toujours par celle des principes* (VIII, 1). Über die Veränderung zum Schlimmern handelt das achte Buch.

stischen Seitenblicken nicht fehlen läßt.¹) In diesem Adel sieht er das „Prinzip" der Ehre, deren erstes Gebot wieder die vollste Hingabe an den Dienst des Monarchen erheischt, verkörpert, ja so ausschließlich verkörpert, daß er darüber die andern Volksklassen fast ganz aus dem Auge verliert.²) Er weist dann auf das Sonderrecht, welches Gesetze und Herkommen für den Adel geschaffen haben: auf der einen Seite erscheint die große Bevorzugung dieses Standes im Hof- und Kriegsdienst, im Familien- und Vermögensrecht bis zu den obrigkeitlichen Befugnissen auf seinen Gütern, die ihn zu einer der Zwischengewalten (*pouvoirs intermédiaires*) zwischen König und Untertanen erheben; auf der andern Seite aber fehlen auch die Beschränkungen und Lasten nicht, so das Verbot des Handelsbetriebs (XX, 21, 22), die Schranken bei Vererbung und Veräußerung der Güter, die Forderung eines kostspieligen Luxus. Indem nun gefragt wird: wie ist dieses Sonderrecht entstanden? lautet die Antwort: aus dem Bedürfnis, die Standesehre des Adels zu schützen und zu pflegen und damit seine besondern Dienste und Dienstbereitschaft der Monarchie zu sichern.

Mit solchen Betrachtungen über das Verhältnis zwischen Staatsverfassung und sittlichem Charakter der Staatsangehörigen hatte Montesquieu zunächst seinen Standpunkt auf dem Gipfel staatlichen Lebens genommen. Aber nun galt es ihm, die große Wanderung durch die Hauptgebiete menschlicher Betätigung anzutreten und überall ein ähnliches Verhältnis zwischen Lebensinhalten und staatlichen Gesetzen nachzuweisen. Folgen wir seinen Beobachtungen, ohne uns jedoch streng an die Ordnung zu binden, die er selber seinem Werke gegeben hat, so führt von dem Thema der Staatsverfassung der nächste Übergang uns zu einem

---

¹) Vgl. III, 5, 10 (der Hofmann fürchtet sich lächerlich zu machen durch Berufung auf die Gesetze der Religion), XX, 22. *Considérations chap.* XII (Duellwut).

²) Allerdings gedenkt er gelegentlich mit Auszeichnung des Amtsadels, besonders der Parlamentsaristokratie. Aber da er deren Vorzug in „*suffisance et vertu*" erkennt (XX, 22), so fällt sie aus der Konstruktion des „Prinzips" der Ehre heraus.

Gegenstand, dem der Verfasser wohl seine größte Vorliebe zuwendet, zu der politischen Freiheit.

Sehr einfach lautet die Definition, die er von der Freiheit im Staatsleben gibt: es ist die Befugnis zu tun, was die Gesetze nicht verbieten, mit der entsprechenden Verpflichtung zu tun, was sie gebieten (XI, 3). Beides schließt die Notwendigkeit einer doppelten Sicherung in sich: der Bürger untereinander gegen gesetzwidrige Übergriffe, der Bürger gegenüber der Regierung gegen Mißbrauch der Staatsgewalt.[1]) Freiheit in diesem Sinn ist ein sittliches Gut, das durch einen geschichtlichen Prozeß in verschiedenem Maße verwirklicht wird, und zwar in der Weise, daß die Gesetze nach ihren Erfordernissen eingerichtet werden. In der europäischen Staatenwelt der Gegenwart waren es die vom Norden gekommenen germanischen Völker, welche die Verbindung von Monarchie und Freiheit begründet und dadurch den Vorrang vor allen Völkern der Welt gewonnen haben (XVII, 6). Unter den von ihnen gegründeten Verfassungen aber ist es eine, welche diese Verbindung am vollkommensten ausgeprägt hat: es ist die Verfassung Englands, in welcher eben die Verwirklichung der politischen Freiheit als der eigentliche Staatszweck erscheint (XI, 5). Hauptsächlich aus ihr, d. h. aus ihren formalen Gesetzen — denn ob das wirkliche Leben ihnen entspricht, soll dahingestellt bleiben[2]) — will Montesquieu das Verhältnis von Freiheit und Gesetz darlegen.

Die Gesetze, welche jene doppelte Sicherung der Bürger gegen ihre Mitbürger und gegen die Staatsgewalt bezwecken, sind vor allem in der Verfassung des Staates niedergelegt, und hier erscheinen sie am vollkommensten in einer Anordnung der öffentlichen Gewalten, welche als die Theorie von der Teilung der Gewalten berühmt geworden ist. Die Staatsgewalt, so besagt sie, darf nicht in einer Hand ruhen. Nach ihren wesentlichen Bestandteilen muß sie einerseits an verschiedene, sich gegenseitig beschränkende und dadurch von Übergriffen zurückhaltende Inhaber, die, jeder in seiner

---

[1]) *Qu'un citoyen ne puisse pas craindre un autre citoyen* (XI, 6; IV, S. 7). *Qu'on ne puisse abuser du pouvoir* (XI, 4).
[2]) XI, 6; IV, S. 23. Vgl. Jellineks treffende Bemerkung S. 587 Anm.

Zuständigkeit, sich frei bewegen, verteilt werden, anderseits müssen zwischen diesen Teilgewalten und ihren Inhabern wieder diejenigen Beziehungen, teils der gegenseitigen Abhängigkeit, teils des Zusammenwirkens bestehen, welche durch die Einheit des Wirkens und des Zweckes geboten sind.

Jene Teilgewalten sind drei an der Zahl: die gesetzgebende Gewalt, welche den Willen des Staates im allgemeinen (S. 212 Anm. 1) aufstellt, die ausführende Gewalt, welche das Recht des Staates nach außen vertritt[1]), nach innen die Gesetze ausführt, und zugleich den Befehl über die Streitkräfte des Staates führt, endlich die richterliche Gewalt, welche bei Verletzungen der Gesetze und bei Streitigkeiten über gesetzliche Rechte straft und entscheidet. Eine Abhängigkeit der beiden letzten Gewalten von der ersten versteht sich, da diese ihnen ja die Normen ihres Wirkens vorschreibt, von selbst; damit aber auch die Gesetzgebung nicht in schrankenlose Willkür ausarte[2]), muß die gesetzgebende Versammlung wieder von der Berufung und dem Veto des Hauptes der Exekutive abhängen. Nur für die richterliche Gewalt kann, da die richterliche Kontrolle über die Exekutive der gesetzgebenden Gewalt vorbehalten wird, eine Überordnung über die beiden andern Gewalten nicht beansprucht werden; sie erscheint aber darum auch im Vergleich mit ihnen von durchaus geringerer Bedeutung.[3])

Aber gerade bei ihr tritt uns zunächst wieder eine andere Reihe von Verfassungseinrichtungen entgegen, die eine zweite Klasse von Bürgschaften der Freiheit enthalten soll: es ist die Teilnahme des Volkes an der Bildung und Tätigkeit der staatlichen Organe. An den Gerichten sollen, um sie

---

[1]) Gewöhnlich findet man für die ausführende Gewalt nur dieses Attribut angegeben (vgl. Jellinek S. 588 Anm. 2; Lor. Stein, Die vollziehende Gewalt I, S. 17). Aber als zweites Attribut folgt das *exécuter les lois* bei Montesquieu bald nach seinen ersten Erörterungen (XI, 6; IV, S. 8, 9, 11). Unter den besondern Befugnissen der Exekutive hebt er das Recht der Verhaftung (beschränkt durch das *Habeas corpus*) hervor (S. 11). Im allgemeinen vgl. auch für seinen Begriff der Exekutive XI, 17.

[2]) Der gesetzgebende Körper könnte bei völliger Unabhängigkeit *se donner tout le pouvoir qu'il put imaginer* (XI, 6; IV, S. 17).

[3]) *En quelque façon nulle* (XI, 6; IV, S. 14).

gegen die Gefahr der Überschreitung ihrer Macht zu schützen, die Urteiler dem Volke entnommen werden, und die Gerichtssitzungen dürfen nicht ständig, sondern nur periodisch sein. Und wie soll es mit der Gesetzgebung gehalten werden? Gesetze, so heißt es jetzt, denen ein wahrhaft freier Wille sich unterwerfen soll, müssen aus diesem Willen selber hervorgehen[1]); also wird in einem freien Staat die Gesetzgebung, zu der wieder die Steuerbewilligung als wichtigster Teil gehört[2]), von einer Vertretung des Volkes ausgehen, die nach englischem Muster aus dem Adel und dem selbständigen Teil des übrigen Volks zu bilden ist.

Den weitern Ausführungen zu folgen, wie nun zwischen den drei Hauptgewalten und innerhalb jeder wieder zwischen ihren Organen jenes System gegenseitiger Beschränkung und das eben dadurch erzwungene Zusammenwirken[3]) sich im einzelnen gestaltet, ferner wie die in den individuellen Lebenskreis der Bürger eingreifenden Gesetze[4]), besonders auf dem Gebiet des Strafrechtes und Strafverfahrens, mit der Aufgabe der Wahrung und Pflege der Freiheit in Einklang zu bringen sind, dürfte für meinen Zweck überflüssig sein. Genug, daß auch hier wieder zwischen einem sittlichen Gut und der staatlichen Rechtsordnung ein gleiches Wechselverhältnis aufgestellt wird, wie es uns in den vorausgehenden Erörterungen entgegentrat. Auch darin stimmt diese zweite mit der früheren Betrachtung überein, daß die Lebensinhalte, um die es sich hier handelt, in unmittelbarer Beziehung zum Rechte des Staates gedacht sind.

Anders steht es in dieser Hinsicht mit einer Reihe von menschlichen Eigenschaften und Betätigungen, zu denen die Untersuchung Montesquieus jetzt weiter schreitet: sie treten uns nicht fertig entgegen, sondern ergeben sich erst aus natürlichen Bedingungen, bevor sie in Beziehung zur

---

[1]) *Dans un état libre tout homme qui est censé avoir une âme libre doit être gouverné par lui même* (XI, 6; IV, S. 11).

[2]) *Le point le plus important de la legislation* (XI, 6; IV, S. 20).

[3]) *Elles (les trois puissances) seront forcees d'aller de concert* (XI, 6; IV, S. 20).

[4]) Unterscheidung von *liberté politique dans son rapport avec la constitution* und *dans le rapport qu'elle a avec le citoyen* (XII, 1).

Rechtsordnung des Staates treten können. Diese natürlichen Bedingungen sind nach Montesquieu gegeben einerseits durch das Klima, anderseits durch die besondere Art des Bodens (*nature du terrain*). Unter Klima versteht er einfach die Wärmeverteilung in dem die Erde umgebenden Luftkreis, nach welcher er die kalte, heiße und gemäßigte Zone unterscheidet; bei dem Worte „Natur des Bodens" denkt er an die Gestaltung der Erdoberfläche, wie sie bedingt ist durch die Unterschiede von Ebene und Gebirge, von Binnenland und Küstenland, von fruchtbarem und armem Boden.

Auf das Hervorgehen nun der Anlagen und Betätigung der Völker aus diesen beiden Bedingungen hatten in der alten Literatur Philosophen und Mediziner, Geschichtschreiber und Geographen hingewiesen; in neuerer Zeit hatte der originelle und vielfach als Vorläufer Montesquieus anzusehende Jean Bodin (1530—1596) aus der Fülle seiner Belesenheit ein phantastisches Bild von der aus solchen Einflüssen hervorgehenden verschiedenen Art der Völker entworfen.[1]) Über diese Vorgänger strebte dann Montesquieu, soweit es sich zunächst um die klimatischen Einflüsse handelte, insofern hinaus, als er, den das starke Interesse seiner Zeit für beobachtende Naturwissenschaft gleichfalls ergriffen hatte, einen wenn auch unvollkommenen Versuch machte, jene Einwirkungen genauer aus physiologischen Beobachtungen zu erklären[2]) und die gewonnene Erklärung mit vorsichtig gewählten Beispielen aus alter und neuer Geschichte und Völkerkunde zu belegen. Wie weit dabei freilich auch er dem Fehler voreiliger Verallgemeinerung unterlag, braucht hier nicht untersucht zu werden.

Das Hauptergebnis der klimatischen Einflüsse sieht er in den Abstufungen der Reizbarkeit der Nerven und in der Verschiedenartigkeit der Bedürfnisse nach Nahrungs- und Genußmitteln. So, um ein bestimmtes Beispiel heranzuziehen, findet er bei den Völkern der heißen Zone die Extreme physischer und seelischer Erregbarkeit auf der einen und rascher Erschlaffung auf der andern Seite, Mäßigkeit in

---
[1]) Besonders *Methodus ad facilem historiae cognitionem*, cap. V.
[2]) Vgl. das Experiment XIV, 2; IV, S. 148.

Speise und geistigen Getränken auf der einen, Unmäßigkeit in geschlechtlichen Genüssen auf der andern Seite. Diese besondere Anlage der tropischen Völker zieht nun eine entsprechende besondere Betätigung auf den verschiedensten Gebieten nach sich, so auf dem Gebiete der Religion, vor allem aber — worauf es hier vornehmlich ankommt — sie wirkt mächtig auf die staatliche Rechtsordnung ein. Hier zeigen sich diese Wirkungen in einer dreifachen Knechtschaft: einer staatlichen, die im Despotismus, einer privatrechtlichen, die in der Sklaverei, einer häuslichen, die in der meist mit Polygamie verbundenen Unfreiheit der Frau zum Ausdrucke kommt.

In diesen, wie den andern dem Klima gewidmeten Betrachtungen ist der Grundgedanke der einer leidenden Unterwerfung des Menschen unter die Einwirkungen der Natur. Aber Montesquieu kennt auch eine Schranke dieser Einflüsse: da, wo sie den Menschen unter seine Bestimmung herabzudrücken geeignet sind, sollen die Kräfte der Religion und Sitte, vor allem aber die Gesetze und die Regierung eine entgegengesetzte Wirkung hervorrufen (*forcer la nature du climat*, XVI, 12), wie denn u. a. in China die vom Klima erzeugte Trägheit durch die Gebote der Gesetzgeber und Regenten ins Gegenteil gewandt wurde.[1])

Dieser Gedanke von der Besiegung der Natur durch menschliche Arbeit tritt bei Montesquieu erst recht in den Vordergrund, sobald er sich zu den aus der Natur des Bodens hervorgehenden Einflüssen wendet. Nicht was der Boden aus dem Menschen, sondern was der Mensch aus dem Boden macht, wird jetzt die Hauptfrage. Nach einem kurzen Überblick über die Zustände der Jäger- und Hirtenvölker[2]) ist es demnach vor allem der Ackerbau, der seine Aufmerksamkeit fesselt. Hier aber können wir nach dem inneren Zusammenhang auch gleich diejenigen Erörterungen anschließen, welche den sonstigen Gebieten der Volkswirtschaft gewidmet sind.

Besonders umfassend zeigt sich freilich hier die Überschau nicht. Der Verfasser beschränkt sich in der Hauptsache

---
[1]) XIV, 5, 8; XVIII, 6.
[2]) XVIII, 11—14, 17—21

neben der Bodenkultur auf Geldwesen, auswärtigen Handel und Bevölkerungslehre, und daß die Eigenart dieser Tätigkeiten tief und fördernd erfaßt wäre, kann man nicht sagen. Wenn er z. B. die wesentlichen Unterscheidungsmerkmale des Handels darin erblickt, ob er dem Luxus oder der Ersparnis dient und darnach die Handelsvölker in solche einteilt, die vorzugsweise den Bezug und Vertrieb von Luxuswaren bezwecken, und in solche, welche mit der Form des Zwischenhandels und mit mäßigem Profit sich begnügend, den gegenseitigen Austausch der Bedürfnisse unter den Völkern vermitteln, so gibt er damit den von den Gegensätzen des französischen und holländischen Handels empfangenen Eindruck wieder, aber das Wesentliche des Gegenstandes ist damit lange nicht erschöpft. In ähnlichem Sinn ist seine Lehre vom Geld und Geldwesen reich an treffenden Beobachtungen und für die Zeitgenossen doppelt anziehend, weil sie darin vielfach die Ausschreitungen der Finanzpolitik des Regenten Philipp von Orleans gekennzeichnet fanden; allein über eine ziemlich flüchtige Wiedergabe der Ansichten und auch der Irrtümer seiner Zeitgenossen kam Montesquieu nicht hinaus.[1])

Gleichwohl kommt auch diesen Ausführungen ihre eigenartige Bedeutung zu. Sie liegt wieder in der gegenseitigen Beziehung, welche zwischen den wirtschaftlichen Vorgängen und den Bestimmungen von Verfassung und Recht aufgewiesen werden. Wenn der Verfasser z. B. die Fortschritte der Bodenkultur vom Hirtenleben zum Ackerbau, von dem Gesamteigentum am Boden zum Sondereigen verfolgt, so ist sein Hauptzweck, zu zeigen, daß jeder dieser Stufen ein Fortschritt im Familien- und Erbrecht entspricht: von wechselnden Geschlechtsverbindungen zum Recht der Einehe, von der ausschließlichen Erbfolge des ältesten Sohnes zum Eintritt der jüngeren Söhne, endlich der Töchter in das Erbrecht.[2]) Das Ergebnis seiner wirtschaftsgeschichtlichen

---

[1]) So wenn er den Geldpreis hervorgehen läßt aus dem Verhältnis zwischen der Masse der im Verkehr befindlichen Waren und des im Umlauf befindlichen Geldes (XXII, 7, 8. Vgl. Roscher, Nat.-Ökonomie I, § 123 Anm. 2).
[2]) XVIII, 13, 21, 22, 24.

Viertes Buch. Das 18. Jahrhundert.

Betrachtungen ist, daß aus den besondern Wirtschaftsstufen sich besondere Gesetzessysteme ergeben, sehr ärmliche aus der Herdenwirtschaft, zunehmend reichere aus dem Ackerbau und dem Handel.[1])

Wiederum aber bemerkt er auch das entgegengesetzte Verhältnis: die Begründung, oder doch die Förderung, oft genug auch die Zerrüttung[2]) der Wirtschaft durch die Anordnungen der Gesetze. Er sieht endlich Grenzen, jenseits deren sich das Wirtschaftsleben frei von den Eingriffen der Gesetze, z. B. von widernatürlichen Preistaxen (XXII, 7), zu bewegen hat.

Wenn aber so das Wirken des Staates von der auf materielle Güter gerichteten Arbeit einen festen Inhalt empfängt, muß dann nicht die gleiche Bedeutung der auf die idealen Güter gerichteten Tätigkeit zukommen? Gleich bei Beginn seiner Untersuchungen war Montesquieu auf den Zusammenhang zwischen der Staatsverfassung und bestimmten sittlichen Eigenschaften der Völker geführt; von der Höhe, die er jetzt erreicht hatte, schien ein gerader Weg ihn auf die Hauptgebiete der Pflege idealer Lebensgüter zu führen. In der Tat betrat er diesen Weg, zunächst, um auf einem der hier in Betracht kommenden Gebiete mit seiner Forschung einzusetzen: es war das Gebiet der Religion.

Die Geschichte der Religion, als ein besonderer Teil der allgemeinen Geschichte, war seit den ersten Jahrhunderten des Christentums in Aufnahme gekommen, und seit den Zeiten der Reformation hatte sie unter dem doppelten Antrieb des humanistischen Strebens nach allseitiger Sammlung und Sichtung der Quellen und des Streites der getrennten Kirchen und Kirchenparteien unermeßlich an stofflicher Bereicherung gewonnen. Die Auffassung des Gegenstandes aber beruhte hauptsächlich auf der Gleichsetzung von Religion und christlicher Kirche. Behandelte man in diesem Sinn die Geschichte der nahen Vergangenheit, so haftete der Blick vornehmlich an dem Kampf der katholischen und

---

[1]) XVIII, 8, 13.
[2]) Z. B. *destruction du commerce* durch die mittelalterlichen Zinsverbote (XXI, 20). Dagegen Hebung des englischen Seehandels durch die Navigationsakte (XX, 12).

protestantischen Kirche um die Herrschaft oder mindestens um rechtliche Geltung; umfaßte man die Geschichte der Kirche in ihrem Gesamtverlauf, so wurden die Vorgänge nach der Folge der Jahre und innerhalb der Jahre nach den von Eusebius ererbten, von Flacius schließlich auf die Zahl von sechzehn gebrachten Kategorien, wie äußere Verbreitung und Verfolgungen, Lehre und Ketzereien usw., zerschnitten und aufgereiht.

Demgegenüber stellt sich Montesquieu die Aufgabe, alle ihm zugänglichen Religionen einer vergleichenden Prüfung zu unterziehen, nicht, wie er sich ausdrücklich verwahrt, um nach ihrer Wahrheit oder Falschheit, ihrer Wirkung auf Seligkeit oder Verdammnis zu fragen, sondern um ihre Übereinstimmungen und Abweichungen zu bestimmen und darnach das verschiedene Verhältnis zu begründen, das zwischen ihnen und den staatlichen Gesetzen besteht. Bei der Bestimmung des Wesens der Religionen tritt vor allem eine Seite derselben in den Vordergrund: ihr Verhältnis zur Sittlichkeit. Es gibt Religionen, sagt er, welche nach bestimmten Richtungen auf den sittlichen Geist lähmend, ja vernichtend wirken[1]), aber im ganzen verfolgen sie den Zweck, die Vorschriften der Sittlichkeit zu verwirklichen, und am höchsten hat diese Aufgabe die christliche Religion gelöst. An diesem Punkte erinnert er sich aber, daß es neben der Religion noch einen aus anderer Quelle stammenden Inbegriff von Regeln des sittlichen Handelns gibt. Er faßt sie zusammen unter dem Namen Sitten und gesellige Gebräuche (*moeurs et manières*) und sucht sie nach Ursprung und Gehalt durch eine einigermaßen gekünstelte Gegenüberstellung mit den Gesetzen zu bestimmen.

Gesetze, heißt es, sind Einrichtungen des Gesetzgebers, Sitten und Gebräuche sind Einrichtungen der Nation im ganzen; Gesetze werden (mit Überlegung) angeordnet, Sitten und Gebräuche sind „inspiriert"; Gesetze gehen auf Handlungen des Staatsbürgers, Sitten und Gebräuche auf Handlungen des Menschen. Untereinander scheiden sich wieder die Sitten und die Gebräuche dadurch, daß jene sich auf

---

[1]) Beispiele XXIV, 14, 15.

das innere Verhalten beziehen, d. h. auf Sittlichkeit im wahren Sinne des Wortes, diese dagegen auf das äußere Benehmen, indem sie in den Verkehr der Menschen Anmut, Freundlichkeit und Lebendigkeit zu bringen suchen.[1])

Religion, Sitten und Gebräuche verbinden sich demgemäß, um mit den Gesetzen in fortlaufende Wechselbeziehung einzutreten, und diese gegenseitigen Einwirkungen gestalten sich um so enger, da beide Ordnungen bei aller Verschiedenheit doch vielfach wieder mit ihren Vorschriften auf gleiche Handlungen gerichtet sind und alsdann sich stärken und ergänzen, allerdings gelegentlich auch sich schwächen und durchkreuzen.[2])

In gewohnter Weise werden nun diese Beziehungen an tatsächlichen Vorgängen aus den verschiedensten Ländern und Zeiten erläutert. Die reiche Fülle dieser Beispiele kann ich hier so wenig, wie anderwärts, veranschaulichen; aber eines möchte ich deshalb besonders herausgreifen, weil es zugleich dazu dient, eine Lücke in den bisherigen Darlegungen zu ergänzen. Zur näheren Bezeichnung dieser Lücke zunächst eine allgemeine Bemerkung! Es ergibt sich bei genauerer Prüfung, daß alle an der Hand Montesquieus bisher betrachteten, auf materielle oder ideale Lebenszwecke gerichteten Tätigkeiten, daß nicht minder alle verwirklichten Lebenszwecke, die wir als geistige oder materielle Güter bezeichnen, in Wahrheit nicht außer, sondern nur in dem geistigen oder physischen Leben der Menschen bestehen. Wissenschaftliche Erkenntnisse, sittliche Grundsätze mögen in Büchern oder in überlieferten Satzungen niedergelegt sein, aber das Buch oder der Wortlaut der Satzungen sind tote Zeichen, bis ihr Sinn im Denken oder Wollen des Menschengeistes wieder auflebt. Künstlerische oder wirtschaftliche Erzeugnisse mögen in massiver Körperlichkeit uns entgegentreten, aber Kunstwerke oder Besitztümer sind tot, bis sie in den Genuß oder Gebrauch des Menschen eingehen. — Zunächst nun ist es der Einzelne, in dessen Bewußtsein jede Tätigkeit und Errungenschaft ihm als die seinige erscheint; aber dies individuelle Bewußtsein

---

[1]) XIX, 13, 14, 16, 5—8.
[2]) XIX, 21, XXIV, 14, 16—19.

erweitert sich ihm zum Gemeinbewußtsein, indem er einsieht, daß er nur in gegenseitiger Einwirkung und Verbindung mit andern, nur in dem aus Mitgefühl und Hingabe entspringenden Zusammenleben mit andern zu höherer Entfaltung seiner Tätigkeiten, zu Aneignung und Genuß, zu Gebrauch, gegenseitigem Ausgleich und zur Vermehrung der geistigen und materiellen Güter gelangen kann. Diese „Andern" aber stellen sich bei näherer Betrachtung als ein höchst verwickeltes System von teils losen, teils organisierten, teils großen, teils kleinen Gemeinschaften heraus, unter denen der Staat, als das mächtigste und am festesten organisierte Gemeinwesen zuerst die Aufmerksamkeit der Theoretiker auf sich gezogen hat. Eine der Wirklichkeit entsprechende Betrachtung müßte folglich davon ausgehen, daß alle Lebenszwecke nur verwirklicht und als verwirklichte nur angeeignet, gebraucht und genossen werden können im Leben der Einzelnen und der Gemeinschaften und in den gegenseitigen Beziehungen, welche die Äußerungen ihres Lebens untereinander verflechten, also daß jene persönlichen Wesenheiten und ihr Leben der wahre Gegenstand der Forschung und Darstellung seien. Aber so weit führenden Betrachtungen hat Montesquieu sich nicht hingegeben. Höchstens der Staat erscheint bei ihm, wenn auch noch in unbestimmten Umrissen, als ein persönliches Wesen, in dessen bewegtem Leben Gesetz und Recht entsteht, sich betätigt und verändert; bezüglich der andern Lebensinhalte bedient er sich der Fähigkeit des begrifflichen Denkens, dieselben von ihrem persönlichen Träger loszulösen und wie selbständig bestehende Wesenheiten, als Tugend, Ehre, Handel, Ackerbau usw., hinzustellen, um sie dann unter sich und mit dem Staat, oder auch mit den vom Staat losgelösten gesetzlichen Ordnungen in Wechselwirkung treten zu lassen. Nicht persönlich lebensvolle Mächte, sondern Abstraktionen erscheinen damit als die eigentlich wirkenden Kräfte.

Wenden wir uns von dieser Abschweifung nunmehr zu den zuletzt von Montesquieu aufgeführten Lebensinhalten, so könnte es uns scheinen, als ob ihm einer von ihnen, nämlich das ideale Gut der Religion, und hier doch wieder die in den Vordergrund tretende christliche Religion, die der

Wirklichkeit entsprechende Einsicht förmlich hätte aufdrängen müssen. In der christlichen Kirche trat ihm sowohl für die Zeit ihrer Einheit, als auch nach ihrer Zerteilung in eine Vielheit von Kirchen ein mit dem Bewußtsein der Unabhängigkeit erfülltes Gemeinwesen entgegen, in dem die religiösen Ideen von Anfang an ihr Dasein hatten und ihre Entwicklung und Ausbreitung empfingen. Die Kirche und ihr gegenüber der Staat waren die lebendigen Gemeinwesen, in deren gegenseitigen Beziehungen denn auch die fortlaufende Auseinandersetzung zwischen Religion und Recht erfolgte. In den Grund dieser Beziehungen einzudringen und die aus ihnen für beide Teile hervorgehenden Folgen darzulegen, wäre also die Aufgabe des Geistes der Gesetze gewesen.

Aber wieder sehen wir Montesquieu sich so hochgespannten Forderungen entziehen. Gewiß hing es auch mit seinem geringen Interesse für Religion und Kirche zusammen, daß er überall, wo er auf deren Beziehungen zu Staat und Recht kam, sich auf eine recht flüchtige Behandlung des Gegenstandes beschränkte. Im wesentlichen begnügt er sich mit Betrachtungen über den Zölibat (XXV, 4), über Einschränkung des kirchlichen Vermögens (XXV, 5), und vor allem über die Frage des rechtlichen Bestandes der getrennten Kirchen und der außerchristlichen Religionsgemeinschaften. In letzterer Hinsicht erscheinen ihm, dem Jünger der Aufklärung, die Strafgesetze gegen das Bekenntnis der Religion verwerflich; aber wie der Gedanke, daß das Ringen getrennter Kirchen nach der wahren Religion die höchste Pflicht der Menschen in sich schließt, und daß in dieser Pflicht die Gleichberechtigung der streitenden Kirchen ihren festen Grund hat, ihm fremd bleibt, so kommt er am Ende nicht über den Grundsatz hinaus: wenn man's in der Hand hat, eine neue Religion aufzunehmen oder nicht, so lasse man sie sich nicht festsetzen; ist sie festgesetzt, so muß man sie ertragen (XXV, 10).

Übersehen wir diese einigermaßen dürftigen Auseinandersetzungen, so läßt sich nicht leugnen: die Aufgabe, für einen Kreis idealer Bestrebungen und Errungenschaften — in diesem Fall die Religion — den lebendigen Träger zu finden und mit der persönlichen Macht des Staates in Beziehung zu setzen, war nicht erfaßt, geschweige denn gelöst. Allein, wenn wir den Gedanken Montesquieus noch einen Schritt weiter folgen, so finden wir das Problem doch noch einmal von einem umfassenden Gesichtspunkt aus angegriffen und in fruchtbarer Weise behandelt.

Indem er den Standpunkt seiner Betrachtung auf der Höhe des Staates nimmt und innerhalb desselben nicht ein einzelnes, sondern die Gesamtheit der von ihm behandelten Verhältnisse — also gegenüber den gesetzlichen Ordnungen des Staates alle von ihnen geregelten Lebensinhalte — ins Auge faßt, erkennt er, daß diese letzteren von einer umfassenden Gemeinschaft getragen werden: das ist das Staatsvolk oder die mit ihm gleichgesetzte Nation. Er faßt sie nach der Analogie der individuellen Persönlichkeiten auf. Wie diese ihre Bestimmtheit in einem besondern Charakter gewinnt, so gründet er auch die nähere Beschreibung der Nation auf die Annahme eines ihr eigenen Charakters. In diesem Sinne lehrt er, daß in dem Volke eines sich stetig entwickelnden Staates unter dem Zusammenwirken all der einzeln von ihm behandelten Lebensverhältnisse — der Gesetze einerseits, der Wirtschaft, Religion, Sitte und freiheitlichen Entwicklung, zu denen dann noch die klimatischen Einflüsse hinzukommen, anderseits —, inbezug auf gewisse theoretische und praktische Grundanschauungen, auf eine gewisse Richtung und Spannkraft der intellektuellen und sittlichen Kräfte und auf die physische Beschaffenheit eine höchst bedeutsame Gleichförmigkeit nebst einem Bewußtsein derselben und ihres Wertes entsteht. Er bezeichnet diese Gleichförmigkeit als Gemeingeist (*esprit général*) oder als Geist der Nation oder als ihren Charakter.[1]

Als Erläuterung dieser Ansicht entwirft er dann Skizzen vom Charakter einer Reihe vorwaltender Nationen mit eindringender Beobachtung ihres Verhaltens im politischen, wie im privaten Leben und gegenüber all den verschiedenen

---

[1] Als synonym erscheinen die Ausdrücke *esprit général, esprit de la nation, caractère, génie* (XIX, 4, 5, 10, 11). Im weitern Verlauf des 19. Buchs werden aber auch diese allgemeinen Begriffe und der besondere Begriff *moeurs et manières* vielfach miteinander vermischt.

dem Menschen gesteckten Zielen. Gerechte Bewunderung errang dabei vor allem das Kapitel, das die Eigenart des englischen Volkes entwickelt (XIX, 27), der Nation, die „sich am besten unter allen Völkern der Welt die drei großen Güter, Religion, Handel und Freiheit, zu eigen zu machen gewußt hat" (XX, 7). Aber auch den Franzosen, Spaniern und Chinesen widmet er an zerstreuten Stellen seines Werkes kürzere, aber scharf eindringende Charakteristiken.[1]) In diesem ganzen Thema schließt er sich, wie auch sonst so oft, an Machiavelli[2]) als seinen Vorgänger an; aber die Gedanken des Florentiners erscheinen bei ihm viel tiefer begründet und viel reicher ausgestaltet.

Gleichwohl fehlt bei genauerem Zusehen diesen Ausführungen der feste Grund. Die Nation ist in Wahrheit nur eine oberste Gemeinschaft, der zahlreiche besondere Gemeinschaften untergeordnet sind. Nur in sorgfältiger Scheidung dessen, was jedem der unteren Kreise allein angehört, und derjenigen Elemente, die, als ihnen allen gemeinsame Züge, der obersten Gemeinschaft der Nation zukommen, konnte die Auffassung der Eigenart derselben vor übereilten Verallgemeinerungen bewahrt werden. Eine solche Scheidung aber lag Montesquieu fern. Dazu kam ein zweiter Mangel.

Mag man das Gemeinwesen des Staates der Nation unter- oder überordnen, jedenfalls unterscheidet es sich nach seinen ihm eignen Zwecken und Tätigkeiten unüberschreitbar von der Nation und allen in ihr zusammengefaßten Gemeinschaften. Wollte also Montesquieu den Lauf der Geschichte eines Staates mit ausgebildeter Nationalität verstehen, so mußte er, wie das formale Gesetz den inhaltsvollen Lebenszwecken, so auch den Träger des erstern, nämlich die persönliche Macht des in all seinen Organen tätigen Staates, dem Träger der letztern, nämlich der persönlichen Macht der in allen ihr eingeordneten Gemeinschaften tätigen Nation gegenüberstellen und beide in ihrer Wechselwirkung zu erfassen suchen. Statt dessen be-

---

[1]) XIX, 5—10, 13, 17—20; XXIII, 8, 9.
[2]) Vgl. S. 147 f. Über sein Verhältnis zu Vico vgl. Vian, Montesquieu S. 237/8.

gnügt er sich, die Nation als ein fertiges Gemeinwesen zu beschreiben, ohne auf ihre Entstehung und ihr Verhältnis zum Staat näher einzugehen.

Kommen wir nunmehr zu einem abschließenden Urteil. Die große Bedeutung Montesquieus für die Geschichtschreibung lag darin, daß er eine tiefere Auffassung der innern Geschichte des Staates anbahnte. Nicht in vereinzelten Beobachtungen, sondern planmäßig und, soweit es auf die Absicht ankam, erschöpfend, lehrte er die innere Entwicklung der Staaten verstehen aus der Wechselwirkung zwischen den formalen Gesetzen und den inhaltsvollen Lebensverhältnissen oder, wie wir heute sagen würden, zwischen Recht und Kultur. Daß er dabei mit einer mehr begrifflichen Auffassung der Kultur- und Rechtsverhältnisse sich begnügte und die persönlichen Mächte, die dahinter stehen, nur gleichsam in unbestimmten Umrissen erkennen ließ, ist ausführlich genug besprochen. Ein besonderer Vorzug dagegen war es, daß er überall auf greifbare geschichtliche Vorgänge und Verhältnisse zurückging, um aus ihnen seine allgemeinen Sätze abzuleiten oder doch an ihnen zu veranschaulichen. Vielfach wuchsen sich dann diese historischen Beobachtungen zu umfassenden und höchst anziehenden Darstellungen aus. So flocht er seinem Werk eine Übersicht über den Gang des Welthandels (XXI, 6—22) ein, weiter über die Geschichte der politischen Freiheit im alten Rom (XI, 12—19) und vor allem die Skizze einer Geschichte des Lehenswesens im fränkischen Reich von den Anfängen bis zur Begründung der Territorialhoheit (XXX), die durch den festen Zusammenschluß, in dem die aufeinanderfolgenden Rechtssätze auseinander entwickelt und mit der gleichzeitigen Geschichte in Verbindung gebracht wurden, die gerechte Bewunderung der Zeitgenossen erregte.

Allerdings, es war auch wieder dieser historische Unterbau, welcher bei den großen Massen, die Montesquieu umspannte, bei der Raschheit, mit der er arbeitete, am ehesten die Kritik herausforderte. Es fehlte neben der bis zur Bewunderung gesteigerten Anerkennung des Werkes denn auch nicht, besonders nach jener Seite hin, an frühzeitigen Angriffen, wobei denn in die vorderste Reihe kein Geringerer als Voltaire trat.¹) Indem er bald nach Montesquieus Tod ein Register von teils wirklichen, teils angeblichen Beispielen kritikloser oder entstellter Wiedergabe der Quellen und voreiliger Verallgemeinerungen aufstellte, schloß er mit einem fast vollständigen Verdammungsurteil²); nur der Widerspruch gegen Tyrannei und Aberglaube fand seinen Beifall.

Indes, zunächst handelte es sich hier um Mängel, die von einer voranschreitenden Forschung gehoben werden konnten, wenn nur der Weg, den Montesquieu zur Vervollkommnung der Geschichtswissenschaft gezeigt hatte, der richtige war. Aber auch dieses wurde von dem Manne bestritten, der die unerbittliche Kleinkritik am Geist der Gesetze geübt hatte. Voltaire unternahm es, der Geschichtschreibung völlig andere Aufgaben zu stellen.

Zweites Kapitel
Voltaire

Das vornehmste Geschichtswerk Voltaires, auf das unsere Betrachtung sich beschränken wird, ist erst nach und nach, in verschiedenen Teilen und mit verschiedenen Titeln, ans Licht getreten. Wie es endlich in der Ausgabe von 1769 vollständig vorlag³), begann es in einem *discours préliminaire* mit einem raschen Überblick über die alte Geschichte bis zum Untergang des weströmischen Reiches; dann folgte als erster Teil des Hauptwerks, unter dem Titel eines „Versuchs über die Sitten und den Geist der Nationen und die vornehmsten Tatsachen ihrer Geschichte", eine allgemeine Geschichte von Karl dem Großen bis zum Tode Ludwigs XIII.; als zweiter Teil schloß sich daran das ursprünglich selbständig bearbeitete „Zeitalter Ludwigs XIV.", dem end-

---

¹) *Dictionnaire philosophique*, s. v. Lois. Zuerst erschienen 1771 (Montesquieu starb 1755) in den *Questions sur l'encyclopédie*. — *Commentaires sur quelques principales maximes de l'esprit des lois*.

²) Unter Verwendung des Spruchs von Geist und Buchstabe sagt er: *l'esprit égare et la lettre n'apprend rien*.

³) Ich zitiere nach der Ausgabe der Werke Paris 1869 f.

lich wieder, als Fortsetzung, das Zeitalter Ludwigs XV. angefügt war. Daß dieses Werk ganz anderer Art sein sollte als die bisherigen geschichtlichen Darstellungen, sprach der Verfasser mit gewohntem Selbstbewußtsein aus: als Philosoph wollte er für philosophische Leser schreiben. Fragte man aber, worin denn die Unterscheidungsmerkmale beständen, so waren leicht nur die negativen Momente zu kennzeichnen.

Zwei Vorwürfe macht Voltaire der bisherigen Geschichtschreibung: einmal, daß sie Dinge darstelle, die der Darstellung nicht wert seien[1]), sodann, daß sie Wahres und Falsches ungeprüft aufnehme.[2]) Unter den ersten Vorwurf fällt vor allem die zu ausführliche Erzählung der Aktionen des Kriegs und der auswärtigen Politik.[3]) Da er in diesen Vorgängen, wenigstens der Regel nach, keinen andern Beweggrund zu finden weiß, als den Ehrgeiz der Herrscher, keinen höhern Gehalt, als menschliche Raserei und menschliches Elend[4]), so würde es genügen, die Ergebnisse, zu denen sie inbezug auf Größe und Machtverhältnisse der Staaten geführt haben, und das, was in ihrem Gang als charakteristisch für die Zeit hervortritt, darzulegen, ohne in die Einzelheiten ihres Verlaufs hinabzusteigen. — Aber was soll nun an die Stelle dieser Ereignisse als wirklich wertvoll eintreten? In einer mehr hingeworfenen als genauer ausgeführten Unterscheidung stellt Voltaire den Tatsachen der Geschichte (*faits*) die Sitten (*moeurs*) oder auch den Geist der Menschen als dasjenige gegenüber, dem seine Darstellung vorzugsweise gewidmet sei[5]), — offenbar eine Formulierung der Aufgabe, vor der sich sofort zwei Fragen erheben: erstens, was der

---

[1]) *Tout ce qui s'est fait ne mérite pas d'être écrit* (*Siècle de Louis XIV*, chap. 1; Oeuvres XII, S. 116).

[2]) Von den Kompilatoren der alten Geschichte sagt er, sie „copient tant d'auteurs, sans en examiner aucun (*Essai Introd.* § 11; Oeuvres X, S. 27).

[3]) *Les détails et les ressorts de la politique* (*Siècle* Chap. 34; Oeuvres XII, S. 423).

[4]) *Les nations, dans les monarchies chrétiennes, n'ont presque jamais d'intérêt aux guerres de leurs souverains* (*Siècle* Chap. 6; Oeuvres XII, S. 163). *La fureur et la misère humaine* (*Siècle* Chap. 11; Oeuvres XII, S. 196).

[5]) *Essai* Chap. 197 (Oeuvres XI, S. 516). *Siècle, Introd.* (Oeuvres XII, S. 113); Chap. 11 (S. 196).

Verfasser unter den Worten „Sitten" und „Geist" versteht, zweitens, ob alles, was er darunter versteht, sich zu einer lebendigen Einheit zusammenschließt.

Wenn Voltaire einmal dem Getriebe der Politik — auswärtige Politik und Kriege sind gemeint —, als vorübergehenden Vorkommnissen, drei Dinge von dauerndem Wert entgegensetzt, nämlich gute Gesetze und Einrichtungen, zweitens die Errungenschaften der Wissenschaft und endlich die Denkmäler der Künste[1]), so kann man daraus eine ungefähre Beantwortung der ersten Frage entnehmen. Als wertvoller Inhalt der Geschichte wird jenen vorübergehenden Ereignissen entgegengestellt: die staatliche Rechtsordnung und Verwaltung, soweit sie unmittelbar dem Wohl der Menschen dient, dann die Wissenschaften, unter denen die mathematisch-physikalischen durchaus als die führenden angesehen werden, endlich die Künste, unter denen er sowohl die an die Sinne oder die Phantasie sich wendenden eigentlichen Künste, als die dem Nutzen dienende Technik versteht. Diesen Gebieten fügt er an andern Stellen als zwei nicht minder wichtige bei: zunächst die „Sitten"[2]), worunter er dasselbe versteht, was Montesquieu als Sitten und Gebräuche bezeichnet hatte (s. o. S. 225), und in deren Gefolge auch noch der Wohlstand der Völker, ihr Handel und Gewerbfleiß einige Berücksichtigung findet, sodann an zweiter Stelle die Religion, deren hohe Bedeutung er nach ihren Grundsätzen sittlichen Handelns in den Beziehungen der Menschen zu einander beurteilt, während er eine ausgebildete über die Idee des Weltschöpfers und allenfalls der Unsterblichkeit[3]) hinausgehende Dogmatik als den Nährboden geisttötender Gedankenspiele und grausamen Fanatismus verabscheut.

Es ist klar, daß mit dieser Aufzählung ungefähr die gesamten Betätigungen des menschlichen Geistes als Gegenstand der Geschichte aufgestellt werden. Macht aber Voltaire mit der Ausführung dieses Planes ernst, und zwar in der Weise, daß er versucht hätte, alle diese Erscheinungen

---
[1]) *Siècle* chap. 34 (Oeuvres XII, S. 423/4).
[2]) *Essai* Chap. 197 (Oeuvres XI, S. 523).
[3]) *Essai, Introd.* § 11. (Oeuvres X, S. 26.)

nach ihrem vollen Inhalt zu erfassen und darzustellen? Gehen wir bei dieser Untersuchung davon aus, daß er in den geschichtlichen Vorgängen und Erfolgen doch wieder einen Wertunterschied macht. Als die wichtigste Angelegenheit der Menschen treten bei ihm die Wissenschaft und die Kunst, ihre Pflege und ihre Errungenschaften, hervor[1]), und danach müßte man also erwarten, daß Entwicklung und Gehalt dieser beiden Tätigkeiten in der geschichtlichen Darstellung am eingehendsten behandelt wäre. Nehmen wir demnach zur Probe diese beiden Gebiete heraus und die Behandlung, die ihnen zuteil wird.

Was zunächst die Wissenschaften angeht, so kennt Voltaire eigentlich nur eine Wissenschaft, nämlich die Gesamtheit der auf Beobachtung der Natur und des Menschen gegründeten Erkenntnisse, die er zusammenfassend als „gesunde Philosophie" bezeichnet. Was aber erfahren wir von der Entfaltung dieser Erkenntnisse im Lauf der Geschichte? Wir hören, daß den Griechen „dem geistreichsten Volk der Erde", die späteren Nationen die Einführung, wie in Kunst und Poesie, so auch in die Philosophie verdankten[2]); von dem Inhalt dieser Überlieferung aber wird nur gesagt, daß die Elemente der von den Erfahrungswissenschaften unzertrennlichen Mathematik von Euklid gelehrt seien[3]); die griechische Philosophie selber jedoch sei in einem unverständlichen Wortgefechte aufgegangen[4]), und vollends, wie sie aus den Händen des Aristoteles dem Mittelalter überliefert und nun mit den nicht minder gehaltlosen theologischen Dogmen in der Scholastik verschmolzen sei, könne

---

[1]) Wenn er sagt, daß es in der ganzen Geschichte nur vier Zeitalter gebe, die für denkende und geschmackvolle Menschen in Betracht kommen, so kennzeichnet er die drei ersten nur nach ihrer Bedeutung für Wissenschaft und Kunst; erst bei dem vierten, dem Zeitalter Ludwigs XIV., kommen noch andere Errungenschaften zur Geltung (*Siècle* chap. 1; Oeuvres XII, S. 113—115). — Ein früherer Entwurf der Partien des *essai* über Poesie, Kunst und Wissenschaften in der *Revue des deux mondes* 1913, VI, 15, S. 103.

[2]) *Essai, Introd.* § 24 (Oeuvres X, S. 55/56).

[3]) Allerdings erst nach den Chinesen: *Essai* Chap. 1; Oeuvres X, S. 132.

[4]) *Essai, Introd.* § 26 (Oeuvres X, S. 58).

sie nur noch als eine Hülle der Unwissenheit gelten. Das Wenige, was daneben von mathematischen und physikalischen Kenntnissen fortlebte, sei durch die Araber erhalten.[1]) Ein wenig ausführlicher werden die Mitteilungen, da die Erzählung zu dem Zeitalter Ludwigs XIV. gelangt, aber auch hier bleibt es bei der Aufzählung der vornehmsten Vertreter der so mächtig voranschreitenden Erfahrungswissenschaften mit kurzer Bezeichnung ihrer Entdeckungen und dem abschließenden Urteil, daß in jenem einen Jahrhundert die Menschheit Europas mehr Erleuchtung gewonnen habe, als in sämtlichen früheren Zeiträumen.[2])

Nicht ganz so dürftig fallen die der Poesie und Kunst gewidmeten Betrachtungen, wenigstens für Frankreich und das Zeitalter Ludwigs XIV., aus. Indem der Verfasser hier mit der Poesie auch solche Hervorbringungen verbindet, die mit ihr in enger Berührung stehen — die Beredsamkeit der Kanzel, die Geschichtschreibung[3]), die Behandlung moralischer Fragen[4]) —, und diese ganze Literatur in ihrer Blütezeit überschaut, streift er mit einigen Bemerkungen die Bedingungen ihres Aufblühens und ihres Welkens[5]) und führt dann eine Reihe klassischer Erzeugnisse vor, um jedes mit einer kurzen ästhetischen Zensur zu versehen. Diese fertigen Werturteile sind vielfach treffend und regelmäßig geistreich zugespitzt, aber einen wirklichen Begriff von Gehalt und Form, von dem das einzelne verbindenden Zusammenhang dieser Schöpfungen und den Gründen ihres Werdens und Vergehens können sie nicht geben. Noch weniger können einen solchen tieferen Einblick die oberflächlicher gehaltenen Bemerkungen über die bildenden Künste, am wenigsten die

---

[1]) *Ignorance scolastique. Essai* Chap. 63 (Oeuvres X, S. 388/89); Chap. 82 (S. 470—471).
[2]) *Siècle* Chap. 31, 34 (Oeuvres XII, S. 405 f., 426 f.).
[3]) Nur gestreift S. 412 (Bossuet), 414 (Saint Réal).
[4]) La Rochefoucauld (S. 410), La Bruyère (S. 413).
[5]) Seine Gedanken sind: erst mußte die Sprache geregelt und von Geschmacklosigkeit gereinigt werden, ehe künstlerische Hervorbringungen möglich waren; der künstlerisch gebildeten Prosa wurde der Weg gewiesen durch poetische Meisterwerke; der Niedergang der Literatur nach Ludwig XIV. lag an geistiger Abspannung und der Erschöpfung der zu behandelnden Gegenstände (S. 410, 414, 419 f.).

nur England und Italien umfassenden Seitenblicke auf die gleichartigen Entwicklungen außerhalb Frankreichs eröffnen.[1]

Es würde nach diesem einen Beispiel nur zu Wiederholungen führen, wenn ich weiter zeigen wollte, wie Religion, Sitte und Recht in gleich flüchtiger Weise, vornehmlich durch Hervorhebung greller Einzelzüge, behandelt sind; ich wende mich statt dessen sofort zu der weiteren Frage, ob Voltaire all die Äußerungen des Lebens und neben ihnen die zwar geringer geschätzten, aber sich doch immer wieder in den Vordergrund drängenden politischen Begebenheiten zu einer dem Leben entsprechenden Einheit zu verbinden vermochte. Man kann sich diese Verbindung, wie schon früher erwähnt (S. 226), in doppelter Weise denken: entweder die verschiedenen Inbegriffe menschlicher Betätigung, wie sie teils von Einzelnen, teils aus dem Zusammenarbeiten von Gemeinschaften ausgehen, mitsamt ihren Ergebnissen, wie sie teils als vorübergehende, teils als dauernde sich einstellen, werden so erfaßt, wie sie wirklich erscheinen, nämlich als Erlebnisse des menschlichen Geistes, in dem sie in Denken oder Schaffen, Tun oder Leiden sich vollziehen, in dem jede ihrer Errungenschaften als Erlebnis reproduziert werden muß, um angeeignet und genossen, gebraucht und fortgebildet zu werden. Eine Geschichtschreibung in diesem Sinne würde den Grund der Einheit des Geschehens in der lebendigen Persönlichkeit mit all ihren Abstufungen vom Einzelnen durch die zahllosen Gemeinschaften hindurch erkennen. — Im Gegensatz zu ihr kann ein anderes Verfahren davon ausgehen, daß der abstrahierende Verstand alle jene Betätigungen und vollends alle ihre Errungenschaften, z. B. Rechtsordnungen, Wirtschaft und wirtschaftlichen Reichtum, wissenschaftliche Erkenntnisse und künstlerische Schöpfungen, von ihren persönlichen Trägern abzulösen und als auf sich selbst gestellte Vorgänge und Zustände aufzufassen vermag.[2] Eine Geschichtschreibung in diesem Sinne

---

[1] Der dem Zeitalter Ludwigs XIV. vorausgeschickte „catalogue" der französischen Schriftsteller und Künstler ist natürlich als bloße Materialensammlung hier nicht zu berücksichtigen.

[2] Vgl. die Ausführungen Diltheys in seiner Einleitung in die Geisteswissenschaften S. 52—53, 61—65; weiter in der Abhandlung

wird zwar nicht völlig, aber bis zu einem hohen Grad einen unpersönlichen Charakter tragen und das Hauptgewicht leicht auf die Zustandsschilderung verlegen. Besonders aber steht sie vor der Frage, ob das ideale Band zu finden ist, welches so verschiedenartige Betätigungen zur innern Einheit im Werden und Wirken verbindet.

Auf den ersten Blick nun könnte es scheinen, als ob Voltaire von diesen beiden Wegen den erstern hätte gehen wollen. Wenn er in einem seiner Ausfälle gegen die Überschätzung politischer Aktionen ausruft: „dem menschlichen Geschlecht hätte man in der Geschichte die Aufmerksamkeit zuwenden sollen"[1]), so könnte man meinen, daß er als Träger der Geschichte die denkbar weiteste, aber auch loseste Gemeinschaft hätte aufstellen wollen, eben die gesamte Menschheit. Indes diese Gemeinschaft erwies sich doch zu unbestimmt, um in der Einheit von Wirken und Leiden erfaßt zu werden. So muß denn Voltaire als Träger des geschichtlichen Lebens eine bestimmter zu erfassende Gemeinschaft suchen, und da bietet sich ihm aus der Gedankenarbeit seiner Vorgänger der Begriff der Nation. Nationen werden denn auch in der Regel als Träger der Geschichte von ihm vorgeführt.[2])

Allein wie ist nun die Entstehung, das Wesen und die Betätigungsweise der Nation zu denken? Hierauf gibt Voltaire ebensowenig eine befriedigende Antwort, wie seine Vorgänger. Mit dem kurzen Satz, daß aus den Familien des noch halb tierischen Urzustandes mit Hilfe der neugebildeten Sprache „das Volk, die Nation" erwachsen sei[3]), wird die Frage nach der Entstehung erledigt, und wenn wir dann hören[4]), daß es zur Zeit des Weltreiches des Augustus „nur eine einzige Nation gab", so erscheint die Nation

---

„Aufbau der geschichtlichen Welt in den Geisteswissenschaften", Abhandlungen der Berliner Akademie 1910.

[1]) *Essai* Chap. 84 (Oeuvres X, S. 479).

[2]) So läßt er die französische Nation den Père Daniel apostrophieren: *je vous demande mon histoire encore plus que celle de Louis le Gros et de Louis le Hutin* (Dictionnaire philosoph. unter *Histoire*. Oeuvres XVIII, S. 245).

[3]) *Essai, Introd.* § 7 (Oeuvres X, S. 17).

[4]) *Siècle* Chap. 29 (Oeuvres XII, S. 393).

ihrem Wesen nach einfach als die Gesamtheit der Angehörigen eines Staates, mag er ein in sich geschlossenes Gemeinwesen oder ein Weltreich sein. Als gleichbedeutend werden demnach auch die Worte Nation und Volk gebraucht. Wie aber, das wird nun die Hauptfrage sein, gibt sich im Lauf der Geschichte die Betätigung dieser Gesamtheit kund?

Von der Kette der Kriege zwischen den Staaten, die einen so großen Teil der Geschichte ausfüllen, sagt Voltaire einmal: „in den christlichen Monarchien haben die Nationen fast niemals ein Interesse an den Kriegen ihrer Herrscher; das Volk, das den Sieg davonträgt, zieht keinen Nutzen aus der Beraubung der Besiegten, es bezahlt alles und leidet ebensowohl beim Glück der Waffen, als bei ihrem Unglück."[1] In diesen Worten spricht er den in seiner Darstellung der auswärtigen Politik der Staaten vorherrschenden Gedanken aus: die Nationen sind der leidende Teil, der Antrieb zur Tat geht aus von den Monarchen, und zwar vornehmlich von ihrem Drang nach Ruhm und Macht.[2] Und ist es viel anders mit den im Innern eines Staates vor sich gebenden Tätigkeiten? Eine Nation, so meint mit richtigem Blicke Voltaire, unterliegt einem Bildungsprozesse, sie wird gleichsam geformt.[3] Fragt man aber, wer diese Bildner sind, so

---

[1] *Siècle* chap. VI, XXX (Oeuvres XII, S. 162, 398/9).

[2] Ein Beispiel bietet die Begründung der auswärtigen Politik Ludwigs XIV. Gleich der Beginn seiner selbständigen Regierung wird bezeichnet mit dem Satz: *il montre d'abord qu'il ambitionnait toute sorte de gloires* (*Siècle* chap. 7; XII, S. 169). Motivierung des Devolutionskriegs: *l'impatience de se signaler et d'être conquérant* (chap. 7; S. 175). Angriff gegen Holland: *tout ce que les efforts de l'ambition et de la prudence humaine peuvent préparer pour détruire une nation, Louis XIV l'avait fait* (Chap. 10; S. 188). Reunionen: *l'ambition de Louis XIV ne fut point retenue par cette paix* (Nymwegen) (chap. 14; S. 215). Krieg von 1688: Ludwigs *soif de gloire* in seiner *hauteur* gegenüber Innozenz XI.; *Louis, avec la même hauteur, ... voulut donner un électeur à Cologne* (chap. 14; S. 221, 222). Der Spanische Erbfolgekrieg: der ihm vorausgehende diplomatische Krieg *n'était qu'un intérêt personnel; la nation espagnole était comptée pour rien* (chap. 17; S. 252/3). Allgemeines Urteil: *cette avidité de gloire, ces guerres légèrement entreprises* (Chap. 38; S. 479). — Allerdings Ludwigs größter Gegner, Wilhelm III., war noch *plus ambitieux que Louis XIV* (chap. 15; S. 223).

[3] Die Engländer waren ein *peuple si difficile à former* (*Essai* chap. 167; Oeuvres XI, S. 300). Die französische Nation wurde *formée*

rückt der Geschichtschreiber wieder an die erste Stelle jene Herrscher, „welche ihre Völker besser und glücklicher gemacht haben".[1] Zu ihnen gehören in England die Königin Elisabeth, in Frankreich Ludwig XIV. mit seinen Vorläufern Heinrich IV.[2] und Richelieu. Die Geschichte ihrer inneren Regierung ist die Geschichte der Fortbildung ihrer Nation.

Allerdings gibt es Vorgänge, in denen sich doch auch die Selbsttätigkeit der Nation dem Geschichtschreiber aufdrängt. Zu ihnen gehören im Sinne Voltaires vor allem die Erhebung der niederländischen Provinzen gegen die spanische Herrschaft und die beiden englischen Revolutionen des 17. Jahrhunderts. Nur außerordentliche Antriebe jedoch können ihm dieses Eingreifen der Massen erklären, und er findet sie in der Verteidigung der politischen Freiheit und der Religion. Freiheit und Religion, sagt er, sind die beiden Quellen der größten Taten[3]), — allerdings, um in diesen beiden Beweggründen doch wieder eine scharfe Scheidung durchzuführen. Bei seinem Widerwillen gegen jede dogmatisch ausgebildete Religion kann er in den Glaubenskämpfen des 16. und 17. Jahrhunderts die Religion nur als eine entweder unheilvolle oder bloß scheinbare Triebkraft anerkennen. „Die Fürsten", sagt er, „welche eine Religion festgesetzt oder beschützt oder geändert haben, hatten selber in der Regel keine"[4]); für die Parteiführer in den französischen Religionskriegen „war Gott der Vorwand, ihr wahrer Gott war die Manie zu herrschen".[5] Die Massen

---

en quelque sorte par Louis XIV (*Siècle* chap. 29; *Oeuvres* XII, S. 393). Vor ihm war sie noch nicht *ce qu'elle devint depuis* (*Essai* Chap. 176; *Oeuvres* XI, S. 405). In seinen Bemühungen *pour rendre la nation plus florissante* (*Siècle* S. 389) macht er *d'une nation jusque la turbulente un peuple paisible qui ne fut dangereux qu'aux ennemis* (a. a. O. S. 391).

[1]) *Essai*, avant-propos (*Oeuvres* X, S. 121).

[2]) Nach Heinrichs IV. Tod sah man, *combien... l'esprit d'une nation dépend souvent d'un seul homme* (*Essai* Chap. 175; *Oeuvres* XI, S. 367).

[3]) *Essai* Chap. 179 (*Oeuvres* XI, S. 429/30).

[4]) *Essai* Chap. 164 (*Oeuvres* XI, S. 285). Vgl. chap. 170, S. 312 (über Condé), chap. 176, S. 382 (Karl V. und Franz I.), chap. 179, S. 428 (Richelieu).

[5]) Chap. 171, S. 317. In der englischen Revolution findet er übrigens wenige derartige „*esprits déliés*". Die Parteien waren im all-

Zweites Kapitel. Voltaire.

aber, welche von ihren Führern in die Kriege getrieben wurden, waren im wesentlichen eine zerstörende Gewalt; was sie erfüllte, war der blinde Fanatismus[1]), so daß man von einer Partei, wie den englischen Puritanern, sagen kann, „sie waren zugleich die verrücktesten und die furchtbarsten der Menschen".[2])

So bleibt als wertvoll in dem Massenwirken der Nation nur das andere Motiv übrig, das der Freiheit. Aber wo hat diese Kraft nicht bloß stoßweise gewirkt, sondern eine dauernde Stätte gefunden? Unter den Monarchien seiner Zeit kennt Voltaire nur zwei, in denen sich die Volksfreiheit behauptet habe, England und Polen[3]), und unter diesen ist es England, wo er denn auch infolge der Freiheit die Nation und ihre hervorragendsten Angehörigen als eine selbsttätig wirkende Macht anerkennt. Ja, wenn er einmal den Kern der englischen Verfassung darin erblickt[4]), daß der König, das Haus der Lords und das Haus der Gemeinen die Vertreter der Nation seien, so erscheint die Nation als das eigentlich herrschende Gemeinwesen. Sie ist es denn auch, die nach der schöpferischen Regierung der Königin Elisabeth als die fortan selbsttätig wirkende Macht auf den beiden Gebieten hervortritt, auf denen nach Voltaire damals die größten Erfolge errungen wurden, auf dem des Handels und der Erfahrungswissenschaften. Während der Geschichtschreiber, wenn er den großen Aufschwung des französischen Handels und Gewerbefleißes in Frankreich schildert, alle Maßregeln

---

gemeinen „*de bonne foi*" (chap. 180, S. 434). Auch Cromwell ist ihm ursprünglich ein *fanatique de la liberté* (a. a. O. S. 430), den erst' der Fatalismus der Begebenheiten nach der Alleinherrschaft greifen ließ (S. 439, chap. 181, S. 443 f.).

[1]) *Enivrés de fanatisme* (*Essai* Chap. 171, S. 317).
[2]) Chap. 180, S. 434.
[3]) *Siècle* chap. 15 (*Oeuvres* XII, S. 224. Polen freilich in Wahrheit *une république aristocratique, où le peuple est esclave* (*Essai* Chap. 96; *Oeuvres* XI, S. 25). Daneben kommen für ihn besonders die große Republik der Niederlande (*Essai* chap. 164, 187; *Oeuvres* XI, S. 291, 472) und die kleine Republik von Genf (chap. 125, 166; S. 132, 297) in Betracht.
[4]) *Essai* Chap. 180 (*Oeuvres* XI, S. 439).

von Ludwig XIV. und Colbert[1]) ausgehen läßt, sind es in seiner entsprechenden Darstellung der englischen Vorgänge seit dem Ausgang Elisabeths nicht mehr das Königtum, sondern die Nation im ganzen[2]), ihre im Parlament in diesem Punkte einträchtigen Parteien[3]), die Tatkraft und der Gemeinsinn großer Kaufleute[4]), welchen hier die Führung zufällt. Vollends tritt der Einfluß des Königtums da zurück, wo er sich unmittelbar ja auch am schwersten geltend machen kann, im Reiche der Wissenschaften. Wenn Voltaire erwähnt, daß Karl II. der aus freiem Zusammentritt entstandenen Gesellschaft der Wissenschaften ein Korporationspatent erteilte, das ihn nichts kostete, vergißt er nicht hinzuzufügen: das war aber auch alles, was die Regierung gab[5]); denn, so bemerkt er an anderer Stelle, wo er von dem Aufschwunge der Wissenschaften in England spricht, unter Karl II. errang der Genius der Nation unsterblichen Ruhm, obgleich der Regierung nichts davon zufiel.[6])

Aber es ist etwas anderes, großen in die Augen fallenden Taten und Errungenschaften irgend einen lebendigen Träger unterlegen, und etwas anderes, die Art und die Form, in denen dieser Träger sich wirklich tätig erweist, zur Anschauung bringen. Dies aber hat Voltaire hinsichtlich der Nation nicht vermocht; sie erscheint bei ihm als ein Begriff, nicht als eine sich anschaulich im Leben auswirkende Macht, an der und durch die alle jene Betätigungen, welche in der Geschichte dargestellt werden sollen, sich vollziehen. Greifbarer ist die Wirksamkeit jener Bildner der Nationen, der macht- und ruhmsüchtigen Monarchen; aber selbstverständlich kann Voltaire ihnen doch nur einen verhältnismäßig kleinen Teil der geschichtlichen Hervorbringungen zuschreiben.

---

[1]) *Les Français lui doivent certainement leur industrie et leur commerce* (Siècle Chap. 30; Oeuvres XII, S. 393).

[2]) *Application au commerce dans une nation guerrière* (*Essai* chap. 182; Oeuvres XI, S. 454).

[3]) A. a. O. S. 453.

[4]) *Essai* Chap. 167, S. 301: es war bei Gründung gemeinnütziger Anstalten *le plus bel effet qu'eut produit la liberté*, daß *de simples particuliers faisaient ce que font aujourd'hui les rois.*

[5]) *Siècle* chap. 31 (Oeuvres XII, S. 406).

[6]) *Essai* Chap. 182 (Oeuvres XI, S. 448).

So sieht der philosophische Geschichtschreiber sich am Ende doch auf den zweiten jener beiden Wege geführt, auf dem die Tätigkeiten und Errungenschaften, welche den Inhalt der Geschichte bilden, von den lebendigen Personen losgelöst und als unpersönliche Mächte zu Trägern der Geschichte gemacht werden. In diesem Sinn hat er denn z. B. die Geschichte Ludwigs XIV. in fünf nebengeordnete Abschnitte zerlegt: politische und kriegerische Aktionen, innere Regierung, Züge aus dem persönlichen Leben Ludwigs und seiner Umgebung, Künste und Wissenschaften, kirchliche Verhältnisse. Aber sofort erhebt sich hier die Hauptfrage, ob denn so verschiedenartige Betätigungen zu einer innern Einheit verbunden sind. Denken kann man sich freilich eine solche Einheit in der Weise, daß der Geschichtschreiber uns zeigte, wie aus gemeinsamem Grunde alle diese Erscheinungen hervorgehen, wie sie in ihrer Entfaltung sich gegenseitig bedingen und schließlich einem gemeinsamen Endzwecke zustreben und so zu einer Einheit der Entwicklung sich zusammenschließen. Allein Voltaire hat keinen Versuch gemacht, eine solche Höhe des Verständnisses zu erreichen. Er bleibt dabei, die nebeneinander gestellten Gebiete menschlichen Tuns auch nebeneinander zu betrachten. Noch mehr! Auch das Nacheinander der Vorgänge weiß er in der Hauptsache nur als zeitliche Folge, nicht aber im Sinne der ursächlichen Verkettung der Ereignisse und des fortschreitenden Werdens der geschichtlichen Bildungen zur Anschauung zu bringen.

Betrachten wir nur in dieser Beziehung den dem Zeitalter Ludwigs XIV. vorausgehenden Entwurf einer Weltgeschichte, vornehmlich den ausführlichen Teil desselben, der mit den Zeiten Karls d. Gr. beginnt. Den breitesten Raum nehmen hier die Aktionen des Kriegs, der Politik, der Gesetzgebung ein; es soll gezeigt werden, wie unter ihnen die mittelalterlichen, besonders die europäischen Staaten, und neben ihnen das verwandte und darum stets mit ihnen rivalisierende Machtgebilde der kirchlichen Hierarchie, mit dem allgewaltigen Papsttum an der Spitze, sich erheben und in ihrem Bestand, Umfang und inneren Zusammenhalt wachsen oder abnehmen, sich kräftigen oder verfallen.

Was hier vorgeführt wird, sind zu neuen Zuständen führende Begebenheiten, die in der Hauptsache nur zeitlich verbunden und ihrer Masse nach unter die Staaten und Machthaber, die sie angehen, verteilt sind. Jene Inbegriffe geistiger und wirtschaftlicher Kultur aber, die im Sinne Voltaires den eigentlich wertvollen Inhalt der Geschichte ausmachen, werden jedesmal nach Ablauf einer größern Epoche in Anhängen behandelt, in der Form von Übersichten, in denen die verschiedenen Gruppen nicht nur äußerlich nebeneinander geordnet, sondern auch, statt in ihrer genetischen Entwicklung, in der Regel als fertige Zustände vorgeführt werden.

Als Beispiel nehme man etwa die Behandlung des Lehenwesens. Montesquieu, in seiner Digression über die erste Epoche des Lehenrechtes (S. 231), ließ sich von dem Bestreben leiten, die einzelnen Momente wenigstens der rein rechtlichen Ausgestaltung in einer geschlossenen Kette der Entwicklung des einen aus dem andern vorzuführen. Bei Voltaire tritt uns das Lehenwesen in der Geschichte des 9. und 10., dann wieder des 15. Jahrhunderts als bestehende Einrichtung entgegen[1]), über deren Ursprung wir, abgesehen von einem willkürlichen Einfall über die Herzöge im alten Langobardenreich als früheste Vasallen, nichts Näheres erfahren. Und wäre wenigstens die Zustandsschilderung deutlich! Aber aus den konfusen Reden, die über das Wesen der Lehenseinrichtungen ergossen werden, entnimmt man eigentlich nur, daß sie der geistlichen und weltlichen Aristokratie als Mittel dienten, um den Monarchen zur Ohnmacht, das Landvolk zur Sklaverei herabzuwürdigen.

Man erkennt hier den mangelnden Sinn für eine genetische Behandlung der geschichtlichen Erscheinungen, daneben aber auch die Flüchtigkeit, welche in der Feststellung des Einzelnen in den dem Zeitalter Ludwigs XIV. vorausgehenden Abschnitten uns überall entgegentritt. Halten wir uns indes nicht an diesen letztern Mangel, der ja nur ein Fehler der Ausführung ist, sondern lediglich an den Plan, nach dem das Werk angelegt ist, so können wir jetzt abschließend sagen: das Ganze der Geschichte wird in Epochen

---

[1]) *Essai* chap. 33, 38, 96, 98.

zerlegt, die wie innerlich unverbundene Schichten sich übereinander legen, innerhalb der Epochen wird zwischen dem Verlauf der politischen Begebenheiten und dem eigentlich wertvollen Gehalt der Geschichte eine Scheidung vorgenommen, bei welcher der letztere in Form von Zustandsschilderungen am Schlusse der einzelnen Abschnitte behandelt wird, auch hier jedoch wieder in äußerlicher Nebenordnung der verschiedenartigen Erscheinungen.

Sollte indes, so wird man doch noch einmal fragen, dieser Mangel an einem alles verbindenden Gesichtspunkt nicht verschwinden, wenn man dem Geschichtschreiber bis auf den Punkt folgt, wo er den Blick über die einzelnen Zeiträume hinweg auf das Ganze des geschichtlichen Verlaufs richtet und nun fragt, ob er etwa hier ein den Ursprung der Ereignisse, ihren Gang und ihr Endziel bestimmendes Gesetz aufzudecken versucht habe. Man kann allerdings nicht sagen, daß Voltaire diese Untersuchung umgangen, aber auch nicht, daß er sie mit besonderer Sorgfalt angestellt habe. Es sind, sagt er ganz im Geiste Montesquieus, zwei Kräfte, aus deren Gegenwirkung alle Geschichte entspringt: auf der einen Seite die menschliche Natur, die sich nach Maßgabe gewisser zu allen Zeiten und an allen Orten gleichbleibender Eigenschaften betätigt[1]), auf der andern Seite bestimmte ihr gegenüberstehende Mächte, die er — wohl ohne genaue Sichtung — unter den Begriffen Klima, Regierung und Religion zusammenfaßt[2]) und als einen nach Zeiten und Orten stets verschiedenen Faktor betrachtet. Aus der Gegenwirkung beider Kräfte entspringen die verschiedenartigen Zustände der Völker, und diese, durch die Macht der Gewohnheit befestigt[3]), prägen ihnen nun ihren besondern, in ihren Sitten und ihrem Geist (*moeurs et génie*) sich äußernden Charakter auf.[4])

---

[1]) *Essai* chap. 197 (Oeuvres XI, S. 523): *tout ce qui tient intimement à la nature humaine se ressemble d'un bout de l'univers à l'autre.*

[2]) A. a. O. S. 520: *trois choses influent sans cesse sur l'esprit des hommes* etc.

[3]) *Empire de la coutume:* a. a. O. S. 523.

[4]) A. a. O. S. 523, 520 (*caractère de notre partie de l'Europe* und anderseits der Türken).

Welcher Art sind nun aber jene stets gleichen Eigenschaften der menschlichen Natur? In erster Linie ist es ein Antrieb, der die Einzelnen nötigt, in die Gesellschaft, dann in den höhern Verband des Staates einzutreten (vgl. S. 238); weiter aber sind es Lebenskräfte, welche sich in zwiespältiger Weise äußern: auf der einen Seite die der Gemeinschaft verderblichen Leidenschaften der Selbstsucht und Überhebung, der Gewalttat und der Zerstörung, auf der andern Seite angeborene Ordnungsliebe, welche Achtung vor den Gesetzen, Wahrung des Familienbandes, Einschränkung des Despotismus erzeugt, daneben der in allen Religionen sich aussprechende Sinn für Billigkeit und Wohltun.[1]) Aus der Vorherrschaft bald der einen, bald der andern Reihe von Antrieben entspringt in der Geschichte der Völker der Wechsel zwischen Zeiten der Blüte und des Fortschrittes und Zeiten des Verfalls und der Zerstörung. Ist aber dieser Wechsel ein sich ziellos wiederholender, oder wird in den Epochen der Herstellung das, was frühere Generationen erarbeitet haben, wieder aufgenommen als ein Werkzeug zu fortschreitendem Können, Arbeiten und Erwerben? Geht also durch die Reihe von Umwälzungen (*révolutions*), in denen die Geschichte aufgeht, ein stetiger Fortschritt zu höheren Inhalten und Formen des Daseins hindurch?

Voltaire begnügt sich, auf diese Frage mit dem Erfahrungssatz zu antworten, daß die europäischen Völker der Gegenwart sich eines gesicherteren, mit materiellen und geistigen Gütern reicher ausgestatteten Daseins erfreuen, als irgend ein früheres Zeitalter.[2]) Damit aber ergibt sich ihm als einzige durchgehende Ansicht der Geschichte ein aus der Vergleichung der Gegenwart mit den früheren Zeiten geschöpftes Werturteil: eine Auffassung, welche bei Voltaire und seinen zahlreichen Nachfolgern das Bestreben, das

---

[1]) *Essai* Chap. 197 (*Oeuvres* XI, S. 521—523). Vgl. Chap. 143, S. 211 über *les deux caractères que la nature empreint dans des races d'hommes différentes*, nämlich die Leidenschaften und ihr Gegengewicht, dem Menschen nicht zu tun, was man nicht von ihm erleiden will.

[2]) *Essai* Chap. 82 (*Oeuvres* X, S. 475): *la comparaison de ces siècles avec le nôtre ... doit nous faire sentir notre bonheur*. Vgl. Chap. 80, S. 462.

Werden der geschichtlichen Hervorbringungen zu verstehen, noch weiter schwächte und dafür die Gewohnheit bestärkte, die Schilderung vergangener Zustände mit rasch fertigen Urteilen zu verbinden und Spott und Verdammung reichlich einzuflechten.[1]) Allerdings wurde dabei auch das Lob der Gegenwart empfindlich beeinträchtigt, wenn man fragte, welchen Klassen der Nation die Segnungen der neuen Zeit eigentlich zufielen. Voltaire sah freilich, wie aus dem, was er unter jenen Gütern am höchsten schätzte, der Befreiung der Geister von Vorurteil und Aberglaube und ihrem Zusammenarbeiten an der Förderung der Erfahrungswissenschaften, eine durch die fortgeschrittenen Nationen hindurchgehende „große Gesellschaft der Geister", vergleichbar der Gelehrtenrepublik der Humanisten, hervorgegangen war[2]); allein, wenn man diesem Kreise auch alle die zuzählte, welche die Ergebnisse der Arbeit der Gelehrten empfänglich aufgenommen hatten, so kam man nur auf eine sehr kleine Minderheit der „Aufgeklärten", der die erdrückende Mehrheit des ungebildeten Volkes (*populace*) gegenüberstand: eine nur halb gezähmte Masse, immer noch fähig, wenn ihr Aberglaube und Fanatismus gestachelt ist, in scheußlichen Untaten auszubrechen.[3]) Bis zu ihr drangen die Wirkungen des neuen Geistes von jenem obersten Kreise her nur langsam und stufenweise herab, nicht in der Weise, daß sie vernunftgemäßer Erkenntnis sich öffnete, aber doch so weit, daß das Beispiel aufgeklärter Führer ihr ein milderes Verhalten, besonders den Andersgläubigen gegenüber, beibrachte.[4])

Nach alledem kann man nicht sagen, daß der Entwurf einer neuen Art der Geschichtschreibung reiflich durchdacht,

---

[1]) Noch vom 15. Jahrhundert sagt Voltaire: *il ne faut connaître l'histoire de ces temps-là que pour la mépriser* (*Essai* Chap. 94; Oeuvres XI, S. 21).

[2]) *Siècle* Chap. 34 (Oeuvres XII, S. 427/8).

[3]) Die Szenen bei Ermordung der Brüder de Witt als *horreurs communes à toutes les nations..., car la populace est presque partout la même* (*Siècle* Chap. 10; Oeuvres XII, S. 194). Vgl. *Essai* Chap. 46; S. 306.

[4]) *Elle (la raison) descend aux autres de proche en proche et gouverne enfin le peuple même, qui ne la connait pas, mais qui, voyant que ses supérieurs sont modérés, apprend aussi à l'être* (*Siècle* Chap. 36; Oeuvres XII, S. 455/6).

und noch weniger, daß er in mustergültiger Weise ausgeführt war. Es liegt ein Mißverhältnis zwischen Wollen und Vollbringen vor. Dieser selbe Gegensatz tritt uns aber auch entgegen, wenn wir einen Schritt weiter in der Betrachtung von Voltaires Arbeitsweise gehen: von der Darstellung der Geschichte im großen zur Erforschung der geschichtlichen Vorgänge im einzelnen. Wie schon bemerkt (S. 233), wirft er der Geschichtschreibung seiner Zeit unter anderm auch vor, daß sie die Angaben ihrer Quellen ungeprüft hinnehme; er verlangt also eine neue Methode der Forschung, die von der so vielfach getrübten Überlieferung zur Erkenntnis der einfachen Wirklichkeit führt. Hat er zu dieser Methode den Weg gezeigt?

Unzweifelhaft brachte er für die Lösung der gestellten Aufgabe e i n e Eigenschaft mit, die den mittelalterlichen Geschichtschreibern mangelte, nämlich einen klaren Einblick in den Unterschied zwischen dem wirklichen Vorgang und der Fassung, in der er in der Überlieferung erscheint. Diese Eigenschaft ließ ihn von vornherein den geschichtlichen Zeugnissen mit großer Freiheit gegenübertreten, die dann aber noch gesteigert wurde durch seinen Gegensatz gegen den kirchlichen Glauben. Wenn er sah, wie das Alte und Neue Testament die Geschicke der Einzelnen, wie der Völker unter fortlaufenden, sinnlich wahrnehmbaren Eingriffen Gottes verlaufen ließ, so stellte er dagegen nach dem Vorgang englischer Rationalisten als ersten Grundsatz historischer Kritik die Lehre auf: als geschichtlich begründet[1]) können nur solche Vorgänge gelten, die den in den täglichen Erscheinungen der Natur und des Menschenlebens waltenden Gesetzen entsprechen. An diesen ersten Grundsatz fügte er dann einen zweiten an, der sich aus der Frage nach der Gewißheit geschichtlicher Erkenntnis ergab: Gewißheit,

---

[1]) Mit einer ironischen Verbeugung verweist er die biblischen Wunder aus dem Bereich der Geschichte in den des kirchlichen Glaubens: *l'Eglise le croit et nous devons le croire* (*Essai, Introd.* Nr. 39; X, S. 86; vgl. S. 21, 84). — Die anderweitige Konsequenz der kritischen Behandlung des Alten Testamentes, daß nämlich die jüdische Geschichte bei Voltaire ihre frühere zentrale Stellung in der Geschichte verliert, habe ich hier nicht näher auszuführen.

sagte er, ergibt sich nur aus dem mathematischen Beweis; jede anders begründete Erkenntnis kann nur bis zu einem höchsten Grad der Wahrscheinlichkeit führen.[1]) Beschränkung auf die Wahrscheinlichkeit forderte er somit auch von den Naturwissenschaften, aber in umfassenderem Maße legte er sie dem Geschichtsforscher auf, weil der Inhalt der Geschichte ja vorzugsweise nicht in sinnlich wahrnehmbaren Erscheinungen besteht, sondern in Vorgängen des Seelenlebens, die nur unter Beihilfe von Analogieschlüssen zu ergründen sind, die uns ferner nicht durch unmittelbare Beobachtung, sondern durch Zeugnisse überliefert werden, und zwar durch Zeugnisse, die zum großen Teil selber wieder erst durch mannigfache Ableitungen aus der unmittelbaren Beobachtung des ersten Zeugen abstammen. Eben diese Natur der geschichtlichen Zeugnisse ergab nun die dritte Forderung: daß die Zeugenaussagen auf ihre Ursprünglichkeit sowohl, wie auf Glaubwürdigkeit und Wert ihres Inhalts strenger, als es früher geschehen war, zu prüfen seien.

Mit dieser letzten Forderung kam Voltaire in Berührung mit einer wissenschaftlichen Bewegung, welche seit der zweiten Hälfte des 17. Jahrhunderts vor allem in Frankreich und Italien in Gang gekommen war und allerdings vor dem mächtigen Fortschritt jener wissenschaftlichen Richtungen, die sich mit dem Namen der Philosophie schmückten, zurücktrat, aber doch eine selbständige Bedeutung neben ihnen behauptete. Ihr Gegenstand war derjenige Teil der geschichtlichen Forschung, der sich auf das schriftliche Zeugnis über geschichtliche Tatsachen, kurzweg gesagt, auf die Geschichtsquelle bezog. Der Humanismus, der hier den Anstoß gab, hatte vor allem die möglichst vollständige Sammlung der Geschichtsquellen verlangt, und diese Forderung war es denn auch zunächst, die man mit großartiger Planmäßigkeit zu befriedigen unternahm: man braucht nur auf die umfassende Sammlung der mittelalterlichen Quellen hinzuweisen, wie sie Muratori für Italien (1723), Bouquet und seine Genossen für Frankreich (1738), Mansi für die allge-

---

[1]) *Extrême probabilité* (Artikel „*Histoire*" im *Dictionnaire philosophique*).

meinen Konzilien (1759) veranstalteten. Angesichts der Masse dieser Quellen und auch hier wieder in Anknüpfung an die Arbeiten der Humanisten erhob sich nun aber eine zweite Forderung: es genügte nicht, die Quellen in korrektem Texte zu geben, man mußte sie als Geisteserzeugnisse kennen lernen, die selber eine Geschichte haben. Zu ergründen war also die Entstehung und die besondere Natur jeder Quelle, ihre Beziehungen zu andern Schriftstücken, wie sie in der Form von Ableitungen des einen aus dem andern, von Verwandtschaften oder Gegensätzen erschienen, der Einfluß endlich, den allgemeine Anschauungen und Grundsätze der Formengebung auf die Abfassung ausübten —, alles, um die Kriterien zur Scheidung von Wirklichkeit und Erdichtung der bezeugten Vorgänge zu gewinnen und diese selber in genauem Verständnis des Berichtes zu erfassen.

Ansätze zu einer derartigen kritischen Behandlung der Geschichtsquellen hatten die humanistischen Forscher gemacht; allein der Geist wahrer Wissenschaft verlangt, daß der Forscher sich nicht mit vereinzelten Beobachtungen begnüge, sondern sich Rechenschaft gebe über Inhalt und Umfang des ganzen Gebietes seiner Untersuchung und die dabei anzuwendende besondere Forschungsmethode, und daß er demgemäß seine Arbeit folgerecht und mit steter Selbstprüfung anstelle. Diesen Anforderungen entsprach zunächst auf einem ausgesonderten Gebiet mittelalterlicher Quellen der französische Benediktiner Jean Mabillon. Indem er den gewaltigen Vorrat von Königs- und Papsturkunden von den Zeiten der Merovinger ab, den er zusammengebracht hatte, in der angegebenen Weise folgerecht behandelte (*De re diplomatica*, 1681), entstand ihm unter der Hand[1]) eine neue, fortan stetig weiter zu entwickelnde Wissenschaft von dem Wesen und der Geschichte der mittelalterlichen Urkunde.

Während man also hinsichtlich der Geschichtschreibung im Hinblick auf die Unsicherheit über ihren Inhalt und ihre Forschungsmethode zweifeln konnte, ob sie eine eigentliche

---

[1]) Rosenmund, Die Fortschritte der Diplomatik seit Mabillon S. 14.

Wissenschaft oder nur ein Zweig der sog. „schönen Literatur" sei (S. 209 Anm.), sonderte sich aus ihrem Unterbau eine eigene eng umgrenzte Wissenschaft aus, ebenso wie sich übrigens schon ein Jahrhundert früher (*Scaliger, de emendatione temporum 1583*) die Chronologie abgelöst hatte. Als Hilfswissenschaften der Geschichte wurden beide Disziplinen bezeichnet. Erhob sich nun aber auch die kritische Behandlung der Geschichtsquellen, welche erzählender Natur sind, zu einer ähnlichen Höhe?

Wenn ich statt ausgewählter Charakteristiken eine wirkliche Geschichte der Geschichtschreibung zu geben hätte, so müßte ich auf diese Frage mit einer eingehenden Darlegung der jetzt gleichfalls immer fruchtbarer sich gestaltenden Arbeiten antworten, welche auf größerem oder kleinerem Gebiet der Feststellung geschichtlicher Tatsachen und Verhältnisse gewidmet waren: so der antiquarischen Beiträge zur römischen Geschichte, der besonders eindringenden Untersuchungen über Lehre und Lehrstreitigkeiten, Verfassung und Disziplin der christlichen Kirche, der teils umfassenden, teils monographischen Forschungen zur mittelalterlichen Geschichte Frankreichs und Italiens, Deutschlands und Englands. Es würde sich hierbei zeigen, daß bei Feststellung großer und kleiner Fragen bedeutende Fortschritte in der umfassenden Heranziehung, scharfen Interpretation und kritischen Prüfung und Vergleichung der Quellen gemacht wurden. Aber eines fehlte: die historiographischen Quellen, sei es eines Landes, sei es einer bestimmten Zeit, oder auch eines Kreises von zusammengehörigen Vorgängen, waren noch nicht als solche nach ihrem Wesen und ihrer geschichtlichen Entwicklung, in der Weise wie die Urkunden, zum Gegenstand einer wahrhaft planmäßigen kritischen Behandlung gemacht. Zur Beurteilung des geschichtlichen Wertes bald dieser bald jener Quellenstelle oder auch einer ganzen Quellenschrift gab es treffende Beobachtungen in Menge, aber die zergliedernde Kritik, welche in konsequentem Verfahren zur Erkenntnis des Wertes oder Unwertes großer Gruppen der historischen Überlieferung, sowohl im ganzen, wie in allen Einzelheiten, führt, war noch nicht ernstlich in Angriff genommen.

Nehmen wir dieses Urteil als maßgebend hin und wenden wir uns nun wieder zu Voltaire, so werden wir von vornherein wenig geneigt sein, in der sorgfältigen Kritik der schriftlichen Quellen, der urkundlichen sowohl, wie der erzählenden, bei ihm große Verdienste vorauszusetzen. Gleichwohl wird es gut sein, die Art seines Verfahrens etwas näher anzusehen. Man muß dabei unterscheiden zwischen dem ersten Teil seines historischen Hauptwerkes, in dem er nur gelegentlich von den neuen Bearbeitungen auf die Quellen zurückgeht, und dem zweiten, dem Zeitalter Ludwigs XIV. gewidmeten Teil, in dem er aus einer reichen Fülle ursprünglicher Quellen schöpft — allerdings aus den originalen Akten der Ereignisse nur gelegentlich[1]), aber desto ausgiebiger aus den zeitgenössischen Memoiren, die vielfach — wie die noch vor dem Druck von ihm herangezogenen Memoiren von Torcy — auch einen aktenmäßigen Charakter tragen. Gemeinsam war seinem Verfahren in beiden Teilen des Werkes das Mißtrauen, mit dem er der Überlieferung gegenübertrat, das sich ja auch aus seinen oben mitgeteilten Anschauungen vom Wesen geschichtlicher Erkenntnis mit Notwendigkeit ergab. Die erste Bedingung für die Glaubwürdigkeit der Nachrichten über die Vergangenheit ist ihm, abgesehen von den in die Gegenwart geretteten literarischen oder technischen Schöpfungen, der Rückgang der Berichte auf gleichzeitige schriftliche Aufzeichnung; als Aberglaube erscheint ihm die Meinung, daß solche Niederschriften für größere Zeiträume durch mündliche Überlieferung ersetzt werden können, denn die mündliche Überlieferung, sagt er, unterliegt einem, mit jeder Generation fortschreitenden Prozeß der Entstellung.[2]) Wo nun aber gleichzeitige Aufzeichnungen vorhanden, oder ihr Inhalt aus jüngern Ableitungen zu ermitteln oder zu vermuten ist, da beginnt die zweite Arbeit, die darin besteht, die Lücken und Widersprüche in den Zeugnissen aufzuspüren und durch die Vergleichung der ver-

---

[1]) Er benutzte *instructions à moi envoyées et puisées dans le dépôt des affaires étrangères* (Chap. 18; XII, S. 264 Anm. 2). U. a. kannte er den tief geheimen Teilungsvertrag zwischen Frankreich und Österreich von 1668 (Chap. 8; XII, S. 175).

[2]) Artikel *Histoire* im *Dictionnaire philos.* XVIII, S. 235.

schiedenen Quellen unter sich und mit den durch die Personen, Verhältnisse und natürlichen Gesetze gegebenen Voraussetzungen den Grad ihrer Zuverlässigkeit und ihres Wertes zu ermitteln.

Solche Prüfungen hat Voltaire, wie oben bemerkt, in dem ersten Teil seines Geschichtswerkes nur in einzelnen Proben, dagegen in recht umfassendem Maße bei Benutzung der Memoiren für die Zeit Ludwigs XIV. vorgenommen. Indes das Verdienst der Neuheit würde dies Verfahren nur dann haben, wenn es mit bewußter Konsequenz, und nicht nur in rasch gemachten Beobachtungen, sondern in eindringender Beweisführung durchgeführt wäre. Statt dessen bemerkt man leicht, daß an der altrömischen Geschichte Männer wie Beaufort, an der kirchlichen Überlieferung ein Mabillon oder Ruinart, ein Marca und Thomassin eine ungleich umfassendere und tiefer eindringende Kritik geübt hatten, als Voltaire an den entsprechenden Partien, und daß bei Behandlung der Geschichte der jüngern Zeit in Humes englischer Geschichte eine ebenso gesunde Beurteilung der zeitgenössischen Quellen hervortrat, wie in Voltaires Zeitalter Ludwigs XIV. In einer Beziehung kann man sogar von einem Rückschritt sprechen: nämlich gegenüber der Forderung genauer Interpretation und scharfer Fassung der Begriffe, die so vielen Einzeluntersuchungen jener Zeit nachzurühmen war. Wenn man z. B. die Kritik prüft, die er an die Lebensbeschreibung der Päpste Stephan II. und Hadrian I. anlegt, um zu beweisen, daß König Pipin dem Papsttum nur Grundeigentum, aber keine staatlichen Herrschaften geschenkt haben könne[1]), oder wenn man seine Wiedergabe der Bestimmungen von Gesetzen und Verträgen, die für die Geschichte Ludwigs XIV. maßgebend waren, wie die Satzungen des Ediktes von Nantes, oder die Friedensschlüsse von Münster und Rijswijk, genauer ansieht, so wird man durch die Lückenhaftigkeit und Ungenauigkeit der Angaben zu dem Schluß genötigt, daß er nicht nach sorgfältiger Einsicht der Texte, sondern nach den von eiliger Lektüre im

---

[1]) *Du Pyrrhonisme de l'histoire* (Oeuvres XXVIII), chap. 20, 21. Vgl. *Essai, Oeuvres* X, S. 191.

Gedächtnis haftenden Erinnerungen arbeitete. Soweit es also auf die Kritik des geschriebenen Wortes ankommt, hat Voltaire höchstens durch die größere Energie und die packende Form seiner Polemik gegen die ungeprüfte Hinnahme der Überlieferung, besonders auch der Wunderberichte, tiefer gewirkt.

Hat er aber vielleicht auf dem Gebiete jener höhern Kritik, welche den Prüfstein für die Wirklichkeit des geschichtlichen Vorgangs in der ungezwungenen Einordnung desselben in den innern Zusammenhang der zugehörigen Vorgänge findet, seine eigentliche Kraft entfaltet? Daß er solche lebendige Beziehungen zwischen den großen Komplexen des geschichtlichen Lebens nicht nachzuweisen vermochte, ist schon oben bemerkt (S. 243 f.); aber er vermochte es auch nicht inbezug auf die Ereignisse innerhalb dieser Gruppen im besondern, vor allem nicht für den Gang der auswärtigen Politik in ihrem Zusammenhang mit den streitenden Interessen der Völker, welche diesen Gang bedingen. Hier schrieb er, wie schon angedeutet (S. 239), den persönlichen Leidenschaften der Monarchen und ihrer Diener eine Macht zu, vor deren Walten er die tiefer liegenden Motive übersah. Konnte er doch z. B. in der Erzählung des Spanischen Erbfolgekrieges, als Ursache der Wendung der englischen Politik, die zum Frieden von Utrecht und den ungeheuren Vorteilen der englischen See- und Handelsmacht führte, die elenden Kabalen um die Gunst der Königin Anna und die persönlichen Interessen einiger führender Männer in den Vordergrund stellen und sich dabei zu dem vermeintlich geistreichen Ausruf versteigen: ein Paar Handschuhe, von der Herzogin von Malborough der Königin abgeschlagen, eine Schale Wasser von ihr auf das Kleid der Lady Masham verschüttet, änderten das Antlitz Europas.[1]

---

[1] *Siècle* chap. 22; XII, S. 307. Natürlich soll damit nicht gesagt sein, daß die großen Motive — hier die Gegensätze der Whigs und Tories (S. 306) und die durch den Tod Josephs I. eingetretene Veränderung der Machtfrage (S. 308/9) — völlig übergangen sind; aber sie werden so oberflächlich gestreift, daß sie vor den anekdotenhaften und rein persönlichen Momenten in den Hintergrund treten. Gleich zu Anfang heißt es: eine Engländerin (die Herzogin von Marlborough) führte durch

Angesichts dieser Schwächen darf man wohl sagen, daß auf dem Gebiete der Forschung die neue, allumfassende Behandlung der Geschichte eher verflachend, als vertiefend wirkte. Aber in dieser Behandlung selber lag doch ein mächtiger Anreiz; eine Reihe von Nachfolgern Voltaires sorgten dafür, daß die von ihm gegebenen Anregungen weiter wirkten. Auch einen treffenderen Namen, als den einer Geschichte der Sitten und des Geistes der Nationen, hatte Voltaire bereits nahegelegt: er stellte für das in der Geschichte Wertvolle die Begriffe Zivilisation[1]) und Kultur auf. Das letztere Wort brauchte er freilich in der Regel nicht ohne nähere Bestimmung, wie Kultur der Poesie, Kultur des Bodens[2]), aber schon bricht auch die absolute Bedeutung durch, wenn er der menschlichen Natur, als dem überall gleiche Früchte erzeugenden Boden, die Kultur als Grund der Verschiedenheit geschichtlicher Hervorbringungen entgegensetzt.[3]) Und in diesem Sinn bemächtigten sich dann seine Nachfolger des einen und des andern Wortes; die einen bezeichneten die neue Art der Geschichtschreibung als „Kulturgeschichte", die andern gaben dem Namen „Geschichte der Zivilisation" den Vorzug, in beiden Fällen aber besagte der neue Name, daß die Geschichtschreibung fortan gleichsam in zwei Strömen weiter ging, die teils voneinander getrennt blieben, teils eine verschiedenartig gedachte Verbindung miteinander suchten. Diesen zwiefachen Gang hat unsere Betrachtung nunmehr zu verfolgen. Zunächst wird sie dabei noch einmal nicht gleich mustergültigen Geschichtswerken begegnen, sondern sich an solche Autoren zu wenden haben, welche, statt

---

ihre Unklugheit den Frieden herbei (S. 306). Die Politik des Krieges ohne Maß wird auf die Leidenschaften Eugens, Marlboroughs und Heinsius' zurückgeführt (S. 299, 300, 310), und Harlay und Bolingbroke hatten als Vorkämpfer des Friedens kein anderes Interesse, als dem Herzog von Marlborough den Oberbefehl zu entziehen und durch seinen Sturz ihr Ansehen zu erhöhen (S. 308).

[1]) *Essai*, avant-propos (Oeuvres X, S. 125/6): will „*étudier le globe de la même manière qu'il parait avoir été civilisé*".

[2]) *Essai* chap. 6, 80 (Oeuvres X, S. 164, 464). *Culture de l'esprit: Siècle* chap. 29 (XII, S. 392).

[3]) *Essai* chap. 197 (Oeuvres XI, 523): *le fonds est partout le même, et la culture produit des fruits divers.*

selber Geschichte zu schreiben, den Weg zeigten, auf dem man zu fortgesetzt erweiterter und vertiefter Geschichtschreibung gelangen konnte. Der erste dieser Autoren war, wie in dem vorhergehenden Zeitraum ein Klassiker der Staatslehre, so jetzt der Begründer der modernen Nationalökonomie.

Drittes Kapitel

Adam Smith. Herder

Nicht ganz dreißig Jahre nach Montesquieus Geist der Gesetze, im Jahre 1776, erschien Adam Smiths Untersuchung über Wesen und Ursachen des nationalen Wohlstandes.[1]) Das Werk hat in der Geschichte der Nationalökonomie eine neue Epoche eröffnet; es hat aber auch einen zwar stilleren, aber sehr tief greifenden Einfluß auf die Entwicklung der Geschichtswissenschaft ausgeübt. Diese Einwirkung möchte ich aus einigen Grundbegriffen des Buches heraus klarlegen.

Der Wohlstand, der untersucht werden soll, bedeutet für den Verfasser die reichliche Verfügung über die der Erhaltung und dem Genuß des physischen Lebens dienenden Güter. Wenn er das Wort „national" hinzusetzt, so will er sagen, daß nicht die Lage der Einzelnen als solcher in Betracht kommt, sondern der Wohlstand aller, soweit sie in der Gesamtheit der Nation zusammengefaßt sind; und sooft er dann auf das Wesen dieses Wohlstandes näher eingeht, gedenkt er besonders auch der sehr verschiedenen Gestalten, in denen derselbe sich im Gang der Zeiten offenbart, je nachdem nicht nur die Menge, sondern vor allem auch die Qualität sowohl der Güter, wie der Verzehrung und der Genüsse sich verschieden gestalten. Von solchen Grundbegriffen aus stellt nun Smith als das erste Hauptthema seiner Untersuchung die Frage nach den Ursachen,

---

[1]) Ich zitiere nach der Ausgabe von Thorold Rogers, Oxford 1869. Die einzelnen Sätze überall mit Zitaten zu belegen, scheint mir überflüssig zu sein, da das Werk in der nationalökonomischen Literatur ja, wie kaum ein anderes, durchgearbeitet ist.

d. h. nach den Kräften und nach den Stoffen und Mitteln, welche bei der Hervorbringung der Güter wirksam sind.

Die einzige Kraft, die zwar nicht für die Hervorbringung der Güter in ihrer ursprünglichen Gestalt in Betracht kommt — denn dafür sorgt die Natur —, wohl aber für ihre Herbeischaffung und Anpassung an den menschlichen Gebrauch, ist die Arbeit, deren Arten sich unterscheiden, je nachdem der Arbeiter den Gegenstand unmittelbar angreift oder in der „Inspektion und Direktion" sich betätigt.[1]) Die Stoffe und Mittel sodann, welche sich dem Arbeiter zur Herstellung seiner Produkte darbieten, sind — wenigstens von dem Zeitpunkt ab, da die Menschen den Fortschritt von dem rohen Naturzustand zum Sondereigentum gemacht haben —, in Grundeigentum und Kapitalbesitz befaßt. Die Arbeit selber wieder, wenn sie von den ärmlichsten Ergebnissen zu reicheren Erträgen fortgehen soll, ist an eine weitere Anordnung gebunden, welche Smith als Teilung der Arbeit bezeichnet.

Unter den verschiedenen Formen der Arbeitsteilung und Arbeitsvereinigung, die hier in Betracht kommen[2]), berücksichtigt Smith diejenigen Teilungen der Arbeit, die man als Arbeitszerlegung, Produktionsteilung und Berufsspaltung unterscheiden kann. Wesentlich ist ihnen allen, daß dasjenige, was die Arbeitenden hervorbringen, gar nicht oder nur in verschwindendem Maße zu ihrem eigenen Gebrauche dient, sondern hauptsächlich in die ungeteilte Masse einerseits von Mitteln zu weiterer Produktion, anderseits von Gütern zum Unterhalt und Genuß des Lebens fällt und erst auf dem Wege eines verwickelten und mit den Fortschritten der Wirtschaft sich immer verwickelter gestaltenden Austausches dem wirklichen Gebrauch der Einzelnen zugeführt wird. Mit dem hiermit aufgestellten Begriff des Austausches eröffnet sich ein neues Feld von Untersuchungen: erst über den vieldeutigen Begriff des Wertes, welcher seiner Grundbedeutung nach die Quantität des hin-

---

[1]) I, 6; B. I, S. 51. *Undertaker:* II, 2; B. I, S. 285. Dazu die Anmerkung Rogers'.
[2]) Vgl. Bücher, Die Entstehung der Volkswirtschaft (7. Aufl., Kap. 7, 8).

gegebenen für das empfangene Gut bestimmen soll, dann über die Tauschmittel, welche den Wert vertreten und seinen Verschiebungen und Zerteilungen zu entsprechen vermögen, endlich über das Einkommen, welches sich aus den eingetauschten, teils zu neuer Produktion, teils zur Verzehrung, teils zur Aufsammlung bestimmten Gütern zusammensetzt. Und da schließlich die in geteilter und vereinigter Arbeit vollführte Güterproduktion selber durch fortlaufende Tauschhandlungen bewirkt wird, in denen der Arbeiter seine Arbeit gegen den Lohn, der Kapitalist und der Grundbesitzer die produktive Nutzung seines Kapitals und Grundeigentums gegen Zins und Rente austauscht, so wird der Austausch zugleich eine Bedingung der gesamten Produktion.

Statt nun aber dem Verfasser in der Entwicklung dieser Grundbegriffe jetzt noch weiter zu folgen, stellen wir sofort die Frage, in welcher Weise den hier gekennzeichneten Verrichtungen die lebendigen Menschen, d. h. nach der gleich anfangs gegebenen Bestimmung die in einer Nation geeinten Menschen, entsprechen. Nach Smith ist es ein in der menschlichen Natur liegender Trieb (*a certain propensity*), welcher die Menschen erst zum Austausch ihrer Erzeugnisse, dann, als Vorbedingung ausgiebigen Austausches, zur Arbeitsteilung drängt und sie damit antreibt, mittels all jener kurzen oder dauernden, vorübergehenden oder sich stetig wiederholenden Verbindungen wieder in besondern Gruppen zusammenzutreten, Gruppen, welche durch die verschiedenen Verrichtungen der Arbeitsteilung und des Austausches, weiter durch die verschiedene Verteilung von Kapitalien, Grundbesitz und Einkommen und durch die hieraus sich ergebenden Unterschiede der gesamten Lebensführung bedingt werden. Also ein frei gebildetes, im Fortgang der Zeiten sich immer verwickelter gestaltendes System von menschlichen Verbindungen ist es, welches die Verrichtungen nationaler Güterproduktion wahrnimmt, und in dem die Verteilung der gewonnenen Güter zu Aufbewahrung, Gebrauch oder Genuß erfolgt. Wie soll man dieses System benennen? Smith gibt den Namen an, indem er den Satz niederschreibt: jedermann lebt vom Austausch und so wächst die Gesellschaft selber — bei dieser umfassenden Bezeichnung ist an die Gesamtheit der Nation zu denken[1]) — in die Formen einer besondern Verkehrsgesellschaft hinein (*to be what is properly a commercial society*).

Unter dem hier aufgestellten Namen der Gesellschaft hatten die Staatslehrer der vorausgehenden zwei Jahrhunderte bei ihren Erklärungen der Entstehung des Staates eine Form menschlicher Gemeinschaft verstanden, die sie zwischen den Zustand der vereinzelt lebenden Wilden und den mit den Organen der Herrschaft ausgestatteten Staat als Zwischenglied einschoben[2]), um dann weiter über Wesen und Erscheinungsformen dieser Gemeinschaft in abstrakten Untersuchungen sich zu ergehen. Aus dem Nebel dieser Allgemeinheiten rückte jetzt Smith den Begriff in das Licht greifbarer Verhältnisse, indem er zeigte, wie zwar nicht die Gesellschaft überhaupt, aber eine bestimmte, und zwar eine der wichtigsten und größten Formen derselben, als Korrelat der in der Menschennatur gegebenen wirtschaftlichen Zwecke ins Leben tritt. Er suchte dann im besondern zu zeigen, wie beides, die Verwirklichung der Zwecke und die hierbei notwendigen Zusammenschlüsse der Menschen, in denen sie Arbeit, Kapital und Grundeigentum vereinigen oder austauschen, ihre Arbeit verbinden und teilen, die gewonnenen Produkte unter sich austeilen oder austauschen, durch einen in der Menschennatur gegebenen Antrieb und ein in ihr gegebenes Vermögen erfolgt: es ist, im Zusammenhang mit jenem Trieb des Austauschs und der Arbeitsteilung, einerseits das jeden Einzelnen erfüllende Streben nach seinem Sondervorteil, das sich aber kraft der Anordnung einer unsichtbaren Macht (*invisible hand*, IV, 2) dauernd nur verwirklichen läßt durch gleichzeitige Verwirklichung des Gemeinwohls, anderseits ist es die Einsicht, in den Wert der zu verfolgenden Zwecke und die Natur der anzuwendenden Mittel, bei welcher der Irrtum der Einzelnen regelmäßig durch das richtige Urteil

---

[1]) Der Ausdruck *society* wird im allgemeinen für jede Gesamtheit von Menschen gebraucht, besonders auch für das Volk oder die Nation; z. B.: *society or neighbourhood* (I, 7, B. I, S. 57). *Society* gleich *people*: I, 10; B. I, S. 132, Z. 2—4. *Any country or society*: II, 1; I, S. 277. *Society* gleich *the inhabitants of a great country*: II, 2; I, S. 284, Z. 17, 27. *Society* gleich *nation*: II, 3; I, S. 344, Z. 9, 11.

[2]) Gierke, Althusius (2. Aufl.), S. 92 f. Über Montesquieu s. S. 34.

der Mehrheit überwunden wird. Noch ein letztes, vom Schöpfer in die Menschenbrust gelegtes Motiv glaubte er diesen Antrieben anschließen zu können, ein Motiv nämlich, welches die Menschen dahin treibt, ihre wirtschaftlichen Zwecke immer reicher und wertvoller auszugestalten, die Mittel zur Verwirklichung derselben immer massenhafter und wirksamer zu beschaffen, die Erträge immer reichlicher einzubringen und damit die diesen drei Faktoren entsprechende wirtschaftliche Gesellschaft immer reicher und wirkungskräftiger zu gliedern und also den wirtschaftlichen Fortschritt herbeizuführen, kurz gesagt, das die gesamte Wirtschaft der Menschen durchdringende Streben jedes Einzelnen, „seinen Zustand zu verbessern".[1])

Für die Theorie der Geschichte kommen nun diesen Begriffsbestimmungen gegenüber zwei Fragen in Betracht: einmal, wie verhält sich die für die Zwecke der Volkswirtschaft bestehende wirtschaftliche Gesellschaft zu der für die staatlichen Zwecke bestehenden Gemeinschaft der Staatsangehörigen? und wie verhalten sich insbesondere die in der wirtschaftlichen Gesellschaft vor sich gehenden freien Tätigkeiten zu der mit Zwang wirkenden Rechtssetzung und Verwaltung des Staates? Sodann: entsprechen die Lehren von Adam Smith nur einem idealen Zustand, oder geben sie ein Bild von dem, was in der Geschichte der Völker geworden ist, und was dann im Fortgang dieser Entwicklung weiter werden wird?

Daß die erste Frage von Smith im Sinne einer scharfen Scheidung beantwortet wird, ist zu bekannt, um näher dargelegt zu werden. Die wirtschaftliche Gesellschaft ist für ihn keine Schöpfung von Gesetz und Verwaltung, und in ihrer Selbstbestimmung soll sie von beiden, wenigstens in der Regel, weder beschränkt noch geleitet werden. Indes, scharf wie die Scheidung ist, sie ist keineswegs unbedingt. Wohl läßt Smith alle tiefer greifenden Handlungen des Austausches aus den wirtschaftlichen Bedürfnissen entstehen, aber damit diese Abmachungen gegen Betrug und Nichterfüllung geschützt werden, muß die staatliche Rechtsordnung die Form gültiger Verträge feststellen, und die staatliche Verwaltung

---

[1]) II, 3; I, S. 344—346. *Powerful enough to maintain the natural progress of things towards improvement.*

muß deren Erfüllung verbürgen. Nicht anders ist es um die Herrschaft jedes Besitzers über seine Sachgüter bewandt. Überall zeigt sich die Gegenseitigkeit von Wirtschaft und Recht, und zwar nicht als eine von jeher gegebene, sondern als eine zeitlich gewordene und sich stetig neu- und fortbildende. Ein Beispiel dafür deutet Smith im Wechselrecht an: reicher und verwickelter Handelsverkehr erzeugte das Bedürfnis kurzen Kredits und raschen Ausgleichs gegenüberstehender Forderungen; befriedigt wurde es in der Form des Wechsels, und zwar zunächst durch freien Gebrauch der Kaufleute, aber gesichert wurden die aus dem Wechsel entstehenden Forderungen erst dadurch, daß während der zwei letzten Jahrhunderte der Wechselverkehr in die Rechtsordnung der europäischen Nationen aufgenommen wurde.[1]

So zieht jeder Fortschritt im Wirtschaftsleben eine Fortbildung des im Staat geltenden Rechtes nach sich, das den neuen Verhältnissen seinen unentbehrlichen Schutz gewährt. Aber weit über diese bloße Gewährung des Schutzes führt eine andere Gedankenreihe des Verfassers hinaus. Wenn Smith die Entfaltung des Wirtschaftslebens auf bestimmte Zwecke und Vermögen zurückführte, die er — ganz wie Machiavelli, Montesquieu, Voltaire — als die zu allen Zeiten und allen Orten unveränderliche Ausstattung der Menschennatur ansah, so lag ihm doch nichts ferner, als aus gedachten Voraussetzungen einen bloß gedachten Zustand zu entwickeln; er wollte die Wirklichkeit der wirtschaftlichen Vorgänge und die in der Massenhaftigkeit derselben hervortretenden Gleichartigkeiten und ursächlichen Beziehungen, wie sie in Vergangenheit und Gegenwart walten, erfassen.[2] Und wie er sich hier überall neben jenen ursprünglich und stetig wirkenden auf die sekundären und veränderlichen Ursachen geführt sah, erkannte er unter den letzteren als die mächtigsten die von der staatlichen Gesetzgebung und Verwaltung ausgehenden Einwirkungen, welche bestimmte Zustände und Verrichtungen des Wirtschaftslebens bald zu begünstigen oder zu hemmen, bald hervorzurufen und zu leiten suchten.

---

[1] II, 2; I, S. 309.
[2] Vgl. Hasbach, Untersuchungen über A. Smith, S. 393 f.

Ein Beispiel für diese positiv eingreifende Tätigkeit des Staates bot ihm die in einer geschichtlichen Skizze behandelte wirtschaftliche Entwicklung des europäischen Mittelalters. Sie kennzeichnet sich, meinte er, durch den mit dem Sturz des weströmischen Reiches eintretenden Tiefstand jeglicher Wirtschaft und dadurch, daß aus dieser Verödung nicht zuerst die Landwirtschaft, sondern Gewerbe und Handel sich gehoben haben. Der Grund für jenes Zurückbleiben und dieses Fortschreiten lag in der Rechtsordnung der Staaten. Sie hielt zwar nicht durch unmittelbare Eingriffe, aber in mittelbarer Wirkung die Landwirtschaft darnieder, indem sie den zur Vorherrschaft gelangten Großgrundbesitz durch das Recht der Unteilbarkeit und Primogenitur, sowie durch Einführung der Fideikommisse befestigte, indem sie ferner die Unfreiheit der Arbeit durch das Recht der Hörigkeit und drückende Pachtverhältnisse allgemein machte; sie wirkte dagegen in den Städten zunächst mittelbar auf das Emporkommen von Gewerbe und Handel durch die Begründung persönlicher Freiheit und kommunaler Selbstverwaltung, dann aber auch unmittelbar, indem sie zugunsten bevorzugter Klassen und Städte jene ausschließlichen Rechte zu gewerblicher Produktion und zum Handelsverkehr schuf, wie sie in der Zunftverfassung, der Regelung des Marktverkehrs, in der Sperrung oder Belastung des Handels für die Zurückzudrängenden, in der Beseitigung oder Erleichterung dieser Lasten für die Begünstigten lagen, ein Streben, das sich dann in die neuere Zeit fortsetzte und seinen Höhepunkt erreichte, als es in den Formen des Merkantilsystems von den Regierungen der großen und zentralisierten Staaten, voran Frankreich, ergriffen und wiederum im Sinne einseitiger Förderung der gewerblichen Produktion und des auswärtigen Handels verfolgt wurde. Näher wird dieses Merkantilsystem dann an der Politik des Schutzzolls und der Monopolisierung des Handels zwischen den Kolonien und ihrem Mutterlande erläutert.

Für die systematische Nationalökonomie und ihre praktischen Wirkungen war es nun gewiß von höchster Bedeutung, daß Smith über den Wert dieser staatlichen Förderung und Leitung sein in der Hauptsache verdammendes Urteil aussprach; allein für die mächtige Anregung, welche gerade diese Abschnitte auf die Geschichtschreibung ausübten, fielen andere Momente mehr ins Gewicht: einmal der Nachweis, daß Staat und Wirtschaft in einem solchen Wechselverhältnis jahrhundertelang gelebt hatten und gutenteils noch lebten, sodann und vor allem der Umstand, daß gerade hier die Art, wie dies Verhältnis sich in der Wirklichkeit gestaltete, anschaulich hervortrat.

Montesquieu hatte ein Wechselverhältnis zwischen Handelsverkehr und Gesetzen als zwei leblosen Begriffen aufgestellt; Smith hatte dann zunächst als die persönlichen Träger dieser Gegenseitigkeit die wirtschaftliche Gesellschaft und die Organe der Staatsgewalt nachgewiesen; nunmehr eröffnete er einen Einblick in die Gliederung jener noch so unbestimmt gefaßten Gesellschaft und in die Wege, auf denen ihre Beziehungen zur Staatsgewalt vor sich gehen. Entsprechend den wirtschaftlichen Verrichtungen und Mitteln sonderte er die mit Kapital arbeitenden Gruppen der Grundbesitzer, der Gewerbetreibenden und der Kaufleute von einander und alle wieder von den ohne Kapital wirtschaftenden Lohnarbeitern; hierbei aber bemerkte er, daß in den Beziehungen dieser Gruppen zu einander der gerühmte Ausgleich zwischen dem besondern und allgemeinen Nutzen keineswegs stattfinde. Bei Festsetzung des Arbeitslohnes durch Übereinkommen stehen die Interessen der Arbeitgeber und Arbeitnehmer im Gegensatz, daß aber dabei die erstern das Übergewicht haben, liegt zum Teil an der Gesetzgebung; in England z. B. „haben wir keine Parlamentsakte gegen Verbindungen zur Herabdrückung des Lohnes, aber mehrere gegen Verbindungen zu seiner Erhöhung".[1]) Bei dem Zollschutz für die Gewerbe, so bemerkt er an anderer Stelle, wirkt den nach Freihandel verlangenden Interessen der Landwirte der Eigennutz der Gewerbetreibenden und Kaufleute entgegen, daß aber letztere den Sieg davon tragen, liegt in England wieder an der Gesetzgebung des Parlaments. Also Interessenkampf zwischen den Gruppen der wirtschaftlichen Gesellschaft und Schlichtung des-

---

[1]) I, 8; B. I, S. 69—70.

selben durch das staatliche Gesetz. Wie kommt es aber, daß das Gesetz parteiisch gefaßt und von der Verwaltung parteiisch gehandhabt wird? Mit den kurzen Worten, daß in England die Häupter des monopolisierenden Großgewerbes sich der Regierung und der Gesetzgebung furchtbar zu machen verstanden haben[1]), weist Smith auf das Verhältnis hin, vermöge dessen nicht nur die wirtschaftliche Gesellschaft im ganzen auf Gesetzgebung und Verwaltung drückt, sondern derartige Einwirkungen auch bald von der einen, bald von der andern ihrer Gruppen ausgeübt werden, wobei die angewandten Mittel sich je nach der Verfassung der Staaten verschieden gestalten, dann aber am wirksamsten ausfallen, wenn die Vertreter des gesellschaftlichen Sonderinteresses in die Gesetzgebung und Regierung des Staates selber eindringen, um dieselbe nach ihren Zwecken zu lenken. Ein Ausblick wurde dabei auch eröffnet auf die Motive in den Kämpfen um Anteil an der staatlichen Gewalt oder um Einfluß auf ihren Gebrauch.

Man versteht es leicht, daß die Darlegung solcher Verhältnisse der Geschichtschreibung neue Einsichten eröffnen mußte. Auf einem einzelnen, aber einem der ausgedehntesten Gebiete menschlicher Betätigung konnte man jetzt das Ineinandergreifen von Kultur und Recht verfolgen als ein Wechselspiel persönlicher Kräfte: auf der einen Seite steht die Gesellschaft, ihre Gruppen und die ihnen angehörenden Individuen, auf der andern Seite der Staat, seine Gewaltträger, seine Parteien und alle ins staatliche Leben Eingreifenden. Und was dabei zum Zwecke der Erhaltung und des Genusses des Lebens oder zur Erhöhung der produktiven Kräfte erarbeitet wird — mag es in materiellen oder nicht materiellen Gütern, etwa in neu gewonnenen Einsichten und Fertigkeiten oder in Einrichtungen des Lebens, bestehen —, alles stellt sich bei näherem Zusehen nicht als ein von den Personen scharf geschiedenes Gut, sondern als eine ihr persönliches Dasein durchdringende Folge von Erlebnissen und Zuständen, oder doch als ein zwar äußerlich von ihnen getrenntes, aber in Wirklichkeit

---

[1]) IV, 2; B. II, S. 44—45.

ihre Erlebnisse und Zustände stets von neuem bestimmendes Mittel heraus.

Wie aber steht es mit der zeitlichen Folge all jener Arbeiten und Errungenschaften? In der Wirtschaft eines Volkes und den Beziehungen zwischen ihr und dem Staat gibt es kein zufälliges Hin- und Herspringen, sondern nur ein ursächlich verkettetes Voranschreiten oder Zurückgehen, beides natürlich auf verschiedenen Sondergebieten sich oft in entgegengesetzter Richtung bewegend, aber immer auf den Gesamtzustand zurückwirkend. Hieraus ergibt sich für den Geschichtsforscher die Aufgabe, die Gesamtheit der an diesen Vorgängen beteiligten persönlichen Mächte, wie einen großen Organismus aufzufassen, der im Gang der Geschichte einer stetigen Entwicklung unterliegt. Sein Blick haftet in viel stärkerer Konzentration als bisher, statt an begrifflichen Zuständen, an der lebendigen Kraft der die Geschichte tragenden persönlichen Mächte.

Zur Verdeutlichung des großen Fortschrittes, der in dieser Auffassung lag, kann der Vergleich mit einem Werke dienen, das zwölf Jahre vor dem „Wohlstand der Nationen" erschien und, wenn auch auf einem völlig anderen Gebiete, doch mit gleicher Geisteskraft eine unendliche Kleinarbeit des Sammelns mit den dies Chaos durchleuchtenden Ideen verband: ich meine Winckelmanns Geschichte der Kunst des Altertums (1764). Daß die Plastik und Malerei in Griechenland, deren Geschichte den Hauptteil des Werkes ausmacht, durch natürliche Bedingungen sowohl (das Klima kommt hier wieder zu Ehren), als durch Verfassung und Geschichte des Staates, sowie den Charakter und die gesamte geistige Betätigung des Volkes beeinflußt sei, wird im Beginn, wie im Verlauf der Darstellung hervorgehoben, aber so, daß mehr nach dem Vorbild Montesquieus diese Beziehungen wie selbstverständlich hingestellt, als im Geiste von Smith in dem steten Ineinandergreifen der persönlichen, der gesellschaftlichen Kräfte nachgewiesen werden. In idealer Höhe und nicht weiter verbunden mit jenen niederen Voraussetzungen sehen wir die bildenden Künste sich entfalten, erst ihrem Wesen nach, wie sie das Ideal der Schönheit in ihren verschiedenen Formen zu verwirklichen streben, dann ihrer zeitlichen Entwicklung nach, wie die verschiedenen „Stile" sich auseinander entfalten, endlich in der äußern Folge der Künstler und der Epochen griechischer Staatsgeschichte. Eine dem wirklichen Leben entsprechende Verbindung der Folge künstlerischer Schöpfungen mit der auf dem Grunde des Staates sich bewegenden Geschichte ist nicht erreicht, wohl auch nicht erstrebt.[1])

Ein anderes Gebiet, auf dem eine derartige Verbindung wohl näher lag, war das der Religion. Die Geschichte der organisierten Kirchen und Sekten war ja längst zur staatlichen Geschichte in Beziehung gebracht, aber doch vornehmlich nur vom Gesichtspunkt der Auseinandersetzung um Bestand, Recht und Macht jener Gemeinwesen. Jetzt war es der Schotte David Hume, der in seiner „natürlichen Geschichte der Religion" (1755) auf den geistigen Grund zurückzugehen suchte, aus dem im Lauf der allgemeinen Geschichte die christlichen Kirchen und Sekten nur als Teilerscheinungen neben so vielen andern religiösen Bildungen hervorgegangen seien. Indes so groß die Aufmerksamkeit war, die das kleine Buch bei Gegnern und Gesinnungsgenossen hervorrief, was über den Ursprung und die Entfaltung religiöser Ideen und Zeremonien, über die Einwirkung der Religion auf den sittlichen und intellektuellen Geist der Menschen gesagt wurde, war doch zu dürftig, und die wegwerfende Beurteilung, welche teils hier, teils in den über die Zeiten der Reformation und Revolution handelnden Abschnitten der englischen Geschichte Humes die Entwicklung von Dogma und Kultus erfuhr, war zu einfach aus den Vorurteilen des aufgeklärten Philosophen entnommen, als daß sie zu einer wesentlich umfassenderen und tieferen Auffassung der Bedeutung der Religion in der Geschichte der Nationen hätten führen können.

Vornehmlich und zunächst war es also das Ineinandergreifen wirtschaftlicher und staatlicher Geschichte, welches in der geschichtlichen Forschung zu bedeutenden Ergebnissen, in der Auffassung zu klaren und reicheren Anschauungen

---

[1]) Vgl. Justi über Winckelmanns „antihistorische Gesinnung", Winckelmann III², S. 105 f., über die Einflechtung der Sukzession der Stilperioden in den systematischen Teil, S. 126 f.

führte. Erwähnt möge denn auch hier noch sein, daß gleichzeitig mit dem Fortschreiten der Volkswirtschaftslehre wieder eine besonders zu ihrer Ergänzung berufene Wissenschaft geschaffen wurde, nämlich die Statistik. An der Universität Göttingen, zu der so viele Beziehungen aus dem geistigen Leben Englands hinüberführten, waren es die Geschichtschreiber Spittler, Sartorius[1]) und Heeren, welche sich mit vollem Eifer den Lehren von Adam Smith hingaben; neben ihnen war es Schlözer, der in Anknüpfung an die grundlegende Schrift seines Vorgängers Achenwall über die „Staatsverfassung der vornehmsten europäischen Reiche" (1749) eine förmliche „Theorie der Statistik" (1804) entwickelte.

Ausgehend davon, daß der Zweck des Staates das Wohl seiner Angehörigen, d. h. des Volkes oder der Nation, sei, stellt er der Statistik die Aufgabe, diejenigen Erscheinungen des Staats- und Volkslebens „herauszuheben", welche „Einfluß auf das Wohl (oder auch das Wehe) des Staates und der Nation haben und sich als fest umschriebene, sei es umfassende, sei es eng umgrenzte Dinge, Vorgänge oder Beziehungen kennzeichnen". Da die Gegenstände der Statistik zum größten Teil solche sind, die als gleichförmige entweder in der Gegenwart massenhaft hervortreten oder in der Zeitfolge sich massenhaft wiederholen, so wird das Zählen und Zusammenfassen in Zahlen eine ihrer wesentlichen Arbeiten. Ihr Ergebnis ist, daß sie Zustände eines Staates und Volkes darlegt, und zwar ebensowohl für die Gegenwart, als für die auf einander folgenden Epochen der Vergangenheit; in der Schilderung solcher Zustände aber von der Vergangenheit bis zur Gegenwart wird sie natürlich einen wesentlichen Teil der Geschichte in sich aufnehmen, und in diesem Sinn schreibt Schlözer das Wort nieder: Geschichte ist eine fortlaufende Statistik, und Statistik ist eine stillstehende Geschichte.

Völlig neu war ja nun freilich die von der Statistik betriebene Forschung, wie die Anwendung ihrer Forschungsweise auf die Geschichte keineswegs; aber neu war der

---

[1]) Roscher, Geschichte der Nationalökonomik i. D. S. 615 f., 618 Anm.

jetzt einsetzende folgerichtige und umfassende Betrieb der jungen Wissenschaft und damit zugleich ihr eingreifender Einfluß auf die Geschichtschreibung. Hier wurden vor allem zwei ererbte Mängel bekämpft und durch gründliche Forschung ersetzt: einmal die Unbestimmtheit, mit der man bei Kennzeichnung der unter einen umfassenden Begriff zu bringenden Erscheinungen im Staats- und Völkerleben sich so gerne begnügte, sodann die Leichtgläubigkeit, mit der man die in den Geschichtsquellen befindlichen, meist phantastischen zahlenmäßigen Angaben hinübernahm.

Auch hier jedoch war es zunächst wieder bloß **ein** Gebiet, das von der neuen Wissenschaft befruchtet wurde: das Gebiet der Wirtschaft und der materiellen Interessen und die Beziehungen derselben zum Staat und seiner Tätigkeit. Nun aber hätte das 18. Jahrhundert nicht das philosophische Jahrhundert sein müssen, wenn nicht zugleich das von Voltaire angeregte Streben nach allseitiger Erfassung der Geschichte seine Fortsetzung gefunden hätte. Der Mann, dem hier die Führung zufiel, war ein Deutscher, es war **Johann Gottfried Herder**.

Als Herder, im Jahre 1784, den ersten Band seiner Ideen zur Philosophie der Geschichte der Menschheit[1]) veröffentlichte, deutete er in der Vorrede u. a. auf die Schwierigkeit, „die Heerstraße auszuzeichnen, auf der man auch nur die Geschichte der Kultur, geschweige die Philosophie der ganzen Menschengeschichte mit sicherem Fuß ausmessen könnte". Hier ist ein Unterschied aufgestellt, an den Voltaire bei der Forderung einer im philosophischen Geist behandelten Geschichte noch nicht gedacht hatte, der Unterschied zwischen Kulturgeschichte und Philosophie der Geschichte. Auf diesen Unterschied zunächst einzugehen, ist für meine Untersuchungen um so wichtiger, da ich im Fortgang derselben auf die Philosophie der Geschichte[2])

---

[1]) Ich zitiere nach Suphans Ausgabe der Werke B. 13, 14 (1887, 1909).

[2]) Als eine Pseudowissenschaft behandelt sie (und die Soziologie) Dilthey (Einleitung in die Geisteswissenschaften Buch I, Nr. 14—17). Verständlicher Wundt, System der Philosophie II³, S. 211—222, nach dem Geschichte und Geschichtsphilosophie, wenn letztere auf das

als eine Wissenschaft, die durch ihre leitenden, aber nur als vorgreifende Hypothesen aufzunehmenden Ideen dem Geschichtschreiber zwar manche Anregungen gewähren kann, im übrigen aber außerhalb seines Forschungsgebietes liegt, mich nicht weiter einzulassen gedenke.

Eine Beobachtung nun, die wiederholt in dem Werke Herders aufstößt, ist, daß als Pfleger der Kultur die Nationen erscheinen, als die Gemeinschaft dagegen, an welche die Geschichtsphilosophie sich wendet, das gesamte Menschengeschlecht bezeichnet wird. An das Menschengeschlecht tritt er also heran, da er zunächst die Aufgabe der Geschichtsphilosophie zu bestimmen sucht, und er tut es, indem er die Fragen stellt: welche Lebensbedingungen ergeben sich für die Menschheit aus der sie umgebenden Natur?, welche Bestimmung des Wesens des Menschen sodann ergibt sich aus dem Vergleich mit den anderen organisierten Geschöpfen dieser Erde, unter denen er als das höchste Glied einer aufsteigenden Reihe und zugleich als unterste Stufe eines über die sichtbare Welt hinübergreifenden Geisterreiches erscheint? endlich, herrscht in dem Chaos menschlicher Begebenheiten und Zustände ein auf die Verwirklichung bedeutender Zwecke gerichteter „Plan", fügen sich also diese Vorgänge zu einem „Ganzen" zusammen?[1]) Auf die beiden ersten Fragen antwortet er mit einem schwungvoll gehaltenen Überblick über das Ganze der sichtbaren Welt, der in einen Abriß der Anthropologie ausläuft; die dritte Frage sucht er zu lösen, indem er einen die gesamte Betätigung des Menschen beherrschenden Zweck aufstellt. Wie der Mensch, so führt er hier aus, sich in seinem Denken an Gesetzen gebunden findet, die sich in jedem Akte des Denkens geltend machen, und aus deren Beobachtung

---

Hineintragen „spekulativer Voraussetzungen" verzichtet, erstere aus ihren Forschungsergebnissen eine schließliche „Erkenntnis des innern Zusammenhangs der gesamten geschichtlichen Entwicklung der Menschheit" zu gewinnen sucht, in ihren Zielen zusammenfallen, in ihren Mitteln sich insofern gegenseitig ergänzen, als der Geschichtsforscher dem Philosophen das Material, die geschichtlichen Tatsachen, der Philosoph dem Historiker zur Ermittlung der „seelischen Motive" das Rüstzeug der „Individual- und Völkerpsychologie" überliefert.

[1]) Die hervorgehobenen Worte in der Vorrede.

wahre Erkenntnis, aus deren Mißachtung der Irrtum hervorgeht, so regt sich nicht minder jedesmal, da der Wille durch Dinge der Außenwelt oder Bedürfnisse des Innenlebens zur Betätigung gereizt wird, ein Gesetz in ihm, welches dieser Betätigung eine bestimmte Richtung und ein bestimmtes Maß zuweist, dessen Befolgung zur Bereicherung, dessen Verleugnung zur Schädigung der Kräfte und des Inhaltes seines Lebens führt. Zunächst werden diese Richtungen mehr dunkel gefühlt als klar erkannt, und vollends geht die Einsicht in Wesen und Wert der eigentlichen Ziele, auf die sie hinweisen, dem Menschen erst von dem Augenblicke auf, da er diese Ziele zu erreichen beginnt; aber von diesem Augenblick an kann er auch zu der Erkenntnis gelangen, daß es der zwecksetzende Schöpfer[1]) ist, der jenes Gesetz in sein Inneres gelegt hat, und fortan ist es Sache seiner Vernunftentwicklung und der Verarbeitung der auf ihn eindringenden Einwirkungen der Natur und der Mitmenschen, die ihm gesteckten Ziele immer tiefer zu erfassen und reicher zu gestalten; Sache seiner freien Willensentscheidung ist es, den erkannten Zwecken wirklich nachzustreben, und eine Vergeltung der göttlichen Weltordnung ist es, daß in dem Maße, wie er seine Zwecke erfüllt oder nicht erfüllt, zugleich seine Anlagen und seine Lebensinhalte immer reicher und wertvoller sich gestalten oder immer verderblicher zerrüttet werden. Die Gesamtheit nun dieser kraft eines eingeborenen Gesetzes im Leben der Menschen wirkenden Zwecke, indem er sie einem obersten Begriffe unterordnet, bezeichnet Herder als Humanität. „Betrachten wir", sagt er[2]), „die Menschheit nach den Gesetzen, die in

---

[1]) Unter den Worten „Schöpfer, Gott, schaffende Natur, Vorsehung", die Herder allerdings mit dem Vorbehalt, daß nicht die Natur, sondern Gott das selbständige Wesen sei (Vorrede), durcheinander gebraucht, wähle ich stets das erste, halte mich aber weiterhin von den Untersuchungen, auf welche Schulbegriffe des Monismus oder Dualismus oder Pandynamismus u. dgl. diese Worte zu deuten sind, respektvoll fern. Ich verweise neben Haym auf Lamprecht, Herder und Kant (Jahrbücher für Nat.-Ökonomie B. 69, S. 161). O. Braun, Herders Ideen zur Kulturphilosophie (H. Z. 110, 292).

[2]) XV, 1; Werke XIV, S. 208. Wenn er XV, 3 Humanität einfach als Vernunft und Billigkeit definiert, so soll damit nicht der

ihr liegen, so kennen wir nichts Höheres als Humanität im Menschen."

Zunächst ist es der Einzelmensch, aus dessen Wesen Herder diese Bestimmung ableitet. Aber es braucht kaum näher dargelegt zu werden, wie er nun weiter zeigt, daß diese Zweckbestimmung in Wahrheit nur in den großen und kleinen Gemeinschaften der Menschen, bis hinauf zu der umfassendsten des Menschengeschlechtes verfolgt und verwirklicht wird. Er gewinnt damit das Prinzip, das fortan in seiner Philosophie als das den ganzen Lauf der Geschichte beherrschende gilt.

Halten wir aber hier einen Augenblick inne und stellen wir die Frage, wie sich etwa Bossuet zu diesem Ziel der Geschichte, wenn es ihm vorgehalten wäre, gestellt haben würde. Ich möchte meinen, er hätte sich unter einer bestimmten Voraussetzung mit demselben einverstanden erklären können, unter der Voraussetzung nämlich, daß der Inhalt der aufgestellten Zwecke nicht von dem irrenden Menschen erst zu suchen, sondern ihm in der von der katholischen Kirche verwalteten göttlichen Offenbarung fertig dargeboten werde, und daß die Verwirklichung der Aufgaben unter fortlaufendem unmittelbarem Eingreifen Gottes in die Seele des Einzelnen wie der Völker vor sich gehe. Daß gegen beides sich Herder erklärt, macht den Unterschied aus zwischen dem katholischen Theologen und dem Jünger des philosophischen Jahrhunderts.[1])

Reichtum des entwickelten Begriffs erschöpft werden, sondern nur das bezeichnet werden, was bei Reduktion des Begriffes auf das für alle Zeiten und Völker (bis zu „Negern und Troglodyten") Gültige übrig bleibt.

[1]) Das Eingreifen Gottes auch in die helleren Zeiten der Geschichte lehnt er doch nicht völlig ab. Als letztes sicheres Eingreifen betrachtet er die Schöpfung der aufrechten Gestalt des Menschen und die Sprache. Weiter aber sagt er: „je mehr die menschlichen Kräfte selbst in Übung waren, d e s t o w e n i g e r bedurften sie dieser höheren Beihilfe, desto minder wurden sie ihrer fähig, obwohl auch in spätern Zeiten die größten Wirkungen auf der Erde durch unerklärliche Umstände entstanden sind, oder mit ihnen begleitet gewesen" (V, 6, Nr. 4). Wenn er die „Vorsehung" anruft, damit sie scheinbar untergegangene Kulturgüter „in anderer Gestalt rette", so meint er damit wohl kein spezielles göttliches Eingreifen (IX, 1, Nr. 3).

Nachdem nun aber Herder die geschichtsphilosophische Erörterung bis auf diesen Punkt geführt hat, erhebt sich für ihn die Frage: wird jener Inbegriff von Zwecken als herrschendes Prinzip der Geschichte nun auch durch den Lauf der wirklichen Geschichte von der Zeit ab, da Literaturen und Monumente zu uns reden, bestätigt? und wie weit und in welchem Zusammenhang finden wir ihn verwirklicht? Bei Beantwortung dieser Frage erlaube ich mir, eine Unterscheidung, die in der Vorrede des Werkes, wie schon bemerkt, angedeutet ist und im Verlauf desselben immer wieder durchscheint, bestimmter, als es von Herder geschehen ist, zu formulieren und demgemäß zu sagen: von jetzt ab, da es sich nicht mehr um die Feststellung eines obersten Gesetzes, sondern, wenigstens zunächst, um tatsächliche Vorgänge handelt, tritt für den Verfasser die Geschichtsphilosophie zurück, und erscheint ihm sein Werk mehr und mehr als Kulturgeschichte.

Zunächst erhebt sich hier die Frage: was versteht er unter Kultur und ihrer Geschichte? Im Grunde denkt er sich dabei nichts anderes als die Verwirklichung des Begriffs der Humanität in seinen einzelnen Momenten; denn sie begreift alle unter den allgemeinsten Zweck der Humanität sich unterordnenden geistigen und materiellen Güter[1]), welche von den Menschen erarbeitet, gebraucht und genossen werden, immer aber mit der näheren Bestimmung, daß ihre Gewinnung, ihr Gebrauch und ihr Genuß durch das Ineinandergreifen der menschlichen Kräfte in großen und kleinen Gemeinschaften bedingt ist, ein Ineinandergreifen, welches teils in der Gegenwart zwischen lebendigen Menschen, teils im Fortwirken der Vergangenheit in die Gegenwart durch die Überlieferung der Errungenschaften der Vorfahren

---

[1]) Allerdings fallen seine Definitionen oft schillernd aus; so wenn er Kultur gleich Aufklärung setzt und sie dann als „Erziehung zu irgendeiner Form menschlicher Glückseligkeit und Lebensweise" bestimmt (IX, 1; Werke XIII, S. 348). Anderseits kann man aus XIII, 1, Werke XIV, S. 97—98 ein umfassendes Verzeichnis der Kulturgüter entnehmen: Sprache, Religion, Weltweisheit, Musik, Dichtkunst, Sittlichkeit („Sittenbildung" Nr. 4, S. 114), Gesetze, Wissenschaft, Technik, wozu dann nach andern Stellen die wirtschaftlichen Güter hinzuzufügen wären.

Drittes Kapitel. Adam Smith. Herder.

erfolgt. Die nächste Aufgabe wäre es also, die Gemeinschaften zu bestimmen, in denen diese Entfaltung der Kultur vor sich geht. Hier aber wird die Aufgabe von Herder alsbald vereinfacht. Abgesehen von einigen gelegentlich noch zu bemerkenden Ansätzen, kennt auch er, wie Voltaire, nur einen Träger der Kultur und ihrer Geschichte, nämlich die Nation.

Den Begriff der Nation hat Herder gewiß nicht erschöpfend, aber doch viel sorgfältiger bestimmt als Montesquieu oder Voltaire. Wie bei letzterem (S. 238 f.), so entsteht auch für ihn die Nation auf dem natürlichen Weg der Abstammung der Menschen. Vermutlich von einem Paare herkommend[1]), gehen die Menschen aus einander und verbinden sich anderseits wieder in den Sonderverbänden der Familien und Freundschaften, d. h. in dem den Staaten vorausgehenden Stand der Gesellschaft[2]) (vgl. S. 212). Indem diese Verbände sich ihrer Zahl nach stetig vermehren, räumlich auseinandergehen und in dieser Trennung den verschiedenartigen Einwirkungen des Klimas, des Bodens, der veränderten Lebensverhältnisse unterliegen, bilden sich unter mannigfachen Wandlungen des ursprünglichen Typus der Menschennatur[3]) die Nationen oder die Völker[4]) —, zwei Worte, welche Herder als gleichbedeutend braucht.[5])

Wie aber werden nun all die individuellen Kräfte, die so in der Nation zusammenströmen, zum Ausgleich unter

---
[1]) X, 2.
[2]) VIII, 4; IX, 4 (Werke XIII, S. 375): „der Naturzustand des Menschen ist der Stand der Gesellschaft." Allerdings schreibt er auch ihm schon einen „ersten Grund natürlicher Regierung" zu, aber nur als ein mit dem Familienband gegebenes „Werk der Natur". Der Staat im engeren Sinne des Wortes ist frei vom Menschen gegründet, als „das feinste Werk seiner Kunst" (a. a. O. S. 382). Daher der kühne Ausspruch: „wie viele Völker der Erde wissen von keinem Staat!" (VIII, 5; Werke XIII, S. 340) oder: „alle Staaten entstanden spät" (IX, 5; Werke XIII, S. 387).
[3]) „Metamorphosen": VII, 1.
[4]) In den ältesten Zeiten „wuchs jede Nation, in einem engen Familienkreise erzogen, gleich einer vollen Traube auf ihrer eigenen Staude" (XVII, 1; Werke XIV, S. 294). — Zusammenhängend handelt über Bildung und Bestand der Nationen Buch VI u. VII.
[5]) Zum Zweck größerer Deutlichkeit halte ich mich an den einen Ausdruck Nation.

einander und zum Zusammenwirken mit einander geführt? Bei dieser Frage weist Herder, allerdings in wenig klarer Weise, auf das Verhältnis der Nation zum Staat. Es ist, sagt er, Aufgabe des Staates, zwischen den zunächst „in wilder Verwirrung" wider einander laufenden Kräften der Nation „das Band der Vereinigung" zu knüpfen und sie auf die ihnen gesetzten „guten Zwecke zu lenken".[1]) Also Stiftung von Harmonie zwischen den nationalen Kräften und Richtung derselben auf gemeinsame Ziele schreibt Herder dem Staate zu. Wenn er dann weiter sagt, daß „kein Volk (Nation) untergehen kann, dessen Staat wohlbestellt war, gesetzt daß er selber auch überwunden wird"[2]), so liegt darin, daß die Nation durch ihre Ausbildung im Staat eine Festigkeit erlangen kann, kraft deren sie fortdauert, wenn auch der staatliche Verband, in dem sie ursprünglich erwachsen war, durch Fremdherrschaft gesprengt wird: „so ist's mit China, mit den Brahmanen und Israeliten."[3]) Allerdings die naheliegende Frage, wie eine hellenische, eine keltische, eine altgermanische Nation erwachsen sei, da man doch in den geschichtlich zugänglichen ältesten Zeiten keinen ihr entsprechenden einheitlichen Staat findet, hat Herder nicht näher untersucht. Wohl aber gedenkt er auch des anderen Verhältnisses, daß, wie die Nation ihre Festigkeit dem Staat, so auch der Staat seine Festigkeit dem Zusammenfallen seines Gebietes mit demjenigen **einer** Nation verdankt.[4])

Nun aber, nach Bestimmung des Wesens der Nation, erhebt sich für Herder die entscheidende Frage: wie ist denn die Schaffung und Erhaltung, Verwertung und Fortbildung der Kultur in der Nation und durch die Nation anschaulich vorzustellen? Sodann, welche Kulturzweige sollen als diejenigen, die das Leben der Nation erfüllen, gewürdigt werden,

---

[1]) XV, 3, Nr. 2. Ziemlich wirr laufen an dieser Stelle die Begriffe Gesellschaft, Nation und Staat durcheinander. — Ein vollkommener Staat wäre eine vollkommene Einrichtung zum Besten der Völker: XVII, 2, Nr. 1.
[2]) XV, 2, Nr. 3.
[3]) XIII, 6, Nr. 2.
[4]) XII, 2; Werke XIV, S. 52.

etwa alle und jede, oder nur eine Auswahl derselben? Endlich, wie weit ist der Inhalt jedes Kulturgebietes und der Zusammenhang aller untereinander darzulegen? Hinsichtlich der ersten Frage erinnere ich nochmals, daß Adam Smith darauf hingewiesen hatte, wie innerhalb der Nation und des Staates jedem bedeutenden Inbegriff von Kulturzwecken eine lebensvolle Gesellschaft entspreche, die, selber wieder sich mannigfach gliedernd, der Verwirklichung ihrer Zwecke in steter Wechselwirkung mit dem Staat obliege. Diesen Gedanken weiter verfolgend, würde Herder innerhalb des allumfassenden Kreises der Nation engere, den besonderen Kulturaufgaben entsprechende Gesellschaftskreise abgegrenzt haben; er würde sie in ihrer Tätigkeit, ihren Beziehungen untereinander und sie alle wieder in ihrem Wechselverhältnis zum Staat verfolgt haben. Aber auf solche Untersuchungen läßt er sich nicht ein. Es genügt ihm der Massenbegriff der Nation, als derjenigen Persönlichkeit, welche die weitverzweigte Kultur schafft, gebraucht und genießt; wo er von ihr zu ihren Teilen herabsteigt, gelangt er meistens sofort zur Einzelperson. Unmittelbar kommt ja auch nur in dieser der Anteil an der nationalen Kultur zu wirklichem Bewußtsein, im Hinblick auf sie muß also auch zunächst gefragt werden, wie das, was wir nationale Kultur nennen, in diesen Einzelpersonen und weiter in ihrem Verhältnis zur Gesamtheit der Nation entsteht, besteht und fortschreitet.

Hier nun treten zwei für Herder hochwichtige Begriffe, die der Erziehung und des Fortschrittes, in Geltung. Daß die Keime des physischen und geistigen Daseins des Einzelnen zu den mannigfachen Formen eines reicher oder ärmer ausgestatteten Lebens entwickelt werden, ist neben den Einflüssen der äußern Natur bedingt durch die Einwirkungen anderer Menschen, und diese Einwirkungen erscheinen in der ersten Kindheit ausschließlich, im reiferen Alter noch immer zum guten Teil als erziehende; die Träger der Erziehung aber sind doppelter Art: einerseits, im unmittelbaren Verkehr mit dem Zögling, sind es die Eltern, Lehrer und Freunde, anderseits aber, wenn wir fragen, woher diese denn die Mittel ihrer erziehenden Tätigkeit gewonnen haben, so erscheinen uns die beiden großen Mächte: die Nation und der Kulturerwerb der Vergangenheit, der von der Nation überliefert wird.

Hiermit führt die Betrachtung alsbald wieder aus dem Kreis des Einzeldaseins zu der Gemeinschaft der Nation: ihr dankt der Einzelne im letzten Grunde seine Erziehung. Aber die Nation hat auch den Einzelnen zu danken. Sobald diese aus den Schranken der Erziehung heraustreten, beginnt in ihnen die selbständige Verarbeitung des Empfangenen und damit ein Verhältnis freier Einwirkung und Gegenwirkung zwischen den Einzelnen, ihrer nächsten Umgebung und schließlich der Nation. Hier ergeben sich die neuen Errungenschaften, sei es wirtschaftlicher, sei es idealer Natur, die ebensowohl eine Bereicherung der Einzeldasein, wie der großen Gemeinschaft bedeuten. Fragt man dann aber nach dem letzten Grund dieses Fortschreitens, so lautet die Antwort, daß in jedem neu errungenen Kulturgut der Anreiz zur Vergrößerung desselben liegt, in jeder wissenschaftlichen Erkenntnis z. B. der Trieb zur Ergänzung des Erkannten, in jeder künstlerischen Schöpfung zur Erringung neuen Gehalts und neuer Formen, in jeder wirtschaftlichen Produktion zur Vergrößerung der Produktion und des Kapitals.

So in rastlosem Fortschreiten begriffen, gestaltet sich die Kultur einer Nation zur „Blüte ihres Daseins".[1] Wie aber diese Arbeit sich, nach unten gesehen, in den Beziehungen zwischen Nation und Individuen vollzieht, so führt sie in ihrer Weite zu den Beziehungen zwischen Nation und Nation. Kein Volk entwickelt seine Kultur in völliger Abgeschiedenheit. Herder zeigt, daß, wo diese Beziehungen bald in einem engern, bald in einem größeren Kreis von Nationen wirksam werden, sich zwischen ihnen dasselbe Zusammenwirken von Erziehung und gegenseitiger Einwirkung, die gleiche Herübernahme der Kulturgüter aus der Vergangenheit in die Gegenwart wiederholt, wie in dem Verhältnis der Einzelnen zu einander und zu ihrer Nation, wie daraus Kulturen entstehen, in denen sich die Errungenschaften verschiedener Zeiten und Völker vereinigen. Abgeleitet werden diese Ge-

---

[1] XIII, 7, Nr. 3.

danken besonders aus der Geschichte der griechischen, der römischen und der europäisch-mittelalterlichen Kultur.

Blickt man zurück auf diese Gedankenentwicklung, so wird man nicht verkennen können, daß ein deutliches Bild von den zusammenwirkenden Kräften, die innerhalb einer Nation die verschiedenen Kulturgüter hervorbringen, und der Art, wie eine gesamte Nation diese Güter besitzt und verwertet, aus solchen Abstraktionen nicht zu gewinnen ist. Statt aber zu kritisieren, folge ich dem Fortgang der Betrachtungen Herders zu der weiteren Frage, wie es kommt, daß die Ausgestaltung der Kultur in den verschiedenen Nationen so verschieden erfolgt, woher ferner in denselben der erschütternde Wechsel vom Emporsteigen zum Niedergang, von partiellem, wieder überwundenem Rückgang oder Stillstand bis zur völligen Zerstörung rührt. Vielleicht, daß diese Erörterungen eine deutlichere Vorstellung von dem Verhältnis zwischen Nation und Kultur gewähren.

Was nun den Wechsel zwischen Aufstieg und Niedergang angeht, so findet Herder einen allgemeinsten Grund desselben in der Unterscheidung, die er hinsichtlich der Kulturzwecke der Völker zwischen der Setzung dieser Zwecke durch den Schöpfer und dem freien Erkennen und Verfolgen derselben durch die Menschen aufstellt: je nach dem rechten oder falschen Gebrauch, den die Völker von ihren Verstandes- und Willenskräften machen, erfolgt ihr Aufsteigen oder ihr Niedergang. Indes in dieser Richtung folge ich den Gedanken des Verfassers nicht weiter, sondern gehe alsbald auf die andere eben gestellte Frage ein, woher die Unterschiede in den nationalen Kulturen rühren. Auch hier bietet sich ihm zunächst eine einfache Erklärung, die ja schon oben mitgeteilt ist: sie liegt in der Verschiedenheit der Beschäftigungen und Anlagen, die in den Nationen, sobald sie einmal aus dem gemeinsamen Ursprung sich abgetrennt haben, aus den so mannigfaltigen Einwirkungen des Klimas und der Lebensverhältnisse sich ergeben. Aber es scheint, als ob diese rein natürliche Erklärung, die ja auch bei dem Dunkel der ältesten Völkergeschichte nicht zu beweisen war, Herder nicht genug getan habe; zur Ergänzung derselben geht er also davon aus, daß jeder Organismus aus zwei Faktoren entspringe: aus dem groben Stoff und aus einer gestaltenden Kraft, die als „genetische Lebenskraft" bezeichnet wird; nicht materieller, sondern idealer Natur, fließt diese aus dem Urgrund der Schöpfung; sie ist eine „Idee der schaffenden Natur"[1]), oder was nach Herders Auffassung dasselbe ist (S. 270 Anm. 1), ein „Gedanke" des in der Natur waltenden Gottes. Es wird nicht zu kühn sein, das also von der Entstehung des einzelnen Organismus Gesagte im Sinne Herders auch auf die Entstehung des großen Organismus der Nation anzuwenden. Damit aber kommen wir auf den Satz: die Materie der Nation hat ihren Keim in dem Körper ihrer Voreltern, ihr unterscheidendes Wesen aber liegt in einem vorbestimmenden Gedanken Gottes.[2]) Diese Ansicht, daß nach Herder die Verschiedenheit der Nationen zwar auf natürlichem Wege entsteht, aber durch Gott vorbestimmt ist, wird dadurch bestätigt, daß er da, wo er die Eigenart der geschichtlich hervortretenden Nationen und ihre Leistungen in der Entwicklung der Kultur behandelt, weniger von Einwirkungen des Klimas und der Lebensverhältnisse, als von ihrem „genetischen Charakter", oder dem infolge der Beimischung eines besondern nationalen Bestandteiles ihnen „eingepflanzten" Geist[3]) ausgeht, um dann auch diesem Geiste wieder eine bestimmte Entwicklung vorgezeichnet sein zu lassen. Wie „der einzelne Mensch", so heißt es, in den Anlagen seiner Seele das Ebenmaß, zu welchem er sich selbst ausbilden soll, „in sich trägt", so arbeitet im Innern jeder Nation ein Drang nach höchster Ausbildung bestimmter Kulturgüter unter Wahrung eines durch alle Anstrengungen und Errungenschaften hindurchgehenden Ebenmaßes. Die Griechen z. B. strebten nach einem „Maximum des sinnlich Schönen sowohl in der Kunst,

---

[1]) VII, 4; Werke XIII, S. 274 f. Von den „Gedanken" des Schöpfers redet Herder XV, 5, Nr. 3.

[2]) Wenn Ranke den nationalen Staat als einen Gedanken Gottes bezeichnet (vgl. meine Schrift über L. v. Ranke, S. 17 Anm. 1), soll man da nicht eine wenn auch unbewußte Nachwirkung der Herderschen Worte annehmen?

[3]) XI, 1 (Werke XIV, S. 8), XVIII, 4 (XIV, S. 380). Der eingepflanzte Geist erscheint auch bei Ranke wieder (Deutsche Geschichte, Vorrede).

als in den Sitten, in Wissenschaften und in der politischen Einrichtung; in Sparta und Rom bestrebte man sich nach der Tugend eines Heldenpatriotismus, in beiden auf sehr verschiedene Weise". Und bei solcher Konzentration der Kräfte geschieht es denn auch, daß uns in gewissen Völkern und verhältnismäßig frühen Zeiten oft Hervorbringungen auf bestimmten Gebieten entgegentreten, die in ihrer Art vollendet, also in keiner spätern Kulturepoche mehr zu übertreffen sind, z. B. das Homerische Epos und so manche Schöpfungen der griechischen Plastik.

Also Vorbestimmung der Nationen zu einer ihnen eigenen Kulturmission. — Hiermit wäre das, was Herder in allgemeiner Fassung über das Verhältnis von Nation und Kultur zu sagen weiß, erschöpft. Noch etwas weiter indes dringen wir in seine Gedanken ein, wenn wir ihrer Anwendung auf die eigentlich geschichtlichen Abschnitte, in denen freilich nur die Zeiten der alten und mittleren Geschichte bewältigt sind, folgen. Als erstes Beispiel wähle ich dafür den Abschnitt über die griechische Geschichte, wobei ich wohl kaum die Bemerkung vorauszuschicken brauche, daß Herder nur ganz vorläufige Skizzen, nirgendwo aber eine erschöpfende Darstellung geben will. Billigerweise kann man also von seinem Entwurf nicht mehr verlangen, als daß er den Weg zeige, auf dem eine Kulturgeschichte zu bearbeiten wäre.

Was nun in diesem Entwurf sofort auffällt, ist die in dem Gang der Darstellung doch wieder vorgenommene Trennung der Begriffe Nation und Kultur. Eine Nation erscheint äußerlich in ihren Wohnsitzen und in den sie umschließenden staatlichen Einrichtungen. So wird in besonderm Überblick (XIII, 1, 6) über Wanderungen und Wohnsitze der Griechen und über den Gang ihrer staatlichen Einrichtungen und Geschicke gehandelt. Schon hier ist allerdings viel von Kultur die Rede, aber als einem nicht näher bestimmten geistigen Gut, das unter der Gunst jener natürlichen und staatlichen Verhältnisse aufgenommen und gepflegt wurde und zugleich mit der staatlichen Selbständigkeit verfiel. Was aber der wahre Inhalt der Kultur war, das erfahren wir erst in abgetrennten Kapiteln. In diesen werden uns vorgeführt Sprache, Religion, Poesie, Kunst, Wissenschaft, Sitte und Recht, ganz leicht wird auch die Wirtschaft gestreift. Aber bei solcher Sonderbehandlung erscheinen diese Gegenstände, die doch Inhalte des Lebens lebendiger Menschen sind, vielmehr als geistige Mächte, die ihr eigenes Dasein und ihre eigene Entwicklung haben, ähnlich wie wir es bei Voltaire bemerkten (S. 237 f.). Und wie findet sich nun Herder mit der Aufgabe ab, den Gehalt dieser Kulturgebiete und ihren Zusammenhang aufzudecken?

Als leitend tritt uns das Bestreben entgegen, nicht eigentlich den Gehalt all dieser Hervorbringungen des Denkens und Schaffens darzulegen, sondern vornehmlich die ersten Gründe zu ermitteln, aus denen sie hervorgingen, und die besonderen Züge hervorzuheben, welche sie als ausschließlich griechische kennzeichnen. So widmet der Verfasser dem Inhalt und der Form der griechischen Poesie nicht viel mehr als einige begeisterte Sätze über Homer, aber nachdrücklich setzt er dann auseinander, wie alle griechische Geisteskultur ursprünglich aus der dreifachen Wurzel von Mythologie, Dichtkunst und Musik erwachsen sei, wie für die Dichtkunst im besondern die Quelle in der von allen Angehörigen der Nation getragenen Mythologie und deren Übergang in die Heldensage, der Antrieb zu höherer Entwicklung aber in der innigern Verbindung mit der Musik zu suchen sei. In ähnlicher Weise behandelt er die bildende Kunst. Nachdem er versichert hat, daß ihre Erzeugnisse „einzig in der Menschengeschichte" dastehen, geht er alsbald zu der Auseinandersetzung über, wie in dem vom „Genius des Schönen" beseelten Volke diese Kunst aus Antrieben hervorbrach, welche die Schaffenden wie die Genießenden gleichmäßig bewegten und aus der Religion, der Dichtkunst, dem Drang nach Verherrlichung ruhmgekrönter Bürger und nach der Ausschmückung eines freiheitsstolzen Gemeinwesens entsprangen.

Schieben wir hier die Bemerkung ein, daß in diesen Erörterungen Herder über die oben hervorgehobene äußerliche Verbindung von Nation und Kultur ein wenig hinausblickt. Daß die Werke der Poesie und Kunst kein eigenes

Leben in toten Schriften und Monumenten führen, sondern aus den geistigen Bedürfnissen einer Gesamtheit — hier soll es die ganze Nation sein — entspringen und in dem Zusammenwirken der Schaffenden und der Aufnehmenden entstehen und leben, das scheint er doch bei jener Erklärung der Entstehung der Meisterwerke der Plastik im Sinne zu haben. Wenn er es vermöchte, in diesem Geiste Entstehung und Entfaltung sämtlicher Kulturerscheinungen darzulegen, so wäre freilich die ungelöste Aufgabe gelöst, nämlich die Geschichte der Nation und der Kultur in lebendiger Einheit erfaßt.

Aber bei Herder wird die Aufgabe nur flüchtig gestreift. Kehren wir also von dieser Abschweifung zurück zu seiner Behandlung des Inhalts der Kulturgebiete, und fassen wir als ein weiteres Beispiel das schwierige Kapitel der Wissenschaften ins Auge. Auch hier sieht Herder den ersten Anfang in einem nationalen Gemeingut, nämlich „den alten Göttersagen und Theogonien". Aber bald sind es die einzelnen Denker, die seine Aufmerksamkeit gefangen nehmen, wie sie in ihrem engen Kreise, allerdings angeregt von dem lebhaften Verkehr in den freien Gemeinwesen, zunächst sich auf die Erforschung der Normen des Denkens, des sittlichen Handelns, der staatlichen Einrichtungen werfen, um dann unter Führung des Aristoteles im Rahmen der viel mißbrauchten Metaphysik das große Reich der Fachwissenschaften zu entdecken und zu pflegen. Wie er nun aber sich vor den Inhalt oder auch nur vor die Begründer all dieser Wissenschaften geführt·sieht, hält er inne: „man wird nicht von mir erwarten, daß ich die einzelnen Wissenschaften der Mathematik, Medizin, Naturwissenschaften und aller schönen Künste durchgehe." Er eilt statt dessen zum Schluß, indem er nur noch zwei Betrachtungen anfügt: einmal, daß es das Verdienst der Griechen war, zuerst die wissenschaftlichen Lehren, wenn sie auch in Asien und Ägypten angebahnt waren, in die Form von Lehrgebäuden zu bringen, wodurch wir ihnen „die Basis beinah aller unserer Wissenschaften schuldig sind"; sodann, daß drei Wissenschaften recht eigentlich von ihnen geschaffen sind: die der Sprache, der Kunst und der Geschichte.

Es wird unnötig sein, auch noch den Erörterungen über die „Sittenkultur" zu folgen, wie sie hervorwächst aus der Religion, weiterhin gepflegt wird in den staatlichen Einrichtungen, und ihre Pflege sich zwischen den beiden Idealen des „Patriotismus und der Aufklärung" bewegt. Auch darauf weise ich nur mit einem Worte hin, daß neben all diesen idealen Kulturgütern die Gebiete des Rechts und vollends der wirtschaftlichen Tätigkeiten nicht ausdrücklich gewürdigt werden.

Blicken wir auf das Ganze zurück, so können wir sagen: für eine innere Verbindung von Nation und Kultur, desgleichen für die Grenzen und den Umfang der Berücksichtigung der verschiedenen Kulturgebiete und ihres Inhaltes gibt dieser Entwurf einer Kulturgeschichte keine sichere Anweisung. Soweit ferner die Kulturerscheinungen nach unsicherem Maßstabe beschrieben werden, sucht der Verfasser sie nach ihrem ersten Ursprung, dann aber sofort in ihrer vollen Entfaltung vorzuführen. Die Form zuständlicher Darstellung ist also vorwaltend. Ein genetischer Zug tritt hervor in der flüchtigen Berücksichtigung des Untergangs alter Kulturen, der in der Regel mit der Vernichtung der sie tragenden nationalen Staatswesen verbunden ist, und der Entstehung jüngerer Kulturen, die ebenso regelmäßig mit der Stiftung nationaler Staaten und mit der Übernahme von Elementen der älteren Kulturen Hand in Hand geht. Ein Grundgedanke Herders ist hierbei die Verschiebung des Schauplatzes der aufeinander folgenden Kulturen von Osten nach Westen. Ähnlich wie die ältere Theorie eine Translation der Weltherrschaft annahm, so erkennt er eine Übertragung der Herrschaft im Reiche der Kultur von den Völkern des Orients auf die Griechen und Römer, von da auf die christlichen und arabischen Reiche des Mittelalters. Aber in dieser Folge erscheinen doch die verschiedenen Kulturen wie äußerlich aufeinander gelagerte Schichten, deren Entwicklung auseinander nicht anschaulich gemacht wird.

Unter diesen Schichten ist es nur noch die letzte, nämlich die durch den Kreis der christlich-abendländischen Nationen des Mittelalters gebildete, bei der wir mit einer kurzen Betrachtung verweilen müssen. Als eine neue Bil-

-dung tritt uns hier eine Mehrheit von Nationen entgegen, welche in gemeinsamer Kulturarbeit enger verbunden ist, als man es bis dahin erlebt hatte, und aus der dann infolge dieser Beziehungen über der nationalen eine internationale Kultur sich erhebt. Begründet war diese Verbindung durch die erzwungene Zusammenführung der Völker im römischen Weltreich, frei gestaltet wurde sie in der Form des europäischen Staatensystems. Die in ihm oder der „europäischen Republik", wie Herder gerne sagt[1]), erwachsende allgemeine Kultur darzustellen, ist daher eine neue an den Geschichtschreiber herantretende Aufgabe.

In gewissem Sinne hatte er es hier leichter, als mit der Darstellung der griechischen Kultur; denn bei dieser hatte er sich mit dem unerschöpflichen Gehalt wissenschaftlicher, praktischer und künstlerischer Schöpfungen auseinanderzusetzen, im Mittelalter dagegen sah er gerade diese idealen Errungenschaften als verloren an, bis auf kümmerliche, erst durch den Humanismus zu neuem Leben erweckte Reste einer Halbbildung; er konnte also um so mehr seine Aufmerksamkeit solchen Erscheinungen zuwenden, die wesentlich auf dem Boden der neuen staatlichen Bildungen hervortraten. So leitete er aus der Kriegsverfassung der mittelalterlichen Staaten das Rittertum und dessen sittliche und poetische Ideale ab, so aus dem Erwerbstrieb der autonomen Städte das Emporkommen des Handels, und so entwickelte er auf dem Grund der halbstaatlichen Gewalt der Kirche den Kulturgehalt des Christentums. Auf diese letztern Erörterungen kommt es zur Beurteilung der dem Mittelalter gewidmeten Abschnitte vornehmlich an.

Wie sonst, so geht er auch hier von den ersten Anfängen aus. Hervorgegangen aus der Religion der israelitischen Nation, von seinem Stifter jedoch über die nationale Beschränktheit erhoben zu einer Religion für die gesamte Menschheit, unterwirft sich das Christentum — wiederum wie eine gleichsam personifizierte Kulturmacht gefaßt — in weitem Umfange die Völker der Welt, vor allem auch die Nationen des europäischen Abendlandes. Zu zeigen,

---
[1]) XVI, Einleitung; Werke XIV, S. 258. „Allgemeingeist Europas": XVI, 6; Werke XIV, S. 287.

wie es nun deren Kultur bestimmte, ist die große Aufgabe, und Herder sucht sie zu lösen, indem er die Anfänge und ihnen gegenüber die vollendete Entwicklung in fortlaufenden, kurz gefaßten Kontrasten gegenüberstellt. Nichts erscheint ihm einfacher als die ursprünglichen, auf einem sittlich reinen Monotheismus beruhenden Lehren des alten Christentums; was aber daraus wurde, war ein System von Dogmen, und auf diesem gebaut, eine Theologie und theologische Philosophie, die eine Verirrung des menschlichen Verstandes bedeutete, wohltätig nur in ihren ungewollten Nebenwirkungen, indem sie einige Kenntnis der klassischen Literaturen pflegte und in den scholastischen Spekulationen im Denken übte und zur Freiheit des Urteils anleitete. In ähnlicher Weise werden gegenübergestellt einerseits die Einfachheit der zwei ältesten symbolischen Handlungen von Taufe und Abendmahl, anderseits ein in ein Chaos von Aberglauben und Geschmacklosigkeit verstrickter Kultus, auf der einen Seite die den Kern des echten Christentums bildende Menschenliebe, Wohltätigkeit und freiwillige Enthaltsamkeit, auf der andern Seite das gierige Schätzesammeln eines genußsüchtigen Klerus und die dem Zwangszölibat und Mönchtum nachgesagte Entwürdigung der Menschennatur, endlich aber und vor allem die Gegensätze in der Verfassungsbildung: zuerst freie Gemeinden mit Vorstehern, die als wahre Hirten lehren, bessern und Friede stiften, zuletzt eine zentralisierte Hierarchie, welche die Gläubigen in dumpfer Geistesknechtschaft hält, die Staaten sich untertänig macht und in Ketzer- und Heidenverfolgungen Bluttaten häuft, an welche die römischen Christenverfolgungen nicht heranreichen.

Was die mittelalterliche Kirche zum Wohl der Völker geleistet hat, erscheint teils als Nachwirkung ihrer alten und lautern Grundsätze, teils als Nebenwirkung ihrer neu errungenen Wirkungskreise und wird gerechtfertigt durch die Ohnmacht der Staatsordnungen und die Roheit der Völker, welche solche Lehrer und Leiter unentbehrlich machte.

Man erkennt an dieser wegwerfenden Beurteilung, welche derjenigen von Voltaire und Hume nichts nachgibt, dieselben Unklarheiten der kulturhistorischen Behandlung, welche bereits oben hervorgehoben sind: gestellt vor das unübersehbare Gebiet christlich-mittelalterlicher Kultur, sucht Herder sie ihrem Werden nach zu kennzeichnen, indem er die Anfangs- und Höhepunkte verbindet, ihrem Inhalt nach, indem er rasche und kurzangebundene Werturteile fällt. Seine Nachfolger konnten dieser Behandlung schwerlich eine Anweisung dafür entnehmen, wie eine objektive, die inneren Beziehungen jener Kulturerscheinungen zur allgemeinen Geschichte herausarbeitende Darstellung anzulegen wäre.

Immer also kommen wir zu dem Urteil, daß aus Herders Entwurf einer Kulturgeschichte kein fester Plan weder für den Inhalt noch für die Grenzen der neuen Wissenschaft zu entnehmen war. Um aber seinen Gedanken bis zum Ende zu folgen, müssen noch einige Worte über die letzten Ergebnisse, die er aus seinen kulturhistorischen Betrachtungen gewinnt, hinzugefügt werden.

Seinen Ausgang nimmt Herder hier von der schon besprochenen Ansicht, daß die Kultur in den geschichtlich bedeutenden Nationen, je nach der Besonderheit ihrer Anlagen und der Gunst der Umstände, zu einem ihrer besondern Art angemessenen und nicht wieder zu erreichenden Maximum gedeiht, einem Maximum, nach dessen Verwirklichung der Verfall dieser Kultur und des sie tragenden nationalen Staatswesens einzutreten pflegt. Aus dieser Unnachahmlichkeit der besondern Kultur ergibt sich, daß jede bedeutende Nation in der Geschichte einen in seiner Art einzigen Zweck zu erfüllen hat und nicht etwa als bloßes Mittel zur sukzessiven Verwirklichung eines unpersönlichen, über allen Nationen stehenden Kulturideals dienen soll. Aber, so muß Herder sofort weiter fragen, welchen Sinn hat denn dieser Wechsel, in dem eine Nation nach der andern einen beglückenden Höhepunkt ihres Daseins ersteigt, um dann von den Mächten der Zerstörung erfaßt zu werden? Er meinte hier vor dem Walten eines finstern Geschickes zu stehen, in dem die Weltgeschichte wie „ein Greuel. der Verwüstung auf einer heiligen Erde" erschien, bis ihm ein Ausweg durch zwei Gedankenreihen eröffnet wurde, von denen die erste aus den Erfahrungen der Geschichte, die zweite aus der über diese Erfahrungen hinausgreifenden Philosophie der Geschichte sich ergab.

Der Lauf der Geschichte hatte ihm, wie schon bemerkt (S. 269 f.), gezeigt, daß die Menschen die Wahl zwischen der Anwendung entgegengesetzter Kräfte haben, von denen die einen den Aufbau, die andern die Zerstörung der Kultur bewirken. Sooft nun aber auch die zerstörenden Kräfte ihr Werk in der angedeuteten Weise vollbrachten, nie war die Vernichtung eine vollständige. Denn an die Stelle der untergegangenen Nationen erhoben sich neue kulturschaffende Völker, und auf diese ging von den älteren Kulturen dasjenige, was „die Vorsehung"[1]) erhalten sehen wollte, über. Der Gehalt der jüngern Kulturen wurde demgemäß immer reicher, und gleichzeitig wurde ihr Geltungsbereich, da die Zahl der in den Wettbewerb der Bildung eintretenden Völker gleichzeitig zunahm, immer ausgedehnter. „Immer verjüngt in neuer Gestalt", ruft Herder aus, „blüht der Genius der Humanität auf und zieht palingenetisch in Völkern, Generationen und Geschlechtern weiter."[2]) Den Grund dieser steten Wiedergeburt nach zeitweiligem Untergang erkennt er in einer von Gott gesetzten Eigenschaft der Menschennatur, vermöge deren die wohltätig schaffenden Kräfte sich in ihr schließlich immer stärker erweisen als die zerstörenden.

Allein, wenn so die ältere Kulturnation erst untergehen muß, um ihren jüngeren Nachfolgern Raum und Material zum Aufbau einer reicheren Kultur zu schaffen, so tritt uns hiermit doch wieder der Satz nahe, den Herder verabscheut, daß nämlich die Nationen nur Mittel in dem fortschreitenden Schöpfungswerke der Kultur seien. Diese Konsequenz hinwegzuräumen, ist nun die Aufgabe einer aus der Betrachtung der Vergangenheit in die Berechnung der Zukunft übergreifenden philosophischen Spekulation.[3])

Zu den Fortschritten der Kultur, so wird hier gelehrt, gehört auch die wachsende Einsicht in die Natur der den Stand der Nationen fördernden und zerstörenden Kräfte und damit das wachsende Bestreben, dem Verfall vorzu-

---

[1]) IX, 1; Werke XIII, S. 352.
[2]) IX, 1; Werke XIII, S. 353.
[3]) XV, 4, 5.

bauen und dauerndes Gedeihen zu sichern. Das Mittel dazu besteht aber darin, daß die Völker wie die Einzelnen sich daran gewöhnen, alle Dinge im Lichte der Vernunft zu beurteilen und alle Beziehungen untereinander nach den Grundsätzen der Billigkeit zu regeln. Indem die fortschreitende Menschheit dieses Mittel ergreift, wird an die Stelle des Wechsels von Untergang und neuem Leben ein dauernder Zustand von Aufklärung und Friede eintreten, in dessen Genuß schließlich alle Völker werden aufgenommen werden; und dieses als letztes Ziel aller menschlichen Geschicke wenigstens hoffend vorauszunehmen, ist der Schluß von Herders Philosophie der Geschichte.

Aber es ist Zeit, daß wir uns von den Höhen philosophischer Betrachtung wieder zur eigentlichen Geschichtswissenschaft zurückwenden. Nachdem in den vorausgehenden Abschnitten dieses Teils weniger von eigentlichen Geschichtswerken die Rede gewesen ist, als von solchen Arbeiten, welche Anweisungen gaben zu einer Bereicherung und Vertiefung der geschichtlichen Darstellung und zur fruchtbarern und zuverlässigeren Anwendung geschichtlicher Forschung, treten wir nunmehr noch an zwei ausgewählte Geschichtswerke heran, um zu prüfen, wie weit sich bis ins letzte Viertel des 18. Jahrhunderts die neuen Anregungen fruchtbar erwiesen haben: das erste eine bescheidene Arbeit, die sich streng in den Grenzen staatlicher Geschichte hielt, dabei aber mit den von Montesquieu eröffneten neuen Gedanken sich auseinanderzusetzen hatte, das andere ein imposantes Geisteswerk, das den von Voltaire aufgestellten Forderungen bis zu einem gewissen Grad gerecht zu werden versuchte.

Viertes Kapitel

Justus Möser. Edward Gibbon

Im Jahre 1768 erschien der erste Teil von Mösers Osnabrückischer Geschichte; zwölf Jahre später folgte der zweite Band, der bis zum Jahre 1192 reichte, und erst nach des Verfassers Tode erschien in unvollendeter Bearbeitung ein dritter bis 1250 gehender Teil. Die ursprüngliche Absicht Mösers war, die Geschichte des geistlichen Fürstentums Osnabrück, das er als sein Vaterland verehrte, für die Zeit der letzten Jahrhunderte zu schreiben, und zwar lediglich, wie er in bewußtem Gegensatz gegen die Forderungen Voltaires hervorhebt, vom Gesichtspunkt des Staates, nicht als Beitrag zu einer „Geschichte der Menschheit". Wie er aber bemerkte, daß die Entwicklung dieses kleinen Staatswesens, die natürlich hauptsächlich in ihren inneren Verhältnissen darzulegen war, nur im Zusammenhang mit dem großen Staatswesen des Deutschen Reichs und mit dessen Geschichte von den Ursprüngen an verstanden werden konnte, so sah er sich genötigt, den Anfang seiner in diesen großen Rahmen gefaßten Darstellung zurückzuschieben: erst auf die Auflösung des sächsischen Herzogtums (1180), dann auf das Reich Karls des Gr., endlich auf den Urstaat der germanischen, vornehmlich der sächsischen Völkerschaften.

Wenn er hierbei seinen Gesichtskreis streng auf die staatlichen Vorgänge beschränkte, so war ihm doch nicht umsonst durch Montesquieu, den er kannte und bewunderte, eine tiefere Auffassung des Staates aufgegangen. Unter dem Namen der Gesetze trat ihm hier als der Lebensgrund des Staates die Schaffung und Handhabung des Rechts entgegen, das Recht aber erschien in seiner Entstehung und Wirksamkeit an die Wechselbeziehungen zu all den großen Lebensinhalten, welche die Kultur eines Volkes ausmachen, gebunden. In diesem Spiel der Gegenseitigkeit nun erkannte Möser für die Erklärung des germanisch-sächsischen Urstaates drei große Kulturgüter an: das Grundeigentum, die Bodenwirtschaft und die Freiheit.

Ausgehend von der in seiner Heimat ihm bekannten Organisation des Grundbesitzes nach geschlossenen Bauernhöfen und Markgenossenschaften, sah er den ersten Anfang staatlicher Bildung in dem kontraktmäßigen Zusammenschluß einer Gruppe von Hofbesitzern, deren jeder auf seinem eigentümlich ihm gehörigen Ackergut in ungefähr gleichen Vermögensverhältnissen mit seinen Nachbarn saß, zu gemeinsamer Nutzung des in gemeinsames Eigentum genom menen Wald- und Weidelandes, oder, nach dem später sich einbürgernden Namen, der gemeinen Mark. Diese Gemeinsamkeit schließt eine gewisse Bewirtschaftung der Mark in sich und damit die Einrichtung einer gemeinsamen Verwaltung, sie erheischt die Zuweisung gleicher Anteile an der Nutzung und damit die Festsetzung und Handhabung der hierauf bezüglichen Rechte. Grundbesitz und Bodenwirtschaft rufen so die ersten Keime von Staat und Recht ins Leben. Und alsbald wirken sie weiter. Wie für die gemeinsame Nutzung der Mark, so bedürfen die einzelnen Hofbesitzer erst recht für ihr Sondereigentum und dessen Bewirtschaftung, sowie für ihr und ihrer Angehörigen persönliches Dasein, es bedürfen ferner die benachbarten Markgenossenschaften für ihr friedliches Nebeneinander bestimmter Rechte, die festgesetzt und gegen Gewalt gesichert sein wollen, und unter deren Schutz jene kleineren Genossenschaften wieder in größerer Gemeinschaft zusammentreten. Und so entsteht durch einen neuen Kontrakt zwischen einer Anzahl jener kleineren Genossenschaften die größere Gemeinschaft des Staates.[1])

Das Verfassungsrecht dieses Urstaates läßt Möser hauptsächlich auf zwei Verrichtungen gegründet sein: Verwirklichung des Rechtes in Gesetzgebung und Gericht, sodann Kriegführung aufgrund der Organisation und Führung des Heeres. Beide Verrichtungen aber gehen hervor aus dem freien Zusammenwirken und den gleichmäßigen Leistungen der freien Landeigentümer; diese sind es, welche in der Nationalversammlung die höchsten Entscheidungen fällen, sie weisen als Gerichtsgemeinde das Recht und entscheiden den Streitfall, sie setzen kraft allgemeiner Dienstpflicht das Volksheer zusammen und bestreiten die Kosten seiner Ausrüstung und des Zugs, aus ihrer freien Wahl gehen Richter, Heerführer und eventuell Könige hervor. Freie Selbstbestimmung und gleichmäßige Leistung für die staatlichen Zwecke ist der herrschende Grundsatz in dieser Verfassung. Freiheit im Sinne einer Befreiung von diesen Leistungen

---

[1]) Auf die zwei Stufen, in die er diese Bildung zerlegt — erst die „Mannie", dann den Staat — brauche ich nicht einzugehen.

würde man als „schimpfliche Ausnahme"[1]) verabscheut haben, und deshalb soll das auf jener Stellung im Staat, in der sich freies Eigentum und freie Selbstregierung verbinden, beruhende Gefühl des eigenen Wertes nicht in dem vieldeutigen Worte Freiheit, sondern als „gemeine Ehre" gefaßt werden.

Aber in dieser Ordnung der Freiheit und Gleichheit erkennt Möser von Anfang an zwei abweichende Verhältnisse. Das eine in den untern Schichten des Volkes: es umfaßt die verschiedenen Klassen der Hörigen, welche ohne selbständiges Grundeigentum erblich im Dienst und Schutz eines freien Eigentümers stehen; das andere in den oberen Kreisen: es umfaßt den Adel, dessen Mitglieder sich von der großen Mehrheit der gemeinen Freien durch größeren Besitz und das kostbare Vorrecht, ein bewaffnetes Dienstgefolge zur Verstärkung des Volksheeres sowohl, wie zu selbständiger Kriegführung zu halten, auszeichnen. Diese Einrichtung des Gefolges ist es vor allem, der Möser nach dem Vorgange Montesquieus die höchste Bedeutung für die weitere Entwicklung der Verfassung von der Urzeit bis zur Gegenwart des Deutschen Reiches beimißt. Es entsprang daraus, meint er, ein eigenes auf der Verpflichtung zum Dienst des Gefolgsherrn beruhendes Dienstheer, das mit dem Volksheer oder Heerbann, der auf dem freien Landeigentum gegründet war, in Wettbewerb trat. „Die Folgen hiervon herrschen durch die ganze Geschichte."[2])

Mit diesen Worten deutet Möser den leitenden Gedanken für den Fortgang seiner Darstellung an. Er sieht in jener Zwiespältigkeit der alten Verfassung, vor allem ihres Heerwesens, den Grund einer radikalen Umwälzung, die sich seit der karolingischen Periode vollzog und die Geschichte des Deutschen Reichs im allgemeinen und des Osnabrücker Fürstentums im besondern beherrschte. Diese Umwälzung zu schildern, ist seine Hauptaufgabe.

Die Vorgänge nun, in denen der Gang der Umgestaltung sich vollzieht, sondern sich für ihn in zwei ineinander greifende Reihen, die eine die auf der Bodenwirtschaft beruhende ge-

---

[1]) Vorrede zum ersten Teil der Osnabr. Geschichte S. 10, 11. (Nach der Ausgabe der Werke 1858, B. VI.)
[2]) Osnabr. Gesch. I, 1, § 36.

sellschaftliche Gliederung des Volkes, die andere die jeweilige Anordnung der staatlichen Regierung enthaltend. In ersterer werden die Geschicke des Grundbesitzes und des Standes der Personen vorgeführt. Wenn im Grundbesitz ursprünglich das bäuerliche Eigengut herrschte, so sehen wir jetzt dies freie Eigentum übergehen in ein kaum übersehbares System von Leiheverhältnissen, beginnend mit den vornehmen Lehen des emporsteigenden Kriegsadels und auslaufend in die verschiedenartigen Formen bäuerlicher Landleihe. Wenn auf dem bäuerlichen Eigentum die gemeine Freiheit gegründet war, so sehen wir jetzt auch sie verdrängt durch ein verwickeltes System von Schutz- und Dienstverhältnissen, beginnend mit den vornehmen Verpflichtungen zwischen Lehensherrn, Vasallen und Ministerialen und auslaufend in den verschiedenartigen Formen von Schutzhörigkeit und Unfreiheit der großen Masse des Landvolkes. In seinem großen Gange kennzeichnet sich der Prozeß als eine Aufsaugung des gemeinen Eigentums und der gemeinen Freiheit durch eine in Anknüpfung an den alten Adel neu emporsteigende weltliche und geistliche Aristokratie, in deren Händen sich der von seiner alten Grundlage losgelöste Besitz und die neu gegründeten Herrschaftsverhältnisse zu dem Gebilde der großen Grundherrschaft zusammenballt. Und diese Aristokratie ist es denn auch, der die zweite Umwälzung, die Umgestaltung der staatlichen Verfassung, zugute kommt.

Hier schildert Möser die aufeinanderfolgenden Wandelungen, die von der Selbstregierung der freien Eigentümer im germanischen Urstaat zu dem Beamtenstaat Karls des Großen, von da wieder zu der stückweise vor sich gehenden Erwerbung der Amtsgewalten durch die Häupter der geistlichen und weltlichen Grundherrn führten, Erwerbungen, die schließlich, wie sie über ein umgrenztes Gebiet die Summe jener Amtsgewalten umfaßten, dieselben weiter entwickelten und, wie Möser meint, durch eine Art von Obereigentum des Gebietsherrn über das Land krönten[1]), zur Ausbildung der Landeshoheit und zur äußersten Schwächung der Zentralgewalt im Deutschen Reiche führten.

---

[1]) II, 2, § 21, 25, 26.

Als das vor allem treibende Element in dieser gesamten Entwicklung betrachtet Möser, wie schon oben bemerkt, die Umwandlung der alten Kriegsverfassung. Weil die Masse der freien Eigentümer sich dem Heerbann entzog, sank sie zur Schutz- und Zinspflicht, zur Hörigkeit und Leibeigenschaft herab, weil kriegstüchtige Männer sich in den Kriegsdienst der emporsteigenden geistlichen und weltlichen Aristokratie begaben, wurden sie als deren Vasallen und Ministerialen ritterliche Gutsherrn[1]), weil die geistlichen und weltlichen Großen statt freier Wehrmänner Kontingente solcher Dienstmannen zum Reichsheer stellten, förderten die Kaiser bereitwillig ihr Fortschreiten auf dem Weg zur Landeshoheit, und wurde zugleich aus dem alten Heerbann ein neues Dienstheer. Dieser Umwandlung des alten Heerbanns widmet denn auch Möser seine ganz besondere Aufmerksamkeit.

Neben dieser auf dem Grunde ländlicher Verhältnisse vor sich gehenden Entwicklung, aber im Vergleich mit ihr nur flüchtig, bespricht Möser das Eintreten der emporkommenden Städte in das deutsche Staatswesen. Wie er in seiner vom Sozialkontrakt ausgehenden und auf die wirtschaftlichen Interessen beschränkten Anschauung den Staat als eine Aktiengesellschaft bezeichnet, in welcher der auf dem freien Grundeigentum ruhende Anteil an den staatlichen Rechten und Pflichten eine „Landaktie" ausmacht, so erzeugt der Kapitalbesitz der in den Städten emporkommenden Gewerb- und Handeltreibenden die politische Geldaktie[2]), und diese neuen Aktionäre hätten wohl dem aus den Fugen gehenden deutschen Gesamtstaat wieder Einheit und Kraft geben können, wenn sie als Gesamtheit in seinen Organismus eingetreten wären. Allein diese Bedingung wurde nicht erfüllt, da sich die Städte wieder in zahlreiche und zwiespältige freie Gemeinwesen zersplitterten.

Indes, ich will auf weitere Einzelheiten nicht eingehen; man würde, wenn man ein erschöpfendes und überall anschauliches Bild der Möserschen Forschung geben wollte,

---

[1]) Vgl. z. B. I, 1, § 43.
[2]) Noch einmal faßte Möser diese Ansicht zusammen im Gegensatz gegen die französische Nationalversammlung (Werke V, Nr. 44).

Viertes Kapitel. Justus Möser. Edward Gibbon.

sich leicht ins Unabsehbare geführt sehen. Denn dasjenige, wovon sie ausgeht, ist gerade die scharfe Auffassung und die liebevolle, unendlich geduldige Sammlung der großen und kleinen Züge, aus denen das Bild der staatlichen und wirtschaftlichen Einrichtungen und des in ihnen pulsierenden Lebens hervorgeht. Nehmen wir also diesen Vorzug im allgemeinen als festgestellt hin, und suchen wir von da aus etwas tiefer in die Eigenart Möserscher Darstellung und Forschung und den Fortschritt, den sie in der Geschichtswissenschaft bezeichnet, einzudringen.

Niebuhr, der größere Geistesverwandte und Nachfolger Mösers, bezeichnet wohl als höchste Aufgabe des Geschichtschreibers die Anschaulichkeit.[1]) Er denkt dabei an eine Darstellung, welche die staatlichen Zustände und Ereignisse einer entlegenen Vergangenheit so treffend nach ihrer Wirklichkeit und ihrem Zusammenhang vor die Seele des Lesers treten läßt, wie die Verhältnisse, in denen er selber gelebt hat.[2]) Um aber diesem Ideal sich zu nähern, bedarf es natürlich in erster Linie des erschöpfenden Quellenstudiums. Allein die Quellen, je zuverlässiger sie sind, um so mehr liefern sie nur vereinzelte, tote Angaben, und mit diesen ist es ähnlich bewandt wie mit den Mitteilungen aus dem Leben einer Einzelperson: wie letztere erst dann die Eigenart und die Entwicklung dieses Menschen mich kennen lehren, wenn ich sie durch den Vergleich mit eigenen Erlebnissen und denen anderer Menschen mir zum Verständnis gebracht habe, so kann ich auch aus jenen lückenhaften, in der Regel noch getrübten Angaben nur dann zu einer sachgemäßen Erkenntnis des Gefüges staatlicher Einrichtungen und des Ganges staatlichen Lebens vordringen, wenn ich die Verhältnisse eines in unmittelbarer Anschauung erkannten Staates zur Vergleichung und Prüfung heranzuziehen vermag. In diesem Sinne wurde Niebuhr nicht müde, darauf hinzuweisen, daß es auf dem Gebiet der römischen Geschichte trotz unendlichen Quellenstudiums seit den Tagen des

---
[1]) Vorlesungen über alte Geschichte II, S. 42. Lebensnachrichten II, S. 158.
[2]) Vorrede zur römischen Geschichte I, 2. Aufl. (Ausgabe von 1853) S. XV.

Humanismus lediglich zu aneinander gereihten „Staatsaltertümern" und zu mehr oder weniger geistreichen, aber nie in die wahren Tiefen des Staates eindringenden Übersichten gekommen sei, weil den weltfremden Gelehrten die sie umgebende Wirklichkeit unbekannt gewesen sei.

Also Anwendung der Analogie muß zum Quellenstudium hinzukommen, und der Forscher wird, je konsequenter er dies Verfahren anwendet, um so weiter den Kreis der zur Vergleichung herangezogenen Staaten, aus der Vergangenheit wie der Gegenwart, ziehen. Eben dieser Art aber war die Forschung Mösers. In den agrarischen und staatlichen Verhältnissen seiner Heimat, die ihm wie keinem andern geläufig waren, erkannte er die Züge, die übers Mittelalter bis in die germanische Urzeit zurückführten, und in ähnlicher Verknüpfung suchte er dann die alten deutschen Einrichtungen durch die Zustände verwandter Staaten, wie sie ihm besonders in angelsächsischen und normannischen Rechtsquellen entgegentraten, zu erklären und zu ergänzen. Hiermit verband er als zweiten Vorzug die Kunst einer streng genetischen Entwicklung, deren Geheimnis die scharfe Auffassung der staatlichen und agrarischen Einrichtungen war, erst in ihren Anfängen, dann durch die in ihrem Ineinandergreifen erfolgenden, in ihrer ursächlichen Verkettung nachgewiesenen Wandlungen hindurch.

Gewiß hatte er auf seinem Wege Vorgänger. Machiavelli hatte in der Geschichte eines städtischen Gemeinwesens die Wechselbeziehungen von Wirtschaft und Verfassung hervorgehoben, er und Montesquieu hatten ihre Beobachtungen über das in staatlichen Vorgängen und Erscheinungen Gemeinsame gleichfalls aus Analogien entnommen, welche die ihnen bekannten Staaten der Vergangenheit und Gegenwart boten. Allein die bezeichneten Partien in der florentinischen Geschichte verhielten sich zu Mösers verfassungsgeschichtlicher Entwicklung wie die Umrisse einer primitiven Zeichnung zu einem reich individualisierten Bilde, und die Betrachtungen des Florentiners und Franzosen waren höchst anregende Einzelbeobachtungen, aber keine Geschichte. Und so konnte man mit Recht von Mösers Werk sagen, daß es in dem engen Rahmen einer mit der

Wirtschaft in innere Beziehung gebrachten und in streng genetischer Darstellung vorgeführten Verfassungsgeschichte einen epochemachenden Fortschritt bezeichnete.

Aber der Fortschritt erfolgte nicht ohne Übereilungen und Irrgänge. Möser besaß in hohem Grade die Gabe lebendiger, man möchte sagen schöpferischer Vergegenwärtigung der Zustände des Staatslebens. Darum ging ihm gleich bei der ersten Orientierung in den Quellen ein deutliches Bild von den alten staatlichen und wirtschaftlichen Ordnungen auf. Fügen wir hinzu, daß seine Tätigkeit in der Landesverwaltung ihm ebensoviel Erfahrung zuführte, als Zeit für wissenschaftliche Arbeit entzog, so werden wir leicht begreifen, daß er, als er zum abschließenden Studium der Quellen schritt, mehr auf die Bestätigung und Bereicherung jenes Bildes, als auf vorurteilslose Ableitung seiner Sätze ausging.[1]) So kreuzten sich bei ihm treffende Erfassung der Verhältnisse in ihren Grundlagen und phantastische Ausführungen im einzelnen. Ein Forscher wie Waitz konnte eine fortlaufende Reihe von Willkürlichkeiten in der Interpretation der Quellen und der Kombination disparater Erscheinungen aufweisen.[2]) Aber der Begründer der deutschen Rechtsgeschichte, K. F. Eichhorn, gab ihm doch das Zeugnis, daß niemand „so tief (wie er) in den Geist der karolingischen Verfassung eingedrungen" sei, und ein hervorragender Nachfolger Eichhorns, Ferdinand Walter, bekannte, daß „durch Möser ihm zuerst für die deutsche Staats- und Rechtsverfassung der Sinn aufgeschlossen wurde".[3])

Ein anderer Mangel lag in der engen Begrenzung des Gesichtskreises auf Recht und Wirtschaft. Möser selbst erkannte[4]), daß eine deutsche Geschichte der Zukunft auch

---

[1]) Vgl. sein Bekenntnis in der Vorrede zum ersten Teil S. 7.

[2]) Ich notiere aus dem 1. Band der deutschen Verfassungsgeschichte (3. Aufl.) S. 100 Anm. 1, 114 Anm. 2, 126 Anm. 2, 138 Anm. 2, 191 Anm. 1, 237 Anm. 1, 245 Anm. 1, 252 Anm. 2, 368 Anm. 4, 377 Anm. 3, 4, 418 Anm. 1, 454 f. Schärfste Verurteilung der Hypothese der Gesamtbürgschaft: I³ S. 454 f.

[3]) Eichhorn, Deutsche Staats- und Rechtsgeschichte I, § 158 A. c. Vgl. II, § 614 A. f. Walter, Vorrede zu seiner römischen Rechtsgeschichte.

[4]) Vorrede zum ersten Teil S. 21.

die idealen Inhalte des Lebens, wie Religion und Philosophie, Wissenschaft und „schöne Künste", in sich aufnehmen müsse, nur daß er über die Art und Weise dieser Verbindung keine klare Anweisung zu geben wußte. Ihm durfte es genügen, auf dem von ihm abgesteckten Gebiet den Weg zu großen, relativ in sich geschlossenen Ergebnissen gezeigt zu haben.

Schon aber war auch ihm gegenüber der Mann an der Arbeit, der mehr nach den Forderungen Voltaires und auf einem unermeßlich erweiterten Schauplatz die Geschichte zu behandeln unternahm: es war Edward Gibbon, der Verfasser der *History of the decline and fall of the Roman empire*, 1776—1788.[1])

Der Bildungsgang Gibbons hatte ihn mit den Anschauungen der französischen Philosophie und ihren allgemeinwissenschaftlichen Bestrebungen erfüllt, nur mit dem Unterschied, daß er die in den Vordergrund gerückten empirischen Wissenschaften zwar nicht vernachlässigte — hat er doch auf der Höhe des Mannesalters noch besonderen Unterricht in Anatomie und Chemie genommen[2]) —, aber für seine Person den klassischen und modernen Literaturen und im Zusammenhang damit der Geschichte den Vorrang einräumte. „Von früher Jugend", sagt er, „strebte ich nach dem Rang eines Historikers." Dieses Streben verdichtete sich dann nach längerem Schwanken zwischen Gegenständen der mittleren oder alten Geschichte[3]) zu dem gewaltigen Unternehmen einer Geschichte des Niedergangs und Sturzes des römischen Reichs, beginnend mit dem Ausgang der Antonine und endigend mit der Zerstörung des byzantinischen Reiches.[4])

---

[1]) Ich zitiere nach der Ausgabe von Bury, London 1897. Für die Autobiography die Ausgabe desselben, Oxford 1907.

[2]) Autobiographie S. 184. Das anatomische Privatissimum nahm er zusammen mit Adam Smith (Rae, A. Smith, S. 271).

[3]) Plan einer Geschichte des Verfalls der Stadt (*of the city rather than of the empire*) Rom; Beginn einer Geschichte der Schweizer Eidgenossenschaft von 1315—1515 (Selbstbiographie S. 160, 164 f.).

[4]) J. Bernays, Edw. Gibbons Geschichtswerk (Bruchstück), gesammelte Abhandlungen II, S. 236, nennt es „das erste bedeutende Werk, das überhaupt über alte Geschichte verfaßt worden".

Treten wir an das Werk mit der Frage heran, wie weit es sich von den bisherigen Darstellungen der Geschichte nach Anlage und Ausführung unterscheidet, einer Frage, die sich, da der Verfasser sich nicht grundsätzlich darüber ausgesprochen hat, nur aus dem Werke selber beantworten läßt. Was nun hier auf den ersten Blick in die Augen fällt, ist die Lossagung von der annalistischen Zerstückelung der Geschichte: Gibbon will ihren Verlauf nach dem lebendigen Zusammenhang der Vorgänge zur Anschauung bringen. Ob ihm dies aber besser gelingen würde, als seinem Vorbilde Voltaire, war in erster Linie durch eine klare Ansicht von dem, was denn eigentlich den Inhalt der Geschichte und folglich den Gegenstand seiner Darstellung ausmachte, bedingt.

Ganz im Sinne Voltaires hatte er fünfzehn Jahre vor dem Erscheinen des ersten Bandes seines Lebenswerkes die Worte geschrieben: „die Geschichte der Reiche ist die des Elends der Menschen, die Geschichte der Wissenschaften ist die ihrer Größe und ihres Glücks,"[1] und noch in seinem Geschichtswerke führte er die Vorliebe der Dichter und Geschichtschreiber für große Kriegstaten der Monarchen auf die Vorliebe des Menschen zurück, „seine Verderber mehr als seine Wohltäter zu erheben".[2] Hiernach hätte man erwarten können, daß er mit der hergebrachten Ansicht, daß es der Staat sei, an dem sich die Geschichte vollziehe, noch entschiedener gebrochen hätte, als Voltaire. Aber das ist nicht der Fall. Unter dem römischen Reich, dessen Niedergang er behandelt, versteht Gibbon durchaus das römische Staatswesen, und demgemäß sind es zwei Reihen, in denen seine Darstellung ihren eigentlichen Halt findet: auf der einen Seite — da das Reich ja eine absolute Monarchie ist — die aufeinanderfolgenden Herrscher mit ihrem Hof und ihren Dienern[3], auf der andern Seite die

---

[1] *Essai sur la littérature* § 1.
[2] *History* I, S. 6.
[3] Charakteristisch ist hierfür besonders das 48. Kapitel, in dem die persönliche Geschichte der byzantinischen Kaiser von 641—1204, der Masse der sonstigen Ereignisse vorgreifend, für sich abgehandelt wird.

politischen Aktionen, und zwar nach außen vornehmlich die Kriege und Verhandlungen, unter denen der Bestand des Reiches vergrößert und erhalten, verkleinert und endlich zertrümmert wurde, nach innen besonders die Wandlungen der Verfassung, des Militärwesens und der Finanzen, die Betätigung der Häupter des Staats in Gesetzgebung und Verwaltung.[1]) In ähnlicher Weise, nur kürzer, wird die teils an den Grenzen des römischen Reichs, teils innerhalb desselben vorgehende Gründung und Entwicklung der Staatswesen germanischer und slawischer, mongolischer, persischer und arabischer Völker behandelt, welche in fortgehenden Zusammenstößen mit dem römischen Reich durch anderthalbtausend Jahre hindurch die Macht desselben erschütterten, verkleinerten und zuletzt zerstörten.

Die Darstellung wächst sich durch diese Erweiterung in gewissem Sinne zu einer Weltgeschichte aus, aber freilich zunächst nur in der Weise des Polybius: Geschichte eines einen großen Teil der Menschheit umspannenden Systems von Staaten, die sich in steten Beziehungen zu einander entwickeln. Wie weit sich allerdings, wenn man das antike und das moderne Geschichtswerk vergleicht, zugunsten des letzteren ein Fortschritt inbezug auf Umfang und Schärfe der Forschung, planmäßige Berücksichtigung der innern Staatsgeschichte und Weite des geschichtlichen Schauplatzes herausstellt, mag hier vorläufig außer acht bleiben, aber wohl müssen wir prüfen, ob ein grundsätzlicher Fortschritt in der tieferen Erfassung des geschichtlichen Lebens vorliegt, und diese Frage können wir nach dem Vorausgehenden näher dahin fassen, ob Gibbon in den innern Zusammenhang seiner staatlichen Geschichte die von Voltaire und Herder noch recht unklar gedachte Kulturgeschichte einzufügen versucht und vermocht hat. Um eine Antwort darauf zu gewinnen, wird es genügen, nur die Behandlung der eigentlich römischen Geschichte zu prüfen und von den außerrömischen Staaten in der Hauptsache abzusehen.

---

[1]) Er sagt denn auch: *wars and the administration of public affairs are the principal subject of history* (I, S. 236).

Viertes Kapitel. Justus Möser. Edward Gibbon.

Entsprechend der leitenden Idee von einem fortschreitenden Kräfteverfall des römischen Reiches beginnt Gibbon sein Werk mit einem Rückblick auf die Epoche, da das Reich den Höhepunkt seiner Entwicklung erreicht hatte: er setzt sie in die Jahre 96—180 n. Chr., und wenn man fragt, worin er denn vornehmlich diesen Höchststand erkennt, so antwortet er, daß die Zeit von Domitians Tod bis zu des Kommodus Regierungsantritt diejenige „Periode der Weltgeschichte sei, in der das menschliche Geschlecht (*the human race*) sich in dem glücklichsten und gedeihlichsten Zustande befand" (I, S. 78). Zweierlei wird man hier beachten: einmal, er spricht nicht von den Organen des Staates, sondern von den in ihm lebenden Menschen, sodann, er mißt den Höchststand dieses Gemeinwesens nicht nach staatlicher Freiheit und Macht, sondern nach dem Glück der in ihm lebenden Menschen, einem Begriff, der erst aus der Würdigung aller Lebenszwecke dieser Einwohner zur Deutlichkeit erhoben werden kann. Der Ausdruck „menschliches Geschlecht", dessen er sich dabei bedient, soll natürlich nicht eine Ausbreitung der Darstellung über die gesamte Menschheit ankündigen, sondern nur besagen, daß den Angehörigen des römischen Weltreichs das größte von dem Menschengeschlecht im ganzen erreichte Lebensglück zuteil geworden sei. Diesen Angehörigen gilt seine geschichtliche Betrachtung; er sieht in ihnen eine lebensvolle, nicht bloß auf der Gemeinschaft des staatlichen Verbandes, sondern der Sprache[1]) und Bildung beruhende Einheit, für die er, weil sie ja aus der Zerreibung der alten Nationen entstanden ist, den von Voltaire und Herder verwandten Ausdruck „Nation" vermeidet und dafür die Bezeichnung des „römischen Namens und Volkes" (I, S. 39) gebraucht.

Hiernach wird man die Worte Gibbons dahin verstehen, daß er in der Tat in die formale Geschichte des römischen Staatswesens die inhaltsreiche Geschichte der Kultur des in ihm lebenden Volkes einzufügen gedachte. Und zeugt nicht das Werk selber überall von diesem Plan? Wir sehen,

---
[1]) Über die Herrschaft der lateinischen und griechischen Sprache und die Mißachtung der ihre Sprache wahrenden Syrer und Ägypter spricht er sich I, S. 37₄f. aus.

wie er aufgrund eines statistisch bestimmten Einblicks in Größe und Einteilung des Reiches, Zahl seiner Bewohner und seiner Städte so ziemlich alle Gebiete der Kultur berührt: Ackerbau, Gewerbe und Handel, Religion und Wissenschaften, Künste und Poesie. Aber worauf es dabei doch vornehmlich ankommt, ist: ob zwischen der staatlichen Entwicklung und derjenigen der Kultur ein innerer Zusammenhang hervortritt, sodann, ob hinsichtlich des Grades, in dem die einzelnen Kulturgebiete zur Darstellung kommen, ein klarerer Grundsatz durchgedrungen ist, als bei Voltaire und Herder.

Zur Beurteilung dieser Frage gehe ich von der Stoffverteilung aus, nach der Gibbon diesem zweiten Element geschichtlicher Darstellung seinen Platz anweist, wobei ich indes die dem Christentum gewidmeten Abschnitte vorläufig außer acht lasse. Abgesehen von zwei umfassenden Zustandschilderungen, deren eine dem römischen Reich im zweiten, die andere dem byzantinischen Reich im 10. Jahrhundert gewidmet ist (Kap. 2, 53), folgt Gibbon dem Grundsatz, ab und zu an die Erzählung der Ereignisse der Staatsgeschichte, wenn sie sich mit bestimmten Kulturgebieten berühren, übersichtliche Betrachtungen über den Stand dieser letztern anzufügen. So führt ihn das Ende Diokletians zur Beschreibung seines Palastes in Salona, diese zu einem Hinweis auf den damals eingetretenen Verfall der Künste und weiterhin der Wissenschaften und der Poesie (I, S. 389 f.). Justinians Aufhebung der athenischen Philosophenschulen gibt Anlaß zu einem flüchtigen Blick auf das Aufblühen, den Unterricht und Verfall griechischer Philosophie und Rhetorik (IV, S. 261 f.). Der Einnahme Roms durch Alarich geht eine Schilderung des Zustandes dieser Stadt mit Darlegung der sozialen Gegensätze zwischen Reichtum und niederem Lebensgenuß der Senatoren und der Armut und Faulheit der Volksmasse voraus (III, S. 289 f.). Notizen über Bodenkultur und Großgrundbesitz kann man suchen in der Schilderung des Zustandes des Reichs unter den Antoninen (I, S. 51), des Aufstandes der Bagauden (I, S. 355), der Regierung Justinians (IV, S. 226 f.) usw.

Viertes Kapitel. Justus Möser. Edward Gibbon.

Im allgemeinen kann man von diesen kulturgeschichtlichen Abschnitten sagen: sie behandeln Erscheinungen im Kulturleben, die teils zu vereinzelt sind, um von dem Kulturgebiet, dem sie angehören, z. B. den agrarischen Verhältnissen im römischen Reich, einen Begriff zu geben, teils, wo sie ein zusammengehöriges Gebiet, etwa die Philosophie, umfassen, so summarisch ausfallen, daß der wahre Gehalt des Gegenstandes nicht zu erkennen ist. An die politische Geschichte sind sie mehr äußerlich angeheftet, als innerlich mit ihr verbunden, man müßte denn diese Verbindung in einem allerdings beide Teile beherrschenden Urteil sehen, der Ansicht nämlich von der auf beiden Gebieten gleichmäßig hervortretenden Abnahme der geistigen Energie, die sich in der Kultur an dem Schwinden der Kraft selbständiger Hervorbringung und im Gefolge davon an der Abnahme von Urteil und Geschmack zeigt, im Staatsleben am Sinken der kriegerischen Tüchtigkeit und an jener Ohnmacht, welche die verlorene Freiheit nicht verschmerzen kann und sie doch nicht zu gebrauchen vermöchte[1]), sich zu erkennen gibt. Nur leicht finde ich indes diesen leitenden Gedanken, der von der Anordnung des Stoffes in den innersten Kern der Darstellung, nämlich den Grund des Untergangs des römischen Reiches, hinweist, berührt. Es scheint, daß Gibbon für seine Erklärung neben mancherlei besonderen Ursachen hauptsächlich einen nach Art eines Gesetzes wirkenden Grund annimmt: es ist die auch von Herder[2]) berührte Ansicht, daß ein Gemeinwesen, das zu einer über das gewöhnliche Menschenmaß hinausgehenden Größe gestiegen ist, den Keim des Verfalles in sich selber trägt: „statt zu untersuchen, warum das römische Reich zerstört wurde, sollte man sich vielmehr wundern, daß es so lange bestand."[3])

---

[1]) I, S. 78, 80.
[2]) Ideen XIII, 7; Werke XIV, S. 147 f., vgl. XIII, 5, 6; S. 128, 137. Die den Verfall des Staates wie der Kultur bewirkende Kraft geht aber für Herder nicht von einem unüberwindlichen Naturgesetz, sondern von den Anlagen und dem Willen der Menschen aus, kann also auch paralysiert werden.
[3]) IV, S. 161.

Wenden wir uns aber wieder zu der Bemerkung, daß die Erscheinungen der Kultur von Gibbon meist in summarischer Kürze behandelt sind, so muß eine bedeutende Ausnahme hervorgehoben werden: es ist das 44. Kapitel, welches einen „Begriff von der römischen Rechtswissenschaft" verspricht. Ganz in den Zusammenhang der politischen Geschichte gehörte hier ein Bericht über Entstehung und Anlage der Justinianischen Kodifikation des römischen Rechtes; es war ja ein Ausfluß der gesetzgebenden Gewalt; aber gehörte auch in den Plan des Werkes eine ausführliche Digression über die Entwicklung und die wichtigsten Institute des römischen Privatrechtes von der Zeit der Könige bis auf Justinian? Sonst beschränkt sich Gibbon auf die Geschichte der Verfassung, hier aber gibt er im Anschluß an das System von Justinians Institutionen einen Abriß nicht nur des Privatrechtes, sondern auch der Geschichte seiner Entwicklung aus den Anordnungen der staatlichen Organe sowohl, wie den Lehren der sich gleichzeitig ausbildenden Rechtswissenschaft, um mit einem raschen Überblick über Strafrecht und Gerichtsverfassung zu schließen.

Seinem Inhalte nach hat das Kapitel bei der scharfen Kennzeichnung der für die geschichtliche Entwicklung des römischen Rechts maßgebenden Momente und dem Bestreben, die Institute dieses Rechtes in der durch spätere Entwicklungen noch nicht getrübten Reinheit zu erfassen, die Bewunderung historisch gerichteter Juristen, wie Hugo und Jhering erregt.[1]) Fragt man aber, welchen Platz es in dem eigentlichen Plan des Werkes einnimmt, so wird man es eher zu den kulturhistorischen Abschnitten, als zu den Teilen der politischen Geschichte rechnen. Alsdann jedoch springt auch wieder die äußerliche Anfügung jener Abschnitte in die Augen. Weder rückwärts noch vorwärts steht das Kapitel mit der Geschichtserzählung in innerer Verbindung; wenn es — abgesehen natürlich von der äußern Geschichte der Justinianischen Kodifikation — fehlte, so würde sich in der Anlage des Werkes keine Lücke zeigen.

---

[1]) Bernays a. a. O. S. 208. Landsberg (Gesch. der deutschen Rechtswissenschaft III, 2, S. 7) spricht von Gibbons „genialer Laienleistung".

Bei all diesen Erwägungen über Gibbons kulturgeschichtliche Behandlung ist nun aber dasjenige Gebiet, das seine größte Leistung nach jener Richtung in sich birgt, einstweilen übergangen, nämlich die Geschichte des Christentums und der christlichen Kirche. Es ist nötig, daß wir diesen Teilen des Werkes noch unsere Aufmerksamkeit zuwenden.

Von vornherein fällt es hier auf, daß unter allen Gegenständen der nicht politischen Geschichte das Christentum der einzige ist, dem eine wirklich eingehende und durch den ganzen Lauf der Darstellung hindurchgehende Berücksichtigung zuteil wird. Es liegt das einerseits an der Bedeutung der Vorgänge: in der völligen Vernichtung der alten im römischen Reich vereinigten Religionen, deren jede mit und für eine besondere Nation entstanden war, durch die christliche Religion, die sich als die Religion der gesamten Menschheit gab, erkennt eben Gibbon einen einzig dastehenden Vorgang in der „Geschichte des menschlichen Geistes".[1] Mehr noch aber liegt die Ausführlichkeit an der überall hervortretenden Verflechtung der christlich-kirchlichen mit der politischen Geschichte. „In der Verbindung der Kirche mit dem Staat", sagt er, „habe ich die erstere nur als dem letztern untergeordnet und in Beziehung zu ihm stehend betrachtet." Deshalb seien die Vorgänge in der Entwicklung der Theologie, soweit sie sich auf rein theologischem Gebiet hielten, von ihm nicht berücksichtigt, wohl aber alle jene kirchlichen, wie theologischen Ereignisse, welche unmittelbar in das Leben des Staates eingriffen, insofern sie „Niedergang und Sturz des römischen Reichs wesentlich beeinflußten".[2]

Bei diesem Verfahren kann die Geschichte des Christentums nur in einer Auswahl bestimmter Abschnitte berücksichtigt werden. Für die Art der Berücksichtigung kommen aber zwei weitere Gesichtspunkte in Betracht. Einmal, wenn Gibbon beim Eintritt in die christliche Geschichte zunächst die Worte „Gründung und Fortgang des Christentums", „Sieg des christlichen Glaubens" gebraucht, so geht

---

[1] III, S. 188 (Eingangsworte zum 28. Kapitel).
[2] Eingang des 49. Kapitels. V, S. 244.

er doch schon wenige Sätze weiter zu dem Ausdruck „Wachstum der christlichen Kirche" über.[1]) Eben die Kirche erscheint fortan bei ihm als der lebensvolle Organismus, in dem die Geschichte der christlichen Religion und ihrer Beziehungen zum Staate vor sich geht. Nach der früheren Unterscheidung zwischen einer kulturgeschichtlichen Darstellung, welche sich an die unpersönlichen Kulturgüter hält, und einer andern, die den persönlichen Trägern derselben nachgeht (S. 237), folgt Gibbon in den sonstigen kulturhistorischen Partien der erstern, in den dem Christentum gewidmeten Abschnitten der letztern Methode.

Ein zweiter Gesichtspunkt tritt bei der Frage hervor, wie die zur Behandlung ausgewählten Teile der Kirchengeschichte der politischen Geschichte einzufügen sind. Die Regel ist, daß Gibbon die Erzählung der staatlichen Vorgänge bis zu einem Punkte führt, wo die Berührung derselben mit einem Inbegriff kirchlicher Verhältnisse sich der Aufmerksamkeit aufdrängt, um alsdann die geschichtliche Darstellung dieser kirchlichen Dinge, zurückgreifend auf ihre Anfänge und weiter ihre Entwicklung verfolgend, einzuflechten. So gleich in dem ersten Fall. Er hat vom Christentum nicht gesprochen, bis er zu Konstantin und seinem Gewinn der Alleinherrschaft über das römische Reich gelangt ist. Da ihm nun in dessen Regierung die Erbauung Konstantinopels und die Sicherung der christlichen Religion als die folgenreichsten Ereignisse erscheinen, so greift er nunmehr zurück zu einer kurzen Schilderung des Geistes der Lehren und Sitten der ältesten Christen und des Ursprungs und der ersten Ausgestaltung der Verfassung der christlichen Kirche, weiter zur Geschichte der Christenverfolgungen bis zur Einstellung derselben unter den Nachfolgern Diokletians.

Dasselbe Verfahren wird ein flüchtiger Überblick nicht aller, aber doch der wichtigsten kirchengeschichtlichen Partien zeigen. — Nachdem an das Erlöschen der Verfolgungen die politische Geschichte für die Zeit der Alleinherrschaft Konstantins und der nächsten 23 Jahre nach seinem Tode angeschlossen ist, führt die Verflechtung der Politik

---

[1]) 15. Kap., II, S. 1—2.

Viertes Kapitel. Justus Möser. Edward Gibbon.

der Kaiser mit den kirchlichen Dingen den Geschichtschreiber wieder zu diesen zurück, wobei dann zwei Gegenstände in den Vordergrund des Interesses treten und auch in den spätern Abschnitten wiederholt von neuem aufgenommen werden: einmal die Fortbildung der Verfassung der Kirche, zunächst vor allem ihre Stellung im Rechte des Staates, wie sie sich in zwei Stufen, erst der Ausstattung der Kirche mit Rechten und Vorrechten, dann ihrer Alleinberechtigung gegenüber dem unter das Strafgesetz gestellten heidnischen Kultus entwickelt, sodann die trinitarisch-christologischen Lehrstreitigkeiten, deren Fortgang die Aufmerksamkeit des Geschichtschreibers durch drei und ein halbes Jahrhundert hindurch immer von neuem erheischt. Als Grund der Behandlung dieser Streitigkeiten, zunächst der arianischen, gibt er an, daß „die zeitlichen Interessen der Römer, wie der Barbaren tief mit ihnen verflochten waren"[1]), und er erzählt sie vornehmlich von dem Gesichtspunkt des Eingreifens der Kaiser in ihren Gang[2]), aber er verbindet damit doch eine zurückgreifende Erörterung über den Ursprung der Lehre von der Dreieinigkeit und begleitende Darlegungen über die Ausgestaltung der umstrittenen Dogmen, der trinitarischen wie der christologischen, nur daß er sich hütet, von diesem ausgewählten Beispiel zu einem umfassenden Überblick der Dogmenentwicklung fortzuschreiten.

Noch einmal jedoch betritt er das Gebiet der kirchlichen Lehre, allerdings vom Standpunkt ihrer Bekämpfung durch die Ketzerei, da er die Lehren und Einrichtungen der Paulizianer schildert. Den Anlaß bieten die Verfolgungen der byzantinischen Regierung und der dadurch im 9. Jahrhundert hervorgerufene Religionskrieg; auf die Lehren der Sekte aber geht Gibbon um so lieber ein, da er sie als Vorläufer der Albigenser, Husiten und Reformatoren ansieht. — Auf dem Gebiete des Kultus läßt er sich auf zwei bedeutende Erscheinungen näher ein: die Reliquien- und Heiligenverehrung

---

[1]) 21. Kap., II, S. 335. — Über die Bevorzugung der Dogmengeschichte vor der Verfassungsgeschichte siehe Bernays S. 226.

[2]) Ganz im Sinne Humes (*History of England* V, S. 8) meint er freilich, daß „vielleicht" *indifference and contempt of the sovereign* die beste Politik gewesen wäre (II, S. 355).

und die Verehrung der Bilder; den Anlaß entnimmt er aber auch hier wieder im ersten Fall den letzten vernichtenden Schlägen der Kaiser Gratian und Theodosius gegen den heidnischen Kultus, indem er ihnen als Gegenbild jene Fortentwicklung des christlichen Kultus gegenüberstellt[1]), im andern Fall den Gesetzen Kaiser Leos III. und seiner Nachfolger gegen die Bilderverehrung und den schweren politischen Folgen, welche der Bilderstreit nach sich zog.[2])

Ohne solche unmittelbare Anknüpfung an staatliche Vorgänge steht in dem Werk der an den Untergang des weströmischen Reichs angeschlossene Abschnitt über das Mönchswesen da.[3]) Aber die Verbindung mit der politischen Geschichte fällt auch hier in die Augen, da Gibbon gerade im Mönchtum einen Hauptgrund für den Kräfteverfall des römischen Reiches sieht. Recht einseitig dagegen tritt wieder der staatliche Gesichtspunkt in der Behandlung des für die Einheit und Allgemeinheit der Kirche verhängnisvollen Schisma zwischen der griechischen und lateinischen Kirche hervor. Er erinnert sich desselben erst, da er nach einer kurzen Geschichte der Kreuzzüge und der dabei hervortretenden Feindseligkeiten zwischen Griechen und Lateinern zu dem gewaltsamsten Ausbruch dieser Feindschaft im vierten Kreuzzug voranschreitet, und es nun endlich für nötig hält, dem zeitweiligen Sturz des byzantinischen Kaisertums eine kurze Geschichte dieser Kirchentrennung, jedoch ohne tieferes Eingehen auf ihre kirchliche Bedeutung, vorauszuschicken (60. Kapitel).

Also nur vereinzelte Vorgänge aus der Kirchengeschichte zieht Gibbon in seine Darstellung hinein. Sucht man aber nach einem sie alle verbindenden Gesichtspunkt, so kommt man auf ähnliche Gedanken, wie bei den kulturhistorischen Betrachtungen, auf die Ansicht nämlich, daß das Christentum, wie es von den Angehörigen des römischen Reichs aufge-

---

[1]) 28. Kap., III, S. 208 f.
[2]) Eingangsworte des 49. Kapitels. Er weist auf die Lossagung Italiens von der byzantinischen Herrschaft, der schließlich das Kaisertum Karls d. Gr. folgte.
[3]) 37. Kap. Als vorbereitende Erwähnungen sind zu betrachten die Stellen II. S. 37/8, III, S. 234/5.

nommen wurde¹), ein Moment im Niedergang desselben bildet: es habe dazu beigetragen, den Geist der Freiheit, gesunden Vernunft und Tatkraft einzuschläfern, vor allem auch den kriegerischen Sinn zu ersticken. In erster Linie gelte das von dem immer feiner und feiner ausgebildeten Dogmensystem und den damit zusammengehenden Strafgesetzen gegen die Ketzer: die Vernunft sei dadurch zugleich gefesselt und an Rätseln, die ihr unzugänglich seien, aufgerieben.²) In noch vollerem Maße aber gilt es ihm von dem Mönchtum: ausgetreten aus der Gesellschaft der Menschen, erniedrigen sich die Mönche durch naturwidrige Aszese, phantastischen Aberglauben und sklavischen Gehorsam, um dann in diesem Geist auf die Welt, die sie verlassen haben, zurückzuwirken. Das Verdienst des Bücherabschreibens, dem die Erhaltung der klassischen Literatur verdankt werde, komme nur einer kleinen Minorität zu, im ganzen werden alle Vorteile³) des Christentums durch die verderblichen Wirkungen des Mönchtums aufgewogen.

Hier haben wir wieder, wie bei Voltaire, die Unterordnung der geschichtlichen Vorgänge unter das rasch fertige und leidenschaftlich, bald mit Pathos, bald mit schneidender Ironie⁴) ausgesprochene Werturteil. Eine gründliche Kritik dieser Auffassung — bei der übrigens zu beachten wäre, daß Gibbon vorzugsweise nur das Christentum im römischen und byzantinischen Reich im Auge hat — würde ein tieferes Eingehen auf den wirklichen Gang der Geschichte erfordern, als hier am Platze ist, aber soviel kann ohne weiteres gesagt werden: Gibbon hat das Große und Bedeutsame in der klösterlichen Aszese und der kirchlichen Lehrentwicklung nur oberflächlich erfaßt; seine Dar-

---

¹) Für die *barbarian proselytes of the North* will er *benefical though imperfect effects* einräumen (IV, S. 163).
²) Von den Untersuchungen über die Trinität sagt er z. B., daß sie, *instead of being treated for the amusement of a vacant hour, became the most serious business of the... life* (II, 341).
³) *Temporal advantages* (II, S. 37, 38). Das beigesetzte Adjektiv ist wohl Akkommodation an die Sprache der Gläubigen.
⁴) Über Gibbons „*sneer*" vgl. Bernays S. 229, der darin, von einem Zug geistiger Verwandtschaft geleitet, die einzig richtige Behandlung des byzantinischen und mittelalterlichen Christentums sieht.

stellung der kirchlichen Entwicklung im ganzen beruht weniger auf einer umsichtigen Würdigung der maßgebenden Ursachen und Wirkungen, als vielmehr darauf, daß er die geschichtlichen Erscheinungen nach seiner eigenen Weltansicht beurteilt.

Der hierbei angelegte Maßstab des Urteils aber gründet sich auf der Ansicht, daß die Gesellschaft der Philosophen eine andere, auf der reinen Vernunft aufgebaute Weltanschauung habe, als die Volksmassen, denen sie von einer äußern Autorität zugeführt werde[1]): der Philosoph finde zuverlässige Erkenntnis in den Wissenschaften der Mathematik und der Natur, sowie in der Erforschung des Wesens des Menschen, komme aber in metaphysischen Fragen, wie dem Problem der Unsterblichkeit oder einer die menschlichen Geschicke gerecht und gütig lenkenden Vorsehung, nicht über ein unsicheres Meinen hinaus[2]); das Volk brauche eine von göttlicher Offenbarung abgeleitete Glaubens- und Sittenlehre und einen die Sinne und den Geist gleichmäßig erhebenden Kultus, aber die Lehren sollen einfach und nicht widervernünftig, die Vorschriften naturgemäß und gemeinnützig, der Gottesdienst frei von der Vorstellung einer unmittelbaren Berührung mit überweltlichen Mächten sein. Daß an diesen Aufklärungsdogmen gemessen, die Ausgestaltung des Christentums nicht bestehen konnte, liegt am Tage.

Indes trotz solcher Unvollkommenheiten erwies sich das Werk Gibbons als eine bahnbrechende Leistung, bahnbrechend durch den Versuch, auf einem weit abgesteckten Gebiet der allgemeinen Geschichte den Gang idealer und wirtschaftlicher Kultur in die staatlichen Vorgänge einzuarbeiten, bahnbrechend auch durch die Weite und Gründlichkeit der Forschung. In großartigem Umfang hatte sich Gibbon in die Literatur der staatlichen und kirchlichen Geschichte und aller an sie angrenzenden Gebiete eingearbeitet und dabei gezeigt, welch ungeheuren Vorrat geschichtlicher Tatsachen der Bienenfleiß der Gelehrten des 17. und 18. Jahrhunderts aufgehäuft hatte; er war von den

---

[1]) II, S. 55—56, 67/68 (ironische Fassung!).
[2]) I, S. 392; II, S. 20; IV, S. 202.

Viertes Kapitel. Justus Möser. Edward Gibbon.

Angaben seiner Führer mit strenger Prüfung auf die Quellen zurückgegangen, und wenn er weder in der Methode der Quellenforschung neue Bahnen eröffnete, noch in der Führung seiner Untersuchungen glänzende Einzelergebnisse erzielte, auch in der Kenntnis der Quellen unvermeidliche Lücken aufwies[1]), so konnte man in seinem Werke doch ein bis dahin noch unerreichtes Muster einer auf selbständigem Urteil beruhenden, ein weites Gebiet der allgemeinen Geschichte bewältigenden Geschichtsdarstellung erkennen. Auch tief durchdacht war der reiche Inhalt des Werkes, wie das vor allem an der kunstvollen Komposition sich zeigte. Gibbons Vorgänger hatten die annalistische Anordnung verworfen, er stellte ein Muster auf für die Verteilung der zusammengehörigen Begebenheiten und Zustände in Gruppen, die er dann in der Erzählung so zu verbinden wußte, daß der Leser weder ihren Zusammenhang untereinander, noch den Fortgang der Zeit im ganzen aus dem Auge verlor. Wenn also auch in dem Werke die offenen Stellen, an denen die weitere Arbeit der Nachfolger anzusetzen hatte, überall zutage treten, so darf man es doch wohl als die bedeutendste Leistung der Geschichtschreibung des 18. Jahrhunderts bezeichnen.

---

[1]) Er sei, sagt er z. B., in den Homilien des Chrysostomus *almost a stranger* (III, S. 375 Anm. 42), und die sieben Folianten des Cyrill von Alexandrien läßt er *peaceably slumber* (V, S. 107). — Auf die Schwächen in der Behandlung der Geschichte der außerrömischen Völker weise ich nur vorübergehend. Im übrigen vgl. für Gibbons Kritik Bernays S. 236—238, Bury in der Einleitung zur Ausgabe der *History* S. 45 f.

Fünftes Buch

Das 19. Jahrhundert

Die beiden zuletzt von uns betrachteten Epochen hatten der Geschichtswissenschaft sowohl hinsichtlich der Methode der Forschung, als des Gehaltes der Darstellung völlig neue Aufgaben gestellt. Der Zeitraum, in den wir jetzt eintreten, kennzeichnete sich nicht durch so tiefgreifende Neuerungen. Wohl wurden der Geschichtschreibung durch die Fortschritte verwandter Wissenschaften mächtige Anregungen zuteil und große neue Aufgaben gestellt; aber der Betrieb der eigentlich geschichtlichen Arbeit war doch so weit geregelt und umgrenzt, daß es sich innerhalb ihrer vornehmlich darum handelte, auf den betretenen Bahnen mit immer strengerer Folgerichtigkeit und stets wachsender Vielseitigkeit fortzuschreiten.

Bei dieser Art des Fortschreitens trat noch eine anderweitige Wandelung hervor. Während im 18. Jahrhundert in der aufsteigenden Entwicklung der Geschichtswissenschaft Franzosen und Engländer die Führung gehabt hatten, ging dieselbe jetzt an die Deutschen über. Es war eine Erhebung deutschen Geistes, deren tiefer liegende Gründe man ahnt, wenn man sich erinnert, daß sie in einer Zeit begann, da das überlieferte Staatswesen zusammenbrach, und das Bewußtsein der Nation von ihrer Kraft und ihrem Beruf um so unwiderstehlicher durchbrach.

Angesichts dieser Wandlungen wäre bei einer erschöpfenden Behandlung unseres Gegenstandes das Verhältnis der Geschichtswissenschaft zu der gesamten wissenschaftlichen Bewegung und das Verhältnis beider zu der nationalen Erhebung in den Anfängen des 19. Jahrhunderts darzulegen. Indes die Überfülle des Stoffs und die Schwierigkeit seiner Bewältigung läßt mich an dem bisher befolgten Verzicht auf eine eingehendere Darlegung solcher allgemeiner Verhältnisse in diesem Falle noch entschiedener festhalten; erst wo jene weiter greifenden Zusammenhänge in den Bestrebungen und Leistungen der zur Charakteristik ausgewählten Autoren deutlich hervortreten, werde ich dieselben näher berücksichtigen. Einstweilen wende ich mich sofort zu dem Lebenswerk des Mannes, der an erster Stelle den mächtigen Aufschwung deutscher Geschichtsforschung und geschichtlichen Verständnisses hervorgerufen hat.

Erstes Kapitel
Niebuhr

Gleich seinen Vorgängern in den vorausgehenden drei Jahrhunderten wurde auch Niebuhr (geb. 1776) zur Geschichtschreibung erst von einem verwandten Fachstudium und von praktischer Betätigung aus geführt. Seine Erfahrungen im Leben machte er im Staatsdienst, erst im dänischen, dann im preußischen, sein Fachstudium war die griechisch-römische Philologie. „Ich bin", sagte er, als er sich seinem Ende näherte, „zeitlebens Philologe gewesen". Unter Philologie aber verstand er die unter Führung von Wolf und Heyne, von Winckelmann und Lessing in neue Bahnen geleitete Altertumswissenschaft, die dadurch, daß sie von der „Sprachkunde" aus in strenger Folgerichtigkeit in alle Seiten des griechisch-römischen Lebens einzudringen unternahm, „einen entschiedenen Charakter" empfing.[1] Sie führte ihn dann auch von selber auf die griechische und römische Geschichte, und wie er diese vornehmlich vom Gesichtspunkt des Staates aus betrachtete, so war es der römische Staat, der kraft seiner großartigen Entfaltung und der festen inneren Verkettung im Neben- und Nacheinander seiner Einrichtungen ihn am mächtigsten anzog.

---
[1] Vorträge über alte Geschichte I, S. 5 f., über römische Geschichte I, S. 73 f., über römische Altertümer I, S. I, 19 f.

Diese philologischen Studien, unter denen die Erforschung der alten, besonders der römischen Geschichte immer mehr in den Vordergrund trat, hatte Niebuhr unter dem Drang der Staatsgeschäfte unausgesetzt fortzuführen vermocht; als er daher im Winter 1810/11, in einer Zeit dreijähriger Entbindung von Amtsgeschäften, an der eben gegründeten Berliner Universität eine Vorlesung über römische Geschichte übernahm, konnte er schon von sich sagen: er habe von Roms „Verfassung und Administration ein sehr lebhaftes Bild vor Augen", ja er glaube die Geschichte des alten Roms „schärfer zu kennen, als irgend einer seiner Zeitgenossen".[1]) Diese Vorlesung, die er in dem folgenden Wintersemester fortsetzte, und in der er die Geschichte bis zum Schluß des ersten Punischen Krieges führte[2]), gab ihm nun auch den Anlaß und den Mut zur Ausarbeitung und Herausgabe des Vorgetragenen. In drei Bänden, von denen die beiden ersten einer neuen, eingreifenden Umarbeitung unterzogen wurden, der letzte erst nach seinem Tode erschien, reichte das Werk bis zum Beginn des ersten Punischen Krieges. Die Absicht war gewesen, es bis auf Augustus und den Beginn seines Prinzipates fortzusetzen.[3])

Daß gleich in jenen Vorlesungen eine großartige Neuschöpfung der römischen Geschichte ihnen entgegentrat, war der Eindruck, den die gereiften Zuhörer, unter denen sich als einer der begeistertsten kein geringerer, als Savigny befand, einhellig empfingen. Worin aber lag das eigentlich Neue der Behandlung und der Erfolge? Man kann sagen: es lag an der auf Interpretation beruhenden Kritik der Quellen und an der von der Analogie ausgehenden Prüfung der überlieferten Vorgänge.

Die Quellenkritik Niebuhrs ging von der alten Frage aus: wie gelangt man von den subjektiven Zeugnissen zur Er-

---

[1]) Lebensnachrichten I, S. 454; II, S. 44, 46.
[2]) Claßen, Niebuhr, S. 102/3. Desselben Vorrede zum 3. Band der römischen Geschichte, S. 22, 25/6, nach der Ausgabe von 1853. — Kurz vor dem 28. Jan. 1812 hatte er die Geschichte des Pyrrhos erzählt (Lebensnachrichten I, S. 511), von da las er noch bis zum 21. März (a. a. O. S. 514).
[3]) Vorträge über römische Geschichte III, S. 114.

kenntnis der objektiven Vorgänge, zur Erfassung der Geschichte, „wie sie wirklich geschehen" ist?[1]) Die nächste Antwort auf diese Frage lautete: keine Ansicht über geschichtliche Ereignisse darf mit Zuversicht aufgestellt werden, ohne daß man vorher die Geschichte der Überlieferung derselben erkannt hat. Also neben der Geschichte der Vorgänge gibt es eine Geschichte der Überlieferung, und diese für die ältere und älteste römische Geschichte nicht mit einzelnen Beobachtungen, sondern folgerecht, mit der ihm erreichbaren Vollständigkeit und Genauigkeit zu ergründen, sah Niebuhr als seine unumgängliche Aufgabe an.

Als Ausgang der hierauf bezüglichen Untersuchungen betrachtete er des Fabius Piktor ersten Versuch einer annalistischen Geschichte Roms (um 200 v. Chr.) und die dem Junius Gracchanus (letztes Drittel des 2. Jahrhunderts v. Chr.) von ihm zugeschriebenen Anfänge einer geschichtlichen Darstellung des römischen Staatsrechtes. Von da aus galt es, nach rückwärts für mehr als ein halbes Jahrtausend die speziellen, sei es priesterlichen oder staatlichen oder privaten Aufzeichnungen, und daneben die von Niebuhr als so reichhaltig vorgestellten historischen Gedichte, aus denen insgesamt jene zusammenfassenden Darstellungen erwachsen konnten, festzustellen, sodann nach vorwärts die Reihe der an Fabius anschließenden Annalen römischer Geschichte, deren Inhalt von der Gründung der Stadt bis zur Gegenwart ihres Verfassers zu reichen pflegte, zu verfolgen und dann zu untersuchen, wie sich die jüngeren Arbeiten zu den älteren verhielten, wie weit in ihnen der Inhalt der ältesten und älteren Geschichte durch Heranziehung weiterer, reiner oder trüber Quellen oder auch durch dreiste Erdichtung bereichert oder verunstaltet wurde. Es war eine Aufgabe, deren Schwierigkeiten dadurch ins ungemessene wuchsen, daß ja jene historiographische Literatur, die man prüfen wollte, bis auf die in den erhaltenen Teilen des Livius und Dionys, des Diodor, Plutarch und Appian vorliegenden Ausläufer, und vollends die ihr vorausgehende Überlieferung bis auf kümmerliche Reste verloren

---

[1]) Alte Geschichte I, S. 427.

gegangen ist. Vor allem andern also mußte man eine Vorstellung gewinnen, was eigentlich in jenen verschollenen Schriften und Aufzeichnungen gestanden hatte; dann erst konnte man weiter fragen, was an Ursprünglichem und Glaubwürdigem aus den alten Beständen in die erhaltenen jüngeren übergegangen war.

Der bedeutendste Vorgänger, den Niebuhr in der Feststellung der Formen der ältesten Überlieferung gehabt hatte, der Franzose Beaufort, war hinsichtlich der letzteren Frage nicht über die Antwort hinausgekommen, daß sich für die ersten fünf Jahrhunderte ein Kern dessen, was wirklich geschehen sei, nicht herausschälen lasse. Eben hier aber setzte Niebuhr mit der ganzen Kraft seines Geistes ein.

Er ging dabei von der Ansicht aus, daß nicht von dem Wechsel einzelner Begebenheiten, wohl aber von der Geschichte der Verfassung und der auswärtigen in feste Rechtsformen gefaßten Beziehungen, z. B. des Bundes Roms mit den latinischen Städten, infolge der Dauerhaftigkeit der Formen und der Folgerichtigkeit der Entwicklung sich der älteren Überlieferung ein zuverlässiges Bild aufgeprägt habe. Ein solches zuverlässiges Bild der „Verfassung und ihrer Veränderungen" hatten nach seiner allerdings mehr behaupteten als bewiesenen Meinung Fabius Piktor und Junius Gracchanus gegeben und ihm nahezukommen, bezeichnet er als „das höchste Ziel seiner Kritik".[1]) Also Aufdeckung der ersten in den Schriften beider Autoren niedergelegten Schicht historiographischer Überlieferung, vornehmlich für die Geschichte der älteren Verfassung und der in feste Rechtsformen gefaßten auswärtigen Beziehungen.

In diesem Sinne sehen wir Niebuhr bei allen Einzelheiten, die er behandelt, mit unermüdlicher Energie nach Kriterien suchen, welche die Berichte als ursprünglich oder abgeleitet erscheinen lassen. Unleugbar ist dabei, daß, wie schon der grundlegende Satz von der Autorität des Fabius und des Gracchanus mehr aus Divination als aus allseitiger Abwägung hervorging, so auch in der Beurteilung der auf die einzelnen Vorgänge oder Verhältnisse bezüglichen Berichte

---

[1]) Römische Geschichte II, S. 14.

ein ähnlich rasches Verfahren uns ebenso oft oder öfter entgegentritt als die streng methodische Ermittlung. Aber die Unerbittlichkeit der Fragestellung, der durchdringende Scharfsinn, der auch in dem Erraten sich offenbarte, konnte niemals die mächtig anregende Wirkung verfehlen. Während daher Beaufort keine ebenbürtigen Fortführer seiner Geistesarbeit gefunden hatte, rief das Werk Niebuhrs eine sich stets neu ergänzende Generation von Forschern ins Leben, welche seine Arbeit fortzusetzen und zu vervollkommnen unternahmen.

Indem wir aber diese mächtige Wirkung des Niebuhrschen Werkes hervorheben, dürfen wir nicht übersehen, daß dieselbe doch keineswegs bloß aus der Quellenkritik entsprang, die sich ja unmittelbar stets nur an die einzelnen Vorgänge halten mußte. Diesen Einzelheiten gegenüber war es vielmehr der Gesamtcharakter der Darstellung, aus welcher das Leben eines staatlichen, in all seinen Teilen einheitlich ineinander greifenden Organismus sprach, der den Leser fortzureißen vermochte. Hiermit aber kommen wir auf eine weitere Seite der Niebuhrschen Geschichtschreibung, deren letzte Ergebnisse sich, wie wir sehen werden, mit denen seiner Quellenkritik zusammenschlossen, deren Ausgang aber ein anderer war und zunächst für sich zu prüfen ist.

An seinen Vorgängern tadelte Niebuhr, daß sie nicht die Wirklichkeit des Geschehenen, sondern das, was die alten Berichterstatter darüber vorgetragen und die neueren aus phantastischer Bewunderung des Altertums hinzugefügt hatten, wiedergäben.[1]) Um statt dessen die alte Geschichte so ans Licht zu stellen, wie sie „wirklich geschehen sei", müsse man bestimmte Voraussetzungen mitbringen. Wie er diese Voraussetzungen sich dachte, das deutete er mit den kühnen Worten an: „eine wahre Geschichtschreibung findet nur für das statt, was wir selbst erlebt haben"; es kann mithin die Geschichte der Vergangenheit nur dadurch von uns erkannt werden, daß wir die aus eigenen

---

[1]) Römische Geschichte, Vorrede I, S. 15; III, S. 375/6. Alte Geschichte (Vorträge) I, S. 427.

Erlebnissen stammenden „Anschauungen auf frühere Zeiten übertragen", dabei aber so weit zu kommen suchen, daß wir die Vergangenheit „so bestimmt begreifen wie die Gegenwart".[1] Etwas weiter durchdacht, besagen diese Worte: der Geschichtschreiber muß den Staat und das staatliche Leben der Gegenwart gründlich erfaßt haben, um von da aus auf dem Wege der Analogie zum Verständnis der untergegangenen und nur stückweise überlieferten Form des altrömischen Staats und seiner Geschichte zu gelangen.

Nun ging der Geist Niebuhrs nicht bloß in den philologischen Studien auf, er folgte auch von früher Jugend mit lebendigem, selbst leidenschaftlichem Anteil den staatlichen Angelegenheiten, wobei sein schon vor vollendetem 24. Lebensjahr erfolgter Eintritt in den Staatsdienst und die weitreichenden persönlichen Beziehungen seines Vaters ihm vorzeitige Einblicke eröffneten. Zwei Ereignisse waren es da, deren fortwirkenden Eindruck wir deutlich in seinem spätern Schaffen erkennen. Das erste vollzog sich in seiner holsteinschen Heimat, als im Jahre 1796 die Verhandlungen über Aufhebung der Erbuntertänigkeit der Bauern begannen, dann vor und nach erfolgter Aufhebung (Dez. 1804) neue Streitigkeiten sich erhoben, da die Gutsherrn unter Verwendung des bloßen Laßbesitzes der Bauern zu massenhafter Einziehung bäuerlicher Stellen schritten. Niebuhr fand dies Vorgehen „abscheulich", aber es gab ihm den Anstoß, die verschiedenen Formen bäuerlichen Besitzes in Gegenwart und Vergangenheit und die Bedeutung eines kräftigen Bauernstandes für Verfassung und Leben des Staates zu erforschen und zu vergleichen.

Schon etwas früher traf ihn, durch den Verkehr mit französischen Emigranten vermittelt (1793)[2], die Einwirkung der Französischen Revolution und setzte sich fort unter den ihr folgenden Umwälzungen der europäischen Staaten. Gewaltig und unerschöpflich waren die Eindrücke, die damit auf sein empfängliches Gemüt einstürmten; greifen wir hier

---

[1] Zeitalter der Revolution I, S. 37. Römische Geschichte II, S. 150.
[2] Zeitalter der Revolution I, S. 39.

zunächst nur die tiefstliegende Frage heraus, wie er den in der französischen Revolution betätigten Anschauungen von dem Ursprung des Staates und der Souveränität des Staatsvolks, vom Recht der Regierung und dem Widerstandsrecht des Volkes seine eigne aus der Betrachtung der Gegenwart und der Vergangenheit geschöpfte Lehre entgegensetzte.

Der Staat, so erklärte er, ist eine nicht aus menschlicher Willkür stammende „göttliche Idee", ohne deren Verwirklichung die Menschen nicht existieren könnten. Aber wie die Verwirklichung nebst den zugehörigen Einrichtungen an verschiedenen Orten und zu verschiedenen Zeiten erfolgt, ist Sache der von Gott „mündig" gesprochenen Menschen. Wesentlich aber ist bei aller Verschiedenheit der so entstehenden Einrichtungen der Gegensatz zwischen einer regierenden Gewalt, welche die bestehenden Ordnungen zu erhalten strebt, und den Regierten oder bestimmten Klassen der Regierten, welche eine veränderten Lebensverhältnissen entsprechende Veränderung jener Ordnungen beanspruchen.[1] In diesem Kampf zwischen Altem und Neuem kann der Staat in seinen überkommenen Einrichtungen erstarren und schließlich absterben, er kann durch zweckmäßige Anpassung seiner Rechtsordnung an die neuen Forderungen sich fortbilden und gleichsam verjüngen, er kann schließlich bei unnachgiebiger Haltung der Regierung in einen inneren Krieg getrieben werden, in dem die Regierten ihre Forderungen zu erzwingen suchen. Ist solche Auflehnung allgemein zu verwerfen? Niebuhr antwortet, indem er — übrigens ohne eingehende Begründung — zwischen rechtmäßigen und rechtswidrigen Empörungen unterscheidet. Als „vollkommen rechtmäßig" erscheint ihm die Erhebung der Niederlande gegen Philipp II. und des englischen Parlamentes gegen Karl I., als „fluchwürdig" dagegen „durch den damit verbundenen Despotismus und die Abscheulichkeit der jetzt herrschenden Ideen" die Französische Revolution.[2]

---

[1] Zeitalter der Revolution I, S. 208, 213—215.
[2] Römische Geschichte III, S. 626f. Vorträge über römische Geschichte I, 449f.; II, S. 149, 273. Zeitalter der Revolution I, S. 211f. An Jakobi, a. a. O. I, S. 29f. Lebensnachrichten III, S. 29.

Diese Proben mögen genügen, um zu zeigen, wie Niebuhr aus der Betrachtung der Gegenwart, mit der sich dann ein Zurückgehen auf gleichartige Erscheinungen der Vergangenheit von selber verband, bestimmte Vorstellungen über das Wesen des Staates, staatlicher Einrichtungen und Vorgänge gewann, die ihm weiterhin als Analogien dienten bei der Prüfung der Einrichtungen und Vorgänge im römischen Staat. Um nun von letzterem Verfahren ein Bild zu gewinnen, wähle ich als Beispiel seine Untersuchung über die Verhältnisse des *ager publicus*.

Daß die Ackergesetze der Gracchen sowohl, wie ihrer Vorgänger und Nachfolger, welche den Großgrundbesitzern einen Teil ihres Besitzes entzogen, sich lediglich auf Besitzungen am *ager publicus* bezogen, hatte Niebuhr von Heyne gelernt; aber wenn er nun über das Recht dieser Besitzungen sowohl, wie ihrer Entziehung Aufschluß in den Quellen suchte, so fand er sich vor unausgleichbaren Widersprüchen. Nach Appian entsprangen die Besitzungen aus Okkupation und waren vererblich, nach Plutarch gingen sie aus Verpachtung nach Meistgebot hervor, mußten demnach alle fünf Jahre neu ausgeboten werden; nach beiden lag der Rechtsgrund der von Tib. Gracchus bewirkten Einziehung in der Überschreitung des in dem Licinischen Gesetze bestimmten Höchstmaßes. Nach anderen, bei anderer Gelegenheit gemachten Aussagen[1]) war dagegen das Recht staatlicher Einziehung ein unbedingtes. Lange Zeit befand sich der große Forscher diesen Widersprüchen gegenüber in einer peinigenden[2]) Ungewißheit. Da kam ihm die Erinnerung an das Laßgut seiner holsteinschen Bauern zur Hilfe. Sie nutzten, besaßen und vererbten ihr Gut mit Rechtsschutz gegen jedermann —, nur nicht gegen ihren Grundherrn: dieser war Obereigentümer und konnte unter gewissen Voraussetzungen das Gut einziehen. Wie Niebuhr sich nun in den römischen Rechtsquellen umsah, begegnete ihm in den agrarischen Verhältnissen des alten Roms die analoge Unterscheidung zwischen Eigentum und Besitz: das Eigentum kann man haben ohne den Besitz, den Besitz kann man haben ohne

---
[1]) Römische Geschichte II, S. 164/5, 169 Anm. 315, 339.
[2]) Darüber Römische Geschichte II, S. 149.

Eigentum. Bloßen Besitz aber fand er den Teilhabern am *ager publicus* nachgesagt, einen Besitz, der gegen jedermann geschützt war, mit Ausnahme des Staates: dieser, als der wahre Eigentümer kraft öffentlichen Rechtes konnte das zur Okkupation freigegebene Land jederzeit wieder zurücknehmen.

Aber wie war jene Angabe einer Verpachtung zu erklären? Hier half eine Analogie weiter, welche Niebuhr seiner Tätigkeit in der dänisch-ostindischen Verwaltung danken mochte. Er fand sie in den Verhältnissen der unter englisch-bengalischer Herrschaft lebenden großgrundbesitzenden Zemindare. Ursprünglich, so meinte er, waren dieselben nichts weiter als Steuerpächter, welche die Erhebung der an die einheimischen Fürsten, als Obereigentümer des Grundes und Bodens, von den Bauern zu entrichtenden Abgaben pachteten. Indem er nun von hier aus die Nachrichten der römischen Quellen über Abgaben von den Benutzern des *ager publicus* und über die Sitte, die Erhebung derartiger Abgaben zu verpachten, erwog, kam er zu dem Schluß: nicht die Stücke des *ager publicus* wurden verpachtet, sondern die darauf lastenden Gefälle.

So, die klar geschauten Zustände der neueren Zeit mit den aus umfassendster Belesenheit gesammelten und mit scharfer Interpretation geprüften Zeugnissen der alten Quellen über ähnliche Zustände des altrömischen Staates vergleichend, suchte Niebuhr zu einer deutlichen und zuverlässigen Erkenntnis der Verfassungseinrichtungen vorzudringen. Hierbei aber ergab sich ihm sofort noch ein weiteres Kriterium für die Zuverlässigkeit seiner Ermittlungen.

Die Prüfung einer Geschichtsquelle geht von einzelnen Angaben derselben aus, die sich auf einzelne Tatsachen beziehen. Wer dagegen eine große Verfassungseinrichtung, wie den *ager publicus*, zum Gegenstand seiner Untersuchung macht, kann nicht anders, als dieselbe in einem bald näher, bald weiter verzweigten Zusammenhang mit andern Ordnungen des öffentlichen und auch des privaten Rechtes anschauen. Ist sein Geist an sich auf das Verständnis des organischen Lebens, d. h. auf das zweckmäßige Ineinandergreifen aller Teile des untersuchten Lebewesens, angelegt, wie das bei Niebuhr in so hohem Maße der Fall war, so wird er von selber auf eine fortgesetzte und abschließende Erkenntnis dieser Zusammenhänge geführt werden. Je mehr dann bei der Ermittlung einer Staatsverfassung sich die einzelnen Teile in einem widerspruchslosen Zusammenhang von Ursache und Folge, von Mittel und Zweck vereinigen, um so mehr wird er gerade in dieser Widerspruchslosigkeit die Gewähr für die richtige Erfassung der einzelnen Teile erkennen. Und eben in diesem Sinne durchforschte Niebuhr Bestand und Entwicklung der altrömischen Verfassung und sah dann befriedigt auf sein Werk zurück. „Die Grundzüge dieser Verfassung, sagte er, sind nicht mehr Gegenstand der Streitfragen, sie sind so gewiß, wie etwas aus unserer Zeit; sie bestätigen sich aus sich selber."[1]

Bis auf diesen Punkt gelangt, dürfen wir eine Bemerkung allgemeiner Art nicht umgehen. Die Frage, ob und in welchem Umfang die Darlegung der Verfassung in die Geschichtserzählung hineingehöre, hatte eine grundsätzliche Antwort bisher nicht gefunden; am ehesten war es der auch von Niebuhr so hoch geschätzte Justus Möser gewesen, der die Verfassung geradezu in den Vordergrund seiner Darstellung rückte. In ungleich wirksamerer Weise gab jetzt Niebuhr, zunächst, wie wir sahen, durch die Art der ältesten Überlieferung darin bestärkt, den Ausschlag in dem Sinn, daß Bestand und Entwicklung der Verfassung eben einen wesentlichen Teil der Geschichte eines Staates ausmache und darum in einer alles Wesentliche erschöpfenden Darstellung vorzuführen sei. Allein die Bedeutung der Formen der Verfassung zu übertreiben, lag ihm doch wieder fern. Er wußte zu gut, daß Entstehung, Bestand und Wandlungen dieser Formen bedingt seien durch Verhältnisse allgemeiner und durch Ereignisse besonderer Art, wie umgekehrt wieder durch die Verfassung neue derartige Verhältnisse und Ereignisse teils ermöglicht, teils veranlaßt würden. Diese also galt es, soweit und sobald die ausgiebiger werdenden Quellen es gestatteten, in lebensvoller Darstellung mit den toten Rechtsformen zu ver-

---

[1] Vorträge über römische Altertümer, S. 24/25. Vgl. Lebensnachrichten III, S. 248/9.

binden, und auch hier wieder kam die Analogie jüngerer Zeiten seiner Forschung zu Hilfe.

Von früher Jugend an, da er kurz vor Vollendung seines 22. Lebensjahres zum Abschluß seiner Ausbildung einen längeren Aufenthalt in London und Edinburg genommen hatte, war ihm eine eingehende Kenntnis und offene Bewunderung des englischen Staatswesens aufgegangen. Hierbei wurde ihm klar, daß innerhalb der Rechtsformen der englischen wie jeder anderen Verfassung lebendige, „bewegende Kräfte"[1]) walten, welche in den aus gemeinsamer Abstammung (Engländer, Schotten, Iren) hervorgehenden, auf der Gemeinschaft und dem Gegensatz politischer Rechte, wirtschaftlicher Lage oder kirchlichen Bekenntnisses beruhenden Volkskreisen ihre Träger haben. Es war eine Gliederung des Volkes, die er unter dem Wort „gesellschaftliche Zustände"[2]) begriff, und deren Bedeutung für die Geschichte darin bestand, daß sie sich in steter Bewegung befand: jede dieser Gruppen unterlag sowohl in ihren eigenen Verhältnissen, als in den Beziehungen zu den andern Volkskreisen unausgesetzt bald unvermerkt langsam, bald stürmisch hereinbrechenden Veränderungen. Diese Verschiebungen aber hatten Forderungen, gemäßigte oder ungestüme, einer entsprechenden Wandlung in Verfassung und Recht des Staates in ihrem Gefolge.

Von diesen Erfahrungen aus erkannte Niebuhr leicht daß jene Verhältnisse allgemeiner Art, durch welche Entstehung, Bestand und Wandlungen der römischen Verfassung bedingt waren, dem entsprachen, was er als gesellschaftliche Zustände bezeichnete. Wenn er nun innerhalb des großbritannischen Staatswesens die gesellschaftlichen Zustände Irlands näher betrachtete — den Gegensatz zweier einander entfremdeter Volksteile, von denen der eine, der anglikanisch-sächsische, etwa ein Viertel der Bevölkerung umfaßte, aber alle Vorteile einer herrschenden Klasse genoß, während der andere, der katholisch-keltische, politisch fast rechtlos, kirchlich unterdrückt und, abgesehen von

---

[1]) Zeitalter der Revolution I, S. 56.
[2]) a. a. O. S. 51. Gesellschaftliche Einrichtungen: Alte Geschichte II, S. 415.

einer dünnen Oberschicht, wirtschaftlicher Bedrängnis preisgegeben war, so glaubte er in diesen Zuständen, wenn man von den kirchlichen Angelegenheiten absah, „ein vollkommenes Beispiel für die Verhältnisse der Plebs" gegenüber den Patriziern im altrömischen Staat zu sehen[1]): auch hier eine herrschende und eine beherrschte Klasse, die er zwar nicht aus stammesfremden, aber aus nachträglich zusammengefügten Volksteilen ableitete, auch hier in der politisch rechtlosen Plebs eine Oberschicht von begüterten Geschlechtern und eine wirtschaftlichen Notständen preisgegebene Masse. Wenn er dann noch einen Schritt weiter ging und den seit dem letzten Viertel des 18. Jahrhunderts sich erhebenden Kampf um politische Gleichberechtigung der irischen Katholiken verfolgte, so glaubte er in ihm wiederum „die vollkommenste Erläuterung" des Kampfes der Patrizier und Plebejer und der daraus hervorgehenden „großen Entwicklungen der römischen Verfassung" zu erkennen.[2])

Die in diesen Kämpfen hervortretenden Ähnlichkeiten müssen wir noch etwas näher ins Auge fassen. Für einen politisch rechtlosen Volksteil kommen, meint Niebuhr, nach einer Zeit der Schwäche und Ergebung die Tage, da er innerlich erstarkt und seiner „Würde und Rechte"[3]) sich bewußt wird. Dann verlangt er emporzusteigen in die Rechtsgemeinschaft der höheren Klassen, und dies Verlangen gewinnt seinen vollen Nachdruck durch die wirtschaftliche Not der Zurückgesetzten, deren Abstellung eine Folge ihrer politischen Berechtigung sein soll. Aufgabe der Bevorrechteten ist es dann, die neuen Forderungen so zu befriedigen, daß „der Geist des Ganzen, insofern er national und eigentümlich ist", oder „die Bedingungen, woraus (die bestehende Verfassung) hervorgeht", erhalten bleiben[4]) und somit dem Staat neue Kräfte zugeführt werden. Diese Aufgabe erkannten die Römer, als Patrizier und Plebejer

---

[1]) Römische Geschichte I, S. 650.
[2]) Vermischte Schriften S. 349.
[3]) Römische Geschichte I, S. 450.
[4]) Zeitalter der Revolution I, S. 56. Römische Geschichte III, S. 626.

sich über die Rechtsgleichheit und die Erleichterung der wirtschaftlichen Not einigten; es verkennen sie bisher[1]) die englische Regierung und die „oligarchische Minorität in Irland, da sie den Katholiken „das volle Bürgerrecht" verweigern.[2])

Von diesem Grundgedanken aus verfolgt Niebuhr den Gang der römischen Geschichte weiter, wie die Bürgerschaft sich fortgesetzt stärkte durch die Aufnahme italischer Gemeinden ins Bürgerrecht, schließlich aber, als es galt, rechtzeitig und ohne Zwang die sämtlichen Italiker dieser Wohltat teilhaftig zu machen und so „den römischen Staat zu einer Nation zu erweitern"[3]), versagte und dadurch veranlaßte, daß „die Entwicklung stockte", und die Republik „unterging".[4]) Auch hier bietet ihm England die Vergleiche: es hat gleichfalls „sein freies Recht über die abgesonderten Provinzen (Wales) verbreitet, endlich auch Schottland zu seiner Freiheit erhoben, dagegen Nordamerika verloren, weil es dessen Anforderungen sich ebenso versagte, wie die Römer denen der Italiker.[5])

Wenn indes so eine Regel aufgestellt wird, nach der in einem Staat von langer und reicher Entwicklung ein fortgesetztes Emporsteigen der niederen Schichten des Staatsvolks zur Gleichheit der Rechte mit den höheren Klassen vor sich geht, so hängt es doch wieder von den oben berührten Verhältnissen allgemeinerer Natur und den in ihnen befaßten materiellen oder geistigen Interessen der zurückgesetzten Klassen ab, zu welchem Zeitpunkt und mit welcher Kraft sie den Kampf um das formale Recht aufnehmen. In dieser Beziehung nun war die Erklärung, daß die Plebs ihrer „Würde und Rechte" bewußt, daß sie „würdig und reif geworden" war, für ein umfassenderes Verständnis kaum genügend, auch dann nicht, wenn man den ihre niedere Masse treffenden Mißbrauch der Vorrechte vonseiten der herrschenden Klasse und die daraus hervorgehende wirtschaftliche Not

---
[1]) Die Stelle war im Jahre 1824 geschrieben.
[2]) a. a. O. S. 629.
[3]) Vorlesungen über römische Geschichte II, S. 342.
[4]) Römische Geschichte I, S. 449.
[5]) Römische Geschichte III, S. 628.

hinzunahm. Aber die Schuld lag dabei an der Armut der Überlieferung; wo sie reicher floß, stieg Niebuhr — jetzt zwar nicht für die aufwärts, sondern für die nach dem zweiten Punischen Krieg abwärts gehende Entwicklung der römischen Verfassung — zu dem, was er gesellschaftliche Zustände nannte, tiefer hinab.

Eine Verfassung, sagt er, kann auch bei gleichbleibenden Formen kraft der Veränderung des in ihr pulsierenden Lebens eine ganz andere werden. Solche Veränderungen treten hervor in „der Verteilung des Eigentums, der öffentlichen Gesinnung, der Lebensweise"[1]), und demgemäß betrachtet er nun die seit dem angegebenen Zeitpunkt eintretende Aufsaugung des bäuerlichen Eigentums durch den Großgrundbesitz, das ungeheure Anwachsen des beweglichen Kapitals und des darauf beruhenden Großhandels unter Führung des Geldhandels[2]), eine Gliederung der Bevölkerung, in der auf dem Land der tüchtige Bauernstand reißend zusammenschwand, in der Hauptstadt die Masse der Dürftigen ebenso ins ungemessene wuchs wie die Reichtümer in den Händen einer kleinen Minderheit, und der wohlhabende Mittelstand dem Untergang entgegenging[3]); dabei dann eine Gesinnung, in der man „keinen andern Maßstab mehr als den des Reichtums" hatte[4]), den Genuß in rohem Luxus suchte und den Vorrang literarischer Bildung manchen Landstädten, die gesunder geblieben waren[5]), überließ. Der Schluß dieser Betrachtungen, die wiederum mit Analogien aus der Geschichte Englands und anderer Gebiete reichlich durchsetzt sind[6]), geht dahin, daß der Übergang der Verfassung aus den Formen der Republik in die der Monarchie unter solchen Verhältnissen notwendig war.

---

[1]) Vorträge über römische Geschichte II, S. 149.
[2]) a. a. O. II, S. 270—273. — S. 87, 191, 338.
[3]) a. a. O. I, S. 544; II, S. 187f.
[4]) a. a. O. II, S. 296.
[5]) a. a. O. II, S. 297.
[6]) Z. B. Verwertung des Katasters von Tivoli (a. a. O. I, S. 230; II, S. 272. Vgl. Römische Geschichte II, S. 150, Anm. 274). Von Stettens Werk über die Augsburger Geschlechter herangezogen für das Zusammenschwinden des Patriziats (a. a. O. I, S. 449).

Man könnte bei diesen Erörterungen Anstoß an der einseitigen Hervorkehrung der wirtschaftlichen Zustände nehmen. Allein, wenn es Niebuhr vergönnt gewesen wäre, sein Werk weiter zu führen, so würde er den zweiten Punischen Krieg eingeleitet oder beschlossen haben mit einem „Gemälde vom ganzen Leben und Weben der Römer", in dem neben dem Recht vor allem auch Religion und Sitte, Poesie und Kunst, also die Hervorbringungen rein geistiger Kultur geschildert wären.[1]) Die Absicht ging also auf gleichmäßige Berücksichtigung der wirtschaftlichen wie der geistigen Kultur.

Wenden wir uns aber jetzt von diesen Verhältnissen allgemeiner Natur zu der andern Klasse von Vorgängen, aus denen Niebuhr die Formen von Verfassung und Recht, mit denen dann auch die Rechtsformen der auswärtigen Beziehungen zu verbinden waren, ableitete: zu den in rastlosem Wechsel sich ablösenden Einzelereignissen. Mit den allgemeinen Zuständen hängen sie insofern unzertrennlich zusammen, als diese ja nicht unmittelbar wirken, sondern nur in ihnen ihren Ausdruck finden; in ihrem eigentlichen Verlaufe jedoch werden sie von Einzelpersonen gewirkt und getragen. Damit aber führen sie uns auf eine andere wichtige Seite der Niebuhrschen Geschichtschreibung, auf die Behandlung der geschichtlichen Personen.

Groß, wie in der Anschauung des staatlichen Organismus, war Niebuhr auch in der Erfassung des Wesens der handelnden Personen. Um in das Geheimnis der Persönlichkeit einzudringen, schlug seine Forschung dieselben Wege ein wie in den andern Fragen: die Aussagen seiner Quellen prüfte er an der Haltung der Person im Getümmel der Ereignisse, und die so gewonnene Anschauung suchte er zu befestigen und zu erweitern durch den Vergleich mit ähnlichen Personen und ähnlichen Ereignissen aus zuverlässig bekannter Zeit. Den „dämonischen" Einfluß, den Alkibiades auf die Menschen ausübte, machte er sich klar an dem Beispiel Mirabeaus, zum Verständnis des Königs Pyrrhos oder des Demagogen Kleon mußte ihm der Ver-

---

[1]) Lebensnachrichten II, S. 323—324, 333, 455.

gleich mit Karl XII. von Schweden und dem englischen Journalisten Cobbett dienen. Mit dieser lebendigen Vergegenwärtigung hängt dann wieder ein durch die ganze Geschichtschreibung Niebuhrs hindurchgehender, in seiner Personenschilderung aber besonders scharf hervortretender Zug zusammen. Man erkennt denselben, wenn man ihn sagen hört: nur dann könne man „von Geschichte reden, wenn man sie so fühlt, als ob man damals gelebt hätte".[1]

Niebuhr war, wie wenige, darauf angelegt, sein eignes Selbst mit dem Gesamtleben der staatlich geeinten Menschen in einem bis zur Leidenschaft gesteigerten Mitempfinden zu verbinden. Und dieses Mitempfinden galt bei ihm nicht nur der Gegenwart, sondern auch der Vergangenheit, und hier natürlich vor allem den führenden Persönlichkeiten. So konnte er von Hannibal sagen: „diesen Mann bewundere und liebe ich fast unbedingt", oder von dem ungerechten Aburteilen über Cicero: „mir tut das weh; ich liebe Cicero, wie wenn ich ihn gekannt hätte."[2] Allerdings stehen wir auch hier an einem Punkt, wo der Übergang von großen Vorzügen zu den sie begleitenden Schwächen in die Augen springt. Die Leidenschaft in Vorliebe und Abneigung ließ Niebuhr leicht über die Pflicht eines allseitigen Abwägens hinwegsehen. Bekannt ist ja seine, man möchte sagen, von Haß eingegebene Beurteilung Alexanders d. Gr. Aber näher zugesehen, liegt hier ein Mangel vor, der mit der ganzen Forschungsweise zusammenhängt.

Er selber sagt einmal: „mein ganzes Wesen geht auf die Apperzeption der Gesamtheit, und es fällt mir schwer, daraus zu der Anschauung der einzelnen Teile zu kommen."[3] Richtig ist hierbei jedenfalls, daß bei der Erforschung großer Verfassungseinrichtungen oder staatlicher Zustände da, wo bedächtig vorgehende Gelehrte sich in dem Aufbau ihrer Ergebnisse erst auf halbem Wege sehen, seine schöpferische Phantasie ihm vorgreifend das Ganze zeigte, das er dann als berechtigtes Resultat hinstellte. Als Divinationen bezeichnete er demnach wohl seine Entdeckungen, und er

---
[1] Alte Geschichte II, S. 447.
[2] Vorträge über römische Geschichte II, S. 66; III, S. 25.
[3] Lebensnachrichten III, S. 129. Vgl. II, S. 46/7.

verglich sich bei seinen Entdeckungsfahrten mit dem „Nachtwandler, der auf der Zinne schreitet".[1]) Aus dem Ganzen heraus, das demgemäß doch oft nur den Wert einer Hypothese hatte, suchte er dann die einzelnen Teile zu entwickeln, die es, wie er einmal sagt, „enthalten müßte".[2])

Von seiner Ansicht der römischen Zensur z. B. entwickelte er das Geschäft des Zensus, von seiner Auffassung der Ädilität die polizeilichen Funktionen der Ädilen so sicher, wie die entsprechenden Verrichtungen in einem modernen Staat. Bestärkt wurde er in diesem Verfahren durch die Verbindung einer großartigen Überschau über alle Teile altklassischer Schriftdenkmäler mit einem Gedächtnis, welches ihm, solange er sich noch im Vollbesitz seiner geistigen Kräfte fühlte, gestattete, von dem Sammeln geordneter Exzerpte abzusehen[3]), also seine Gedanken völlig ungehindert zu entwickeln.

Sehr verschieden mußten daher auch die Urteile über sein Schaffen ausfallen. Die einen bewunderten den eindringenden Scharfsinn, mit dem er den wahren Sinn entscheidender Quellenstellen zu erfassen wußte, anderseits konnte der umsichtigste seiner Nachfolger — es war Schwegler[4]) — sagen, daß „klare und kunstgerechte Exegese seine schwächste Seite" sei —, allerdings, um weiterhin zu bemerken, daß seine Sätze sich meist „besser begründen ließen, als von ihm selbst geschehen" sei. Bewundern mußte man das tiefe Verständnis für das Organische, mit dem er den Bau des römischen Staates zu deuten wußte; aber vor der Kühnheit, mit der er aus bloßen Vermutungen zuversichtlich hingestellte Folgerungen entwickelte, konnte ein anderer Nachfolger[5]) gelegentlich seinen Unwillen nicht zurückhalten über das „Gewebe von Hypothesen, wo immer eine *petitio principii* der andern zur Grundlage dient". Ja, der größte seiner Nacharbeiter, Theodor Mommsen, sprach mehr

---

[1]) Römische Geschichte I, S. 421. Vorrede zum 1. Band, zweite Ausgabe S. 16.
[2]) Lebensnachrichten II, S. 164.
[3]) a. a. O. II, S. 332, 334/5.
[4]) Römische Geschichte I, S. 147.
[5]) Becker in Becker-Marquard, römische Altertümer II 2, S. 300.

schneidend als gerecht kurzweg von Niebuhrs „glänzenden Phantasien".[1]

Dazu kamen die Schwierigkeiten, die der Stil des Werkes den Lesern bereitete. Er war gedankenreich, von hohem, jeden eitlen Effekt verabscheuenden Ernste getragen; aber es fehlten ihm, besonders in den verfassungsgeschichtlichen Abschnitten, die Eigenschaften, welche sowohl die Begriffe, die festzustellen, als die Folge der Gedanken, in der die neuen Feststellungen zu entwickeln waren, klar und wohl geordnet hervortreten ließen. Mühsam war die Ausdrucksweise des Verfassers, mühsam aber auch die Gedankenarbeit des Lesers, der in den Sinn der bald künstlich verschränkten, bald nachlässig zusammengereihten und Verschiedenartiges zusammenpackenden Satzgefüge eindringen wollte.

Indes diese Mängel hinderten nicht die mächtige Wirkung des Werkes. Niebuhr war kein Schulhaupt im Sinn des Universitätsunterrichtes und wollte es nicht sein.[2] Aber eine Schule in höherem Sinne bildete die jetzt nicht abreißende Kette von Forschern, die, von Niebuhrs Werk angeregt und die von ihm gebahnten Wege verfolgend, die Erforschung der alten Geschichte auf eine höhere Stufe hoben. Ein fast noch größeres Zeugnis für den Einfluß Niebuhrs war es, daß Historiker, die ihre Hauptkraft anderen Gebieten als der alten Geschichte zuwandten, wie Ranke, Heinrich Leo[3] und Waitz, von seiner römischen Geschichte eine erste und tiefgreifende Einwirkung empfingen: in ihr, bekannte Waitz in seiner Doktordissertation[4], „glaubte ich kritische Erforschung und lichtvolle Darstellung der Geschichte zu erlernen".

Mit diesen Worten sind zugleich die beiden Seiten angedeutet, nach denen auch unsere Betrachtung die an Niebuhr anknüpfende Fortentwicklung der Geschichtswissenschaft zunächst zu verfolgen hat: Quellenkritik und lebensvolle Auffassung der Staatsgeschichte. In ersterer Bezie-

---
[1] Römische Tribus, Vorrede S. 7.
[2] Lebensnachrichten III, S. 164.
[3] Aus meiner Jugendzeit S. 215.
[4] Zitiert von Claßen, Niebuhr S. 139.

hung hatte Niebuhr die Forderung der Scheidung der abgeleiteten Quellen von den ursprünglichen an die Spitze gestellt, aber er mußte dabei mit der teilweise unüberwindlichen Schwierigkeit ringen, daß für die altrömische Geschichte die ältere und älteste Schicht schriftlicher Überlieferung unmittelbar nicht mehr vorlag. Im vollen Maße konnte daher seine Methode sich erst in einem Quellengebiete entfalten, wo ein derartiges Werk der Zerstörung nicht vollbracht war. Weiterhin hatte er die hergebrachte Staatsgeschichte mit einer erschöpfenden Behandlung der Verfassungsgeschichte in Zusammenhang gebracht und gezeigt, wie die Formen der Verfassung durch Kräfte belebt werden, welche die wirtschaftliche und geistige Kultur hervorbringen und von einer Gemeinschaft getragen werden, die er als Gesellschaft bezeichnete. Aber wie verhielt sich diese Gesellschaft zu der Gemeinschaft des Staates? Die Ableitung des Begriffs führte zur Annahme der Verschiedenheit, aber das stete Ineinandergreifen von Recht und Kultur, staatlicher und kultureller Gemeinschaft legte die Gleichsetzung nahe. Wenn nun Niebuhr das Recht mit unzweifelhaften Kulturerscheinungen auf eine Linie setzt, gelegentlich auch den Ausdruck braucht „die bürgerliche Gesellschaft oder der Staat"[1]), so erkennt man, daß er eine grundsätzliche Scheidung beider Begriffe nicht vorgenommen hat. Hier also größere Klarheit zu schaffen, war eine weitere Aufgabe der voranschreitenden Forschung.

Zweites Kapitel
Pertz. Eichhorn

Niebuhr lebte der Überzeugung, daß das Verständnis der Vergangenheit bedingt sei durch das Erleben der Gegenwart, und im Hinblick auf die von ihm durchlebten Zeiten des Zusammenbruchs und der Wiederaufrichtung des preußischen Staats und der deutschen Nation konnte er hinzufügen, daß, je größer die durchlebte Zeit sei, um so mächtiger

---

[1]) Römische Altertümer S. 26.

auch ihre Einwirkung auf die rechte Auffassung der Vergangenheit ausfalle. Aber eines konnte er von sich nicht sagen, daß er nämlich auch die Anregung zu seiner Geschichtsforschung aus den Eindrücken der Gegenwart empfangen habe. Eben dieses war, wenigstens bis zu einem gewissen Grade bei den Männern der Fall, welche sich der Vergangenheit des deutschen Volkes und seines Staatswesens zuwandten, hierbei allerdings sich alsbald nach zwei Richtungen spalteten.

Die einen — es waren die Häupter und Mitkämpfer der romantischen Schule — ließen sich von rasch erregter Begeisterung für das Mittelalter und seine Geisteskultur, vor allem für die universalen Bildungen der römischen Kirche und des Deutschen Reichs, in denen sie ein Muster auch für die Gegenwart sahen, bestimmen; die andern, die wir in den Gründern und Mitarbeitern der *Monumenta Germaniae* vertreten finden, traten ohne solche fertige Anschauungen an die Geschichte heran und knüpften an die wissenschaftlichen Überlieferungen eines Leibniz und Justus Möser an. Ihnen, als den Trägern der wirklich fruchtbaren Geschichtsbehandlung[1]) gilt unsere nächste Betrachtung.

---

[1]) Niebuhr gegen „das Katholisieren und die Überschwenglichkeit der romantischen Schule": Lebensnachrichten II, S. 108. So im Jahre 1914; zwölf Jahre später (Vorrede zur 2. Auflage des I. Bandes der römischen Geschichte S. XVII) wendet er sich dagegen, „daß ein betörtes Gefühl aus ganz anderen Zeiten übertrage, was jetzt völlig unanwendbar ist". Sollte diese Äußerung nicht gegen dieselbe Richtung gehen, wie die von 1814? — Absage Rankes an die Romantik in der Geschichtsforschung in den Gedächtnisworten über den größten Vertreter derselben C. F. Böhmer, Werke Bd. 51/2, S. 541 f Vgl. S. 519 f. — Der Begriff der Romantik ist verhältnismäßig leicht zu bestimmen, wenn man ihn in seiner anfänglichen Bedeutung, in der er das Gebiet poetischer und künstlerischer Hervorbringung und Kritik umfaßt, versteht, schwer, wenn man festzustellen sucht, wie weit durch die von den Romantikern angeregte geistige Bewegung andere Wissensgebiete befruchtet wurden. Hinsichtlich der Geschichte wird man unterscheiden müssen zwischen Historikern, die, wie H. Leo, nur teilweise von der Romantik berührt wurden, und solchen, die, wie Böhmer, sich ihr völlig ergaben. Bei solcher Scheidung erscheint in der Entwicklung der Geschichtswissenschaft die romantische Richtung als ein Seitenarm, der bald versandete.

Der Mann, der den Gedanken einer vollständigen Herausgabe der Quellen deutsch-mittelalterlicher Geschichte faßte und mit gewohnter Energie ins Leben rief, war ein großer, wenn nicht der größte der Staatsmänner, die an der Wiederaufrichtung Deutschlands gearbeitet hatten, der Freiherr vom Stein; derjenige, der für die wissenschaftliche Arbeit den Plan aufstellte, die Ausführung desselben begann und in herrischem Geiste weiter leitete, war Georg Heinrich Pertz. Er war der eigentliche Verfasser der vier knappen Sätze, in denen nach längerem Tasten die Direktion der *Monumenta Germaniae historica* im Jahr 1824 den Plan der Bearbeitung festsetzte[7]); und er hatte auch, als in den Jahren 1826 und 1829 die beiden ersten Bände des Werkes, die erzählenden Quellen der karolingischen Epoche enthaltend, erschienen, mit Ausnahme von den Beiträgen zweier Mitarbeiter (v. Arx, Dahlmann) die ganze Arbeit getan.

Als kritische Aufgabe war in jenen Leitsätzen deutlich nur die Herstellung des ursprünglichen Textes der einzelnen Schriftwerke gefordert. Aber wie nun Pertz für die Annalen von St. Amand, die ihm vorerst als älteste der annalistischen Aufzeichnungen des 8. Jahrhunderts erschienen, den richtigen Text im philologischen Sinn durch Vergleichung der ältesten Abfassung mit den jüngeren Abschriften zu ermitteln suchte, hatte er sich alsbald mit drei verwandten Schriftwerken auseinanderzusetzen, welche die Mitte hielten zwischen Abschriften und selbständigen Ausarbeitungen. Als eine Abschrift, die nur einige Auslassungen und Wortänderungen aufwies, erschienen für die Jahre 708 bis 737 die sog. *annales Tiliani*; nahm er dagegen das zweite jener Schriftstücke, die sog. *annales Petaviani*, vor, so begegneten ihm für die Zeit von 708 bis 771 zwei verschiedene Massen: die erste noch immer eine, wenn auch etwas freier gehaltene Abschrift, die andere von anderer Herkunft, beide aber innerhalb der einzelnen Jahresrubriken äußerlich verbunden. Abermals schloß sich dann für die achtundzwanzig folgenden Jahre eine Fortsetzung an, die sichtlich von dem Verfasser selber Erlebtes und selbständig Ermitteltes enthielt.

---

¹) M. G. S. I, Vorrede S. 25. Archiv V, S. 796.

Pertz sah sich hiermit vor einer Art der geschichtlichen Komposition, die sich in allen weiteren mittelalterlichen Aufzeichnungen der Geschichte der Staaten und Kirche wiederholte. Ihre Grundformen waren: gleichzeitige, annalistisch geordnete Aufzeichnung und selbständige Ermittlung zeitgeschichtlicher Vorgänge in der Urquelle; spätere Bearbeitung derselben in der Form einer den Wortlaut und den Inhalt mehr oder weniger frei wiedergebenden, meistens auch verkürzenden Abschrift; Bereicherung dieser Bearbeitung durch Einfügung der Angaben einer weiteren, in gleicher Weise behandelten Urquelle; endlich eine Fortsetzung für die Zeit des Bearbeiters, die dann wieder dem späteren Benutzer als Urquelle galt, mit welcher der vorige Prozeß von neuem beginnen mochte. Auf dem Boden dieser Grundformen entwickelten sich Verwandtschaftsverhältnisse, welche jede einzelne Quelle mit andern verbanden und sich um so reicher und verwickelter gestalteten, je weiter die mittelalterliche Geschichtschreibung voranschritt, und je größere Zeiträume sie umspannte. Gleich der wirklichen Verwandtschaft bewegen diese Verbindungen sich in auf- und absteigender Linie sowohl, wie in Seitenlinien. Die in den Urquellen gesammelten Ströme fließen den jüngeren Sammelbecken nicht nur direkt, sei es unmittelbar, sei es durch verschiedene, den Graden von Kindern, Enkeln usw. vergleichbaren Stufen hindurch zu, sondern ebensowohl auf dem Umweg durch die Seitenverwandten, und unter ihnen sind es wieder nicht bloß die von gemeinsamen Stammeltern abstammenden, sondern auch die von anderm Ursprung herkommenden, den Affinen in der römischen Verwandtschaftsrechnung vergleichbaren Zuflüsse, welche mit dem Strom jüngerer Überlieferung in Verbindung treten und ihm von ihrem Inhalt abgeben.

Diese Verflechtungen zu entwirren, war, wie schon bemerkt, bei der Fülle der erhaltenen älteren wie jüngeren Schichten der Überlieferung ungleich leichter, als es auf dem Arbeitsgebiete Niebuhrs gewesen war. Allein auch hier war die Masse des Untergegangenen groß. Immer wieder stieß man bei dem Suchen nach den Verknüpfungen auf fehlende Mittelglieder, und ebenso oft war die Urquelle eine unbekannte, nur aus ihren Ableitungen zu ermittelnde Größe. Selbst die erste bei derartigen Untersuchungen zu beantwortende Frage nach der Zeit und dem Ort, wann und wo die betreffende Quelle und die einzelnen Teile derselben geschrieben seien, ließ sich in den meisten Fällen nur durch mittelbare Schlüsse lösen. Und endlich, wenn man zu der Urquelle glücklich vorgedrungen war, so stand man vor der neuen Frage, woher denn, da hier keine ältern Annalen auszuschreiben waren, deren Angaben stammten. Neben unendlicher Geduld war also auch hier die Aufwendung eines findigen Scharfsinns erforderlich.

Beobachtungen in dieser Richtung waren im vorausgehenden Jahrhundert oft genug, besonders von französischen und italienischen Quelleneditoren, angestellt. Aber das neue Verfahren, das Pertz und die ihm folgenden, nun schon durch drei Generationen hindurchgehenden Herausgeber der *Monumenta Germaniae* anwandten, bestand darin, daß sie aus den einzelnen Beobachtungen eine konsequent befolgte Methode entwickelten, eine Methode, die sich immer feiner ausbildete, so daß schließlich ihre Grundsätze als eine Theorie der „Quellenanalyse" von Ernst Bernheim[1]) zusammengefaßt werden konnte.

Bis hierher gelangt, dürfen wir jetzt nicht weiter gehen, ohne noch einmal uns zu erinnern, daß die bisher erörterte kritische Arbeit sich auf Quellen bezog, die unter den Begriff der Geschichtschreibung fallen. Nun wäre es aber um unsere Kenntnis des Mittelalters übel bestellt, wenn wir nur auf derartige Quellen angewiesen wären. Es gibt eine andere Art von Aufzeichnungen, in denen ein bestimmter Vorgang oder Zustand entweder durch die Urheber selbst oder im Auftrag derselben für die Erinnerung festgelegt wird, weil der Vorgang oder Zustand für die Beteiligten oder auch für weitere Kreise ein Interesse hat oder haben kann. Ich nenne sie Urkunden im weitesten Sinne des Wortes, mag es sich in ihnen um einen zwischen Staatsregierungen oder bloßen Privatpersonen geschlossenen Vertrag, um einen Brief oder eine bloße Notiz oder auch nur um die Umschrift einer

---

[1]) Lehrbuch der histor. Methode und Geschichtsphilosophie, 5./6. Auflage, S. 411—447.

Münze oder die Aufschrift eines Denkmals handeln. Gemeinsam ist allen, daß sie einen einzelnen Vorgang oder Zustand, diesen aber mit dem Zweck völler Glaubwürdigkeit zum Ausdruck bringen.

Wie sehr Niebuhr den hohen Wert solcher Aufzeichnungen erkannte, sieht man unter anderem daran, daß er für das Studium derjenigen Klasse von Urkunden im weiteren Sinne, die für die griechische, wie römische Geschichte die Hauptmasse des Erhaltenen darstellten, nämlich die Inschriften, in maßgebender Weise eintrat. War er es doch, von dem der „schöpferische Gedanke" des *corpus inscriptionum Graecarum* herrührte.[1]) Aber freilich bei Bearbeitung der altrömischen Geschichte hatte er mit dem widrigen Geschick zu rechnen, daß Urkunden nur in ganz geringem Umfang, nur in gelegentlichen Anführungen durch die Schriftsteller und meist in einer hinsichtlich der Echtheit oder Datierung zweifelhaften Form überliefert waren. Wie ganz anders war da wieder die Lage der Bearbeiter der *Monumenta Germaniae*! Sie durften nicht nur auf einen gewaltigen, mit jedem Jahrhundert wachsenden Schatz von Urkunden rechnen, es kam ihnen auch für deren Kritik und Verständnis eine seit dem 17. Jahrhundert schon weit fortgeschrittene, am erfolgreichsten durch die französischen Benediktiner entwickelte Urkundenlehre zu Hilfe.

So verstand es sich denn von selbst, daß der Abteilung der *Monumenta*, welche die erzählenden Quellen (*scriptores*) enthielt, zwei weitere zur Seite traten, welche die von den Königen oder Kaisern ausgestellten Urkunden (*diplomata*) und die den Gang der Reichsgeschichte beleuchtenden Briefschaften (*epistolae*) bringen sollten. Während aber die Vorarbeiten für diese Abteilungen sich durch Jahrzehnte hinzogen, trat ihnen eine höchst fruchtbare Ergänzung zur Seite. In den Jahren 1831 und 1833 veröffentlichte Joh. Friedrich Böhmer seine beiden ersten Regestenwerke: chronologisch geordnete Auszüge der von den karolingischen und deutschen Herrschern ausgegangenen Urkunden von 741 bis 1313. Gleich in ihrer ersten Gestalt erschien diese

---
[1]) v. Wilamowitz in den S.-B. der Berliner Akademie 1914, Januar, S. 107.

Arbeit als ein höchst bedeutender Entwurf. Wie dann aber die einzelnen Teile derselben teils von Böhmer selbst, teils von seinen Nachfolgern, unter denen Ficker und Stumpf die Führung hatten, völlig neu bearbeitet und bis zum Ausgang Karls IV. fortgeführt wurden, wie dabei die Auszüge möglichst erschöpfend und genau ausgearbeitet, die eigentlichen Urkunden durch alle andern im Namen des Herrschers ausgegangenen Erlasse und Schreiben ergänzt, und zur Feststellung von Zeit und Ort, Inhalt und innerem Zusammenhang der Schriftstücke die Angaben der Chronisten eingefügt wurden, wie endlich solche Akten, die für die Geschichte der betreffenden Herrscher wesentlich, aber unter ihrem Namen nicht ausgegangen waren, als Papsterlasse oder Urkunden über allgemeine Reichssachen beigegeben wurden, gewann das Werk eine Bedeutung, die man am besten durch Vergleichung mit der seit 1879 ans Licht tretenden Urkundenabteilung der *Monumenta* erkennt.

Die Königs- und Kaiserurkunden der *Monumenta* hatten die Forderungen der Vollständigkeit in Herbeischaffung des noch Vorhandenen, der Scheidung des Echten vom Unechten, der lauteren Wiedergabe des ursprünglichen Textes, des Nachweises der Entstehung des Ganzen und der einzelnen Teile unter den Händen ihrer Veranlasser, Verfasser und Schreiber zu befriedigen. Diesen Aufgaben diente die jetzt von neuem großartig fortschreitende Kritik der Urkunden und die Erkenntnis der mittelalterlichen Urkundentechnik. Wenn nun die Regesten ursprünglich gedacht waren als eine notwendige Vorarbeit der Urkundenausgabe der *Monumenta*[1]), so gewannen sie in ihrer Vervollkommnung ein teils nebengeordnetes, teils aber auch ganz selbständiges Verhältnis zu ihr. Nebengeordnet war das Verhältnis, wenn auch hier Echtes vom Unechten geschieden, Zeit und Ort festgestellt, und die sachliche Entstehung der Urkunde aus der sog. Vorurkunde[2]) dargelegt wurde. Wie aber der selbständige Wert entstand, möge an einigen Beispielen gezeigt werden.

---

[1]) *Regesta regum atque imperatorum*, 1831, Vorrede S. 8.
[2]) Darüber Mühlbacher, *Regesta imperii* I, 2. Aufl., Vorrede S. 24.

Im April des Jahres 754 verbriefte König Pipin zu Quierzy dem Papst Stephan II. das Schenkungsversprechen, aus dem der Anfang des Kirchenstaates hervorgegangen ist. Über diesen Vorgang von weltgeschichtlicher Bedeutung findet man in den Urkunden der *Monumenta* kein Wort. Warum? Weil die betreffende Urkunde verloren ist, die *Monumenta* aber nur wirklich vorhandene Urkunden vorzulegen haben. In Mühlbachers Neubearbeitung der Karolingischen Regesten dagegen wird ihm eine besondere Nummer eingeräumt, unter der Zeit, Ort und Inhalt der betreffenden Urkunde nach den Angaben der Chronisten und Bezugnahmen päpstlicher Briefe festgestellt wird, und eine weitere vorausgehende Nummer, in welcher in gleicher Weise die sachliche Entstehung der Urkunde seit Weihnachten 753 nachgewiesen wird.[1]) Den Ausgang bildet hier ein für die Entwicklung des Reichs wesentlicher Vorgang; ist die ihn bezeugende Urkunde verloren, so muß sie nach den anderweitigen Quellen ermittelt werden.

Ein zweites Beispiel, das uns weiter führt, entnehme ich den Ausgleichsverhandlungen Kaiser Friedrichs II. mit Papst Innozenz IV. vom Juni 1243 bis Mai 1245. Dieselben zerfallen in eine Reihe von einzelnen Verhandlungen, die wie die Glieder einer Kette auseinander hervorgehen und in entsprechenden Schriftstücken, also Urkunden im weiteren Sinne[2]), ihren Ausdruck finden. Nur ein Teil der so in fortlaufendem Zusammenhang stehenden Schriften ist erhalten, und wie sie nun nach dem Grundsatz, jede Urkunde als ein in sich geschlossenes Geistesprodukt zu behandeln, in den *Monumenta* gedruckt sind, können sie bei ihrer Lückenhaftigkeit mit dem ununterbrochenen Verlauf der Verhandlungen sich nicht decken. Eben aber jeden Abschnitt der Verhandlungen in seinem Zusammenfallen mit den entsprechenden unmittelbar vorliegenden oder aus anderweitigen Quellen zu ermittelnden Urkunden festzustellen und

---

[1]) *Regesta imperii* I (2. Aufl.), n. 73e—i, 74.

[2]) Daß sie nach der Anordnung der *Monumenta* der Abteilung Leges (*Constitutiones*) angehören (M. G. IV, Leges II, S. 341—353, *Constitutiones et acta publica* II, 328—357), kommt für meine Darlegung nicht in Betracht.

sie alle in ihrer zeitlichen und ursachlichen Folge unter den fortlaufenden Nummern der Regesten aufzureihen[1]), war die Aufgabe, welche sich Ficker bei der Neubearbeitung des betreffenden Teils der Böhmerschen Regesten stellte und meisterhaft löste.

Bei diesem Verfahren richtete sich die Aufmerksamkeit in erster Linie nicht auf die sauber herauszuarbeitende Urkunde, sondern auf den durch die Urkunde aufzuhellenden Vorgang, und wie die Vorgänge sich schließlich alle untereinander in dem großen Zusammenhang der Reichsgeschichte verknüpften, so ergab sich als höchstes Ziel der Reichsregesten die Vorführung der Reichsgeschichte, soweit sie sich auf die Kaiser- und Königsurkunden begründen ließ. In diesem Sinn hatte Böhmer schon in dem ersten Entwurf seiner Kaiserregesten[2]) das stolze Wort gesprochen, daß sie das „innerste Herz der allgemeinen Reichsgeschichte" offenbaren. Und in diesem Sinne bewährten sie sich, wie sie mit allen Mitteln formaler und sachlicher Interpretation und Kritik gearbeitet waren, als unentbehrliche Grundlage für jede weitere Aufhellung deutsch-mittelalterlicher Geschichte. Sie ermöglichten es dem Forscher, einen ordnenden Überblick über Bestand und Gehalt der urkundlichen Überlieferung zu gewinnen, bevor er sich in das Chaos der wörtlich mitgeteilten Urkunden hineinbegab. Sie gestatteten ihm auch, je nach der Weite oder Enge seines Forschungsgebietes die Grenze zu ziehen, über die hinaus er zur Prüfung des Wortlauts der Urkunden voranschreiten mußte, und vor welcher er sich mit den genauen Auszügen der Regesten begnügen durfte.

Allerdings darf dabei der Verfasser wie der Benutzer der Auszüge nicht vergessen, daß unbedingt und ausnahmslos kein Regest die Vorlage ersetzen kann, und daß Verfasser wie Benutzer die Fälle nicht vorhersehen können, wo eine Schwierigkeit, die nur durch Prüfung der in der Vorlage

---

[1]) Allerdings unter die Friedrich II. (n. 3368, 3372b, 3378a, 3383a, 3385, 3393b, 3396, 3397a, b, 3398—3400 usw.) und Innozenz IV. (n. 7388a, 7393, 7397, 7400, 7425a, 7426, 7430 usw.) gewidmeten Abschnitte verteilt.

[2]) Vorrede S. 13.

gebrauchten Worte oder eines im Auszug als unwesentlich übergangenen Inhalts zu lösen ist, zum Rückgang auf den Wortlaut der Vorlage nötigt. Ein derartiger Rückgang bleibt daher stets vorbehalten.[1])

Einen letzten, auf den Inhalt der aufgenommenen Schriftstücke bezüglichen Gegenstand müssen wir jetzt noch berühren. Damit in den Regesten die deutsche Reichsgeschichte vollständig zur Erscheinung komme, mußten im Sinne Böhmers auch die gesetzlichen Anordnungen der Kaiser und Könige unter ihre Urkunden aufgenommen werden. Nach derselben Auffassung wurde in den *Monumenta* für die Rechtsquellen, d. h. für die Volksrechte (*leges*) und die königlichen und kaiserlichen allgemeinen Erlasse (*capitularia, constitutiones, acta publica*) eine besondere Abteilung gebildet. Es waltete dabei derselbe Gedanke vor, der auch Niebuhr beherrscht hatte, daß nämlich Recht und Verfassung, jedenfalls die letztere ohne Abzug, in die Darstellung der Geschichte hineingehören. Hierbei aber geschah es wiederum, daß dasjenige, was die Herausgeber der *Monumenta* als Frucht ihrer Arbeit erstrebten, teilweise schon durch einen Einzelnen mit genialer Kühnheit ergriffen wurde. Es geschah durch die seit 1808 erscheinende deutsche Staats- und Rechtsgeschichte von Karl Friedrich Eichhorn.

Als Privatdozent an der Universität Göttingen (seit 1803) empfing Eichhorn die nächste Anregung zu seinem Werk von der in dem dortigen akademischen Studium herrschenden Sitte, der Darstellung des geltenden Reichsstaatsrechtes als Einleitung die Geschichte des Deutschen Reichs in ihrer Beziehung zur Entwicklung der Staatsverfassung vorausgehen zu lassen. Auch er wollte das geltende deutsche

---

[1]) Dies gilt auch bei Aktenausgaben zur neueren Geschichte für die im Auszug mitgeteilten Stücke, für welche das dem Fortgang der Forschung vorzubehaltende, geringere oder ausgiebigere Zurückgreifen zu den archivalischen Vorlagen allerdings schwieriger ist als das Nachprüfen in einem gedruckten Urkundenbuch. Aber notwendig ist der Vorbehalt auch hier und wird auch hier zur Geltung kommen. (In diesem Sinn habe ich in der Vorrede zu den Briefen und Akten zur Geschichte des 30jährigen Kriegs, N. F. II, 1, S. X die Forderung, daß jedes Zurückgreifen auf die archivalischen Vorlagen überflüssig gemacht werden solle, unverständig genannt.)

Recht verstehen, aber in seiner ganzen Ausgestaltung als öffentliches und privates, als Staats- und Kirchenrecht, und um es zu verstehen, wollte er es verfolgen, wie es in dieser Mannigfaltigkeit auf dem Boden der politischen Geschichte während eines fast zweitausendjährigen Zeitraums von 114 v. Chr. bis 1815 n. Chr. sich entwickelt hatte. So groß und weit über die Vorgänger hinausgreifend dieser Plan war, so gewaltig war auch die Kraft, welche an die Ausführung gesetzt wurde. In vierzehn Jahren wurde das Werk in vier Bänden vollendet, und wie dann in vier neuen Auflagen die Forschung immer tiefer drang, und die Auffassung immer selbständiger wurde[1]), für die vierte[2]) und fünfte Auflage auch schon die ersten Bände der *Monumenta* benutzt werden konnten, gewann es die Gestalt, in der man es in seiner Weise der römischen Geschichte Niebuhrs als ebenbürtig zur Seite stellen konnte.

Allerdings nur in seiner Weise! Denn bei näherer Betrachtung beider Schöpfungen wird man, wie ihre Verwandtschaft, so auch ihre Eigenart erkennen, und zwar in der Art der Quellenforschung sowohl, wie in der geschichtlichen Auffassung und Darstellung.

In der Forschung und Kritik hatte Eichhorn den großen Vorteil voraus, daß gerade für den Teil seiner Arbeit, der, wie wir sehen werden, in seiner Behandlung noch mehr als bei Niebuhr den Vorrang hatte, nämlich für die Entwicklung von Verfassung und Recht, die ursprünglichen Quellen, also Volksrechte, Reichsgesetze und Rechtsurkunden, ihm auch vor dem Erscheinen der *Monumenta* in reicher, wenn auch natürlich nicht in erschöpfender Fülle vorlagen. Aus ihnen konnte er also von vornherein viel besser gesicherte Ergebnisse ziehen. Aber auch da, wo er über die unmittelbaren Zeugnisse hinaus auf mittelbare Schlüsse angewiesen war, arbeitete er mit weit zuverlässigern Prämissen als der Verfasser der römischen Geschichte.

---

[1]) Scharfes Urteil Walters: Deutsche Rechtsgeschichte, 2. Aufl., in den vorausgeschickten Literaturangaben.

[2]) Hier wenigstens die beiden ersten Bände der *Scriptores*, von dem 1. Band der *Leges* nur die sechs ersten Druckbogen und diese erst in letzter Stunde. (Vorrede zur 4. Aufl., 1834.)

Für Niebuhr war das Hauptmittel, um von dem Bekannten zum Unbekannten vorzudringen, der Schluß aus der Analogie. Auch bei Eichhorn hat diese Denkform eine große Bedeutung —, aber doch auf wesentlich anderer Grundlage. Er hatte die Entwicklung einer einheitlichen Verfassung und eines einheitlichen Rechtes nachzuweisen; aber in den Anfängen deutscher Geschichte trat ihm eine Vielheit von Staaten und von Stammesrechten, in dem ausgebildeten deutsch-mittelalterlichen Reich eine Vielheit von Territorien und territorialen Rechten entgegen. Da war es die Aufgabe, in der Mannigfaltigkeit dieser Bildungen ihre Ähnlichkeit zu erkennen, aus der Ähnlichkeit auf ihr Hervorgehen aus gemeinsamer Wurzel zu schließen und dann wieder die Natur der einzelnen in gegenseitiger Vergleichung festzustellen. Es war das eine Aufgabe, die an sich höchst verwickelt war und doppelt verwickelt wurde, als Jakob Grimms deutsche Rechtsaltertümer (1828) den Blick Eichhorns — allerdings mit großer Zurückhaltung[1]) — von den südgermanischen auch auf die skandinavischen Rechte lenkten. Aber klar ist, daß die Anwendung der Analogie, indem sie so aus dem Bereich weit entlegener Ähnlichkeiten entrückt und auf Erscheinungen von gemeinsamem Ursprung beschränkt wurde, an Zuverlässigkeit um vieles gewann. Als selbverständlich braucht auch nur noch angedeutet zu werden, daß im Fortschritt der Geschichte die Bildung analoger Rechte sich nicht mehr bloß aus gemeinsamer Abstammung verwandter Völker, sondern auch zwischen verschiedenartigen Völkern aus innigem Verkehr und gleichen Kulturverhältnissen erklärte.

Eine weitere Berührung zwischen Niebuhr und Eichhorn finden wir, wenn wir davon ausgehen, wie jener die Gewähr für die richtige Ermittelung der Verfassungseinrichtungen in ihrem Zusammenschluß zu einem widerspruchsfreien Ganzen erkannte. Auch für Eichhorn war der Nachweis dieser im Verhältnis gegenseitiger Bedingung stehenden Verbindung der einzelnen Erscheinungen sowohl untereinander in gleichzeitigem Bestand, als nacheinander in

---

[1]) Darüber I, § 33, Anm. a.

stetiger Entwicklung eine der höchsten Aufgaben seiner Forschung. Die Art, wie er sie löste, mußte aber bei dem weiter gezogenen äußern Rahmen seiner Darstellung und bei der zuverlässigern Überlieferung, auf der sie beruhte, sich im einzelnen anders gestalten als bei Niebuhr. Ein Blick in die Anlage des gesamten Werkes möge dies verdeutlichen.

Der nahezu zweitausendjährige Zeitraum, der zu bewältigen war, wurde in vier oder eigentlich sechs[1]) Perioden eingeteilt, und innerhalb derselben wurden für die Hauptgegenstände der Behandlung, also für Staatsgeschichte, Staatsverfassung und Kirchenrecht, für Privatrecht, Strafrecht und Gerichtsverfahren, sowie für die Quellen des Rechts, besondere Abteilungen gebildet. Aber diese Nebenordnung der Abteilungen und diese Zeitfolge der großen Perioden sollte keine äußerliche sein. Betrachten wir z. B. den die Jahre 888 bis 1272 umspannenden Zeitraum, so sehen wir die erste, die Staatsgeschichte enthaltende Abteilung wieder in zwei Massen zerfallen, die kleinere der äußeren Geschichte, d. h. der Verteidigung und Erweiterung des Reichs, die größere der inneren Geschichte, d. h. den in den Grundlagen der Verfassung sich abspielenden Vorgängen gewidmet. Beide zeigen uns, wie einerseits das Gebiet, in dem die Reichsverfassung sich entfaltet, anderseits die grundlegenden Verfassungseinrichtungen selber fortschreitenden Veränderungen unterliegen. Dieser in lauter Einzelvorgängen sich vollziehenden Geschichte wird nun die Gesamtheit der übrigen Abteilungen, wie sie den verschiedenen Rechtsgebieten, in erster Linie dem Verfassungsrecht, gewidmet sind, gegenübergestellt unter der gemeinsamen Überschrift „Rechtssystem".[2]) Der Nachdruck liegt hier auf dem Worte „System". Es sollen, das ist der Gedanke, die Zustände[3])

---

[1]) Die dritte Periode (888—1517) zerfällt in zwei Unterabteilungen, die durch das Jahr 1272 geschieden sind, ähnlich die vierte Periode (1517—1815) mit der Scheidelinie des Jahres 1648.

[2]) II, S. 339—725. Die Abteilung „Rechtsquellen" ist ausgesondert und bildet eine Einleitung zu den dann folgenden Teilen.

[3]) Den Ausdruck „Rechtszustand" braucht er für den Zeitraum 1272—1517 (III, S. 167, § 418f.).

des Rechts, wie sie aus den geschichtlichen Einzelereignissen hervorgegangen sind, eingehender und in geschlossenem Zusammenhang dargestellt werden. Eine Kette inneren Zusammenhangs soll mit den Ereignissen die Zustände, die Zustände unter einander und schließlich in der Folge der großen Perioden die jeweilig frühere Epoche mit der späteren verbinden.

In diesem Sinne werden z. B. die besonderen Vorgänge, welche seit dem 10. Jahrhundert in der Nachfolge der deutschen Könige die Verdrängung des Erbrechtes durch das Wahlrecht bewirkten, im geschichtlichen Teil erzählt, dann der Stand der Wahlverfassung in der zweiten Hälfte des 13. Jahrhunderts in dem systematischen Abschnitt dargelegt.[1]) In ähnlicher Weise wird die Umwandlung der Landesverwaltung aus den Formen des Amtes in die der Landeshoheit teils in dem geschichtlichen, teils in dem systematischen Teil behandelt, oder es wird zwischen die geschichtliche Abteilung, wo sie die Veränderungen im Kriegsdienst erzählt (§ 223), und den privatrechtlichen Teil, wo er die Standesverhältnisse behandelt (§ 337 IV), die Darlegung des Herabsinkens der größeren Masse der Landbevölkerung in die Verhältnisse der Schutzpflichtigen oder Vogtleute verteilt.

Natürlich ist diese Stoffverteilung nicht ganz gleichmäßig durchgeführt. Manchmal bringt die systematische Darlegung eine partielle Wiederholung des vorher schon Gesagten mit sich, manchmal bezweckt sie nur den Nachweis der in besonders wichtigen Rechtsinstituten erscheinenden Ausgestaltung der im geschichtlichen Teil erzählten grundlegenden Veränderungen[2]); und diese Methode, die mehr auf Ergänzung, als auf eine vielfache Wiederholungen einschließende Zusammenfassung des Ganzen ausgeht, tritt um so mehr in Kraft, je weiter die Darstellung voranschreitet,

---

[1]) II, § 219, 231 (S. 103), 235, 250, 253 zu vergleichen mit § 287, 288.

[2]) So die Darstellung des Emporsteigens der päpstlichen Gewalt im geschichtlichen Teil für die Zeit von 888—1272, dann im systematischen Teil die Fortbildung wichtiger Teile des kanonischen Rechtes unter der Hand des allgewaltigen Papsttums.

und je stärker die zu bewältigenden Massen anwachsen.[1]) Es kann da geschehen, daß ein großes Rechtsgebiet für eine bestimmte Periode geradezu ausfällt, wie z. B. für den Zeitraum von 1517 bis 1648 der Aufbau der protestantischen Kirchenverfassung dargestellt wird (IV, § 552 bis 58) dagegen die Restauration der katholischen Kirche erst im Zusammenhang der folgenden Periode mit wenigen zurückgreifenden Bemerkungen (§ 617) nachgeholt wird.

Es wird unnötig sein, in dieser Zergliederung des großen Werkes fortzufahren, etwa an weiteren Beispielen zu zeigen, wie der gleiche innere Zusammenhang, der den geschichtlichen Teil mit den systematischen Abteilungen, die großen Perioden untereinander verband, auch die einzelnen Teile des „Rechtssystems", z. B. die Darstellung des öffentlichen Rechtes mit der des Privatrechtes, die des Staatsrechtes mit der des Kirchenrechtes verknüpft. Genug, daß Eichhorn ein Werk schuf, das für die Forschung neue Bahnen eröffnete und „in der geistigen Durchdringung des gesamten Stoffes von keinem seiner Nachfolger erreicht"[2]) wurde.

So wurde ihm denn auch derselbe Erfolg zuteil wie dem Werke Niebuhrs: es schloß sich an seine Schöpfung eine Generation von Forschern an, welche in stetig fortschreitender Arbeit das Errungene zu erweitern und zu vertiefen unternahmen —, allerdings nicht ohne eine Teilung der Arbeit zwischen den Juristen und den eigentlichen Historikern. Jene schieden in ihren Rechtsgeschichten die politische Geschichte und das Kirchenrecht aus, diese behandelten umgekehrt die Geschichte nicht in dem knappen Zuschnitte Eichhorns, sondern in hergebrachtem Umfang und suchten unter den rechtsgeschichtlichen Teilen vornehmlich die

---

[1]) Für die Periode 1272—1517 beschränkt sich die Darstellung des öffentlichen Rechtes hauptsächlich auf die Territorial- und die Stadtverfassung, von dem Gesichtspunkte, daß die Landeshoheit mehr und mehr einer wahren Staatshoheit zustrebt (III, § 418), während die Reichsverfassung, von welcher der Reichstag, die Rechte der Kurfürsten, die Kriegsverfassung und die Reichssteuern behandelt werden (§ 435—438, nebst einem Schlußparagraphen über die Reichsritterschaft) der Umwandlung des Reichs in „eine große Einigung unter dem Schutze des Kaisers" (§ 396, S. 46/7) entgegenging.

[2]) Worte Brunners: Preußische Jahrbücher XXXVI, S. 26.

staatliche und kirchliche Verfassung in erschöpfender Darstellung mit den geschichtlichen Vorgängen zu verbinden, wobei allerdings für die Frage, wie weit andere Gebiete des Rechts, vor allem des Privatrechts, ebenfalls in die Darstellung zu verweben seien, eine grundsätzliche Lösung nicht fand. Weiter sahen sie sich dann auf die eindringendere Bearbeitung eines anderen Gebietes gewiesen, welches Eichhorn nur leicht berührt hatte.

Jener geschlossene Zusammenhang, der in dem Werke Eichhorns hervortritt, gilt hauptsächlich für das Verhältnis der einzelnen Rechtssätze untereinander und zu den staatlichen Vorgängen, die ihre Entstehung beeinflußt haben. Aber im wirklichen Gang der Geschichte gibt es tiefere Motive als das Bedürfnis, zwischen verschiedenen Rechtssätzen eine Übereinstimmung herzustellen, und als die Kraft, mit der eine fertige Tatsache sich mit dem ihr entsprechenden Recht umkleidet. Eichhorn hatte eine sehr bestimmte Vorstellung von solchen tiefer liegenden Motiven. Da er z. B. annahm, daß die Entwicklung des Deutschen Reichs aus der einheitlich monarchischen Verfassung zu einer „bloß föderativen Vereinigung" (§ 592) keine notwendige Folgerung aus der ursprünglichen Rechtsordnung war, mußte er die Ursachen anderweitig ermitteln. Er fand sie zunächst in der freigewählten Politik der Kaiser, welche unter den Staufern nicht auf die „planmäßige Organisation des Staats" (§ 220) sondern auf die Unterwerfung Italiens, unter Luxemburgern und Habsburgern auf die Ausbildung einer eigenen Hausmacht vorzugsweise gerichtet war. Aber dann bemerkte er, daß die Personen doch nur „Repräsentanten ihrer Zeit" seien, daß es in Wahrheit die „Verhältnisse" seien, „von welchen der Einzelne beherrscht wird, während er ihnen zu gebieten glaubt".[1]) Als solche Verhältnisse hebt er im Lauf seiner Darstellung hervor Bodenbau, Handel und Gewerbe[2]), Sitte und Religion[3]), vorherrschende theoretische Anschauungen über staatliches und kirchliches

---

[1]) Vorrede zum 4. Band, Schlußsatz.
[2]) I, § 14; II, § 247; III, § 431 (S. 284), 451 (S. 394).
[3]) I, § 117; II, § 286 (S. 346); III, § 442 (S. 342), 474 (S. 513/14); IV, § 614 (S. 652).

Recht[1]), also Bestandteile wirtschaftlicher und geistiger Kultur. Scharf scheidet er von ihnen die Satzungen des Rechtes: „den Gesetzen an sich, sagt er, kann eine leitende, entwickelnde und repressive Kraft beigelegt werden, aber keine schaffende."[2])

Wenn nun aber Setzung und Handhabung des Rechtes eine Verrichtung des Staates ist, wie soll man dann die Persönlichkeiten bezeichnen, denen die Schaffung und Verwertung jener wirtschaftlichen und geistigen Kulturgüter zufällt? Ganz wie Niebuhr, bedient sich hier auch Eichhorn des Wortes „Gesellschaft". Wo er seine Anschauungen einmal etwas bestimmter darlegt[3]), unterscheidet er das „positive Recht" und den „gesellschaftlichen Zustand".[4]) Beide können ohne einander „gar nicht gedacht werden"; aber seine eigene Lebenskraft bewährt der gesellschaftliche Zustand darin, daß er sich selbständig verändert, worauf die Veränderung jedoch naturgemäß wieder „das Bedürfnis" nach entsprechend verändertem Rechte erzeugt.[5])

Als eine Erläuterung des Begriffs der Gesellschaft kann man Eichhorns Ansicht von den mittelalterlichen Ständen betrachten. Die „Art ihrer Beschäftigung", jenachdem sie auf Krieg, Ackerbau, Gewerbe oder Handel geht, führt die Angehörigen des Volkes in verschiedenen „Klassen" zusammen, die dann durch Sonderrechte als Stände oder Körperschaften geschlossen und durch Vererbung oder Selbstergänzung dauernd gefestigt werden. Die so entstehenden Kreise bezeichnet Eichhorn als „kleine oder größere Gesellschaften mit verschiedenem Recht und verschiedenem Interesse"[6]), sie alle schließen sich zusammen in einem „gesellschaftlichen Zustand" oder einer „gesellschaftlichen Verbindung".[7]) Für alle aber mußten auch die Sonderrechte

---

[1]) I, § 136, 158, 286; III, § 393; IV, § 480, 490 (S. 83/4), 552, 614.
[2]) IV, § 614 (S. 643 Anm.).
[3]) IV, § 614. Ich zitiere im folgenden nach der Seitenzahl des Paragraphen.
[4]) S. 639.
[5]) S. 639/40, 649.
[6]) II, § 286 n. VI, VII.
[7]) IV, S. 642.

aufgehoben oder gemindert werden, sobald ihr Lebensberuf und ihre Lebensverhältnisse, wie sie z. B. für den rittermäßigen Adel in der Verbindung von „rittermäßiger Lebensart und Grundeigentum"[1]) bestanden, ganz oder teilweise untergingen.

Man konnte in diesen Äußerungen eine Fortführung der von Adam Smith und Niebuhr ausgesprochenen Gedanken erkennen, aber zu einem haltbaren Ergebnis konnten sie aus dem doppelten Grunde nicht führen, weil sie einerseits nur angedeutet und nicht eingehend entwickelt und anderseits nicht frei von Widersprüchen waren. In letzterer Hinsicht war es mindestens eine Unklarheit, wenn Eichhorn den Unterschied von Staat und Gesellschaft, von Recht und gesellschaftlichen Hervorbringungen wieder verwischte, indem er gelegentlich den Staat als einen „gesellschaftlichen Zustand" und das Ganze der öffentlichen und privaten Rechte als „gesellschaftliche Einrichtungen" bezeichnete.[2]) Hier größere Klarheit gebracht zu haben, war das Verdienst von Lorenz Stein.

Drittes Kapitel

Lorenz Stein

Bestimmend für die geschichtlichen Anschauungen Lorenz Steins war die soziale Bewegung, welche er in Frankreich in den Zeiten der Restauration und der Juli-Monarchie, in der Theorie sowohl, wie im Staatsleben vor sich gehen sah. Aus ihrer Beobachtung entsprang die „Geschichte der sozialen Bewegung in Frankreich von 1789 bis auf unsere Tage", welche er in den Jahren 1842 bis 1850 in drei aufeinanderfolgenden Bearbeitungen[3]) veröffentlichte. In der letzten Bearbeitung war in die Darlegung der sozialistischen und kommunistischen Lehren eine Geschichte der

---

[1]) IV, § 563, S. 424.
[2]) IV, § 614, S. 639; II, § 286, S. 339.
[3]) Die erste Auflage trug den Titel „Der Sozialismus und Kommunismus des heutigen Frankreichs".

wirklichen Verhältnisse, aus denen die Lehren hervorgegangen waren, und auf die sie zurückwirkten, eingearbeitet, und diese geschichtliche Darstellung war es, welche zwar nicht durch selbständige Forschung, wohl aber durch die eigenartige Auffassung der den Gang der Staatsgeschichte beherrschenden Kräfte die fruchtbarsten Anregnugen enthielt.

Ziemlich wegwerfend urteilte Stein über die bisherige Behandlung der politischen Geschichte: sie sei bloß „beschreibender" Natur; ein tieferes Verständnis sei erst zu gewinnen durch die richtige Auffassung des „lebendigen Gegensatzes" zwischen Staat und Gesellschaft, denn dieser erst bilde den „wahren Inhalt aller innern Geschichte der Völker".[1]) Hiernach hatte er mit der scharfen Scheidung zwischen Gesellschaft und Staat Ernst zu machen. Sehen wir also, wie er diese Aufgabe in dem angeführten Werke[2]) löste, wobei wir jedoch mehr von den aus den faßbaren geschichtlichen Tatsachen gezogenen Schlüssen, als von den begrifflichen Definitionen auszugehen haben.

In drei Formen, so wird hier ausgeführt, hat sich in Frankreich die Gesellschaft entwickelt als feudale, volkswirtschaftliche und industrielle. Erstere entsteht, indem die kraft der „Gemeinschaft des Lebensberufs"[3]) und der Gleichartigkeit des Besitzes zusammengehörigen Personen in den Gruppen des kriegerischen Adels, der Handel und Gewerbe treibenden Bürger, der dem Ackerbau obliegenden Bauern sich zusammenschließen, und diese großen Kreise sich wieder in kleinere Gruppen gliedern. Wie nun diese Gesellschaften und ihr Besitz vom Staat mit Sonderrechten ausgestattet werden und die Zugehörigkeit zu ihnen sich vererbt, gewinnen sie den Charakter einer „Rechtsgesellschaft".[4]) Als Geburtsstände und Körperschaften schließen sie den freien Übergang aus der einen zu der anderen aus.

---

[1]) Soziale Bewegung I, Einleitung, S. 31—33.
[2]) Weiter kommt in Betracht: Gesellschaftslehre, Bd. I (1856); Nationalökonomie (3. Aufl., 1887), S. 438—457; Verwaltungslehre I, 1 (2. Aufl., 1869), S. 26—32, 34—36.
[3]) Der Ausdruck: Verwaltungslehre I, S. 28, vgl. S. 238.
[4]) Der Ausdruck: Soziale Bewegung I, S. 292.

Eben diese scharfe Scheidung und damit die ganze gesellschaftliche Ordnung hat die Gesetzgebung der Französischen Revolution aufgehoben, indem sie die Sonderrechte wegräumte. Auf der hierdurch geschaffenen Grundlage des für alle gleichen Rechtes zur Wahl jeglichen Berufs und zum Erwerb und Gebrauch jeglichen Besitzes erwuchs im Bereich der Herstellung und Verwertung materieller Güter die volkswirtschaftliche Gesellschaft.[1]) Über derselben stand die Idee von der Gleichheit der Angehörigen der Nation. Aber da die Gütererzeugung an die doppelte Bedingung des Besitzes von Kapital, sowie der nach den Fähigkeiten zur Leitung oder bloßen Ausführung abgestuften Arbeit gebunden war, jener Besitz und diese Fähigkeiten aber sehr verschieden verteilt waren, drang in die Gleichheit ein System von Ungleichheiten und Abhängigkeiten ein, welches die Besitzenden von den Nichtbesitzern, die Arbeitgeber von den Arbeitnehmern schied, und wieder war es das geltende Recht, jetzt das Recht des Eigentums und des Arbeitsvertrags, welches diese Ordnung schützte. Noch jedoch gab es einen Ausgleich dieser Gegensätze: er bestand in dem für die Nichtbesitzer offen bleibenden Weg, auf dem sie zum Erwerb eignen Kapitals und zu unabhängiger Arbeit emporsteigen konnten. Daß aber dieser Weg ihnen verschlossen wurde, das war das hervorstechende Kennzeichen der seit der Julirevolution emporsteigenden industriellen Gesellschaft.

Bei dem Worte „Industrie" denkt Stein in erster Linie an den Fortschritt aller Wirtschaftszweige, des Gewerbes, wie der Landwirtschaft und des Handels, zu den Formen des Großbetriebs, er denkt an die gleichzeitig fortgehende Spezialisierung der Betriebe und das dadurch wieder erforderte Ineinandergreifen ihrer aller zu gemeinsamen Erzeugnissen und zweckdienlicher Verteilung. Dieses „System des allgemeinen Erwerbs, Handels und Verbrauchs ist die Industrie". Ihren eigentlichen Charakter aber empfängt diese neue Wirtschaftsordnung durch das Zuströmen massenhaftern Kapitals. Der mit diesem ausgerüstete Unternehmer kann den auf Kredit angewiesenen, kapitalarmen Unter-

---

[1]) Für sie und die ihr folgende industrielle Gesellschaft besonders. I, S. 287—297; II, S. 6—38, 59—99.

nehmer durch niedrigere Warenpreise verdrängen und dem Arbeiter durch Zumessung des Lohns nach dem „notwendigen täglichen Lebensbedürfnis" die Möglichkeit der Ersparnisse abschneiden. Und so erwächst auf diesen Grundlagen[1]) die industrielle Gesellschaft, gekennzeichnet durch den Gegensatz der kapitalbesitzenden Unternehmer und der „ohne Aussicht nach Selbständigkeit ringenden" Arbeiter und kapitallosen Unternehmer.

Diese kurzen Angaben mögen genügen, um den ihnen zugrunde liegenden Begriff der Gesellschaft zu bestimmen. Gebildet ist er auf dem Boden des materiellen Güterlebens nach dem Grundsatz, daß gleiche Lebenszwecke und gleiche Mittel zur Verwirklichung derselben eine Gemeinschaft der Personen, die ihnen nachgehen und mit ihnen ausgestattet sind, hervorrufen. Diese Gemeinschaft oder Gesellschaft, wie sie nun genannt wird, ist vielgestaltig. Denn wenn in der vorhergehenden Beschreibung nur die umfassenden Zwecke und Mittel, aus der ihre Formen hervorgehen, berücksichtigt sind, so versteht es sich doch von selbst, daß jene umfassenden Motive sich nach der Verschiedenheit der besonderen wirtschaftlichen Zwecke und Mittel wieder aufs mannigfachste gliedern, und daß diese Gliederung engere gesellschaftliche Kreise in und unter der weitern Gesellschaft hervorruft.

Ein zweites Kennzeichen der Gesellschaft ist ihre Wandlungsfähigkeit. Schaffende Arbeit, in erster Linie geistige Arbeit ist es, welche den Fortschritt in den Zielen und Mitteln der Gütererzeugung bewirkt, den Fortgang etwa von der Herstellung elender Hütten zu dem Aufbau kunstvoller Paläste, von dem Besitz einiger roher Gerätschaften zu dem Betriebskapital eines Großindustriellen, von der Unwissenheit des Wilden zu den Kenntnissen des modernen Technikers. Und dieses Fortschreiten ist es wieder, was die rastlose Umgestaltung der Gesellschaft sowohl in ihren weitern, wie in ihren engern Formen hervorruft. Dieselbe Quelle der Arbeit ist es auch, welche innerhalb jeder Gesellschaftsform das in der feudalen und industriellen Gesell-

---

[1]) III, S. 199: „Herrschaft des Kapitals über den Erwerb."

schaft allerdings wieder gehemmte Emporsteigen der niederen Schichten der Angehörigen hervorgehen läßt, nicht ohne das aus dem gegenteiligen Grunde sich ergebende Herabsinken der Hochgestellten.

Mit dieser rastlosen Gestaltung und Umgestaltung der Gesellschaft hängt als drittes Merkmal der Mangel einer änßern Organisation zusammen. Wohl streben die Angehörigen eines Gesellschaftskreises, sobald sie zum Bewußtsein ihrer gemeinsamen Ziele gekommen sind, nach Vereinigung ihrer Kräfte und erreichen diese Absicht auch zum Teil: in der feudalen Gesellschaft z. B. durch den Zusammenschluß zu adlichen Körperschaften in den Territorien, zu den Zünften in den Städten, oder unter der freieren Rechtsordnung der Neuzeit auf dem Weg der Vereine, der Versammlungen und der Fachpresse.[1]) Aber solche Zusammenschlüsse sind ihrem Geltungsbereich nach enger als der Gesellschaftskreis, dem sie entsprechen, und in ihrer Wirkung weniger dauerhaft, zum Teil nur vorübergehend. Bei allem Mangel an eigentlicher Organisation ist es indes ein Verhältnis, welches ebenso bedeutend als in allen Gesellschaftsformen wiederkehrend erscheint: es ist die Ordnung von Herrschaft und Abhängigkeit, wie sie Stein in besonders scharfer Weise in der industriellen Gesellschaft in dem Verhältnis zwischen Besitzenden und Nichtbesitzenden, zwischen Arbeitgebern und Arbeitnehmern entgegentritt. Sie gibt ihm das harte Wort ein: „die Gesellschaft beruht auf der Unfreiheit."[2])

Haben wir nun aber so einen Einblick in das Wesen der Gesellschaft gewonnen, so erhebt sich sofort die Frage: wie verhält sich diese Gemeinschaft zu der andern Gemeinschaft, die wir Staat nennen? In erster Linie hatte Stein das Verhältnis vom Gesichtspunkt des Gegensatzes bestimmt, zugleich aber aus dem Zusammenwirken beider Teile „alle innere Geschichte der Völker" abgeleitet. Offenbar wird also das zwischen ihnen obwaltende Verhältnis dasjenige einer gegenseitigen Einwirkung und Rückwirkung sein.

---

[1]) Darüber II, S. 344, 354f.; III, S. 85, 244—251.
[2]) I, Einl. S. 66 ; II, S. 58.

Nehmen wir denn auch gleich das Ergebnis dieses Spiels der Kräfte vorweg, so können wir im Sinne Steins den Satz an die Spitze stellen: die jeweilig bestehende Verfassung eines Staates, die Grundsätze seiner Verwaltung, das in ihm herrschende Privatrecht —, alles entsteht durch die Einwirkung der Kräfte der Gesellschaft[1]), wie umgekehrt Werden und Bestand der Gesellschaft durch die ordnende und fördernde Macht des Staates bedingt ist.

Erläutert wird dieser Satz durch den Nachweis einer innern Übereinstimmung zwischen der jeweilig bestehenden Gesellschaft und den Ordnungen des Rechts, z. B. zwischen der feudalen Gesellschaft und dem Rechte der Personen und der Beerbung, des Grundbesitzes und der Gewerbe.[2]) Begründet aber kann er erst werden durch den Nachweis, wie und weshalb die Gesellschaft die zu dieser Übereinstimmung führende Einwirkung auf den Staat, und der Staat seine Einwirkung auf die Gesellschaft ausübt.

Bezüglich der Gesellschaft geht hierbei Stein von dem Satze aus: „das Interesse ist das Prinzip der Gesellschaft."[3]) Als Streben nach Ausfüllung der Persönlichkeit mit materiellen und geistigen Gütern erscheint das Interesse in dem Einzelnen, durch die Gleichheit der Ziele und Mittel dieses Strebens führt es die Einzelnen zu dem gesellschaftlichen Kreis zusammen, und innerhalb der Gesellschaft im ganzen äußert es sich wieder als das Streben der stärksten Kreise, zum Range der „herrschenden Klassen" emporzusteigen. Ist dieses erreicht, so macht sich nun als letztes und höchstes Interesse das Verlangen geltend, sich „der Staatsgewalt zu bemächtigen, zuerst in der Verfassung, dann in der Verwaltung". Für die herrschende Klasse ist dies eine Errungenschaft, die ihre „Natur unabweisbar fordert". „Sie kann nicht anders."[4]) Warum kann sie nicht anders? Einfach deshalb,

---

[1]) Zusammenfassende Äußerungen: Soziale Bewegung I, Einl. S. 130, 140/41; I, S. 260; II, S. 30, 236—239. Gesellschaftslehre S 24, 51—53, 65—72.

[2]) I, Einl. S. 54—58. — Die volkswirtschaftliche Gesellschaft und der Code Civil: I, S. 260—263.

[3]) I, Einl. S. 41—42.

[4]) I, Einl. S. 17—27, 31—42; III, S. 15, 110.

weil es das Recht ist, das in seinen Satzungen und seiner Handhabung die von den gesellschaftlichen Kreisen ausgeübten Betätigungen negativ begrenzt oder auch positiv vorschreibt und mit diesen Grenzbestimmungen zwischen den Gesellschaftsgruppen sowohl wie zwischen ihren einzelnen Angehörigen Ordnung stiftet, die Ordnung selber aber durch starken Schutz, teilweise auch durch unmittelbare Förderung durchführt. Da es nun in dem System der gesellschaftlichen Kreise keine vorbestimmte Gleichheit und Harmonie gibt, sondern den Gegensatz der Starken und der Schwachen, der Begünstigten und der Zurückgesetzten, so entsteht bei der oder den vorherrschenden Klassen jenes Streben, die Staatsgewalt, welche das Recht setzt und handhabt, ihrem Einfluß zu unterwerfen und zu ihrem Vorteil zu lenken. Der einer nachhaltigen Einwirkung auf den Staat im Weg stehende Mangel einer durchgehenden Organisation wird dabei ersetzt teils durch die oben hervorgehobenen Ansätze zur Organisation, teils durch all die sonstigen Hilfsmittel, mit denen kluge Leiter und Treiber die Kräfte loser Massen zu vereinigen wissen.

Aber wie verhält sich nun diesem Andrang der Gesellschaft gegenüber der Staat? Gesellschaft und Staat erscheinen bei Stein als zwei Gemeinschaften, in denen das eine „Volk" oder die eine Nation ihr Leben führt, welche also dieselben Menschen enthalten, ihr Leben aber von verschiedenen Seiten her erfassen. Während die Gesellschaft das „Interesse" ihrer Angehörigen zu verwirklichen hat, soll der Staat seine Stellung über den gesellschaftlichen Interessen nehmen, um zwischen ihnen und den verschiedenen Gesellschaftskreisen durch die Verteilung und Handhabung des jedem zukommenden Rechtes die „Harmonie der Interessen" zu wahren. Dieser Beruf indes wird ihm erschwert, je mehr seine Verfassung und Verwaltung auf der Beteiligung seiner Angehörigen beruht, diese aber in ihrer Beteiligung sich nicht so sehr als Vertreter der Staatsidee wie ihrer gesellschaftlichen Interessen fühlen. In Wirklichkeit wird denn auch in dem jeweiligen Zustand eines Staates, in seiner Verfassung, seinem Recht und seiner Verwaltung, die Vermischung des staatlichen Berufs und des gesellschaftlichen Interesses zum Ausdruck kommen. Die Mischung kann nach der Verschiedenheit der Staaten und Zeiten eine sehr verschiedene sein, ein Höhepunkt jedoch wird erreicht, wenn in einer Gesellschaft bestimmte Klassen zur vollen Herrschaft gelangen, und diese nun die verfassungsmäßigen Gewalten teils durch unmittelbare Beteiligung, teils durch mittelbare Beeinflussung in Gesetzgebung und Verwaltung des Staates ihrem Interesse dauernd dienstbar machen. Solcher Art war im französischen Staat die Stellung der herrschenden Klassen der feudalen Gesellschaft vor der Revolution und die der herrschenden Klassen der volkswirtschaftlichen Gesellschaft in der Zeit der Restauration.

Aber auch hier findet Stein keine unbegrenzte Dauer. Im Innern der Gesellschaft erhebt sich bald früher, bald später der Kampf neu emporsteigender Kreise gegen die herrschenden Klassen, und in den Beziehungen der Gesellschaft zum Staat fordern aufgrund des gesellschaftlichen Interesses jene Emporsteigenden, aufgrund der Freiheit des Staates vom einseitigen Klasseninteresse die politisch Denkenden die Herrschaft eines gleichmäßigen Rechtes. Es entstehen so die Kämpfe, die entweder zum stetigen Fortgang der Reform oder zu dem gewaltsamen Umsturz der Revolution führen.

Wie Stein diese Grundgedanken in einem Überblick über die innere Geschichte Frankreichs von der großen Revolution ab bis zu den Zeiten der Revolution und der Republik von 1848 verfolgt und in der Darlegung der gleichzeitigen sozialen Theorien erweitert und vertieft, brauchen wir nicht näher zu betrachten. Wohl aber müssen wir jetzt zwei Bemerkungen einfügen, welche dazu dienen, das bisher als Lehre Steins Entwickelte teils zu ergänzen, teils einzuschränken. Kurz dürfen wir uns dabei in den ergänzenden Bemerkungen fassen.

Wenn Stein beobachtet, wie an den Zwecken und Mitteln des menschlichen Daseins die Gesellschaft und ihre Gliederung erwächst, als der persönliche Träger unpersönlicher Lebensgüter, und wie demgemäß das rastlose Fortschreiten in der Entfaltung der Zwecke und der Erringung der Mittel ihrer Verwirklichung ein ebenso rastloses

Fortschreiten in dem Bestand der Gesellschaft und der Mannigfaltigkeit ihrer Gliederung bewirkt, wie anderseits zwischen der Gesellschaft und dem Staat ein Verhältnis gegenseitiger Bedingtheit besteht, und demgemäß jeder Wandel in der Organisation und Wirksamkeit der einen Gemeinschaft eine entsprechende Umgestaltung in der andern fordert, und wie schließlich aus all diesen Wirkungen und Gegenwirkungen und ihrer Verkettung der Lauf der Geschichte hervorgeht, so meint er in dieser gesamten Entwicklung das Walten von Gesetzen zu erkennen, „welche die Bewegungen des politischen und gesellschaftlichen Lebens beherrschen". Sie sind „ewig und unabänderlich", ebenso wie die „Gesetze, welche die Atome des materiellen Lebens beherrschen". Wir erkennen in ihnen „die strenge Gesetzmäßigkeit der sich selbst entfaltenden Geschichte". „Was ist Freiheit der Menschen neben dieser Erkenntnis!"[1]

Stein wird nicht müde, diese Lehre einzuschärfen. Aber hat er sie auch bewiesen? Bei dem summarischen Charakter seines geschichtlichen Überblicks tritt sie doch mehr nur als persönliche Ansicht denn als wirklich begründete Anschauung auf. Und so wird es hier genügen, sie kurz berührt zu haben, um alsbald und etwas eingehender die zweite Bemerkung aufzunehmen.

Stein hatte in prinzipieller Begriffsbestimmung die Gesellschaft aus den Lebenszwecken der in ihr zur Gemeinschaft bestimmten Einzelpersonen erwachsen lassen und diese Zwecke dann in weitester Ausmessung als die „irdische Bestimmung" des Einzelnen, als „das Maß der Vollendung seiner individuellen Persönlichkeit", welcher „die ganze äußere Welt dienen soll", bestimmt.[2] Wenn man aber hiermit die Wiedergabe seiner Anschauungen, wie ich sie aus seiner positiven Geschichtsdarstellung entnommen habe, vergleicht, so wird man bemerken, daß im wesentlichen nur die Hervorbringung und Verwertung der materiellen Güter als der Lebensgrund erscheint, aus dem die Gesellschaft hervorgeht. Sollte man hiernach annehmen, daß er das

---
[1] I, Einl. S. 138/39, 134; II, S. 350; I, 245.
[2] II, S. 131.

gesellschaftliche Leben mit bewußter Einseitigkeit behandelte, weil in dem betreffenden Zeitraum eben diese eine Seite in den Bestrebungen der Menschen vorherrschte, oder lenkte er unbewußt in die Anschauung ein, daß in Wahrheit nur die wirtschaftlichen Verhältnisse das Leben der Gesellschaft bedingen?

Tritt man mit dieser Frage an den später unternommenen, aber unvollendet gebliebenen Versuch, die Lehre von der Gesellschaft[1]) systematisch darzustellen, heran, so möchte man auf den ersten Blick das Gegenteil von der zweiten Alternative annehmen. Hier wird zunächst das Zusammenwirken der Menschen zur Schaffung materieller Güter[2]) der Volkswirtschaft überwiesen, und dagegen der Wirkungskreis der Gesellschaft auf die geistigen Güter[3]) beschränkt.[4]) Indes diese Beschränkung wird bald wieder aufgehoben durch die Lehre vom materiellen Besitz. Dieser, also die dauernde und rechtlich gesicherte Herrschaft über materielle Güter, wird betrachtet als die Bedingung für den Erwerb und den Genuß geistiger Güter, und zwar ebensowohl im Leben des Einzelnen, wie in den durch gleiche Besitzverhältnisse geeinten Gesellschaftskreisen. Ohne ein Mindestmaß des Besitzes keine Entfaltung des geistigen Lebens, ohne ein größeres Maß, bei dem nicht alle Kräfte in dem Ringen um das äußere Dasein aufgehen, keine höhere Entfaltung des geistigen Lebens. Das Maß des Besitzes erscheint demgemäß als bestimmend für den Grad der geistigen Betätigung und für die diesen Graden entsprechende Gliederung der Gesellschaft. Es entsteht die auf den allgemeinsten Unterschieden von Reichtum, Wohlstand und Armut beruhende Gliederung, welche Stein als die Ordnung der Gesellschaftsklassen bezeichnet.[5])

---

[1]) Die Gesellschaftslehre, erste Abteilung, 1856.
[2]) „Sachliche Güter": S. 9; „materielle Güter": S. 5. Vorher: Unterwerfung des „Natürlichen in seinem äußern Dasein" (S. 2).
[3]) Der Ausdruck S. 5, vgl. S. 16: „geistige Güter und Aufgaben". Vorher: Erkenntnis des „Innern der Dinge", Aneignung des „geistigen Inhalts der äußern Welt" (S. 2, 3, 6). Vgl. S. 35, 93.
[4]) Volkswirtschaft und Gesellschaft: S. 27.
[5]) S. 38—40, 166—171, 209—212, 302—307.

Drittes Kapitel. Lorenz Stein.

Mit dieser ersten Einteilung verflicht sich eine zweite nach der besonderen Art des Besitzes, die sich in die zwei Hauptformen des Grundbesitzes und des gewerblichen Besitzes spaltet. Aus ihr ergeben sich neben den Klassen die Formen der Gesellschaft.[1]) Diese Formen lassen dann aber auch mit besonderer Deutlichkeit erkennen, daß der Besitz nicht nur eine negative Bedingung des Erwerbs geistiger Güter ist, insofern letzterer ohne den ersteren nicht eintreten könnte, sondern auch eine positive Bedingung, insofern Art und Größe des Besitzes auf den Charakter seines Inhabers, auf die Anschauungen und Grundsätze, die er den geistigen Gütern entgegenbringt, bestimmend einwirkt.[2])

Eigentümlich nun ist dieser ganzen Erörterung, daß dabei der wirtschaftliche Besitz die Aufmerksamkeit fast ausschließlich in Anspruch nimmt, und die geistigen oder idealen Güter beinahe verschwinden. Allerdings, wenn Stein von der Arbeit als dem Mittel zum Erwerb des Besitzes handelt, so unterscheidet er zwischen der Arbeit, für welche das materielle Gut der ausschließliche Zweck ist, und derjenigen, bei der es selber wieder als Voraussetzung oder Mittel für die Erringung geistiger Güter erstrebt wird. Erst in dieser „Verbindung des geistigen Zweckes mit dem wirtschaftlichen Streben ist die höhere Bedeutung der Arbeit gegeben, deren Anerkennung in dem besteht, was wir die Achtung vor der Arbeit nennen", während „jedes Streben nach Besitz, das dieses geistigen Inhalts entbehrt, ein niederes ist".[3]) Vom Gesichtspunkt des Zweckes aus wird also den geistigen Gütern die Herrschaft im Leben der Gesellschaft zuerkannt. Allein wenn man nun eine genaue Bestimmung des Begriffs der geistigen Güter sucht, so gerät man in neue Verlegenheit.

---

[1]) S. 41—47, 157—166.
[2]) Konservativer Charakter des großen Grundbesitzes: S. 162—164, 181—185. („Diese Verbindung ist eine kausale.") Größere Vielseitigkeit, Selbständigkeit und Beweglichkeit im Denken und Wollen beim gewerblichen Besitz (S. 164—166). — Die Umkehrung des Verhältnisses erscheint in dem „Materialismus der herrschenden Klasse der industriellen Gesellschaft" (Soziale Bewegung II, S. 34—36), in der Entsittlichung der Arbeiterklasse (S. 80—84, Gesellschaftslehre S. 219).
[3]) S. 241, 42.

Gelegentlich und mit kurzen Worten weist Stein auf Religion und Sittlichkeit, Wissenschaft und Kunst als höchste geistige Güter[1]), spricht auch von Kultur schlechtweg[2]), aber in dem System, das er aufbaut, herrscht ein anderer Gedankengang vor. Hier geht er von dem Gedanken aus, daß das oberste geistige Gut, dem die Gesellschaft dient, „die sittliche Entwicklung jedes einzelnen (ihr angehörigen) Individuums" ist (S. 78), daß dieses Gut aber nicht errungen werden kann ohne eine durch die Gleichheit der in Betracht kommen Menschen im allgemeinen und die Verschiedenheit ihrer Fähigkeiten im besondern bedingte Vereinigung und Ordnung der Vereinigten nach Führern und Geführten. Das ist die „sittliche Ordnung" der Gesellschaft; deren „Funktionen" aber sind folgende drei: Waffendienst zum Schutz gegen äußere Gewalt, Gericht zum Schutz der individuellen Rechte, Lehre und Gottesdienst „zur Erkenntnis der Dinge und zur Verehrung des Göttlichen".[3])

Man sieht gleich, hier werden statt eigentlicher Güter Verrichtungen aufgestellt, welche für deren Erringung erforderlich sind, und von diesen Verrichtungen wieder sind die beiden ersten staatlicher Natur. Damit aber wird das Verdienst, dessen sich Stein rühmen durfte, daß er die Gebiete des Staates und der Gesellschaft ihrem Wesen nach scharf getrennt hatte, um sie in ihrer Betätigung um so lebendiger ineinander greifen zu lassen, in ihr Gegenteil verkehrt.

Wie auf der somit verschobenen Grundlage der weitere Ausbau des Systems der Gesellschaftslehre versucht wird, braucht nicht verfolgt zu werden. Der Geschichtsforscher wird in demselben neue Aufschlüsse zur richtigen Beurteilung der geschichtlichen Vorgänge schwerlich finden. Er dürfte sich mit den durch Steins Erstlingswerk gegebenen Anregungen begnügen und wird dann in dem Gebiet der Geschichte die wirklich bedeutenden gesellschaftlichen Bildungen nach ihrer Entstehung sowohl aus materiellen,

---

[1]) S. 77—79, 205, 239, 40. Im Zusammenhang mit Religion über Glauben und Wissen: S. 262—266.
[2]) S. 226.
[3]) S. 81—83.

wie idealen Lebenszwecken einzeln festzustellen suchen, um weiter die wechselseitigen Beziehungen dieser einzelnen Bildungen zu einander und aller zum Wirkungskreis des Staates zu verfolgen und schließlich bei der Frage zu enden, ob in diesem mannigfaltigen Spiel von Wirkung und Gegenwirkung eine Einheit in dem Zusammenhang der wirkenden Mächte untereinander und in ihrer fortschreitenden Entwicklung durch die Jahrhunderte hindurch sich offenbart.

Rascher wurde mit diesen Fragen ein Zeitgenosse Steins, der als sozialpolitischer und nationalökonomischer Schriftsteller wirkende Karl Marx, fertig. Nicht aus umfassenden geschichtlichen Studien, sondern mehr aus der kritischen Betrachtung der wirtschaftlichen Produktionsweise der Gegenwart schöpfte er die Behauptung, daß nur aus den materiellen Lebenszwecken die Geschichte hervorgehe: Schaffung und Genuß der idealen Lebensgüter sei eine notwendige Folge des jeweiligen wirtschaftlichen Zustandes.[1]

Aber neben beiden, neben Stein und Marx, und in seinen Anfängen ihnen noch vorausgehend, war damals der größte deutsche Geschichtschreiber, war Leopold Ranke mitten in der Arbeit an seinen großen historischen Werken. Im Gegensatz gegen die vorgreifenden allgemeinen Anschauungen und gegen die Überschätzung der materiellen Lebenszwecke brachte er einen hellen Blick in die Wirklichkeit des geschichtlichen Lebens mit und stellte der Geschichtsauffassung, welche Marx als „reale", die Späteren als materialistische bezeichneten, die von jenem verworfene „ideale" in neuem Lichte gegenüber.

---

[1] Zur Kritik der politischen Ökonomie, Einl. S. 46 (Ausg. von Kautsky, 1907). Über Marx' Verhältnis zu Stein vgl. Fölger, Jahrbücher für Nationalökonomie, Bd. 102, S. 289f. Dazu die Bezugnahmen auf Stein in der vorangeführten Schrift S. 2 und 12 Anm.

Viertes Kapitel

Ranke

Als Ranke in die wissenschaftliche Laufbahn eintrat, waren es zunächst theologische und philologische Studien, denen er sich widmete. Daß er von da zur Geschichtschreibung geführt wurde, lag nicht an einem vorbedachten Entschluß. Aber wie er als Theologe in den Büchern des Alten und Neuen Testaments, als Philologe in der klassischen, bald auch in der romanischen und germanischen Literatur heimisch wurde, geschah ihm, was einst die Humanisten an sich erfahren hatten: aus der Literatur der Völker ging ihm das Bild ihres Lebens auf, und in dem Maße, wie sich dieses Bild ihm reicher und klarer gestaltete, fühlte er sich gedrungen, es äußerlich zu formen. So wurde er zum Geschichtschreiber, ohne es ursprünglich gewollt zu haben. Wie er aber im ersten Versuch seine Kraft erprobt hatte, trieb ihn die jetzt mächtig hervorbrechende innere Anlage zu nie mehr rastendem Schaffen auf dem Gebiet geschichtlicher Forschung und Darstellung.

Das erste Werk mit dem er hervortrat, als er sein dreißigstes Lebensjahr begann (Dezember 1824), waren die von 1494 bis 1514 reichenden „Geschichten der romanischen und germanischen Völker". Was ihn gerade zur Wahl dieses Zeitraums trieb, kann ich mit Sicherheit nicht angeben; aber nachdem er einmal in ihn eingetreten war, nahm er ihn gefangen: die Zeiten des 16. und weiter des 17. Jahrhunderts umgrenzen das Gebiet, dem seine vollendetsten Werke angehören. So gleich in den nächsten zwei Jahrzehnten (bis 1843) die „Fürsten und Völker von Südeuropa", deren Hauptteil die „Römischen Päpste" bilden, und die „Deutsche Geschichte im Zeitalter der Reformation", dann in dem nächsten Vierteljahrhundert (bis 1868) die französische und englische Geschichte. Gleichzeitig jedoch und in der folgenden Zeit erweiterte er unausgesetzt sein Arbeitsgebiet in universalhistorischem Geiste: nach rückwärts, indem er in der am Schluß seines Lebens erschienenen Universalgeschichte die alte und mittlere Geschichte zu bewältigen unternahm, nach vorwärts, indem er in den Schlußkapiteln seiner Hauptwerke, dann in einer Fülle von Monographien und Abhandlungen die europäische, besonders die preußische und deutsche Geschichte durch alle neueren Jahrhunderte, zum Teil bis in die selbsterlebte Gegenwart verfolgte.

Gleich in den Anfängen dieser Arbeiten gingen ihm zwei Gedanken auf, die wir hier, gleichsam einleitend, an die Spitze stellen dürfen, weil sie fortan seine historischen Anschauungen am nachhaltigsten beherrschten. Sie betrafen die Einheit der romanisch-germanischen Völkergruppe und die Bedeutung der Religion in der Geschichte aller Völker.

Die germanisch-romanischen Völker und Mächte, wie sie ihm seit Beginn des Mittelalters entgegentraten, erschienen ihm als geschlossen in einer höheren Gemeinschaft, die aus physischer und geistiger Verwandtschaft, aus der Gleichartigkeit und Höhe der Kultur und aus der Innigkeit ihrer Beziehungen zu einander hervorging. In dieser Gemeinschaft haben jene Völker, wie er meint, den Gang der europäischen Geschichte im Mittelalter und weiter bis ins 18. Jahrhundert vorzugsweise bestimmt.[1]) Wir ihr geschlossener Kreis sich gebildet hat, und welches der eigentliche Gehalt ihres Daseins und Lebens war, darüber wird an einer spätern Stelle noch ein Wort zu sagen sein, hier kommt zunächst nur das Ergebnis in Betracht, daß die Geschichte der Angehörigen des Kreises unter zwei Gesichtspunkten von Ranke behandelt wird. Einerseits erscheint ihm die besondere Entwicklung der vornehmsten jener Völker und Mächte so reich, daß er sie nicht zusammen, sondern einzeln in den Darstellungen der Geschichte Deutschlands, Frankreichs, Englands und des Papsttums vorführt, anderseits betont er nachdrücklich, daß jene besonderen Darstellungen nur dann der wirklichen Geschichte entsprechen, wenn sie die Wechselbeziehungen zwischen dem einzelnen Gemeinwesen und den andern, vor allem den nächst verwandten Mächten zur Anschauung

---

[1]) „Kern aller neueren Geschichte": Geschichten der romanischen und germanischen Völker, Vorrede S. 5. — Ich zitiere die Werke Rankes nach dem Abdruck in der Gesamtausgabe seiner Schriften.

bringen.¹) Er erkennt daher einen Vorzug der deutschen Geschichtschreibung darin, daß sie eindringender als die anderer Völker, die partikulare Geschichte im Lichte der allgemeinen darzustellen verstehe.²) Daß freilich eine die Gesamtheit der germanisch-romanischen Völker wenn auch erschöpfend umfassende Geschichte noch keine Universalgeschichte, sondern nur eine Annäherung an dieselbe sein würde, weiß Ranke sehr wohl; aber hier auf seine Ansicht von dem Umfang und den Grenzen dieser weitesten Form der Geschichtschreibung einzugehen, würde uns von dem nächsten Gegenstand unserer Betrachtung abführen. Ohne Verzug wenden wir uns daher zu dem zweiten, viel schwierigeren Grundgedanken Rankes, zu der Bedeutung der Religion im Gang der Geschichte.

In der Geschichte des 16. und 17. Jahrhunderts, soweit sie sich im Kreis der germanisch-romanischen Völker bewegt, erkannte Ranke die religiöse Bewegung der Reformation und Gegenreformation als die den Lauf der Ereignisse beherrschende Erscheinung an. „Die religiösen Gegensätze, sagt er, nahmen damals den ersten Platz unter den Elementen der Weltbewegung ein."³) Wie lange haben sie ihn behauptet? Über die zweite Hälfte des 17. Jahrhunderts, im Hinblick auf die englische Geschichte bemerkt er: „der europäische Geist atmete noch in den Ideen der Religion"; „die religiösen Fragen bildeten, wie überall, so besonders in England zugleich den Kern der politischen". „Bilden sie ihn, so heißt es dann aber weiter, nicht noch heutzutage, wenngleich weniger davon die Rede ist?"⁴)

---

¹) Vgl. Savonarola, Vorrede (Werke 40, S. 183). Serbische Revolution S. 3, Römische Päpste II, S. 3. Vorreden zur französischen und englischen Geschichte und zu den Päpsten.
²) Ansprache beim 50jährigen Doktorjubiläum, Werke 51/52, S. 590.
³) Cosimo Medici. Werke 40, S. 429. Deutsche Geschichte I, Einl. S. 5.
⁴) Englische Geschichte IV, S. 338. Ähnlich wie in dem letzten Satz heißt es von den Allianzen und Kriegen von 1756 f., daß dabei „weniger als jemals früher von den religiösen Beweggründen die Rede war", daß aber „historisch dies Moment selbst stärker als früher hervortritt". (Englische Geschichte VIII, S. 106. Vgl. Die

Also die Religion wird als das vorherrschende Motiv in der Geschichte der romanisch-germanischen Völker während des 16. und 17. Jahrhunderts und, wenngleich mit einiger Unsicherheit, auch für die folgenden Zeiten bis zur Gegenwart aufgestellt. Und nicht nur für die neueren Jahrhunderte. Zurückgehend auf die ältesten Kulturvölker, findet Ranke als oberstes ihr Leben und „den Geist der Landesverfassung" bestimmendes Motiv „die Vorstellungen über die göttlichen Dinge". Das Göttliche bezeichnet er dann näher als „das Ideale, das den Menschen vorleuchtet". Ihm gegenüber wirkt freilich im Menschen auch „eine auf die Bedingungen des realen Daseins gerichtete Tendenz", aber auch von ihr strebt „das menschliche Tun und Lassen unaufhörlich nach dem Göttlichen hin".[1]) Also die Religion auch in den Anfängen der Geschichte das herrschende Motiv.

Fragen muß man hier alsbald, was Ranke genauer unter Religion versteht, unter Religion nämlich, nicht wie sie nach ihrem höchsten Begriff erscheint, sondern wie sie sich von einem einheitlichen Grunde aus in der Geschichte entfaltet hat. Zur Erläuterung seiner Gedanken gehe ich von den eben angeführten Worten „ideal" und „göttlich" aus, sehe mich aber gleich wieder genötigt, zur Erklärung des ersteren auf den Sinn eines andern, unzähligemale von Ranke gebrauchten und doch nie deutlich umschriebenen Wortes zurückzugehen, auf das Wort Idee. Besonders auch die vielen Mißdeutungen, die der Ausdruck erfahren

---

deutschen Mächte und der Fürstenbund S. 84.) Über die spätere Entwicklung: „Politisch-religiöse Grundlagen" der Staaten nach 1648 (Päpste II, S. 377). — Sturm der Französischen Revolution gegen die politischen und die „spiritualistischen" Grundlagen des alten Europa (Hardenberg I, S. 122). — Gegenwirkung, da „die Welt nicht ertragen konnte, von dem Göttlichen zu veröden". Dabei aber Abnahme der Macht des „künstlichen Dogmenwesens" zugunsten des allen Bekenntnissen Gemeinsamen (Preußische Geschichte II, S. 258). — Weiter gehen einige Äußerungen in den Vorlesungen vor König Max: „der romanisch-germanische Geist geht über die Form der Kirche hinaus und dehnt sich ... als Kultur durch die ganze Welt aus." (Universalgeschichte IX, 2; S. 235. Vgl. Deutsche Geschichte V, S. 309.)

[1]) Universalgeschichte I, S. 3.

hat, legen es mir auf, schon hier mit einer eingehenden Zergliederung desselben zu beginnen.

In einfachster Bedeutung wird das Wort gebraucht für die Zusammenfassung einer Vielheit von Erscheinungen in der Einheit des Gedankens, ist also gleichbedeutend mit Begriff. In der Anwendung auf geschichtliche Vorgänge sind es jedoch in der Regel nur Erscheinungen im geistigen Leben sowohl der Einzelpersonen, als der Kollektivpersönlichkeiten, die als Ideen zusammengefaßt werden, und wieder nur solche, denen eingreifende Bedeutung zukommt. Weiter spaltet sich dann der Sinn des Wortes in immer neuen Richtungen.

Als Ideen erscheinen da zunächst die Gesetze, denen das Denken, Wollen und Wirken jener doppelten Persönlichkeiten unterworfen ist, sowie die obersten Ziele, auf die ihr Erkennen, Handeln und künstlerisches Schaffen gerichtet ist; und wie nun diese Gesetze und Ziele zwar nicht in entwickelter Gestalt, wohl aber in ihrem Keim von dem Menschen als gegebene, in sein geistiges Inneres gelegte vorgefunden werden, so verbindet Ranke die Herkunft und den Inhalt dieser Ideen und bezeichnet sie dann in einigermaßen dunkeln Wendungen als eingeborne Ideen, als Prinzipien der ewigen Weltordnung oder der höchsten moralischen Weltordnung, als eingeborene Idee der Wahrheit, als eingepflanzte Idee von dem höchsten Gute, als ewige Ideen, die das geistige Leben der Menschheit bedingen.[1]

In dieser Form treten uns die Ideen als antreibend und regelnd entgegen. In einer andern Klasse erscheinen sie uns als fertige Ergebnisse menschlichen Hervorbringens, ohne freilich als solche der antreibenden Kraft zur Erweiterung und Vervollkommnung des Errungenen zu entbehren. In diesem Sinn sind Ideen die Grundgedanken, die ein philosophisches System beherrschen[2] oder auch die Schöpfungen

---

[1] Savonarola. Werke 40, S. 222. Päpste II, S. 45. Deutsche Geschichte I, S. 173. Rede auf Böhmer (Werke 51/52, S. 541 Z. 1 v. u.); auf Gervinus (a. a. O. S. 572). Briefe n. 158, S. 353.
[2] Z. B. das des Plato und Aristoteles. (Universalgeschichte I 2, S. 85.) — Lehre, Doktrin, Idee als gleichbedeutend: Universalgeschichte III 1, S. 184/5; Französische Geschichte III, S. 261.

der Dichter und Künstler beleben[1]), nicht minder religiöse Anschauungen, wie der Gottesbegriff der Israeliten, die Grundlehren des Christentums oder auch das Christentum, ja die Religion im ganzen.[2]) Wenn dann in den Einrichtungen und dem Wirken großer Gemeinschaften, vor allem der Staaten und Kirchen feste Zwecke sich ausprägen, stetig verfolgte Mittel angewandt und ausgebildet werden, eine bestimmte Machtstellung errungen, und ein starkes Selbstbewußtsein entwickelt wird, wenn schließlich all diese Bildungen sich in einem eigenartigen Charakter des von ihnen durchdrungenen Gemeinwesens aussprechen, so bezeichnet Ranke diesen Charakter als seine Idee.[3]) So gibt es eine Idee des römischen Imperiums und des mittelalterlich-deutschen Reichs, des französischen und des preußischen Staates, wie auch des Staates schlechtweg[4]), der Kirche und der Kirchen.[5]) Im Innern der Staaten gibt es eine Idee der Demokratie und Aristokratie[6]), und über allen Gemeinwesen erhebt sich schließlich die Idee der Menschheit.[7])

Die umfassendste Bedeutung gewinnt endlich das Wort in seiner Verbindung mit der Kultur. Über den Begriff

---

[1]) Teils als Ideen bezeichnet (z. B. bei Pindar und Äschylos: Universalgeschichte I 2, S. 9, 36; bei Seneca: Werke 51/52, S. 26, 31, 39, 47, 49, 64; bei Corneille: Französische Geschichte III, S. 267), teils mit Synonymen, wie Gedanke, Prinzip, Tendenz. — Über das Verhältnis von Kunstwerk und Ideengehalt vgl. Zur Geschichte der italienischen Kunst, Werke 51/2, S. 273/4, 313/4.
[2]) Universalgeschichte I, S. 30; III 1, S. 165 f.; IV 1, S. 206. Englische Geschichte VIII, S. 62 (die religiöse Idee).
[3]) Politisches Gespräch. Werke 49/50, S. 328—329, 332—339.
[4]) Universalgeschichte III 1, S. 317. Deutsche Geschichte I, S. 90; II, S. 179. Französische Geschichte I, S. 263. Biographie Friedrichs d. Gr., Friedrich Wilhelms IV. (Werke 51/52, S. 375, 381, 417, 447.) Unterscheidung zwischen der zerstörten Form und der fortlebenden Idee des alten deutschen Reichs. (Die deutschen Mächte und der Fürstenbund, S. 453.)
[5]) Englische Geschichte I, S. 16. Friedrich Wilhelm IV. und Bunsen, Werke 49/50, S. 393. Päpste II, S. 13. Biographie Friedrichs d. Gr., Werke 51/52, S. 380.
[6]) Universalgeschichte I 2, S. 65, 67, 83.
[7]) Universalgeschichte III 1, S. 166.

der Kultur bei Ranke wird später noch zu reden sein, hier sei vorgreifend nur bemerkt, daß er, indem er die Errungenschaften der Kultur in ihrer Gesamtheit und abgetrennt von den lebendigen Personen, in denen sie in Wahrheit ja allein wirklich werden, betrachtet, sie als „objektive Ideen, die mit der Kultur des menschlichen Geschlechtes verbunden sind", oder als „Ideen, die das Leben des menschlichen Geschlechtes in sich tragen"[1]), gelegentlich bezeichnet.

All diesen Bestimmungen haftet indes noch eine Unvollständigkeit an. Die Ideen sind bisher als Abbilder der Wirklichkeit gefaßt. Wenn nun aber Ranke unterscheidet zwischen der Idee der Kirche und der wirklichen, sittlich verunstalteten Kirche des 15. Jahrhunderts, oder zwischen der Idee eines kirchlichen Konzils und dem von Hader und fremdartigen Interessen durchzogenen Trienter Konzil[2]), so bezeichnet das Wort hier, wie die Wirklichkeit sein soll, es bezeichnet das ihr vorleuchtende Ideal. Näher wird dies Verhältnis zwischen Wirklichkeit und Idee von dem Gedanken aus beleuchtet, daß alle Wirklichkeit in Bewegung ist; geht nun die Bewegung auf „eine größere Vortrefflichkeit", so ist es „Bewegung nach der Idee", oder, was jetzt als gleich genommen wird, nach dem „Ideal": „alles Leben, heißt es dann weiter, trägt sein Ideal in sich".[3])

So schließt die Bedeutung des Wortes Idee uns den gesuchten Sinn des Wortes Ideal auf. Die Erörterung der in dem Worte Idee enthaltenen Vorstellungen ist hiermit noch nicht beendet, aber wir können sie vorläufig abbrechen, um nunmehr zu der Frage zu kommen, was Ranke sich bei der Verbindung von „ideal" und „göttlich" gedacht hat. Eine Antwort darauf werden wir finden, wenn wir der oben schon angerührten Frage nach der Herkunft der Ideen näher treten.

---

[1]) Englische Geschichte I, S. 37, 38. Serbische Revolution, S. 3
[2]) Deutsche Geschichte I, S. 31. Päpste I, S. 216/7. Vgl. Fürsten und Völker I, S. 195; Werke 49/50, S. 579. (Idee der allgemeinen Gerechtigkeit in der Monarchie, des Deutschen Reichs in seinem Verfall erscheinend.)
[3]) Politisches Gespräch. Werke 49/50, S. 337.

Ranke spricht einerseits von der „Ideen hervorbringenden Tätigkeit des „allgemeinen Geistes des menschlichen Geschlechts", oder er sagt einfacher, daß der Mensch „allgemeinen Ideen nachhängt oder sie hervorbringt"[1]; anderseits dagegen schreibt er den Ideen einen „göttlichen Ursprung zu", oder läßt sie „aus dem Göttlichen quellen".[2] Der scheinbare Widerspruch, der hier hervortritt, löst sich, wenn wir bedenken, daß, wie oben schon bemerkt wurde (S. 366), die das Denken und Handeln des Menschen beherrschenden Gesetze und Ziele, welche den Grund der Ideen bilden, in seinem Innern vorgefunden werden, oder, wie es jetzt bestimmter ausgedrückt wird, von Gott in dasselbe hineingelegt sind, aber nicht in entwickelter Gestalt, sondern nur als Keime; diese Keime im Denken zu entwickeln, ist Sache der menschlichen Vernunft, sie im Handeln anzuwenden, ist Sache des freien Willens. Beide Ausgangspunkte werden berücksichtigt, wenn es heißt, daß die Ideen zwar aus „dem Göttlichen quellen", aber (kraft ihrer Vermittlung durch den Menschengeist) das „Göttliche niemals vollständig in sich enthalten".[3]

Hiermit ist erklärt, was sich Ranke bei der Verbindung der Worte „ideal" und „göttlich" gedacht hat. Zugleich aber läßt sich jetzt bestimmen, was er unter Religion versteht. Die ältesten Kulturvölker, meint er, stellen sich als ihre Ideale solche Güter vor, von denen ihr Dasein und der Wert ihres Daseins vorzugsweise abhängt. Indem sie die Kräfte, welche diese Güter hervorbringen, in der Vollkommenheit des Wirkens sich denken und aus göttlichem Wesen hervorgehen lassen, entstehen ihre Religionen. Die Ideale der Ägypter waren vornehmlich die Güter des materiellen Daseins, welche durch den Wechsel der Jahreszeiten,

---

[1] Englische Geschichte I, S. 4. Denkschrift von 1849; Werke 49/50, S. 603.
[2] Politisches Gespräch, S. 337. Deutsche Geschichte I, S. 55.
[3] Deutsche Geschichte, a. a. O. — Verwandte Äußerungen: „Der Geist des Staates ... göttlicher Anhauch, aber zugleich menschlicher Antrieb" (Politisches Gespräch S. 338). Entwicklung der Kultr sowohl aus den „Trieben des Geistes" wie dem „dem menschlichen Geschlecht von der Gottheit eingehauchten Leben". (Deutsche Geschichte I, S. 155. Vgl. IV, S. 3.)

die Überschwemmungen des Nils und die dadurch bewirkte Fruchtbarkeit des Bodens hervorgerufen werden; die Kräfte, welche diese Vorgänge bewirken, waren in ihren Göttern vergeistigt.[1]) Die Perser erhoben sich bereits zu den Idealen der Wahrheit und Gerechtigkeit[2]) und ließen die Gottheit dieselben verwirklichen. Die jüdische Religion endlich erhob sich zur Idee des einen Gottes, der die Welt nicht nur regiert, sondern geschaffen hat und den Menschen ein hohes Sittengesetz und eine reine Gottesverehrung als göttliches Gebot auferlegt, nach dem er belohnt und bestraft.

Als gemeinsames Kennzeichen dieser vorchristlichen Religionen hebt Ranke ihr Aufgehen in einem staatlich geeinten Volke hervor; von diesem wird seine Religion als höchster Inhalt seines Geisteslebens, als Gewähr seiner Eigenart und Selbständigkeit gepflegt. Daraus ergibt sich ihm die Folgerung, daß, als das römische Weltreich den Völkern ihre Selbständigkeit raubte, zugleich die Volksreligionen mit Ausnahme der jüdischen ihren wahren Sinn verloren, dagegen aber aus der Idee des Weltreichs und des weltbeherrschenden Kaisertums die neuen Gottheiten der ewigen Roma und des Genius des Kaisers entstanden und erzwungene Verehrung gewannen: ein Kultus, in dem die Knechtschaft der Völker religiöse Weihe erhielt. Diese Vergötterung einer despotischen Weltherrschaft aufgehoben und den Menschen in ihrem Verhältnis zum wahrhaft Göttlichen die innere Freiheit zurückgegeben zu haben, und zwar nicht für ein eng begrenztes Volk, sondern, wenigstens der Absicht nach, für das ganze Menschengeschlecht, das sieht Ranke als die weltgeschichtliche Tat des Christentums an. Ein Wort über seine Ansicht von der christlichen Religion möge daher diese einleitenden Erörterungen seiner Grundgedanken abschließen.

Soweit es sich um den Grund der christlichen Religion handelt, geht Ranke von dem Unterschied aus zwischen religiösen Lehren, an die man glaubt[3]), und vernunftge-

---

[1]) „Naturkulte," an der ägyptischen und babylonischen Religion erläutert: Universalgeschichte I 1, S. 3, 27, 30, 38; III 1, S. 151.
[2]) a. a. O. I 1, S. 140f., 153.
[3]) Universalgeschichte I 1, S. 30.

mäßen Erkenntnissen, die man weiß.¹) Der Glaubensinhalt der christlichen Religion insbesondere ist, abgesehen von der in der jüdischen Religion gegebenen Grundlage, nicht durch „frühere unvollkommnere Zustände" vorbereitet, sondern als „eine plötzliche göttliche Erscheinung"²) aus einer dem Menschengeist zuteil gewordenen Offenbarung entsprungen. Was er dann freilich unter Offenbarung versteht, ist aus seinen Aussprüchen mit voller Sicherheit kaum zu entnehmen; so, wenn er sagt: im Neuen Testament habe sich „die wahre Religion in aller kindlichen Ingenuität", ja es habe sich darin „die Gottheit den Menschen offenbart", oder wenn er von Christus, dem Verkünder der Offenbarung, sagt: in ihm „erschien das göttliche Wesen dem Menschen zugewandt, selber menschlich".³)

Kommt er von der Entstehung zum Inhalt der christlichen Lehre, so legt er hier die Ansicht zugrunde, daß das Christentum die vollkommene Religion sei⁴), um dann aber vor der Frage, wie weit diese Vollkommenheit durch eine Darstellung der christlichen Lehre zu veranschaulichen sei, zu schwanken. Bei Behandlung der Anfänge des Christentums lehnt er es ab, auf die das innerste Verhältnis des Menschen zu Gott angehenden Lehren von „Verschuldung, Genugtuung und Erlösung" einzugehen⁵); in der Geschichte der Reformation und Gegenreformation sind es gerade diese Lehren, deren gegensätzliche Auffassung in der alten und neuen Kirche er mit tiefem innerem Anteil darstellt und auch weiterhin, besonders in der katholischen Kirche⁶), weiter verfolgt. Jedenfalls tritt hier aber auch hervor, daß seine

---

¹) Savonarola, Werke 40, S. 222/3. Entgegensetzung der griechischen Philosophie und der „Offenbarung": Universalgeschichte I 2, S. 78, 216/7.
²) Universalgeschichte IX 2, S. 11.
³) Deutsche Geschichte II, S. 57; IV, S. 355. Vgl. Päpste I, S. 6. Universalgeschichte III 1, S. 170. Wie weit ihn die Ansichten des ihm persönlich und geistig nahestehenden Schleiermacher (vgl. Briefe n. 92) beeinflußt haben, wage ich nicht zu bestimmen.
⁴) Universalgeschichte IX, S. 10/11. Deutsche Geschichte I, S. 3.
⁵) Universalgeschichte III 1, S. 160.
⁶) Streit der Jesuiten und der Dominikaner, der Jansenisten und der Jesuiten über die Gnadenlehre, behandelt in den Päpsten.

Ansicht von der Vollkommenheit der christlichen Religion nicht im Sinne der Unveränderlichkeit zu verstehen ist. Wohl liegt es in ihrer Natur, daß sie „in festen Lehrsätzen mitgeteilt" wird[1]), aber nicht minder liegt es in der Natur dieser Lehrsätze, daß sie in ihrem Umfang und in ihrer begrifflichen Fassung unter der Geistesarbeit ber streitenden Kirchen und der Theologen eine in doppelter Richtung verlaufende Entwicklung erfahren: einerseits auf fortgehende Spezialisierung, anderseits auf Vereinfachung und Begnügen mit dem für ein freies und wahrhaftiges religiöses Leben Wesentlichen.[2])

Innerhalb der Glaubenssätze der christlichen Religion hebt Ranke von vornherein aber noch einen hervor, der ihm den Ausblick auf ein weiteres Verhältnis eröffnet. Er findet ihn begründet in dem Satz, dem Kaiser zu geben, was des Kaisers, und Gott, was Gottes sei. Hiermit werde die Wirksamkeit des Staates von den der Religion vorbehaltenen Beziehungen der Menschen zu Gott ausgeschlossen, und da nun die Religion für die Pflege dieser Beziehungen der Gemeinschaft bedarf[3]), so erwächst aus ihr ein eigenes, vom Staat unterschiedenes Gemeinwesen, die Kirche. Diese Kirche aber tritt, entsprechend dem Beruf der christlichen Religion, Menschheitsreligion zu sein, nicht als Landeskirche, sondern als Weltkirche ins Leben. Es ist das ein Charakter, der ihr auch nach der Spaltung in viele Kirchen anhaftet; denn der Geist der Kirche ist unbedingt gültig für das ganze Menschengeschlecht; ihrer Natur nach will wenigstens jede die allgemeine sein".[4])

So wächst die Kirche zu einer Macht, welche sich mit dem Staat in die Leitung des geschichtlichen Lebens innerhalb der christlichen Völker zu teilen vermag. Wie Ranke diese Teilung versteht, wird sich zeigen, wenn wir in der auf diese orientierenden Bemerkungen über seine Grundgedanken

---

[1]) Deutsche Geschichte I, S. 3.
[2]) Deutsche Geschichte I, S. 156—165; III, S. 173/4. Preußische Geschichte II, S. 256—258.
[3]) Päpste I, S. 88.
[4]) Politisches Gespräch, Werke 49/50, S. 338. Englische Geschichte III, S. 233. Deutsche Geschichte II, S. 343.

folgenden speziellen Darstellung seiner Arbeit und Arbeitsweise auf den Gegenstand zurückkommen. Zu dieser speziellen Darstellung haben wir nunmehr überzugehen, und zwar zunächst zu der Art seiner Forschung.

Als er sein erstes Werk über die Geschichte der romanischen und germanischen Völker ausarbeitete, schieden sich für ihn die Quellen dieses Zeitraums in ältere geschichtliche Darstellungen, welche die Hauptmasse, und in wirkliche oder angebliche Urkunden, welche den kleinsten Teil ausmachten. An beide Klassen trat er alsbald — nicht ohne den Einfluß Niebuhrs, dessen römische Geschichte ihn schon als Studenten mächtig angezogen hatte —, mit der scharf gestellten Forderung heran, sie zu scheiden, jenachdem ihnen „eine originale Kenntnis beigewohnt" habe. Da fand er denn gleich in einer der am meisten geschätzten urkundlichen Sammlungen, den Briefen des Petrus Martyr (1488 bis 1525) neben den Kennzeichen gleichzeitiger Abfassung solche, die auf ein späteres Zurechtmachen wiesen: Ereignisse, die teils zurücklagen, teils erst später eintraten, wurden als gegenwärtige berichtet, Voraussagungen wurden gemacht, die erst aus ihrem Eintreten bekannt sein konnten. Das Ergebnis war, daß allem Anschein nach eine spätere Überarbeitung wirklich geschriebener Briefe vorlag, daß also jeglicher Benutzung derselben eine Ausscheidung des Ursprünglichen von den späteren Zutaten oder Umstellungen vorausgehen mußte, eine Forderung, die dann in sinngemäßer Anwendung für alle wirklichen oder angeblichen Urkunden galt.

Von den Urkunden zu den schriftlichen Darstellungen übergehend, fand er, als er in dem Werk des vor allem geschätzten Guicciardini die Erzählung der 1521 bis 1530 in der Lombardei geführten Kämpfe prüfte, daß dieser Abschnitt teils Auszug, teils wörtliche Übertragung der Darstellung des Mailänder Chronisten Galeazzo Capra war, und ein ähnliches Ausschreiben des Florentiners Rucellai und des Franzosen Comines glaubte er weiter für den Zug Karls VIII. von Frankreich gegen Neapel (1494 bis 1496), soweit er die Kreise der Florentiner Politik berührte, nachweisen zu können. Er schloß hieraus, daß das gleiche Verfahren für die erzählenden Teile des Werkes, soweit sie nicht Selbsterlebtes berichteten, durchweg gelte. Wie aber stand es mit dem Selbsterlebten, ferner mit den eingeflochtenen Reden und Staatsverträgen? Eine unbarmherzige Prüfung führte hier zu dem Ergebnis, daß die Reden frei erfunden, die Staatsverträge ungenau wiedergegeben, die Erzählung des Selbstvollbrachten durch Eigenliebe entstellt sei.

So wurde Guicciardini in der hohen Schätzung, die ihm bisher zuteil geworden war, stark heruntergesetzt. Indem nun aber Ranke mit der Prüfung der als Quellen geltenden Geschichtschreiber fortfuhr, stieß er natürlich auf große Verschiedenheiten, jenachdem sie Selbsterlebtes erzählten, oder aus fremden Berichten schöpften, jenachdem sie die Gabe der Wahrheitsliebe besaßen oder verleugneten; soweit sie jedoch die Darstellungen von Vorgängern benutzten, glaubte er das gleiche Verfahren, wie er es bei Guicciardini beobachtet hatte, teils nachweisen teils annehmen zu können. Als Ergebnis trat also auch hier die Forderung auf, vor der Benutzung der Berichte erst die abgeleiteten von der ursprünglichen, die wohl unterrichteten von den erfundenen zu scheiden.

Ranke legte diese Untersuchungen in einem dem Hauptwerk beigegebenen Schriftchen: „Zur Kritik neuerer Geschichtschreiber", nieder. Wie er mit kühnem Griff die Gesamtheit der in Betracht kommenden Quellen erfaßte und über ihren Wert und Charakter glänzende Beobachtungen anstellte, machte die Arbeit den Eindruck einer wahren Entdeckungsfahrt —, allerdings einer Aufdeckung, die im ganzen noch lange nicht erschöpfend und im einzelnen nicht immer zutreffend war. Gegen seine schneidende Kritik Guicciardinis konnte z. B. später der italienische Forscher Villari nachweisen, daß der originale Wert desselben zu niedrig eingeschätzt, und die Beurteilung einiger Einzelangaben irrig sei[1]), aber gleichzeitig erkannte er an, daß der

---

[1]) Villari, Machiavelli III³ S. 483f. Im einzelnen zeigt er besonders, daß Ranke übersah, daß Soderini im Jahre 1512 nicht eine sondern zwei Reden gehalten, und daß Florenz in demselben Jahr nicht einen sondern zwei Verträge geschlossen habe (S. 490f., 494f.; wobei allerdings der Vorwurf ungenauer Inhaltsangabe des Vertrags mit

deutsche Geschichtsforscher für die Behandlung der Quellen einen neuen Weg gewiesen habe.²) Im Grunde nahm dieser dabei wenn auch in skizzenhafter Weise, die von Pertz in viel größerem Umfang befolgte Methode vorweg.

Bei der ungemeinen Aufnahmefähigkeit Rankes ist es denn auch begreiflich, daß er, sowie die ersten Bände der *Monumenta Germaniae* eine neue Epoche für die Erforschung der deutschmittelalterlichen Geschichte eröffneten, auch in diese Studien eintrat, ja eine führende Stellung in denselben gewann—, zunächst freilich weniger durch eigene Arbeiten, als durch seine Lehrtätigkeit an der Berliner Universität, an der er im Jahre 1825 eine Professur erlangte. In den „historischen Übungen", die er hier seit 1833 abhielt, wurde eine kleine aber glänzende Schar junger Historiker ausgerüstet, welche als Mitarbeiter der *Monumenta Germaniae* für die kritische Quellenausgabe, als selbständige Forscher für eine unvergleichlich erweiterte und geschärfte Erkenntnis der deutschmittelalterlichen Geschichte neue Bahnen brachen und den Namen der Rankeschen Schule berühmt machten.

Gleichzeitig aber waren es Rankes eigenste Arbeiten über die Zeiten des 16. und 17. Jahrhunderts, welche ihm eine besondere Art von Quellen und deren vervollkommnete kritische Behandlung nahelegten. Es handelte sich um die in der politischen Geschichte mit dem Fortgang der Zeiten immer mehr in den Vordergrund tretenden Schriftstücke, welche mit den Ereignissen selber entstehen, sei es daß sie als amtliche oder private Berichte der Mitwirkenden das eben Geschehene mitteilen, sei es daß sie als Erwägungen oder Anweisungen (Denkschriften, Instruktionen u. dgl.) von amtlichem, gelegentlich auch von bloß privatem Charakter über das, was erst geschehen soll, handeln. Die Benutzung solcher Quellen, die wir als Akten zusammenfassen, war freilich so alt wie die Geschichtschreibung selber; aber ihr in älterer Zeit noch geringer Bestand und ihre schwere Zugänglichkeit brachten es bis in die neuern Jahrhunderte

---

Spanien bestehen bleibt), ferner daß die Benutzung Rucellais und die parteiische Darstellung des eigenen Verhaltens in Reggio 1521 und in Florenz 1527 mindestens zweifelhaft sind.
¹) a. a. O. S. 488, 497/8.

mit sich, daß nur begünstigte Geschichtschreiber sie in größerem Umfang, und auch dann meist nur nach ihrer Herkunft von der einen oder andern Regierung oder einzelnen Persönlichkeiten benutzen konnten. Vollends die Kunst aus diesem einseitigen und in lauter Einzelangaben zersplitterten Material einen verwickelten und doch einheitlichen Vorgang zu gestalten, wurde selbst als Aufgabe noch kaum verstanden. Hier nun suchte Ranke in doppeltem Sinne weiter zu kommen.

Zunächst jenes Verhältnis, nach dem bei seinem ersten Werke die geschichtlichen Darstellungen die Hauptmasse, die Akten den kleineren Teil der Quellen ausgemacht hatten, kehrte sich jetzt, soweit es sich um die politische Geschichte handelte, gründlich um. „Ich sehe, schrieb er, als er auf die im ersten Band seiner deutschen Geschichte im Zeitalter der Reformation geleistete Forscherarbeit zurückblickte, ich sehe die Zeit kommen, wo wir die neuere Geschichte nicht mehr auf die Berichte, selbst nicht der gleichzeitigen Historiker, außer insoweit ihnen eine originale Kenntnis beiwohnte, zu gründen haben, sondern aus den Relationen der Augenzeugen und den echtesten, unmittelbarsten Urkunden aufbauen werden." In der Hauptsache ging also die Forderung auf den Aufbau der politischen Geschichte aus den Akten, und zwar aus Akten von amtlichem Charakter. Hierbei aber ergab sich alsbald eine weitere Forderung: der Vorrat der beizubringenden Akten mußte den Vorgängen, die er erhellen sollte, sowohl nach der Fülle, als der Allseitigkeit entsprechen.

Eine aktenmäßige Quelle von unvergleichlichem Reichtum fand nun Ranke zunächst in den Berichten der venetianischen Gesandten, vor allem in den beim Ablauf einer Gesandtschaft jedesmal abzustattenden Schlußberichten. Bei dem Reichtum des Inhalts, der sich nach gewissen, relativ festen Gesichtspunkten über die leitenden Persönlichkeiten, sowie die inneren und auswärtigen Verhältnisse des Staates erstreckte, bei der Ausdehnung des venetianischen Gesandtschaftswesens über sämtliche bedeutendere Staaten von West- und Südeuropa und bei der hohen literarischen Ausbildung dieser Berichterstatter gewannen ihre Relationen eine solche Verbreitung in Abschriften und Sammlungen, daß Ranke eine annähernd vollständige Reihe derselben von 1492 bis zum Untergang des venetianischen Staates allmählich zusammenbrachte. In ihnen sah er einen Grundstock originaler Aufschlüsse über die Politik und die innern Zustände der Staaten vom 16. bis zum Ende des 18. Jahrhunderts, einen Schatz, aus dem er von den „Fürsten und Völkern" ab (1827) fortan bei all seinen der neueren Geschichte gewidmeten Arbeiten schöpfte. Daß man freilich gerade den zusammenfassenden Schlußberichten nicht etwa „eine unbedingte Glaubwürdigkeit zuschreiben" dürfe[1]), war ihm bei aller Hochschätzung derselben wohl bewußt, und vor allem kam bei ihrer Benutzung der Umstand in Betracht, daß sie einseitiger Natur waren, insofern sie aus dem Beobachtungsbereich des Vertreters eines einzigen Staates hervorgingen. Die wahre Aufgabe war aber, die Vorgänge, wie sie aus dem Zusammenwirken verschiedener Parteien entspringen, so auch aus den zusammentreffenden Zeugnissen der also Zusammenwirkenden zu erfassen. Wie er sich zu dieser Aufgabe stellte, möge an einigen Beispielen, die der deutschen Geschichte im Zeitalter der Reformation entnommen sind, gezeigt werden.

Im Jahre 1836 stieß er im Frankfurter Stadtarchiv auf eine höchst umfangreiche und von den Zeiten Maximilians I. annähernd vollständige Sammlung deutscher Reichstagsakten. Da die Entschließungen, die das Deutsche Reich als Ganzes angingen, hauptsächlich an den Reichstagen gefaßt wurden, so erkannte Ranke sofort die Bedeutung dieser Sammlung, und mit wahrem Feuereifer arbeitete er an der ungestalten Masse, bis er sich „den Inhalt der ersten 64 dieser Bände, die bis zum Jahre 1551 reichten, zu eigen" gemacht hatte.[2]) Indes, die so durchforschten Akten waren aus dem Gesichtspunkt des Städterates des Reichstags verfaßt; eine allseitige Beleuchtung der reichstäglichen Verhandlungen konnte erst durch das ergänzende Studium der Akten des Kurfürsten- und Fürstenrats gewonnen werden. Unverdrossen also machte Ranke sich ans Werk, auch diese Schriftstücke

---
[1]) Französische Geschichte V, S. 32.
[2]) Deutsche Geschichte I, Vorrede.

aus dem Archiv der sächsischen Albertiner in Dresden und der Kurbrandenburger in Berlin heranzuziehen.

Wie es dann aber die vielgestaltige Zusammensetzung des Deutschen Reiches mit sich brachte, daß der Gang der deutschen Politik den Forscher von den Reichstagen abwärts zu den Bündnissen der Reichsstände und zu den einzelnen Fürsten und Städten, aufwärts zu der kaiserlichen Regierung führte, so hätten alle diese Mächte eine erschöpfende Durchforschung ihrer politischen Akten beanspruchen können. Hier jedoch ergab sich, wie auch später immer von neuem, die Notwendigkeit eines Ausgleichs zwischen den höchsten Anforderungen und dem Bedürfnis einer zeitigen Zusammenfassung der jeweilig gewonnenen Aufschlüsse. So wurden denn allerdings für den Schmalkaldischen Bund, desgleichen für die tiefgreifenden Unternehmungen des Jülicher Herzogs Wilhelm und des Kölner Erzbischofs Hermann von Wied neue Aktenforschungen in dem Weimarer und Düsseldorfer Archiv angestellt, im übrigen aber die Geschichte der einzelnen Reichsstände und reichsständischen Verbindungen an der Hand der bereits vorliegenden Veröffentlichungen von Bucholtz, Sattler, Rommel u. a. bearbeitet. Dringender trat indes wieder die Aufforderung zu erweiterter Aktenforschung hervor, als sich der Geschichtschreiber zu den Höhen der kaiserlichen Politik, die ja nicht nur eine deutsche sondern eine europäische war, erhob. Wenigstens galt es hier, in den archivalischen Sammlungen von Brüssel, als dem Mittelpunkt eines der Hauslande Karls V., von Paris, als dem Sitz seines allgegenwärtigen französischen Gegners, die Akten der von Karl V. ausgehenden und auf ihn einwirkenden Politik aufzuspüren. Und er fand diese Akten, wenn nicht in wirklicher Vollständigkeit, so doch in schwer zu erschöpfender Fülle, dies um so mehr, da auch wichtige Teile des spanischen Staatsarchivs von dem unter Napoleonischer Herrschaft verübten Raube her in Paris zurückgeblieben waren.

An diesen Beispielen wird man die Eigenart der Rankeschen Arbeit erkennen. Aus den Ermittlungen seiner Vorgänger gehen ihm die Umrisse politischer Vorgänge auf. Bei denkender Betrachtung derselben erkennt er die Stellen, wo sie widersprechend oder lückenhaft erscheinen. Da gilt es denn, in einer unter immer neuer Fragestellung fortschreitenden Entwicklung die aktenmäßigen Zeugnisse und zwar vornehmlich die unmittelbar mit und aus den Ereignissen entstehenden und aus dem Geschäftskreis nicht einer, sondern aller handelnden Parteien stammenden Akten zusammenzubringen, eine Arbeit, welche mit der Durchforschung der gedruckten Quellen beginnt, aber immer wieder zu den ungedruckten Schätzen der archivalischen Sammlungen hinüberführt. Daß freilich diese Forderung ein Ideal enthielt, braucht nicht wiederholt zu werden. Ranke konnte sie nur annähernd erfüllen, wobei er denn auch — um das gleich hier hervorzuheben — seine Aufmerksamkeit vornehmlich auf die auswärtige Politik richtete, für die innern Verhältnisse der Staaten aber die zwischen unmittelbaren Akten und historiographischer Darstellung in der Mitte stehenden Schlußberichte der venetianischen Gesandten bevorzugte. Jedenfalls aber bedeutete die Erkenntnis der höchsten Aufgabe und die Tatkraft, mit welcher der Geschichtschreiber an die Lösung derselben herantrat, einen großen Fortschritt im Gang der geschichtlichen Forschung.

Deutlicher noch erkannte man den Fortschritt an einer andern Seite der Forschung. Für die alte und mittelalterliche politische Geschichte machten historiographische Darstellungen und die Masse der Urkunden, welche private oder öffentliche Rechtshandlungen bezeugen, den Hauptteil der Quellen aus. Ihnen gegenüber drängte sich dem kritischen Forscher für die Urkunden die Frage der Echtheit oder Unechtheit, für die darstellenden Quellen die Frage der Abhängigkeit oder Selbständigkeit in den Vordergrund. Nahe lag hier die einseitige Auffassung, als ob die Schriftstücke für sich genommen und die eben hervorgehobenen Merkmale derselben das eigentliche Gebiet historischer Kritik abgäben.[1]) Dieser Einseitigkeit gegenüber stellte die neue Forschungsweise die geschichtlichen Vorgänge,

---

[1]) Droysen (Historik § 33) gegen eine vorherrschende Auffassung der Quellenkritik, „als sei sie der Nachweis, wie ein Autor den andern benutzt hat".

welche nach ihrem Inhalt im einzelnen, nach ihrem Zusammenhang in größeren Massen zu durchdenken waren, in den Vordergrund. Sie legte an diese Vorgänge eine Prüfung an, welche zu immer reinerer und reicherer Anschauung des wirklichen Lebens in seiner mannigfachen Entfaltung führte. Kritik des Einzelnen und Anschauung des Ganzen sollten sich gegenseitig fördern.

Aber diese Anschauung des geschichtlichen Lebens in seinem großen Zusammenhang war unendlich schwer zu gewinnen. Solange der Geschichtschreiber als Hauptquellen erzählende Darstellungen vorfand, sah er den Stoff, den er zu verarbeiten hatte, schon irgendwie, oft schon in einer gewissen Vollendung geformt. Der Geschichtschreiber dagegen, der nach den Akten arbeitete, hatte, wie Ranke es selber einmal ausdrückt, „aus all den mannigfaltigen, jeden Moment ausdrückenden Urkunden, die sich in tausend disparaten Mitteilungen zersetzen, eine zusammenhängende und wohlbegründete Auffassung der großen Begebenheit zu gewinnen".[1]) So gipfelte die neue Forschungsweise in einer Aufgabe, deren Lösung schöpferische Gestaltungskraft erfordert. Wenn nun aber ein Mann, wie Ranke, an eine so große Aufgabe herantrat, so ergab es sich von selbst, daß er sich über die gesamten Ziele seiner Geschichtschreibung Rechenschaft zu geben suchte. Er stellte dabei die doppelte Frage: einmal welche Vorgänge die wesentlichen Teile der Geschichte, die darzustellen ist, ausmachen, sodann wie diese Teile sich zur Einheit des geschichtlichen Lebens verbinden. Wir kommen damit zu dem oben unterbrochenen Gang unserer Erörterungen zurück. Von den dort besprochenen Grundgedanken Ranke'scher Geschichtsauffassung und Darstellung müssen wir jetzt zu einer speziellen Betrachtung derselben übergehen.

Zweierlei hält jede geschichtliche Darstellung auseinander: einerseits die persönlichen Mächte, welche die Geschichte hervorrufen, anderseits die unpersönlichen Zwecke, auf die sie ihr Wirken richten. Fragen wir nun, welche persönlichen Mächte Ranke als die eigentlichen Träger der

---

[1]) Ursprung der Revolutionskriege, Vorrede.

Geschichte ansieht, so können wir von einem Ausspruch ausgehen, der freilich wie die meisten derartigen Aussprüche Rankes aphoristisch und nicht frei von Dunkelheit ist, auch unmittelbar nur für die christlichen Zeiten und die christlichen Völker gilt. Er lautet[1]): „das geistige Leben, in seiner Tiefe und Energie allerdings ein und dasselbe, äußert sich in den beiden Institutionen des Staates und der Kirche, die sich in den mannigfaltigsten Abwandlungen berühren, einander zu durchdringen oder auch zu beseitigen ... suchen und doch niemals zusammenfallen, niemals eine die andere zu überwältigen vermögen." Also zwei in relativer Unabhängigkeit waltende oberste Träger der Geschichte. Wie hat sich Ranke das Wesen derselben gedacht? Auf diese Frage antwortet er zunächst mit Hervorhebung bloß formaler Merkmale: die Kirche[2]), heißt es, erkennt ihren Beruf in Zielen, die allen Menschen gemeinsam sind; der Staat dagegen bewegt sich in dem begrenzten Raum seiner Angehörigen und in den nur ihnen gemeinsamen Zwecken, hier freilich mit zwingender Gewalt. Bei ihrem universalen Charakter ist die Kirche versucht, „den Staat in sich aufgehen zu lassen", der Staat dagegen ist in Gefahr, „in Gewaltherrschaft auszuarten oder in einseitigem Fremdenhaß zu erstarren". Eine feste Abgrenzung der beiderseitigen Wirkungskreise ist niemals gefunden, am wenigsten für die römischkatholische Kirche. Zwischen ihr und dem Staat beruht darum der immer nur durch Kompromisse beizulegende Kampfeszustand „fast auf einer innern Notwendigkeit".[3])

Etwas inhaltsvoller als in diesen formalen Bestimmungen wird nun zunächst das Wesen des Staates in einer Betrachtung gefaßt, die von der ihm notwendigen Selbständigkeit in der Aufstellung und Verfolgung seiner Zwecke und der dafür erforderlichen Macht ausgeht. Regel ist, so heißt es, daß beides von einem emporsteigenden Staate erst in har-

---

[1]) Deutsche Geschichte I, S. 4.
[2]) Ich erinnere an die oben (S. 372) hervorgehobene Ansicht, nach der über der Mannigfaltigkeit der christlichen Kirchen eine ideelle Einheit steht.
[3]) Päpste III, S. 127. Englische Geschichte II, S. 256. Savonarola, Werke 40, S. 247.

tem Kampfe mit ältern Mächten oder Nebenbuhlern errungen wird, in Kämpfen, die sich vielfach vom Streit um Geltung zum Ringen um den Vorrang steigern. Ist aber dieser Kampf siegreich beendet, dann werden sich „alle friedlichen Bedürfnisse der menschlichen Natur geltend machen", das will sagen, der Staat wird seine wahre Aufgabe in der Förderung der Kultur erkennen.[1])

Was aber ist unter dieser Förderung der Kultur zu verstehen? Ein Staat, der freie und höher entwickelte Völker umschließt, kann die Güter geistiger und wirtschaftlicher Kultur nicht selber schaffen. Er kann nicht wissenschaftlich forschen oder künstlerisch gestalten, und wenn er sich gewissen Aufgaben der Produktion und des Austausches wirtschaftlicher Güter unterzieht, so liegt das nicht in seinen wesentlichen und immer gleich bleibenden Zwecken. Diese vielmehr, indem das Erarbeiten, Besitzen und Verwerten der Kulturgüter außerstaatlichen Kräften überlassen bleibt, stellen ihm die Aufgabe, jener Arbeit, jenem Besitz und jener Verwertung seinen Schutz, sowohl, wie seine Förderung zu gewähren. Beides aber leistet er mittels des Rechtes im weitesten Sinne des Wortes. Im Privatrecht zieht er erlaubend, gebietend oder verbietend die Grenzen, innerhalb deren sich die Willensäußerungen seiner Angehörigen in ihren Beziehungen zueinander und zur Staatsgewalt bewegen dürfen oder sollen oder nicht dürfen. Im Verwaltungsrecht nimmt er Schutz und Förderung der verschiedenen Kulturgebiete unmittelbar wahr. Im Völkerrecht vollführt er die Entfaltung seiner Kräfte nach außen hin, um seine und seiner Angehörigen Befugnisse und Interessen zu wahren, und im Verfassungsrecht ordnet er das Zusammenwirken seiner Organe zur Lösung seiner Aufgaben.

An den Geschichtschreiber tritt hiermit die schwere Aufgabe heran, die Geschichte des Staates im Licht der Rechtsentwicklung zu erfassen. Für Ranke war die Aufgabe doppelt schwierig, da in seiner Jugendbildung die juristischen Studien keinen Platz gefunden hatten, und der Sinn für scharfe juristische Begriffsbestimmungen sich

---
[1]) Politisches Gespräch, Werke 49/50, S. 327—328. Preußische Geschichte I, Vorrede S. 5—6; II, S. 3—5, 251.

niemals recht bei ihm entwickelte. Trat er aber an das Rechtsgebiet des Staates, vor allem der romanisch-germanischen Staaten heran, so nahm vornehmlich die Verfassung seine Aufmerksamkeit in Anspruch; diese jedoch faßte er lebendig genug, um neben den eigentlich staatlichen Organen als die wahren Träger des staatlichen Lebens auf der einen Seite das Königtum, auf der andern Seite das Volk nach seiner Gliederung in die rechtlich ausgestalteten Stände anzusehen. Vor allem den romanisch-germanischen Staaten schrieb er ein auf Einklang und Gegensatz zugleich beruhendes Verhältnis zwischen Königtum und Ständen als eigentümlich zu; in dem Ringen der Stände unter sich und der Stände mit dem Königtum um die Abgrenzung und Ausbildung der jedem zukommenden Befugnisse erkannte er die lebendigen Kräfte, welche die Betätigung und Entwicklung der Verfassung bestimmten.[1]) In engem Zusammenhang mit den Verhältnissen der Verfassung geht er dann an zweiter Stelle auf besonders hervorstechende Abschnitte der Verwaltung ein, und zwar, wie das besonders in seiner Darstellung der preußischen und französischen Geschichte zu verfolgen ist, vornehmlich auf die Entwicklung der materiellen Kräfte des Staates, welche dann naturgemäß auf eine nähere Berücksichtigung der wirtschaftlichen Lage der Staatsangehörigen führt, da aus ihr die wirtschaftliche Verwaltung des Staates ihre Kräfte zieht und auf sie fördernd oder zerrüttend zurückwirkt. An dritter Stelle kommen die Beziehungen der Staaten zueinander, an vierter ihr Verhältnis zur Kirche in Betracht.

Wenn wir aber den in diesen Darstellungen uns entgegentretenden Begriff des Staates als einen wahrhaft lebensvollen darin erkennen, daß die Gesamtheit der Angehörigen, das Haupt wie die Glieder, als der eine lebendige Träger desselben aufgefaßt ist, so erhebt sich die neue Frage, ob das Wesen dieser Angehörigen in dem Begriff, Staatsvolk zu sein, genügend erfaßt ist. Auffallen muß da gleich, daß Ranke, wo er von dieser Gemeinschaft handelt, oft von dem Worte Staat unvermittelt zu dem Wort Nation hinüber-

---

[1]) Englische Geschichte II, S. 271; III, S. 121—122. Französische Geschichte I, S. 64.

gleitet, ohne doch beide Ausdrücke geradezu als gleichbedeutend zu nehmen.¹) Was versteht er unter der letzteren Bezeichnung? Verwandt mit dem Staat erscheint ihm die Nation darin, daß beide ihrem Ursprung nach in dem Dunkel der Vorzeit sich verlieren, beide aber auch vom Beginn geschichtlich hellerer Zeiten ab als durchgehende Formen menschlicher Gemeinschaft vorhanden sind. Um nun aber die vom Staat verschiedene Eigenart der Nation im Sinne Rankes zu erfassen, hat man die ursprünglichen und die höher entwickelten Formen derselben zu unterscheiden. Ursprünglich erscheint als Nation jede durch Gemeinsamkeit der Sprache und Religion und durch den Glauben an gemeinsame Abstammung verbundene Gesamtheit. Die Begriffe Volk, Stamm und Nation werden darnach als gleichbedeutend gebraucht.²) Als ein weiteres, allerdings schwer faßbares Kennzeichen werden dann noch hervorgehoben die den „verschiedenen Völkern und Stämmen eingeborenen Eigentümlichkeiten" oder der den Nationen „ursprünglich eingepflanzte Geist".³)

Von dieser Grundlage aus erfolgt nun das Emporsteigen in einer höheren Entwicklung, die uns unter den europäischen Völkern als eine Um- und Fortbildung von tiefst greifender Art entgegentritt. Das Wesentliche ist, daß unter den Katastrophen, welche die mittelalterliche Geschichte einleiten, die überkommenen Nationsgemeinschaften bald gesprengt, bald teilweise aufgerieben werden, aus den Nationstrümmern aber neue Nationen von ungleich reicherem Leben und festerem Zusammenhalt erwachsen: so die englische Nation aus keltischen, angelsächsischen und normannischen Nationsteilen⁴), die französische aus den romanischen Einwohnern und den deutschen Eroberern, die deutsche aus dem Zusammenschluß der selbständigen Stämme. Zwei Bedingungen

---

¹) So u. a. in der Deutschen Geschichte I, S. 3f.
²) Vgl. meine Rede über Ranke S. 16 Anm. 1, 2.
³) Universalgeschichte I, Vorrede S. 8. Die Zeiten Ferdinands I. und Maximilians II., Werke VII, S. 3. Deutsche Geschichte I, S. 3/4. Preuß. Geschichte I, Einl. S. 15.
⁴) Der Ausdruck „Nationen" und Nationalitäten: Englische Geschichte I, S. 9, 11, 26; VI, S. 234, 236.

Viertes Kapitel. Ranke.

liegen dieser Neubildung stets zugrunde: einmal sie erfolgt nicht als eine völlig neue, sondern erwächst aus ältern gleichartigen Bildungen, sodann die Kraft, welche jenen Prozeß der Verschmelzung als die eigentlich entscheidende herbeiführt, geht von dem Staate aus, der die widerstrebenden Teile zusammenhält.[1)]

Die also fortgebildete Nation ist die moderne Nation, und wenn nun Ranke das Wesen der Nation im allgemeinen erörtert[2)], so hat er diese Form hauptsächlich im Auge. Noch einmal stellt er hinsichtlich ihrer die Frage: fällt sie mit dem Gemeinwesen des Staates zusammen, oder ist sie wesentlich von ihm verschieden? Ranke entscheidet sich für die Verschiedenheit und führt zunächst ein äußeres Kennzeichen dafür an. Räumlich, sagt er, fällt der Bereich der Nation bald mit dem des Staates zusammen, bald geht er darüber hinaus, bald füllt er ihn nur teilweise aus. Die französische Nation z. B. reicht über das einheimische Staatsgebiet nach der Schweiz und nach Kanada, die englische nach den Vereinigten Staaten Nordamerikas; umgekehrt schließt der osmanische und der österreichische Staat eine Vielheit von Nationen in seine Grenzen ein; und wieder eine dritte Form entsteht, wenn eine Nation als überstaatliches, hauptsächlich durch Gemeinsamkeit der Kultur verbundenes Gemeinwesen sich in eine Vielheit kleinerer nationaler Staaten spaltet, wie es in alter Zeit für die Hellenen, seit der zweiten Hälfte des Mittelalters für die Italiener zutraf, in der Zeit zwischen dem Untergang des alten und der Gründung des neuen Reichs auch für die Deutschen, wenn man nämlich, wozu

---
[1)] Dies trifft auch für die Bildung der italienischen Nation zu (provinziale Einheit unter den römischen Kaisern, staatliche Zusammenfassung unter ostgotischer, langobardischer, fränkisch-deutscher Herrschaft), wenngleich der staatliche Zusammenschluß hier weniger fest erscheint. — Eine nicht von Ranke gestellte, aber seinen Auseinandersetzungen entsprechende Frage würde dahin gehen, ob man sich die Bildung eines Volkes — nach Ranke einer Nation — nicht schlechtweg, also gerade für die ältesten Zeiten, als bedingt durch den Zusammenhalt des Staates denken muß. Meinecke (Weltbürgertum und Nationalstaat, 4. Aufl., S. 4 Anm. 2), der die Nationen in Kultur- und Staatsnationen scheidet, verhehlt sich nicht die gegen eine zweifache Entstehung der Nationen sprechenden Bedenken, hält aber doch daran fest.

[2)] Hauptstelle: Politisches Gespräch S. 326f.

Ranke geneigt ist, dem Deutschen Bund die Anerkennung eines wirklichen Staates versagt.[1])

Aber wie steht es mit den innern, die Verschiedenheit bedingenden Merkmalen? Eine klare Ansicht läßt sich hier aus den allgemeinen Aussprüchen kaum gewinnen. Wenn er sagt, der Staat sei „eine Modifikation des nationalen Daseins"[2]), so möchte man eine Abspaltung der Nation in besondere Staaten annehmen, und wenn es umgekehrt heißt, daß die Nationen eine „Tendenz haben, Staat zu sein", so müßten, sobald die Tendenz verwirklicht würde, beide Gemeinwesen zusammenfallen. Wir müssen also sehen, ob wir weiter kommen, wenn wir tiefer in Rankes Darlegung greifbarer Verhältnisse eindringen. Zu dem Zweck richten wir unsere Betrachtung auf die zweite oben bezeichnete Seite des geschichtlichen Lebens, auf die unpersönlichen Zwecke der persönlichen Träger dieses Lebens.

Daß diese Zwecke sich in dem Begriff der Kultur zusammenfassen, ist schon oben bemerkt. Allein jetzt handelt es sich darum, den weiten Begriff der Kultur und die Art, wie sie in der Geschichte wirksam ist, eingehender darzulegen. Dazu ist wieder notwendig, daß wir zunächst die oben abgebrochene Untersuchung über Rankes Ansicht von der Bedeutung der Idee aufnehmen und zu Ende führen.

Als objektive Ideen hatte Ranke die Gedanken bezeichnet, in denen die dem Begriff der Kultur eingeordneten Lebensgüter, welche wirklich errungen sind, ihr geistiges Abbild finden. Diese Errungenschaften sind kein ruhender Besitz. Es liegt in ihnen eine treibende Kraft, die zu immer neuer Verteidigung und Prüfung, Vervollkommnung und Vermehrung des Erworbenen anregt, neben der Vorstellung der verwirklichten Güter also die Zweckvorstellungen der erst zu verwirklichenden hervorruft. Wir können diese Vorstellungen, die natürlich nur in der Richtung auf all-

---

[1]) Meineckes Kulturnation wäre nach dieser Ansicht als der abgetrennte Teil der ursprünglich zugleich staatlichen und kulturellen Gemeinschaft zu denken, der dann in Nachwirkung seines ursprünglichen Charakters zur staatlichen Einigung zurückstrebt.

[2]) S. o. Vgl. auch den Ausdruck „die im Staat ausgesprochene Nationalität". (Werke 49/50, S. 75.)

gemein wertvolle Güter in Betracht kommen, zwar nicht mit den Worten, aber im Sinne Rankes als subjektive Ideen bezeichnen. Sie erfüllen wie den Geist der Einzelnen, so auch die Gedanken und Bestrebungen jener großen Kollektivpersonen, die uns als Staat und Kirche entgegentreten. Wie sie nun in ihnen walten und im Dienst der umfassendsten Zwecke ihre Tätigkeit bestimmen, braucht Ranke für sie neben dem Wort „Ideen" mit Vorliebe das Wort „Tendenzen".[1]) Als solche die Geschichte des 16. und 17. Jahrhunderts beherrschende Tendenzen bezeichnet er z. B. die Gegensätze der katholischen und protestantischen „theologischen Systeme" mit ihrem Ziel, „sich die Welt zu unterwerfen"[2]), daneben die mit diesen Gegensätzen teils zusammenwirkenden, teils sie bekämpfenden „politischen Antriebe" der weltlichen Mächte[3]); überhaupt erscheinen ihm in den Ideen oder Tendenzen all die großen Ziele, welche das Wirken der staatlichen und kirchlichen Mächte hervorrufen. Treten die aufgestellten Zwecke in Gegensatz zu einander, so entstehen im Innern jener Mächte die Parteienkämpfe, in ihren auswärtigen Beziehungen die Auseinandersetzungen, welche die auswärtige Politik erfüllen. Die größten Kriege der Staaten entstehen vielfach nicht aus geschehenen, sondern aus befürchteten Eingriffen in ihre Rechte und Interessen. Dann gilt das Wort: „die Tendenzen bekämpfen einander".[4])

Auf solche Weise, je nachdem sie ein verwirklichtes oder erstrebtes Gut ist, erscheint die Kultur in den objektiven oder in den subjektiven Ideen. Welches sind nun aber die wesentlichen, die Zwecke des geschichtlichen Lebens ausmachenden Bestandteile der Kultur? In gelegentlichen, nicht gerade auf Vollständigkeit ausgehenden Aufzählungen

---

[1]) Es ist wohl nicht überflüssig, die Bemerkung nachzutragen, daß Ranke das Wort „Ideen" vielfach mit Synonymen vertauscht, die sich bald völlig, bald nur teilweise mit ihm decken. Der objektiven Idee entspricht meist das Wort „Prinzip". Dazwischen findet man die Ausdrücke Gedanke, Grundsatz, Richtung, Triebe.

[2]) Päpste I, S. 155.
[3]) Päpste II, S. 328f., 345f.
[4]) Hardenberg I, S. 88.

nennt Ranke die Gemeinwesen des Staates und der Kirche nebst den Grundlagen des Rechtes, weiter die idealen Güter der Religion, Sitte und Wissenschaft, der Kunst und Poesie, schließlich auch, aber meist sie übergehend, „die materiellen Kräfte", d. h. Technik und Handel und die durch sie hervorgebrachten Güter.[1]) In diesem Umfang ist ihm die Kultur „das Prinzip des gemeinschaftlichen Lebens des menschlichen Geschlechts"; auf ihr „beruht die Geschichte der Menschheit".[2])

Unter dem gemeinsamen Begriff der Kultur werden hier unpersönliche Kulturzwecke mit den beiden persönlichen Mächten des Staates und der Kirche zusammengefaßt, eine Verbindung, die nur statthaft ist, wenn die beiden letztern als Kulturträger, welche Kulturgüter hervorzubringen haben, anzusehen sind. Aber eben dies ist dem Staate oben (S. 382) abgesprochen: er hat die Kultur durch sein Recht und seine Verwaltung zu schützen und zu fördern, aber das Schaffen und Verwerten der Kulturgüter hat er andern Kräften zu überlassen. Als eine Kulturmacht steht er allen Kulturzwecken und Kulturträgern oder, wie ich fortan sagen werde, der Kultur im engeren Sinne ganz eigenartig gegenüber. Es ist das ein Verhältnis, welches denn auch in Rankes Darstellung der wirklichen Vorgänge überall, wie sich noch zeigen wird, zu seinem Rechte kommt, während es in den allgemeinen Aussprüchen zu scheinbarem Widerspruche führt. So kann er gegenüber dem Ausspruch, daß von der Kultur die Geschichte der Menschheit ausgehe, ein andermal sagen, daß auf der Kultur „keineswegs allein die geschichtliche Entwicklung beruhe".[3]) Er denkt eben in dem ersten Fall an den weiteren, im anderen an den engeren Begriff.

Wenn aber so der Staat aus der Reihe der persönlichen Kulturträger, die den unpersönlichen Kulturzwecken zugeordnet werden, ausscheidet, so haben wir an der Kirche

---

[1]) Päpste I, S. 23. Deutsche Geschichte I, S. 155; IV, S. 3. Universalgeschichte I, Vorrede S. 7, 10; IX, S. 2, 234.

[2]) Universalgeschichte VIII, S. 4—6; vgl. III I S. 3.

[3]) Universalgeschichte I, Vorrede. S. 8. Vgl. Werke Bd. 24, S. 39.

als persönlichem Kulturträger im Sinne Rankes nicht nur festzuhalten, sondern ihr auch noch eine zweite persönliche Macht zuzuordnen, von der oben die Rede war, nämlich die Nation.

Über die Kirche, die natürlich nur für die christliche Zeit in Betracht kommt, ist das Wesentliche bereits oben ausgeführt: sie schafft, verwaltet und entwickelt das Kulturgut der Religion. Welcher Art aber ist der Beruf der Nation? Wir müssen hier mit einiger Vorsicht den eigenen Aussprüchen Rankes folgen.

Gleich über die von der Kirche verkündeten religiösen Lehren sagt er, daß die Nationen sich dieselben nicht bloß empfangend, sondern in „immer wiederholtem Bezweifeln und Überzeugtwerden, Bejahen und Verneinen" aneignen. Von den idealen Kulturgütern überhaupt sagt er dann: „nicht allein in den Bildungen des Staates und der Kirche, oder in Poesie und Kunst tritt der Geist eines großen Volks [= Nation[1])] hervor, zuweilen werfen sich die besten Kräfte auf die wissenschaftlichen Gebiete".[2]) Demgemäß wird der Nation ein eigener Geist zugeschrieben, der sich in der Verbindung von Nationen zum europäischen Geist, zuletzt zum Geist des menschlichen Geschlechtes erweitert.[3]) Ein „Bewußtsein ihrer selbst", ja eine eigene „Lebensanschauung" wird der Nation zuerkannt.[4])

So erscheint die Nation als der persönliche Träger der in ihrem Kreise entfalteten Kultur. Allseitig allerdings ist damit ihr Wesen nicht umschrieben. Sieht Ranke sich einem Staat gegenüber, der relativ national geschlossen und freiheitlich entwickelt ist, und fragt er nach den persönlichen Kräften, welche in den Gang der rein staatlichen Ange-

---

[1]) Gleich in dem angeführten Passus werden beide Worte als gleichbedeutend gebraucht.
[2]) Deutsche Geschichte I, S. 4; V, S. 348. Englische Geschichte I, S. 37.
[3]) Deutscher, französischer Genius: Deutsche Geschichte V, S. 313; Französische Geschichte III, S. 262. Europäischer Geist: Französische Geschichte a. a. O.; Englische Geschichte IV, S. 338. Geist der Menschheit I, S. 4.
[4]) Universalgeschichte I, Vorrede S. 9. Englische Geschichte II, S. 95.

legenheiten antreibend oder hemmend, zustimmend oder ablehnend eingreifen, so bezeichnet er die Gesamtheit derselben als Nation. Hier also ist es das staatliche Leben, als dessen Träger die Nation erscheint. Und so können wir von ihr sagen, daß sie da, wo sie den Kern der Bevölkerung eines Staates ausmacht, also nicht, wie unter den Hellenen, in eine Vielheit von Staatswesen zerrissen ist, ein doppeltes Leben entfaltet[1]), einerseits als Staatsvolk, anderseits als eine Gemeinschaft der Kultur, die nach der oben gegebenen Bestimmung den Kreis ihrer Angehörigen auch über ihren staatlichen Hauptsitz hinaus erweitern kann.[2])

Hier kommt es hauptsächlich auf die letztere Seite an, auf die Eigenschaft der Nation, Trägerin einer eigenartigen Kultur zu sein. Sehen wir hier indes schärfer zu, so wird es doch wieder fraglich, ob wir einen wirklich klaren Begriff ihres Wesens gewonnen haben. Vor allem dasjenige Merkmal, in dem sich das persönliche Dasein der Nation am bestimmtesten aussprechen würde, nämlich das Bewußtsein ihrer selbst, erscheint in anderen Aussprüchen Rankes wieder zweifelhaft. Wenn er da von den geistigen Kulturgütern, wie Sprache und Sitte, Dichtung und Literatur spricht, so leitet er sie zwar aus dem „innern Leben" der Nation ab, jedoch nur aus ihrem „geheimnisvollen und unbewußten Dasein".[3]) Und wenn wir in diesem Zusammenhang auf die staatliche Betätigung der Nation hinüberblicken, so vernehmen wir gleichartige Äußerungen. „Nicht von umsichtigen Erwägungen, heißt es, werden die Völker geleitet, sie werden von großen Gefühlen bestimmt." Gefühle sind es daher auch, welche die deutsche Nation am Vorabend der Reformation ahnen lassen, daß „eine große Weltveränderung beginne", oder nach Besiegung des Schmalkal-

---

[1]) Zwiefacher Charakter in der Einheit der Nation, aber nicht zwiefache Nationen. (S. o. S. 385 Anm.)
[2]) Dies trifft mit der Meineckeschen Unterscheidung von Staats- und Kulturnation in gewissem Sinne zusammen; der Unterschied jedoch ist, daß hier nicht von zwei Nationen, sondern von zwei Seiten einer und derselben Nation die Rede ist.
[3]) Rede auf Jakob Grimm. (Werke 51/52, S. 505.)

dener Bundes, „daß das alte freie Germanien überwältigt sei".[1])

Als eine Lebensäußerung der Nation kann man auch die in ihren Wirkungen außerordentlich hoch bewertete öffentliche Meinung ansehen. Von ihr aber heißt es: „ohne vieler Gründe zu bedürfen", bricht sie plötzlich hervor und „bemächtigt sich der Geister." Nur „in den äußersten Umrissen mit sich selber in Übereinstimmung, wird sie in unzähligen größeren und kleineren Kreisen auf das mannigfaltigste modifiziert". Nicht vermögend, den Weg zu positiven Beschlüssen zu weisen, wird sie in Zeiten großer Entscheidungen doch stets „eine unzweifelhafte Hinneigung offenbaren" und sich dann als eine Macht bewähren. Sie hat „das Papsttum gründen, sie hat es auch auflösen helfen".[2])

Hiernach ist es klar, daß, wenn wir deutliche und ins einzelne entwickelte Anschauungen und Bestrebungen suchen, wir uns nicht an die Nationen im ganzen, sondern an ihre besondern Teile wenden müssen, wie ja auch Ranke selber in der anfangs angeführten Stelle nicht die Nationen im ganzen, sondern „ihre besten Kräfte" sich auf die wissenschaftlichen Gebiete werfen läßt. Wir werden dabei aber im Sinne Rankes verfahren, wenn wir damit beginnen, daß wir gleich in den untersten Kreis hinabsteigen und nach der Bedeutung fragen, die er der Einzelperson im Leben der Nation und weiterhin, da sich hier nicht ängstlich trennen läßt, im Leben der Staaten, Kirchen, aller geschichtlich bedeutenden Gemeinschaften überhaupt beimißt.

Auf den ersten Blick kann es da scheinen, als ob alle großen Errungenschaften auf dem Gebiete der Kultur, und zwar der Kultur im weitesten Sinne, im ersten Antrieb sowohl, wie im schließlichen Ergebnisse den Einzelpersonen zu verdanken seien. Der Charakter und das Verhalten hervorragender Einzelpersonen muß daher auch als Spiegel eines bestehenden Kulturstandes dienen. Indes, nimmt die Einzelperson jene Antriebe und Ergebnisse, die ihr zuge-

---

[1]) Englische Geschichte IV, S. 301. Deutsche Geschichte I, S. 147f.; V, S. 140.
[2]) Päpste I, S. 87; II, S. 132. Deutsche Geschichte II, S. 124. Werke 49/50, S. 196.

schrieben werden, lediglich aus sich selbst? Wenn Ranke die schöpferische Wirksamkeit des Erasmus auf dem Gebiete der Altertumswissenschaft schildert[1]), muß er, um die Anfänge seiner Entwicklung zu erfassen, auf die Einwirkung zweier geschlossener Kreise zurückgehen: der Vertreter der scholastischen Theologie, die ihn abstießen, der Vorkämpfer der humanistischen Studien, die ihn überwältigend anzogen. Wie er dann die ihm entgegengebrachten philologischen Studien schöpferisch weiter bildete, vor allem nach der theologischen Seite hin, war es die Empfänglichkeit der humanistischen Kreise, welche es ermöglichte, daß seine Anregungen die entsprechenden Früchte trugen.

Nehmen wir ein zweites Beispiel. Das Aufblühen der klassischen, vornehmlich der dramatischen Poesie in Frankreich wurde dadurch ermöglicht, daß sich in Paris eine „gute", d. h. aus wohlhabenden, angesehenen und gebildeten Mitgliedern bestehende „Gesellschaft" zusammenschloß, in deren regelmäßigem Verkehr „die poetischen Produktionen der Zeit Mitgefühl, Würdigung und Kritik fanden". Diese Gesellschaft ist es, welche an die Dichtung der Zeit mit einem lebhaften Bedürfnis nach neuen, „ihren Geist entsprechenden" Stoffen und Formen, zugleich mit klar gedachten Regeln der Korrektheit und Maßhaltung herantrat. Indem nun die großen Dramatiker auftraten, welche jenes Bedürfnis befriedigten und diesen Regeln sich fügten, bildete sich ein Verhältnis gegenseitiger Abhängigkeit zwischen beiden Teilen: Urteil und Geschmack der Gesellschaft ward von den Dichtern weiter entwickelt, aber „kein Autor konnte wagen, die Fäden ihres innern Lebens unangenehm zu berühren".[2])

Deutlicher noch wird diese Einordnung des Einzelnen in ein allgemeines Leben in seinen Beziehungen zu Staat und Kirche. Bahnbrechende Denker sind es, die hier in ihren Theorien „das Ideal einer neuen Weltordnung" aufstellen und dadurch in die Entwicklung jener Mächte bald maßvoll, bald gewaltsam eingreifen. Aber die Entstehung dieser Theorien ist bedingt durch die wirklichen Verhält-

---

[1]) Deutsche Geschichte I, S. 176 f.
[2]) Vgl. 6. Kapitel, 12. Buch der Französischen Geschichte (Bd. 3).

nisse, die man umgestalten will, durch die Gedanken, welche über die Natur dieser Verhältnisse unter den Zeitgenossen umlaufen. Und so kann man auch von solchen Schöpfungen sagen, daß sie „den geistigen Sinn und Inhalt der Tatsache reproduzieren".[1]) Wenn dann aber die Einzelnen nicht bloß denkend, sondern handelnd ins öffentliche Leben eingreifen, so erscheint das Verhältnis gegenseitiger Abhängigkeit in einer Form, die Ranke an den Gegensätzen von Freiheit und Notwendigkeit erläutert. Die Notwendigkeit erkennt er da, wo eine mit Massenkraft wirkende „Tendenz" die Völker oder große Kreise derselben durchdrungen hat. Ihre „nötigende Gewalt" äußert sich bis zu dem Grade, daß sie selber „sich ihre Organe hervorruft, welche sie durchzuführen geneigt und fähig sind".[2]) In diesem Sinn mußte sich Pius IV. den Tendenzen der Gegenreformation fügen; in demselben Sinn war Friedrich dem Großen durch den Gang „der Dinge, die in niemandes Willkür gestanden", die Aufgabe gestellt, für seinen Staat eine von dem Belieben der europäischen Mächte unabhängige Stellung, „nach welcher das gesamte Staatswesen emporstrebte, auch wirklich zu erreichen".[3])

Der so gefaßten Notwendigkeit steht nun aber die Freiheit gegenüber, mit der die Einzelpersonen ins öffentliche Leben eingreifen. Die besondere Art dieses Eingreifens hängt von ihren Anlagen, ihrer Ausbildung, vor allem aber von ihrem sittlichen Charakter ab. „Moralische Erhebung und Selbstvergessenheit, heißt es, ist die vornehmste Eigenschaft, die den Menschen macht."[4]) Und wie dann die Sittlichkeit in die Religion zurückgeht, so heißt es weiter: „alles menschliche Tun und Lassen hängt von dem religiösen Begriff ab, in welchem man lebt."[5]) Die so das Wirken der Einzelperson bedingende Eigenart derselben zur Anschauung

---

[1]) Päpste II, S. 120. Englische Geschichte V, S. 294/5.
[2]) Werke Bd. 40, Vorrede. Consalvi, a. a. O. S. 144. Päpste I, S. 228; II, S. 331. Deutsche Geschichte V, S. 194.
[3]) Preußische Geschichte I, Einl. S. 20; II, S. 251; III, S. 224.
[4]) Französische Geschichte I, S. 141. Preußische Geschichte III, S. 298.
[5]) Französische Geschichte IV, S. 246.

zu bringen, ist Aufgabe der individuellen Charakteristik. Das Verfahren Rankes, in dem er sich als Meister der Charakteristik bewährt, folgt dabei der Regel, uns die Personen vorzuführen, wie sie von ihrem Eintritt ins öffentliche Leben an zu den an sie herantretenden Fragen ihre Stellung nehmen und zu wirken beginnen, um dann, wenn sie auf den Höhepunkt oder auch zum Abschluß ihres Wirkens gelangt sind, in zusammenfassendem Überblick zu schildern, wie sie wurden und waren, was sie erstrebt und errungen haben. Ihr Wesen durch allgemeine Urteile zu kennzeichnen, liebt er nicht, er sucht es mehr durch Hervorhebung charakteristischer Erlebnisse und Betätigungen anschaulich zu machen, immer aber die Bedeutung der Wechselbeziehungen zwischen ihnen und den Vorgängen in den großen Mächten der Staaten, Kirchen und Nationen ins Licht zu stellen. Wärme des sittlichen Urteils und der menschlichen Teilnahme durchleuchtet alle diese Schilderungen; aber auch da liebt er es nicht, sein Urteil in Kraftsprüchen dem Leser aufzudrängen; er läßt es mehr aus der Art der Darstellung der Einzelzüge hervorgehen, und nur wo eine ungewöhnliche Verachtung der sittlichen Gesetze ihm entgegentritt, spricht er wohl ein kräftiges Verdammungsurteil aus: so, wenn er das Treiben Papst Alexanders VI. und seines Hofes als „den geraden Gegensatz alles Christentums" bezeichnet, oder wenn er den Koadjutor Retz mit einer Charakteristik einführt, in welcher die „tiefe Immoralität dieses Menschen" als der wahre Kern seiner Natur enthüllt wird.[1])

Auf diesem Grund der Eigenart der Einzelpersonen gestaltet sich nun ihr Verhältnis zu den allgemeinen Mächten in fortlaufenden Wechselbeziehungen, in denen das Treiben und das Getriebenwerden bald auf der einen, bald auf der anderen Seite ist. Ein Beispiel dafür bietet die Darstellung des Verhältnisses zwischen Luther und der deutschen Nation. Die in gewaltsame Bewegung gekommenen Motive einer nationalen Opposition gegen das Papsttum haben Luther ergriffen und fortgerissen, er selber hat die aus seinem eigensten Innern stammenden religiösen Beweggründe in sie hinein-

---

[1]) Päpste I, S. 34. Französische Geschichte III, S. 58.

getragen und mit ihnen die Nation über die von ihr selbst gesetzten Schranken gelegentlich hinausgedrängt; denn „der ewig freie Geist bewegt sich in seinen eigenen Bahnen".¹) Zur Tragödie gestalten sich solche Gegensätze, wenn ein Monarch, wie Karl I. von England, im Kampf für seine Ziele untergeht, später aber derjenige Teil derselben, welcher die Grundfesten der staatlichen und kirchlichen Verfassung seines Reiches enthält, sich als siegreich erweist. Mit Recht erscheint dann der hingerichtete König im Lichte des „Märtyrers".²) Wieder anders und doch verwandt erscheinen Männer wie Pym, Sieyès, Mirabeau, welche die von den vergangenen Jahrhunderten überlieferten Ordnungen zerstören und dadurch den Boden für einen Neubau schaffen, der jedoch „auf anderer Grundlage erfolgt, als welche sie gelegt haben". Sie stehen, sagt Ranke „gleichsam zwischen zwei Welten".³)

Wenn aber so die Tätigkeit der allgemeinen Mächte von Staat, Kirche, Nation durch die Einzelpersonen ergänzt und beschränkt wird, so bemerken wir bei näherem Zusehen, daß sich zwischen beide Teile noch andere Gemeinschaften schieben, welche eine vermittelnde Stellung einnehmen. In diesem Sinn fanden wir Erasmus in seiner Entwicklung und Wirksamkeit zugleich empfangend und schöpferisch tätig innerhalb des Kreises der Humanisten. Der Kreis, der ihn so umgab, war zusammengehalten durch die Gemeinschaft eines großen Kulturzweckes und durch die Notwendigkeit steten Zusammenwirkens für die damit gestellten Aufgaben. Eine Organisation fehlte ihm, aber wie stark das Bewußtsein der Zusammengehörigkeit war, veranschaulicht Ranke an dem einmütigen Eintreten der Humanisten für eins ihrer Häupter, für Johann Reuchlin, bei dessen Konflikt mit der Inquisition. In ähnlicher Weise zeigt er uns die Entstehung des klassischen Dramas in Frankreich als bedingt durch die gegenseitigen Einwirkungen der schaffenden Dichter und einer zugleich führenden und geführten Gesellschaft. Und wenn er die ins öffentliche Leben so mächtig

---
¹) Deutsche Geschichte I, S. 306 f., 332.
²) Englische Geschichte III, S. 336 f.
³) a. a. O. III, S. 179.

eingreifende philosophische und politische Literatur Frankreichs im 18. Jahrhundert behandelt, so läßt er wieder Antrieb und Erfolg aus den gegenseitigen Beziehungen der führenden Denker und einer über die Hauptstadt und die Provinzen ausgebreiteten „Gesellschaft in den höheren und mittleren Kreisen des Lebens" hervorgehen.[1])

Es sind hiernach die großen Zwecke geistiger Kultur — das Wort in seinem engern Sinne gefaßt —, für welche sich jene freien, nicht organisierten Gesellschaftskreise bilden, die den Einzelpersonen die nötige Führung und Verstärkung in der Entfaltung ihres Lebens bieten und ihre gemeinsamen Anliegen den obersten Gemeinschaften, vornehmlich dem Staat gegenüber, vertreten. An und für sich erwachsen nun gleiche Bildungen noch deutlicher erkennbar aus den Zwecken der wirtschaftlichen Kultur. Aber auf diesen Prozeß näher einzugehen, hat Ranke nicht unternommen. Er berührt die Aufgabe nur, wenn er, nicht zwar konsequent, aber doch gelegentlich im Hinblick auf bestimmte Staaten und Zeiten — auf Deutschland für die Zeit vor der Reformation, auf die spanischen Lande für das 16. und 17. Jahrhundert, auf den Kirchenstaat fürs 18. Jahrhundert — die Gliederung des Volkes in die vom Mittelalter überkommenen, durch Sonderrechte geschiedenen Stände überblickt und deren Lebensverhältnisse schildert, wobei denn dem wirtschaftlichen Beruf und Zustand eine hohe Bedeutung zukommt.[2])

Aber auch innerhalb der geistigen Kultur ist die Bildung ihrer gesellschaftlichen Träger wohl für besonders bedeutende Zeitabschnitte, wie die oben angeführten Beispiele lehren, dargelegt, nicht aber in ihrer gesamten Entwicklung stetig verfolgt. Und so bleibt es im ganzen doch dabei, daß, als die über die Einzelpersonen hinausgehenden Träger der Kultur neben den Kirchen die Nationen, diese aber in unbestimmter Form, erscheinen. Um so dringender erhebt sich da die zweite oben gestellte Frage, ob die im engern Sinne gefaßte Kultur nach ihrem von den persönlichen Trägern

---

[1]) Französische Geschichte IV, S. 405—406.
[2]) Deutsche Geschichte I, S. 134f. Fürsten und Völker I, S. 299f. Päpste III, S. 40f., 77f.

abgetrennten Inhalt als Gegenstand einer erschöpfenden geschichtlichen Darstellung anerkannt ist.

Übersieht man Rankes Geschichtschreibung im ganzen, so gewinnt man den Eindruck, daß er drei Kulturgebiete, wenn nicht der Ausführung, so doch dem Grundsatze nach als durchgehende Bestandteile geschichtlicher Darstellung angesehen hat. An erster Stelle ist es, wie schon oben (S. 364 f.) ausgeführt wurde, die Religion; im Zusammenhang mit der Religion sind es an zweiter Stelle die in Umrissen wiederzugebenden philosophischen Lebensanschauungen, und im Zusammenhang mit der Entwicklung der Staaten sind es an dritter Stelle die einander folgenden politischen Theorien. Im übrigen verwendet der Geschichtschreiber ein anderes Mittel, um die Kultur, und zwar in der Hauptsache nur die geistige Kultur[1]), nicht in ihrer stetigen Entwicklung, aber doch nach einem jeweilig erreichten Zustand, nicht in ihrem vollen Umfang, aber doch in einer nicht ganz gleichmäßigen Auswahl maßgebender Erscheinungen zur Anschauung zu bringen. Im Anschluß an die Geschichte der Staaten pflegt er, wenn er in ihr auf einen gewissen Höhepunkt gelangt ist, ein Kapitel einzuschieben, in dem er aufgrund der zeitgenössischen Literatur und etwa auch der Denkmäler der Kunst die ihm als maßgebend vorkommenden Erscheinungen der Wissenschaft[2]), Poesie und Kunst in großen Zügen vorführt. Eine gleichmäßige und genetisch gehaltene Darstellung der Kultur hat er also nicht als seine Aufgabe angesehen.

Fassen wir nunmehr die Gesamtheit der bisherigen Erörterungen zusammen, so können wir sagen, daß in ihnen die Teile, aus denen sich im Sinne Rankes das Ganze der Geschichte zusammensetzt, dargelegt sind. Aber es ist etwas anderes, diese Teile begrifflich auseinander zu legen, und etwas anderes, zu zeigen, wie sie sich zur Einheit des geschichtlichen Lebens verbinden, und welche Kräfte diese Verbindung bewirken und ihren geschichtlichen Gang in seinen Zielen und Erfolgen lenken. Wollen wir nun auch diese Fragen

---

[1]) Über Berücksichtigung der wirtschaftlichen Verhältnisse als Teile der staatlichen Wirtschaft s. S. 396.
[2]) Alle Hauptgebiete derselben werden durchmustert in dem Kapitel der Deutschen Geschichte V, S. 336 f.

im Sinne der Rankeschen Geschichtschreibung beantworten, so wird es sich empfehlen, von einem anschaulichen Beispiel auszugehen. Ich wähle dazu die Behandlung der Geschichte des romanisch-germanischen Staatenkreises.

Die Entstehung dieses Kreises nahe verwandter Staaten leitet Ranke ab von der unter den Stürmen der Völkerwanderung und dem Untergang des weströmischen Reiches erfolgten Verschmelzung von zweierlei Nationalitäten, zweierlei Rechtsordnungen und zweierlei geistigen Kulturen. Die Nationalitäten waren die erobernden germanischen Stämme einerseits, die romanisierte Bevölkerung des weströmischen Reiches anderseits; beide traten einander gegenüber als Träger ihrer selbständig entwickelten Rechtsordnungen und Kulturen. Wie nun aber aus der Mischung dieser drei Elemente die neuen germanisch-romanischen Staaten hervorgehen, sind es wieder zwei Umstände, welche den neuen Bildungen einen festen inneren Zusammenhang geben. Der eine lag in der unbedingten Überlegenheit der römischen, von der christlichen Religion durchdrungenen Kultur über der von den Germanen mitgebrachten Geistesbildung, woraus die Unterwerfung dieser Völkerschaften unter das Christentum und die ihrem Verständnis zugänglichen Teile antik-römischer Bildung erfolgte, der andere bestand darin, daß es die christliche Weltkirche unter ihrem mächtig sich entwickelnden Papsttum war, welche die Erziehung der Völker in christlicher Religion und Geistesbildung wahrnahm. Als ein universales Gemeinwesen nahm sie den jungen Staatenkreis in sich auf, erfüllte ihn mit dem Bewußtsein innerer Gemeinschaft und brachte das Bedürfnis, daß der Weltkirche, schützend und dienend, eine staatliche Weltmacht in dem wieder auflebenden römisch-mittelalterlichen Kaisertum zur Seite treten müsse, zur Anerkennung und Verwirklichung.

So entstand ein System von Staaten, deren Angehörige einander nahe verwandt, deren Rechtsordnungen einander ähnlich, deren Religion und Geistesbildung eine und dieselbe war, über denen sich eine staatliche Weltmacht zu vorwaltendem, eine Weltkirche zu herrschendem Ansehen erhob. Von selber entsprang aus dieser Gleichheit der Lebensordnungen und Lebensinhalte eine weitgehende Übereinstimmung und ein vielfaches Zusammenwirken in allen staatlichen und kulturellen Betätigungen. Staatliche Unternehmungen, wie die Kreuzzüge, die Gründung des lateinischen Kaiserreichs zu Byzanz und der Königreiche auf der Pyrenäischen Halbinsel, die Unterwerfung der heidnischen Völker jenseits der Elbe und längs der Ostsee gingen aus dieser Gemeinsamkeit ebensowohl hervor, wie die Schöpfungen auf dem Gebiet der Kunst und der Poesie, der Rechtswissenschaft und der Theologie, der kirchlichen Verfassung und des Dogmas. Die freie Bewegung der Einzelstaaten war dadurch in hohem Grade gebunden; denn in ihrer Gemeinschaft erschienen sie als ein „gleichsam einziger, weltlichgeistlicher Staat", in dessen Bereich „Staaten in vollem Sinne des Wortes, die nämlich mit einer „von keiner fremden Rücksicht gefesselten Staatsgewalt" ausgerüstet sind, noch gar nicht vorhanden waren.[1])

Begrifflich gefaßt, führt uns Ranke die Gesamtheit dieser Lebensinhalte und Bestrebungen als ein „System von Ideen"[2]) — objektiven und subjektiven Ideen nach der obigen Auseinandersetzung — vor: in seiner Gesamtheit das Errungene, wie das immer neu Erstrebte in sich fassend, macht ein solches System dasjenige aus, was er als den Zustand eines größeren Zeitabschnittes der Geschichte, oder, die Benennung einfach der zeitlichen Umgrenzung entlehnend, als eine geschichtliche Epoche bezeichnet. Wie schon angedeutet, entsteht eine solche Epoche aus der ihr vorausgehenden, die sich selber bei dem Übergange auflöst. Es ist das ein Prozeß, der sich, wie eine fortgesetzte Betrachtung der Geschichte zeigen würde, stetig wiederholt, so daß wir sagen können: die Geschichte vollzieht sich in dem Wechsel aufeinander folgender Zustände oder Epochen.[3])

Zur näheren Kennzeichnung dieses Wechsels wären im Sinne Rankes vor allem zwei negative Bestimmungen vorauszuschicken. Einmal, in der Natur des hier in Betracht kom-

---

[1]) Päpste I, S. 23. Deutsche Geschichte IV, S. 27. Französische Geschichte I, S. 84f.
[2]) Deutsche Geschichte IV, S. 44.
[3]) Deutsche Geschichte I, S. 55. Frankreich und Deutschland, Werke 49/50, S. 61. Universalgeschichte IX 2, S. 4—6.

menden Wechsels liegt es, daß vieles untergeht, das den Untergang verdient, vieles erhalten wird, das dauernden Wert aufweist, dabei aber teilweise durch Umbildungen und Neubildungen zurückgedrängt wird. Darum darf man nicht wie die Romantiker und ihr sachkundigster Vorkämpfer J. Fr. Böhmer es für das deutsche Mittelalter beanspruchten, eine bestimmte Epoche „gleichsam als bevorzugte Zeit Gottes betrachten" und die Rückkehr zu ihr fordern. Aber entschiedener noch muß eine philosophische Ansicht — Ranke schreibt sie Hegel zu — verworfen werden, nach der die jeweilig frühere Epoche nur die Aufgabe hat, die ihr folgende hervorzubringen; in Wahrheit hat jede Kulturperiode „ihr eigenes Selbst", das in der Gegenwart Wohl und Wehe der Zeitgenossen bedingt, der Zukunft aber neben dem, was zerstört oder umgebildet wird, vielfach auch Schöpfungen überliefert, die in ihrer Art unübertrefflich und darum immer von neuem in ihrer Reinheit zu erfassen und anzueignen sind. Die verschiedenen Epochen ordnen sich nicht nur in einem Nach-, sondern auch in einem Nebeneinander.[1])

Suchen wir nun aber nach diesen negativen Bestimmungen den allgemeinen Grund des Wechsels, so sehen wir uns auf den schon angeführten Ausspruch (S. 369) hingewiesen, nach dem „die Ideen, durch welche menschliche Zustände begründet werden, zwar aus dem Göttlichen quellen, aber dasselbe niemals vollständig enthalten." Darum folgt dem neuen Leben, das sie spenden, der Verfall, in dem die Lebenskraft erlischt. Ideen, zunächst subjektiver Art, sind es dann wieder, die in diesem Verfall die Bildung neuer Zustände bewirken. So war es innerhalb jenes weltlich-geistlichen Staates der romanisch-germanischen Völker die Idee der Nationalität, aus der die modernen Nationen hervorgingen, und wie es Aufgabe der Nation ist, die Zustände, in denen sie lebt, selbständig zu prüfen und fortzubilden (S. 389), so war es die deutsche Nation, aus welcher der kirchliche Protestantismus und damit die Lösung der kirchlichen Gebundenheit der Völker, es war die französische Nation, aus welcher in dem Bündnis Franz' I. mit den Osmanen

---

[1]) Universalgeschichte IX 2, S. 4—6. Rede auf Böhmer, Werke 51/52, S. 5424/3. Deutsche Geschichte IV, S. 3.

der „politische Protestantismus"¹) und damit die Lösung der politischen Gebundenheit herbeigeführt wurde.

Nun aber wirken die Ideen nur durch die Persönlichkeiten, die von ihnen erfüllt sind. Auf welche Persönlichkeiten es dabei im Sinne Rankes ankommt, haben wir schon gesehen. Um aber von der Art, wie deren Wirken zustande kommt und sich in seinem weiteren Gange vollzieht, eine Vorstellung zu gewinnen, wenden wir uns an die mächtigste und vielgestaltigste Persönlichkeit, an den Staat.

So mannigfaltig die den Willen des Staates hervorbringenden Kräfte — die eigentlichen Staatsorgane, die frei sich bildenden Parteien und die einzelnen Staatsbürger — sein mögen, schließlich müssen sie doch für einen obersten Zweck zusammenwirken. Als solchen betrachtet Ranke in erster Linie das als angemessen erkannte Maß von Macht, welches zu erringen, zu verteidigen und unter Umständen zu erweitern ist. Aber sofort fügt er hinzu: der reinen Macht oder Gewalt habe „unser europäisches Gemeinwesen sich noch niemals unterworfen". Die Macht müsse „mit Ideen erfüllt" sein, das will sagen, sie muß der Sicherung und Förderung der Kultur dienstbar werden.²) Damit hätten wir zunächst freilich nur eine Formel, die auch oben schon (S. 381/2) ausgesprochen ist, aber Leben gewinnt diese Formel, wenn wir beachten, daß jener oberste Zweck und all die ihm untergeordneten besonderen Zwecke, bevor sie aufgestellt und bevor sie verwirklicht werden, harte Arbeit des Gedankens sowohl, wie der Tat erfordern, und daß diese Arbeit sich in Kämpfen vollzieht, welche sowohl die äußern, wie die innern Verhältnisse des Staates erfüllen.

Indem nun Ranke die Entwicklung der Staaten, vornehmlich der romanisch-germanischen Staaten, vom 16. bis 18. Jahrhundert verfolgte, traten ihm als solche Kämpfe die Konflikte entgegen, die aus dem Gegensatz der verfolgten Zwecke sich zwischen den Staaten nach außen, zwischen Königtum und Ständen nach innen ergaben. Bei der Entwirrung dieser Konflikte stellte sich als eine neue Verwicklung die Verbindung heraus, in welche Mächte, die an sich entgegen-

---

¹) Deutsche Geschichte IV, S. 27.
²) Päpste II, S. 120. Französische Geschichte I, S. 215.

gesetzte Ziele verfolgten, durch den Kampf gegen einen gemeinsamen Gegner zusammengeführt wurden. So verband sich Franz I. von Frankreich, der in seinem Staat die Alleinherrschaft der katholischen Kirche mit erbarmungsloser Justiz aufrechthielt, gegen den katholischen Kaiser Karl V. mit den Osmanen und den deutschen Protestanten. So schlossen in England die durch ihre politisch-kirchlichen Grundsätze gespaltenen Parteien der Whigs und Tories das Bündnis, welches Jakob II. vom Throne stürzte. Solche Verbindungen, die doch eine Verleugnung der sonst bekannten Grundsätze und Zwecke in sich schließen, stellen den Forscher vor die weitere Frage, wie weit überhaupt diese Grundsätze und Ziele, welche die Staaten in ihrer auswärtigen Politik, die Parteien in ihren innern Auseinandersetzungen verkünden, ernst gemeint oder nur zum Scheine vorgewandt sind. Strebte Elisabeth von England, als sie ihrer Politik alsbald eine feindliche Richtung gegen Spanien gab, aufrichtig nach Befestigung und Ausbreitung der protestantischen Religion und Kirche oder nach Sicherung ihrer bedrohten Herrschaft und nach Hebung der materiellen Kräfte ihres Staates mit allen Mitteln des Seehandels, des Schmuggels und des Seeraubes? Hatte Montaigne recht mit der Behauptung, daß in den französischen Religionskriegen die Kämpfer, denen es um Religion und Vaterland Ernst sei, noch keine Kompagnie ausfüllen würden?

Mit derartigen Fragen sieht sich der Geschichtschreiber vor die Aufgabe gestellt, die Motive, welche im Gang des staatlichen Lebens die Staatsgewalten, die Parteien und schließlich die Einzelnen bestimmen, festzustellen. Hierbei aber tritt ihm eine Mannigfaltigkeit der bald übereinstimmenden, bald entgegengesetzten, bald nebeneinander laufenden, bald sich durchkreuzenden Antriebe entgegen, vor der ihm der volle Einblick in das öffentliche Leben als kaum erreichbar erscheinen wird. Um ihn jedoch soweit als möglich zu gewinnen, bieten sich für Ranke in seinen vorher auseinandergesetzten Anschauungen vornehmlich zwei Hilfsmittel.

Das erste ergibt sich ihm aus der Beobachtung, daß gewisse allgemeine „Tendenzen" in stark bewegten Epochen hervortreten und sich der maßgebenden Kreise der Staaten oder Kirchen bemächtigen (S. 387, 393). In ihnen wird eine Summe von Antrieben zu einer einzigen mächtigen Strömung zusammengefaßt, und eben damit die Verschiedenheit der Motive überwunden. Das zweite ergibt sich aus den Grenzen, welche der Kraft der Hauptvertreter der gegensätzlichen Motive, also den Parteien, den Parteihäuptern und den selbständigen Denkern gesetzt sind. Als in der ersten Englischen Revolution im Jahre 1643 der Covenant zwischen dem englischen Parlament und den Schotten geschlossen wurde, entsprach die Umwandlung der englischen Kirche nach den Idealen presbyterianischer Kirchenordnung der innern Überzeugung der meisten Parteiführer, wie Henry Vane oder John Pym, keineswegs; aber sie mußten sich der Forderung der Schotten fügen, wenn sie ihr eigentliches Ziel, die „Durchführung eines vollkommenen Übergewichtes der parlamentarischen Gewalt", erreichen wollten.[1]) Als in Frankreich der Bürgerkrieg der Fronde wütete, war das wahre Ziel der adelichen Fraktionshäupter die Befriedigung ihrer Machtgier, ihrer Genuß- und Habsucht: der Staat war für sie nichts, „als ein Tummelplatz ihrer Verbindungen und ihrer Feindschaften untereinander".[2]) Aber schließlich wurde ihrem Treiben ein Ende gemacht durch die Reaktion der ordnungliebenden Pariser Bürgerschaft, und durch diese neue Schwächung der Aristokratie dem Fortschreiten des unbeschränkten Königtums der Weg geebnet.

So sieht Ranke über den sich wirr durchkreuzenden Motiven entscheidende, „in den Dingen wirksame Antriebe"[3]) walten, und diese rechtzeitig zu benutzen, macht, so bemerkt er, die Klugheit des Staatsmannes aus. Wir können hinzufügen: die verwirrende Mannigfaltigkeit der Motive richtig zu würdigen und zu zeigen, wie einheitliche Wirkungen aus ihnen hervorgehen, macht eine der schwierigsten Aufgaben der Geschichtsforschung aus, deren Lösung allerdings nicht nach einer allgemeinen Formel, sondern nach der Natur der jeweiligen Vorgänge zu erfolgen hat.

---

[1]) Englische Geschichte III, S. 173, 177.
[2]) Französische Geschichte III, S. 86/7.
[3]) a. a. O. S. 113.

Gehen wir aber in Betrachtung der Aufgaben Rankescher Geschichtschreibung noch einen Schritt weiter, so bemerken wir, daß eine ähnliche Mannigfaltigkeit, wie in den Motiven so auch in den Zuständen, die als allgemein und relativ beharrend gedacht werden, und ihnen gegenüber in den sie hervorbringenden und aus ihnen wieder entspringenden Ereignissen, die als einzelne und vorübergehende erscheinen, stattfindet. Für die Art, wie dies letztere Verhältnis, besonders die Bedeutung der Einzelvorgänge zu erfassen ist, hat Ranke eine eigene Ansicht, die er in dem vieldeutigen Worte „Moment" zusammendrängt. Ähnlich wie das Wort „Idee", erheischt dasselbe eine nähere Erklärung.

Wenn er seine Darstellung der Bewegungen der Fronde mit der Bemerkung schließt: „wir haben den Gang der Begebenheit von Moment zu Moment verfolgt"[1]), so bedeutet das Wort die aufeinander folgenden Einzelvorgänge, in die ein größerer Verlauf zerfällt. Wenn er von der Faktion der Jakobiner sagt, daß sie „eine große Idee zu ergreifen wußte, die dem Momente entsprach", so reicht die Bedeutung schon weiter und bezieht sich auf den Zeitpunkt, der für die Verwirklichung einer Idee, d. h. eines großen und allgemeinen Zweckes geeignet ist. Von hier aus den Begriff weiter entwickelnd, sagt er: alle Umgestaltung großer Verhältnisse „entspringt in den Momenten großer Krisen", in Zeiten, in denen sich „in einem Augenblick alle Fragen der Zukunft zusammendrängen". Ein solcher kritischer Moment war es, in dem der Senat die Beendigung von Cäsars gallischer Statthalterschaft festsetzte, weil er den Anstoß zu dem Entscheidungskampf zwischen Republik und Monarchie gab, oder auch der Zeitpunkt, da der französische König Karl VIII. in dem eroberten Neapel einzog, weil er den Anstoß zu den gewaltsamsten Umwandlungen im europäischen Staatensystem gab, oder endlich der Augenblick der vereitelten Flucht König Ludwigs XVI., da er den unausgleichbaren Gegensatz zwischen dem französischen Königtum und der Nationalversammlung enthüllte, die republikanische Partei ermutigte

---

[1]) Französische Geschichte III, S. 113. Der gleiche Ausdruck Werke 49/50, S. 61.

und unter den europäischen Mächten das Bewußtsein von der gemeinschaftlichen Sache des Königtums verstärkte.[1]

Noch weiter geht eine dritte Bedeutung des Wortes, in der es nicht mehr einen einzelnen Vorgang, sondern eigentlich einen Zustand bezeichnet, nur daß derselbe im Gegensatz gegen die umfassenden und dauerhaften Zustände als ein mehr beschränkter und vorübergehender erscheint. So heißt es von Lamennais, er sei darin ein „rechter Franzose, daß er alles auf den vorhandenen Moment bezieht", den Moment im Sinne der „politischen Lage, wie sie sich gerade in dem Augenblick, wo er schreibt, gestaltet hat". In ähnlichem Sinn wird einmal von „momentanen Bestrebungen" geredet, welche die Zeitgenossen mit den „ewigen" verwechseln.[2]

Diese mäßige Überschreitung der ursprünglichen Bedeutung läßt indes den eigentlichen Sinn des Momentes unberührt: er verhält sich zum Zustand, wie das Einzelne zu dem daraus hervorgehenden Allgemeinen. Fragt man aber, woher in der geschichtlichen Darstellung die Anschaulichkeit und die das Mitgefühl erregende Lebendigkeit vornehmlich entspringt, so antwortet Ranke: aus der treffenden Wiedergabe des Momentes: er selbst habe zeitlebens darnach gestrebt; aber noch sei in dieser Beziehung die französische Geschichtschreibung der deutschen überlegen.[3] Anderseits freilich führe es zur Verflachung, wenn man „nur in dem Gefühl des Momentes" lebe; gegenüber dem Vorübergehenden müsse das „Allgemeingültige", d. h. die in den Zuständen ausgeprägten Ideen, richtig erfaßt werden.[4]

Wenn nun aber so die Personen, einzelne oder kollektive, die Ereignisse hervorbringen, aus den Ereignissen die Zustände hervorgehen, die Folge der Zustände aber die

---

[1]) Universalgeschichte II 2, S. 280 Ursprung der Revolutionskriege S. 66/67, 181. Savonarola, Werke Bd. 40, S. 217.
[2]) Werke 49/50 S. 308. Päpste I, S. 177.
[3]) Ansprache beim Doktorjubiläum, Werke 51/52, S. 590. Talent der französischen Nation, auch in der Politik den Moment richtig zu erfassen: Franz. Geschichte II, S. 113.
[4]) Rede auf Grimm, Werke 51/52, S. 503.

Geschichte ausmacht, so bleibt die Frage übrig, ob diese Folge der Zustände, deren ursächliche Verkettung nach allem bisher Gesagten als selbverständlich anzunehmen ist, eine Entwicklung im wahren Sinne ist, d. h. eine Aufeinanderfolge, welche durch einheitliche, folgerecht sich verwirklichende Zwecke, die schließlich einem obersten Zwecke untergeordnet sind, beherrscht wird. Zur Beantwortung dieser Frage entnehme ich die Beispiele abermals der Behandlung der staatlichen Geschichte.

Wenn Ranke bei Gelegenheit der Thronbesteigung Georgs III. auf die ganze englische Geschichte zurückblickt, so gewinnt er den Eindruck, daß es eine Geschichte aus einem Stück ist, aus der das gewaltige Reich hervorging, an dessen Aufbau „lange Jahrhunderte hindurch ein folgerichtig tätiger Volksgeist, der alles Fremdartige von sich stieß und nur das Analoge in sich aufnahm, gearbeitet hatte".[1] Diese folgerechte Ausgestaltung erkennt er vor allem in dem Gang der Verfassung, deren Wesen ihm hauptsächlich in dem Verhältnis zwischen Königtum und Parlament erscheint. Auf einem doppelten Grunde ist, wie er darlegt, dieses Verhältnis entstanden und ausgebildet. Der erste liegt in der Verschmelzung der getrennten Volksteile zur Einheit der Nation und der Gliederung der Nation nach den Ständen der hohen Aristokratie und der Ritterschaft, des Bürgertums und der Freisassen. Der andere Grund liegt in dem vertragsmäßigen Charakter[2], auf dem das Verhältnis seit dem Erlaß der *Magna Charta* beruhte und sich weiter gestaltete. Auf diesen Grundlagen hat sich dann das Rechtsverhältnis zwischen Königtum und Parlament ausgebildet, nicht ohne gewaltsame Schwankungen und Ausschläge nach entgegengesetzten Extremen, aber immer wieder zurückkehrend auf eine mittlere Linie, bis zu der unwiederbringlichen Einschränkung der königlichen „Prärogative" und der Befestigung der vorwaltenden Macht des Parlamentes unter der hannoverschen Dynastie.

In ursächlichem Zusammenhang mit dieser Ausbildung der Verfassung vollzieht sich nun eine weitere, doppelte

---
[1] Englische Geschichte VIII, S. 107.
[2] a. a. O. I, S. 54.

Entwicklung, einerseits der kirchlich-religiösen Zustände, anderseits der auswärtigen Machterweiterung. Unter dem Zeichen des Widerstandes gegen die päpstlichen Machtansprüche erfolgte gleich die erste Grundlegung parlamentarischer Verfassung, und unter diesem selben Zeichen wirkten seit Eduard I., vollends seit Eduard III. Königtum und Parlament zusammen, so daß beim Eintritt der Stürme der Reformation die auf dem Wege parlamentarischer Gesetzgebung vollzogene Loslösung der englischen Kirche vom päpstlichen Primat, wie eine weiter gehende Konsequenz ohne große Schwierigkeiten erfolgte. Und wieder geschah es unter dem Zusammenwirken von König und Parlament, daß unter Elisabeth der letzte Schritt, die Gründung einer protestantischen Staatskirche, erfolgte. Die nun eng verbundenen Mächte des Staates und der Kirche standen in tödlicher Feindschaft gegen die katholische Kirche und die von ihr geleiteten Staaten, aber auch infolge der scharf ausgeprägten bischöflichen Verfassung im Gegensatz gegen die übrigen protestantischen Kirchen; sie wurden „im Verhältnis zur übrigen Welt exklusiv und egoistisch".[1]

Und nun die auswärtige Machterweiterung! Elisabeth führte einen Vernichtungskampf gegen die spanisch-katholische Weltherrschaft, Wilhelm III. stritt im ähnlichen Sinne gegen die französisch-katholische Diktatur im europäischen Staatensystem; hierbei aber drängte sich mehr und mehr, wieder im Einklang zwischen Königtum und Parlament, eine weitere Richtung der englischen Politik in den Vordergrund: sie ging auf die Gründung einer maritimen und kolonialen Weltmacht, unter Niederringung der Nebenbuhler, erst in Spanien, dann in Frankreich und den Niederlanden. Mit dem Ausblick auf die in der zweiten Hälfte des 18. Jahrhunderts schon in vollen Zug kommende Verwirklichung dieses Ziels schließt Ranke seine englische Geschichte.

In ähnlichem Sinn behandelt er die Geschichte Preußens und Frankreichs in den diesen Staaten gewidmeten Werken. Leitend ist überall der Gedanke, daß ein lebenskräftiger Staat

---

[1] Englische Geschichte III, S. 320—321; IV, S. 363.

eine Persönlichkeit ist, ähnlich wie die Einzelperson, daß demgemäß unter dem Zusammenwirken seiner innern Kräfte und der äußern Einwirkungen sein Dasein eine fortschreitende Entwicklung erfährt, kraft deren einerseits die Kulturgüter, welche den Inhalt seines Lebens ausmachen, reicher und vollkommener werden, anderseits sein persönlicher Charakter eigenartig ausgestaltet wird: die meisten europäischen Staaten z. B. haben um die Mitte des 17. Jahrhundert diejenige Ausprägung ihres Charakters erfahren, mit der sie dann in die folgenden Jahrhunderte eingetreten sind.[1] Nun aber vollzieht sich die Entwicklung der Persönlichkeit unter dem Antrieb von Zwecken, deren Keim in ihrem Wesen gegeben ist, oder wie Ranke sagen würde, von eingeborenen Ideen (S. 366). Zwecke also sind es, die das Wirken eines Staates hervorrufen, und innerlich zusammenhängende und stetig verfolgte Zwecke sind es, die eine Entwicklung, wie sie dem englischen Staate nachgerühmt wird, verursachen.

Aber dieser innere Zusammenhang und dieses stetige Verfolgen wird immer wieder gestört durch entgegengesetzte Zwecke und durch Abspringen von der eingeschlagenen Bahn. Nur im Kampf mit solchen Widerständen, der durch die Wechselfälle vorgreifender Neuerung, rücksichtsloser Wiederherstellung und umsichtigen Ausgleichs hindurchführt, kann jene Grundrichtung in Verfolgung der Zwecke immer wieder die Herrschaft gewinnen und durch eine Folge sich ursächlich verkettender Zustände in einem bestimmten Endergebnis ausmünden. Daß dieses Endergebnis sich freilich nach der Verschiedenheit der Staaten sehr verschieden herausstellt, zeigt der Ausblick, mit dem Ranke seine englische und anderseits die französische Geschichte abschließt. In England findet er eine relative Harmonie der lebendigen Kräfte des Staates, welche einen gedeihlichen Fortgang der innern und auswärtigen Politik verspricht. In Frankreich, wo er gleichfalls eine bestimmte, aber ganz anders geartete Zweckrichtung, nämlich die Ausbildung einer unbeschränkten, mit der alleinherrschenden katholischen Kirche verbündeten Monarchie und die fortgesetzte

---

[1] Englische Geschichte V, S. 3. Der Staat als Individualität: Politisches Gespräch S. 328/29.

Vergrößerung des Gebiets und der Macht nach außen, die Herrschaft gewinnen sieht, leitet er aus der Überspannung dieser Bestrebungen die seit dem Ausgang Ludwigs XIV. hervortretende innere Entzweiung in den politischen Anschauungen und zwischen den staatlichen Gewalten ab, eine Fülle von Konflikten, unter denen er Frankreich der großen Revolution entgegengehen sieht.

Also Verschiedenheit der von den einzelnen Staaten verfolgten Zwecke und des schließlich daraus hervorgehenden Ergebnisses, aber Übereinstimmung darin, daß eine bestimmte Richtung der Zwecke die Oberhand behauptet und eine einheitliche Entwicklung ermöglicht. Fragte man Ranke nach dem Grund dieser Verhältnisse, so müßte er die Übereinstimmung aus der den Menschen von Gott gesetzten Bestimmung ableiten, die Verschiedenheit aber auf die Irrtümer und Fehltritte, denen, wie die Einzelnen, so auch die Staaten in der Erfüllung ihrer Bestimmung ausgesetzt sind, auf die Mannigfaltigkeit der Anlagen, die er den Staaten und den von ihnen umschlossenen Nationen zuschreibt, endlich auf den Gang der Ereignisse, die ihre Geschichte ausmachen, zurückführen. Selbstverständlich aber war ihm, daß die allgemeine Formel Leben gewinnen mußte in der Darstellung der Wirklichkeit der geschichtlichen Vorgänge.

In der reichen Mannigfaltigkeit des wirklichen Lebens traten ihm aber dann doch wieder zwei Beobachtungen allgemeiner Art entgegen. Die eine faßte er in den Ausspruch zusammen, daß „bisher in den abendländischen Nationen", d. h. dem Staatssystem der romanisch-germanischen Völker, „die geistige Entwicklung noch immer fortgeschritten" sei.[1] Das will sagen: jenes Vorherrschen bestimmter Zweckrichtungen führte die westeuropäischen Staaten auf eine höhere Stufe der Entwicklung. Im Gegensatz dazu steht die zweite, hauptsächlich der alten und mittleren Geschichte entnommene Beobachtung, welche lehrt, daß große Staaten nach reichhaltiger Entwicklung auch wieder verfallen und untergehen. Allein wesentlich ist hier wieder die Einschrän-

---

[1] Briefe n. 194, S. 405.

kung, daß die in solchen Staaten gepflegte Kultur ihren Untergang nicht teilt. Als ein bewegliches Element findet sie Aufnahme und Fortbildung in den neu emporkommenden oder fortlebenden Staaten und bei den von ihnen umschlossenen bildungsfähigen Völkern. Sie gewährt uns gegenüber jenem Wechsel von Leben und Sterben das Bild eines einheitlichen Lebens, „welches sich fortschreitend von einer Nation zur andern, von einem Völkerkreis zum andern bewegt".[1]

Indem er so mit der Geschichte der Staaten die der Kultur verbindet, befestigt sich Ranke in der Ansicht von der Vorherrschaft einheitlicher Zwecke und einer dadurch bewirkten einheitlichen Entwicklung der vornehmern Staaten und Nationen, die er dann, wie in dem schon angeführten, so auch in mehrfach wiederholten Aussprüchen nicht ansteht, als Fortschritt zu bezeichnen. In diesem Sinne sagt er einmal: „darin könnte man den idealen Kern der Geschichte des menschlichen Geschlechtes überhaupt sehen, daß in den Kämpfen, die sich in den gegenseitigen Interessen der Staaten und Völker vollziehen, doch immer höhere Potenzen emporkommen, die das Allgemeine demgemäß umgestalten und ihm wieder einen andern Charakter verleihen."[2] Bestimmter und kürzer lautet es, wenn er von der „ununterbrochenen Kontinuation des Fortschrittes des allgemeinen Geistes" oder dem „materiellen und geistigen Fortschritt" redet, dessen sich das Menschengeschlecht bis heute erfreue.[3]

Aber auch hier treten uns sofort wieder zwei weitere Bedenken in den Weg. Zunächst jenes Vorherrschen der die fortschreitende Entwicklung bedingenden Zwecke, mit dem jetzt die Ansicht von dem ununterbrochenen Fortgang der Kultur in Zusammenhang steht, ist bisher nur als eine geschichtliche Tatsache gefunden. Sollte Ranke nicht doch noch einen allgemeinen Grund aufstellen, der beide Vorgänge als notwendig und allgemein nachwiese? Sodann, der Fortschritt, den er behauptet, setzt die Anlegung eines

---

[1]) Universalgeschichte I, Vorrede S. 9.
[2]) Universalgeschichte III 1, S. 6.
[3]) Deutsche Geschichte III, S. 137; V, S. 309. Die deutschen Mächte I, S. 82. Englische Geschichte II, S. 99. Universalgeschichte I, Vorrede S. 10.

Wertmaßes voraus, nach dem die späteren Zustände in Vergleich mit den früheren beurteilt werden. Hat Ranke ein solches Maß an die geschichtlichen Vorgänge angelegt?

Einen Hinweis auf die Beantwortung der ersten Frage kann man in der wiederholt hervorgehobenen Beobachtung sehen, daß lebensvolle Staaten zwar untergehen, aber nicht eher untergehen, als bis die in ihnen gepflegte Kultur zur Reife gediehen ist, daß anderseits lebenskräftige Staaten zwar neu emporsteigen, aber nicht eher emporsteigen, als bis sie den Fortbestand oder die Ausbreitung einer bereits entwickelten Kultur verbürgen können. So durften die Griechen dem Angriff der Perser nicht unterliegen, da ihre Kultur noch nicht vollendet war, während die Macht der Karthager nach dem Maß der von ihnen der Welt gebotenen Kultur „ohne Schaden für die von der punischen Einwirkung ergriffenen Stämme gebrochen werden konnte".[1]) In gleichem Sinn erfolgte die Gründung der makedonischen, dann der römischen, endlich der romanisch-germanischen Weltmacht erst dann, als die griechische, dann die griechisch-römische, schließlich die römisch-christliche Kultur fest genug gegründet war, um die Eroberer zur Annahme zu bestimmen.

Dieses Zusammentreffen nun ist Ranke geneigt, einer übermenschlichen, also göttlichen Fügung zuzuschreiben. Er spricht demgemäß von einer „Mission", welche der makedonische Eroberer erfüllte, von „weltgeschichtlichen Notwendigkeiten", von „einer Idee, die in den Ereignissen waltet".[2]) Indes bei all solchen Äußerungen fällt doch neben der unbestimmten auch noch die hypothetische Fassung auf: „wenn man es wagen darf, weltgeschichtliche Notwendigkeiten in ihrem Zusammenhang zu erörtern"; „wenn es eine Idee gibt, die in den Ereignissen waltet" usw. Vollends deutlich wird aber die Einschränkung, welche diese Gedanken erleiden, wenn sie als „Höhen" bezeichnet werden, auf denen „die Weltgeschichte sich nicht allein bewegt". In diesem Sinn wird nach dem Hinweis auf die in den Ereignissen waltende Idee, welche die Unterjochung der Griechen durch die Perser verbot, fortgefahren,

---
[1]) Universalgeschichte II 1, S. 299.
[2]) a. a. O. I 2, S. 153; II 1, S. 299; I 2, S. 210.

daß die eigentlich „historische Frage" auf die äußerlich faßbaren, politischen und militärischen Vorgänge sich richte, welche den Widerstand der Griechen ermöglichten.

Also Scheidung zwischen den geschichtlich festzustellenden Vorgängen und einer tiefer greifenden Erklärung, welche von denselben gefordert wird, aber nur hypothetisch, mit Hilfe philosophisch-religiöser Anschauungen geboten werden kann. Auf ähnliche Ergebnisse kommt Ranke, wenn er das Wertmaß zur Beurteilung des historischen Fortschrittes sucht.

Man muß dabei unterscheiden zwischen Fortschritten in rein staatlicher Entwicklung und Fortschritten im Gang der Kultur im engern Sinne. In letzterer Beziehung glaubte er für die Geschichte der Wissenschaft, der Sittlichkeit, der Poesie und Kunst einen festen Maßstab in den Zielen und Gesetzen des Denkens und Erkennens, des sittlichen und ästhetischen Urteils zu besitzen. Indem er ihn anlegt, findet er einen im einzelnen wohl gehemmten, im ganzen aber stetigen Fortschritt in den Naturwissenschaften und der auf sie gegründeten Technik und materiellen Gütererzeugung. Aber er stockt schon, wenn er manche Seiten der Philosophie und Geschichtschreibung ins Auge faßt, die ihm bereits in der griechischen Literatur als vollendet erscheinen; als vollends unübertrefflich, wenigstens innerhalb der Grenzen des in ihnen zur Anschauung gebrachten Inhalts, kommen ihm die Meisterwerke der antiken Poesie und Kunst vor, und selbst die Frage, ob in der sittlichen Haltung der Einzelnen wie der Völker seit den Zeiten des klassischen Altertums ein durchgehender Fortschritt zu erkennen sei, möchte er nicht einfach bejahen.[1]

Die eigentlichen Schwierigkeiten beginnen aber erst, wenn die Untersuchung an die Gebiete von Religion und Kirche und weiterhin an die rein staatliche Entwicklung herantritt. Die hier angelegten Maßstäbe der Beurteilung wird man nicht erfassen können, ohne auf die rein persönlichen politischen und religiösen Anschauungen Rankes etwas näher einzugehen. Ich beginne mit den letztern.

---

[1] Vorträge vor König Max, Universalgeschichte IX2, S. 1—13, 238. Vorrede Doves zu IX2, S. 7f., 13f.

Im Jahre 1830, als er an der Schwelle des Mannesalters stand, schrieb Ranke: er habe in der Philosophie keine „bereits im System ausgesprochene Meinung; aber das philosophische und religiöse Interesse ist es eben ganz allein, was mich zur Historie getrieben hat".[1]) Den hier bezeichneten Standpunkt hat er sein Leben lang festgehalten, und er gilt, wie für die Philosophie so auch für die Religion. Auch in dieser hat er sich nicht an einen Kreis systematisch geschlossener Dogmen gebunden, aber anderseits fest an gewissen Grundanschauungen gehalten. Man kann dieselben aus zwei Quellen ableiten: aus seinen philosophischen Studien und aus der Glaubensüberlieferung seiner Kirche. Von dem Ertrag der ersteren sagt er einmal: „mir genügt die älteste Philosophie, wie wir sie bei Plato und Aristoteles ausgebildet finden."[2]) Ergänzend bemerkt er jedoch an anderer Stelle, daß er wenigstens von einem neueren Philosophen einen tiefen Eindruck empfangen habe, nämlich von Fichte[3]), allerdings wohl mehr von der Fichteschen Philosophie in ihrer späteren Ausbildung mit ihrem das Gemüt ergreifenden Pantheismus, als von der starren Logik der Wissenschaftslehre.

Aus Plato und Fichte zugleich gewann er die Idee „des einen und geistigen Seins", das als das Eine und Absolute die Gottheit ist, als Vielheit und Beschränktheit in den Menschen erscheint: aus dem Verhältnis des Göttlichen zum Menschlichen entspringt das „innere Leben" dieser geistigen Welt, und an ihre Wahrheit glauben, das ist Religion".[4]) Wie aber wird das Wesen der beiden Glieder dieses Verhältnisses, des Menschen einerseits und Gottes anderseits näher von ihm bestimmt? Was die Menschennatur angeht, so rechnet er zu den nicht mehr zu übertreffenden Errungenschaften der alten Philosophie die Lehre Platos „von der Substantialität und Unsterblichkeit der Seele", sowie von

---

[1]) Briefe n. 77, S. 238/39.
[2]) Universalgeschichte IX 2, S. 12. Selbständiges Studium Platos: a. a. O. I 2, S. 76 Anm.
[3]) Meine Rede auf Ranke, S. 8 Anm.
[4]) Universalgeschichte I 2, S. 74; vgl. I 2, S. 3. Briefe n. 571. Meine Rede, a. a. O.

ihrer Rechenschaft nach dem Tode vor dem Gericht Gottes; unbeantwortet bleibe dabei jedoch die Frage nach dem „Ursprung der Seele".[1]) Indem er sich nun weiter zu Aristoteles wendet, möchte er dessen Aussprüche über die tätige und leidende Vernunft „für das beste erklären, was über den menschlichen Geist gesagt werden konnte". Nur die tätige Vernunft jedoch soll die „wahre" sein, und für sie findet er die Bestimmung, daß sie „gottverwandt sei".[2]) Ich denke, mit diesem Beiwort will er den gesuchten Ursprung der Seele im Sinn ihres Ausströmens aus der Gottheit erklären.[3]) In diesem Sinn sagt er von dem die Menschheit umfassenden allgemeinen Geist, er sei „göttlicher Natur"[4]), und umgekehrt von der Seele des Einzelnen, daß ein Augenblick für sie komme, da sie empfinde, „daß sie nicht in der gegenwärtigen Welt aufgeht und sich von derselben zurückzieht".[5])

Von dieser Ansicht des Menschengeistes findet Ranke, abermals an der Hand von Plato und Aristoteles, den Weg zur Gottesidee. Plato meint er, nähere sich der Wahrheit, indem er die Idee des Göttlichen mit der des Guten in eins setze, aber den notwendigen Gedanken von der „Persönlichkeit" Gottes habe erst Aristoteles erfaßt, indem er den „weltbeherrschenden göttlichen Geist" von der unpersönlichen Idee des Guten unterscheide.[6]) Wie sehr dieser Gedanke ihm selber Bedürfnis war, sprach er einmal in den Worten aus: er könne nicht leben „ohne die Gewißheit seines (Gottes) Lebens und seiner lebendigen Teilnahme am Menschen".[7]) So erscheint ihm Gott von der einen Seite als die Fülle alles Seins, in dem der Menschengeist „die Kraft" erkennt, „die

---

[1]) Universalgeschichte I 2, S. 76, 78. Vgl. II 2, S. 158: Unsterblichkeit und Vergeltung Grundlagen aller wahren Religion.
[2]) a. a. O. S. 78.
[3]) Er sagt: nach Sokrates sei der menschliche Geist „Ausfluß der höchsten (göttlichen) Intelligenz, also den Göttern verwandt" (a. a. O. S. 62).
[4]) Briefe S. 569/70.
[5]) Englische Geschichte I, S. 346. Vgl. das dunkle Wort von dem „geheimnisvollen Ich aller Existenz, welches der Welt entschwindet indem es sie erfüllt". (Die deutschen Mächte I, S. 188.)
[6]) Universalgeschichte I 2, S. 75/76, 77, 84.
[7]) Briefe n. 34, S. 146.

Leben in ihm schafft"¹), anderseits als der Weltenherrscher, der sich im Selbstbewußtsein erfaßt und den „autonomen" Geistern, die er sich gegenüberstellt, Ziele und Schranken ihres Daseins gesetzt hat.

Dies sind ungefähr die religiösen Grundbegriffe Rankes, die aus philosophischen Anschauungen entsprungen sind. Aber es gibt noch eine andere Quelle. Wo ihn die Geschichte der Reformation auf die Besprechung von Luthers großem Katechismus führt, bricht er in die Worte aus: „glückselig, wer seine Seele damit nährte, wer daran festhält".²) Also er bekennt, daß er in der Glaubensüberlieferung seiner Kirche aufgewachsen ist und an derselben festhält. „Ich glaube, sagt er noch als 87 jähriger Greis, ein guter evangelischer Christ zu sein." Seiner Zugehörigkeit zur evangelischen Kirche im Besuch des sonntäglichen Gottesdienstes bewußt zu werden, ist ihm darum noch in hohem Alter Bedürfnis³); vor allem aber bekennt er sich zu der Ansicht: „evangelisches Prinzip" sei „der tiefe unzweifelhafte Glaube an das Evangelium."⁴)

Wir dürfen hier nicht an der Frage vorbeigehen, wie sich Ranke persönlich zu diesem „Prinzip" stellte. Daß er in dem Evangelium eine göttliche Offenbarung sah, daß aber auch der Begriff, den er mit dem Wort Offenbarung verband, sich genau kaum bestimmen läßt, ist oben (S. 371) schon bemerkt. Zum Verständnis der Folgerungen, die er für sich persönlich aus der Anerkennung des Offenbarungscharakters der Bibel zog, führt wohl eine Unterscheidung weiter, die er zwischen dem Gehalt der Heiligen Schrift und ihrer Wortfassung macht: das Wort sei Menschenwerk⁵) und darum dem Wandel unterworfen; unter der Hülle des Wortes aber habe er das „unbedingt Gültige" gesucht, und dieses wieder „das Supranaturalistische, wie man es bezeich-

---

¹) Gebet aus den achtziger Jahren, Werke Bd. 53/54, S. 655.
²) Deutsche Geschichte II, S. 313.
³) Universalgeschichte III 1, S. 160. Briefe n. 296, S. 538; vgl. n. 182, S. 391.
⁴) Briefe n. 227, S. 446.
⁵) Briefe n. 22, S. 119. Er sagt: „Kreatur, wie Baum, Stein, Menschenstirn." Für das folgende Diktat von 1863, Werke 53/54, S. 29.

net", sei „doch auch nur eine Richtung des Geistes, die von allem System frei und ihrer Sache dennoch sicher sein kann". Klar ist, daß mit dieser Art des Bibelglaubens sich die Unterwerfung unter die in den protestantischen Bekenntnissen ausgeprägten Dogmen nicht vertrug, während anderseits die religiösen Anschauungen Rankes doch auch keineswegs begrifflos waren: nur zu tief ins einzelne eindringend und systematisch fest geschlossen sollten sie nicht sein. Betrachten wir sie in ihrer begrifflichen Fassung, so bemerken wir, daß sie einerseits auf eine seinen philosophischen Anschauungen entsprechende Umdeutung der wörtlich gegebenen biblischen oder kirchlichen Lehren hinausgehen, z. B. der Lehren von Christi Person, oder seiner Menschwerdung oder der Taufe[1]), teils auf eine Bestätigung oder Ergänzung der auf philosophischem Weg gewonnenen Sätze, so wenn er zu dem angeführten Ausspruch, daß Aristoteles' Lehre von der Seele unübertrefflich sei, doch alsbald den einschränkenden Zusatz beifügt: „die Offenbarung vorbehalten", oder wenn er hinsichtlich der Lehre von der Unsterblichkeit, die ihm doch eine „Grundlage aller wahren Religion" ist, bemerkt, daß man vielleicht ohne Annahme der Offenbarung darin über den Skeptizismus nicht hinauskommen könne.[2])

Nach diesen Erörterungen dürfte es von vornherein klar sein, daß das Wertmaß, welches Ranke zur Beurteilung der Entwicklung der Religion mitbringt, nicht ins Einzelne ihrer Lehren eindringt und nur mit Zurückhaltung angelegt wird. Nach seiner Ansicht vom Christentum als der vollkommenen Religion (S. 371) trägt er allerdings kein Bedenken, mit dem Eintritt desselben ein Fortschreiten der christlichen Völker auf eine höhere Stufe des Daseins anzunehmen. Auch von der Bedeutung der Reformation sagt er nicht ohne eine gewisse Schärfe: „unter Menschen, die der Vergangenheit kundig sind, müßte davon gar nicht mehr geredet werden, ob der Protestantismus in der Welt sein soll oder nicht".[3]) Daß der Protestantismus in der Welt ist, beruht im Sinn

---

[1]) Briefe n. 7, S. 79; n. 93, S. 268. Päpste I, S. 4f. Universalgeschichte III 1, S. 170.
[2]) Preußische Geschichte III, S. 295.
[3]) Französische Geschichte I, S. 109.

dieses Ausspruchs auf einem geschichtlichen Vorgang, daß er aber in ihr sein soll, kann nur an seinem innern Werte liegen, daran, daß er, wie es ein andermal heißt, „für die Fortentwicklung des menschlichen Geschlechtes von der größten Bedeutung war".[1]) Kommt der Geschichtschreiber dann aber weiter zu dem dauernden Auseinandergehen und der getrennten Entwicklung der katholischen und protestantischen Religionsgemeinschaft, so verstummt das eigentliche Werturteil. Sagt er z. B. bei Betrachtung der Lage Deutschlands im Jahre 1545, die allgemeine Annahme des Protestantismus „wäre das beste gewesen", so fügt er doch beschränkend hinzu: „für die nationale Entwicklung", — also nicht das beste schlechtweg.[2]) Ja, an anderer Stelle geht er bis zu dem Ausspruch, daß dem „protestantischen Geiste" derjenige der katholischen Restauration ein „von einem höhern Standpunkt aus vielleicht gleichartig zu achtender" sei.[3])

Fortan verfolgt er die Entwicklung beider Religionsgemeinschaften nach dem Maß der beiderseitig eingesetzten Kräfte und ihrer dabei ausgebildeten inneren und äußeren Beziehungen: von ihrem gegenseitigen Vernichtungskrieg bis zu dem zwischen ihnen hergestellten Gleichgewicht, von der Aussicht auf ein inneres Verständnis aufgrund vorherrschender Anerkennung des ihrem Bekenntnis Gemeinsamen zu abermaligem Auseinandergehen infolge immer schärferer Ausprägung der Dogmen und der hierarchischen Autorität auf katholischer und der fortschreitenden Lockerung von beidem auf protestantischer Seite, daneben endlich zu einer neuen geistigen Bewegung, kraft deren wie anderwärts so auch im preußischen Staat „nicht allein wachsende Unkirchlichkeit ein Charakterzug der Bevölkerung, sondern auch die Annahme der Offenbarung mit Heftigkeit bekämpft wurde".[4]) Überall sucht er die großen Zusammenhänge klarzulegen und gelegentlich ihren Fort-

---

[1]) Deutsche Geschichte III, S. 6.
[2]) Deutsche Geschichte IV, S. 247. Zum Überfluß fügt er noch hinzu, das Urteil erfolge, „abgesehen von aller doktrinellen Vorliebe", von „dem bloß historischen Standpunkt".
[3]) Päpste II, S. 14.
[4]) Friedrich Wilhelm IV. mit Bunsen, Werke 49/50, S. 395.

gang bis in die Zukunft hinein mit dem Ton starker innerer Teilnahme zu verfolgen, so z. B. wenn er seine römischen Päpste mit dem Ausspruch schließt: ob der Papst jene zuletzt wieder aufgestellten Ziele zu erreichen vermöge, das sei von allen großen Fragen des Jahrhunderts vielleicht die inhaltsschwerste —, aber von einem Urteil, wie diese Dinge verlaufen sollten, hält er sich fern. Es wird ihm genügen, wenn es ihm gelingt, aus der geschichtlichen Entwicklung heraus schließlich „auch die gegenwärtigen Dinge so wie sie sind zu sehen".[1]

Fast noch größer ist die Zurückhaltung des Urteils gegenüber der staatlichen Entwicklung, und zwar vor allem deshalb, weil Ranke sich zu einer allgemeingültigen Ansicht vom Wesen des Staates noch weniger bekennt als zu einem System religiöser Lehren. Soweit er sich in dieser Hinsicht allgemeinen Theorien nähert, beziehen sie sich hauptsächlich auf den Sitz und die Verteilung der maßgebenden Gewalten und werden, entsprechend dem scharf hervorgekehrten Grundsatz, daß jeder bedeutende Staat als ein „Individuum" sein eigenes „Selbst" hat[2]), nicht aus naturrechtlichen Sätzen, sondern hauptsächlich aus den gemeinsamen Eigenschaften der germanisch-romanischen Staaten abgeleitet. Gemeinsam erscheint ihm in dieser Beziehung die Monarchie oder, wie er auch sagt, das „germanische Fürstentum".[3]) Es ist ihm eine Gewalt, deren Ursprung ebenso gegeben ist, wie ihr Zweck: etwas „Ureigenes, Unabgeleitetes, Ursprüngliches".[4] Als unbeschränkt denkt er sie keineswegs. Gesetzliche Schranken richten ihr die ständischen Verfassungen auf; wo aber diese zusammengebrochen sind, wie es in Frankreich und Preußen geschah, da treten um so deutlicher in der Nation oder dem Volk die persönlichen Kräfte hervor, welche ohne feste Formen Schranken aufrichten und Ziele

---

[1]) An Manteuffel, 1850, September. (Werke 49/50, S. 611.)
[2]) Politisches Gespräch S. 323. „Eigenstes Selbst" des preußischen Staates: Briefe n. 239, S. 472.
[3]) Päpste II, S. 128. Romanisch-germanische Monarchie: Franz. Geschichte IV, S. 319.
[4]) Denkschrift von 1848, Nov. (Werke 49/50, S. 595. Datum: Meinecke [2. Aufl.], S. 440 Anm.)

vorschreiben. Stark sind nur solche Monarchen, deren persönliches Bewußtsein sich mit dem Gemeinwesen gleichsam verschmilzt[1]), die es verstehen, die streitenden Interessen der Volksklassen nach den Erfordernissen des allgemeinen Wohls auszugleichen und die Volkskräfte auf solche Ziele zu richten, die als große, zukunftsreiche Aufgaben teils dunkel empfunden, teils mit der Kraft allgemein hervorbrechender Überzeugungen erfaßt werden. Ein Königtum dagegen, von dem „die Gedanken der Menschen sich losreißen"[2]), ist mit dem Untergang bedroht.

Man darf wohl den letzten Grund dieser Gedanken in der Ansicht sehen, daß die von Gott in die Menschennatur gelegten Zwecke als eine unpersönliche Kraft das Leben der Völker beherrschen, und daß darum im Wechsel der Zeiten und Verfassungen denjenigen Persönlichkeiten die Führung zufällt, welche die jeweilig den Staaten und Völkern frommenden Zwecke richtig zu erfassen und tatkräftig zu verwirklichen vermögen. Von diesem Standpunkte aus waren ihm vor allem diejenigen Lehren widerwärtig, welche, absehend von jenen unpersönlichen Mächten, die Träger des staatlichen Willens in der unterschiedslosen Masse der gleichberechtigten Volksangehörigen sahen. Er faßte diese Meinungen zusammen in der Theorie von der Volkssouveränität mitsamt ihren Grundlagen, den Lehren vom Gesellschafts- und Herrschaftsvertrag. Die Theorie an sich wird als eine „Fiktion" bezeichnet[3]), aber sie bewährt sich als höchst verderblich, wenn eine Versammlung, die aus der Wahl des nicht mehr ständisch gegliederten Volkes, schlimmstenfalls nach allgemeinem und gleichem Wahlrecht, hervorgeht, sich als Vertreter dieses Souveräns ausgibt. Wenn daher Ranke der in Deutschland seit 1815, in Preußen unwiderstehlich seit 1848 emporgehenden Bewegung auf eine Verfassung, die nicht landständisch, son-

---

[1]) In Wilhelm III. „repräsentierte" sich das englische Gemeinwesen „gleichsam persönlich". (Englische Geschichte VII, S. 276.) — Hauptstellen für das Folgende: Deutsche Geschichte I, S. 311. Französische Geschichte I, S. 53. Politisches Gespräch S. 333f.

[2]) Französische Geschichte IV, S. 315.

[3]) Päpste II, S. 128.

dern repräsentativ sein sollte, bei der Dehnbarkeit seiner monarchischen Theorie nachgeben konnte, so steckte er doch seiner Nachgiebigkeit zwei sehr bestimmte Grenzen: einmal aus der Anordnung der Wahlen zur gesetzgebenden Versammlung mußte alles wegbleiben, was auf den Gedanken der Vertretung der ungegliederten Volksmassen, als des eigentlichen Souveräns, führen konnte, sie sollten vielmehr, wie er nicht gerade sehr bestimmt sagte, derart geregelt sein, daß „eine Majorität der Vernünftigen und Verständigen den Tendenzen der Zerstörung" entgegentrete. Sodann, das Königtum mußte stark genug bleiben, um die finanziellen und militärischen Grundlagen des Staates gegen die „Fluktuationen der Parteien" zu behaupten.[1]

Nun liegt auf der Hand, daß Anschauungen vom Staat und von der Staatsverfassung, wie sie sein sollen, die so im allgemeinen bleiben, keinen tief ins einzelne eindringenden Maßstab für Werturteile über die staatliche Entwicklung gewähren können. Und so wird Ranke doch wieder dazu geführt, zwar eine staatliche Entwicklung nach ursächlich sich aneinander reihenden und einen wachsenden Reichtum des Lebens herbeiführenden Zwecken anzunehmen, auf ein Urteil jedoch über den Wert dieser Wandlungen zu verzichten. Aber gibt es für ihn nicht eine andere Ansicht der Dinge, welche das Werturteil insofern ersetzt, als sie den neu eintretenden Zuständen nicht nur das tatsächliche Bestehen, sondern auch ein Recht des Bestehens zuerkennt? Eine solche Ansicht finde ich in dem Urteil, mit dem Ranke den Übergang Preußens von der absoluten Monarchie zum Verfassungsstaat begleitete. Im Jahre 1836 fand er eine Verfassung, wie sie in den süddeutschen Staaten in Kraft war, „entbehrlich"; denn „der öffentliche Geist habe noch andere Organe, die ihm oft sogar besser dienen".[2] Warum nun unterstützte er im Jahre 1848 die Bestrebungen, die in der Verfassung von 1850 ausliefen? Er antwortete: „das konstitutionelle Wesen ist eine Form, in welcher die jetzigen

---

[1] Rankes politische Denkschriften von 1848—1850. (Werke Bd. 49/50, besonders S. 587—589, 595—597, 604, 607, 610.) Vgl. Friedrich Wilhelm IV. mit Bunsen, a. a. O. S. 468, 580, 582.

[2] Politisches Gespräch S. 338.

Menschen nun einmal leben wollen, und Preußen insbesondere würde ohne seine Annahme die Führung der deutschen Staaten nicht erringen können¹); was aber so „in der Richtung der Zeit liegt", muß der Fürst tun.²) — Also, die überwältigende Kraft, die eine staatliche Neubildung dadurch bewährt, daß sie die maßgebenden Kreise der Staatsangehörigen fortreißt, zwingt dem betrachtenden Geschichtschreiber die Anerkennung ihrer Berechtigung ab —, natürlich unter der Voraussetzung, daß sie zu dem Sittengesetz nicht in Gegensatz tritt.

Die im Leben des Staates wirkenden Kräfte nach ihrer Stärke und ihren Wirkungen zu verstehen, ist hiernach das eigentliche Bestreben Rankes. Diese Wirkungen sind dann natürlich an den verfolgten und den erreichten Zwecken zu messen. Aber das Bestreben, sie mit einem feststehenden Werturteil zu meistern, tritt wenn nicht grundsätzlich, so doch tatsächlich zurück. Und diesem Verfahren entspricht auch die Stimmung, mit der er den politischen, wie den geschichtlichen Vorgängen überhaupt gegenübertritt. Sie ist von warmem Mitgefühl durchzogen, steigert sich aber nicht zur Leidenschaft. Die Gesinnung, welche über die Geschichtschreibung walten soll, spricht er einmal in den schönen Worten aus: „uns geziemt, milde und gut zu sein."³)

Fünftes Kapitel
Die politische Geschichte und die Kulturgeschichte

§ 1. Die politische Geschichtschreibung

Als Ranke von der Höhe des Greisenalters auf seine Universitätsstudien zurückblickte, sagte er: „historische Studien in meinem Sinne gab es zu jener Zeit in Leipzig nicht."⁴) Er hätte seine Aussage dahin verallgemeinern

---
¹) Denkschrift von 1848, Nov., S. 592—594.
²) Universalgeschichte IX 2, S. 237.
³) Briefe n. 44, S. 164.
⁴) Zum 50jährigen Doktorjubiläum. Werke Bd. 51/52, S. 588.

können, daß es in den ersten Jahrzehnten des 19. Jahrhunderts eine seltene Ausnahme war, wenn ein in die Universität eintretender Jüngling das Studium der Geschichte, als einer in sich geschlossenen Wissenschaft, zu seinem Lebensberuf machte.[1]) Erst allmählich und vor allem unter der Einwirkung der „historischen Übungen" Rankes hat sich an den deutschen Universitäten ein Kreis von Studierenden der Geschichte gebildet, und erst damit ergab sich jener regelmäßige Zufluß wohlgeschulter Kräfte, dem der mächtige Aufschwung der Geschichtswissenschaft in Deutschland gutenteils zu danken ist. Mit diesem Aufschwung hing es zusammen, daß zugleich die Frage nach dem Arbeitsgebiet, das der Geschichtschreiber zu bewältigen hat, schärfer ins Auge gefaßt wurde. Hierbei aber traten zwei neue Richtungen hervor: die politische Geschichte und die Kulturgeschichte.

Erstere führt wieder auf den Zusammenhang zwischen den Bewegungen im Staatsleben und der Behandlung der Geschichte. In Frankreich und England erwuchs die Geschichtschreibung eines Thiers und Macaulay gutenteils aus ihrer politischen Tätigkeit und den dabei gesammelten Erfahrungen und verfolgten Zielen. Wenig später traten in Deutschland Männer hervor — ich nenne Droysen, Sybel, Häußer, Treitschke, und als ihren Vorläufer Friedrich Christoph Dahlmann —, welche ihrem Berufe nach akademische Geschichtslehrer waren, zugleich aber an den politischen Kämpfen, wie sie in den deutschen Einzelstaaten um die Fortbildung der Verfassung, in ganz Deutschland um die Gründung des Bundesstaates geführt wurden, tätigen Anteil nahmen. Für diese Männer wurde der Nachweis, wie die Ziele, die sie in der Gegenwart verfolgten, oder genauer, wie im Streit der politischen Bestrebungen der Gegenwart diejenigen Ziele, die ihnen das Heil der Zukunft zu enthalten schienen, aus dem Gang der Geschichte herausgewachsen seien, zur wichtigsten Aufgabe und zum stärksten Antrieb

---

[1]) Solche Ausnahmen waren H. Leo (Aus meiner Jugendzeit, S. 103/4, 106. Vgl. S. 214, 215); G. H. Pertz, nachdem er von der Theologie abgegangen war (Deutsche Biographie Bd. XXV, S. 406); etwas später M. Duncker (Haym, Duncker S. 12).

der Geschichtschreibung. Unter ihren Händen entwickelte sich eine Geschichtsbetrachtung, welche sich von derjenigen Rankes vielfach unterschied.

Gemeinsam war beiden Teilen die Ansicht vom Staat als der Macht, welche die Mannigfaltigkeit des geschichtlichen Lebens ordnend und schützend umfaßt. Aber in der Art, wie sie Entwicklung und Wirksamkeit des Staates behandelten, gingen sie auseinander. Hören wir darüber die Auseinandersetzung Sybels, so scheint es, daß der Unterschied weniger in der Darstellung, als in der Beurteilung der Vorgänge gelegen wäre. Ranke soll den Vorgängen und Personen mit der Grundstimmung „ästhetischer Freude an jeder Erscheinung eines besondern Daseins" gegenübergetreten sein, das sittliche Urteil mit den Gefühlen „der Bewunderung oder des Abscheus" sei dabei zurückgetreten. Kennzeichen der andern Behandlung sei dagegen „Wärme der sittlichen Auffassung", ferner „ein bestimmtes Verhältnis zu den großen Fragen der Religion, der Politik, der Nationalität", und demgemäß „Klarheit und Kraft des nationalen Gefühls, Sicherheit des politischen Urteils" und schließlich „Verarbeitung des Stoffs nach politischen und sittlichen Prinzipien".[1]

Das eigentliche Gewicht fällt hier auf die Verarbeitung des Stoffs, also vor allem auf die Beurteilung der den Stoff abgebenden Vorgänge nach politischen Prinzipien. Denn daß die Gegenüberstellung von ästhetischer und ethischer Auffassung nicht zutrifft, daß vielmehr die Wärme des sittlichen Urteils auch bei Ranke vorhanden ist, wenngleich er den Lärm der Rhetorik verschmäht, ist schon oben (S. 394) dargelegt.[2] Aber wie hat man sich jene politische Beurtei-

---

[1] Sybel, Vorträge und Abhandlungen, herausgegeben von Varrentrapp, S. 294/95. Kleine histor. Schriften I, S. 349, 357.

[2] Allerdings handelt es sich auch hier um Grade der Beurteilung. Für Treitschke z. B. beruht der deutsche Partikularismus, d. h. die Behauptung der Souveränität der Kleinstaaten, entweder auf sittlich verwerflicher Gesinnung (zur Zeit des Rheinbundes „trat der deutsche Partikularismus in seiner Sünden Blüte", Deutsche Geschichte I², S. 232) oder auf Torheit (beim Wiener Kongreß „trabten die großen Kinder der Kleinstaaterei vergnügt auf ihren Steckenpferden dahin", S. 612). So schroffe Urteile sind für Ranke ausgeschlossen.

lung zu denken? Gehen wir davon aus, daß die Aktionen eines Staates durch die Jahrhunderte hindurch sich nach Ursache und Folge verketten, und daß diese Verkettung in dem Maße eine innere und stetig fortschreitende ist, als einheitliche Zwecke folgerecht festgehalten, und gleichartige Mittel und Verfahrungsweisen angewandt werden. Diese von Geschlecht zu Geschlecht überlieferten Zwecke und Verfahrungsweisen sind politische Prinzipien, nach ihnen urteilen heißt: feststellen, wie weit die Zwecke stetig verfolgt, fortschreitend verwirklicht und in diesem Fortschreiten immer reicher entwickelt sind, wie weit die Mittel den Zwecken richtig angepaßt und tatkräftig durchgeführt sind, wie weit endlich beides, Zwecke und Mittel, dem obersten Ziel des Gedeihens der Nation entsprechen. Auch hier nun, wenn man auf die Behandlung dieser Fragen durch Ranke und die jüngern Geschichtschreiber sieht, vonseiten Rankes etwa die Darstellung der englischen oder der preußischen Geschichte (s. S. 406—407) zum Vergleich heranzieht, wird man einen grundsätzlichen Gegensatz nicht finden, sondern wieder nur einen Unterschied des Grades. Man erkennt denselben vornehmlich daran, daß die politischen Historiker die Geschichte vor allem in kritischer Betrachtung der aktiven Politik und der daraus hervorgehenden Gestaltung der Staaten behandeln, sodann daß sie vorzugsweise die Ausmündung der politischen Arbeit in die Zustände der Gegenwart, und zwar nicht so sehr in abgeschlossene Errungenschaften, als in die noch im unabgeschlossenen Austrag befindlichen Streitfragen verfolgen. Deren Stand und richtige Lösung wollen sie aus der Entwicklung der Vergangenheit verstehen. Die Fragestellung, von der ihr Forschen ausgeht, führt sie ebensowohl, vielleicht noch mehr, von den Kämpfen der Gegenwart zurück zur Vergangenheit, als von den vergangenen Vorgängen zu den sie umgebenden Verhältnissen.

Suchen wir diesen Unterschied des Grades noch etwas genauer zu erfassen, so drängt sich eine tatsächliche Bemerkung auf. Ranke hat seine Arbeit vornehmlich der religiösen, wissenschaftlichen und kirchlichen Umgestaltung gewidmet, in deren Mittelpunkt die Reformation stand, die politischen Geschichtschreiber, unter denen wir Heinrich

Fünftes Kapitel. Politische Geschichte und Kulturgeschichte.

von Sybel in den Vordergrund stellen mögen, fanden ihr bevorzugtes Arbeitsgebiet in den Umgestaltungen der wirtschaftlichen, staatlichen und nationalen Lebensordnungen, in deren Mittelpunkt sie die französische Revolution sahen. Wenn nun Sybel in der Entwicklung, die diesen Umwälzungen vorausging und folgte, die herrschenden „Prinzipien" suchte, so glaubte er, auf Erfahrungssätze zu stoßen, welche mit der Kraft unverbrüchlicher Regeln wie in der Vergangenheit, so auch in der Zukunft sich geltend machten. Ein solcher Erfahrungssatz sollte z. B. besagen, daß die Beschränkung der freien Bewegung der individuellen Kräfte in Gewerbe und Handel, sei es durch Zunftordnungen, wie sie das Mittelalter, sei es durch staatliche Bevormundung, wie sie die Verwaltung Colberts geübt habe, in den neueren Jahrhunderten ein Mittel nicht zur Blüte, sondern zur Verkümmerung der Volkswirtschaft sei. Die Richtigkeit dieses Satzes habe inbezug auf staatliche Bevormundung Frankreich im 18. Jahrhundert erfahren[1]), es würde sie der preußische Staat erfahren haben, wenn die Nachahmung Colberts durch Friedrich Wilhelm I. Bestand gehabt hätte[2]), es würde sie also auch heutzutage jeder Staat erfahren, der den gleichen Versuch unternähme.

Man erkennt hier, wie die „politischen Prinzipien", indem sie als bis auf die Gegenwart wirkend abgeleitet und aufgestellt werden, einen lehrhaften Charakter gewinnen. Und eben dieser lehrhafte Charakter für die Entscheidung der staatlichen Fragen der Gegenwart ist es, was die politische Geschichtschreibung vorzugsweise kennzeichnet. Besonders deutlich tritt er uns — immer in den Worten Sybels — da entgegen, wo die geschichtliche Betrachtung sich den Grundlagen des preußischen und des deutschen Staatswesens zuwendet.

Nehmen wir in ersterer Beziehung als Beispiel das Verhältnis Preußens zu Polen. Daß die in den zwei ersten

---

[1]) Revolutionszeit I⁴, S. 28/29. — Wie Sybel weiter im Verlauf der Französischen Revolution selber das Prinzip erläutert findet, daß jede Abweichung von der freien Arbeit „sich furchtbar bestraft" (S. 213), habe ich nicht zu verfolgen.
[2]) a. a. O. S. 148.

polnischen Teilungen vollzogene Erwerbung von Westpreußen und Posen für die selbständige Entwicklung des preußischen Staates eine Notwendigkeit war, wird auseinandergesetzt, dann aus der notgedrungenen Beraubung Polens die Folgerung gezogen, daß jeder Versuch, den polnischen Staat zu kräftigen, solange er noch bestand, ihn herzustellen, nachdem er aufgelöst war, zugleich eine Bedrohung Preußens enthielt. Polens Schwäche, so heißt es im Hinblick auf die Verhältnisse von 1791, war für Preußen „Bedingung des Bestehens". Aber nicht nur für jene entfernte Vergangenheit, sondern als fortwirkend in die Gegenwart wird der Satz aufgestellt[1]), gewissermaßen als Lehrsatz für die preußische Polenpolitik.

Schärfer noch finden wir die Gedanken über den Verlauf der deutschen Geschichte und die daraus zu ziehenden Lehren entwickelt. Von der Zeit, da in dem untergehenden Karolingerreich über den deutschen Völkerschaften eine Nation sich zu bilden begann, trat auch, so meint Sybel, nicht gerade bewußt, aber als selbverständlicher Trieb, das Prinzip in Geltung, daß dieser Nation ein sie einheitlich umfassendes Staatswesen zuteil werden müsse. Warum aber blieb es ihr bis ins 19. Jahrhundert hinein versagt? Sybel antwortet: weil die Mittel, welche die Politik der deutschen Kaiser anwandte, über das Ziel hinausgriffen. Das Deutsche Reich, das zustande kam, war als Teil eines Weltreiches im Mittelalter mit den italienischen und burgundischen Landen, in den neueren Jahrhunderten mit den ungarischen, italienischen und slavischen Landen seiner habsburgischen Kaiser verbunden und dadurch außerdeutschen Interessen dienstbar gemacht und seiner inneren Befestigung beraubt. Indessen wuchs unter den Territorialstaaten, in die das Deutsche Reich sich auflockerte, der preußische Staat empor, als eine Macht, deren Aufgaben vermöge ihrer Zusammensetzung und ihrer geschichtlichen Entwicklung

---

[1]) So in der 1.—3. Auflage der Revolutionszeit. In letzterer: I, S. 266, Absatz „wer ein Herz für Preußen hat". In der 4. Auflage (S. 283, 291) sind die Worte, welche die Anwendung des im Text erwähnten Satzes auch auf die Gegenwart einschließen, gestrichen. Ein Beleg zunehmender Zurückhaltung.

mit denen der deutschen Nation zusammenfielen. Daß in der Vereinigung der Deutschen zu einem festeren Staatswesen, als sie bisher gefunden hatten, diesem Staat die Führung zufallen müsse, wurde demnach zugleich als Ergebnis der vergangenen Geschichte und als Aufgabe der nächsten Zukunft aufgestellt.

Sybel trug diese Ansichten im Jahre 1862 in seiner Schrift „Die deutsche Nation und das Kaiserreich" vor. In dem literarischen Streit, der darüber entstand, und in dem Julius Ficker[1]) als stärkster Gegner hervortrat, richtete sich der schwerste Vorwurf gegen die Methode dieser Geschichtsbehandlung: sie fälle ein Urteil über die Verkehrtheit der Politik vergangener Jahrhunderte, indem sie ihr Ziele stelle, die der Gegenwart angehören. In gereiztem Ton entgegnete darauf Sybel: er stelle keine fremdartigen Ziele auf, sondern gewinne aus „induktiver" Erforschung der für sich betrachteten Vorgänge ein Urteil über die schlimmen Folgen der nach Weltherrschaft strebenden Politik und die guten Folgen, welche nach dem Beispiel von Frankreich und England eine auf Beschränkung ausgehende Politik herbeizuführen versprach.

Also wiederum kein Unterschied in der Methode, nach der die geschichtlichen Erkenntnisse gewonnen werden, sondern nur in dem Maße, in dem sie für die politischen Aufgaben der Gegenwart verwertet werden. Aber zwei Fragen sind hierbei doch nicht zu umgehen. Einmal: bringt jenes scharfe Hervorheben der rein politischen, vor allem auf die Machtentwicklung der Staaten gerichteten Seite der Geschichte nicht die unüberwindliche Versuchung zu einer einseitigen Behandlung derselben mit sich? Sodann: liegt in dem Herausheben bestimmter als stetig und für die Gegenwart maßgebend angesehener Reihen politischer Zwecke und Verfahrungsweisen nicht die ebenso unüberwindliche Versuchung, die Tatsachen dem vorausgesetzten Gang

---

[1]) Das deutsche Kaiserreich, Innsbruck 1862 (bezieht sich erst auf die dem angeführten Buch vorausgehende Münchener akademische Festrede über „neuere Darstellungen der deutschen Kaiserzeit", 1859). Deutsches Königtum und Kaisertum, 1862.

der Aufgaben und Methoden der Politik gewaltsam anzupassen?

Dem ersten Bedenken trug Sybel noch selber Rechnung. Als er nach langer Zeit Gelegenheit fand, sein über die mittelalterliche Kaiserpolitik gefälltes Urteil nachzuprüfen, bemerkte er einschränkend, es solle dahingestellt bleiben, ob ihre Richtung und ihre Folgen „in andern Beziehungen nützlich, nötig, unvermeidlich" gewesen seien, nur „die Tatsache" stelle er fest.[1]) Es klang das wie eine Verwahrung, daß mit der Entwicklung von Macht und Recht des Staates der Inhalt der Geschichte nicht erschöpft sei, und die Verwahrung mußte um so wirksamer sein, je gebieterischer sich die Forderung der Aufnahme der Kulturgeschichte in die politische erhob, also aus der wissenschaftlichen Bewegung der Zeit sich ein Gegengewicht ergab.

In ähnlichem Sinn kann man auch sagen, daß gegen die zweite Versuchung das Gegengewicht nicht fehlte: es lag in der Ausbildung der methodischen Kritik und der damit verbundenen Schärfung des wissenschaftlichen Gewissens. Allerdings, wieweit es sich wirksam erwies, hing wieder sehr von der Eigenart des Geschichtschreibers ab, ob er mit der Anlage zu nüchterner Auffassung und Darstellung, wie Sybel, oder mit feurigem Temperament, reicher Phantasie und der Leidenschaft rhetorischer Darstellung begabt war, wie Treitschke. Bei Männern der letztern Art drängt sich das Urteil, wie es teils als sittliche Wertung, teils als Feststellung des Verhältnisses zwischen den verfolgten Zwecken und den angewandten Mitteln, zwischen den niederen und den höheren Zwecken auftritt, ungleich weitergreifend in den Vordergrund, als bei kühlen Naturen. Mag es sich um die Darlegung eines Vorgangs oder Zustandes, um die Charakteristik einer Person oder die Inhaltsangabe einer Schrift handeln, immer verbindet sich das Urteil, bald zusammenfassend vorgreifend, bald mit der tatsächlichen Beschreibung sich vermischend, mit der sachlichen Darlegung. Daß letztere dadurch an Klarheit verliert, daß auch die Versuchung zur

---

[1]) Begründung des Deutschen Reichs I, S. 4.

Umstellung des wahren Sachverhaltes verstärkt wird, liegt am Tage.

Ein Schritt weiter auf dieser Bahn führt den Geschichtschreiber dahin, daß er zu der Kritik der wirklich befolgten Politik die Vorschrift derjenigen hinzufügt, welche hätte befolgt werden sollen.[1]) Es gehört auch in diesen Zusammenhang, wenn er das persönliche Verhältnis, das er selbst zu den geschichtlichen Vorgängen einnimmt, in den Satz kleidet, daß „der Mensch nur versteht, was er liebt", oder wenn er die rechte Frucht, welche der Nation ihre Geschichte bringen soll, erst von einer „allen Gebildeten gemeinsamen nationalen Geschichtsüberlieferung" erwartet[2]), letzteres ein Satz, den man doch nur unter der Bedingung annehmen kann, daß die freie Bewegung der Kritik jedes einzelnen Forschers nicht der Tyrannei nationaler Vorurteile unterliegt.

Abgesehen indes von einzelnen Extremen, bleibt es dabei, daß der Unterschied, der zwischen den politischen Geschichtschreibern und Ranke besteht, kein die Methode der Geschichtsforschung grundsätzlich angehender ist und inbezug auf den Gegenstand, Art und Zweck der geschichtlichen Darstellung ebenfalls mehr praktischer als prinzipieller Natur ist. Tiefer greifend erscheint da der Gegensatz, der bei einer zweiten Form der Geschichtschreibung hervortritt, nämlich bei der Kulturgeschichte.

§ 2. Die Kulturgeschichte

Seit der Zeit Voltaires bestand ein teils verdeckter, teils offener Gegensatz zwischen Staats- und Kulturgeschichte. Hergebracht und noch durchaus vorherrschend war die Ansicht, daß Gegenstand der geschichtlichen Darstellung das Leben und die Entwicklung des Staates sei; aber durchgedrungen war doch auch die Forderung, Stand und Entwicklung der Kultur in die geschichtliche Darstellung aufzunehmen. Da nun aber der Inhalt der Kultur über den Bereich der staatlichen Aufgaben weit hinaus ging, so sah

---

[1]) Z. B. Treitschke bei Gelegenheit des Konfliktes zwischen Preußen und Österreich im Jahre 1790. (Deutsche Geschichte I², S. 109.)

[2]) a. a. O., Vorrede zu Bd. V und I (S. 5). Vgl. IV, S. 466.

man sich vor zwei Möglichkeiten geführt: entweder man fand eine innere Verbindung zwischen Staat und Kultur, vermöge deren die Geschichte beider trotz ihrer Verschiedenheit miteinander vereinigt, und dabei dem Staat seine herrschende Stellung gewahrt werden konnte, oder man brach mit dieser Vorherrschaft, indem man den Staat selber als einen Bestandteil der Kultur faßte und seine Geschichte in die Kulturgeschichte eingehen ließ.

Auf dem ersteren Wege war man, wie wir an dem Beispiel Rankes sahen, über eine äußerliche Verbindung von Kultur- und Staatsgeschichte nicht wesentlich hinausgekommen. Da war es natürlich, daß man den zweiten Weg versuchte. Als die vornehmsten Vertreter dieser neuen Richtung nenne ich Jakob Burckhardt und Karl Lamprecht. Vorsichtig und nicht ohne Vorbehalt lenkte ersterer auf den neuen Weg ein; vorbehaltlos beschritt ihn Lamprecht.

Wie nun zunächst Burckhardt die Aufgabe der Kulturgeschichte faßt, läßt sich nicht aus grundsätzlichen Erörterungen, die er nicht liebte, sondern nur aus der Art seiner Darstellung, vor allem aus seinem bedeutendsten Werk, aus der im Jahre 1860 zum erstenmal erschienenen „Kultur der Renaissance in Italien" entnehmen. Das Werk, so sagt er einmal, solle eine „Kulturepoche" darstellen, die ein durchgebildetes Ganzes vorstelle.[1] Was versteht er unter Kultur und Kulturepoche? Die Kultur umfaßt nach ihm Religion und Sitte, Kunst und Wissenschaft, Staat und individuelles Dasein, nicht aber, wie man wenigstens nach der stillschweigenden Übergehung annehmen muß, das materielle Wirtschaftsleben. Will man nun erkennen, wie er diese Kulturgebiete behandelt, so muß man mit dem beginnen, was er nicht behandeln will. Nicht darstellen will er den zeitweiligen Stand, den Inhalt und die Hervorbringungen der Fachwissenschaften, der Künste, der Religion oder auch den Organismus und Wirkungskreis der Staaten.[2] Auch die Absicht, aufgrund des als bekannt vorausgesetzten

---

[1] II, S. 77 (9. Aufl.).
[2] Gelegentliche Äußerungen über diese Ausschließung: I, S. 211 (Gelehrsamkeit und Wissen), 272 (Fachwissenschaften); II, 96 (Sprachwissenschaft), S. 14/15, 300 (Naturwissenschaft, Medizin), 108 (Musik);

Begriffs dieser Gebiete ihre Geschichte innerhalb des gewählten Zeitraums darzustellen, hegt er nicht. Die eingeflochtenen Abschnitte aus der Geschichte italienischer Staaten erscheinen nur als Beispiele, die Mitteilungen über die Entstehung, die Gebiete und Formen des Studiums und der Nachahmung der griechisch-römischen Literatur als Einleitung und Belege zu dem eigentlichen Gegenstand der Darstellung.

Um diesen eigentlichen Gegenstand zu erfassen, müssen wir, wie so oft, von dem Gegensatz ausgehen zwischen den unpersönlichen Kulturgütern und den Persönlichkeiten, welche dieselben hervorbringen, benutzen und genießen. Als letztere treten uns zunächst die Einzelpersonen entgegen, über ihnen das Volk, dessen Begriff als gleichbedeutend mit dem der Nation erscheint, innerhalb dieser endlich als dritte Bildung die Partikularstaaten Italiens. Das Verhältnis nun, in welches diese drei Persönlichkeiten zu der Kultur treten, indem sie einerseits aufgrund ihrer vorher schon errungenen geistigen Ausstattung und der von außen kommenden Einwirkungen neue Kulturgüter hervorbringen oder ihr Hervorbringen schützen und fördern, anderseits ihr ganzes Dasein unter der Einwirkung dieser neuen Hervorbringungen umgestaltet wird, kann man als den wahren Gegenstand der Darstellung bezeichnen. Um dies zu veranschaulichen, ist ein etwas näheres Eingehen auf den Gedankengang des Werkes erforderlich.

In dem Italien des 14. und 15. Jahrhunderts findet Burckhardt tiefgreifende Wandlungen sowohl in dem Verhalten der Regenten gegenüber den Aufgaben der Staatsregierung, als in den Beziehungen der Einzelpersonen zur Natur und Menschenwelt, und als gemeinsames Merkmal dieser Wandlungen tritt ihm die Befreiung der Persönlichkeit von der Macht des Überlieferten entgegen. Der Staat wird von seinen Regenten — in den Monarchien sind es die Selbstherrscher, in den Republiken die Häupter der politisch berechtigten Klassen — nach freier Berechnung der neu sich

---

I, S. 78 (Florentiner Geschichte). — Besonders charakteristisch ist die Ausscheidung der bildenden Künste aus seiner Betrachtung.

aufdrängenden Zwecke und Mittel[1]) und ohne Rücksicht auf das Hergebrachte gestaltet und verwaltet wie ein passiver Stoff in der Hand des Künstlers: als Kunstwerk wird er denn auch, wie er so geformt und regiert wird, geradezu bezeichnet. Wie dann die hiermit verbundenen gewaltsamen Umgestaltungen den veränderlichen Charakter der Staaten zur Anschauung bringen und die Wißbegier für die gleichartigen Veränderungen der früheren Jahrhunderte wecken, entsteht eine unvergleichlich reichere Auffassung und lebensvollere Darstellung der staatlichen Geschichte, verbunden mit originalen, aus selbständiger Beobachtung der Gegenwart und Vergangenheit abgeleiteten politischen Theorien. Wie ferner die berechnende Handhabung und Steigerung der Kräfte des Staates einen zahlenmäßig genauen Überschlag derselben erfordert, so geht hieraus, und zwar zunächst in Venedig und Florenz, die planmäßige Pflege der Statistik hervor.[2])

Ähnliche Wandlungen vollziehen sich gleichzeitig in der Persönlichkeit des Einzelnen. Auch er sucht sich der strengen Regelung seines Daseins, wie sie Stand und Gemeinde, Kirche und Staat ihm vorschreiben, zu entziehen, um sein Leben und Erkennen unter Benutzung der immer reichlicher zuströmenden Anregungen und Mittel geistiger Ausbildung frei und vielseitig zu gestalten. Wie er dabei den Blick in sein eigenes Inneres kehrt, geht ihm neben der Freiheit die besondere Ausprägung der menschlichen Natur in der Persönlichkeit auf; wie er den Blick nach außen wendet und sein Verhältnis zur Menschenwelt und der ihn umgebenden Natur zu bestimmen sucht, findet er sich zum Eindringen in das Wesen und die Erscheinungsformen beider Welten getrieben.

In die so in Fluß gekommene Bewegung der Geister greift nun als eine zweite große Strömung die Wiedererweckung des klassischen Altertums ein. Worin, so fragt er, bestand das eigentliche Ziel und worin die Wirkungen dieser neuen Geistesrichtung? Das Ziel faßt er gelegentlich

---

[1]) „Sichtbare Grundlagen", d. h. materielle Mittel (I, S. 91).
[2]) I, S. 73—89.

Fünftes Kapitel. Politische Geschichte und Kulturgeschichte.

in das kurze Wort „Reproduktion des Altertums in Literatur und Leben", wobei denn die Vertreter der neuen Richtung das griechisch-römische Altertum „als Anhalt und Quelle der Kultur, als Ziel und Ideal des Daseins" aufnahmen und einseitig „vergötterten".[1]) Die Wirkung sodann findet er darin, daß durch diesen neuen Inhalt des Geisteslebens fortan alle die Zeit beherrschenden „geistigen Richtungen" teils geradezu neu aufgestellt, teils wenigstens „mannigfach gefärbt und bestimmt" wurden.[2]) Diese Bestimmung von Ziel und Wirkung hätte zu dem Versuche führen können, den gesamten Inhalt der hier in Betracht kommenden Geistesarbeit darzulegen. In Wirklichkeit jedoch begnügt sich Burckhardt damit, den Inhalt der neuen Altertumswissenschaft an einigen Grundzügen zu veranschaulichen, um sich dann sofort den Persönlichkeiten zuzuwenden, die ihm als Vorkämpfer der neuen Bestrebungen oder als voll Aufnehmende erscheinen. Wie ihr Geistesleben sich unter den neuen Anregungen gestaltete und dabei als Abbild für alle Gleichgesinnten gelten durfte, will er schildern.

Hier nun tritt ihm vor allem jene schon vorher angebahnte Selbstherrlichkeit des Einzelnen, die er als Individualismus oder Subjektivität bezeichnet[3]), in verstärktem Maße entgegen. Fruchtbar erwies sich diese Richtung von vornherein, da sie zu einer tiefern Erkenntnis der individuellen Persönlichkeit und der sie umgebenden Natur und Menschenwelt anregte. Wie aber jetzt die Schule und das Vorbild antiker Literatur und Poesie hinzukam, wurde dieses Eindringen in „die äußere Welt" und in „den vollen Gehalt des Menschen"[4]) neuerdings vertieft und verstärkt, und da reiften denn bald neue Früchte in der Poesie, wie in der Wissenschaft, in jener eine lebensvollere Auffassung des Menschen, wie er in der Mannigfaltigkeit seiner Erlebnisse und Geschicke sich bewegt, in der Wissenschaft die Pflege der Biographie neben der Geschichte, weiter die Länder- und Völkerkunde, endlich ein Betrieb der Naturwissenschaft

---
[1]) I, S. 211, 186, 298.
[2]) I, S. 185; II, S. 25.
[3]) I, S. 299.
[4]) II, S. 3f., 25f.

und Mathematik, in dem Italien am Ende des 15. Jahrhunderts „als das erste Volk Europas" dastand.¹)

Diese Entfaltung der Geisteskräfte wurde, wie bemerkt, dadurch ermöglicht, daß der Einzelne sich dem Bann überlieferter Einrichtungen und Anschauungen entzog. Aber nicht sollte diese Loslösung zugleich Isolierung für ihn bedeuten; jene neue Geistesrichtung, in deren Mittelpunkt das Erkennen und Nacherleben des griechisch-römischen Altertums stand, erforderte vielmehr den Zusammenschluß der Führenden zur geistigen Arbeit, der Empfangenden zum Gedankenaustausch und geistigen Genuß. Und so schlossen sich jene zu der Gemeinschaft der Humanisten, diese zu einer neuen Form gehaltvoller Geselligkeit zusammen, beide bildeten eine „allgemeine Gesellschaft, welche sich bildungsbedürftig fühlte", einen „gebildeten Stand im modernen Sinne".²)

Wiederum begegnet uns hier der immer wiederkehrende Begriff der Gesellschaft, und zwar diesmal nicht auf wirtschaftlicher, sondern auf geistiger Grundlage. Ihre Bestandteile setzen sich zusammen teils aus den Führern wissenschaftlicher und künstlerischer Produktion, teils, soweit es die Empfangenden angeht, aus Angehörigen des Adels und Bürgerstandes, deren ehemalige rechtliche und gesellschaftliche Scheidung zwar noch nicht aufgehoben, aber „verflüchtigt"³) ist. Als ein höchster Kreis erhebt sich über ihnen noch die von dem neuen Geist erfüllte Hofgesellschaft. Zu zeigen nun, welchen Charakter diese Gesellschaft entwickelte, und welche Wirksamkeit sie entfaltete, ist die weitere Aufgabe von Burckhardts Darstellung. Da lehrt er uns, wie als Frucht des geselligen Verkehrs sich die reine und gemeinsame „Sprache aller Gebildeten" ausgestaltete, gleichsam „als ideale Heimat der Gebildeten aller Staaten dieses früh zerrissenen Landes", wie hier die wunderbar aufblühende Poesie und Kunst das fand, „was damals in keinem Lande existierte, eine gleichartige Beurteilung und Teilnahme für

---

¹) II, S. 9.
²) I, S. 189; vgl. 153; II, 77.
³) II, S. 78.

die Produktionen".[1]) Er zeigt auch, wie in den Formen des Verkehrs ein „edles, stilgerechtes Auftreten" gepflegt wurde; denn, ähnlich wie es vom Staate gesagt war, wurde auch diese Gesellschaft „ein freies, bewußtes Kunstwerk".[2])

An letzter Stelle wird endlich gefragt, wie sich das neue Leben auf den idealen Gebieten von Religion und Sittlichkeit entfaltete. Hier jedoch gleitet die Betrachtung, wie es die Allgemeingültigkeit dieser Lebenszwecke mit sich bringt, von jener aristokratischen Gesellschaft oder den „höheren und mittleren Ständen"[3]) überhaupt vielfach zu der Gesamtheit der Nation über, der er eine „Volksseele", einen zum „modernen italienischen Geist" sich entwickelnden „Volksgeist" zuschreibt, über den sich schließlich ein „europäischer Geist" erhebt.[4]) Der Grundsatz seiner Erörterung aber ist, daß es unendlich schwer ist, über den Inhalt und die Verbreitung jener idealen Güter innerhalb der großen Gemeinschaften ein sicheres Urteil zu gewinnen. Er läßt es daher bei Beobachtungen über die Gestaltung des sittlichen und religiösen Lebens bewenden, die mehr Beiträge, als erschöpfend sein sollen, und denen wir ins einzelne nicht zu folgen brauchen.

Einzelperson, Gesellschaft und Nation erscheinen also hier, so wie vorher die Einzelpersonen, die Kleinstaaten und die Nation, als die Träger der Kultur, und zu zeigen wie sich ihr Seelenleben infolge der neuen Kulturinhalte und Bestrebungen gestaltete und gestaltend wieder auf letztere zurückwirkte, ist die Aufgabe von Burckhardts Darstellung. Wenden wir uns nun aber innerhalb dieser Wirkungskräfte nochmals zu den Einzelpersonen zurück, so haben wir noch eine Eigentümlichkeit ihrer Behandlung hervorzuheben.

Wenn Burckhardt die Erzählung größerer politischer Vorgänge, wie die Gründung der Fürstenmacht des Cesare Borgia, oder die Charakteristik bestimmter Personen, wie des Lodovico il Moro, oder des Leon Battista Alberti, einflicht, so sollen diese Schilderungen uns die in den Vertretern

---

[1]) II, S. 95, 97.
[2]) II, S. 97, 86.
[3]) II, S. 180.
[4]) II, S. 26; I, S. 185, 187; II, S. 216.

großer Kulturerscheinungen allgemein hervortretenden Eigenschaften verdeutlichen, im ersten Falle Ziele und Methoden der Träger italienischer Politik, im andern die in der gebildeten Geselligkeit verfolgten Bestrebungen und Vorzüge. Viel weiter aber geht er, wenn er die Eigenschaften und Lebensziele, welche die Träger einer großen Kulturrichtung kennzeichnen, zusammenfaßt und in einem allgemein gedachten Menschen anschaulich zu machen sucht. So führt er uns den vollkommenen Gesellschaftsmenschen vor oder personifiziert die Gesamtheit der von ihm geschilderten Kulturerscheinungen in dem „modernen Menschen". Weiter hat er dann diese Fiktion in seiner griechischen Kulturgeschichte verfolgt, wo er für die verschiedenen Epochen einen heroischen, kolonialen, agonalen, hellenistischen Menschen aufstellt; sogar ein „piratischer Mensch"[1]) wird uns vorgestellt. Dieses Verfahren würde in einer Darstellung des geschichtlichen Verlaufs, in dem wirkliche Personen, nicht gespenstige Begriffsmenschen handeln, unzulässig sein, erklärlich, wenn auch nicht gerade zu billigen, wird es indes, wenn wir, wie gleich zu Anfang dieser Erörterungen angedeutet wurde, bedenken, daß die Absicht Burckhardts dahin geht, aus den einzelnen Vorgängen allgemeine Zustände abzuleiten und so den gesamten Zustand des Kulturlebens der von ihm behandelten Epoche, vor allem den seelischen Zustand der persönlichen Träger desselben, darzustellen.

Erinnern wir uns in diesem Zusammenhang, um den Übergang zu seinem Nachfolger zu finden, nochmals an das, was er nicht will: er will nicht die Geschichte der Renaissance schreiben, und er will nicht den Inhalt der diese Bewegung erfüllenden unpersönlichen Kulturerscheinungen erschöpfend darlegen. Mit dieser doppelten Zurückhaltung zu brechen, war der Grundgedanke Lamprechts.

Das Lebenswerk Karl Lamprechts, in dem sich seine Ansicht vom Wesen der Geschichte und den Aufgaben der Geschichtschreibung ausspricht, ist seine deutsche Geschichte. In zwölf seit 1891 erscheinenden Bänden führte er sie von der prähistorischen Zeit bis zum Jahre 1887, in drei Nachtragsbänden setzte er sein Werk fort bis 1900,

---
[1]) III, S. 60.

eine Umarbeitung dieser Fortsetzung, die auf sechs Bände berechnet war, ist nach Vollendung von zwei Bänden durch den Tod des Verfassers abgebrochen. Begleitet hat er das Werk mit einer Überfülle großer und kleiner Abhandlungen, in denen er die dort betätigte Auffassung theoretisch begründet.[1])

Für Lamprechts Ansicht vom Gegenstande der Geschichtschreibung ist seine gelegentlich gestellte Frage bezeichnend, ob Chemie und Physik in sie hineingehören. Als Wissenschaften, als Betätigungen also des menschlichen Geistes, hat er sie tatsächlich einbezogen, aber nicht will er hineinziehen ihre „Objekte", d. h. die materielle Natur und ihre Gesetze an sich, obgleich auch für deren Einbeziehung ihm zu sprechen scheint, daß sie „dem zeitlichen Verlauf angehören".[2]) Alle Lebensäußerungen, wenigstens die vom menschlichen Geiste ausgehen oder in ihn eingehen, vorausgesetzt natürlich, daß sie einem größeren Zusammenhang angehören, hat also der Geschichtschreiber darzustellen, sobald er erkennt, daß sie sich im Strom der Zeit vollziehen. In der Gesamtheit dieser Betätigungen, in den Zuständen, die daraus hervorgehen, und in der zeitlichen Aufeinanderfolge beider tritt uns die „Menschenentwicklung" oder nach inhaltlicher Bezeichnung die Kultur der Menschen entgegen. Geschichte ist Darstellung der Menschenentwicklung und diese ist gleichbedeutend mit Kulturgeschichte.[3])

Wir stehen hier vor einer Fülle der vom Geschichtschreiber zu bewältigenden Aufgaben, vor der die Frage, was die Mannigfaltigkeit der Erscheinungen zur Einheit des Lebens verbindet, doppelt dringlich wird. Haben wir es etwa zu suchen in der Einheit des Trägers alles geschichtlichen Lebens?

---

[1]) In den Zitaten bediene ich mich folgender Abkürzungen: D. G. = Deutsche Geschichte. — J. V. = Deutsche Geschichte der jüngsten Vergangenheit. — M. G. = Moderne Geschichtswissenschaft (1905). — K. G. = Was ist Kulturgeschichte? (Deutsche Zeitschrift für Geschichtswissenschaft 1896/7.) — Einführung = Einführung in das historische Denken (1913).
[2]) M. G., S. 20. Vgl. D. G. VI, S. 162.
[3]) Über den Begriff der Geschichte. (Annalen der Natur- und Kulturphilosophie II, S. 261.)

In dieser Beziehung sehen wir uns bei Lamprecht, wie bei Herder und Ranke, zunächst auf den Begriff der Nation gewiesen. Die Nationen, sagt er, sind die „regelmäßigste Form der Vergesellschaftung" zur Lösung höherer Aufgaben der Kultur; sie sind die „regulären Träger der weltgeschichtlichen Entwicklung, die wichtigsten aller menschlichen Gemeinschaften".[1] Ihr Ursprung ist durch die Natur selber gegeben[2], über ihre Zusammensetzung sagt er, sie sei „die Summe der natürlichen Gruppenbildungen"[3]; bezüglich ihrer Betätigung aber kann auch er nicht übersehen, daß ihr gerade das fehlt, was zu gemeinsamem Handeln fähig macht, nämlich die Organisation mittels dauernder Einrichtungen. Eine solche Organisation findet er erst im Staat, und da er nun als regelmäßig das Verhältnis ansieht, daß Nation und Staat zusammenfallen[4] oder, wie seine deutsche Geschichte lehrt[5], daß die Nation nach diesem Zusammenfallen strebt, so drängt sich die Folgerung auf, daß jener Beruf, „Träger der weltgeschichtlichen Entwicklung" zu werden, dadurch erfüllt wird, daß die Nation vom Staat vertreten wird. Die Darstellung der Geschichte würde also ihre Einheit in der politischen Geschichte finden.

Allein gerade hier legt Lamprecht seinen bestimmtesten Einspruch ein. Der große Fortschritt, den er der von ihm vertretenen Geschichtschreibung zuerkennt, soll eben in der Überwindung der ihm viel zu eng erscheinenden politischen Geschichte bestehen. Von der Höhe, auf welcher der Staat mittels des Rechtes alle Gebiete menschlicher Kultur umspannen soll, weist er ihn hinab auf eine Linie nicht über sondern neben den übrigen Kulturgütern: „nicht anders, wie die Entwicklung der Kunst oder der Literatur oder der Wissenschaft ist auch die innere wie äußere politische Ge-

---

[1] D. G. VI, S. 6. K. G., S. 102. Vgl. J. V. II, S. 3, 203/4 („Volk" und „Nation" sind hier als gleichbedeutend genommen; z. B. S. 203, Z. 12 und Z. 1 v. u.): „regelmäßigste Einheit menschlicher Gesellschaft".

[2] „Von Natur wegen," K. G., S. 99.

[3] a. a. O., S. 142.

[4] a. a. O. S. 99, 142.

[5] Daher die dieselbe einleitende Abhandlung „Geschichte des deutschen Nationalbewußtseins". I, S. 3 f.

schichte nichts als eine der Erscheinungsformen des allgemeinen sozialpsychischen Lebens."[1])

Wenn nun aber die Nation zu wenig handlungsfähig, der Staat in seinem Wirkungskreis zu eng ist, um die Mannigfaltigkeit geschichtlicher Erscheinungen einheitlich zusammenzufassen; woher soll denn diese einigende Kraft kommen? Erinnern wir uns hier, daß Burckhardt ausgegangen war von der Abgrenzung einer kulturgeschichtlichen Epoche oder, wie Lamprecht sagt, eines Kulturzeitalters: innerhalb der so gezogenen Grenzen galt es, die Merkmale zu finden, welche das geistige Leben der Angehörigen dieser Epoche, das will sagen der Einzelpersonen, der höheren Gesellschaft, schließsich der gesamten Nation einheitlich kennzeichneten. In diesem Verfahren, das also in einem einheitlichen geistigen oder, wie Lamprecht lieber sagt, in dem Seelenleben zusammengehöriger Menschen den wahren Träger der Geschichte erkennt, glaubt unser Verfasser den richtigen Weg zur Beantwortung der gestellten Frage vor sich zu sehen; um ihn aber mit Erfolg zu beschreiten, müsse, so meint er, vor allem festgestellt werden, was man unter dem Begriff des Seelenlebens zu denken habe. Aufschluß darüber sucht er in den Lehren der von Wilhelm Wundt ausgebildeten Psychologie, wobei er denn die Unterscheidung der „Individualpsychologie" und der für ihn vornehmlich in Betracht kommenden „Sozialpsychologie", d. h. der Lehre von dem zusammenstimmenden Seelenleben großer Gemeinschaften, in ihrer Anwendung auf die deutsche Volksgemeinschaft oder Nation, zugrunde legt. Indem er mit Wundt in dem Wort „Seele", mag es an der Einzelperson oder als Volksseele oder Nationalgeist an den großen Gemeinschaften haften, bloß einen Hilfsbegriff, nicht aber den Ausdruck einer wirklichen Substanz erkennt, so daß die Untersuchung nur den ursächlich unter einander verbundenen, durch bestimmte Gesetze einheitlich geleiteten sogenannten psychischen Vorgängen sich zuzuwenden hat, geht die erste Frage, die er stellt, dahin, ob innerhalb eines Kulturzeitalters sich bestimmte Arten und Weisen der psychischen Betätigung und bestimmte

---

[1]) D. G. VII, S. 399.

dadurch errungene Inhalte des psychischen Lebens nachweisen lassen, welche das Leben der Einzelnen wie der gesamten Nation einheitlich beherrschen. Er glaubt, diese Frage bejahen zu müssen. Wie er dabei aber verfährt, läßt sich wohl nur an einem Beispiel verdeutlichen.

Die deutsche Geschichte, so meint er, gliedert sich vor dem Auge des tiefer dringenden Forschers in eine Reihe auf einander folgender Kulturzeitalter. Wollen wir ein solches nicht aus den Zeiten der Anfänge, sondern aus den Jahren, da schon eine Höhe der Entwicklung erreicht war, näher ins Auge fassen, so empfiehlt sich zur Betrachtung der Zeitraum, der mit dem 16. Jahrhundert beginnt und bis zur Mitte des 18. Jahrhunderts reicht. Als Epoche des Individualismus wird er von Lamprecht bezeichnet, weil darin die Einzelpersonen, jede als eine kleine in sich geschlossene Welt, gegenüber den überlieferten, ungeprüften Lehren und Satzungen, die bis dahin das gesamte Leben der Zeitgenossen beherrschten, eine immer freiere Stellung einnahmen und in dieser Freiheit neue Richtungen der wissenschaftlichen Forschung, des künstlerischen Schaffens, der Gestaltung des wirtschaftlichen, staatlichen und kirchlich-religiösen Lebens einschlugen. Solche neue Richtungen erheben sich unter der Herrschaft der neuen Lebensordnung, während neben ihnen, zurückgedrängt aber nicht vernichtet, das Altüberlieferte auch noch weiter lebt. Wie nun die neuen Richtungen die Herrschaft im geistigen Leben der Zeit gewinnen, werden sie von Lamprecht als „Dominanten", als „neue seelische Lebensordnung" bezeichnet.[1]) Sie erwachsen aus der Auflösung der Dominanten der vorhergehenden Epoche, steigen allmählich zur Vorherrschaft, um schließlich selbst wieder der Auflösung zu verfallen.

Also innerhalb der den Individualismus im allgemeinen kennzeichnenden geistigen Bewegung wieder besondere untereinander zusammenhängende Richtungen. Als diejenige nun, welche auf der Höhe der Epoche die Vorherrschaft gewinnt, erscheint die Pflege des Verstandes, in erster Linie also das Streben nach wissenschaftlicher Erkenntnis. Fassen

---

[1]) M. G., S. 62. Vgl. S. 45, 48, 62—64, 67, 68, 70, 72, 74, 75, 77—83, 95—97, 101, 103, 105, 108, 116, 117.

wir die Darstellung dieses sog. Intellektualismus[1]) etwas näher ins Auge. Nach zwei Seiten wird er von Lamprecht betrachtet, einerseits nach der Methode des wissenschaftlichen Denkens, anderseits nach den Ergebnissen der geistigen Arbeit. Das Mittelalter, meint er, bediente sich für den Erwerb neuer Erkenntnisse vornehmlich des Schlusses aus der Analogie, für die Ausbildung derselben ins einzelne der Deduktion. Aber für die erstere Form begnügte man sich mit dem Nachweis oberflächlicher Ähnlichkeiten und mit ungenügender Zahl der verglichenen Fälle[2]), bei dem zweiten Verfahren dienten als Prämissen vornehmlich die kirchlichen Dogmen, die nicht gewußt, sondern geglaubt wurden.[3]) Demgegenüber bildeten die Forscher des Individualismus als „das erste neue Mittel des Denkens" den Induktionsschluß aus, der langsam fortschreitend „ein vollendetes Werkzeug wissenschaftlichen Denkens" erst im 17. Jahrhundert wurde, alsdann aber „das höchste intellektuelle Bedürfnis der Zeit" befriedigte, das Bedürfnis nämlich nach Auffindung von „Gesetzmäßigkeiten".[4]) Daneben habe der individualistische Denker die Deduktion gepflegt, aber auch hier seine Selbständigkeit bewährt, indem er die Prämissen auf dem Gebiete nicht des Glaubens, sondern des Wissens suchte, nämlich in den „Grundaxiomen der Mathematik", die sich dann schließlich in dem zweiten Abschnitt des Zeitraums als „eins der stärksten, wenn nicht als das stärkste Gärungselement im Denken" erwiesen habe.[5])

Induktion und Deduktion in vervollkommneter Ausbildung sollen sich also aus dem Streben des Individualismus nach freierer Bewegung auf dem Gebiete der wissenschaftlichen Erkenntnis oder, wie es einmal heißt, „aus den treiben-

---

[1]) D. G. VI, S. 3f. Sachregister zu Bd. VI und VII unter „Intellektualismus".

[2]) Hervorgehoben in der deutschen Geschichte der jüngsten Vergangenheit I, S. 75, 76; D. G. VI, S. 130. Im übrigen vgl. D. G. VI, S. 81f.; X, S. 193f.

[3]) D. G. VII, S. 75; X, S. 193/94.

[4]) D. G. VI, S. 91. Jüngste Vergangenheit I, S. 78/79.

[5]) D. G. VI, 131f., 135; VII, S. 79f.; X, S. 194. Auf die Ausführungen über die induktive Wendung der Mathematik durch Leibniz und Newton gehe ich nicht weiter ein.

den seelischen Kräften des Zeitalters heraus"[1]) ergeben haben. Welches waren nun die Früchte dieser selbständigeren und eben darum auch tiefer eindringenden Forschungsweise? Lamprecht antwortet darauf, indem er sämtliche damals gepflegten Wissenschaften heranzieht und im Gegensatz gegen Burckhardt sowohl den Inhalt derselben, wie ihre geschichtliche Entwicklung während des betreffenden Zeitraums darzustellen unternimmt. Hierbei drängt sich ihm die Frage auf, welche Gründe es bewirkten, daß aus dem weiten Reich der Wissenschaften gerade die damals gepflegten in den Vordergrund traten, und daß ihr Inhalt sich gerade in der damals sich ergebenden Richtung entwickelte.

In einer Beziehung, meint er darauf, liegt es im Wesen der Wissenschaften, daß sie sich von einem gegebenen Ausgangspunkt „rein logisch weiter entwickeln".[2]) Aber in diese logische Entwicklung greift abermals, teils sie vorantreibend, teils sie beschränkend, das besondere Geistesleben der Kulturepoche ein. So, um mit der für Lamprecht grundlegenden Wissenschaft zu beginnen, heißt es von der Psychologie: „jedes Zeitalter hat sein Seelenleben seiner Lehre von der Seele zugrunde gelegt."[3]) Das Zeitalter des Individualismus kannte darum als Grund des geistigen Lebens lediglich die individuelle, substantiell gedachte Seele und vermochte nicht vorzudringen zu dem Begriff einer Sozialseele. Das hatte dann wieder die Folge, daß man in der Staatslehre die politische Gemeinschaft als ein organisches Ganzes nicht erfassen konnte: man dachte sie als eine Summe in sich geschlossener Individuen, die zur Einheit entweder durch die Tatsache des gemeinsamen Herrschers oder durch einen Kontrakt, den sie in unvordenklicher Zeit unter einander abgeschlossen hatten, verbunden waren.[4])

Und wie in der Staatslehre, so ging es in den übrigen Geisteswissenschaften. Jede von ihnen hat ja bestimmte Seiten des Seelenlebens zu ergründen; in jeder muß sich

---
[1]) D. G. VII, S. 81.
[2]) Bezüglich der Mathematik und Mechanik: D. G. VI, S. 147; der Philosophie: S. 196 Anm.
[3]) D. G. VI, S. 163.
[4]) D. G. IX, S. 6.

folglich die zurzeit herrschende Ansicht von der Seele und ihrem Leben „verkörpern".[1]) Ja, indem Lamprecht seine Ansicht, daß die Geschichte das Seelenleben und seine Entwicklung im ganzen als „Psychogenese", wie er einmal sagt[2]), behandelt, die übrigen Geisteswissenschaften dagegen nur bestimmte Seiten dieses Lebens bearbeiten, in genauere Erwägung zieht, kommt er zu dem Schluß, daß die „Geschichtswissenschaft die allgemeine Grundlage all dieser Wissenschaften" sei, „und diese sich zu ihr verhalten wie Ausführungs- und Spezialwissenschaften".[3])

Diese Abhängigkeit von dem jeweiligen Stand und Fortgang des Seelenlebens, glaubt er denn auch — um noch dieses Beispiel hinzuzufügen — „auf dem tiefsten Gebiet des Geisteslebens, dem religiös-philosophischen", zu finden. In diesem Sinne scheint ihm das System des Cartesius „den Zeitgenossen aus tiefster Seele gesprochen" und das des Spinoza „im Seelenleben der Zeit verankert[4]) zu sein. Der erstere, indem er alle Gewißheit des Erkennens auf dem Denken, in dem die Einzelperson ihr Sein erfaßt, begründete, zeigte sich vom Individualismus der Zeit erleuchtet, da er die Einzelperson zum Ausgang des Erkennens machte, und dem Intellektualismus huldigte er, da er dem Sein das Denken, als die wesentliche Kraft der Seele, gegenüberstellte. Dieselbe Denkweise sodann, welche die lose Masse der Einzelpersonen unter der höchsten Gewalt des Staates zusammenfaßte[5]), führte ihn in der Weltanschauung zur Einordnung der begrenzten Existenz der Individuen in die unbegrenzte Substanz Gottes.

An diese, der Macht des Individualismus zugeschriebene Folgerung knüpft Lamprecht das System Spinozas an: aus dem im Gegensatz gegen Cartesius nicht persönlich gedachten Begriff der Gottheit, welche „das All ist", leite der jüngere Philosoph in streng deduktiver Denkweise die Erscheinungs-

---

[1]) M. G., S. 19. D. G. VI, S. 148, 163.
[2]) „Vorgang der Psychogenese, der die Weltgeschichte ist," D. G. X, S. 257; vgl. S. 206. Einführung S. 104/5.
[3]) M. G., S. 19.
[4]) D. G. VI, S. 192, 198.
[5]) D. G. VI, S. 196.

welt ab, und indem er die Geisteswelt aus dem göttlichen Attribut des Denkens und nur des Denkens hervorgehen lasse[1]), folge er wieder den Eingebungen des Intellektualismus. Hier, wie überall, soll es sich bewähren, daß „die metaphysischen Systeme nur den Reflex zeigen, den der jeweilige Charakter des Zeitalters mit den jeweils entwickelten erkenntnistheoretischen Mitteln durch Personen, die für konstruierendes Denken besonders begabt sind, auf die Nebel des Welträtsels fallen läßt".[2])

Diese Beispiele mögen genügen, um zu zeigen, wie Lamprecht alle Geisteswissenschaften als hervorgegangen aus dem Seelenleben ihres Zeitalters ansieht. Ist es aber mit den Naturwissenschaften anders? Allerdings könnte, wie er meint, ihr Forschungsgebiet, das ja von dem jeweiligen Stand des Seelenlebens unabhängig ist, einen andern Gang ihrer Entwicklung bedingen; allein, so bemerkt er alsbald, wenn nicht das Gebiet, so ist doch die Art, wie und wie weit es erforscht und erkannt wird, „dem Zustand des Werkzeugs der Erkenntnis, d. h. den jeweiligen Eigenschaften der menschlichen Seele konform". Und so ist denn auch „der Entwicklungsgang der Naturwissenschaften am tiefsten abhängig von dem Entwicklungsgang der Kulturzeitalter".[3])

Als hervorgegangen aus derselben Quelle der herrschenden Anschauung von der Seele erscheint auch die Ansicht von der Zusammensetzung des Staates und der Natur: des Staates, sofern er aus der Summe gleicher Einzelpersonen, der Natur, sofern sie aus der Masse gleicher Atome abgeleitet wird. Von sämtlichen eine Epoche beherrschenden Anschauungen kann man demnach sagen, daß sie „anthropomorph, geschichtlich noch besser gesprochen, psychomorph"[4]) sind.

Von den Wissenschaften wendet sich Lamprecht zur Kunst und Poesie, wie sie unter dem Individualismus im allgemeinen, dem Intellektualismus im besondern sich entfalten. Daß auch ihre Entwicklung durch den Geist des Kulturzeitalters bestimmt ist und mit allen gleichzeitigen

---
[1]) D. G. VI, S. 198.
[2]) D. G. VII, S. 131. Vgl. Einführung S. 18.
[3]) D. G. X, S. 205—207.
[4]) a. a. O. Vgl. S. 257.

Kulturerscheinungen zusammenhängt, hebt er um so nachdrücklicher hervor, da ihm gerade an den Untersuchungen, wie die Germanen ursprünglich das Wesen der sie umgebenden Welt durch bildliche Wiedergabe, weiterhin durch Dichtung und Religion in feste Vorstellungen zu fassen suchten, die Ansicht von der Eigenart der sich folgenden Kulturzeitalter zuerst aufgegangen ist.[1]) Ihm hier weiter zu folgen, scheint mir indes, nachdem einmal der Grund seiner Anschauungen aufgedeckt ist, unnötig zu sein. Aber um so dringender erhebt sich die Frage, wie in dieser Behandlung der Kulturzeitalter die in der herkömmlichen Geschichtschreibung im Vordergrund stehenden Gebiete zu ihrem Rechte kommen. Sehen wir dabei ab von Religion und Kirche, so handelt es sich vornehmlich um drei Gebiete, die Lamprecht unter den Worten „Wirtschaft, Gesellschaft und Staat" befaßt. Indem ich bezüglich ihrer die Frage stelle, wie sie unter sich und mit den übrigen Kulturerscheinungen innerlich verbunden werden, beschränke ich mich indes nicht mehr auf ihr Hervortreten im Zeitalter des Individualismus, sondern werden ihnen bis in die jüngste Zeit folgen.

Beginnen wir mit dem Begriff der Wirtschaft, so tritt uns gleich wieder Lamprechts Vorliebe für psychologische Begründung entgegen. Die nationale Wirtschaft als eine Auswirkung des Seelenlebens gefaßt, sie „psychisiert" zu haben[2]), schreibt er sich, allerdings nicht ganz mit Recht[3]), als Eigentum zu. Demgemäß, indem er die in der Geschichte Deutschlands sich folgenden Wirtschaftssysteme beschreibt, stellt er bei jedem die doppelte Frage: aus welchen seelischen Tätigkeiten oder Zuständen gehen sie hervor? und welche Rückwirkung üben sie auf das Seelenleben ihres Zeitalters aus? Auf die erste Frage antwortet er, daß jede wirtschaftliche Betätigung im letzten Grunde aus dem Gefühl der „Spannung" hervorgeht, welche mit der Empfindung eines

---

[1]) K. G., S. 127, 128. Einführung S. 72.
[2]) Einführung S. 104/5. J. V. I, S. 9, 11.
[3]) A. Wagner bezeichnet die politische Ökonomie (Lehrbuch I[3], S. 15) als „angewandte Psychologie". (Nebenbei bemerkt, ein Ausdruck, den Lamprecht (M. G., S. 16) und Wundt (System der Philosophie I,[3], S. 221) für die Geschichte verwenden.

Bedürfnisses entsteht und mit der Befriedigung desselben sich löst.[1]) Da die Zahl und Bedeutung der Bedürfnisse mit der fortschreitenden Kultur zunimmt, so wächst auch mit jedem dieser Fortschritte Stärke und Weite der Spannungen und zugleich das Ringen nach deren Lösung durch erhöhte Gütererzeugung mittels verstärkter Beherrschung der Kräfte der Natur. Daraus aber gehen hervor die Fortschritte der Naturforschung und der Technik und, als ihr Ergebnis, die immer vollkommener sich gestaltenden Wirtschaftssysteme oder Wirtschaftsformen.[2])

Hiermit ist zugleich die Rückwirkung angedeutet, welche dem Gang der Wirtschaft auf das gesamte Seelenleben der Zeit zugeschrieben wird. Von den Bedürfnissen der nationalen Wirtschaft werden eben die zwar nicht einzigen, aber ursprünglich stärksten Antriebe zur Entwicklung der Erkenntnisse von Natur- und Menschenwelt abgeleitet. „Noch heute", sagt Lamprecht, „bezieht sich die weit überwiegende Zahl aller Schlüsse (des Denkens) letzten Endes auf wirtschaftliche Fragen"; die Geschichte zeigt, wie „mit der Entwicklung neuer Formen des Wirtschaftslebens neue Formen des Verstandeslebens einsetzen". Nicht minder zeigt sie auch, wie die Entfaltung aller Künste durch einen bestimmten Stand wirtschaftlicher Kultur bedingt ist. Das gesamte „Geistesleben", heißt es, ist an das „wirtschaftliche gebunden, wie „die Blüte an Wurzel und Zweig".[3])

Wollte man nun aber Lamprecht die Ansicht unterschieben, daß Hervorbringung und Genuß der materiellen Güter das einzig wesentliche Motiv der Geschichte sei, aus dem die Schaffung der geistigen Güter nur als sekundäre Folgen hervorgehen, so würde er gegen diese „materialistische Geschichtsphilosophie" entschiedenen Widerspruch erheben.[4]) Seine wahre Meinung ist, daß die materiellen wie die geistigen Lebenszwecke ihrem Ursprung nach selbständig und von

---

[1]) J. G. I, S. 24, 31, 36/37, 56/57, 67—71 usw.
[2]) J. V. I, S. 38, 56, 74, 89.
[3]) J. V. I, S. 73—75, 79/80, 102/3, 117—122, 313.
[4]) Vgl. J. V. I, S. 121, 308/9, 313/14. Einführung S. 113/15. Begriff der Geschichte. Annalen der Natur- und Kulturphilosophie II, S. 275.

einander verschieden sind, daß aber die ihnen dienenden Tätigkeiten in steten Beziehungen zueinander stehen, und zwar in wechselseitiger Einwirkung sowohl der Wirtschaft auf Wissenschaft und Künste, als dieser wieder auf jene, unter der sich dann ein stetiges Wachstum der Energie dieser Tätigkeiten vollzieht. Er bezieht sich in dieser Beziehung auf das von Wundt aufgestellte Gesetz der psychischen Relationen und des psychischen Wachstums oder schöpferischer Synthese.[1])

Um nun aber weiter zu kommen, wird es nötig sein, neben der Wissenschaft und Kunst die beiden weiteren, das Seelenleben eines Zeitalters tragenden Bildungen, die Gesellschaft und den Staat, in ihren wechselseitigen Beziehungen zur Wirtschaft zu betrachten. Zunächst ein Wort über den Begriff der Gesellschaft. Wenn Lamprecht von ihr als einem sozialen Gebilde redet, so denkt er bei diesem Beiwort zwar nicht ausschließlich, aber doch vorzugsweise an ihren wirtschaftlichen Charakter: aus der Gleichartigkeit der wirtschaftlichen Lebenszwecke und der Mittel ihrer Verwirklichung geht die lose, als Gesellschaft bezeichnete Gemeinschaft hervor. Das Verhältnis zwischen Wirtschaft und Gesellschaft beruht darauf, daß in ersterer die Tätigkeiten und Errungenschaften unpersönlich und losgelöst von ihren persönlichen Trägern, in letzterer aber diese lebendigen Träger erscheinen. Und wie die Wirtschaftssysteme oder Wirtschaftsformen in stetiger Folge sich an einander reihen, so tritt uns auch in der deutschen Geschichte eine entsprechende Reihe von Gesellschaftsformen oder sozialen Kreisen entgegen: so im Mittelalter innerhalb der Bodenwirtschaft die Grundherrn und Bauern, innerhalb des Gewerbes und Handels die „gebundenen" Genossenschaften der Handwerker und Kaufleute, in der neueren Zeit, seit dem 18. Jahrhundert erst innerhalb der Gewerbe, schließlich alle Wirtschaftsgebiete durchdringend, die Form der freien und großen Unternehmung mit dem Kreis der kapitalkräftigen Unternehmer auf der einen, der besitzlosen Lohnarbeiter auf der

---

[1]) J. V. I, S. 99, 261; II, S. 24. K. G. S. 126 (dort ist für „historische Relationen" wohl zu lesen psychische Relationen).

andern Seite. Es sind „eigene Entwicklungstendenzen"[1]), welche diese Bildungen und Umbildungen in rastlosem Wechsel hervortreiben.

Wenn aber so die Gesellschaft vornehmlich aus dem Wirtschaftsleben abgeleitet wird, so verschließt sich Lamprecht doch auch nicht einer andern Ableitung aus dem geistigen Leben. Sehen wir dabei ab von der Berücksichtigung der Kirche, da sie über den bloßen Gesellschaftsbegriff hinausgeht, so bietet sich als Beispiel eine Gesellschaftsform, deren Entstehung in die Zeiten der individualistischen Epoche verlegt wird. Ohne eine äußere Organisation erscheint sie als eine Gemeinschaft der vorzugsweise sogenannten „Gebildeten". Was sie zusammenhält, ist für die Hauptmasse die Aneignung, für den Kern, den Lamprecht mit dem Namen der „Kopfarbeiter"[2]) belegt, die berufsmäßige Pflege der dem betreffenden Zeitalter zu verdankenden Erkenntnisse. Ihre Angehörigen finden sich zunächst in einer Auslese von fürstlichen Höfen und Mitgliedern des Adels, sowie in dem höheren, dann auch im mittleren Bürgertum, schließlich unter allen, die ihr Lebenslauf zum Erwerb und zur Verwertung, zur Pflege oder zum Genuß höherer Geistesbildung führt.[3]) Und diesen aus dem geistigen Leben hervorgehenden Kreis erkennt nun doch Lamprecht als so bedeutend an, daß er ihn neben die wirtschaftliche Gesellschaft stellt, wo er die wirkenden Kräfte nachzuweisen hat, welche aus der Epoche des Individualismus ein neues Zeitalter des sog. Subjektivismus heraufführten.[4]) Noch mehr! Auch wenn wir jetzt, einen neuen Schritt weiter gehend, uns zu der schwierigen Untersuchung wenden, wie das Dritte der von Lamprecht hervorgehobenen Kulturgebiete, nämlich der Staat, sich zu Gesellschaft und Wirtschaft und schließlich zum gesamten Seelenleben des jeweiligen Kulturzeitalters verhält, wird uns abermals die Verbindung jener

---

[1]) J. V. II, S. 265, 267.
[2]) J. V. I, S. 293/94; II, S. 261.
[3]) D. G. V, S. 118—129; VI, S. 65/67; VII, S. 23, 50/51, 282/83, 394/95; VIII, S. 190—229; X, S. 20—22 (besonders S. 21 Z. 5 v. u.). J. V. I, S. 284—294; II, S. 16, 264/66.
[4]) D. G. VIII, S. 210.

Fünftes Kapitel. Politische Geschichte und Kulturgeschichte.

wirtschaftlichen und geistigen Gesellschaftsform entgegentreten.

Ich beginne diese neue Untersuchung mit der Frage, wie zwischen der Gesellschaft, der ihre „eigene Entwicklungstendenz" nachgesagt wird, und dem Staat ein stetes Verhältnis der Einwirkung und Rückwirkung zustandekommt. Die Beispiele wähle ich, indem ich Lamprechts Darstellung ins 19. Jahrhundert folge, und gehe dabei zunächst von seiner Feststellung einiger tatsächlicher Verhältnisse aus.

Als Tatsache nimmt Lamprecht an, daß im 19. Jahrhundert sich die staatliche Entwicklung sowohl der deutschen Einzelstaaten, als des neu erstehenden Reichs unter der Einwirkung der genannten beiden Gesellschaftskreise vollzog, und daß dabei in einer ersten, bis in die fünfziger und sechziger Jahre reichenden Periode der Kern der Klasse der Gebildeten, die sog. Kopfarbeiter, vorherrschten, dann aber den maßgebenden Einfluß an die aus der Wirtschaftsform der großen Unternehmung hervorgegangenen sozialen Kreise abtreten mußten.[1]) Das Ziel, auf welches die erste Gesellschaftsklasse ihre Anstrengungen richtete, faßt sich in dem Worte „Ausbau des Rechtsstaates"[2]) zusammen. Beschränkung der Monarchie durch eine Volksvertretung, der monarchischen Verwaltung durch eine städtische und ländliche Selbstverwaltung, der Wirksamkeit des Staates durch die persönlichen Grundrechte seiner Angehörigen, schließlich Zusammenschluß der Einzelstaaten in einem starken Bundesstaat, das waren die politischen Ideale dieser Klasse.[3]) Die Früchte ihrer Bemühungen treten in den Verfassungen der Einzelstaaten, in dem Verfassungsentwurf des Frankfurter Parlamentes, schließlich in der Verfassung des Norddeutschen Bundes und des Deutschen Reiches zutage.

Aber die Zeit des entstehenden Reiches war nun auch die Zeit des zur Vorherrschaft gelangenden Einflusses der in der wirtschaftlichen Gesellschaft sich gegenüberstehenden Gruppen der Unternehmer und der Arbeiter. Sie forderten von dem jungen Reich Schutz und Förderung der durch die

---
[1]) J. V. II, S. 17/18, 172/73, 210, 268/69.
[2]) a. a. O. S. 66.
[3]) a. a. O. S. 57—67; vgl. S. 163, 173, 210.

neue Wirtschaftsform sich ergebenden sachlichen und persönlichen Interessen, und die Früchte ihrer Bemühungen traten in der wirtschaftlich-sozialen Reichsgesetzgebung zutage.

Diesen Tatsachen gegenüber erhebt sich alsbald die Frage: wie kommt diese Einwirkung der außerstaatlichen Gesellschaftskreise auf die staatlichen Organe zustande? Lamprecht antwortet, indem er für die Geschichte des 19. Jahrhunderts vor allem auf die Bedeutung der politischen Parteien als Mittelglied zwischen staatlichen und gesellschaftlichen Bildungen hinweist. Ihrem Wesen nach staatliche Organe in frei verfaßten Staaten, gewinnen sie ihre Mitglieder aus den gesellschaftlichen Kreisen und eröffnen sich damit den von diesen vertretenen Interessen. Nun fielen die von dem Kreis der Gebildeten und Kopfarbeiter vertretenen Forderungen, und also auch die daraus gezogenen politischen Folgerungen, mit dem, was der Gesamtheit des Volkes frommen sollte, im wesentlichen zusammen, aber sie waren auch, wie Lamprecht sie bezeichnet, doktrinär und ideologisch, und diese Eigenschaften teilten sie den Bestrebungen der Parteien, in welche sie eindrangen, mit. Umgekehrt richteten sich die Forderungen des wirtschaftlichen Kreises auf die besonderen Interessen der Unternehmer und Arbeiter, und in dem Maße, in dem sich die politischen Parteien diese Ziele aneigneten, wurden sie, wie Lamprecht mit unerschrockener Wortbildung sagt, konkretisiert, sozialisiert und selbst ökonomisiert.[1])

In welchem Umfang nun in den verschiedenen Parteien diese Verschmelzung gesellschaftlicher Interessen mit den politischen Parteizielen nach Lamprechts Darstellung erfolgte, welche weitere Mittel ferner für die Einwirkung besonders der wirtschaftlichen Kreise auf die staatliche Gesetzgebung und Regierung ergriffen wurden, brauche ich nicht zu verfolgen; ich wende mich vielmehr zu der Frage, worin Lamprecht den Grund des so zwischen Staat und Gesellschaft bestehenden Verhältnisses zu finden glaubt.

Soweit die Anregung der Beziehungen von den Gesellschaftskreisen ausgeht, ergibt sich die Antwort aus Lamp-

---

[1]) J. V. II, Überschrift von S. 158—202, S. 19, 67, 189, 196, 197 usw.

rechts Darstellung von selbst: für neu zu verwirklichende Gestaltungen des geistigen oder wirtschaftlichen Lebens bedürfen die betreffenden Gesellschaftskreise des Schutzes und der Förderung der staatlichen Verwaltung und neu zu schaffenden Rechtes, die Gesellschaft der Kopfarbeiter z. B. für Verbreitung und Fortbildung des Wissens eines staatlich geregelten Unterrichtswesens, die Unternehmer für die weiträumige Entfaltung der neuen Wirtschaftsformen eines in Deutschland gleichmäßig geordneten Zoll- und Münzwesens, die Lohnarbeiter der Schutzgesetze gegen die Überlegenheit des Kapitals und die Bedrängnisse von Krankheit und Alter. Um diesen Erfordernissen Befriedigung zu verschaffen, suchen die, welche sie empfinden, Einfluß auf die staatliche Gesetzgebung und Verwaltung.

Aber auch in umgekehrter Richtung geht die Anregung von der staatlichen Regierung aus. In diesem Sinn lesen wir die Worte: „große Strömungen auf wirtschaftlichem und sozialem Gebiet bedürfen fester Leitung von oben her durch die ausgleichende Einwirkung der Staatsgewalt, soll in ihnen nicht Egoismus und Partikularismus die Oberhand gewinnen über eine dem Gedeihen aller gerecht werdende Entwicklung."[1]) Oder im Hinblick auf das entgegengesetzte Verlangen der Unternehmer nach großem Grundbesitz, der Masse nach gleichem Gütergenuß: „wie soll wirtschaftliche Expansion gewährleistet werden, oder auch nur zustandekommen, wenn sie nicht von dem Staat gegenüber jenen Gleichheitsgelüsten des Ganzen geschützt wird!"[2]) Hier geht vom Staat das Bestreben aus, zwischen den vorwärts drängenden sozialen Kräften Eintracht und gedeihliche Richtung des Fortschreitens zu wahren.

Man sieht gleich, wie nahe sich diese Gedanken mit den Ansichten Lorenz Steins berühren. Hätte Lamprecht sie nicht nur für die Geschichte des 19. Jahrhunderts entwickelt, sondern unbeirrt durch die ganze deutsche Geschichte verfolgt, so würde er den Staat nicht allen andern Kulturerscheinungen nebengeordnet, sondern ihnen gegenübergestellt haben, als eine Macht besonderer Art, deren

---

[1]) D. G. V, S. 3.
[2]) J. V. II, S. 8.

Wirken darin aufgeht, daß sie durch die Verteilung gleichmäßig zugewogenen Rechtes der Kultur und der von ihr erzeugten Gesellschaftsordnung den Bestand und die Fortentwicklung sichert, er würde also die hergebrachte Anordnung, nach welcher die staatliche Geschichte die Entwicklung der Kultur umfaßt und in steten Wechselbeziehungen mit ihr den Gang der Geschichte leitet, wohl nicht so leicht umgestürzt haben.

Indes zu einem solchen Zugeständnis ist Lamprecht um so weniger geneigt, da seine Beurteilung einer Geschichtschreibung, welche die staatliche Entwicklung zugrunde legt, im Laufe der Zeit nur noch abwehrender geworden ist.[1]) Immer bestimmter hält er daran fest, die Einheit in der Mannigfaltigkeit der geschichtlichen Vorgänge in dem allgemeinen Seelenleben des betreffenden Kulturzeitalters zu suchen. Wenn z. B. in dem deutschen Fürstenstaat vom 16. bis ins 18. Jahrhundert hinein die mittelalterlichen Korporationen und Stände ihre Lebenskraft verloren, und dafür eine unumschränkte Gewalt des Herrschers und die bevormundende Sorge des Regenten für das Wohlergehen der Untertanen zur Geltung gelangte, so wird das aus dem die Zeit beherrschenden Individualismus erklärt, der bloß Einzelpersonen, die als solche freilich sich möglichst frei entfalten sollten, kannte, und über diesen isolierten Personen die einigende Staatsgewalt nur in der Person des Regenten erblickte. Wenn seit der zweiten Hälfte des 18. Jahrhunderts eine Wandlung der staatlichen Verhältnisse begann, kraft deren im Lauf von anderthalbhundert Jahren die Monarchie und die monarchische Verwaltung durch Volksvertretungen beschränkt, die Vorrechte mittelalterlicher Korporationen und Grundherrschaften aufgehoben, die freie wirtschaftliche wie geistige Entfaltung der Einzelperson doch zugleich durch die Einziehung derselben in ein System frei verfaßter Körperschaften und Vereine ebensowohl verstärkt, wie beschränkt wurde, so erkennt

---

[1]) Tolerante Beurteilung der „politischen Geschichte" im Jahre 1896 (Alte und neue Richtungen S. 2; polemischer gehalten in D. G. XI, S. 326; M.G. S. 90, 93; Begriff der Geschichte in „Annalen der Natur- und Kulturphilosophie" II, S. 265).

Lamprecht darin die Wirkungen des neu eingetretenen Subjektivismus, der den Einzelnen zugleich als frei in seiner Lebensgestaltung und doch auch als Glied größerer, zu ebenso freier Entfaltung bestimmter Gemeinschaften bis zum Staate hinauf ansieht.[1]) Der leitende Gedanke ist, daß aus den das Seelenleben des Zeitalters beherrschenden Zielen und Inhalten der Betätigung oder, wie es gelegentlich heißt, den „Richtungen des gesamtpsychischen Lebens[2]), wie alle anderen Erscheinungen, so auch die jeweilige Kräfteverteilung und Politik der Staaten sich ergeben.

Also das, was die Mannigfaltigkeit geschichtlicher Vorgänge innerlich zusammenhält, ergibt sich nicht aus dem in massenhaften Formen uns entgegentretenden Wirken und Leiden des Staates, sondern aus einem die ganze Nation erfüllenden Seelenleben, das sich in der Fülle der sich gegenseitig bedingenden Kulturgebilde offenbart, die selber nach ihrem Wesen und den ihre Entfaltung beherrschenden Gesetzen durch die Sozialpsychologie zum Verständnis gebracht werden. Zustand und Entfaltung eines solchen Systems von Kulturschöpfungen tritt uns zunächst innerhalb einer bestimmten Nation und eines bestimmten Kulturzeitalters entgegen. Als Beispiel dafür wurde oben die Epoche des deutschen Individualismus betrachtet. Weiter führt uns der Gang der Geschichte zu der Folge der Kulturzeitalter und zu der Art und Weise, wie das eine aus dem anderen hervorgeht, endlich zur Erweiterung des Blickes über die Gesamtheit der Nationen und zur Untersuchung, wie weit sich in ihnen aufgrund der gleichen psychologischen Gesetze eine parallele Entwicklung der Kulturzeitalter vollzieht, und unter ihnen ein Verhältnis gegenseitiger Einwirkung und gemeinsamer Entwicklung herausstellt. Über diese beiden Punkte ist noch ein Wort zu sagen.

Lamprecht teilt die deutsche Geschichte in fünf große Zeitalter ein, die er nach den sie beherrschenden „Dominanten" als symbolisch, typisch, konventionell, individualistisch

---

[1]) Ich verweise besonders auf: D. G. VIII, S. 4, 20—24; IX, S. 6/7, 36, 116—122, 203—206, 298—326; X, S. 352—354, 438—443, 460—470; XI, S. 11—13, 51—55, 112—114. J. V. II, S. 50—62.

[2]) K. G. S. 109.

und subjektivistisch bezeichnet. Unter den psychologischen Gesetzen, welche diese Zeitalter beherrschen — sie werden zusammengefaßt als psychische Mechanik[1]) — kommt vor allem eines in Betracht, das sich auf die Veränderungen sowohl der einzelnen Kulturgebilde, wie der sich folgenden Kulturzeitalter bezieht. Lamprecht bezeichnet es als „Gesetz der Entwicklung" und spricht in Beziehung auf dasselbe von einer „Potenz der Entwicklung" oder auch einer „immanenten Entwicklungstendenz", einem „inneren Entwicklungstrieb".[2]) Er denkt dabei an eine in dem Wesen der Menschen gegebene Kraft, welche ihre Betätigung in eine „immanente Entwicklungslinie" drängt, auf der ein Fortschreiten zu „einer höhern seelischen Entfaltung", zu „höheren Formen geistigen Daseins" erfolgt.[3]) Ein Beispiel für die Art, wie dieser Entwicklungstrieb wirkt, kann man hinsichtlich des Fortgangs der Wissenschaften in dem oben (S. 442) hervorgehobenen Prinzip ihrer „logischen" Fortentwicklung sehen.

Aber eben dieses geradlinige Fortschreiten birgt den Anlaß zum Umschlagen in sich. Ausgehend von bestimmt umgrenzten Zielen und Methoden führt es zu einseitiger Ausbildung gewisser Kräfte und Inhalte des Seelenlebens, im Individualismus z. B. zur einseitigen Pflege des begriffsmäßig arbeitenden - Verstandes bei gleichzeitiger Vernachlässigung von Gemüt und Phantasie. Es entsteht somit eine Störung des seelischen Gleichgewichtes, diese aber ruft, zumal bei dem Hinzutreten anderweitiger Einflüsse, eine Reaktion hervor, unter der die „Dominanten" des bestehenden Kulturzeitalters aufgelöst und neue geschaffen werden.

Als solche anderweitig eingreifende Einflüsse kennt Lamprecht vor allem zwei: einmal die von anderen Kulturen, sei es in der Gegenwart kraft des Verkehrs der Völker, sei es aus der Vergangenheit kraft der sog. Renaissancen kommenden Einwirkungen, sodann die Verschiebungen, welche innerhalb eines Kulturzeitalters in der Natur ein-

---

[1]) M. G. S. 15, 20, 50, 52, 102, 103.
[2]) Einführung S. 46. Begriff der Geschichte (s. S. 452 A. I), S. 260—262, 269—272. M. G., S. 96/98, 101/2. D. G. VI, S. 25, 406.
[3]) D. G. VI, 340, 406, 425.

Fünftes Kapitel. Politische Geschichte und Kulturgeschichte. 455

zelner großer Kulturgebilde eintreten. In letzterer Beziehung schreibt er, wie schon oben angedeutet wurde (S. 446), den Wandelungen im Wirtschaftsleben eine besondere Kraft zu. So soll für den Eintritt des konventionellen Zeitalters die Fortbildung der mit den Anfängen der Geldwirtschaft verbundenen Naturalwirtschaft, für den Individualismus die Geldwirtschaft, für den Subjektivismus die Wirtschaftsform der Unternehmung den unmittelbarsten Anstoß gegeben haben.[1)]

Als bezeichnend für die Art der eintretenden Reaktion hebt Lamprecht die polemische Wendung gegen die bis dahin vorherrschenden Richtungen, sowie den im Anfang stürmischen, mit Unklarheit behafteten Gang der Bewegung hervor. Er erkennt darin das „psychologische Prinzip der Kontrastverstärkung"[2)], bezeichnet jene Auflösung der alten und das Ringen nach neuen Dominanten als „Dissoziation" und sucht den ganzen Verlauf des Übergangs eines Kulturzeitalters in ein anderes als gleichartig den Vorgängen im Seelenleben des Einzelnen zu erklären, wobei denn die psychologischen Theorien von geistigem Wachstum, Heterogonie der Zwecke und Entwicklung in Gegensätzen reichlich verwandt werden, und zunächst an Kunst und Poesie, Religion und Sitte die Wandlung erläutert wird.[3)] Statt ihm jedoch hierin weiter zu folgen wende ich mich zu der Frage, ob diese Übergänge in ihrer Gesamtheit einen ziellosen Wechsel oder eine fortschreitende Entwicklung darstellen.

Vorweg genommen ist die Antwort im allgemeinen schon durch jenes Prinzip aufsteigender Entwicklung, im einzelnen zu begründen sucht Lamprecht sie durch seine Theorie von den aufeinander folgenden Kulturzeitaltern, die sich ihm, wie er erklärt, in völlig voraussetzungsloser Betrachtung, zunächst der deutschen Geschichte, ergeben haben. Die Zeitalter entstehen, indem die widerstandsfähigen Ergebnisse

---

[1)] Vgl. u. a. M. G. S. 105/6—108. Dabei wieder Verwahrung dagegen, daß er die materiellen Motive als ausschließlich maßgebend ansehe. Vgl. Einführung S. 45—46, 144—145.
[2)] D. G. VIII, S. 62.
[3)] Zusammenfassend M. G. S. 43—50, 50—82. Vgl. den S. 452 A. 1, angeführten Aufsatz S. 259—263, 268—273.

des jeweilig älteren in das jüngere aufgenommen, dieses aber durch neue Errungenschaften bereichert wird; ihre Folge ist, trotz zeitweiliger Hemmungen, Ablenkungen und Mischungen im einzelnen, eine stetig voranschreitende im ganzen; ihrem Gang das Fortschreiten der Kultur in all ihren Erscheinungen entspricht. Aber ist nun auch Inhalt und letztes Ziel dieses Fortschreitens zusammenfassend zu bestimmen? Bei dieser Frage stößt man auf eine gewisse Vieldeutigkeit der Ausdrücke. Einerseits wird auf wachsenden Wert der Lebensinhalte hingewiesen, wenn z. B. von einem Fortschreiten zu „höheren Formen geistigen Daseins" gesprochen wird, oder von einer „Entwicklung zu Zeiten höchster Kultur", mit der dann u. a. „Selbsterkenntnis, Selbsterziehung, Gefühl der menschlichen Würde wachsen".[1] Anderseits werden mehr formale Eigenschaften seelischer Betätigung hervorgehoben, wie vermehrte Weite und Kraft des Bewußtseins, Zunahme des Reichtums, der Intensität und Energie des gesamten Seelenlebens.[2]

Man wird bei dieser vorsichtigen Fassung an die ähnliche Zurückhaltung Rankes (S. 412) erinnert. Man wird auch, wenn man einmal zu dieser Vergleichung greift, noch einen Schritt weiter gehen und finden, daß zwischen Lamprechts „immanenter Entwicklungstendenz" und Rankes richtig verstandenen Ideen, welche als Keime der vom Menschen zu entwickelnden Zweckvorstellungen in ihm liegen (S. 369, 386), eine nähere Verwandtschaft besteht, als Lamprecht zugibt. Denn daß jene Keime nach Ranke von Gott in des Menschen Seele gelegt sind, nach Lamprecht kraft eines nicht weiter erklärten Ursprungs in ihr sich vorfinden, hindert nicht, daß für die Erklärung der geschichtlichen Entwicklung die gleichen Schlüsse aus beiden Annahmen zu ziehen sind. Auch gegen die Ansicht von einem auf gegenseitigen inneren Beziehungen aller gleichzeitigen Kulturerscheinungen beruhenden Kulturzeitalter würde Ranke grundsätzlich nichts einzuwenden haben, kann man doch z. B. ein solches in der deutschen Geschichte für die Reformationszeit, in der

---
[1] S. o. S. 454. Deutscher Aufstieg (1914), S. 3.
[2] K. G. S. 128. M. G. S. 72/73, 83—90, 96/97, 103. Einführung S. 132/33, 142, 145/46. D. G. VIII, S. 78, vgl. VII, S. 401.

französischen für das 18. Jahrhundert aus seiner Darstellung ganz gut entwickeln. Daß freilich die Zurückführung aller Erscheinungen eines Zeitalters auf ein bestimmtes Merkmal ihm ebensowenig gefallen konnte, wie die Behauptung der fest geregelten Reihenfolge der Kulturzeitalter, bedarf keines näherern Nachweises. Vollends würde er gegen eine weitere Folgerung Einspruch erhoben haben, die Lamprecht aus seiner Ansicht zog, und die wir zum Schluß noch ins Auge fassen müssen.

Aus der deutschen Geschichte hatte Lamprecht seine Lehre von den Kulturzeitaltern entwickelt. Aber wie er nun, erfüllt von seiner Entdeckung, den Blick auf andere Nationen von reicher Entwicklung erweiterte, glaubte er bei allen eine, im einzelnen nach Anlagen und erfahrenen Einwirkungen natürlich verschiedene, im Grunde aber gleiche Gliederung ihrer Geschichte nach den ermittelten Kulturzeitaltern zu finden. Hieraus ergab sich ihm der Gedanke einer neuen Behandlung der allgemeinen Geschichte. Fortschreitend von einer Nation zur andern, haben die Forscher für jede zunächst Folge und Inhalt der Kulturzeitalter besonders festzustellen, dann zu zeigen, wie aufgrund der hierbei sich herausstellenden Gleichartigkeit das Ineinandergreifen im Leben der Nationen erfolgt. Als Ergebnis solcher Wechselwirkung wird sich zeigen, daß „Religion und Weltanschauung vor allem, dann Wissenschaft und Kunst, im Staatsleben die Lehre vom Staat den weltgeschichtlichen Zusammenhang herstellen", und daß vor ihnen „Gesellschaft und Wirtschaft, Krieg und äußere Politik ... weit zurücktreten".[1]

Die Ausführung dieses Plans erhoffte Lamprecht, als er am 11. Mai 1915 aus dem Leben schied, von Erben seines Geistes. Aber daß solche Nachfolger sich finden werden, muß bezweifelt werden. So sicher es sein mag, daß Lamprechts originelle und vielseitige, von erstaunlicher Belesenheit sowohl, wie Raschheit und Weite der Auffassung getragene Behandlung der deutschen Geschichte die fruchtbarsten Anregungen in sich birgt, so sehr muß es bezweifelt werden,

---

[1] Über den Begriff der Geschichte (s. S. 452 Anm.) S. 275.

daß sie an sich eine geeignete Grundlage für die Fortbildung der Geschichtschreibung im ganzen bietet. Ob Lamprecht bei Feststellung der geschichtlichen Tatsachen oder bei Ableitung allgemeiner Kulturerscheinungen aus verschiedenartigen und von ihm gewaltsam verbundenen Vorgängen sich Ungenauigkeiten und Willkürlichkeiten hat zuschulden kommen lassen — eine Frage, auf die hier mit einer besonderen Kritik einzugehen, nicht der rechte Ort wäre —, kann freilich für eine verneinende Beantwortung jenes Zweifels nicht ausschlaggebend sein, denn alle derartigen Übereilungen und Irrtümer im einzelnen können ja im Fortgang der wissenschaftlichen Arbeit verbessert werden. Aber was nicht geändert werden kann, das ist die grundsätzliche Anlage, der alles beherrschende Plan der geschichtlichen Darstellung, und eben diese Anlage ist zu bekämpfen.

Der Haupteinwand, der hier zu erheben ist, wurde bereits ausgeführt (S. 438, 452): er beruht auf der Herabsetzung der staatlichen Geschichte auf gleichen Fuß mit jedem größeren Kulturgebiet. Dieser Neuerung gegenüber wird es doch wohl dabei bleiben, daß die Geschichte sich in den Wechselbeziehungen zweier ebenbürtiger Mächte vollzieht: des Staates, der das Recht setzt und verwaltet, der Gesellschaft, welche die Kultur schafft und genießt. Hinzugefügt mag bei dieser Gelegenheit noch werden, daß über all den großen und kleinen Gesellschaftskreisen, die von den staatlichen Organen umschlossen und geschützt werden, die Nation sich als die allumfassende Gesellschaftsform erhebt, und darin ihre eigentliche Bedeutung zu erkennen ist.

Zwei weitere Einwände, die man gegen Lamprecht erheben muß, richten sich nicht so sehr gegen die aufgestellten Grundsätze, als gegen das Maß ihrer Anwendung. Da kommt zunächst die Frage in Betracht, wie weit der Geschichtschreiber die Entfaltung von Recht und Kultur, mag er beide Gebiete als verschieden- oder gleichartig ansehen, darzustellen hat. Gegenüber der unermeßlichen Aufgabe, die sich hier eröffnet, hatten die früheren Geschichtschreiber zwei Wege eingeschlagen: entweder sie wählten nach einem ungefähren Urteil nur solche Erscheinungen zur nähern Behandlung aus, welche offensichtlich in den Gang der Ereignisse nachdrücklich eingriffen, oder sie hielten sich an große gesellschaftliche Kreise als lebendige Träger der Kultur und zeigten, wie in ihnen bestimmte Errungenschaften und Ziele der Kultur zu gemeinsamem geistigem Eigentum nach einem Durchschnittsmaße geworden seien. In beiden Verfahrungsweisen sieht Lamprecht nur Halbheiten. Er will neben den Geschicken der Staaten die Entfaltung der Kultur in ihrer ganzen Weite und Mannigfaltigkeit, besonders der Kultur im engeren Sinne, wie nicht nur ihr äußerer Gang, sondern ihr wesentlicher Inhalt in Wirtschaft, Religion, Wissenschaft und Kunst sich darstellt, zur Anschauung bringen. Die Entwicklung von Mathematik, Physik und Chemie gehören ebenso in den Plan seiner Darstellung, wie die Wandlungen staatlicher Verfassung und Politik.

Aber die Möglichkeit, daß ein Geschichtschreiber, sei es für eine, sei es für alle Nationen, den ganzen durch die Jahrtausende hindurchgehenden Ertrag menschlicher Geistesarbeit in seinem Innern gleichsam wiederhole, ist doch wenigstens inbezug auf reich entwickelte Kulturen ausgeschlossen. Darum werden auch Lamprechts Nachfolger zu der Aufgabe zurückgeführt werden, für Ziel und Grenze einer verständnisvollen Würdigung der Kulturgebilde einen sicheren Maßstab zu finden. Über den Versuch ihres Meisters werden sie urteilen, daß, so eindringend sein Verständnis auf vielen, besonders den wirtschaft- und kunstgeschichtlichen Gebieten sich bewährt, in anderen Teilen, besonders den dem weiten Reich der Wissenschaften gewidmeten, vielfach die an der Oberfläche haftende Kompilation herrscht, zwischen allen aber das die verschiedenen kunst-, wirtschaft-, wissenschaftgeschichtlichen Abschnitte innerlich einigende geistige Band mangelt. Allerdings, Lamprecht glaubt ein solches zu besitzen. Er will es mit einem vor ihm noch unerreichten Erfolg verwandt haben in seiner psychologischen Behandlung der Geschichte. Aber gerade hier drängt sich der zweite Einwand auf.

Grundsätzlich wird man auch darin Lamprecht beistimmen, daß, wie im Leben des Einzelnen Aneignung und Genuß der wirtschaftlichen wie der geistigen Güter mit einem bestimmten Seelenzustand verbunden ist, so auch der Nation ein gewisser durchschnittlicher Besitz geistiger und materieller Güter und in deren Erringung und Verwertung eine bei den Angehörigen gleichartige Einstellung der seelischen Kräfte, sei es in langsamer, sei es in stürmischer, in kühl verstandesmäßiger oder affektvoller, gläubig hingehender oder selbständig urteilender, sittlich indifferenter oder gewissenhafter Weise zugesprochen werden muß, woraus denn auch für die Nation und in abgestuftem Maße für die großen Gesellschaftskreise unter ihr ein bestimmter Seelenzustand hervorgehen wird. Unbekannt war ja auch diese Erscheinung den Vorgängern Lamprechts keineswegs. Bei Ranke konnte man sie z. B. in dem Zustande einer Nation oder einer Gruppe von Nationen, der aus der geschichtlichen Entwicklung einer Periode hervorgeht (S. 399), erkannt sehen. Aber neu war die Strenge, mit der Lamprecht solche Zustände unter feste, der Psychologie des Einzellebens entlehnte Begriffe unterordnete und schließlich das reiche Leben eines Kulturzeitalters unter einer einzigen Formel zusammenzufassen suchte. Auch hier jedoch wird die fortschreitende Forschung zu prüfen haben, wie weit Erarbeitung und Genuß der wirtschaftlichen und geistigen Güter ihrem Wesen nach richtig erkannt und nach dem Maße ihrer Verteilung über die Nation und die ihr eingeordneten Gesellschaftskreise richtig bemessen sind. Ohne dieser Kritik vorzugreifen, weise ich zum Schluß nur noch auf eine letzte sich hierbei aufdrängende Bemerkung hin.

Die entscheidenden Leistungen, unter denen wir die geschichtliche Entwicklung äußerlich erkennbar vorwärts rücken sehen, mögen sie im Geistesleben in einer Hervorbringung der Wissenschaft oder Kunst bestehen oder in der Politik in einem aus den widerspruchsvollen Erwägungen von Zielen und Mitteln zur durchgreifenden Tat fortschreitenden Entschluß, gehen von Einzelpersonen aus, diese aber hängen in ihrer Entwicklung im ganzen, wie in allen ihren Betätigungen im besonderen von den Einwirkungen ab, die von den Überlieferungen der Vergangenheit und von den Zeitgenossen der Gegenwart ausgehen. Hierauf beruhen die den Lauf der Geschichte bedingenden Wechselbeziehungen zwischen den Einzelpersonen und den menschlichen Gemeinschaften. Lamprecht nun, indem er der älteren Geschichtschreibung vorhält, daß sie die Geschichte einseitig von den Einzelpersonen hervorgebracht werden läßt, richtet seine Aufmerksamkeit vor allem auf die psychologischen Vorgänge allgemeiner Art, die im Innern der von ihm beobachteten Gemeinschaften sich vollziehen, auf die hierbei hervortretenden neuen Zustände des wirtschaftlichen und geistigen Lebens, unter denen der Aufstieg zur Höhe eines neuen oder die Auflösung eines bis dahin herrschenden Kulturzeitalters erfolgt. Seine Darstellung hat demgemäß weniger von Taten, als von Zuständen zu berichten, weniger von Einzelpersonen, als von menschlichen Gemeinschaften.

Natürlich wird auch diese Behandlung der Prüfung unterliegen, aber nicht so sehr nach dem sie leitenden Grundsatz, als nach der Frage des Zutreffens oder Nichtzutreffens im einzelnen. Hier wie überall wird sich zeigen, daß Lamprecht mitten in den Irrtümern vielversprechende Anregungen bietet. Er greift in die tiefsten Aufgaben der Geschichtswissenschaft und drängt mit energischer Fragestellung auf ihre Lösung. Er lehrt uns, daß unsere Wissenschaft sich noch mitten im Fluß und nicht am Ende befindet.

46

VERLAG R. OLDENBOURG, MÜNCHEN-BERLIN

Handbuch der mittelalterlichen und neueren Geschichte

Herausgegeben von
G. v. Below und **F. Meinecke**
Professoren an der Universität Freiburg i. Br.

Das häusliche Leben der europäischen Kulturvölker vom Mittelalter bis zur zweiten Hälfte des 18. Jahrhunderts. Von Dr. Alwin Schultz, Professor an der deutschen Universität zu Prag. VIII u. 432 S. gr. 8°, reich illustriert. Preis brosch. M. 9.—, i Ganzleinen geb. M. 10.50.

Historische Geographie. Von Dr. Konrad Kretschmer, Lehrer an der Kriegsakademi und Professor an der Universität Berlin. VII und 650 S. Preis brosch. M. 15.— elegant geb. M. 16.50.

Geschichte des späteren Mittelalters von 1197—1492. Von Dr. Johann Loserth Professor an der Universität Graz. XV und 727 S. Preis brosch. M. 16.50, elegan gebunden M. 18.—.

Allgemeine Münzkunde und Geldgeschichte des Mittelalters und der neuerer Zeit. Von Dr. A. Luschin v. Ebengreuth, Universitätsprofessor in Graz. XVI und 286 S Mit 107 Abbildungen. Preis brosch. M. 9.—, in Ganzleinen geb. M. 10.50.

Handelsgeschichte der romanischen Völker des Mittelmeergebiets bis zum End der Kreuzzüge. Von Professor Adolf Schaube, Kgl. Gymnasial-Oberlehrer in Brieg XX und 816 S. Preis brosch M. 18.—, geb. M. 20.—.

Geschichte des europäischen Staatensystems von 1660 bis 1789. Von Dr. Ma Immich, weiland Privatdozent an der Universität Königsberg i. Pr. XIII und 462 S Preis brosch. M. 12.—, geb. M. 13.50.

Urkundenlehre. Erster Teil: Die Kaiser- und Königsurkunden in Deutschland, Frankrei und Italien von Wilhelm Erben mit einer Einleitung von Oswald Redlich. X und 369 S Preis brosch. M. 10.—, geb. M. 11.50.
— Zweiter Teil: Die Papsturkunden. Von L. Schmitz-Kallenberg. (In Vorbereitung.)
— Dritter Teil: Die Privaturkunden des Mittelalters von Oswald Redlich. VIII und 233 S Preis brosch. M. 7.50, geb. M. 9.—.

Allgemeine Geschichte der germanischen Völker bis zur Mitte des sechsten Jahr hunderts. Von Professor Dr. Ludwig Schmidt, Bibliothekar an der Kgl. öffentliche Bibliothek in Dresden. XIV und 244 S. Preis brosch. M. 7.50, geb. M. 9.—.

Französische Verfassungsgeschichte von der Mitte des neunten Jahrhunderts bi zur Revolution. Von Dr. Robert Holtzmann, Professor an der Universität Straßburg i. E XI und 543 S Preis brosch. M. 12.50, geb M. 14.—.

Geschichte der neueren Historiographie. Von Dr. E. Fueter, Professor an de Universität Zürich. XX und 626 S. Preis brosch. M. 16.—, geb. M. 17.50.

Geschichte des Europäischen Staatensystems im Zeitalter der Französische Revolution und der Freiheitskriege 1789—1815. Von Adalbert Wahl, o. ö. Professor a der Universität Tübingen. X und 266 S. Preis brosch. M. 9.—, geb. M. 10.50.

Englische Verfassungsgeschichte bis zum Regierungsantritt der Königin Victoria Von Julius Hatschek, o. ö. Professor an der Universität Göttingen. X und 761 Seiten Preis geheftet M. 18.—, in Leinwand geb. M. 19.50.

Siegelkunde von Dr. W. Ewald. XII, 241 Seiten und 40 Tafeln, gr. 8°.

Wappenkunde von Dr. F. Hauptmann, Univ.-Prof. in Freiburg, Schweiz. VIII, 61 S. u. 4 Taf. beide Arbeiten in einem Bande vereinigt. Preis geb. M. 12.—, in Leinw. geb. M. 13.—

Geschichte des europäischen Staatensystems von 1492—1559 von Dr. E Fueter, Professor an der Universität Zürich. (Erscheint demnächst.)

Ausführliche Prospekte über diese Bände mit den Urteilen der Presse, die ausnahmslo außerordentlich günstig lauten, stehen kosten- und portofrei durch jede Buchhandlung ode direkt durch den Verlag zur Verfügung.
Zu den Preisen kommen noch 20% Verlags- und 10% Sortiments-Teuerungszuschlag.

VERLAG R. OLDENBOURG, MÜNCHEN-BER

Historische Bibliothek

Herausgegeben von der
Redaktion der Historischen Zeitschrift

Bd. 29: **Vom Lehnstaat zum Ständestaat.** Ein Beitrag zur Entstehung der landstän(Verfassung. Von Hans Spangenberg. XII u. 207 S 8°. Kartoniert M. 6.-
Bd. 30: **Prinz Moritz von Dessau im Siebenjährigen Kriege** Von Max Preitz. VI u. 1 mit 1 Porträt, 2 Schriftstücken in Faksimile und 6 Kartenskizzen. Kartoniert
Bd. 81: **Machiavellis Geschichtsauffassung und sein Begriff virtù.** Studien zu seiner H Von Eduard Wilh. Mayer. VIII und 125 S. 8°. Kartoniert M 4.—.
Bd. 82: **Der Übergang des Fürstentums Ansbach an Bayern.** Von Fritz Tarrasch. 182 S. 8°. Kartoniert M. 5.—.
Bd. 83: **Mittelalterliche Welt- u Lebensanschauung im Spiegel der Schriften Coluccio Sa** Von A. v. Martin XII und 166 Seiten 8°. Kartoniert M. 4.—.
Bd. 84: **Die hessische Politik in der Zeit der Reichsgründung (1863—1871).** Von Ernst X und 229 S 8°. Kartoniert M. 6.—.
Bd. 85: **Napoleon, England und die Presse (1800—1803).** Von Therese Ebbinghaus. 211 S. 8°. Geheftet M 5.—.
Bd. 36: **Augustin, die christliche Antike und das Mittelalter.** Von Ernst Troe XII u 173 S. 8° Geheftet M. 5 50.
Bd. 37: **Das Wormser Edikt und die Erlasse des Reichsregiments und einzelner Reichs!** Von Paul Kalkoff. X und 132 S. 8° Geheftet M 5 —.
Bd. 38: **Die Ursachen der Reformation.** Mit einer Beilage: Die Reformation und der der Neuzeit. Von Georg v Below. XVI und 187 S 8°. Geheftet M. 6 —.
Bd. 39: **Zur Beurteilung der Romantik und zur Kritik ihrer Erforschung.** Von Sie Elkuß †. Herausgegeben von Franz Schultz. IX u. 115 S. 8°. Geheftet M. 5.-

Zu allen Preisen kommt noch ein Teuerungszuschlag.

Kürzlich ist erschienen:

Preußen und Deutschland
im 19. und 20. Jahrhundert

Historische und politische Aufsätze

von

Friedrich Meinecke

VI und 552 Seiten Oktav. Preis geheftet M. 14.—, gebunden M. 1(

Meinecke hat seine Gabe, Großes im Kleinen zu geben, stets be nnd so bedeutet sein neuer Sammelband für jeden einsichtigen Le freudiges Ereignis ... Möchte solche reife Weisheit tief hineindringen Denken aller, die jetzt mitarbeiten an der inneren Neugestaltung.

Prof. Dr. Otto Braun in der „Tägl. Runds

Zu diesen Preisen kommt noch ein Sortiments-Teuerungszuschlag von

e.
d

BINDING SECT. APR 24 1964

University of Toronto
Library

DO NOT
REMOVE
THE
CARD
FROM
THIS
POCKET

Acme Library Card Pocket
LOWE-MARTIN CO. LIMITED

Lightning Source UK Ltd.
Milton Keynes UK
UKHW021457021218
333216UK00010B/779/P